中共山东省委党校（山东行政学院）精品文库

中共山东省委党校（山东行政学院）
获奖文集

HUOJIANGWENJI

■中共山东省委党校（山东行政学院） 编

下

山东大学出版社
SHANDONG UNIVERSITY PRESS
·济南·

目　录

（下　册）

·三等奖·

略论信访问题预警系统建设 …………………………… 宋协娜　周念群/655
着力实现发展经济与保护环境的"双赢"
——日照市生态建市的案例研究 …… 高学栋　董建文　崔旺盛　王继国/663
当代英国工党执政方式对英国政党政治的影响与启示 …………… 魏　磊/674
政府推进论：中国特色市场经济形成理论
——青岛大企业直通车服务制度的理论分析 ………………… 王　军/688
"忠"观念的起源与早期映像研究 ……………………………… 裴传永/698
当代英国工党政治改革与创新的主要做法及其启示 ……………… 魏　磊/720
中国特色市民社会的历史定位 ……………………… 杨巧蓉　王晓红/728
清代民国学者对汉语语源问题的探讨 ………………… 张建铭　张婉如/738
规范行政立法行为　促进服务型政府建设 ……………… 高学栋　崔　维/753
基于流程的企业核心知识管理研究 ………… 司　强　庄文君　王本东/763
整合网络文化资源助推文化强省建设 …………………………… 王守光/772
论建立党委新闻发言人制度 ………………………………… 张书林/780
论网络环境下政党的执政文化建设 …………………………… 王守光/792
公共产品致害引发社会舆情的引导与调控对策研究…… 山东行政学院课题组/800
基督教节欲伦理研究 ……………………………… 李学迎　赵化民/810

中国共产党与中华民族伟大复兴 …………………………………… 孙占元/828
怎样在意识形态斗争中赢得民主话语权 ……………………………… 张传鹤/839
关于西式民主的两个判断 ……………………………………………… 张传鹤/841
关于社会主义几个基本概念的探讨 ………………………………… 张传鹤/844
供需协同的产业创新生态系统构建及对策研究 ………… 李维梁 高 雅/853
洪涝灾害经济影响与防灾减灾能力评估 …………………………… 仝 鹏/863
规制能力提升是深化中国垄断行业政府规制体制改革的有效途径 …… 张蕴萍/870
新媒体时代强化网络舆情引导研究 ………………………… 邓凌月 杜良芝/880
供给侧改革:中国垄断行业政府规制体制改革的新动力 ………… 张蕴萍/888
哲学反讽的实践立场
——对马克思哲学的一种解释 …………………………………… 李正义/898
影响城市女性二孩生育意愿的社会福利因素之考察 ………………… 陈秀红/908
甲午战争与中华民族复兴的历程 …………………………………… 孙占元/925
历史思维的哲学诠释与当代价值 …………………………………… 李正义/939
增强党的群众组织力探析 …………………………………………… 尹传政/951
山东省金融效率、溢出效应与外商直接投资
——基于空间动态面板 Durbin 模型的研究…… 张蕴萍 杨友才 牛 欢/964
Prevalence of Psychological Distress and the Effects of Resilience
and Perceived Social Support Among Chinese College Students:
Does Gender Make a Difference ?
… Mingliang Zhang Jianmei Zhang Feng Zhang Li Zhang Danjun Feng/983
学点自然辩证法 ……………………………………………………… 王信领/1000
在探索规律中提高执政能力 ………………………………………… 王守光/1005

后记 …………………………………………………………………… /1008

略论信访问题预警系统建设

宋协娜　周念群

我国目前正处于关键的社会转型期，改革过程中产生的许多问题都通过不同渠道汇集到信访部门，信访部门成为社会问题的“晴雨表”。信访问题直接反映社会和谐与稳定状况，建立信访问题的预警系统、设置治理信访问题的相关机制，是维护社会稳定系统的重要工作和任务。因此，整合现有信访资源，构建统一、友好、和谐的大信访格局，发挥信访制度从源头上解决问题的预警作用，引导群众理性、有序地表达意志，对妥善化解人民内部矛盾、促进社会和谐发展具有积极意义。

一、“信访问题”及其特殊的社会意义

虽然信访总是针对问题而来的，但这里的信访问题是特指信访工作和信访制度运行中存在和反映的总体性问题。社会转型为信访问题增添了更为复杂的内容，也提高了解决难度，这是我们探讨本问题必须面对的社会现实和出发点。通过信访反映民意，提出意见、建议和投诉是正常的社会现象，但当信访量非常大以至于信访部门根本无力解决并且相关政府部门也不能解决，尤其是当成百上千的人来到党委和政府部门或者重要公共场所“上访”以至于成为社会稳定的威胁时，就形成了所谓的“信访问题”。根据我国《国务院信访条例》第 2 条规定，信访被认为是“公民、法人或者其他组织采用书信、电子邮件、传真、电话、走访等形式，向各级人民政府、县级以上人民政府工作部门反映情况，提出建议、意见或者投诉请求，依法由有关行

政机关处理的活动”[①]。但在我国现实中，信访制度实际上是广义的信访，甚至包括了司法意义上的申诉、向纪检监察部门的投诉等各种向国家权力机关寻求公正的行为。这样的制度运行方式在实践中带来很大弊端，也可以说是一种更严重的“信访问题”，甚至可以说是其他“信访问题”的根源。信访问题实际上是中国特色的社会问题。因此，基于信访问题的综合性特征，本文关于信访问题预警研究的理想目标是抛砖引玉，试图对我国社会转型期的信访问题预警系统设置及其机制保证进行探讨，构筑良性运行的具有社会系统、政治系统、政府系统、公共安全系统四大系统协调功能的信访工作系统。

我国正处于社会转型时期，利益格局调整加快、矛盾冲突甚至激烈冲突增多，成为这一时期的一个重要特征。同时，转型所引致的其他诸多社会领域的变化，也对传统的、由政府（公共部门）包揽一切的矛盾冲突消解模式提出了挑战。社会转型同一般社会变化不同，其重要特征在于强调社会发展经过量的积累达到一定程度时，突破原有的社会模式而发生全方位的革命性转变。[②]我国改革已进入社会结构的全面分化时期，已经触及到深层次的体制性问题，社会制度系统（经济制度、政治制度、法律制度和家庭制度）都存在一定程度上的变迁，在社会发展序列上恰好对应着“非稳定状态”的频发阶段。在这样的变革过程中，利益和权力将在不同的主体之间进行重新分配、转移，形成诸多不稳定因素，也就存在形成不同危机的可能。中国社会转型的特点、矛盾和冲击在中国这样的后发国家被压缩到较短的时间内，因而具有更大的社会风险。中国信访问题的高峰就是发生在这样的大背景下，从而信访问题就成为具有特殊意义的社会问题。应该说，从宏观方面看，这是改革发展中的问题，需要继续改革发展的证明；从微观方面看，改革发展中的问题已经到了不容忽视的状态，也必须通过深化改革发展来解决。我国信访问题的特殊之处在于：从本质上看，信访问题的主体性质多为非政治性，多为弱势群体为寻求社会平等而起，其目的在于对社会公民权和利益的维护。实际上，多样化的信访问题无论以怎样对抗性的形式表现出来都不能改变其非对抗性的人民内部矛盾的本质。深层次的问题是，信访问题的背后是一些基层政府官员的腐败，严重的以权谋私、执法犯法；在处理群

① 曹康泰、王学军主编：《信访条例辅导读本》，中国法制出版社2005年版，第349页。

② 参见李钢：《社会转型刍议》，《北京邮电大学学报》（社会科学版）2001年第1期。

体性事件过程中官员的失职、渎职和严重的官僚主义更容易引起公众强烈的不满，激化矛盾，引发进一步的冲突。因此，信访问题作为一种社会问题，实质是以人为本和社会可持续发展问题。从政治学视角看，信访问题是人民的根本利益问题；从经济学视角看，信访问题是社会发展的成本问题；从社会学视角看，信访问题是人的发展质量问题；从文化学视角看，信访问题是社会的文明与进步问题；从法学视角看，信访问题是人的基本权利问题。

二、信访部门预警系统的设置

信访预警系统是社会预警系统的重要组成部分。信访预警是依据对信访工作状况的判断，按照信访系统整合关系的模型分析，对信访系统运行的质量和后果进行评价、预测和报警。社会预警系统包括预警报告系统、预警分析系统和预警协调系统三个层次。[①]信访预警系统工作的原理也要遵循一般规律。首先选择一组反映信访问题状况的敏感指标，运用有关的数据处理方法，将多个指标合并为一个综合性指标，然后通过一组类似于交通信息符号（红、黄、绿灯）的标识，利用这组指标和综合指标对当前的信访系统工作运行状况发出不同的报警信号，以此来判断信访领域各方面情况的发展趋势，提出意见和建议，帮助决策者选择正确的对策。

信访问题种类繁多、涉及面广，因此信访问题指标的选择必须从信访问题的警源开始分析。由于目前我们还没有现成的统计指标，需要做专门的调查与评估，因而难于量化与操作。所以，暂且只有利用各部门现行的公开与内部统计指标来设置信访问题监测与预警指标体系。按照这一思路，借鉴国内外近年来设计社会预警指标体系的方法[②]，我们尝试将信访问题预警指标体系分为八大类70个指标[③]，其中，生活水平、社会分化状况、公务人员3项为警源，就业状况、社会心理、社会不安、管理工作4项为警兆，突发事件1项为警情。警源可以理解为引发信访问题的社会深层次原因和间接原因及其程度，这里将其归纳为三大类26项指标；警兆可以理解为引发信

① 参见王彩波、李智：《论我国社会转型时期的政治稳定机制》，《吉林大学社会科学学报》2002年第5期。

② 参见邓伟志：《关于社会风险预警机制问题的思考》，《社会科学》2003年第7期。

③ 参见于晓明：《社会转型期山东省信访形势分析与对策研究》，山东人民出版社2006年版，第67～79页。

访问题的直接社会诱因和初级表现及其程度，这里将其归纳为四大类 29 项指标；警情可以理解为信访问题的直接表现及其程度，这里将其归纳为一个大类 15 项指标。将经过选择的各个指标序列进行调整归纳和适当处理来制订预警信号。采用简单分类评分法，对信访预警系统的各项指标进行量化处理，然后通过综合分数值的大小综合判断当前及未来信号的报警情况。针对不同警级状态对应编制注意预案、修护预案、治理预案、应急预案 4 种不同预案，根据实际情况予以启动和实施。

上述工作需要有一个专门的信访问题预警机构来执行。信访问题预警指挥系统负责全面情况汇总，作出决策；信息管理系统负责信息收集、信息分析、信息预报；信息应用系统负责制定各种预案，等等。预警部门通过监测、识别、诊断、评价警情征兆现象，确认指标处于正常、警戒、危机状态，进一步提出预控对策并实施。

三、信访预警系统的其他机制建设

整个社会的良性运行需要多方面各领域都健康、协调运行才能实现。社会预警机制是一个复杂的系统工程，没有全社会各方面力量的共同配合和参与，它必然是片面的、软弱无力的。只有建立起内外结合、上下联动、社会全方位、主辅交叉的预警网络，社会预警机制才有普遍性和全面性，才能形成合力，发挥预警的整体功能，保证预警机制运行的规范、协调、高效。如果说，信访问题预警系统是从横向上起作用，那么各个不同领域的预警系统则是从纵向上起作用。信访问题预警系统可以称为综合预警系统，其他预警系统可以称为专项预警系统。从治理的角度看，目前信访所反映的问题已触及改革发展过程中的深层次问题，问题本身有一定的复杂性、多因性和普遍性，有的根本不是信访部门所能处理得了的，需要综合“调控”，需要各级各口、各个层次、各个部门相互配合、通力合作，形成齐抓共管的信访大格局。因此，把社会作为一个有机体来看待的话，政治体制改革和政府职能转变可以看作起统摄作用的总机关，信访问题预警系统是社会问题预警系统的中枢神经，其他机制则是其主要的最敏感的神经末梢。

（一）统一、和谐的信访大格局构建

我国目前的信访问题是一个综合性问题，不仅信访量大，而且参与类的信访量偏少，求决类、涉法类的数量畸多。重信重访率、集体访率、越级访

率、异常访率的增加，说明这显然不是信访制度本身的问题。因此，要想真正彻底治理信访问题，重点应放在推进政治体制改革，而不是在信访系统之内修修补补。鉴于中国正从传统治理模式向法治转变的现实国情，尤其需要稳定和发展，要求我们必须把改革的力度、发展的速度和社会承受能力结合起来。因此，应该首先在基层推行政治体制改革比较稳妥可行，同时在纵向理顺上着力。具体来说，要改革政府职能和体制，建立科学、民主、法治的制度和机制，就是要求政府的管理必须更多地突出社会公众意志和需求，突出为社会公众提供公共服务的服务性作用，突出对社会公众负责，建立和发展广泛的社会公共责任制。这一切意味着，政府职能从重政治统治向重社会管理和公共服务的转变。与此相适应，充分利用信访渠道的民意表达功能，并加以法治化的改造，是我国信访制度改革的出路。目前信访体制改革的理论共识是撤销各部门的信访机构，将现在分散的信访机构统一起来，形成一个专门处理信访个案及其问题研究的专门委员会，以国外的议会监察专员制度或行政监察专员制度为参照，建立我国的信访委员会制度，并将其集中放在全国人民代表大会和地方各级人民代表大会之下，与人大的其他专门委员会相并列。① 信访问题预警部门则可以作为国家信访委员会的专业机构而存在。政治体制改革和政府职能转变，为信访工作定位和信访问题预警机制的有效运行规范了空间，开辟了道路。

（二）党政正职监督预警机制建设

政府主导型的中国国情，使得领导干部问题与信访问题的关系紧密而复杂。党政正职预警机制是科学的监督管理机制的重要组成部分，是围绕党政正职的职务行为及可能或已经出现的问题而进行的。领导干部的廉洁自律是作为人民公仆的基本素质和要求，是领导干部本人自警、自省、自查、自纠、自我扬弃和自我完善的一个过程。但制度和机制带有根本性的制约和监督，这种监督管理机制是按照发现问题—识别问题—处理问题的过程进行运作的。信息汇集系统主要是发现、传递、收集监督对象的问题信息，这是启动预警机制的基础环节，关键是要拓宽渠道，保证信息畅通；监测分析系统对反映和掌握的有关党政正职问题的信息进行鉴定和甄别，这是预警机制运作的中间环节；处理反馈系统是预警机制的关键环节，直接影响着预警机制的作用和成效。它包括两大方面：一是作出处理决定，二是根据处

① 参见田文利：《信访制度改革的理论分析和模式选择》，《社会科学前沿》2005年第2期。

理决定，向干部本人反馈。建立党政正职监督管理预警机制，要坚持德治与法治相结合，坚持自律与他律相结合，坚持事前引导防范与事后警示惩戒相结合，坚持全面监督与重点监控相结合，立足于早，立足于严，道道设防，步步警戒，提前介入，切实加强对党政正职的预警管理。① 目前我国行政过程中依然存在“一言堂”“一把手”说了算的问题，且信访问题有相当大的数量与当事单位及其领导有关，因此，建立党政正职监督管理预警机制迫在眉睫。

（三）政府信息沟通与矛盾化解机制建设

积极预防和化解社会矛盾，要求政府必须首先负起责任。在开发基层党组织、行政部门、司法机关等体制内资源的基础上，充分发挥基层自治组织和各种社会团体、民间组织在化解社会矛盾中的作用。特别是要进一步发挥第三部门的社会整合作用，把不同的社会群体和利益群体通过阶层、行业、职业、信仰和其他社会特征组织起来，在国家和个人之间建构理性利益表达和矛盾有序解决所必要的组织化渠道和方式，在实现和谐的政治沟通过程中建立“社会回应”机制。② 这一机制的建立需要做的工作很多，目前最紧迫的有二。首先，必须对作为信息接收者和反馈者的政治体制进行必要的调整，大力加强沟通中介的建设，发展独立的社会团体，进一步放宽媒体传播，推进基层政权民主自治，充分发挥其信息整合和分散权力的功能。其次，建立政府信息中心以及各种形式的民情调查、民意测验等机构，以各种方式聘请一批不同领域的专家、学者作为咨询人员，把计算机网络技术、通信技术、现代调查技术和系统科学应用其中（如开设 BBS 论坛、增强主流网站的点击率等）分析预测群众思想行为的性质强弱、发展深度和广度、影响的大小、扩展趋势等数量关系，更精确地把握群众思想行为的规律性。③ 同时，建立全国性的信息统计分析机构和完善的信息处理系统，引导舆论，为预防社会问题的发生和蔓延提供信息支持。

（四）劳动关系协调预警机制建设

信访问题中的劳动争议大多是群众利益受损的表现。建立劳动关系协调预警机制，就是工会通过各种渠道了解分析区域劳动关系状况，及时作出

---

① 参见黄明哲：《关于构建党风廉政预警机制的思考》，《西化大学学报》（哲学社会科学版）2005 年第 5 期。

② 参见戚攻：《论“共同治理”中的“社会回应”》，《探索》2004 年第 4 期。

③ 参见张胜芳、王斌：《论思想预测在思想政治教育中的运用》，《理论与改革》2003 年第 5 期。

分析判断，向上级领导报告，通知基层工会，提前采取措施，防止劳动争议的发生，通过预审、预报、预控推动争议处理在法制的轨道上进行。与此要求相适应，需要建立以下相关机制：一是建立健全劳动争议事件的源头预防机制，实现组织内部的自我协调。因此要加强《劳动法》《信访条例》等法律法规的宣传、执行力度，发挥职工民主管理制度和劳动关系协调机制的作用，做好职工群众的思想政治工作。二是加强劳动关系预警指标研究，建立劳动关系动态监控机制。三是畅通信息渠道，建立健全负反馈信息的报送机制。四是加强协调配合，建立迅速高效的劳动争议应急预防处理机制。五是加强督查落实，建立健全劳动关系预警反馈机制。劳动关系预警机制必须有基层工会组织作为依托，如在基层工会委员会中设立"劳动关系委员"，明确其"监督、沟通、宣传、协调"等职责。① 实践证明，劳动关系委员在预警机制中发挥了重要的作用，他们来自基层，所反映的情况最直接、最真实、最快捷，其建议也最具操作性。完善的劳动关系协调预警机制，是实现工会维权机制的重大突破，也是信访问题预警的源头防范机制。

（五）个体心理健康防卫、救护预警机制建设

心理健康的防卫、救护机制是指系统的心理健康宣传教育机构、心理健康监测机构、心理健康咨询机构、心理健康研究机构、心理疾病防治机构，以及各种机构的相互关系和运行方式。上述机制的建立虽然不能从根本上解决问题，但却是保证社会成员心理健康的基本条件。在此应该强调的是，社会服务部门承担具体的服务任务，并不是说政府就可以放手不管，政府应该做更多更重要的工作，如公共政策、管理服务和公共产品的提供等等。当前，我国国家和地方的个体心理健康防卫、救护机制还很不健全，能够发挥一定作用的只有心理健康教育机构。② 因此，我们在完善心理健康教育机构的基础上，还要以社区为依托，在不同地区建立心理健康宣传教育机构、心理健康监测机构、心理健康咨询机构、心理健康研究机构和心理疾病治疗机构，从而使个体的心理健康问题特别是重大灾难性事件发生后的个体心理健康问题，能够得到及时、妥善的处理。尤其要建立弱势群体社会心理支持系统，在这方面，政府应该出台相关政策，加大扶持力度。大力发展社会心

① 参见吴玉文：《完善预警机制　构建维权工程》，《天津市工会管理干部学院学报》2003年第1期。

② 参见张向葵、吴晓义：《文化震荡及其对个体心理健康的影响》，《心理与行为研究》2004年第2期。

理咨询行业，鼓励和支持社会力量为下岗职工、进城民工和贫困群体提供各种心理咨询服务；加强社区民政工作，帮助市民寻求社会支持。可以考虑在某些有条件的城市试点，建立一些具有心理发泄和倾诉功能的渠道，使某些群体或某些人被长期压抑和积累起来的破坏性能量能够有一个合理的、适当的形式发泄并加以正确的引导。同时，开展公民心理健康教育，向公民群体普及心理学的一些简单知识和技巧。

应该看到，中国特色的信访问题的形成原因是复杂的，来自历史与现实、内在与外在、宏观与微观、社会与个体等各个方面，信访成为反映中国社会问题的镜子。由此看来，信访问题的彻底预防和治理就不可能是轻而易举的。除了信访系统本身的改革和努力以外，必须动员全社会力量，综合治理、同心协力。我们相信，在党和政府着力构建社会主义和谐社会的现实追求中，信访问题既是可测可控的，也是可以逐步减少和化解的，信访问题预警系统必将在和谐社会建设中作出应有贡献。

本文原载于《理论学刊》2007 年第 2 期，2009 年 11 月获山东省第二十三次山东省社会科学优秀成果三等奖。

着力实现发展经济与保护环境的"双赢"

——日照市生态建市的案例研究

高学栋　董建文　崔旺盛　王继国

对于一级党委、政府领导班子，一座城市的管理决策者，尤其是作为原先发展基础薄弱城市的管理决策者来说，在加快推进工业化、城市化的进程中，面对经济发展与环境保护的"两难"选择，如何实现跨越式发展，达到经济发展与保护环境的"双赢"，是一个复杂和烦难的实践命题，既需要借鉴公共管理科学的一系列研究成果，也需要不断在实践中总结经验教训。近年来，中共山东省日照市委、市政府立足于本地实际和区位优势，以科学发展观统领全局，更新思想观念，创新发展理念和发展模式，把"生态建市"确立为四大发展战略之一，不断加大环境保护的力度，大力发展循环经济，扎实推进生态市建设，初步走出了一条被专家学者称为"日照模式"的道路。日照生态建市的实践，为地方党委和政府做好统筹管理工作、实现经济发展与环境保护的"双赢"，积累了一定的成功经验，值得认真分析和借鉴。

一、案例介绍

（一）日照市重视生态建设与环境保护的起因

日照是新兴的沿海港口开放城市，地处山东半岛南翼，环境本底好，1989 年被设立为地级市，1992 年设区带县。因建市较晚，原有经济基础薄弱，产业结构层次低，特别是工业化发展滞后，21 世纪初，日照的环境、区位优势并没有真正转化为发展优势和竞争优势，全市经济总量小，仍属典型的沿海欠发达地区。与此同时，随着城市化、工业化进程加快，日照市与其他地方一样，生态环境的承载压力不断增大，"蓝天、碧海、金沙滩"的环境优势面临着严峻挑战，经济发展与环境保护的冲突也逐渐显现出来。

一是经济发展滞后带来了巨大压力。2000 年，日照全市 GDP 仅有 209.51 亿元，占全省的 2.5%，人均 GDP7599 元，比全省低 1956 元；三次产业比为 24.3∶39.1∶36.6。全省已经进入工业化中期阶段，日照尚处在工业化初期阶段。经济发展滞后，由此带来了群众收入增长缓慢、财政实力薄弱、就业压力加大、社会保障能力不强等社会问题。

二是传统粗放型发展模式与实施可持续发展战略的矛盾突出。不少人把工业发展与环境保护对立起来，对新型工业化、循环经济、高新技术产业等发展模式理解不深。同时，可持续发展的先进性、环境保护的公益性与一些企业片面追求利润最大化之间的矛盾也相当突出。不少企业对转变经济增长方式、开展清洁生产、治理“三废”不积极，甚至千方百计地逃避环保治污责任。

三是能力建设滞后与急于“赶超”的矛盾突出。看到“珠三角”“长三角”等沿海发达地区的快速发展之后，日照的干部群众一心急于“赶超”，但能力建设滞后，缺少环境与发展综合决策的能力。有的区县乱铺摊子，搞村村点火、遍地开花，不能做到集中发展、集约经营，增加了治理污染的难度。一些仓促上马的小纸厂、小化肥、小电镀、小水泥等，不仅缺乏市场竞争力，而且还造成很大的环境污染，在治理整顿中被关停并转。

四是过分注重末端治理与降低发展成本的矛盾突出。为了保护生态环境，“九五”计划和“十五”计划期间，日照市关闭了近百家“五小”企业，限期治理了 36 家企业，对遏制污染发挥了重要作用，但也付出了经济代价，并挫伤了一些干部群众的积极性。许多干部群众伤心地表示，“没有工业盼工业，上了工业砍工业，政策一变毁工业”，还有不少企业对政府的环保政策及环保部门产生抵触情绪。

五是政绩考核评价机制与可持续发展战略要求不相适应。过分强调 GDP，而把生态环境作为软指标，加之干部任期较短，助长了不少干部的短期行为。有的干部为了所谓“政绩”，只顾眼前，不顾长远，有的甚至以破坏生态环境为代价换来一时的经济增长，以彰显自己的所谓“政绩”。

六是日益加重的“三废”污染与“吃饭财政”的矛盾突出。

总之，“环境优势突出”而“经济欠发达”的基本市情，决定了世纪之初的日照必须面对加快经济发展与保护生态环境的“双重任务”。如何正确处理发展与保护的关系，实现经济发展与环境保护的“双赢”，成为市委、市政府面临的重大课题。面对“两难的抉择”，在深入分析市情和科学把握可持续发展战略内涵的基础上，市委、市政府把生态建市确立为日照的四大发展战略之一，正确处理发展经济与保护生态环境的关系，把工业化、城市化与生态化有机地结合起来，努力跨越“先污染、后治理”的传统模式，大力发展循环经济。

(二)科学规划，大力实施生态建市战略

科学规划是城市发展战略的落实和延伸，决定着城市的未来发展趋势。为把生态建市的发展战略落到实处，中共日照市委、市政府特别注重发挥规划的指导作用，坚持把生态建市战略和循环经济理念贯穿到城市规划建设管理发展的全过程。

一是以可持续发展为主线，高起点、高标准地搞好规划。聘请国内外高水平专家，组织编制了一系列环境保护和生态建市方面的规划。委托中国科学院生态环境研究中心编制了《日照生态市建设规划》，把环境保护、循环经济等作为生态市建设的核心内容。此外，还聘请国内外专家先后组织编制了《日照循环经济市发展规划》《日照开发区生态工业园建设规划》等专门规划。

二是把城市规划、生态规划和产业规划结合起来，切实优化城市产业布局。注重搞好城镇产业规划、建设规划与生态规划的相互衔接，并根据环境容量、生态状况、资源禀赋及国家产业政策等，对全市功能区划进行合理调整，明确不同区域的功能定位和发展方向，使整个城市的区域功能定位更加明确，产业布局更加合理。

三是严格执行生态市建设规划，坚决维护规划的权威性和“龙头”地位。按照“规划一张图，审批一支笔，建设一盘棋”的要求，市委、市政府始终严格执行可持续发展规划，坚决杜绝受经济利益驱动的乱开发行为和受经济条件制约的低水平建设行为。

四是树立精品意识，提高生态市建设水平。切实加强城市形象设计，重要地段、重要建筑的设计向国内外公开进行方案招标，并聘请知名专家进行评审咨询，以不断提高建筑审美档次和单体设计水平。同时，坚持“在保护中利用环境，在发展中保护环境、建设环境”，切实加强城市生态建设。

(三)立足经济与环境和谐，大力推行循环经济发展模式

为破解经济发展与环境保护之间的矛盾，坚持把发展循环经济作为建设生态城市的核心内容来抓，以“三个循环”为重点，在不同领域、不同层次

进行了积极的探索和实践，创新出循环经济的“日照模式”。

一是抓好生态企业“小循环”。一方面，在加大污染整治力度的基础上，选择部分企业进行循环经济试点，引导企业开展清洁生产审计和ISO14000环境管理体系认证，通过构建各工艺之间的物料循环，最大程度地实现对废水、废气、废渣的综合利用，将污染防治由末端治理转向对生产全过程控制。另一方面，加强对新建企业的审核把关，要求新建企业不仅要达到国家环保标准，而且在项目设计、建设、生产过程中都要体现循环经济的要求。目前，全市已有15家企业被列为全省循环经济试点企业，有28户重点企业通过清洁生产审计或ISO14000环境管理体系认证。

二是抓好生态园区“中循环”。主要是在重点工业园区运用生态工业学原理，推进工业园区中的各个主体形成互补互动、共生共利的有机产业链网，构建产业和企业间的代谢和共生耦合关系。日照经济开发区成立了园区生态企业协会，加强产业、企业间的协调合作，提高企业间资源循环利用水平，对电力、木浆、水泥熟料粉磨、粮油和木制品加工等产业进行调整和改造，引进补链企业，已形成粉煤灰—新型建材、废糖蜜—酒精等生态产业链，初步实现了资源的循环利用，在全省省级开发区中率先通过了ISO14000环境管理体系认证，环境管理实现与国际标准接轨，被列为“中欧环境管理合作计划(EMCP)”。另外，日照高新技术产业园也被山东省环保局列为全省第一批生态工业示范园区。

三是抓好生态社会“大循环”。把循环经济模式推广到全市范围内的各个产业和领域，大力发展生态循环型产业，积极推进企业之间、产业之间、生产与消费之间的联系与合作，加快构建生态产业网络，形成区域循环经济体系，并努力建设生态循环型社会。首先，坚持走科技含量高、环境污染小、资源消耗少的新型工业化道路，积极运用高新技术和先进适用技术，按照循环经济理念，加快改造提升食品、纺织、机械、建材等传统产业，大力推行清洁生产审计和环境管理体系认证，努力建立生态循环型产业体系。其次，大力发展生态循环型农业，引导农民进行秸秆青贮、建造沼气池、利用太阳能，推广种植养殖能源“三位一体”的生态农业模式，建立了多条生态循环农业链条，促进了农业产业结构合理化、生产技术生态化、生产过程清洁化、生产产品无害化。再次，大力发展生态循环型服务业。最后，积极发展再生资源回收利用业。

(四)发挥区位优势和特色,大力发展环境友好型产业

充分发挥自身优势,不断培育壮大生态环保型特色产业,既促进了自然优势向经济发展优势的转化,又找到了发展经济、建设生态型城市乃至建设环境友好型社会的最佳载体。

一是大力发展海洋经济。日照市充分发挥海洋资源优势,在毫不放松海洋渔业发展的同时,以港口经济、滨海旅游业为重点,大力推进海洋经济发展,初步形成了以海洋运输业、临港工业、海洋渔业、滨海旅游业为主的海洋产业体系,使海洋产业成为全市经济持续快速发展的重要支撑力量。

二是大力发展港口经济。日照市坚持把港口作为城市最重要的基础设施和核心战略要素,大力培育以临港工业、港口物流、港口贸易等为重点的港口经济。同时,始终遵循建设生态城市、发展循环经济的要求,严把项目选择关,坚持从源头上控制污染,并注重搞好企业之间、产业之间的相互链接,削减污染物排放,促进资源循环利用,使临港产业迈上了可持续发展的轨道。

三是大力发展旅游经济。日照市充分发挥资源、环境等优势,把旅游业作为特色经济的主体产业来培育。牢固树立大旅游观念,以滨海度假旅游为龙头,以生态旅游、民俗旅游、农业旅游、体育旅游等为特色,加大旅游开发建设和品牌培育力度,使旅游业不仅成为全市国民经济的重要支柱产业,而且还成为日照生态建市的名片。

四是大力发展大学经济。为快速破解人才、科技这两大"瓶颈"制约,在推进生态建市发展战略过程中,日照市抓住高校扩招的机遇,充分发挥生态环境等优势,按照"不求所有、但求所在"的理念,规划建设了10平方公里的大学科技园,使之成为专家学者进行科学研究、学术交流、休闲度假的理想场所,成为区域性的高等教育基地、科技创新基地和成果转化基地,为生态市建设提供了有力的科技和文化支撑。

五是大力发展体育经济。日照市着眼于构建国际水准滨海城市,提升城市竞争力,充分发挥环境资源优势,精心打造"水上运动之都"品牌。其先后规划建设了世帆赛基地、水上运动基地等一批高标准水上运动设施,并依托运动设施,积极发展体育健身、旅游休闲、文化娱乐、会展等相关产业,取得了良好的经济和生态市建设成效。

(五)生态建市、推进经济与环境协调发展的其他配套措施

实施生态建市发展战略,促进经济发展与环境保护相协调,是一项系统

性工程。为使这一战略真正落到实处，中共日照市委、市政府还采取了如下配套措施：一要加强干部队伍尤其是环保干部队伍建设；二要完善环境与发展综合决策机制；三要广泛动员形成保护环境的整体合力；四要完善环境保障机制；五要加大环境保护监督力度。

(六)日照生态建市，推动经济与环境协调发展的成效

通过生态建市、发展循环经济、大力保护环境的不懈努力，日照市走出了一条经济欠发达地区发挥优势、突出特色、创新模式和生产发展、生活富裕、生态良好的可持续发展道路，取得了较大成效。一是经济实现了快速健康发展。“十五”计划期间全市生产总值年均增长 15.2%，高于全省 2.2 个百分点；2007 年的人均 GDP 是 2000 年的 3.2 倍。二是产业结构更加合理。全市三次产业比例由 2000 年的 24.3∶39.1∶36.6 调整为 2007 年的 13.7∶50.9∶35.4；工业结构得到进一步优化，临港工业的主导地位得以确立，工业经济效益快速增长。三是环境优势进一步增强。在工业化、城市化进程不断加快的情况下，生态环境优势得到进一步保持，污染物排放总量呈逐年下降趋势。日照市先后被评为中国优秀旅游城市、国家园林城市、国家环境保护模范城市、国家卫生城市，获得山东省人居环境奖。四是城乡居民生活质量显著提高。“十五”计划期间城市居民人均可支配收入、农民人均纯收入年均分别增长 8.6%和 7.7%。2007 年，农民人均纯收入 5319 元，比上年增长14.5%，农民人均生活消费支出 3327 元，增长 27.7%，城乡居民居住条件进一步改善。五是提升了干部群众素质。通过生态建市的实践，升华了全市干部队伍的发展理念，探索形成了一套务实创新、科学有效的工作机制，增强了干部群众的生态文明意识，为全面落实科学发展观、实现人与自然的和谐发展奠定了坚实基础。

二、案例分析

日照生态建市、实现经济发展与保护环境“双赢”的实践，为我们留下了诸多经验、思考和启迪，值得认真分析、总结和借鉴。

(一)应对挑战必须转变观念

观念决定思路，观念是行动的先导。当今时代，如果观念陈旧落后，很可能会一事无成。一个地方政府的领导发展能力不高，其原因固然很多，但其根本原因可能就是思想观念、发展理念上存在差距。本世纪初，在加快经

济发展与保护生态环境的两难选择面前，针对不少干部群众关于保护环境存在的糊涂认识和陈旧观念，诸如“先污染后治理”是不可逾越的阶段、发展工业必然要造成环境污染等，中共日照市委、市政府首先致力于更新思想观念、创新发展理念。通过解放思想大讨论，引导干部强化可持续发展意识、生态建市意识、保护环境意识、经济循环发展意识等；通过加大对干部的培训力度等，树立管理者发展经济与保护环境“双赢”的理念，增强在保护环境的前提下推动经济跨越式发展的本领；通过加强宣传教育，积极引导干部群众正确理解生态建市的意义，牢固树立经济与环境协调发展的观念。以上措施充分调动了广大干部群众建设生态城市、保护环境的积极性，收到了良好的效果。

（二）理清发展思路至关重要

思路决定出路，出路决定方向。作为一级党委、政府领导班子，应该确立怎样的发展思路、制定什么样的发展政策，对当地的长远发展至关重要。中共日照市委、市政府在面临发展经济与保护环境的两难选择面前，经过深入思考，有了以下清晰的认识。

一方面，工业化、城市化是现代化的必由之路，日照要摆脱沿海欠发达面貌，必须坚持“港口立市”和“工业强市”不动摇，大力推进工业化和城市化。如果一味地为保护环境而消极发展，可持续发展就会失去物质基础和根本保障，关系人民群众切身利益的问题就得不到根本解决，守着青山绿水要饭吃，老百姓决不会答应。建立在经济欠发达基础上的生态环境也是脆弱的、低水平的、不能持久的，要从根本上保持环境优势，必须通过加快发展来强化物质支撑。

另一方面，优良的生态环境是日照最重要的战略资源和发展优势，也是全市人民引以为豪的城市品牌和魅力形象，必须把这一优势利用好、发挥好、保护好。如果只顾眼前利益，沿袭“先污染、后治理”的老路，以牺牲环境为代价，单纯追求经济增长规模和速度，经济发展就难以持续，不仅使当代人受害，而且还会给后代带来难以估量的损失。只有实施可持续发展战略，大力发展循环经济，找准经济发展与环境保护的平衡点，才是对日照的长远发展负责，才是对老百姓的根本利益负责。基于这样的思维脉络，中共日照市委、市政府确立了实施包括生态建市在内的四大发展战略的跨越式发展思路。实践证明，这一思路完全符合科学发展观的要求，是推动日照实现经济社会和人口、资源、环境可持续发展的必然选择，也带给我们不少有益的启迪。

（三）加快发展实现“双赢”必须创新发展模式

科学发展首先是发展，发展是解决所有问题的关键，而环境是城市的生命，是实现可持续发展的关键因素。中共日照市委、市政府正是因为坚持走新型工业化道路，大力倡导循环经济的发展理念，正确处理好发展经济与保护生态环境的关系，把工业化、城市化与生态化有机地结合起来，跨越“先污染、后治理”的传统工业发展模式和资源利用方式，大力发展循环经济，加快建设生态城市，才顺利实现了跨越式发展、可持续发展的目标。实践证明，循环经济是符合可持续发展理念的先进模式，后发展地区完全可以通过创新发展模式，实现经济发展与环境保护的“双赢”。只要立足各地客观实际，坚持创新发展理念和发展模式，走循环经济发展之路，就完全有能力有条件实现发展经济与保护环境的双赢，取得又好又快的发展成效。

（四）领导决策者必须树立战略眼光

作为地方党委、政府，其领导力应当体现在什么地方？中共日照市委、市政府生态建市、推动经济与环境和谐的实践告诉我们，主要体现在以下四个方面。

其一，确立正确的价值取向。确立和坚持什么样的价值取向极为重要，如果只想着捞政绩和个人的升迁，那就必然会热衷于搞“面子工程”，不管环境保护和人与自然的和谐发展，牺牲群众的长远利益。科学的发展观、正确的政绩观，应是领导干部从政的指针和标尺，这一条把握好了，就不会偏失方向，也就会更加自觉地为一个地方的可持续发展负责。

其二，决策者必须以实现好、维护好人民群众的根本利益为决策的最高依据。只有如此，才能处理好发展经济与保护环境的关系，为官一任，造福一方，在任期内实现地方经济又好又快地发展，实现人与环境和谐共生，让老百姓安居乐业。

其三，要增强前瞻性，以战略眼光谋划发展，担负起引领干部群众更新观念、提升思想境界的重任。提高思想境界，才能引导各级干部用科学的理念、超前的思维谋划好当地的发展，解决好发展中存在的矛盾和问题，加快实现全面协调可持续发展。

其四，善于科学规划、合理布局。注重和善于发挥规划的指导作用，坚持把生态建市战略和循环经济理念贯穿到城市规划建设管理发展的全过程，是领导者的重要责任。正是通过切实发挥规划的引领作用，才推动日照市走上了科学、有序发展的轨道，也进一步提升了其城市价值和城市形象。

(五)必须大力加强执政能力建设

一个城市的发展,干部队伍的执政能力和管理能力至关重要。领导集体的执政能力和科学管理能力,决定和影响着这个城市的发展方向。解决这个问题,既需要在干部配备上优化结构、提升能力,又需要通过加强培训、提高素质,让干部在促进可持续发展中增长才干、积累经验,不断提高管理能力和水平,这是落实科学发展观的重要保证。日照市建设生态城市的实践告诉我们,通过开展解放思想大讨论、加大培训力度、举办知识讲座、优化干部结构等多种形式,努力提高地方领导干部驾驭社会主义市场经济的能力,构建社会主义和谐社会的能力,科学制定和执行正确经济政策的能力,推动地方经济、环境和社会协调发展的能力等,对实现一个区域内经济发展和环境保护的双赢极为关键。日照生态建市、实现发展经济和保护环境双赢的实践还告诉我们,管理也是生产力。在新形势下,在深化改革的过程中,地方政府强化管理责任意识,科学确定管理职能,创新管理方式方法,实现管理的科学化、民主化、规范化,对提高城市发展水平和发展层次非常关键。

三、相关对策建议

为进一步完善政策,巩固生态建市的成果,在保护好“蓝天、碧海、金沙滩”的环境优势下,实现日照经济社会更好更快地发展,特提出以下对策建议。

(1)应高度注重制度创新。巩固生态建市成果,落实科学发展观,建立新的经济发展模式,迫切要求创新体制机制。当务之急是改革现行的政绩考核机制,不仅要看经济增长指标,而且还要看人文指标、资源指标、环境指标等,要把资源保护、环境保护纳入政绩评价,建立一套能够全面反映经济社会与环境资源协调发展的考核指标体系。

(2)进一步促进人与自然的和谐。必须把促进人与自然的和谐发展纳入市委、市政府决策的战略视野,正确处理人与自然的关系,把坚持“以人为本”与尊重自然结合起来,进一步处理好经济发展、人口增长与资源利用、生态环境保护的关系,在推进发展中充分考虑资源和环境的承受力,大力转变经济增长方式,加大调整经济结构和布局力度,总结发展循环经济的经验,把发展循环经济的“日照模式”推进到更高的层次,实现人与自然的和谐。

(3)坚持以人为本的发展理念。作为一级地方党委和政府,发展经济、保护环境、建设生态城市都要牢记党的根本宗旨，始终把实现好、维护好、发展好人民群众的根本利益作为一切工作的出发点和落脚点，进一步发扬民主，尊重人民主体地位，发挥人民首创精神，保障人民各项权益。要坚持生产发展、生活富裕、生态良好的文明发展道路，把生态城市建设与建设资源节约型、环境友好型、生态文明型社会有机地统一起来，争取努力实现速度与结构质量效益相统一、经济发展与人口资源环境相协调，使日照人民更好地在良好生态环境中生产生活。

(4)把保护环境与节约和保护资源有机地统一起来。必须把保护环境与节约资源有机统一起来，把建设资源节约型城市放在工业化、现代化发展战略的突出位置。要完善有利于节约能源资源和保护生态环境的地方性法规和政策，落实节能减排工作责任制，加快形成可持续性发展的体制机制。要进一步开发和推广节约、替代、循环利用的先进适用技术，发展清洁能源和可再生能源，提高能源资源利用效率。要合理使用、节约和保护水、土地、矿产、森林等资源。

(5)充分发挥市场机制作用。应致力于构建为社会和企业服务的办事高效、运转协调、行为规范的地方公共行政管理体系。在建设生态城市、保护利用环境的过程中，建议更充分地发挥市场机制的作用，利用价格杠杆，使各种资源的价格充分反映生态、资源和环境的真实成本，让污染者、资源开发和使用者承担环境和生态破坏的损失、资源耗竭的成本，以最大限度地减少资源的浪费和对生态环境破坏的损失，建立并形成节能、有效利用资源、切实保护环境的生产结构。创建和完善水市场、排污交易市场等环境资源市场，以便更有效地降低治理成本。在资源环境相关的公共投资中引入市场机制，以大幅度地提高投资效益。

(6)进一步做强做大海洋经济。日照海洋资源十分丰富，且生态环境优良，近岸海域水质保持国家一类标准，具备发展海洋经济的优越条件。今后应继续加大力度，进一步做好发展海洋经济的文章，提高生态建市的品牌效应。要以科学发展观统领全局，坚持“港城一体化、港带一体化、港桥一体化、陆海一体化”，以规划为先导，以港口为依托，以港口体系建设和临港工业、港口物流为突破口，加快海洋资源综合开发，加强海洋基础设施建设和环境保护，积极构建以综合枢纽港口、临港工业、现代渔业、滨海旅游业、海洋服务业、海洋科技和海洋新兴产业为主的海洋产业体系，努力把日照建成区域布局合理、产业结构优化、竞争优势突出、研发能力较强、生态环境良好的海洋经济强市。

(7)把旅游业纳入发展循环经济的战略视野。在今后的发展实践中,建议进一步把发展旅游业与发展循环经济有机地统一起来,把发展循环经济作为日照旅游业可持续发展的战略切入点。要继续坚持并进一步完善发展大旅游的思路,把发展循环经济理念贯穿于发展日照旅游业的整体规划之中,坚决杜绝对旅游资源与环境的掠夺性开发和急功近利式开发。要加强对旅游业的科学管理,强化旅游生态环境保护,防止旅游区的水体污染、噪音污染、空气质量下降、生态环境被破坏,以及旅游区内环境卫生脏、乱、差等情况的发生,保护好日照的蓝天、碧海、金沙滩等不可多得的旅游环境资源。要加大对发展旅游循环经济理念的宣传力度,积极倡导绿色旅游、绿色消费等循环经济意识,并完善旅游循环经济发展的政策法规体系。

参考文献:

[1]中华人民共和国环境保护法[Z].1989-12-26.

[2]中华人民共和国循环经济促进法[Z].2008-08-29.

[3]王谦光.推进我国循环经济发展的三项对策建议[J].华东经济管理,2007,(11).

本文原载于《华东经济管理》2008年第12期,2009年12月获全国行政学院第二届优秀科研成果三等奖。

当代英国工党执政方式对英国政党政治的影响与启示

魏 磊

英国工党自1997年5月上台执政以来，对内对外强力推行其执政主张，取得了执政以来经济稳定且持续增长等显著政绩，并在2005年5月5日举行的全国大选中第三次击败保守党，实现三连任。英国现任执政党工党以相互竞争等执政方式，对英国政党政治产生了深刻的影响。对这一问题进行研究，有助于我们了解和把握后工业社会西方主流政党执政的一些客观规律，从而为我党进一步改善领导方式和执政方式、不断提高领导能力和执政水平提供有益的启示。

一、当代英国工党的主要执政方式

（一）处理党际关系：相互竞争

英国工党的执政地位不是历史形成的，也不是法定不变永掌政权的，而是要通过五年一次的全国大选进行竞争获得执政地位。大选是首先检验包括工党在内的执政党处理同在野党如保守党之间党际关系的重要关口和时机。处理得当，执政党可以增加选民支持，多得选票；处理失当，则会失去其他政党的支持，可能丧失大选获胜的机会。英国虽然是典型的以惯例来规范政党参与选举的国家，但政党的活动包括五年一届的全国大选竞争，不是无所作为，而是渗透到政治运作的诸多环节。特别是大选年，政党间的竞争在民主、平等、合法和合理的过程中进行和平地、符合程序地竞争。然而，既然是竞争，肯定有胜利者和失败者。因而大选惊心动魄，充满悬念。例如2005年5月的英国大选，从1月份开始，在英国各地街头都可以看到工党、保守党相互攻击的各种创意的广告牌，还有各党派在社区、大学举行的规模不等的宣传会议。在2005年4月竞选活动序幕拉开的第一周，英国的三大政党——保守党、工党和自由民主党更是迫不及待地发力较劲，陆续公布了各自的竞选纲领。工党为了鼓励更多的选民到投票站投上自己慎重的一票，选举委员会煞费苦心，在伦敦市中心的特拉法加广场竖起了两块3米多高的广告牌，广告牌上写着“5月5日投票”几个醒目的大字，其目的是提醒、鼓励选民投工党的票。工党一旦取得执政地位，在日常政治生活中主要采用以下手法处理同保守党、自民党和其他小党的党际关系：一是为排挤竞争对手，抓住对手弱点竭力丑化和孤立对方。二是拉拢、分化、瓦解对手。三是与对手讨价还价。一旦发现对手的主张、见解对自己有利，则抛却政见分歧加以吸收。

（二）处理党政关系：党政合一

处理党政关系的执政方式，是一个执政党执掌政权、主导公共权力的重要手段，也是衡量一个执政党执政方式科学与否的重要标志。从英国惯例来看，无论哪个政党取得执政地位，都需要全面接管政治权力，掌握中央行政大权，承担起内政外交的领导职责。这样面临的问题是必须一党单独组阁，迅速组建政府并和政府打交道。执政党党团与党的领袖及首相三位一体，党政兼职，既有立法权又有行政权，还拥有党内实权。[①] 英国工党自1997年执政以来，也按照上述惯例组建政府，控制内阁。就控制内阁而言，英国工党政府实行内阁制。内阁是英国政府的核心，由议会的多数党领袖组建，是英国国家政策的制定机关，也是整个国家政权的枢纽。工党若想顺利执政，首先要控制内阁，内阁成员的人选全部来自工党。在英国君主立宪制下，政府由全体大臣、国务大臣、各部政务次官、执政党的督导员和王室官员等组成，所有这些都称国务员。而内阁只是国务员中的一部分，除首相外，一般由外交大臣、国防大臣、财政大臣、大法官、枢密大臣等组成。内阁成员既是政府的行政官，又是议会立法的成员。首相既是党的领袖，也是内阁的核心人物，同时也是英国政府体制中执政党、立法和行政相结合的体现者。如此，执政的工党既控制议会，又支配着内阁政府。再加上首相作为工党的领袖控制着本党以及督导员控制着两院本党议员，一般情况下能保证立法权与行政权的一致性。另外，由于大法官、最高上诉法院法官等重要司法官

① 参见徐育苗主编：《中外政治制度比较》，中国社会科学出版社2004年版，第595页。

员也是由首相向女王推荐并任命的，因而事实上首相也控制着司法权。这样，执政的工党就凭借拥有影响国家立法、行政和司法等权力的优势，制定并执行反映本党政治价值取向的对内对外重大政策。[①] 实际上由一党统揽了立法、行政大权。[②] 可见，工党采用的是党政合一的执政方式和领导方式，其主要表现形式可概括为：提出自己的政策主张，控制内阁、组织选举，参与社区活动，联系公众和社会组织，争取选民、取得政权并巩固执政地位等。

（三）处理党与民众关系：朝选民"一边倒"

民众的支持是一切政党生存和发展的前提条件，选民的支持构成了政党执政的合法性基础。无论什么性质的政党概莫能外。英国工党在执政的过程中，从首相到各位大臣，从每位工党国会议员到每位工党地方议会议员，都非常重视与选民的互动和沟通，及时传递亲民信号，千方百计地处理好党民关系，极力树立民本形象，竭力减少执政阻力，优化执政环境，"选民才是真正的上帝""选民就是执政的希望"的观念十分明显。例如，对社会问题、特别是大众福利问题给予极大关注，对关系到千家万户切身利益的教育及医疗卫生制度进行强力改革，使其更有利于中下层选民。此外，在控制公共开支、削减财政赤字、还权于民等方面，工党政府也做了很大努力。例如2000年在伦敦进行的英国历史上第一次由选民直接选举市长、下放苏格兰议会和威尔士议会的权力等，这些共识和做法都是建立在倾听民意的基础上。总之，工党政府刻意塑造一个和民众休戚与共的形象，并且取得了经济连续稳定增长等政绩，而这些实实在在的政绩是通过各种各样的亲民形式实现的。一是通过设立网站树立亲民形象。工党总部网站栏目齐全，选举意愿强烈，开放性强。比如，可以在线注册加入工党、在线注册做常年选举志愿者、在线为工党大选捐款等。网站面向社会开通首相和大臣电子邮箱，民众可以就自己关心的任何问题，包括对工党的重大决策，直接通过发送电子邮件提出意见、建议甚至批评和抨击。发给首相的邮件，回答结果会在网站上公布。工党还专门开通了工党学校管理者网站，目的在于加强工党与各地学校的沟通，提高教育质量。另外，许多工党议员除在各自代表的选区卓有成效地搞好每个"周五服务日"外，也在各自代表的选区建立了属于自己的网站，对外公布通信地址、联系电话、电子邮箱、传真电话等，全天候为

---

① 参见傅金铎等主编：《国外主要国家政党政治》，华文出版社2001年版，第77页。

② 参见王长江、姜跃等：《现代政党执政方式比较研究》，上海人民出版社2002年版，第56页。

选民服务。二是通过多媒体互动树立亲民形象。在物质生活越来越丰富的现代西方社会制度下,政治与选民间的疏离感却越来越强烈,普通大众参与政治的热情越来越低,这一点在英国也不例外。为克服这一政治现象,进一步密切政府与选民的联系,工党政府非常重视现代化传媒对加强工党与党内外沟通所产生的"喉舌""桥梁"作用以及对推行政府决策的辅助作用。一些大臣和工党议员经常主动邀请媒体、积极接受媒体的邀请、亲自上网互动聊天;基层活跃分子广泛发动小组会、支部会,鼓动市民通过电子邮件、电视、广播访谈、网上留言、手机短信等形式就当前社会热点问题向工党的决策机构"全国政策论坛"建言献策。这些形式在一定程度上修复了英国社会民主制度下政治与民众之间的疏离感,密切了政府与选民的联系。三是首相和大臣以身作则树立亲民形象。例如,前任首相布莱尔(于 1997 年登上首相宝座,时年 43 岁)年轻活跃,很擅长与民众和媒体沟通,颇具亲和力,一度被英国民众广泛认同,甚至被认为是欧洲新一代政治家的典范。特别是他咧嘴露齿的笑容、生龙活虎的精力、平易近人的形象,使得党内党外、老老少少对他都颇有好感。布莱尔利用工作视察、电视采访、给报刊写亲笔信、网上做客等形式,加强与英国平民大众交流,在英国民众中留下了深刻的印象。

(四)处理党与媒体关系:自由与干预适度结合

英国现代化造就了高度发达的信息业,媒体对政治的影响正变得越来越大,且大众传媒有"第四种权力"之称,因而处理好同新闻媒体的关系已成为工党执政的重要课题。[①] 工党执政之初,正是英国媒体急剧扩张的时期。到目前,英国的电视台已发展为拥有 400 多个频道的传媒帝国,其新闻产品和英文节目跨越和占据了世界传媒版图上的大部分角落,并享有不可撼动的地位。BBC 的全球电视新闻服务——BBC 世界(BBC World)节目被传输到世界上 100 多个国家。在英国无线电广播中,BBC 迄今保持着统治力量,收听率达到了人口的 56%,其节目产出占所有广播节目的 30%。另外,BBC 不但通过"世界服务"制作电视节目,而且还制作广播节目,目前其全球听众已达 1.2 亿。在期刊方面,如《私家侦探》(Private Eye)和《经济学人》(Economist)都是非常成功的出版物。目前全英有 3000 多种期刊杂志在发行,现在仍在不断出现新杂志,期刊杂志正在一个相对健康的环境下快速发

① 参见魏磊:《当代英国工党执政方式的突出特征与启示》,《湖北行政学院学报》2007 年第 4 期。

展。如今，在资本和有序的市场运作下，英国传媒的发展已经达到了一个相对成熟的阶段。传媒领域的电视、报纸、期刊等不同的新闻产品，在细分的市场、合理的定位、稳固的消费群和完善的组织形式下更是描绘出了一幅英国的传媒地图。总的来说，新闻产业在英国如同在其他先进资本主义国家一样，俨然成为一个强劲的经济产业部分。在英国，有80%的成人至少读一种全国性的报纸，而《星期日报》的阅读率是75%。英国的某项调查显示，作为信息获取的来源，电视和报纸排在了朋友、家庭、政治家和其他信息资源之前的位置；在现代工业化的国家中，2/3的公众是通过电视获得国内和国际新闻的。在所有媒体中，电视是对最大人群产生最大影响力的媒介。[①] 因此，布莱尔当上工党领袖后，更加重视媒体对工党政府的正负面影响，重视媒体公布的各种各样的社会调查结果，认为舆论监督是密切执政党与外部联系的重要手段，是建立政府与公众之间相互信任、促进政府的信息透明化、有效制约政府职权的重要"法宝"，"以更为专业化的方式使党与媒体有机地结合、以媒体为坐标设计党的竞选战略"[②]，同时非常注意政策的包装，以此树立工党的形象。工党明确规定由首相新闻发言人协调内阁大臣和政府各部对外表态，并宣布禁止工党议员在媒体上攻击党的政策，违者给予严厉追究。执政的工党对媒体持审慎的态度，新闻媒体享有比较充分的报道自由，政府很少直接进行检查和干预，除非在危害国家利益或政府形象时才控制媒体。[③] 综观布莱尔及工党执政的几年，其处理"党媒关系"的执政方式主要有：直接占有或间接控制新闻媒体；重视对媒体的公关，化解媒体对执政党的消极报道，积极引导舆论导向；重视更新宣传观念和宣传方法，改进宣传机制，树立良好的政党形象。当然，当舆论监督在事关政府形象或国家利益的时候，工党政府毫不手软。英国和其他西方国家一样，尽管政府信息已经相当透明，尽管有一系列制度作保障，但在媒体对政府的舆论监督里仍含有很多政治运作的成分，而且政府也会向媒体施加相当的压力。各个领域的媒体在一定程度上都受到某种特定形式的控制或限制。可见，英国舆论监督自由是受到政府权力制衡的，而这种制衡的手法实质上是一种变相

① 参见非亚、冷淞：《英国传媒地图》，2004年5月14日，http://www.dragontv.cn。

② 林德山：《英国新工党的现代化改革简析》，《欧洲研究》2006年第2期。

③ 参见魏磊：《英国工党加强党内外团结和联系的探索》，《理论学刊》2006年第2期。

的控制。[①] 正如詹姆士·柯兰和科林·雷斯所说:"现在已到了同时解释媒体和英国政治的时候……一切证明,英国国家执政党正在嬗变过程中,正在把具有北美风格的机制有步骤地纳入原本倾向左翼的英国工党组织内部,想方设法架构出一种联盟式的政治力量。全球传播技术的飞速发展因默多克媒体帝国的迅速崛起而彰显,同时伴随着英国国家政治的迅速变化,伴随着国家政治人物比如布莱尔等对全球化背景下文化的嬗变和经济压力猛增的调适,媒体与政治互依互存的关系已经变得更加密切,因而在单独一个国家的层面上已经无法进行判断和分析。然而无论对于媒体还是政治来说,对这种关系的分析都是理解的基础。"[②]

二、当代英国工党执政方式对英国政党政治的影响

工党自 1997 年 5 月上台执政后,已连续统治英国政坛三个任期,其执政方式和治理风格对英国政坛、政党政治产生了深远的影响。

(一)使现有政党政治格局更趋于长远和稳定

由于英国天然的保守主义传统深深地渗入了其社会、政治、对外关系和国民心态中,因而在英国政党制度 100 年来的历史发展长河里,主宰着英国政坛的政党一直主要有两个,先是托利党、辉格党,继而是保守党、自由党,后来变成保守党和工党。1997 年,布莱尔和工党打着"新工党、新英国"口号压倒性地从保守党手里夺过政权,并成功担任两届首相,又于 2005 年 5 月赢得了第三届任期。在近十年的执政时间里,工党的执政方式对英国政党与政治格局的影响比较明显,主要表现在两大方面:一是使两党制的政党格局得到保持和强化。议会选举和议会政治仍然由工党和保守党把持,自民党和其他小党处于次要地位,无法形成对两大政党特别是工党的挑战,政党格局在未来一段时间内不会出现大的起伏。二是随着北爱和平进程的顺利推进和宪政领域改革的进行,包括取消非选举产生的贵族在上议院中的位置以及英国中央政府向包括苏格兰、威尔士和伦敦在内的地方政府分权,特别是工党执政期间创造的经济成就深深地吸引着英国选民,英国政党政治

---

① 参见陈绚:《新闻自由作为实然权利用泯灭——"情报门"事件管窥(2)》,《国际新闻界》2004 年第 5 期。

② James Curran and Colin Leys, *Media and the Decline of Liberal Corporatism in Britain*, London: Routledge, 2000, p.234.

格局将会更趋稳固和长远。如果与西欧大陆多党制的国家相比，英国政府的稳定就更见突出。[①] 在经济发展方面，英国国内经济每年以平均2.75%的速度保持稳定增长，人均国内生产总值超过了德国、法国和意大利。到2004年第4季度，英国经济已经实现了连续49个季度的持续增长，这是英国历史上200年来从未有过的最长的经济持续增长期。[②] 即使2002年的经济比较低迷，但国内生产总值(GDP)的增长率也达到了1.8%。2004年，英国经济增长3.2%，平均工资收入以4%的年率增长。2005年的GDP增长率达到2.2%。与此同时，通货膨胀率低于2%这一政府设定的调控水平。此外，英国的动力市场稳定，失业率继续降低，目前正处于20世纪70年代以来的最低水平。据国际劳工组织公布的数据显示，2005年第1季度世界平均失业率为4.7%，而英国仅为2.6%，且低于上年第4季度的水平，2005年12月失业率维持在2.7%。同时，英国劳动力市场保持着很高的稳定性。与过去几年英国劳动力市场上兼职和自由职业者增多的情况相比，2006年第1季度全职就业增长1.6%，而兼职却下降2.2%。英国15～64岁的民众中逾七成实现充分就业，不仅高于德国、法国，而且还优于美国。从就业的行业情况看，制造业就业继续下降，而建筑和服务业就业保持增长。在服务业中，除零售、旅馆和餐饮业外的就业都呈现普遍增长的局面，其中以金融和商业服务增长最为迅速。因此，经济的稳定增长已使选民得到了实惠，这是工党看得见、摸得着的政绩。可见，工党的执政方式对于调节各政党间、各阶级间、各集团的矛盾，化解执政与社会危机，维护其执政地位以及政党与政治格局的稳定性，发挥了重要的作用。这就意味着，工党的执政方式正在并将继续影响英国乃至欧洲的政党与政治格局。这就是在2005年5月5日举行的英国大选中工党实现三连冠，布莱尔因此成为连续第三次入主唐宁街的第一位工党领袖，也是工党成立100多年来首次实现三连任，成为工党历史上和世界政党建设史上一件大事的重要原因。

（二）使在野党的政治主张更具连续性且组织运转更加严密

英国工党以具有健全、完备的中央和地方组织及明确、稳定的党纲、党章和严肃的纪律而著称。布莱尔领导的工党在执政和党的建设的过程中，十分重视加强党的纪律。在国会的重要投票中，工党要求其党员作为一个

① 参见傅金铎：《国外主要国家政党政治》，华文出版社2001年版，第81页。
② 参见赵晓：《布莱尔的三连任》，《南方人物周刊》2005年第10期。

集团须按照党的意图投票。在对工党议员个体控制上，采取严厉政策，通过纪律处分如开除工党议员党籍等手段控制工党议员。例如，被称为工党“叛徒”的乔治·加洛韦是工党内坚定的反战议员，强烈批评布莱尔政府参加伊拉克战争，并公开呼吁英军士兵拒绝前往伊拉克参战。布莱尔毫不留情，断言将加洛韦开除出工党。工党这种强硬的执政风格，深深地影响了在野党，也给在野党如何整肃自身以图东山再起增加了压力。其中压力表现之一就是英国各主要政党除注意在加强党的组织建设、改善党的形象等方面做好经常性工作外，每年都要集中精力召开一次全党大会，通常历时五天，按惯例一般都在海滨城市举行。2005 年 9 月 21 日，自民党在海滨城市布莱顿开会，10 月 6 日起保守党在布莱克浦召开大会。自民党在大会上投票决定是否通过政策草案；保守党大会虽不就任何实质性的政策作决定，但大会开得生动活泼，如大会期间举办形式多样的辩论、培训以及酒会、餐会等社交活动。党魁们非常重视这一机会，通过在大会上演讲阐述方针政策，并利用此机会施加个人影响，以图向党内外人士展示自己才是最有远见卓识、最能带领其政党走向唐宁街的领袖。压力表现之二就是促使在野党物色年轻有为、可以担当党魁领袖、以便在未来的大选中能击败工党取得执政地位的年轻人进入党内核心层。就保守党而言，在三届大选失败之后，2005 年 11 月，其痛定思痛，经过半年的党内辩论和明争暗斗，最终推举出了年仅 39 岁的卡梅伦作为保守党的领袖。这种压力也许来自工党当年选出了年仅 41 岁的布莱尔作为工党领袖从而带领工党一举实现三连任。事实上，卡梅伦上任后的确让保守党兴奋了一番。在 2005 年秋季党代会上，卡梅伦第一次演讲，一口气脱稿演讲 15 分钟且无任何不完整和重复的语句。伶俐的口齿、得体的表情、稳重的姿态以及与保守党领袖匹配的背景（富家子弟，就读于伊顿公学，毕业于牛津大学），不仅让媒体欢悦，而且还让那些年迈的保守党员们备受安慰，觉得他才是保守党真正的领袖。

（三）使“两个半政党”的阶级基础弱化进一步加快

英国一般被视为传统的两党制国家，但随着本国政党政治的发展，自 20 世纪 80 年代中期后，英国的政党已经由两大党（工党、保守党）逐步演变为“两个半政党”。之所以称为“两个半政党”，是因为能够对英国政坛构成影响的只有工党、保守党两大政党以及自民党这个在英国政党政治格局中只能发挥半个政党作用的第三大政党。根据英国 2005 年大选结果，布莱尔领导的工党得票率为 37％，其主要对手保守党为 33％，第三大党自由民主党为22%。在645个议席中，工党获得355席，控制了议会，继续成为第一大党。①

对于第三大党自由民主党来说，在这次大选中，虽然它也提出了具有自己特色的政策，支持率迅速上升，但客观地说，其政策并不比工党的吸引人，该党目前也无法具备成为执政党的实力，还充当着“半个政党”的角色。前任党魁查尔斯·肯尼迪也清醒地认识到这一点。他在2005年大选中提出的口号是超过保守党，成为议会第一大在野党。但很多选民仍然认为，自民党不过是个“抗议党”，和工党对抗时显得比工党还要左，和保守党交锋时又表现得比保守党还要右，因此对自民党的政策难免心存疑虑。就英国“两个半政党”的阶级基础而言，工党90%以上的成员为工会集体党员，他们大多是普通工人，其余是知识分子、中小资本家。其信奉民主社会主义的政治意识形态，认为英国资本主义在生产和贸易方面非常有效，只需要对社会分配机制进行改造，资本主义就可以进入社会主义。② 保守党代表英国垄断资本家、大地主和贵族的利益，支持者一般来自企业界和富裕阶层。其下院议员中差不多有一半是公司的董事、经理和商人，另一半大多是律师、公职人员和专业人士。议员们几乎都受过高等教育，有相当多的人在牛津大学和剑桥大学上过学，还有很大比例的党员在私立学校读过书。③ 他们主张自由市场经济，通过严格控制货币供应量和减少公共开支等措施来压低通货膨胀；主张限制工会权利，加强“法律”和“秩序”；认为英国不是欧洲的一部分，反对联邦欧洲，强调维护英国主权，提出建立大西洋共同体以加强英美关系；强调北约继续是英国安全与防务的基石。自由民主党的成员主要是工商资本家、律师、教师和学生，代表中小资产阶级和企业主的利益。但随着近几年以工党主导的英国现代民主政治的发展、科技的进步、社会分工与利益的分化、财富拥有量的起伏，各政党的成分出现明显的波动与分化，阶级基础不断变动并不断重新组合，传统意义上的工党、保守党、自民党形象已被打破，在这方面工党尤甚。布莱尔执政期间用各种方式淡化工党的阶级色彩。一方面进一步削弱了工会在工党各类机制中的作用，将工会在年会上的集团投票权进一步减少到了50%，另一方面通过与其他集团和个人合作的方

---

① The Electoral Commission, Election results, http://www.electoralcommission.org.uk/election-data/index.cfm? epage=s.

② 参见林勋健主编：《西方政党是如何执政的》，中共中央党校出版社2001年版，第21页。

③ 参见林勋健主编：《西方政党是如何执政的》，中共中央党校出版社2001年版，第20页。

式来显示工党的开放性。工党宣传与自由民主党之间的许多合作。布莱尔当首相时还向一些传统上被视为“敌人”的人进行咨询，如保守党政治家和商人。1997 年大选胜利后，作为唐宁街 10 号的一个政府委员会的政策小组的许多成员是来自企业界。[①] 可见，英国“两个半政党”格局的阶级基础在工党执政下进一步被弱化和分化了，传统意义上的工党、保守党和自由民主党的形象已不复存在。

（四）使执政党与在野党政策和立法的趋同进一步增强与加快

工党在失去执政地位整整 18 年后，终于在 1997 年 5 月于英国战后的第 15 次大选中获胜。在野的痛楚促使工党痛定思痛，明确宣布不再坚持赤字预算、控制物价、控制进口等主张，而强调要紧缩公共开支、严格限制政府借贷、发挥市场的作用以及给苏格兰银行更大的权力等，而所有这些主张恰恰是撒切尔执政时期的基本政策。1979 年 5 月，英国有史以来的第一位女首相撒切尔夫人上台，开启了撒切尔夫人时代。以撒切尔夫人为代表的保守党政府采取了以下具体政策：第一，大力推行私有化。在英国的“共识政治”时期，英国的国有化企业曾占到了企业总数的 20%。撒切尔夫人上台后首先果断关闭了一批亏损的国有企业，继而又把绝大多数国有企业的股份以较低的价格大量抛售，从而实现了国有企业“私有化”。撒切尔夫人称之为“资本人民化”。此外，撒切尔夫人还以优惠价格出售了大批公有住房，从而使相当一部分工人得到了一定的实惠。第二，对工会采取强硬政策。以工会不能超越法律为理由，保守党政府于 1980 年、1982 年和 1984 年先后颁布了两个《就业法》和一个《工会法》。这 3 个法令使工会活动受到极大的限制。此外，政府以“不干预”为理由，把工资谈判完全交由劳资双方去处理。在经济萎缩、失业严重的条件下，这种谈判对资方特别有利。第三，削减了中下层人民群众的一部分福利。在实行福利国家制度的同时，英国一直实行个人所得累进征税制。撒切尔夫人上台后，以“把英国从一个依赖的社会转变成一个自立的社会”为口号，大幅度削减了个人所得税，大大增加了“人头税”。上述主张和举措通常被人们称之为“撒切尔主义”。[②] 这些具体政策的实施，使英国社会政治、经济面貌在撒切尔夫人执政的 11 年里出现了大有改观的英国奇迹。布莱尔在 1997 年 5 月的竞选前就许诺，保守党政府为

---

① 参见林德山：《英国新工党的现代化改革简析》，《欧洲研究》2006 年第 2 期。

② 参见刘玉安：《从巴茨尔主义到布莱尔主义》，《欧洲》1999 年第 6 期。

振兴英国经济所采取的许多行之有效的政策，工党政府都会接受。事实上，布莱尔不但接受、继承了保守党的基本政策，而且上台后不久就宣布政府只负责确定通货膨胀率的政策目标，日常利率的变更则由苏格兰银行决定。此举意味着工党政府进一步发展了保守党的经济政策，更加尊重市场经济规律。工党执政近十年来，不仅实现了低通胀、低失业率，而且其经济增长势头在欧盟国家中也名列前茅。很多政治家和学者认为，这一成就的取得不是由于工党政府改弦易辙，而是由于它接受了撒切尔主义。"布莱尔先生早已侵入了保守党意识形态的生存空间，正在挤占道路，正像当年老工党把自由党挤得没有立足之地一样。"[①]另一方面，在野党如保守党和自民党，已不再是传统意义上的在野党，无论在组织结构还是在政策的选择方面都变得非常实际，显示了政策的趋同性和政治共识的达成。以2005年三大政党竞选纲领中关于经济和税收的主张为例。经济问题是执政党工党制胜的王牌，在英国经济持续增长并保持低税率、低失业率和低通货膨胀的背景下，经济问题成为各大政党参加此次选举的核心政纲。工党重申了实现2%通货膨胀率的目标，表示将继续执行原先的经济政策，增加政府开支。工党还承诺将为退休人员和低收入家庭提供税收优惠，将最低工资从每小时4.85英镑提高到5.35英镑。保守党承诺采取温和的减税政策，减少政府浪费，2011年前力争节省35亿英镑政府开支，并将这笔钱用在减少公开借款上，同时增加学校和医院建设的经费，还特别表示将继续执行低利率政策确保经济的稳定增长。自民党则承诺增加对年收入在10万英镑的高收入阶层的收入税（最高税率为50%），用于增加教育和卫生领域的开支。可见无论上述三大政党的经济主张如何不同，但有一点高度重合，即都表示采取有效措施确保经济稳定增长、为民众提供优质服务。这一现象是英国工党在处理党际关系上采用"政党相互竞争"和"朝选民一边倒"的执政方式使然，比较准确地诠释了当前英国政党政治的特性。工党对英国经济所创下的"布莱尔门坎"，使急于夺回政权的保守党不敢掉以轻心。保守党党魁卡梅伦在2006年10月举行的年度党员大会期间多次强调，维持经济稳定是要务，公共服务质量不能打折，唯有经济持续稳定发展，政策才能开花结果。他还突破党内禁忌，绝不承诺减税。保守党的这一举动反映了这样一个真理："政治家必须审时度势、反映和顺应人民群众的愿望，才可能获得成功。从这个

① Michael Gonzalez, "The Stupid Party", *The Wall Street Journal Europe*, 2001, pp.8-9.

意义上说，英国战后以来从艾德礼上台到巴茨克尔主义和撒切尔主义，再到目前的布莱尔主义，都是英国人民意志的体现。”①

三、当代英国工党执政方式对我党执政的几点启示

一个政党有无科学的执政方式，能否因时代和任务的不同在执政方式上予以有效回应，直接关系到该党先进性的保持和弘扬，关系到该党执政地位的坚持和巩固，关系到人民主权的实现和发展。我党执政方式的选择与变革，是由党所处的历史条件和党所肩负的历史任务决定的。举世瞩目的党的十七大作出了要按照科学执政、民主执政、依法执政的要求，改善党的执政方式的战略部署。要实现这一战略部署，必须立足党情、国情，同时需要宽广的世界眼光，走出为党建而党建的视野局限，积极学习、大胆借鉴英国工党在执政方面的成功经验，但决不能生搬硬套。有鉴于此，在坚持和完善中国共产党各级党委“总揽全局、协调各方”这一实现党执政的基本领导格局的前提下，进一步改革和完善党的执政方式要重点在三方面下功夫。

首先，进一步理顺党政之间的关系，形成党委全面领导、党政职能明晰的科学化、规范化、制度化的执政机制。党政关系说到底是党与法的关系，不管是英国工党还是中国共产党，本质上都要正确处理党与法的关系。英国工党在处理党政关系方面采用的是“党政合一”的执政方式，从一定意义上说，这是英国三大政党尤其是在野的保守党在两党制下不断同工党进行竞争的结果，客观上促使英国工党成为一个越来越成熟的政党。对此，我党不能效仿或照搬。但不得不承认，由于我们特有的党情和政党制度，目前党政关系不够协调是我们党执政方式不够科学的一个事实。所以，从中国共产党特有的党情出发，进一步规范党政关系，是当前改革和完善党的执政方式、提高党的执政能力的极其重要的任务。为此，一要进一步规范党的领导，实现其制度化、规范化、法律化。党的领导方式和执政方式问题，说到底是制度问题。国家行政机关必须服从党的领导，同时，党对政府实施领导的范围需要进一步规范，而且这些规范要形成制度，落实为法律法规。二要进一步加强党对人大工作的领导。在坚持党必须在宪法和法律的范围内活动的前提下，是否考虑让党委领导人及组成人员都成为人大的组成人员甚至

---

① 刘玉安：《从巴茨克尔主义到布莱尔主义》，《欧洲》1999年第6期。

领导成员，这样能使党委成员成为人大实际上的核心，党的主张、重要决定就会很容易而且名正言顺地成为人大的决定，然后以人大的名义督促和监督政府去贯彻执行。三要进一步明确政府的职能，并通过法律和条例作出规定。党的十六大提出党要“支持政府履行法定职能，依法行政”，形成行为规范、运转协调、公正透明和廉洁高效的行政管理体制。政府的法定职能就是关键的问题。这不能仅仅停留在书面上、口头上，应该有相应的制度和法律保障。四要在实践中进一步探索党政权力结构合理化和运行程序化的具体实施方案。合理划分党与国家机关的权限和政府内各部门的权力范围，细化党委与人大、政府、司法等机构的职能分工，明确党政领导人的职能权限。

其次，从以人为本的执政理念出发，通过正确处理党内民主和人民民主的关系实现党内和谐进而促进社会和谐。众所周知，英国工党是一个具有社会民主主义性质的政党，为了争得执政地位，在处理党与民众关系上尚且朝选民一边倒，中国共产党作为以马克思列宁主义、毛泽东思想、中国特色社会主义理论体系为指导的工人阶级政党，没有任何理由不立党为公，执政为民，以人为本，全心全意为人民服务。所以，从以人为本的执政理念出发，正确处理党内民主和人民民主的关系，通过扩大党内民主实现以党内和谐促进社会和谐，进一步密切党同人民群众的关系，是中国共产党义不容辞的责任。党是构建社会主义和谐社会的领导者和组织者，要完成构建和谐社会的历史重任，就必须促进和维护党内关系的全面和谐。为此，一要达成发展党内民主和人民民主的共识。民主的发展不是免费的午餐，它需要时间、条件和代价，关键是寻找上下合力的结合点，提出适合国情、党情、民情的民主发展道路。二要建立党内竞争机制。中国特有的国情和党情决定了我们不能采用英国工党通过党外竞争的方式来发展党内民主和人民民主。鉴于政治体制改革是我国所有改革的难点，我们既不能因为改革的复杂性和艰难性而无限期推迟改革，又不能操之过急。当前可以考虑依据民主原则引入党内竞争机制，把党内竞争作为推进党内民主发展的重要形式，大力推行公开选拔和竞争上岗制度，完善党内选举候选人提名方式，适当扩大差额选举的比例，以此把党内竞争作为推进党内民主发展的重要形式加以突破。三要建立健全诉求表达机制，推进群众有序政治参与。建立健全一系列具体制度，如选举制度、信息公开制度、听证制度、公民参与立法制度、建议制度、公民批评制度、对公职人员评价制度、司法陪审制度、领导干部接待群众制度、党政领导干部和党代表、人大代表、政协委员联系群众制度、信访工作责任制度等,使这些制度在构建和谐社会中真正成为公民有序参与政治的有效机制。

最后,加强党对新闻媒体的领导,充分发挥舆论监督的作用。从英国工党处理党与媒体关系的执政方式可以看出,工党在重视大众传媒作用的同时,对新闻媒体控制有度,给予新闻媒体对政府充分的监督和批评权,因而密切了执政党与外界的联系,大大改善了执政环境。就我党与媒体关系而言,从总体上看是和谐的,但由于目前我国正处于政治日趋开明、经济日益走向全球化的一个新的社会转型期,新闻媒体在推进我国物质文明、精神文明、政治文明和生态文明"四大文明"建设,构建社会主义和谐社会,以其独特的优势正确而有效地发挥舆论监督作用,激浊扬清、扶正压邪、化解矛盾、维护安定、促进发展等方面,还存在一些需要进一步改进的地方。党的十六届六中全会明确要求"新闻媒体要增强社会责任感,宣传党的主张,弘扬社会正气,通达社情民意,引导社会热点,疏导公众情绪,搞好舆论监督……使各类新兴媒体成为促进社会和谐的重要阵地"①。为此,一要做到加强和改进党对新闻媒体的领导,全面准确地宣传党和政府的重大决策部署和各项方针政策;认真开展有利于推进落实科学发展观的舆论监督;做大做强有利于推进和谐社会建设的正面宣传,营造聚精会神搞建设、一心一意谋发展的良好的舆论氛围。二要做到新闻媒体保持相对独立的品格。新闻媒体是党的"喉舌",当然要接受党的领导。但党对党报、党刊的领导不应是具体事务或"琐碎"事务的领导,而应是方向、原则的"总的领导",保证新闻媒体运转的相对独立性,保证党报在进行舆论监督时关注民生、反映民意,也要重视发挥社会新闻的作用。三要加强主流媒体队伍建设,不断加强其党性修养教育,把提高其思想政治素质始终放在队伍建设的首位。四要尽快制定新闻法、舆论监督法,实现党内舆论监督的制度化、法律化。

本文原载于《中国浦东干部学院学报》2008年第4期,2010年9月获山东省第二十四次社会科学优秀成果三等奖。

① 《中共中央关于构建社会主义和谐社会若干重大问题的决定》,人民出版社2006年版,第24页。

政府推进论：中国特色市场经济形成理论

——青岛大企业直通车服务制度的理论分析

王　军

青岛市人民政府的大企业直通车服务，是由该市经贸委牵头、市各职能部门作为成员单位，搭建起的一个宽广而高效的政府服务平台，为大企业提供“标准化、精细化、人本化、零差错”的全程式服务。从青岛市大企业直通车服务的制度设计、运行机制、实施绩效等方面来看，其具有实践和理论的原创价值，反映了中国特色市场经济形成的一般理论逻辑，本文将这个理论框架总结为“政府推进论”。

一、市场经济形成理论述评

市场经济形成理论是关于各种非市场经济形态或市场经济的不发达形态如何向发达的市场经济转化或过渡的理论，该理论将市场经济的形成作为一个动态过程加以研究，涉及推进主体、方式和途径、动力和条件等理论内容。① 西方发展经济学在20世纪80年代以后突破了新古典经济学将市场经济作为既定制度的研究方法，着力研究市场经济形成的动态过程。国内关于市场经济形成的理论研究是与过渡经济学同步进行的，也是与各种制度变迁理论的总结和创新同步的，因为国内的理论工作者面临共同的改革实践与研究素材——中国的市场化改革。

（一）西方发展经济学中的市场经济形成理论评述

（1）石川滋的低度发达市场经济理论。该理论认为，在处于较低发展阶

① 转轨国家市场经济形成不是自然生发的，而是由主体推进的，这个主体在特定阶段主要是政府。

段的低收入国家，存在着同低收入水平相适应的不发达市场经济，因而这些国家的发展过程同时也就是市场经济作为一种体系而发达起来的过程。该理论指出了市场经济形成的初始状态，认为市场经济形成构成了发展的重要内容。[①]

(2)青木昌彦等的“市场增进论”。该理论认为，在经济发展水平和市场发育程度较低时，民间部门解决协调问题的能力较为有限，而政府在促进发展方面有相当大的适用空间。政府能为市场机制的发展提供稳固的制度框架，通过补充民间部门协调功能，设立“相机性租金”以激励民间部门的竞争，政府能提高民间部门的市场竞争能力，并将这种作用称之为“市场增进论”。该理论指出，推进市场经济形成的主体是政府，政府推进市场经济形成的手段是提供制度框架，着力点是促进民间部门的发育，动力是设立“相机性租金”。[②]

(3)麦金农在《经济自由化的次序》一书中根据转轨国家的经验教训指出，只有以适当的次序来推进改革，才能使市场经济体制逐步建立起来。经济自由化的第一步是平衡中央政府的财政，第二步是开放国内资本市场，第三步是汇率自由化改革。其中，经常项目的自由兑换应大大早于资本项目的自由兑换。该理论也明确指出推进市场经济形成的主体是政府，并且政府是实施和选择自由化次序的主导者；自由化次序得当与否实际上保证了市场经济形成顺利与否。[③]

(4)世界银行《1996年世界发展报告》以《从计划到市场》为题，对转轨国家向市场经济转型的问题进行了研究，提出了一系列重要的观点。报告认为，自由化和宏观经济稳定是市场经济形成的首要步骤。但仅靠自由化和宏观经济稳定，还不足以建立起发达的市场经济。要在转轨带来的前期收益的基础上进一步前进，必须大力强化改革，建立强大的市场支持体制。这种支持体制的内容主要有三：一是良好的法律及有效的实施手段，二是健全的金融体制，三是政府。该报告论证了市场经济形成必需的外部环境和发展步骤，指出了政府是推进市场经济形成的主体，政府推进市场经济形成的

① 参见[日]石川滋：《发展经济学的基本问题》，胡欣欣等译，经济科学出版社1992年版。

② 参见青木昌彦等主编：《政府在东亚经济发展中的作用：比较制度分析》，张春霖等译，中国经济出版社1998年版。

③ McKinnon Ronald I., *The Order of Economic Liberalization*, Johns Hopkins University Press, 1991.

手段是提供法律、政策和制度等软性公共产品，并且政府本身的改革是市场经济形成的必要条件，也构成了市场经济形成的重要内容。①

（二）国内学者的典型研究成果评述

国内学者关于市场经济形成的理论观点内含在转型经济的研究和各种制度变迁理论中。这些制度变迁理论主要研究中国市场化改革的推动主体、转轨路径、演进动力、变迁绩效等，实际上已构成了中国特色市场经济形成理论的组成要件，只是还未构建起统一的理论框架。

(1)杨瑞龙的制度变迁三阶段论。他提出了我国在向市场经济过渡的过程中制度变迁方式的转换将依次经过供给主导型、中间扩散型和需求诱致型制度变迁三个阶段的理论假说。该理论主要研究了中国市场经济形成的步骤和所经历的典型阶段，同时分析了各个阶段的演进动力。②

(2)黄少安的制度变迁三个新假说。其内容包括“同一轨迹上制度变迁的边际效益先递增后递减”假说、“政府以行政手段推进市场化进程”假说和“制度变迁主体角色定位与角色转换”假说。第一个假说分析了市场经济形成过程中具体制度创新的绩效变化，第二个假说明确地指出中国市场经济形成的主体和手段，第三个假说着重分析了市场经济形成过程中推进主体的变化规律。③

(3)周业安的制度变迁演进论解释。该理论提出了一个分析中国制度变迁的演进论框架，认为中国的改革过程交织着政府选择外部规则和社会成员选择内部规则的双重秩序演化路径，前者是表面上的主线，实际的主线则是后者，并且两种规则之间的冲突与协调贯穿整个制度变迁过程。在这个过程中，中央政府更多地起法官裁决作用，而地方政府更多地从事制度企业家活动。总的来看，改革经历了政府逐步退出直接的制度创新领域及外部规则逐步缩减作用范围的过程，也就是内部规则逐步发育和强大的过程，这是中国市场化的本质。该理论从一个长的历史视野理解制度变迁，将之视为一个双重演化的过程，分析了中央政府和地方政府在推进制度变迁过

---

① World Bank, *World Development Report* 1996: *From Plan to Market*, Oxford University Press, 1996.

② 参见杨瑞龙：《我国制度变迁方式转换的三阶段论——兼论地方政府的制度创新行为》，《经济研究》1998 年第 1 期。

③ 参见黄少安：《关于制度变迁的三个假说及其验证》，《中国社会科学》2000 年第 4 期。

程中的分工，总体上是制度变迁的演进论。[①]

二、政府推进论：一个中国特色市场经济形成的分析框架

西方发展经济学的市场经济形成理论摒弃了新古典经济学的政府—市场二分法，把发展中国家市场经济的形成作为一个动态的过程加以研究，认为发展中国家市场经济的形成应该采取有意识地培育市场体系、建立市场经济支持体制的措施，其理论隐含了培育市场经济形成的关键主体是政府这一结论。青木昌彦等的“市场增进论”虽然没有明确提出市场增进的主体是谁，但提出政府设立“相机性租金”来增进民间部门协调能力的观点，毫无疑问，政府在其中扮演了重要的角色。麦金农的“自由化次序”理论虽然侧重于分析保证市场化经济形成的改革次序，但是在推进保持财政平衡、开放国内资本市场和推进汇率自由化改革等措施上，强调只有政府才是天然的推进主体。1996 年世界银行提出的市场经济形成所必需的外部环境和三大支持体制，实质上也凸显和推崇政府的推进作用。国内关于市场经济形成的三个代表性理论观点取材于中国市场化改革的实践，力图总结中国市场经济形成的一般规律，也无不把政府的作用放在突出位置上。基于此，本文提出一个分析中国特色市场经济形成的理论框架，称为“政府推进论”，其内容如下。

第一，从计划经济向市场经济的转轨过程是市场经济形成的动态过程。在这个过程中，政府是推进市场经济形成的主体，有差别的只是政府的作用方式和范围不同，但政府作为推进主体的地位是不容否认的。

第二，在市场经济形成的不同阶段，政府发挥推进作用的方式或领域是不同的。初始阶段，政府的推进作用体现在“退出”，即政府从直接竞争领域的退出；第二阶段，政府的推进作用体现在“有进有退”，即从一味退出竞争性经济领域转变到在退出的同时强化在非竞争性经济领域的作用，现实中主要体现为强化政府在基础产业、基础设施和自然垄断行业等领域的作用；第三阶段，政府的推进作用体现为“强化进入”，即强化政府在社会管理和公共服务领域的作用；最后，当市场经济形成时，政府的作用虽然是提供公共

① 参见周业安：《中国制度变迁的理论思考——一种演进理论的看法》，《天则经济研究所内部论文集》1998 年第14 期。

产品和服务，但已成为公共服务型政府，真正做到“经济调节、市场监管、社会管理、公共服务”。

第三，在不同阶段，政府发挥推进作用的手段是不同的。初始阶段，政府“一刀切”地要求退出竞争性经领域，主要手段是行政性命令和行政性推动；第二阶段，政府主要是通过加大投资提供“硬”公共产品的方式来实现“强化进入”基础产业、基础设施和自然垄断行业等领域；第三阶段，政府主要通过提供“软”公共产品来实现“强化进入”，如创设市场经济发展所需要的各种制度、提供和维护良好的市场秩序、构建社会信用体系等等，但这时的政府仍然是经济建设型政府；最后，当市场经济形成时，政府提供各种公共产品和公共服务，并且已经完成了向公共服务型政府的转变。

第四，政府推进市场经济形成所获得的绩效是多方面的。一是形成现代市场经济，即“构成经济的家庭，企业等主体为谋求其各自的福利最大化而通过市场交换结合在一起，全部经济资源的动员和配置均由此实现的经济”[①]。二是建成公共服务型政府，真正发挥“经济调节、市场监管、社会管理、公共服务”职能。这些目的的实现是互为条件、互相促进的：政府的自我改革推动了市场经济的形成，市场经济发育到一定阶段，会对政府改革提出更高的要求，这种要求本身又是政府进一步改革的方向，政府再进一步实施自我改革，从而更有力地推进市场经济的形成，最终达到市场经济形成和公共服务性政府建成的目的。

三、青岛大企业直通车服务制度：政府推进市场经济形成的重大创新

大企业直通车服务制度（以下简称“直通车”或“直通车制度”）是青岛市委、市政府从青岛实际出发，从打造阳光政府、提高城市核心竞争力、推进政府“五项工程”和“四型机关”过程中形成的一项重大工作成果。[②] 根据“政府推进论”的理论分析框架，我们可以得出一个基本的结论，即直通车制度是政府推进市场经济形成的重要制度创新。

---

① 参见[日]石川滋：《发展经济学的基本问题》，胡欣欣等译，经济科学出版社 1992 年版。

② “五项工程”是指转变职能、规范审批、政务公开、依法行政和效能监督；“四型机关”是指学习型、竞争型、创新型和服务型机关。

(一)直通车制度是政府推进市场经济形成的重大创新

青岛市政府创设直通车制度的初衷是为了进一步加快经济结构调整步伐,充分发挥大企业在全市经济社会发展中的作用,使大企业真正成为产业集聚、发展高新技术和招商引资的平台,进而增强大企业的国际竞争力,推动全市经济社会持续快速健康发展。事实上,无论是从直通车制度的推行主体、具体实施内容和制度的完善,还是从所取得的绩效来看,直通车制度都具有重大的理论原创价值,其实质是地方政府主动推进市场经济形成的一项重大举措和制度创新。也可以说,直通车制度是在初步建成社会主义市场经济体制转向建成完善的社会主义市场经济体制过程中,地方政府用直接为大企业提供直通服务的方式来代替不完善的市场和不完善的计划,并借以推进市场化改革和加快市场经济形成的重大实践创新、制度创新和理论创新。虽然青岛市政府本身没有用“政府推进论”的理论框架进行总结,但把直通车制度的创设定位于政府服务模式创新、行政资源整合、形成效能提升、打造政府服务品牌和政务品牌等,却是青岛市政府创设直通车制度的刻意所为。我们认为,直通车制度的实践意义和理论价值,就在于它是我国在由计划经济体制向市场经济体制转轨过程中,(地方)政府推进市场经济形成的一个重大的具有理论原创价值的举措,它所能体现出来的一般理论逻辑就是中国特色市场经济形成的“政府推进论”。

(二)直通车制度中政府推进市场经济形成的要素分析

把直通车制度的理论原创价值定位于“政府推进论”后,我们可以具体分析直通车制度中政府推进市场经济形成的若干理论要素。

1.直通车制度的实施主体——地方政府

直通车制度的创设和实施主体是青岛市政府,具体由市经贸委牵头,会同市发改委、市建委、市外经贸局、市科技局、市统计局等 27 个职能部门负责实施。后来发展成为市直各部门和市区两级联动的服务体系,地方政府的主体范围也进一步扩大了。

2.直通车中政府推进市场经济形成的作用对象——符合既定标准的大企业

在直通车制度中,政府服务对象的范围是经过选定的大企业。如 2004 年设定的大企业标准为:上年度销售额超过 10 亿元人民币或出口额超过 5000 万美元或纳税额超过 5000 万元人民币的在青岛注册经营企业;世界 500 强、中国 500 强在青岛投资企业;2003 年山东省 23 户大型骨干企业集团在青岛投资企业；按照全市经济发展战略需要扶持的其他优势企业。2004年享受直通车服务的企业有94家，2005年达117家，到2007年扩大为162家。各区（市）同时也在自己管辖的范围内选定直通车服务的对象。

一方面，直通车服务的对象是国民经济的微观主体，是市场经济的细胞，是对于青岛市经济社会发展具有重要意义的大企业。市场经济形成的一个重要标志就是要创造出有利于各经济主体（包括企业和家庭）能够自主决策、自主行为的运行机制和运行环境。直通车制度直接作用于大企业这个微观主体，为他们排忧解难、急事急办、特事特办，这是政府针对经济特殊主体提供高效能服务、形成规范的政企关系的过程，是政府用行政、法律法规、政策和其他制度性手段组织企业和组织市场的过程。

另一方面，直通车服务的对象是不断扩大的，表面上看直通车服务急企业所急、解企业之难，深受企业欢迎，企业愿意加入，政府服务效能得以提升，其实质是政府组织企业和组织市场的能力不断加强、效果不断突显、市场范围进一步扩大、市场不断得以深化的体现。尤其是服务对象向产业集群延伸，做到了不仅为大企业服务，而且还为产业群服务，为和产业集群相关联的若干中小企业服务，最终为整个工业体系服务。这反映了直通车服务对象由点到面的扩大路径，这是非常有效的政府组织企业和组织市场的方式。

3.直通车中政府推进市场经济形成的手段

从理论上讲，直通车服务中政府推进市场经济形成的手段主要是为企业提供制度、机制和其他具体服务等“软”公共产品，包括服务机构设立、制度机制创新及服务手段创新等。

（1）在制度和机构层面上，成立直通车办公室，创立联席会议制度，建立工作体系，建成网上工作平台，编写《大企业直通车服务工作手册》《大企业直通车创新服务工作案例汇编》《青岛市大企业直通车服务指南》等规范性指导意见。

（2）在服务手段和服务机制上，各部门八仙过海各显其能，创造出许多有特色的服务手段。市劳动保障局开通面向大企业的客服热线，推行“六个一服务法”，力求“以有限的平台提供无限的服务”，优化大企业用工环境；市建委再造服务流程，把原来的15个窗口复合成5个窗口，工作流程由“串联”变为“并联”，同时建成“建管便民e路通”电子政务平台；市人事局在全国率先推出市、区（市）两级人事部门“窗—岗—站”三级联动制度，快速办理大企业人才人事服务；市经贸委把直通车窗口同市大企业直通车服务办公室复合，由直通车办公室统一受理服务事项，并协调在机关内快速办理，建成了既协调成员单位又协调机关内服务事项的两条直通车服务便捷通道；市规划局对建设项目实行“互为前置业务部门”会审制，一次性提足各专业部门审查意见，变“一事一跑腿”为“跑腿一次，办结多事”，等等。

4.直通车所反映的市场经济形成阶段的判断

根据“政府推进论”的理论框架，从政府推进市场经济形成的作用范围、方式和手段可以判断市场经济形成所处的阶段。

从政府作用的方式和领域看，直通车制度中政府的作用不是第二阶段的“有进有退”，强化政府在基础产业、基础设施和自然垄断行业等领域的作用，也非第三阶段的“强化进入”，强化政府在社会和公共服务领域的作用。因为虽然其作用于公共服务领域并提供“软”公共产品，但这时的政府显然还不是公共服务型政府，其服务对象是特定的大企业。据此判断，市场经济形成大体上应该处于“准”第三阶段。

从政府发挥推进作用的手段看，直通车制度中政府的作用手段不属于第二阶段，不是通过加大投资提供“硬”公共产品的方式来实现“强化进入”基础产业、基础设施和自然垄断行业等，倒更像是第三阶段，即政府主要通过提供“软”公共产品来实现“强化进入”，如创设市场经济发展所需要的各种制度、提供和维护良好的市场秩序、构建社会信用体系等等，但这时的政府仍然是经济建设型政府。据此判断，市场经济形成大体上是处于“准”第三阶段，因为虽然政府作用的手段是提供“软”公共产品，政府本身也是经济建设型政府，但是政府提供的“软”公共产品不是普适的，而是针对特定对象。

因此，青岛市大企业直通车服务制度所反映的市场经济形成应当是处在“准”第三阶段。所谓“准”，就是直通车制度的服务对象在于特定性而不是普遍性，同时体现符合第三阶段的特征还在于政府作用的领域、手段以及政府本身的经济建设特征。

5.直通车制度的实施绩效

根据“政府推进论”，市场经济形成至少要达到两个目的：一是推进市场经济形成，二是政府本身的改革和发展。直通车制度实施绩效的具体分析如下：

(1)推进市场经济形成达到“准”第三阶段。从表面看，直通车制度的实施使全市获得了直接经济效益，即通过为大企业提供“标准化、精细化、人本化、零差错”的全程式服务，加快了经济结构的调整步伐，充分发挥了大企业在全市经济社会发展中的作用，使大企业真正成为产业集聚的平台、发展高新技术的平台和招商引资的平台，进而增强了大企业的国际竞争力，推动了全市经济社会持续快速健康发展。深层次看，经济效益取得的根本原因在于政府组织企业和组织市场，企业发展环境得到了优化，市场运行秩序规范化。

(2)政府本身得到发展。政府发展的方向是由经济建设型政府向公共服务型政府转变，真正行使“经济调节、市场监管、社会管理、公共服务”的职能。直通车制度在这方面的成效非常显著。首先，通过建立长效工作机制，整合政府资源，在一定程度上打破了部门分割、条块分割的历史痼疾。第一，实现管理机制创新。从直通车办公室到各相关部门再到具体的办事窗口，都实行了严格的考核机制，从考核上进行创新；在流程上，通过整合政府能够最大限度地控制的资源，出台了一定的激励制度来保证机制运行，比如下发简报、通报表扬等。第二，实现服务协调创新。直通车各相关部门和直通车办公室组成了一个相对比较完整的协调体系，该体系全面覆盖每一个办事窗口，使企业一次性办理完毕相关事项成为可能。第三，实现职能分工创新。直通车的各相关部门在职能分工上有所变化，不是过去那种条块分割各管各的，而是实行窗口式管理；实行“首任制”创新，由首问办理人一站式负责到底。其次，通过为入选企业提供优质服务，创新服务模式，提升服务效能，完善工作机制，提升行政效能，塑造政府服务品牌和政务品牌。

四、直通车制度的发展方向：基于“政府推进论”的指导

“政府推进论”的理论框架提供了市场经济形成的发展路径，也揭示了政府改革和发展的基本逻辑，这对直通车制度的下一步发展具有极强的理论指导意义。

直通车制度所反映的市场经济形成处在“准”第三阶段，下一步的发展有两个方向。一是在服务范围上不断扩大，即不断扩大直通车服务对象的范围，最终达到为整个经济社会提供普遍性服务的目的，此时的大企业直通车制度事实上已经不存在了。其可能的路径是大企业—产业集群—工业体

系—整个经济体系—经济社会各个领域—市场经济形成。二是在服务手段上实现转变:为大企业提供“软”公共产品—为产业集群提供“软”公共产品—为工业体系提供“软”公共产品—为整个经济体系提供“软”公共产品—为经济社会各领域提供“软”公共服务。

政府仍然是经济建设型政府,这有其必然性,但未来必然要走向“公共服务型政府”。地方政府经济建设职能的必然性体现为地方政府即便是在弱化经济建设职能强化公共服务职能方面取得进展,也不会轻易放弃推动地方经济发展的职能,改变的只是推进发展的手段和方式。因为在现有体制下,地方政府提供公共产品的水平从根本上说取决于本地经济发展的水平。在此前提下,直通车中政府发展的可能路径是:参加联席会议的部门效能提升—扩大参加联席会的部门并延伸到各级政府—形成局部“公共服务”的服务品牌和政务品牌—“公共服务”的品牌效应扩大辐射到政府各个部门和各级政府—全市范围的“公共服务型政府”建立。

本文原载于《山东社会科学》2009 年第 12 期,2010 年 10 月获全国党校系统第八届优秀科研成果三等奖。

"忠"观念的起源与早期映像研究

裴传永

"忠"这个字,未见于目前所能见到的商周时代的甲骨文和金文,亦未见于公认成书最早的传世文献《诗》《书》《礼》《易》《春秋》这"五经"的正文。[①]它在传世文献中的最初使用,当是记录孔子言行事迹的《论语》一书。据统计,"忠"字在《论语》中总共出现了18次,其中有14次是出于孔子之口。[②]孔子对"忠"给予了高度重视,将其列为教授弟子的四门课程即"四教"中的一门。在孔子的影响和带动下,"忠"很快便成为人们津津乐道的一个字眼,成为各种著述中随处可见的一个积极词汇。然而,这是否就意味着,"忠"的观念是在孔子生活的春秋时期才开始产生的呢?如果不是,那么"忠"观念究竟是何时开始产生的,其早期映像又是怎样的呢?这正是本文所要讨论的问题。

---

① 这里有三点需要说明:其一,《书》有今文和古文两个传本,古文本较之今文本多25篇,而且多出的这25篇语皆"平易",宋代朱熹等人据此认为古文本系后人伪作。其后,明代梅鷟、清代阎若璩等更是多方求证,列出上百条证据力证其伪,于是《古文尚书》是一部伪书遂成定论。近年来,有几位学者试图翻案,但尚未得到学界的普遍响应和认可。为慎重起见,笔者仍从旧说,视《古文尚书》为后人的伪托。"忠"字未见于《今文尚书》,只在《古文尚书》中出现了7次,鉴于上述理由,笔者不拟将《古文尚书》作为原始儒家的经典予以采信。其二,"五经"中的《礼》系指《仪礼》而非《礼记》,《仪礼》中亦未见"忠"字。其三,《易传》中虽有"忠"字,但它只是后人的解经之作,不属于《易经》固有的组成部分,所以也不能视为《易经》的正文。

② 杨伯峻译注的《论语译注》(中华书局1980年版)所附《论语词典》在"忠"字条下括注次数为18次。笔者在此基础上进一步查考,确认其中的14次出于孔子之口。

一、“忠”观念起源诸说述评

在展开正面的论述之前，我们不妨先回顾一下学界目前已有的各种说法（每种观点均援引最早或表述最明晰者为例）。

一是春秋时期说。童书业先生在《春秋左传研究》一书中指出：“‘忠’之道德（似起于春秋时）最原始之义似为尽力公家之事。”①童先生在此连用了两个“似”字，表明他关于“忠”观念的起源和原初意义的判断或许还有待进一步推敲。如果说童先生的说法尚且留有余地，那么范正宇先生则可谓言之凿凿了。他在《“忠”观念溯源》一文中指出：“忠产生于春秋时代……就在井里制及宗法分封制的崩解过程中，旧贵族的沉沦与新兴地主阶级的上升正交替进行……只有在这样一个充满着痛苦与希望、蕴含着极大创造活力的历史场境下，体现新政治规则的忠观念才可能产生。”②

二是春秋初期说。曲德来先生在《“忠”观念先秦演变考》一文中指出：“作为观念的‘忠’，在春秋以前尚不曾产生……在春秋初期产生的‘忠’，首先是作为政治观念出现的，内涵是要求君主‘思利民’，规范了君主对民的态度。这是‘忠’观念在春秋前期基本的内涵，被人们普遍接受。”③

三是西周时期说。郑晓江先生在《“忠”之精神探微》一文中指出：“早在西周时代，‘忠’已被当作一种较普遍的社会伦理范畴。”④

四是三代说。孟祥才先生在《“忠”的观念在我国的历史演变》一文中开篇便说：“‘忠’是阶级社会确立以后产生的伦理观念，它与‘孝’一起，成为我国奴隶社会和封建社会历久不衰的道德信条。”⑤孟先生在文章中虽未明确表述“忠”观念产生于三代的观点，但“阶级社会确立以后产生”和“奴隶社会”的具体描述足以使我们作出这样的判断。

五是虞夏说。柳诒徵先生在所著《中国文化史》一书中写道：“夏道近于

① 童书业：《春秋左传研究》，上海人民出版社 1980 年版，第 269 页。

② 范正宇：《“忠”观念溯源》，《社会科学辑刊》1992 年第 5 期。

③ 曲德来：《“忠”观念先秦演变考》，《社会科学辑刊》2005 年第 3 期。

④ 郑晓江：《“忠”之精神探微》，《孔孟学报》第 70 期（1995 年 9 月）。

⑤ 孟祥才、王瑞起：《“忠”的观念在我国的历史演变》，《历史教学》1984 年第 2 期。该文后来收入孟先生的论文集《先秦秦汉史论》（山东大学出版社 2001 年版）。引文见是书第 44 页。

虞，故虞、夏往往连言……夏道尚忠，本于虞。”①

六是氏族公社说。解颉理先生在《“忠”观念探源》一文中指出：“‘忠’源于‘中’，在进入文明前为氏族成员对其领袖公正无偏处事准则的要求。”②

七是原始社会说。雷学华先生在所著《忠——忠君思想的历史考察》一书中写道：“在原始社会，没有君，则自然没有忠君思想。但并非说当时人也不具有‘忠’的本义思想（即敬、忠诚）和行为……他们忠于集体、忠于酋长（头人）、忠于朋友，不惜以生命而捍卫之。这些思想和行为，皆为‘忠’。”③

以上诸说，笔者是按照历史时代，依据从晚到早的顺序排列的。前两说没有大的原则性的差别，只是后一说较之前一说更为具体、精确（就时代范围而言）了一些。笔者认为，这两说据以判断“忠”观念产生时代的标准和原则都是不正确的。范正宇先生在《“忠”观念溯源》中写道：“在中华书局 1989 年印行的国内最为详备的《甲骨文编》和 1985 年出的同样详备的《金文编》里，都找不到见于商代甲骨文或西周铭文的忠字。不仅如此，就是在成就于西周之前的《尚书》（中国最古老的史书和政典汇编）与《诗经》（我国第一部诗歌总集）里，仍无有关忠的文字记载。考古学和文献学所提供的有力证据，可以直接说明三代还没有忠的观念。”曲德来先生在《“忠”观念先秦演变考》中写道：“就现存文献考察，‘忠’这一观念在中国历史上出现较晚。甲骨文中无‘忠’字。西周以前的金文中亦无‘忠’字。《周易》的卦爻辞中无‘忠’字，只在十翼的《文言》中出现过一次。据考，《文言》非孔子作，应产生在战国之初。《诗经》中无‘忠’字。《尚书》的情况较复杂。今文《尚书》中无‘忠’字。古文《尚书》中‘忠’字出现七次：《仲虺之命》（按：‘命’字应为‘诰’字之误——引者）《泰誓》《蔡仲之命》《君牙》《冏命》五篇各出现一次，《伊训》一篇出现两次。但这六篇都是伪古文，不能证明西周以前已经有了‘忠’观念。可见，作为观念的‘忠’，在春秋以前尚不曾产生。”显而易见，两位先生不约而同地都以春秋以前的典籍中不曾出现“忠”的字眼而得出了自己的结论。对此，王子今先生在所著《“忠”观念研究》一书中，在引述了范正宇先生《“忠”观念溯源》一文的相关文字后指出：

---

① 柳诒徵编著：《中国文化史》上册，中国大百科全书出版社 1988 年版，第 78～79 页。按：柳先生是书写成于 1920 年，堪称中国文化史的开山之作。

② 解颉理：《“忠”观念探源》，《哈尔滨学院学报》2005 年第 9 期。

③ 雷学华：《忠——忠君思想的历史考察》，广西人民出版社 1996 年版，第 8 页。

这样的论证方式，其实是存在问题的。

“考古学、文献学所提供的有力证据”，是可以“直接说明”历史存在的，但是却不能够“直接说明”历史的不存在。就是说，可以证明“有”，却不能够证明“没有”。这是因为，“考古学、文献学所提供的”，只是历史存在的片断的不完整的遗留。这样的“证据”无论怎样“有力”，也是不能够“直接”地彻底否定某种历史存在的可能性的。[①]

王先生所言极是。笔者在此还特别想指出的是，两位先生的文章标题都以“‘忠’观念”领起，讨论的也是作为观念的“忠”的产生时代，而他们所执持的原则和标准，却是古代文献中“忠”的字眼的有还是无！这究竟是在探讨“忠”的观念，还是在探讨“忠”的概念？须知，观念和概念虽然只是一字之差，但是内涵、特征却大不相同。正如有的研究者所说：“观念：直观的意念，重点在于直观，是一种图型式样(图式)，不能用语言和文字表达，是一种存在的对象，存在是它的主要特征和功能……概念：概括的观念，概括直观的意念，是服务于大脑思维的，重点在于意念。概念的形成依靠范畴，思维是它的主要特征和功能。概念是可以用语言和文字表达，概念的传递，是形成专门名词……概念是把观念敲上了自己的图章。”[②]观念总是早于概念而首先产生，这是人类精神活动的普遍规律。毛泽东于1917年至1918年完成的《〈伦理学原理〉批注》中有两段话见解颇为深刻，这里不妨稍加引述。毛泽东在《批注》中写道：“道德起于道德哲学之先，故道德哲学之成，成于经验，下更畅发之。”[③]又言：“美学未成立以前，早已有美。伦理学未成立以前，早已人人有道德，人人皆得其正鹄矣。”[④]1967年，毛泽东还说过这样一句话：“总是先有事实，后有概念。”[⑤]毛泽东所说的这几句话，表明了同一种思想见解，就是道德观念、道德实践是先于道德理论、道德概念而产生的，道德理论、道德概念不过是对人们的道德观念、道德实践的概括和总结。这方面的例子俯拾即是。比如“孝”，总是在晚辈们普遍具有了对于长辈尽孝的自觉意识和行为之后，才会有这样一个“从老省，从子，子承老也”(许慎：《说文

① 王子今：《“忠”观念研究》，吉林教育出版社1999年版，第18～19页。

② 金三：《简明辨义：观念、概念、理念、精神》，http://www.tianya.cn/techforum/Content/185/534136.shtml。

③ 《毛泽东早期文稿》，湖南出版社1990年版，第119页。

④ 《毛泽东早期文稿》，湖南出版社1990年版，第216～217页。

⑤ 陈丕显：《陈丕显回忆录：在“一月风暴”的中心》，上海人民出版社2005年版，第99页。

解字·老部》）的概念被创造出来，进而推阐形成“孝”的学说。至于“忠”，“忠”的概念晚于“忠”的意识和行为而出现也是毫无疑问的，这个概念的出现只是意味着“忠”的意识和行为在社会上具有了相当大的普遍性以及“忠”的理论化创造的开始，是要在“忠”的观念上“敲上自己的图章”，而决不能据以理解为“忠”观念的开始产生。

后面的五种说法，就其立论方法而言具有相似性，就是注意到了古代典籍中相关历史时代有关“忠”观念的文献资料，并据此作出相应的判断。所不同的是，彼此之间或由于对相关文献资料掌握的完备程度不同，或由于对相关文献资料在具体理解和把握上采取的尺度和标准宽严不同，从而得出了各不相同的结论。在此笔者不拟径直就“忠”观念何时开始产生的问题作出自己的解释，而是打算综合各种相关的文献资料，从西周开始追本溯源，一来可以对上古时期“忠”观念的“雪泥鸿爪”形成一种较具历史感和条理性的清点打理和归档，二来可以使感兴趣者能够比较直观地了解“忠”的观念之河在其上游潺潺流淌的姿态。

二、西周时期的“忠”观念考述

有大量文献资料证明，西周时期是存在“忠”的观念的。我们仅以《诗经》《尚书》中的部分西周文献或记述西周历史的可信史料为依据，作一番概要的考察。

（一）《诗经》之部分周诗中的“忠”观念

《诗经》是我国最早的一部诗歌总集，所收305篇诗“都是周诗”，一般认为，各诗“产生的年代，大约上起西周初年，下至春秋中叶，历时五百多年”[①]。《诗经》各篇中均未出现“忠”字，但是其中属于西周时期作品的一些诗篇，却被后代学者认为包含有“忠”的观念和意识。[②] 这些诗篇主要是：《国风·召南》中的《采蘩》《采蘋》，《大雅》中的《文王》《文王有声》《大明》《行苇》《泂酌》，《小雅》中的《皇皇者华》《都人士》《隰桑》，等等。下面具体加以叙述和分析。

---

① 程俊英撰：《诗经译注》，上海古籍出版社1985年版，前言第1页。

② 王子今先生指出：“《诗经》中确实未能直接看到‘忠’字的词句，后世却多以‘忠’的观念对其中的核心内涵进行阐释。”“《诗经》之创作年代大略已经出现‘忠’的政治意识。”详见王子今：《“忠”观念研究》，吉林教育出版社1999年版，第24～25、28页。

其一,《采蘩》《采蘋》和《行苇》《泂酌》的"昭忠信"主旨。《左传·隐公三年》记载:

君子曰:"信不由中,质无益也。明恕而行,要之以礼,虽无有质,谁能间之?苟有明信,涧溪沼沚之毛,蘋蘩薀藻之菜,筐筥锜釜之器,潢汙行潦之水,可荐于鬼神,可羞于王公,而况君子结二国之信,行之以礼,又焉用质?《风》有《采蘩》《采蘋》,《雅》有《行苇》《泂酌》,昭忠信也。"

这里一连提到了《采蘩》《采蘋》和《行苇》《泂酌》四篇诗。《采蘩》《采蘋》所属的《召南》,《毛诗》及齐、鲁、韩三家《诗》都将其创作时间定在西周初年,郑玄等宗毛派学者亦主此说。尽管现当代一些学者主张其产生年代为西周末东周初[①],但是也有人仍然坚持周初说,并为此详加考证。[②] 笔者认为,《采蘩》《采蘋》及其所属的《召南》,它们的创作年代在西周,应该是可采信的主流意见。《行苇》《泂酌》所属的《大雅》,均为西周时期的作品。[③] 如此看来,这四篇诗均应属于西周诗。在《左传》中,"君子"用"昭忠信"三个字来概括这四篇诗的主旨,这就毫无疑问地表明,《采蘩》《采蘋》和《行苇》《泂酌》这四篇西周诗中确乎包含有忠信的观念。

我们打开这四篇诗,很容易觅得忠信观念的踪影,其中以《行苇》篇对"忠"观念的表露最为明晰。《毛诗序》曰:"《行苇》,忠厚也。周家忠厚,仁及草木,故能内睦九族,外尊事黄耇,养老乞言,以成其福禄焉。"[④]直接以"忠厚"概括这篇诗的主旨。三国时期,魏文帝曹丕也有"故夫忠厚仁及草木,则《行苇》之诗作;恩泽衰薄,不亲九族,则《角弓》之章刺"(《三国志·魏志·任城陈萧王传》)的论断,同样强调《行苇》诗的忠厚伦理取向。

其二,"诒阙孙谋,以燕翼子"的"子桑之忠"。《左传·文公三年》记载:

秦伯伐晋,济河焚舟,取王官及郊,晋人不出。遂自茅津济,封殽尸

① 程俊英先生指出:"二南的写作技巧远胜于《周颂》,周初不可能产生这样成熟的作品。因此,今人多认为二南可能是东迁前后的诗。"参见程俊英撰:《诗经译注》,上海古籍出版社1985年版,第1页。

② 黄震云先生通过对周代的礼节文化和文本的综合考察认为,周公和召公分陕而治,因此出现了关于周公和召公的诗歌《周南》和《召南》;其中少量属于二公死后的作品,这部分作品的编定者应该是周朝的太师。参见黄震云:《〈周南〉、〈召南〉的写作时地和〈诗经〉的构成》,《苏州大学学报》(哲学社会科学版)2002年第2期。

③ 程俊英先生指出:"《大雅》的大部分诗作于西周前期……最晚的诗,可能是《瞻卬》和《召旻》,是幽王时候的作品。"参见程俊英撰:《诗经译注》,上海古籍出版社1985年版,第284页。

④ (清)阮元校刻:《十三经注疏》上册,中华书局1980年影印本,第534页上栏。

> 而还。遂霸西戎，用孟明也。君子是以知秦穆公之为君也，举人之周也，与人之壹也；孟明之臣也，其不解也，能惧思也；子桑之忠也，其知人也，能举善也……“诒厥孙谋，以燕翼子。”子桑有焉。

“君子”在明确肯定子桑之忠的同时，又引用《大雅·文工有声》中的诗句“诒厥孙谋，以燕翼子”为自己的论断作证，可见这两句诗本身便包含对忠德的表彰和反映。《文王有声》是追述文王迁丰、武王迁镐并赞颂他们功绩的诗篇，公认作于西周前期。因此，认为这两句诗蕴含和体现了西周时期的某些“忠”的思想观念和意识，应该是合乎逻辑与情理的。

其三，“行归于周，万民所望”的忠信内蕴。《左传·襄公十四年》记载：

> 楚子囊还自伐吴，卒。将死，遗言谓子庚：“必城郢。”君子谓：“子囊忠。君薨不忘增其名，将死不忘卫社稷，可不谓忠乎？忠，民之望也。《诗》曰：‘行归于周，万民所望。’忠也。”

“君子”认为楚国的子囊（即公子贞）“君薨不忘增其名，将死不忘卫社稷”，是一位堪称万民表率的忠臣，然后引述了“行归于周，万民所望”两句诗以证之。“行归于周，万民所望”两句诗载于《小雅·都人士》，毛亨解释说：“周，忠信也。”郑玄串解这两句诗曰：“都人之士所行要归于忠信，其余万民寡识者，咸瞻望而法效之。”[①]毛、郑皆以“忠信”释“周”，则两句诗中包含“忠”的观念当属理之自然。而《都人士》这篇诗的成诗年代，一般都认为是西周末年。《毛诗序》笼统说此诗乃“周人刺衣服无常也”。《毛诗正义》则明确指出：“《都人士》诗者，周人所作，刺其时人所著之服无常也……不言刺幽王者，此凡在人上服皆无常，故下民亦不齐一，此刺当时之服无常，非指刺王身，故序不言刺王。”[②]既然此诗属于周幽王时代的作品，那么诗中表露的“忠”观念当然应该归属于西周末年。

其四，“永言配命，自求多福”的忠诚意识。《左传·昭公二十八年》记载：

> 贾辛将适其县，见于魏子。魏子曰：“辛来！……今女有力于王室，吾是以举女。行乎！敬之哉！毋堕乃力！”
>
> 仲尼……闻其命贾辛也，以为忠：“《诗》曰：‘永言配命，自求多福。’

---

① （清）阮元校刻：《十三经注疏》上册，中华书局1980年影印本，第493页中栏。

② （清）阮元校刻：《十三经注疏》上册，中华书局1980年影印本，第493页中栏。

忠也。”

孔子认为晋国执掌朝政的魏献子对即将出任祁县大夫的贾辛所说的那番话体现了忠诚的态度，并引用“永言配命，自求多福”两句诗作为对“忠”的解释。“永言配命，自求多福”两句诗见于《大雅・文王》。程俊英先生指出：“这是诗人追述文王事迹以戒成王的诗。诗的作者，后人多认为是周公旦。”[①]而“永言配命”翻译成现代文就是“常顺天命不相违”[②]，表达的显然是一种忠诚、执着的态度。

其五，“上帝临汝，无贰尔心”“言忠臣之行”。《吕氏春秋・务本》在阐述事君之道时指出：

古之事君者，必先服能然后任，必反情然后受。主虽过与，臣不徒取。《大雅》曰：“上帝临汝，无贰尔心。”以言忠臣之行也。

文中引述的“上帝临汝，无贰尔心”两句诗出于《大雅・大明》，这篇诗被认为“是周代史诗之一，叙述王季和太任、文王和太姒结婚以及武王伐纣的事”[③]。《务本》篇的作者概述“上帝临汝，无贰尔心”两句诗的大意曰“言忠臣之行”，则其中蕴含“忠”的观念，明矣！况且，“无贰尔心”也就是要求对方“一其心”，而《忠经》在解释“忠”字时，使用的恰恰就是“一其心”三个字：“忠也者，一其心之谓也。”[④]

其六，“中心藏之，何日忘之”的事上尽忠观念。《孝经・事君章》写道：

子曰：“君子之事上也，进思尽忠，退思补过，将顺其美，匡救其恶，故上下能相亲也。《诗》云：‘心乎爱矣，遐不谓矣。中心藏之，何日忘之。’”

“心乎爱矣，遐不谓矣。中心藏之，何日忘之”四句诗出于《小雅・隰桑》。《孝经》的作者用这四句诗诠释君子之人“进思尽忠，退思补过”的事上态度，可以说已经赋予了诗句“忠”的内涵。郑玄在笺注《孝经》时，又引述孔子语“爱之能勿劳乎？忠焉能勿诲乎？”（《论语・宪问》）为之解，从而进一步使这种内涵昭然于世。而据《毛诗序》：“《隰桑》，刺幽王也。小人在位，君子

---

① 程俊英撰：《诗经译注》，上海古籍出版社 1985 年版，第 489 页。

② 程俊英撰：《诗经译注》，上海古籍出版社 1985 年版，第 489 页。

③ 程俊英撰：《诗经译注》，上海古籍出版社 1985 年版，第 494 页。

④ 《忠经・天地神明章》，《百子全书》第 1 册，浙江人民出版社 1984 年影印扫叶山房 1919 年石印本。

在野，思见君子，尽心以事之。”[①]其作于周幽王时，反映了当时人们的思想观念，应该是顺理成章的。

其七，“《皇皇者华》废则忠信缺矣”。《小雅》中的《皇皇者华》篇生动形象地描写了使者不辞劳苦、到处奔波、兢兢业业的工作情景，对此，《毛诗序》写道：“《皇皇者华》废则忠信缺矣。”[②]以“忠信”揭示这篇诗的主旨。关于此诗的写作时间，《毛诗正义》指出：“《皇皇者华》，君遣使臣，是聘问邻国也。若称王之后，与诸侯礼异，不得为邻国相聘之法，则亦未称王也。”认为其是西周初年的作品。

（二）《尚书》之部分周书中的“忠”观念

前面的注释文字中已经提到，《尚书》有“今文”和“古文”两个传本，“忠”字未见于《今文尚书》，只在《古文尚书》中出现了7次，这7次当中有4次是在《周书》，具体是：

（1）《泰誓上》：“今商王受，弗敬上天，降灾下民……焚炙忠良，刳剔孕妇。”

（2）《蔡仲之命》：“尔尚盖前人之愆，惟忠惟孝。”

（3）《君牙》：“君牙，惟乃祖乃父，世笃忠贞。”

（4）《冏命》：“昔在文、武、聪明齐圣，小大之臣，咸怀忠良。”

王子今先生在其《“忠”观念研究》一书中认为，这些相关资料对于我们研究“西周‘忠’的形态时，有一定的参考价值”[③]。这话不无道理，只是对其价值，我们却也不可看得过高。《今文尚书》中的《周书》是相对可信的周代文献，其中虽未见“忠”字，但并不意味着个中就绝对不存在“忠”的观念。所以，探究《周书》中蕴含的“忠”观念，与其胶柱鼓瑟于“古文”各篇中带有“忠”字的各个段落，就其有百分之八十还是百分之二十的可信度争执个没完没了，还不如另辟蹊径，干脆从“今文”各篇中寻找蛛丝马迹。

“忠”的含义，春秋以降不断有学者从不同的角度作出诠释，真可谓见仁见智、莫衷一是。[④] 笔者在此想指出的是，在“忠”还处于一种尚未被抽象成明确的概念的阶段，其含义不可能与既有的表征相应的道德观念的概念存在判然分明的界线，也就是说，彼此之间的交叉、共融、互渗十分正常甚至是

---

① （清）阮元校刻：《十三经注疏》上册，中华书局1980年影印本，第495页下栏。

② （清）阮元校刻：《十三经注疏》上册，中华书局1980年影印本，第424页上栏。

③ 王子今：《“忠”观念研究》，吉林教育出版社1999年版，第23～24页。

④ 参见裴传永：《历代释“忠”述论》，《理论学刊》2006年第8期。

一种必然。这种时候，通过探究与“忠”观念具有交叉、共融、互渗关系的其他道德概念，亦可部分地获取特定时代“忠”观念的某些信息。

那么，西周时期业已产生的与“忠”观念具有交叉、共融、互渗关系的道德概念，最主要的是什么呢？笔者认为是“敬”。《说文·心部》曰：“忠，敬也。”梁启超在《敬业与乐业》中云：“凡做一件事便忠于一件事……便是敬。”“忠实从心理上发出来的便是敬。”[①]徐复观也曾明确指出：“忠与敬是不可分的。”[②]二人均在“忠”“敬”之间建立起了直接而密切的联系。其实，这种解释的源头活水在孔子那里。孔子在论及“君使臣、臣事君”之道时明确指出：“君使臣以礼，臣事君以忠。”（《论语·八佾》）又言：“事上也敬。”（《论语·公冶长》）“事君，敬其事而后其食。”（《论语·卫灵公》）这里，前一个“敬”字完全可视为“忠”的同义语，而“敬其事而后其食”无疑是对忠道的具体阐释。此外，孔子之后的思想家关于“忠”和“敬”各自意蕴的阐发，也颇有相近之处。如董仲舒云：“心止于一中者，谓之忠。”（《春秋繁露·天道无二》）《忠经》曰：“忠也者，一其心之谓也。”而朱熹对“敬”的解释则是：“敬者，主一无适之谓。”（《论语集注·学而》）“忠”有“尽心竭力”之意，而“敬”也被理解为“将全副精力集中到这事上头，一点不旁骛，便是敬”[③]。察此，在“忠”概念出现之前的西周时期，“忠”观念被部分地融摄、体现在“敬”的概念当中，从情理上应该是讲得通的。

当然，“忠”“敬”两者也有其不同处。检诸《论语》，不难发现，孔子对“忠”“敬”两个概念的使用有所不同：前者一般是偏重于内在的修养——如所谓“主忠信”“言忠信”“言思信”“与人忠”等等，后者则偏重于外在的行为——如所谓“敬事而信”“事上也敬”“执事敬”“行笃敬”“敬其事”“事思敬”“祭思敬”等等。这说明“敬”作为一个相对早出的概念，带有与生俱来的素朴特征。

现在我们来看《今文尚书》中《周书》部分某些“敬”概念所反映出的“忠”观念。

《洪范》记载，周武王向箕子请教治国之道，箕子回答道：

> 初一曰五行，次二曰敬用五事……五事：一曰貌，二曰言，三曰视，

---

① 夏晓虹编：《梁启超文选》下集，中国广播电视出版社1992年版，第477、478页。

② 黄克剑、林少敏编：《徐复观集》，群言出版社1993年版，第76页。

③ 夏晓虹编：《梁启超文选》下集，中国广播电视出版社1992年版，第477页。

四曰听，五曰思。貌曰恭，言曰从，视曰明，听曰聪，思曰睿。

这里所谓的“敬用五事”，字面含义是真诚慎重地做好五件事，内里便包含忠诚的意蕴。同时值得注意的是，这里的“五事”与孔子所说的“君子”之“九思”颇有同似或相近者。“九思”即“视思明、听思聪、色思温、貌思恭、言思忠、事思敬、疑思问、忿思难、见得思义”（《论语·季氏》）。两相对照，《洪范》“五事”的一、三、四与孔子“九思”的四、一、二分别只有“曰”与“思”的一字之差，而“五事”中的第二事即“言曰从”，于“九思”中的第五思作“言思忠”。《汉书·五行志》注释“从”曰“言正”，而“忠”亦有“正直”之义。[①] 既然“正直”是“忠”的一解，那么作为“言正”的“从”字岂不也多少蕴含“忠”的元素和成分？《洪范》中包含“忠”观念是毋庸置疑的，而这部文献的写作时间尽管学界尚未形成共识，但是成于西周的观点已经被多位学人予以系统论证[②]，因而视之为西周时期“忠”观念出现的证据之一，是能够立得住的。

《多士》是周公以成王的名义告诫殷商旧臣的一篇诰辞，其成于周初无可怀疑。这篇诰辞的最后有这么一段话：

> 告尔殷多士，今予惟不尔杀，予惟时命有申。今朕作大邑于兹洛，予惟四方罔攸宾，亦惟尔多士攸服奔走臣我多逊。尔乃尚有尔土，尔用尚宁干止，尔克敬，天惟畀矜尔；尔不克敬，尔不啻不有尔土，予亦致天之罚于尔躬！

周公先是肯定殷商旧臣比较恭顺，随后则告诫他们勉力“克敬”，只有这样才能得到上天的怜爱；否则，不但故土不保，而且他还会代替上苍给予他们严厉的惩罚。体味这段话，“敬”字所表达的含义究竟与“忠”又有多大的区别呢？

说到周公，其实他的一些言行本身就已经佐证了当时“忠”观念的存在。

---

① 汉语大字典编辑委员会：《汉语大字典》（缩印本），湖北辞书出版社、四川辞书出版社1992年版，第951页。

② 关于《洪范》的成书时代，主要有殷商说、西周说、春秋说、战国说等四种观点。20世纪80年代以来，著名学者金景芳先生、李学勤先生等均曾著文力主西周成书说。金景芳先生指出：“它为西周的作品是不容怀疑的。”（《古史论集》，齐鲁书社1981年版，第176页）李学勤先生指出：“《洪范》绝不是晚出的作品，其年代应早到西周。”“《洪范》一篇成于西周，应该没有什么问题。”（《失落的文明》，上海文艺出版社1997年版，第315、317页）近年来，陈蒲清、李军靖等也分别在各自所作的《〈尚书·洪范〉作于周朝初年考》（《湖南师范大学社会科学学报》2003年第1期）、《〈洪范〉著作时代考》（《郑州大学学报》（哲学社会科学版）2004年第2期）中系统阐发和论证《洪范》成书于西周的学术主张。

《今文尚书》中的《金縢》篇记载了周武王病重和死后一段时间周公的所言所行以及时人对他的评价。尽管人们对此篇文献的写成时间看法不太一致，但基本都认为其内容是真实可信的。[①] 原文较长，大意是说：周武王病重，周公以身为质，筑坛向先王祷告，祈求代武王去死。祷告辞中说道："我姬旦温顺灵巧、多才多艺，你们的长孙姬发这些方面都不如我，就让我代替他侍奉鬼神吧！他刚刚得到上天的任命，君临天下，天下人无不敬畏他，也只有他能够安定你们的子孙，同时令各位先王永远有所依归。"武王一度病愈，不久后去世。周公鉴于成王年幼，亲自摄政。管叔和他的几位弟弟怀疑周公图谋不轨，到处散布流言蜚语。因为天象反常，狂风暴雨大作，庄稼倒伏，大树被连根拔起，人们惶恐不安。成王与群臣戴上礼帽，小心谨慎地打开了金縢(用金属条束起的匣子)，发现了藏于其中的祷告辞，于是才得知了周公祈求代武王去死之事。成王等就此询问史官和经办祷告之事的官员，得到的回答是"公命我勿敢言"。成王感动得痛哭流涕，说道："周公如此勤劳为国，我们这等年轻人却并不知情。现在上天发威以彰显周公的高尚品德，我必须以行动表明态度。"成王随即走出郊外迎接周公。风向反转，倒伏的庄稼又全部立了起来。这一年又获得了大丰收。

《金縢》篇的记载虽然有一定的神秘色彩，但是周公为了国家的安定而甘愿代武王去死应该是历史的真实，这难道不是忠于国家的一种行为吗？而孔安国[②]在"昔公勤劳王家，惟予冲人弗及知"句下注曰："言己童幼，不及知周公昔日忠勤。"[③]这表明在成王的潜意识里已经认同了周公的忠诚。此其一。其二，面对成王和骨肉弟兄的猜疑与误解，周公不作辩解，依然恪尽职守，直到成王等人偶然发现了藏于金縢中的祷告辞才使周公忠贞体国的良苦用心得以昭然于世，君臣之间的误会和隔阂亦随之消除。诚如唐代李白在《寓言三首》诗中所写："金縢若不启，忠信谁明之。"所以有学者认为，

① 刘起釪先生指出："《金縢》的故事是完全符合当时历史实际的……这篇文件的主要部分确是西周初年的成品，应该是肯定无疑的。"参见氏著《古史续辨》，中国社会科学出版社1991年版，第372页。江灏、钱宗武先生也认为："《金縢》写成于西周初年，所反映的史实是可信的。对研究周初复杂的政治局面和社会生活，具有重要价值。"参见氏著《今古文尚书全译》，贵州人民出版社1990年版，第252页。李民先生虽然主张"《金縢》的制作情况大体上与《尧典》《禹贡》相同：皆是原本有一些历史素材，又杂厕了一些传闻数据，流传至于战国，则逐步形成了一篇文字"，但同时也肯定"《金縢》所反映的周初的某些史实是可信的。尤其是《金縢》的第一段文字，应是有更为原始的素材为据的"。参见其所作《〈尚书·金縢〉的制作时代及其史料价值》，《中国史研究》1995年第3期。

② 《尚书正义》旧题"汉孔安国传"，宋代以来，学者相继论其依托，然迄今似亦未成定论，姑从旧说。

③ (清)阮元校刻：《十三经注疏》上册，中华书局1980年影印本，第197页中栏。

《金縢》篇的写作就是为了"表彰周公的忠诚"①。

综上所述，《诗经》《尚书》中大量西周文献的记述确凿无疑地表明，西周时期存在着"忠"的观念。

三、殷商时期的"忠"观念考述

关于殷商时期"忠"观念的考察，笔者拟从《今文尚书》中商书部分的相关文献资料开始。属于此一范围的反映商代政治、社会和思想文化的文献共有5篇，即《汤誓》《盘庚》（上、中、下）《高宗肜日》《西伯戡黎》和《微子》，其中的《盘庚》三篇据信是"帝盘庚崩，弟小辛立，是为帝小辛。帝小辛立，殷复衰。百姓思盘庚，乃作"（《史记·殷本纪》）。现当代诸多学者鉴于其文字古奥，诘屈聱牙，公认是殷人作品。对《微子》，尽管有学者疑其出于后人的伪托，但也有学者认为这种说法"论据不足，不可信"②。或许该篇的文字经过了后人的改窜，但是基本精神如故。

《盘庚》就内容而言是商王盘庚迁都前后对臣民的训辞。盘庚在其训辞中提出了许多具体而明确的道德要求——无论是对群臣还是对民众，从字面上看这些道德要求虽然与"忠"无涉，但是"忠"观念却像血液一样流淌在《盘庚》篇的字里行间。这里我们酌引古人较具代表性的诂释文字即可见其一斑。《盘庚》上篇有言：

世选尔劳，予不掩尔善。

对此，孔安国解释说："我世世数汝功劳，我不掩蔽汝善，是我忠于汝也。"孔颖达进一步疏解曰："经言世世数汝功劳，是从先王至己常行此事。故云：是我忠于汝也，言己之忠责臣之不忠也。"③显然，盘庚的这句话里面有"忠"的观念存在。有必要一提，该篇篇末"各恭尔事，齐乃位"的告诫，分明就是"恪尽职守"之"忠"的思想之源。

《盘庚》中篇有言：

汝不忧朕心之攸困，乃咸大不宣乃心，钦念以忱动予一人。尔惟自鞠自苦。

① 周秉钧译注：《白话尚书》，岳麓书社1990年版，第107页。

② 江灏、钱宗武译注：《今古文尚书全译》，周秉钧审校，贵州人民出版社1990年版，第196页。

③ （清）阮元校刻：《十三经注疏》上册，中华书局1980年影印本，第170页上栏。

> 古我先后，既劳乃祖乃父，汝共作我畜民。汝有戕则在乃心！我先后绥乃祖乃父，乃祖乃父乃断弃汝，不救乃死。

孔安国讲说前一段话的大意道："汝皆大不布腹心敬念以诚感动我，是汝不尽忠……汝为臣不忠，自取穷苦。"[①]对后一段话，他的理解是："言我先王安汝父祖之忠，今汝不忠，汝父祖必断绝弃汝命，不救汝死。"[②]说明在盘庚的话语中，"忠"的元素依然是随处可见的。另外该篇还有"各设中于乃心"之语，孔安国解之曰"各设中正于汝心"[③]。而萧兵先生敏锐地发现："设'中'于心就构成'忠'的意象。"[④]或许，"忠"字的发明正是源于盘庚"各设中于乃心"的启发诱导。

《盘庚》下篇有言：

> 式敷民德，永肩一心。

对这句话，孔安国的解释是："用布示民，必以德义，长任一心以事君。"孔颖达疏解曰："用此布示于民，必以德义，长任一心以事君，不得怀二意。以迁都既定，故殷勤以戒之。"[⑤]两孔的解释中虽然都未见"忠"字，但是"长任一心以事君""不得怀二意"的提法，本身就是汉唐时人"忠"观念的具体表达。如此诠释，要比使用相对抽象的"忠"概念更能传神达意。

《微子》是"今文"《商书》的最后一篇，借微子和父师之口反映了末代商王——纣统治时期因其胡作非为所导致的天怒人怨、众叛亲离的亡国之相，基本内容应该是可信的。面对"殷其沦丧"的危局，微子感到再向纣王进谏也无济于事，在何去何从的问题上举棋不定，父师于是说了这样一番话：

> 商今其有灾，我兴受其败；商其沦丧，我罔为臣仆。诏王子出迪……王子弗出，我乃颠。自靖，人自献于先王，我不顾行遁。

对此，孔安国注解道："灾灭在近，我起受其败，言宗室大臣义不忍去。""商其没亡，我二人（按：父师指称自己与少师。父师、少师皆官名——引者）无所为臣仆，欲以死谏纣。我教王子出，合于道。""子今若不出逃难，我殷家宗庙乃陨坠无主。""各自谋行其志，人人自献达于先王，以不失道。""言将与

---

① （清）阮元校刻：《十三经注疏》上册，中华书局1980年影印本，第170页下栏。
② （清）阮元校刻：《十三经注疏》上册，中华书局1980年影印本，第171页中栏。
③ （清）阮元校刻：《十三经注疏》上册，中华书局1980年影印本，第171页中栏。
④ 转引自王子今：《"忠"观念研究》，吉林教育出版社1999年版，第11页。
⑤ （清）阮元校刻：《十三经注疏》上册，中华书局1980年影印本，第172页中—下栏。

纣俱死，所执各异，皆归于仁明君子之道，出处语默非一途。”孔颖达疏解曰：“商今其有灭亡之灾，我起而受其败；商其没亡丧灭，我无所为人臣仆，言不可别事他人，必欲谏取死也。我教王子出奔于外，是道也……若王子不出，则我殷家宗庙乃陨坠无主。既劝之出即与之别，云各自谋行其志，人人各自献达于先王。我不顾念行遁之事，明期与纣俱死。”[①]揣摩《微子》原文和两孔的讲说，感觉“忠”的观念尽管不见于文字表述，但却汩汩涌流，无处不在。在商纣王手下担任父师的那位贤者心甘情愿地不做贰臣，要与商纣王一起面对死亡，这当然体现了人臣体国之忠；与此同时他竭力劝说商纣王的庶兄微子必须出走，因为他是殷商日后复兴的希望所在，这反映了他为国家深谋远虑的阔大胸襟和赤诚情怀，是一种更崇高的“忠”。

说到商纣王，自然不能不提王子比干的事。《史记·殷本纪》称：“帝纣资辨捷疾，闻见甚敏；材力过人，手格猛兽；知足以距谏，言足以饰非；矜人臣以能，高天下以声，以为皆出己之下。好酒淫乐，嬖于妇人……百姓怨望而诸侯有畔者，于是纣乃重刑辟，有炮格之法。”王子比干是商纣王的叔父，他见纣王如此恣意妄为，将严重危害殷商的统治，遂直言极谏。“纣愈淫乱不止。微子数谏不听，乃与大师、少师谋，遂去。比干曰：‘为人臣者，不得不以死争。’乃强谏纣。纣怒曰：‘吾闻圣人心有七窍。’剖比干，观其心。”《史记正义》注引《括地志》云：“比干见微子去，箕子狂，乃叹曰：‘主过不谏，非忠也；畏死不言，非勇也。过则谏，不用则死，忠之至也。’进谏不去者三日。”《括地志》所载比干的话中使用了“忠”字，这未必是客观的记录，当属于后人的附会。不过比干表达过具有“忠”观念特征或属性的思想观点，想必是可能的，一个重要的佐证载诸《韩诗外传》，是书卷六曰：

> 比干谏而死。箕子曰：“知不用而言，愚也；杀身以彰君之恶，不忠也。二者不可，然且为之，不祥莫大焉。”遂解发佯狂而去。君子闻之曰：“劳矣，箕子！尽其精神，竭其忠爱，见比干之事，免其身，仁知之至。”

箕子话中的“忠”字，情况当与前述比干所言相同。不过他对比干行为的评论，毫无疑问是以潜意识中的“忠”观念为重要尺度的。察此，当时不惟有“忠”的观念，甚至还有以这种观念品评人物及其行为的风尚。犹有可言

① （清）阮元校刻：《十三经注疏》上册，中华书局1980年影印本，第178页上栏。

者，王子比干为了国家不惜牺牲生命、直言极谏的忠烈之举，得到了后世的广泛赞赏。《韩诗外传》多次褒扬他的忠诚，如卷一说："王子比干杀身以成其忠。"卷七又谓："比干忠而诛于君。"《庄子·盗跖》则曰："世之所谓忠臣者，莫若王子比干、伍子胥。"唐代吴兢曾上书玄宗，其中有言："不肖之主，自谓圣智，拒谏害忠，桀杀关龙逢而灭于汤，纣杀王子比干而灭于周，此其验也。"亦视比干为忠臣的代表。从王子比干的忠的行为和后世的以忠相许来看，在他和以他为代表的商末贤臣的内心当中信守着"忠"的观念，应该是不成问题的。由此亦可证知，殷商时期确乎存在"忠"的观念。

四、夏代的"忠"观念考述

夏代是我国奴隶制社会的创始阶段。过去曾有一些学者怀疑是否真正有过奴隶制的夏王朝，近几十年的考古发掘不断打消着人们的疑虑。而由著名历史学家李学勤先生主持完成的国家"九五"重大科技攻关项目——"夏商周断代工程"已于2000年发表了《夏商周断代工程1996—2000年阶段成果报告(简本)》，夏代的存在不仅得到确认，而且其起止年份和历任夏王的序次也予以排定。这就意味着，关于夏代有还是无的争论可以画上休止符了。

夏代有没有"忠"的观念？回答是肯定的。由于年代久远，记述夏代历史和思想文化的文献资料存传至今的相当少，并且有些记述还不能遽信，这就给我们研究夏代的"忠"观念造成了极大的困难。尽管如此，夏代的"忠"观念还是有迹可寻的。

《礼记·表记》记载："子曰：夏道尊命，事鬼敬神而远之，近人而忠焉。先禄而后威，先赏而后罚，亲而不尊。其民之敝，蠢而愚，乔而野，朴而不文。"就是说，在孔子看来，切近人事、推重忠诚是"夏道"的一个重要特征。

司马迁在《史记·高祖本纪》的"赞"中写道："夏之政忠。忠之敝，小人以野，故殷人承之以敬。"司马迁对于夏代政治的特点，只用了一个"忠"字来概括。

刘向在《说苑·修文》中谈到夏代的教化时指出："夏后氏教以忠，而君子忠矣。小人之失野，救野莫如敬，故殷人教以敬，而君子敬矣。"班固于《白虎通德论·三教》中也有类似的叙述："夏人之王教以忠，其失野，救野之失莫如敬。殷人之王教以敬。"这里，"忠"又被概括成为"夏教"的内容。

其实，“夏道”也好，“夏政”“夏教”也罢，本质上并无多大的区别。正因如此，汉武帝时的董仲舒曾经一言以蔽之曰：“夏尚忠。”（《前汉纪》卷一一，《孝武二》）

诚然，关于夏代“忠”观念的记述，其文献载体相对晚出，就这一点而言，比之于殷商和西周的“忠”观念可以从各该时代的文献资料中觅得一些原始性证据要显得不那么过硬，但是这并不能构成否定夏代存在“忠”观念的理由。以上关于夏代“忠”观念的文献载体尽管相对晚出，但是其可信度、可靠性并不低。

先说《表记》。《表记》一般都认为出于子思之手，而子思乃孔子之孙，故其所述“子曰”当非向壁虚构。孔子有言：“夏礼吾能言之，杞不足征也。殷礼吾能言之，宋不足征也，文献不足故也。足，则吾能征之矣。”（《论语・八佾》）他又说：“殷因于夏礼，所损益可知也。周因于殷礼，所损益可知也。其或继周者，虽百世可知也。”（《论语・为政》）他还说：“周监于二代，郁郁乎文哉！”（《论语・八佾》）这几段记载表明，孔子对于夏代的政教确有深入的研究。在此背景下，既然孔子明确把“忠”与“夏道”相联系，那么其真实性也便不容怀疑了。

再说其他各书。司马迁和刘向有一个共同的特点，就是都曾长时间和系统地研读了官藏先秦文献。司马迁尝言：“周道废，秦拨去古文，焚灭《诗》《书》，故明堂石室金匮玉版图籍散乱。于是汉兴……诗书往往间出矣……百年之间，天下遗文古事靡不毕集太史公。太史公仍父子相续纂其职……罔罗天下放失旧闻，王迹所兴，原始察终，见盛观衰，论考之行事，略推三代，录秦汉，上记轩辕，下至于兹。”（《史记・太史公自序》）刘向在汉成帝时，曾奉诏专职领校经、传、诸子、诗赋等宫中藏书，所编《新序》《说苑》两书，引用了大量先秦的经传子史，相当一部分都是原文照录，有些则是酌加剪裁。也就是说，司马迁的《史记》和刘向的《说苑》，都是以第一手的古代文献为依据编纂而成，他们不约而同地以“忠”来概括夏代政教的内容。尤其值得注意的是这两位学者通常喜欢援引孔子的话，但是在夏代政教问题上却都未使用“子曰”的字眼，这说明他们据以作出上述论断的，应该另有其他的文献记述，并且这些文献记述就其时代而言至少不迟于《表记》。至于班固的《白虎通德论》，据《后汉书》本传，乃是“天子会诸儒讲论《五经》”，班固奉诏“撰集其事”而成。它既然是对诸儒围绕《五经》异同所展开的论辩的荟萃，而诸儒当着皇上、群臣和同好的面“讲论《五经》”，不可能言之无据从而授人以柄且引火烧身。既然如此，那么

“夏人之王教以忠”的阐发，必然不会是好事之人的信口开河而必然有相应的证据作支撑，这是不证自明的。

相关文献关于夏代“忠”观念的记述既然是可信的，那么接下来的问题就是：夏代所尚之“忠”究竟应该作何理解呢？对此，古往今来学者们的看法并不一致。孔颖达在疏解上引《礼记・表记》“子曰”那番话时说：“‘事鬼敬神而远之，近人而忠焉’者，宗庙在外，是远鬼神也；朝廷在内，是近人也；以忠恕养于民，是忠焉也。所为如此，是亲而不尊也。”[①]就是说，“忠”即忠恕，是一种对待民众的原则和态度。裴骃的《史记集解》诠释《高祖本纪》“赞”文中的“忠”字时，援引了郑玄的说法：“忠，质厚也。”所谓质厚，也就是忠厚、质朴的意思。关于“夏后氏教以忠”“夏人之王教以忠”中的“忠”字，其实在《白虎通德论・三教》的后文中就能找到答案：“三教所以先忠者，行之本也。”“人道主忠。人以至道教人，忠之至也；人以忠教，故忠为人教也。”就是说，“忠”乃是“人道”的核心和教化人的基本内容，是“行之本”；“忠”的最高境界是能够“以至道教人”。察此，此之所谓“忠”便应该作后世最经常使用的义项——忠诚来释读。而无论是忠恕还是忠厚、忠诚，彼此之间并非水火不容，相反倒有着很大的相同或相近之处。柳诒徵先生在其《中国文化史》一书中说得更直白：“夏时所尚之忠，非专指臣民尽心事上，更非专指见危授命。第谓居职任事者，当尽心竭力求利于人而已。”[②]就是说，夏代尽管还没有概括出“忠”的概念，但是这一概念所表征的那种道德观念和道德意识却已经是十分明晰的了。

五、“忠”观念当起源于尧舜时代

如果要修撰中国盛世史，其开篇第一章不可能不以尧天舜日的时代为描述对象。曾经有段时间，尧舜被当作传说人物而非历史人物来看待，近几十年大量考古学、文献学和历史学等的研究证明，尧舜是上古历史中的真实

① (清)阮元校刻：《十三经注疏》下册，中华书局 1980 年影印本，第 1641 页下栏。

② 柳诒徵编著：《中国文化史》上册，中国大百科全书出版社 1988 年版，第 79 页。

存在，对此已有不少学者著文给出肯定性结论[①]，笔者不再赘述。尧天舜日的时代并非以物质文明的突出成就而彪炳史册，那个时代之所以堪称盛世，主要是由于精神文明特别是社会道德的高度发达。

尧舜时代是中国历史上道德昌明的一个时代。《韩非子·五蠹》有言："上古竞于道德，中世逐于智谋，当今争于气力。"并描述说："尧之王天下也，茅茨不翦，采椽不斫，粝粢之食，藜藿之羹，冬日麑裘，夏日葛衣，虽监门之服养，不亏于此矣。禹之王天下也，身执耒臿以为民先，股无胈，胫不生毛，虽臣虏之劳，不苦于此矣。"可见，就是在一向对儒家的德治主张极端诋毁和排斥的法家看来，尧舜的时代也属于典型的"竞于道德"的时代。《庄子·天地》同样盛赞"至德之世"的壮丽景观，并慨叹说："至德之世，不尚贤，不使能，上如标枝，民如野鹿。端正而不知以为义，相爱而不知以为仁，实而不知以为忠，当而不知以为信。"认为仁、义、忠、信等等乃是那个时代先民们与生俱有的一种道德本能。吕绍纲先生撰文提出"中国文化史宜从尧舜讲起"，他列举的几大理由中，重要的一点就是包括五伦观念在内的"诸多重要思想观念萌芽于尧舜时代"[②]。

尧舜时代的"竞于道德"，在《今文尚书》之《尧典》篇中有着生动的反映。该篇记载：

> 帝尧曰放勋，钦明文思安安，允恭克让，光被四表，格于上下。克明俊德，以亲九族。九族既睦，平章百姓。百姓昭明，协和万邦。黎民于变时雍。

这段话翻译过来就是："帝尧名叫放勋，他处理政务敬慎节俭，明察四方，善于治理天下，思虑通达，宽容温和，他确实对人恭敬，能够让贤，他的光辉普照四方，至于上下。他能发扬才智美德，使家族亲密和睦。家族和睦以后，又辨明百官的善恶。百官的善恶辨明了，又使各诸侯国协调和顺，天下众人也就友好和睦了。"[③]这显然就是帝尧的一幅道德画像。尧之所以把帝

① 参见金景芳、吕文郁：《论尧舜禹时代是由原始社会向国家过渡的中间环节》，《学习与探索》1999年第3期；钱耀鹏：《尧舜禅让的时代契机与历史真实——中国古代国家形成与发展的重要线索》，《社会科学战线》2000年第5期；王克林：《陶寺文化与唐尧、虞舜——论华夏文明的起源》（上、下），《文物世界》2001年第1、2期；王和：《尧舜禹时代再认识——关于中国国家起源问题的几点思考》，《史学理论研究》2001年第3期；李学勤：《舜庙遗址与尧舜传说》，《光明日报》2005年8月17日。

② 吕绍纲：《中国文化史宜从尧舜讲起》，《社会科学战线》1998年第3期。

③ 江灏、钱宗武译注：《今古文尚书全译》，周秉钧审校，贵州人民出版社1990年版，第15页。

位禅让给舜，也是因为后者的道德修养出类拔萃——在家庭生活中，尽管“父顽，母嚚，象傲”，舜却能做到“克谐以孝”；在社会事务中，他也能够使人们恪守父义、母慈、兄友、弟恭、子孝五种美德，令四方来朝的宾客莫不肃然起敬。舜承袭帝位之后，任命百官时往往提出道德方面的明确要求。如任命契担任主管民政的司徒时，要求他“敬敷五教，在宽”；任命皋陶担任主管刑狱的士时，要求他“惟明克允”；任命伯夷担任主持祭祀事务的秩宗时，要求他“夙夜惟寅，直哉惟清”；任命夔担任乐官时，要求他“教胄子，直而温，宽而栗，刚而无虐，简而无傲”；等等。应当说，尧舜时代社会整体道德状况之所以非常之好，这与领袖人物和集体的率先垂范是密不可分的。

尧舜时代所孕育、产生的道德观念，除了孝、恭、信、公、让、义、慈、直、清等等之外，还包括忠。本文开头所列举的有关“忠”观念产生时代的几种说法当中，第一和第二两说的错误前面已作了分析，这里不再赘言；第三、四、五三种说法即西周说、三代说、虞夏说一个比一个接近历史事实，但还都不是准确的答案；第六、七两说即氏族公社说和原始社会说又太过宽泛——氏族公社包括母系和父系两个阶段，原始社会更是涵括了氏族公社及其以前的血缘家庭公社（原始群）阶段。笔者通过对有关文献资料的综合分析，认为我国“忠”观念当起源于尧舜时代。理由可分述为以下两个方面：

其一，典籍中有尧舜时代倡导忠德、惩治“毁信废忠”之人的明确记载。据《礼记·表记》，孔子在言及帝舜时，曾经慨叹道：

> 后世虽有作者，虞帝弗可及也已矣：君天下，生无私，死不厚其子；子民如父母，有憯怛之爱，有忠利之教；亲而尊，安而敬，威而爱，富而有礼，惠而能散。其君子尊仁畏义，耻费轻实，忠而不犯；义而顺，文而静，宽而有辨。《甫刑》曰：“德威惟威，德明惟明。”非虞帝其孰能如此乎？

无独有偶，《大戴礼记·五帝德》也记有孔子因弟子宰我之请而讲论帝舜道德事功的言辞：

> 蟜牛之孙，瞽叟之子也，曰重华。好学孝友，闻于四海；陶家事亲，宽裕温良。敦敏而知时，畏天而爱民，恤远而亲亲。承受大命，依于倪皇；睿明通知，为天下工。使禹敷土，主名山川，以利于民；使后稷播种，务勤嘉谷，以作饮食；羲、和掌历，敬授民时；使益行火，以辟山莱；伯夷主礼，以节天下；夔作乐，以歌籥舞，和以钟鼓；皋陶作士，忠信疏通，知民之情；契作司徒，教民孝友，敬政率经。其言不惑，其德不慝，举贤而

天下平。

《表记》中的“子曰”称帝舜有“忠利之教”，下面的君子之人则“忠而不犯”；《五帝德》中的“子曰”径称帝舜手下的刑狱之官皋陶“忠信疏通，知民之情”，这难道是偶然的吗？恐怕不是。这或许说明，从帝舜开始，包括忠德在内的道德教育已经被作为临民理政的重要内容。司马迁所谓“舜乃……命十二牧论帝德，行厚德，远佞人”的记述和“天下明德皆自虞帝始”（《史记·五帝本纪》）的论断亦可资佐证。

帝舜一方面倡导忠德，另一方面对“毁信废忠”之人坚决予以惩处。《左传·文公十八年》记载：“昔帝鸿氏有不才子，掩义隐贼，好行凶德；丑类恶物，顽嚚不友，是与比周，天下之民谓之浑敦。少皞氏有不才子，毁信废忠，崇饰恶言，靖谮庸回，服谗搜慝，以诬盛德，天下之民谓之穷奇。”帝舜将“毁信废忠”的少皞氏“不才子”等“四凶族”驱逐到数千里之外的荒远之地，其结果是“四门辟，言毋凶人也”（《史记·五帝本纪》），也就是说社会秩序良好，再也见不到凶恶之人了。

其二，尧舜以自己的实际行动诠释了忠德，昭示了“忠”观念的原初内涵。“尧知子丹朱之不肖，不足授天下，于是乃权授舜。授舜，则天下得其利而丹朱病；授丹朱，则天下病而丹朱得其利。尧曰：‘终不以天下之病而利一人。’而卒授舜以天下”（《史记·五帝本纪》）。舜在位凡 39 年，第 22 年的时候，他便本着传贤的原则“豫荐禹于天”（《史记·五帝本纪》）。郭店楚墓竹简《唐虞之道》有这样的评论：“唐虞之道，禅而不传。尧舜之王，利天下而弗利也。禅而不传，圣之盛也。利天下而弗利也，仁之至也。”[①]尧舜不仅在帝位的继承上恪守传贤不传子的原则，而且在位期间兢兢业业、鞠躬尽瘁，确实做到了尽心竭力。揆诸经史，可知在尧、舜的时代，不辞劳苦巡行天下乃是居于帝位者的职责和传统。《尚书大传》称“尧南抚交趾”。《大戴礼记·五帝德》更谓舜“南抚交趾、大、教，（西）鲜支、渠廋、氐羌，北山戎、发、息慎，东长鸟夷、羽民”。《尚书·尧典》语焉尤详，说舜正式继任为帝之后，当年“二月，东巡守，至于岱宗……五月南巡守，至于南岳，如岱礼。八月西巡守，至于西岳，如初。十有一月朔巡守，至于北岳，如西礼”，此后“五载一巡守”。《墨子·节葬下》更有这样的记载：“昔者尧北教乎八狄，道死，葬蛩山之阴……舜西教乎七戎，道死，葬南己之市。”也就是说，尧、舜都是死在了向周边

① 陈伟：《郭店竹书别释》，湖北教育出版社 2003 年版，第 60 页。

未开化民族宣示教化的征途中。柳诒徵先生在引述了《墨子·节葬下》的有关文字后写道："此牺牲之真精神，亦即尚忠之确证也。夫人主不恋权位，不恤子孙，并一己之生命，亦愿尽献于国民而无所惜，垂死犹欲教化远方异种之人，其教忠之法何如乎？"[①]充分肯定了尧舜二帝忠于人民的观念和行为。其实，对于虞舜，早在战国中后期就有儒者以忠相许，请看郭店楚墓竹简《唐虞之道》的记载："古者虞舜……忠事帝尧，乃式其臣。"又说："（虞舜）为尧臣也，甚忠。"[②]这是战国时人对虞舜之忠的明确赞扬。尽管字里行间流溢着战国时期"忠"观念的某些时代特征，但是虞舜体行了忠道，却也是内中无法曲解、无法抹杀的明确信息。而既然尧舜二帝身上"忠"的道德行为已得到古往今来人们的认可，那么把他们视为我国历史上"忠"观念产生的标志性人物，不也很合乎逻辑吗？

本文原载于《文史哲》2009年第3期，2011年10月获山东省第二十五次社会科学优秀成果三等奖。

① 柳诒徵编著：《中国文化史》上册，中国大百科全书出版社1988年版，第80页。

② 陈伟：《郭店竹书别释》，湖北教育出版社2003年版，第65、71页。

当代英国工党政治改革与创新的主要做法及其启示

魏　磊

英国工党继1997年5月战后第15次大选获得胜利后，又在2005年5月5日举行的全国大选中第三次击溃保守党，实现三连任。在三个任期内，工党在政治上锐意改革与创新，着力于改造工党的核心价值观、调整政治制度和国家结构形式、创新思想理论和组织体系，加强自身建设，百年老党再现生机，在欧洲社会民主党阵营中独树一帜。深入思考英国工党政治改革与创新，对我们党在新世纪新阶段准确把握时代潮流和世界大势，坚持改革创新、与时俱进，不断加强党的建设，顺利推进中国特色社会主义伟大事业，始终成为中国特色社会主义事业的坚强领导核心，具有重要启示。

一、当代英国工党政治改革与创新的主要内容

作为一个在20世纪久坐冷板凳的百年老党，英国工党能连续执政三个任期，其秘诀就在于改革创新。布莱尔曾一针见血地指出，工党的一个致命缺点就是，社会已经变了，而工党却未能与之一起变化。工党必须适应英国社会现实，从根本上扭转其游离于英国主流社会的现状。正如他于2003年7月4日在“我们的使命：为了长久的进步而加以治理”的讲话中说的，适应现代化需要的工党不仅仅要赢得大选，而且要为了进步的目的加以治理；不仅要进行几年的改革，而且还要为下一代建设一个美好的社会。当代英国工党的改革创新突出地表现在以下几个方面。

（一）改造工党的核心价值观

工党的章程产生于1917年并在1918年的代表大会上获得通过。其中

该章程的第四条集中体现了工党的宗旨，即以实现公有制社会为奋斗目标，同时它也是工党推行国有化和社会福利政策的理论基础。第二次世界大战结束后不久，工党曾根据党章第四条大张旗鼓地推行国有化和社会福利政策，取得了显著成绩。然而进入 20 世纪 50 年代以后，一直以坚持公有制为理想的工党连续几次在大选中失利，取消或修改党章第四条逐渐成为工党关注和斗争的焦点。工党绝大多数党员认为，公有制条款是团结全党的基本纽带，没有它，工党也就不成其为工党。然而，布莱尔执政后顶住各方面压力，从修改党章第四条着手，统一全党的认识，向主流社会靠拢。党章第四条的修改是工党改革的一个重大体现，是工党执政的前奏。正是对党章第四条的修改，取消了有关生产资料国有化的含义，扔掉了长达数十年的关于生产资料国有化争论的包袱，才统一了工党的思想认识，奠定了共同的价值观基础。1997 年，面目一新的工党轻装上阵，在大选中获胜，结束在野 18 年的历史，重新执政。

（二）改革政治制度和调整国家结构形式

自 1997 年布莱尔领导的工党上台执政以来，英国进行了横向的政治制度改革和纵向的国家结构形式调整。改革的目标是“分散权力、开放政府、改革议会及增加个人权利”。其目的是为了改善中央与地方、政府与公众的关系以及协调立法、司法和行政之间的关系：通过加强地方自治使其承担更大责任，从而维系社会团结；通过加强议会、司法权力以及开放政府、给予公众以更大的信息自由权等对行政权进行有效制衡，并推动民主制度的民主化进程；通过政府自身的现代化提高其抵御风险的能力，回应全球化所带来的各方面的挑战。[①]仅以政治制度改革为例。工党对英国政治制度的改革包括议会制度改革、司法权的强化、政府现代化以及加强公众监督的信息自由化等。议会制度改革由议会选举制度的改革、下院现代化和上院改革三部分组成。工党在权力下放过程中，把比例代表制引进了苏格兰、威尔士、北爱尔兰和大伦敦的议会选举中，改变了英国议会选举一直沿用简单多数制的习俗，这在一定程度上增加了小党的活动力和影响力，改变了大党独霸天下的局面。为此，工党政府建立了皇家委员会专门负责改革事宜。[②] 根据 1999 年 10 月上院通过改革上院的议案，在 2002 年下届议会选举前，750 名

① 参见王凤鸣、李艳：《英国新工党的宪政改革》，《当代世界社会主义问题》2003 年第 2 期。

② 参见王凤鸣、李艳：《英国新工党的宪政改革》，《当代世界社会主义问题》2003 年第 2 期。

世袭贵族的议员被取消在上院中的参政权和投票权，92名世袭议员在过渡期内保留议席并参政。这意味着维持800多年的“世袭议员制”被彻底清除。

（三）改革创新思想理论和组织体系

执政创新的程度如何，对一个执政党的生存与发展至关重要。当今不同政治制度的执政党几乎都关切执政创新问题，英国工党也不例外。自1997年布莱尔领导的工党执政以来，其在思想理论、组织体系等许多方面都进行了创新。

在思想理论创新方面，提出“第三条道路”。进入20世纪90年代后，由于英国经济产业结构的巨大变化，仅仅依赖工人阶级而忽略一些中产阶级的力量，工党是不可能取得政权的。中产阶级一般不会产生极端保守和极端自由的政治倾向。这样的社会阶级基础促使靠多数选票才能执政的工党必须选择“中间路线”，放弃从前比较极端的左翼政策。这就需要一种新的、模糊的政党政治理论。以该理论为指导产生的政治纲领应具备这样的特质：它既能摆脱过时的意识形态，拉住原有的支持力量，又能最大可能地吸引中产阶级的选票。这就是布莱尔“第三条道路”的根本目的和意图。的确，“第三条道路”是布莱尔帮助英国工党从在野党走向执政党的竞选纲领，也是布莱尔当选英国首相后改革的理论和思想基础。其结果是使工党在失去执政地位整整18年后，终于在1997年赢得了大选的胜利，重新执政。并且在2001年和2005年的大选中，工党又击败保守党。这无疑是对布莱尔不断改革、注重进行理论和模式创新所取得成果的最有说服力的论证。

在组织体系创新方面，推动工党组织体系现代化。工党组织体系的创新主要表现在三个方面：党内决策的民主化、政党资源的社会化、选举运动的专业化和中央化。选举运动的专业化和中央化具体表现在党务工作者的“专业化”和组织机构的“中央化”两方面。[①]组织机构的中央化一方面反映在中央机构工作人员的增加上，另一方面反映在竞选时强化高层领导圈的作用上。议员候选人、党的发言人和选区党组织的活动、言论必须受党中央及领袖的指导和监督，不可胡言乱语，否则会受到中央党部的纪律处分。[②] 通过这些规定，中央党部和领袖的权限得到加强，基层组织包括工会等团体和

① 参见张迎红：《英国工党组织体系的现代化》，《当代世界社会主义问题》2002年第3期。

② 参见张迎红：《英国工党组织体系的现代化》，《当代世界社会主义问题》2002年第3期。

选区党组织的权限受到削弱。1997 年以来的三次大选表明，工党把力量集中在关键岗位，选举的针对性增强，资源和竞选战略得到了有效利用，组织体系的创新是成功的。

（四）改革完善工党自身建设

首先表现在理顺工党和工会的关系上。长期以来，“老工党”为工会所操纵，而“新工党”则通过一系列内部改革削弱了工会对工党的控制，基本取消了工会在工党中享有的特权。布莱尔曾说，在工党中工会没有特殊的地位，他们同工党的关系与英国其他利益集团同工党的关系一样，我们将听取他们的意见，但我们是按照英国的利益而不是其他集团的利益来管理英国的。[①] 他认为，工党与工会由于历史的原因保持一种联系是正常的，但时代变了，这种关系的性质也应该变化，工党与工会不应仅仅是一种组织的联系，还应是一种互相尊重的关系。过去工党与工会那种特殊的紧密关系对双方都不利，工会应在一个健康的、民主的社会中找准它的位置，应作为工人的广泛代言人而不是作为一个党的代言人出现。1995 年 9 月 12 日，在英国职工大会年会上，布莱尔毫不客气地向工会代表表示：对工党的决策，工会可以进行说服，但决策权必须由工党来掌握，工党要管理整个国家，不允许某个既得利益集团在内部支配它。[②]

其次，注意吸纳、体现、扩大民主。英国工党一向被认为在党内生活中倾向于集中。然而在现实党的生活中，工党也比较注意发展党内民主，民主建党、民主执政的意念比较明显。[③]这主要表现在以下四方面：一是在工党议员候选人的筛选过程中体现民主；二是在党员参与党内生活中体现民主；三是在采纳党内合理化建议中体现民主。工党在执政的过程中，从首相到各位大臣、从每位工党国会议员到每位工党地方议会议员，都注意采纳党内合理化建议，竭力减少执政阻力，优化执政环境；四是改革决策体制。在原有的决策框架内，在中央建立全国政策论坛、政策委员会和联合政策委员会以及前瞻性政策研究中心这样一些新的机构，切实解决党员和地方党组织的声音很少有机会在工党年会之外被听到的问题，使所有党员都有机会参与决策、建言献策，同时激发党员的积极性并维持党员人数。

---

① 参见吴云：《英国工党获胜的内部原因》，《国际展望》1997 年第 9 期。

② 参见王凤鸣：《英国工党的“新思维”——托尼·布莱尔思想述评》，《当代世界社会主义问题》1997 年第 2 期。

③ 参见魏磊：《当代英国工党自身建设情况探微》，《山东社会科学》2008 年第 3 期。

最后，重视加强党的纪律，惯常以强硬的集中手段推行执政意图。在国会的重要投票中，工党要求其党员作为一个集团按照党的意图投票。在对工党议员个体控制上采取严厉政策，通过纪律处分如开除工党议员党籍等手段控制工党议员。

二、当代英国工党力促政治改革与创新的重要原因

英国政坛素以保守、传统而著称。英国工党在这样的环境里进行政治改革与创新，除非有特别重要的因由促使，否则是很难进行的。英国工党力促政治改革与创新，有以下三个重要原因。

一是国际共运低潮的冲击。民主社会主义作为欧洲最具影响力的一股政治思潮，深刻影响着英国工党，致使英国工党长期信奉民主社会主义。然而，20 世纪 80 年代末，苏联、东欧社会主义遭遇重大挫折的现实同样给英国工党带来巨大冲击。此时，保守主义和自由主义的论调充斥欧洲各地：一切类型的社会主义包括民主社会主义彻头彻尾地失败了。在这种舆论氛围下，欧洲左翼政党处境艰难，在选举中屡遭失败。布莱尔成为工党领袖后，面对欧洲“左派”政治低迷的状况，促使工党率先反思、检讨党的理论和方针政策，特别是从理论上深刻思考“社会主义”“国有化”“公有制”等具有社会主义制度特征的信条的时代含义，并采取务实的态度，“忍痛割爱”地从自己长期奉行的理论信条中剔除已被苏东“现实社会主义”的瓦解所证明为不合时宜的东西，抛弃关于公有和私有、国家与市场的争论，从“纲领党”转变为“选举党”，走传统社会民主主义和自由资本主义之间的“第三条道路”。

二是强烈的执政动机驱使。英国工党曾经有过辉煌的历史：在 20 世纪 20 年代，取代自由党而成为在英国轮流执政的两大政党之一；在 20 世纪 40 年代，工党在全英建立了一整套福利制度，至今还影响着英国民众。然而，从 1979 年起，工党连续 4 次在大选中失败。1983 年，工党通过了题为《英国的新希望》的竞选宣言。宣言不顾英国的社会客观现实，机械地坚持工党原来的目标和基本政策，如扩大国有化、增加公共开支等，结果在大选中遭到了有史以来最惨重的失败。1983 年，工党领袖金诺克在努力恢复党的团结的同时，摒弃了党内不实际的路线。但由于金诺克还是站在“左派”的立场上，没有在政策调整上有新的举措，1987 年的大选工党再度失败。此后，工党党内进行了长达两年的政策反思，逐步认识到传统的纲领信条已不适应

英国的社会现实。然而,由于各种局限,在1992年的大选中又遭到失利。1994年7月,托尼·布莱尔被选为工党领袖后,针对工党的现实状况,痛定思痛,指出:不进行改革的政党必将死亡,工党应当是一个生机勃勃的运动而非一座历史纪念碑。他提出建设"新工党"的口号,对工党进行了全方位改革,终于使工党在1997年5月于英国战后进行的第15次大选中获胜。

三是布莱尔的个人魅力。改革或者创新,对英国这个具有根深蒂固的保守传统的老牌资本主义国家来说是非常不易的。然而,第二次世界大战后出生的布莱尔充满改革锐气,颇具亲和力,一度被英国民众广泛认同,甚至被认为是欧洲新一代政治家的典范。他成长为工党领袖不是偶然的。具有自由民主主义思想倾向的布莱尔思想开放,不为工党左的教条和陈规陋习所束缚。他热爱工党,曾说过:"我不是生来就是工党党员,是我选择了它。我从来没有加入过其他党。我信任它,我非常高兴做这个党的领袖,我将生活在这个党中,也将死在这个党内。"布莱尔在这里表达了他永不叛党的决心。从这个意义上说,工党在经历了4次大选失败之后,最终选择了布莱尔并认可了他对工党进行激进改革的方案是必然的。

三、英国工党政治改革与创新对我党加强党的建设的启示

任何政党,如果因循守旧、墨守成规,无视时代潮流和不断发展变化的客观实际,就必然落伍甚至被时代淘汰。英国工党的政治改革与创新启示我们,我党必须以改革创新精神加强党的建设,这是新世纪新阶段我们党准确把握时代潮流和世界大势、坚持与时俱进的重要品质,是一项重大而又十分紧迫的战略任务。正如党的十七大报告所指出的:"中国特色社会主义事业是改革创新的事业。党要站在时代前列带领人民不断开创事业发展新局面,必须以改革创新精神加强自身建设,始终成为中国特色社会主义事业的坚强领导核心。"[①]对党的建设进行改革与创新,必须在坚持中国特色社会主义理论体系为指导,坚持党的建设的基本经验,坚持党要管党、从严治党,坚持立党为公、执政为民的基本前提下,重点对以下四个关键方面进行突破。

① 胡锦涛:《高举中国特色社会主义伟大旗帜　为夺取全面建设小康社会新胜利而奋斗》,人民出版社2007年版,第49页。

一是改革创新党的理论武装，着力提高党员干部素质。随着实践发展，党的理论武装与时代发展相比出现了一些不适应。这些不适应危害极大，如果不采取措施加以解决，会影响到党的建设，进而影响到顺利推进中国特色社会主义大业。要重点改革创新党的理论武装内容，确保理论联系实际，使党员干部听得准确、看得明白、想得透彻，思维得以训练、观念得以更新、方法得以借鉴、心灵得以净化，突出针对性、现实性和时代感。“学马列要精，要管用”，马列经典著作要合理安排时间，精心选择篇目，认真组织，在精选、精讲、精读上下工夫。坚持把深入学习理论同学习党和国家的重要文献以及总结改革开放的新鲜经验结合起来，围绕社会热点、难点问题进行探讨，培养党员干部研究问题、分析问题、解决问题的能力。

二是改革创新党的基层组织，着力发挥党的基层组织的先进性作用。党的基层组织在党的组织系统中处于非常重要的地位，是党执政的组织基础，也是党全部工作和战斗力的基础。改革开放以来特别是进入新世纪后，我们党所面临的国际国内环境和党的执政环境都发生了深刻变化，基层党组织在组织设置、工作内容、活动方式等方面都存在着许多不适应。解决这些不适应，要优化组织设置、扩大组织覆盖、创新活动方式；改革和创新党员管理制度，建立健全党员经常性学习教育机制；拓宽党员服务群众渠道，构建党员联系和服务群众工作体系；完善保障制度，落实党建工作责任制，切实为基层党员教育管理工作创造必要的条件。

三是改革创新领导体制和领导方式，着力提高领导水平和执政能力。改革创新领导体制和领导方式，是当前加强党的执政能力建设的一项重大课题，这方面的工作做得如何直接影响到各级领导班子和领导干部的领导水平及执政能力的提高和发挥。在坚持扩大民主、依法执政、科学配置、提高效能的原则下，积极完善地方党委领导班子配备改革后的工作机制，理顺党内权力关系、落实常委分工负责制、建立健全工作机制等问题，发挥新体制的优势。要完善党委“总揽全局、协调各方”的工作机制、科学民主依法执政的机制、党委决策议事机制、社会管理机制等。

四是改革创新党内民主制度和形式，着力推进党内民主建设。党内民主是增强党的创新活力、巩固党的团结统一的重要保证。要以扩大党内民主带动人民民主，以增进党内和谐促进社会和谐。改革创新党内民主制度和形式，对于充分调动各级党组织和全体党员的积极性、主动性、创造性，从组织建设上永远保持党的先进性，具有重要意义。要尊重党员主体地位，建立健全党务公开制度，完善党的代表大会制度和地方委员会工作机制，严格实行民主集中制，推行地方党委讨论决定重大问题和任用重要干部票决制，实行中央政治局向中央委员会、地方各级党委常委会向全委会定期报告工作并接受监督的制度，改革党内选举制度，改进候选人提名制度和选举方式，扩大党员的民主参与，保证选举真正体现选举人的意志。要探索扩大党内基层民主多种实现形式，推广基层党组织领导班子成员由党员和群众公开推荐与上级党组织推荐相结合的办法，逐步扩大基层党组织领导班子直接选举范围等。

本文原载于《探索》2008 年第 5 期，2011 年 10 月获山东省第二十五次社会科学优秀成果三等奖。

中国特色市民社会的历史定位

杨巧蓉　王晓红

概览西方市民社会发展的悠长历程，现代意义上的市民社会之生成、发育、发展始终与西方国家社会转型保持着相互照应的密切关系。市民社会的生成及由此产生的市民社会理念的完善，其前提是市场经济在一个社会的普遍确立并获得很大的发展。当代中国社会转型发育的中国特色市民社会，既是中国社会分工与领域分化的必然结果，也是现代社会民主生活的内在要求。尽管其还处于发育的初级阶段，自身力量还不够强大，但它却为中国的全面深化改革提供了强大动力，为中国经济的可持续发展提供了重要保障，成为构建社会主义和谐社会的基础性条件。

一、社会分工和领域分化的必然性

从新中国成立后至20世纪70年代末80年代初，无论是农业还是工商业，尤其是工商业领域，都是以国家计划、指令为指针，实行全民所有和集体所有的经济制度，即社会主义公有制。在整齐划一社会主义公有制基础上的计划经济体制下，社会完全“政治化”，整个社会呈现出单一化的发展样态，基本没有正常的市场竞争。社会生产、销售、需求和供给都以行政指令与国家计划为依据，劳动者积极性差，经济动力和社会活力严重不足，社会效率低下，致使社会供应极其匮乏。

20世纪80年代以来，经济改革率先启动，市场经济从小范围逐渐扩展开来。经过多年的发展与实践经验的总结，社会主义市场经济获得了广大人民群众的认可，市场经济体制也随之得以确立。为了更好地巩固和发展社会主义市场经济，社会主义基本经济制度作了战略性的调整，即修订为以公有制为主体、多种所有制经济共同发展的社会主义经济制度。这不仅从事实上承认并鼓励了社会主义市场经济的发展，而且还从基本制度上保障了各种经济成分的共存。在新的经济体制下，社会（成员）的活力被激发出来，经济力量迅速提升，经济事务也逐渐增加并趋于细化与繁复。经济领域与政治领域在一种较为自然的进程中实现着分化。

经济与政治两大领域的分离，使得经济生活的政治色彩逐渐淡化，人们被单一集体、僵化体制束缚的手脚得以松解，有了更大的自主空间和更多选择的机会与自由，思想意识也逐渐活跃起来，个性因此得到张扬，人的各种潜能转化为现实的力量，经济元素的多样性发展就在这一层面上推动了市民社会的多元化生长。所以说，市场经济奠定了市民社会发育内需的经济环境。社会主义市场经济的迅速发展刺激了市民社会各因素的成长，社会主义特有的经济制度孕育并催生了有中国特色的社会主义市民社会。具体来说，市场经济主要从以下五方面生成了市民社会发育的土壤。

第一，市场经济“优胜劣汰、适者生存”的基本法则，打破了计划经济体制下人为保护的“劣质、低效”的集体屏障，取而代之的是公平竞争与多样性的发展。利益驱动使人们由被动转向主动依循市场规律进行生产、营销，从而提高效率与质量，增进人与人在交往中的信任与沟通，社会中的人从机械性团结向有机性团结转变。由此可见，正是自然的必然性、人的特性（不管他们表现为怎样的异化形式）、利益把市民社会的成员彼此连接起来。他们之间的现实联系不是政治生活，而是市民生活。[①]

第二，专业的深化，分工的细化，大而全、小而全的粗放型生产方式被打破，生产转向集约型的发展模式，这些客观上都加深了人们彼此间的依赖程度，人与人之间、企业和单位之间不得不增进交往，提高交往水平。因此，就市场经济是市民社会的基础性条件而言，“市民社会是经济社会，以经济生活为主体，社会关系主要表现为经济活动中的各种物质利益关系”[②]。

第三，市场经济的深入发展客观上推动了社会法制化的进程，而法制社会是市民社会的显著特征之一。市场经济塑造了有主体意识、自主意识、平等意识、自由意识和竞争意识的个人与团体，从而逐步形成并不断强化着市

---

① 参见《马克思恩格斯全集》第2卷，人民出版社1957年版，第154页。

② 戚珩：《关于“市民社会”若干问题的思考》，《天津社会科学》1993年第5期。

民社会的自主性品格。由于新生事物的不断出现，各种利益需要重新分配，分配原则需要规范，这就促进了社会法制化进程。此外，市场经济激活了人们对物质利益的欲求，并为实现个人或团体的物质利益提供了广阔的空间与机会。①

第四，从计划经济体制转向市场经济体制，从“领域合一”到“领域分离”，市场经济的发展加速了整体性和同质性社会的解体，为市民社会的发育、发展创造了前提性条件。国家把大部分权力交由市场与社会，大大降低了原来用于制定计划、实施计划与进行指令控制的成本。这有益于政府转移一部分精力去关注更多由于发展所带来的新的社会问题，有益于财政资金的积累，有益于社会公益与社会福利，进而改善政治国家与正在兴起的市民社会之间的关系，化解一些社会矛盾，促成和谐发展与社会主义和谐社会的构建。并且，随着市场经济的扩展和深入进行，个体的自主性与自我依赖性将不断增强。社会成员因为在很大程度上脱离了原来单位、集体的束缚与种种身份限制，所以获得了更多自主性空间。同时，个体对自身生存保障会更多地依赖于自己的劳动与智慧，独立承担更多的责任，从而减少对国家、集体的依赖性甚至是原来的那种依附性。个体的自主性正是中国市民社会良性发育并不断生长强大的重要社会基础。

第五，国内、国际两个市场相互作用力增强，西方发达国家几百年市场经济及其运作机制的经验与教训为我们提供了现实的参考。由原来的无市场竞争到逐渐加速的市场竞争，国内许多企业生存与发展的压力在短时期内迅速加大，客观上促使行业间的联合，各种相关团体、组织相继诞生并迅速发展，从无序到有序，运作方式也与国际接轨。它们大多数正在发挥强有力的调解与疏导作用，这对于改善中国特色市民社会的外部条件起到了积极作用。

二、现代社会民主生活的内在要求

随着市场经济发展而发育起来的现代市民社会是法制的、民主的、多元的、尊重人的权利的社会。中国当代社会转型的目标就是要使中国社会发展成为民主的、法制的、多元的和谐社会。因此，中国特色市民社会的发展

① 参见周志山：《市民社会研究概述》，《社会科学动态》1999年第6期。

就是现代民主生活的内在要求。需要指出的是,民主作为社会主义社会发展的生命力,不能仅仅理解为政治民主,它还包括经济民主与社会民主。民主是一个内容十分丰富并不断发展的概念,在现实中,它应当成为现代生活方式的重要内容。

积极促进中国特色市民社会的发展,是中国现代民主生活的内在要求,其中政治民主是首位的,但其基础是经济民主。经济民主在历史上的表现就是市场经济体制的建立,老百姓有权利决定自己的事情,对自己的经济行为有完全的权利。从法律的意义上说,就是私有财产神圣不可侵犯的法理观念的确立,也就是人们最基本的公民权利的确立。马克思讲资产阶级革命是人的政治解放就是这个意思。我们通常说市场经济是一种法制经济,这固然不错,但一定要注意,这里的法制的主要内容是民法,是对公民财产权利的肯定和划界,是以保护公民的财产权利为主要内容。正是在这个意义上可以说市场经济就是一种民主经济。这不仅是说经济生活是老百姓最基本的生活,而且是说他们能够自己作主的生活是通过市场主体相互之间的协商、妥协、合作来进行的生活。商品交换的过程,实际上就是一个使用商品的权利在不同主体之间转移和转换的过程。按照马克思的说法,资产阶级自由、平等的观念本质上是以市场等价交换的原则为基础的,但我们不要忘记,正是这个基础奠定了人的政治解放的前提。没有这个前提,就不会有人的政治解放,就不会有真正现代意义上的公民的存在。

政治民主作为公民对国家权力的一种要求,无论从理论上还是从逻辑上看,都是以经济民主为基础的。市民社会决定国家,这个命题其中的一个重要含义就是国家权力的合法性在于公民的认可,国家权力的运行、公共事务的管理、公共财政的来源都依赖着市民的税款。市民作为纳税人,才具有作为公民的资格,而监督和知晓自己所交纳的税款被派作何种用途,以及依靠纳税人的钱获得自己收入的官员们都为纳税人做了哪些有益的事情,就成为他们的基本权利。所谓政治民主,无论有多少种定义,其中最具实质意义的即国家政府的权力是由公民构成的人民所授予的,是应该为人民服务的,所有官员自然都应该是人民的公仆,而不能是人民的主人。与此相对的选举制度,不过是政治民主的一种具体实现形式而已。

从历史上看,政治生活与经济生活的分离,首先是直接地由市场经济的发展造成的。就目前的情况来看,行政部门与经济管理部门基本上实现了职能的划分。一般情况下,行政职能部门不直接插手具体的经济问题,即不以指令、计划干涉企业的生产、销售等，使人们从一种“政治高压”中解放出来，进而获得个人的自由发展空间，这是市民社会充满活力的主体条件。

其次，法律可依赖程度的提高是中国市民社会充分发育的重要条件。在社会与国家相对分离的前提下，国家利用自身的资源优势制定相关法律、法规，从法的层面上为市民社会发育提供保障。法的层次[①]可以大致分为三类：一是行政法系，包括各种形式的社团法规、法则。这不仅为已经存在的社团活动提供了合法性基础，而且因为从制度上加以确定，还催生了更多的社团和民间组织。二是民法系。民法的完善与修订，为理性解决市民社会中各种经济、民事纠纷与矛盾提供了法律依据。新近通过的《物权法》《合同法》等，都是在社会新的发展情况下制定的，为维护社会成员的正当权益提供了法律依据，成为新时期促进中国市民社会良性发育的重要内容。三是刑法系。市民社会的发展过程不可避免地会出现各种问题，而其中有的问题是民法、行政法等法律不能解决的，这就需要一部合适的刑法典。

最后，政府执政理念的转变是中国现代市民社会发育的又一重要条件。有学者指出了这种转变的原因：第一，从当代中国历史解释模式的发展演变来讲，无论是“革命叙事框架”还是“现代化框架”都不能准确而圆满地解释中国的历史与现实，需要一种新的框架模式诠释中国；第二，20 世纪 80 年代以后中国政策变化造成原有国家与社会关系的解构，该时期国家放松对社会的控制，社会开始自主化发展；第三，中国改革进程的现实诉求。[②] 本文基本认可这一分析。一般来说，权力控制型的社会是一个“人治”社会，它在某一时期某种程度上也许有其合理性。然而，历史发展表明，现代社会不可能也不应该是“人治”社会，而应当是“法治”社会。在中国当代社会转型的战略下，我们提出了依法治国的政治方略。依法治国是历史的进步，它在很大程度上具有避免“人治”社会主观、武断与强权的最大可能性。在依法治国方略、科学发展观与社会主义和谐社会思想的指导下，中国向“能促型国家(The Enabling State)”[③]迈进，这就为市民社会与政治国家的进一步分离奠

---

① 1998 年 10 月，国务院发布了《民办非企业单位的登记管理暂行条例》和修订的《社会团体登记管理条例》。(参见林冀民：《民间组织管理五十年》，《中国民政》1999 年第 9 期)而且，近年来国家先后出台了《中华人民共和国公益事业捐赠法》《民办教育促进法》及其实施细则、《基金会管理条例》《中外合作办学条例》等法律法规。

② 参见陈仲元：《反思中国市民社会理论研究》，《学海》2005 年第 5 期。

③ Neil Gilbert and Barbara Gilbert, *The Enabling State: Modern Welfare Capitalism in America*, New York: Oxford University Press, 1989.

定了良好的基础,为市民社会发育创造了宽松的政治环境。在过去短短的二十几年时间里,中国特色市民社会获得了长足的发展,各种民间组织、社团、协会蓬勃兴起,城市与乡村之间的流动性达到空前的水平,各种生活方式交织,各种娱乐方式交汇,市民生活丰富多彩,经济持续增长,社会整体文化水平提升,公民意识、法的精神显著增强,从而促进了社会生活的融合,推动着中国特色市民社会的成长。可见,市民社会之"民间组织的发展既需要一定的经济基础,也需要一定的政治环境,没有一个相对宽松的政治环境,很难想象民间组织的存在与发展"①。

三、全面深化改革的持久动力

之所以说社会主义市民社会是中国全面深化改革的持久动力,是因为市民社会的发展将逐步改变"改革主要由政府发动组织"的局面。随着市民社会的发展与壮大,各种社会组织通过表达各个阶层的利益诉求和改革意见,积极参与到各种社会改革政策的制定与完善过程中来。并且,各社会组织对政府职能部门的监督与制衡本身就是促进政治体制改革的重要动力。

由于中国的改革是从打破计划体制开始的,社会主义市场经济的确立是与计划体制向市场经济体制的转轨一致的,这就决定了中国的改革一开始就是一种"自上而下"的模式,其发动者、组织者、谋划者都首先是政府或来自国家的力量。随着改革深入到一定程度,经济体制改革内在地产生了推进政治体制改革的要求,产生了对改革的组织者进行改革的要求。这种要求绝不是一种无主体的观念的要求,其主体是代表着市民社会的各种组织,是被组织起来的民众。没有市民社会的发育和壮大,没有市民社会中各种组织的出现和成熟,单单依靠政府力量进行的改革是难以深入也难以持久的,而且由于缺乏民众组织的支持和配合,其进行过程势必会增加许多困难。

第一,中国特色市民社会的发展加速政治领域与经济领域的分离,有利于政治体制改革的深度推进。随着社会主义市民社会自我发育能力的提高,它必然要求限制政治力量的不合理介入,从而促使政府下放更多属于社会自我管理领域的权力,集中物力与智力加强自身职能效力的提升,并集中

① 俞可平主编:《市场经济与公民社会——中国与俄罗斯》,中央编译出版社2005年版,第5页。

力量解决公共物品的供应问题。

第二，中国特色市民社会的发展是中国政治民主化进程的助推器。市民社会是一个尊重多样性的民主性社会，社会成员有自由表达利益的表达权。这必将改变政府部门“说了算”的局面，市民社会的不断发展将成为制约政府“专断”的最有效力量。

第三，中国特色市民社会的发展有利于中国社会结构的优化。一般来说，市民社会发育与城市化是一个相互作用的过程。中国市民社会首先发育在中国的城市，随着中国城市化进程加快与越来越多的农民进入城市，中国市民社会的覆盖面积将不断扩大，市民阶层将不断壮大并多元发展。中国广大农村、农民将融入到中国市民社会发展中来，这不仅是一种发展的必然趋势，而且还是社会主义社会的本质要求。因此，积极促进中国特色市民社会发展有助于解决中国城市与农村的二元发展矛盾，为中国社会结构的优化提供新的视角。

第四，中国特色市民社会的发展有利于社会主义市场经济发展，从而开创生动活泼的社会局面。市场经济体制下自由竞争与高度分工协作，客观上使人们交往的频率增强，交往也因需要而密切。社会成员多样化、个性化的需求，成为市场经济发展的强大动力，社会将呈现出一幅多元繁荣的景致。

四、社会经济持续发展与和谐社会构建的有效保障

构建社会主义和谐社会这一命题的提出，有着理论与现实的双重背景。社会转型是经济、政治、文化与社会四位一体的系统工程，其中经济是基础，政治是方向、保障，文化是动力，社会则是反映各个方面的晴雨表，它和谐与否直接反映其他各个方面的成功与否。因此，社会的力量是绝不容被忽视的。就现阶段的中国而言，市民社会的力量应当张扬。要指出的是，中国特色市民社会的历史定位仍然可以用马克思关于市民社会的理论加以解释，也就是说，中国特色市民社会是一种“历史范畴”[①]，它是社会主义和谐社会构建过程中的一种样态，是随着人类历史发展而不断变迁的。在其成长过程中，暴露出的物质追逐、私利导致的欲望膨胀等负面因素，需要用法律规

① 俞可平：《马克思的市民社会理论及其历史地位》，《中国社会科学》1993 年第 4 期。

范，用社会主义核心价值引导。然而，它存在的一般性价值却是可以肯定的，即多样并存，和谐共生。市民社会的这种一般性价值取向与以往我们讲求的以阶级斗争为纲的社会价值是截然对立的。换言之，讲斗争，凡大事、小事都必须整齐划一，动辄上升至政治的高度而进行批斗、打压，在这样的社会氛围之下，市民社会是绝不可能存在的，社会和谐更是无从谈起。

随着党和国家对社会治理理论的深入认识，对历史实事求是的检视，党的执政水平实现了跨越式发展，逐渐认识到社会主义和谐社会的重要性与当下建设和谐社会的迫切性，认识到社会主义社会的本质属性应当是和谐而非斗争。任何形式的斗争都只是一种手段，其最终目的都是为了使社会更加和谐，和谐才是社会的终极价值，才是社会主义社会的本质属性。

社会主义和谐社会是中国特色市民社会的理想归宿。和谐社会是一个多元的理想的社会，多元社会首先就是指尊重利益多样化的社会，利益多样性是市场经济的必然结果，也是民主政治的必然要求。当然，和谐社会作为一个相对的概念，并不是一蹴而就的，而是一个不断发展的过程。就当下而言，促进中国市民社会的发育是构建社会主义和谐社会的必要条件。这是因为市民社会不等于和谐社会，中国市民社会的兴起也不必然导致社会主义和谐社会的出现，但市民社会的客观存在与现实运动对构建社会主义和谐社会理念、目标、任务的提出，推动社会主义和谐社会建设，都产生了重要作用。① 因此，“在和谐社会构建的众多可能途径中，最具基础性的就是公民社会的成长。因为一个健全的公民社会在和谐社会的构建中占据不容低估的重要地位”②。

首先，市民社会中第三部门的发展在构建和谐社会中发挥着重要作用。俞可平谈及“具有中国特色的市民社会”时指出，中国的市场经济和民主政治与西方国家相比具有自己的特色，市民社会也必然有自己的特色。第一，随着社会主义市场经济和民主政治的推进，各种各样的民间组织正在不断涌现，它们已经成为社会生活和政府生活中不可忽视的重要力量。第二，在利益已经多元化的现实下，构建和谐社会最大的挑战来自各种各样的利益冲突和利益矛盾，而越来越多的利益冲突的主体就是各种各样合法的或非法的、紧密的或松散的、长久的或临时的民间组织。第三，就其性质而言，民

① 参见吴怀友、米华：《论公民社会在社会主义和谐社会构建中的两重性》，《马克思主义与现实》2007年第5期。

② 董明：《公民社会成长与和谐社会的构建》，《深圳大学学报》（人文社会科学版）2005年第4期。

间组织是连接政府与公民的纽带和桥梁。最后，民间组织深深地植根于民众之中，它们既是公民自治的主体，也是社会管理的主体。可见，一个成熟而健全的市民社会是实现社会主义和谐社会的基础，为社会主义和谐社会的构建提供了强大的动力支持。

其次，生机勃勃的市民社会是社会主义和谐社会的重要基础，这种活泼生气局面的营造需要社会成员的广泛积极参与。市民社会的发育，使得社会成员拥有了更宽阔、自由的活动领域，人与人之间的交往频繁，各种各样意见的相互交流与心理的沟通不断增强，从而有利于矛盾的化解，形成生动活泼的互帮互助、诚实守信、全体人民平等友爱、融洽相处的社会局面。社会各方面积极因素得到广泛调动，使社会主义民主得到充分发扬，依法治国基本方略得到切实贯彻，这是社会主义和谐社会的目标之一。

再次，培育市民社会有助于实现社会公正。公正是社会主义和谐社会的基本特征之一，只有实现社会的公平和正义，才能调动群众的积极性，使社会各方面的利益关系得到妥善协调，人民内部矛盾和其他社会矛盾得到正确处理，最终实现社会主义和谐社会。

复次，培育市民社会有利于实现人与自然的和谐相处。市民社会在保护环境、实现可持续发展方面发挥着重大作用。一是在中国的环境保护领域里活跃着一大批形形色色的民间组织，它们宣传环保，资助环保，开展各种形式的环保项目，抗议各种破坏和污染环境的行为，呼吁和监督政府切实采取措施保护环境。二是民间组织已成为影响政府决策的重要因素，对实现社会的可持续发展发挥了重要作用。

最后，中国特色市民社会的成长有利于形成一个团结、互助合作、诚信的社会。市民社会要求以“法治”社会代替“人治”社会，这就有助于社会成员法治意识的培养，从而养成“诚信”的习惯。市民社会是一个多元的社会，因此也是一个宽容的社会；市民社会是一个平等、竞争的社会，因而也是讲求合作精神的社会。宽容、诚信、合作是和谐社会必不可少的因素，成熟的市民社会为社会和谐准备了条件。

我们所要建设的社会主义和谐社会，是民主法治、公平正义、诚信友爱、充满活力、安定有序、人与自然和谐相处的社会。构建具有以上特征的社会主义和谐社会是中国社会转型的伟大目标，同时也是中国特色市民社会生成所力求展现的价值所在。“尽管目前‘善治’与‘公民社会’并没有像‘和谐社会’一样出现在党和政府的正式文件中”，但是，市民社会所倡导的“人本”

“公正”“平等”“法治”“透明”“协作”“共享”等原则，已经有机地融入到构建社会主义和谐社会的伟大实践之中，市民社会的思想“已经蕴含在政府的一系列具体举措之中”。[①] 构建社会主义和谐社会理念的提出，不仅是对现实社会情况的准确把握和深刻省思，而且还从理论上给予社会建设指导思想以明确的规定，从而增强了实践的可能性与评价的有效性。这也毫无疑问地为中国特色市民社会的健康发育创造了良好的政策环境。因此可以说，构建社会主义和谐社会是中国特色市民社会与中国社会转型的共同旨归。

本文原载于《山东社会科学》2009 年第 12 期，2011 年 10 月获山东省第二十五次社会科学优秀成果三等奖。

① 张卫华：《和谐社会之本：善治与公民社会——专访中央编译局当代研究所所长何增科教授》，《经济》2007 年第 3 期。文中引用为何教授观点。

清代民国学者对汉语语源问题的探讨

张建铭　张婉如

语源问题是一个古老而又充满现代感并且有着极强应用价值的问题。说它古老，是因为从古希腊时代开始，先哲们就对语源问题产生了极大的兴趣。如古希腊的斯多葛派哲学家们就认为，早期人类通过模仿自然界的各种声音创造了第一批词。[①] 中国古代也有动物自名之说。例如《说文解字》（以下简称《说文》）："乚，玄鸟也，齐鲁谓之乚，取其鸣自呼。"[②]说它具有现代感，是因为当代几乎所有科学学术问题已经不满足于回答逻辑上的"是什么""为什么"等问题，而是把探索的触角伸向事物的起源、本原。这是因为，源头不仅孕育了事物本身，而且规定了事物发展变化的全过程。事物的本质只有在原点上或者接近原点，才能显露得最为清晰和简洁。而语源的价值和意义就在于，它是语言思维中最为稳定、最具抽象概括性、最接近原点的核心部分。

同时，世界上每一种语言都积淀了使用这种语言的民族的历史文化进程，涵盖了其社会生活的方方面面，如意识、情感、文化、科学艺术、信仰习俗等等。L.R.帕默尔说："语言忠实反映了一个民族的全部历史、文化，忠实反映了它的各种游戏和娱乐、各种信仰和偏见。"[③]索绪尔也说："一个民族的风俗习惯常会在它的语言中有所反映，另一方面，在很大程度上，构成民族的也正是语言。"[④]而一种语言的语根和语族，不仅仅是记载着语言本身的历史

---

① 参见姚小平：《论语言的起源》，《百科知识》1986 年第 6 期。

② （汉）许慎：《说文解字》，中华书局 1979 年版，第 246 页。

③ ［英］L.R.帕默尔：《语言学概论》，李荣等译，商务印书馆 1983 年版，第 139 页。

④ ［瑞士］费尔迪南·德·索绪尔：《普通语言学教程》，高名凯译，商务印书馆 1980 年版，第 43 页。

联系，而且反映着事物的历史联系，可以说是一个民族物质生活和精神生活从过去延续至今的活化石。

因此，近200年来，各门学科如历史学、心理学、文化人类学、思维科学等，都纷纷与语源学联姻，用语源学研究成果作为直接证据，充实研究理论。

此外，在学习一种语言时，记忆它的数百个语根也是最有效的学习方法。100年前，章太炎先生曾言道："世人学欧罗巴语，多寻其语根，溯之希腊罗甸，今于国语顾不欲推见本始，此尚不足齿于冠带之伦，何有于问学乎？"[①] 杨树达在《形声字声中有义略证》一文中亦曾慨叹道："然余观西方之字典，即极寻常之种类亦必附有语源，备人检索，今之欲编新式字典者，附载语源乎？"[②]

令人遗憾的是，时至今日，国内所编的各种字典辞书仍未见有汉语语源意义的记载。我们的古代汉语、现代汉语教科书，也几乎都避而不谈汉语语源问题。在当代汉语研究领域中，语源研究成了一个最为薄弱的环节。随着中国国际地位的不断提高以及全球性汉文化热的到来，汉语语源研究滞后带来的学习、认知、交际上的种种不利因素开始显现出来。毫无疑问，汉语语源研究是当前汉语研究中最为紧迫的课题之一。因此，有必要对前代学者尤其是清代民国学者关于汉语语源问题的探讨过程做一番梳理工作，明确语源研究的主流方向，总结归纳其研究方法，汇集排比其研究成果，在前人建立的平台之上，构拟出初步的具有汉民族特色的语源研究框架体系。

一、清代前的汉语语源研究概况——从音训到右文说

中国古代学者很早就注意到了汉语语源问题。探索语源，推定语根，寻找其方法，用它解释古代典籍和阐明观点，可以说是古代汉语研究的主流。

《周易·说卦》："乾，健也。坤，顺也。"《论语·颜渊》："政者，正也。"《孟子·滕文公上》："庠者，养也。校者，教也。序者，射也。"[③]这种以同音字或双声叠韵字为释语的方法，正是一种探索语源的重要方法，前人称之为音训。它表明被释语和释语之间存在着音同或音近、意义密切相关，即或为语源、同源等关系。

---

① 章太炎：《章氏丛书·新方言》，右文社1908年版，第1～2页。

② 刘梦溪主编：《中国现代学术经典·余嘉锡　杨树达卷》，河北教育出版社1996年版，第612页。

③ （清）阮元校刻：《十三经注疏》，中华书局1980年版，第94、2504、2702页。

如果说先秦音训还处在朦胧或直觉状态，到了汉代则成为一种解释古代典籍的经典方法。班固著《白虎通》，解释名物典章制度必释其语源。如《白虎通·五行》："水之为言准也。""金之为言禁也。""东方者，动方也。"[①]

刘熙著《释名》则纯用此法。如《释名·释天》："乾，健也，健行不息也。""玄，縣也，如縣物在上也。""光，晃也，晃晃然也。"[②]

许慎著《说文解字》（以下简称《说文》）也大量使用这种方法。《说文》：门，闻也。户，护也。木，冒也，冒地而生。媒，谋也，谋合二姓。帝，諦也。古，故也。[③] 此类之例，《说文》中比比皆是。清代段玉裁在注释《说文》中发现了"凡某声字多训某义"这一命题。如吁下注云："按，于有大义，故从于之字多训大者。"[④]如从亏（于）得声之字，《说文》："芋，大叶实根，骇人，故谓之芋也。从艸亏声。"《说文》："吁，惊语也，从口亏声。"《说文》："迂，避也，从辵于声。"《说文》："盱，张目也，从目亏声。"谓张大其目。《说文》："竽，管三十六簧也，从竹亏声。"管三十六簧者，竽笙之大者也。《说文》："宇，屋边也，从宀亏声。"屋边即屋檐，大出屋四壁。后以屋宇喻时空之大，谓之宇宙。《说文》：夸，奢也，从大亏声。《说文》：訏，诡譌也，从言亏声。[⑤]《玉篇》引《说文》："齐楚谓大言曰訏。"[⑥]这些引文证明，许慎清醒地认识到汉字声中含义的问题。只不过许慎为编著《说文》的体例所限，未暇明文，而后人又多沿续成说，遂误解汉字为形读之文字。

宋代王圣美始倡右文说。沈括《梦溪笔谈》卷十四："王圣美治字学，演其为义右文。古之字书，皆从左文。凡字其类在左，其义在右。如木类，其左皆从木。所谓右文者，如戋，小也，水之小者曰浅，金之小者曰钱，歹而小者曰残，贝之小者曰贱，如此之类，皆以戋为义也。"[⑦]右文说的价值在于：(1)它重新认识到汉语言文字的声读问题；(2)它意识到凡同声符之字造字之初读音相同或相近，声中所含意义亦相同或相近；(3)它给出了形声字构成的平面坐标，形符表示事类，声符表示意义；(4)进而推之，同声符之字可以组成一个语群，这个语群的共性是有着共同的语音和共同的含义，而这个

---

① (汉)班固:《白虎通义》，第38页。电子版文渊阁《四库全书》，武汉大学出版社。

② (清)王先谦:《释名疏证补》，上海古籍出版社1984年版，第23、24页。

③ 参见(汉)许慎:《说文解字》，中华书局1979年版。

④ (清)段玉裁:《说文解字段注》，成都古籍书店1981年版，第215页。

⑤ 参见(汉)许慎:《说文解字》，中华书局1979年版。

⑥ 转引自(清)朱骏声:《说文通训定声》，中华书局1984年版，第425页。

⑦ (宋)沈括:《元刊梦溪笔谈》卷14，文物出版社1975年版，第7页。

声符字可以被视为这个语群的字根或语根。

稍后宋代王观国著《学林》，提出字母之说。《学林五》："盧者，字母也，加火则为爐，加瓦则为甗，加黑则为黸。凡省文者，省其所加之偏旁，但用字母，则众义该矣。"[①]字母者，谓字之本根也，字之本根在声符而不在形符，这是汉语言文字研究中第一次概括抽象出字母概念。

此后，明末黄生著《字诂》，其中有数条阐明形声字声中含义之理。

由于缺少古韵学的支持，清代前的右文说是直观和零散的，也是不成系统的。

二、清代学者的探索——从声中含义到探索语源

有清一代，乾嘉时期学术最为昌盛。除去经学研究之外，这个时期的学术主流是围绕《尔雅》《方言》《说文解字》《广雅》等一系列古代语言训诂典籍而展开的语言文字研究。它最大的研究成果是汉字声中含义、因声求义的训诂学理论和古音学的建立，其功绩是恢复了汉字的语言学本质意义，即汉字更是一种诉诸听觉的声音符号系统。它的初衷是建立解释古代典籍的训诂学理论，但最终却导向汉语语源学研究。

段玉裁提出了同声母字声与义的同原问题。《段注》禛字下云："声与义同原，故龤声之偏旁多与字义相近，此会意形声两兼之字致多也。"[②]沈兼士曾于《段注》中辑出提及声义同原之例六十八条。在《广雅疏证序》中，段玉裁指出："小学有形、有音、有义，三者互相求，举一可得其二；有古形、有今形，有古音、有今音，有古义、有今义，六者互相求，举一可得其五。"[③]他看到了古今汉语的联系和差异，明确提出了在汉语语言文字研究中，必须把汉字的形、音、义三者结合起来，把古今语言联系起来、综合分析考察的观点。

朱骏声著《说文通训定声》，为了能更清晰地表明语音和语义之间的联系，干脆解散《说文》，以一一三七声母字比连系之，按古韵十八部重新排列《说文》。其初衷虽在阐述其转注通假理论，但其学术已指向汉语语源学。胡朴安《中国文字学史》称其书"征引之博，皆足为吾人左右获取之资"，并举

① (宋)王观国：《学林》，第38页，电子版文渊阁《四库全书》，武汉大学出版社。

② (清)段玉裁：《说文解字段注》，成都古籍书店1981年版，第3页。

③ (清)王念孙：《广雅疏证》，中华书局2004年版，第1页。

例据《说文》声母字和声读，从中可抽象汉语声母字的声中之义。[①]

黄承吉《梦陔堂集》诠发右文含义尤详细。谓同声之字仅举右旁之声，不必拘于左旁之目，皆可通用。要以凡字皆起于声，任举一字，闻其声而已通其义。是以古书凡同声之字，但举其右旁之纲，之声，不必拘于左旁之目、之迹，而皆可通用。并有不必举其右旁为声之本字，而仅举其同声之字，即可用为同义者。盖凡字之同声者，皆为同义。声在是而义在是，以义起于声。后人见古人使字之殊形，辄意以为假借。其实，古人原非假借，据字直书。必为假借者何？盖古原用其纲，而目则可别可不别，古人初不料后人之不喻乎纲也。至后世事物日繁，则必须逐日区分以免混淆歧误。是以制字日多日别。[②] 他的见解一语破的：(1)汉字的本质在于记录语音；(2)凡字之同声者皆为同义；(3)汉字沿循声义而孳乳繁衍。

在对古韵部进行分类并从古韵的角度分析研究词义和探索语源的同时，清代学者也开始注意到声纽在语源研究中的重要作用。

戴震首先注意到同发声部位词语的音义联系。《转语二十章序》："凡同位则同声，同声则可以通乎其义，位同则声变而同，声变而同则其义亦可以比之而通。"[③]

钱大昕从汉语语源的角度整合了上古声纽，提出古无轻唇、古无舌上、晓匣影喻四母古音不甚区别的论断。正由于此，他是清代对古音学研究贡献最大的学者之一。

程瑶田著《果裸转语记》则纯以声纽为纲，他拈出果裸一词，顺而推引系联出一个果裸语族，开系联古方言俗语语族之先河。如栝楼、蜾蠃（细腰土蜂）、蝼蛄、属镂（鹿卢之剑，即匕首）、侏儒、棳儒（《释名》："棳儒犹侏儒，言梁上短柱也。"）、蠾蝓（《方言》："自关而东，赵魏之郊，蜘蛛或谓蠾蝓。"）果蓏等300多词，皆源自果裸一语。[④]

王念孙著《释大》则以语义和声纽的联系为纲，系联汉语言文字的同语族字词。王国维称其书"取字之有大义者，依所隶之字母，汇而释之，并自为之注。"[⑤]《高邮王氏遗书·释大》："冈，山脊也，亢，人颈也，二者皆有大义。

---

① 参见胡朴安：《中国文字学史》，商务印书馆1937年版，第365～378页。

② 参见黄侃述，黄焯编：《文字声韵训诂笔记》，上海古籍出版社1983年版，第211～212页。

③ (清)戴震：《戴震集》，汤志钧校点，上海古籍出版社1980年版，第107页。

④ 参见任继昉：《汉语语源学》，重庆出版社2004年版，第28～32页。

⑤ 王国维：《观堂集林》卷8，1927年版，第24页。

故山脊谓之冈……强谓之刚，大绳谓之纲，特牛谓之犅，大贝谓之，大瓮谓之魟，其义一也。”①

从以上可以看出，清代学者以古音义的联系为纲，从韵部、声纽、汉字声符、方言俗语等角度对汉语语源展开的几乎是全方位的尝试性研究，并积累了大量的经验和研究资料，为建立具有汉民族风格的语源学研究奠定了坚实基础。

三、民国学者的贡献——勾画汉语语源研究的轮廓

（一）关于语言起源问题的探讨

具有现代意义的关于有声语言起源问题的探讨，是从清末民初开始的。

1.模仿说

在前人动物自名的基础上，他们重提模仿说，并进一步分析为模仿动物叫声，模仿自然之声，模仿物体冲撞、磨擦、击打声音等数类。

一是模仿动物叫声。章太炎先生《国故论衡·语言缘起说》：“诸言语皆有根，先征之有形之物则可睹矣。何以言雀？谓其音即足也。何以言鹊？谓其音错错也。何以言雅？谓其音亚亚也。何以言雁？谓其音岸岸也。何以言鹅？谓其音加我也。何以言鹘？谓其音磔格钩輈也。”②

二是模仿自然之声。刘师培先生《原字音篇下》：“古代造字，虑字音展转失其真读也，乃以字音象物音。例如，火字之音为呼果切，即象风火相薄之声。水字之音为式轨切，即象急湍相激之声。雹从包声，瀑从暴声，霰从散声，亦犹是也。”③

三是模仿物体冲撞、接触、摩擦等声音。刘师培先生《原字音篇下》：“惟物音不克自宣，斯以击物之音相拟。如钟从童声，柝从斥声，板从反声是也。若滴字之音，征以檐溜下注之音湫字之音，征以水流之音，亦字音曲象物音者也。夫字音既象物音，字音恒易而物音弗移，则今音异古音者，验以物音可以知其变迁矣。”④他在《物名溯源》中又云：“草字之音象履草之声。竹字木字之音象击竹击木之声……（萧）盖风吹蒿叶，其音萧萧，故锡以萧名……

① （清）王念孙等：《高邮王氏遗书》，江苏古籍出版社2000年版，第67页。

② 章炳麟：《章氏丛书》上册，台北世界书局1982年版，第438页。

③ 刘师培：《刘申叔遗书》，江苏古籍出版社1997年版，第1241页。

④ 刘师培：《刘申叔遗书》，江苏古籍出版社1997年版，第1241页。

又如桐木可为乐器，又名曰荣，荣桐声近，实则象木鸣之音也……故栵栗（当作栗）双声，实则象果裂之音也。”[①]

2.劳动起源说

恩格斯在《劳动在从猿到人转变过程中的作用》中阐述了劳动创造人的学说，其中人的各种器官包括人的发音器官，都是在劳动过程中逐渐形成的。由于共同的“协作劳动”，原始人觉得“彼此间有些什么非说不可”，正是这种需求促使了语言的产生。[②] 鲁迅先生在《门外文谈》中把它移植到汉语语言起源理论中，他列举了劳动号子的例子，戏称为“杭育杭育文学”。[③] 今举何字为例，说明劳动号子和语言起源的关系。《说文》：“何，儋也。从人可声。”按，此当篆注连读为何儋，倒读即儋何。徐铉曰：“儋何即负何也。”[④]古人举重物时，为协同用力、缓解劳动强度，常用有节奏之呼号伴随劳作。《淮南子·道应训》：“今夫举大木者，前呼邪许，后亦应之，此举重劝力之歌也。”[⑤]今农村抬重物、打夯时仍如此。古文字何字亦是以人荷物为象，取举重物时呼号之声为声，故何声有呼号义，声气义。何字作为语根，省减抽象为丂可等声母字，从其得声之字亦多含大义、声气义、呼号义。

3.表情感之音说

黄季刚先生在《声韵略说·论字音之起原》中说：“字音之起原，约分为二类，一曰表情感之音……凡语言或文字中之感叹词，此皆表情感之音。细求之，每声每韵中，无不具者。以韵而言，𠤎哀乌讴虓唉，此为至简单之韵母，古今不甚差殊。此类之言，或为感叹词，或为代名词，或为发语词，要皆矢口而得，不烦思索。以声而言，则喉牙舌齿唇中，亦皆有表情之音。喉音，则吁、呼、咍、嚇之类是也。牙音，则謦、欬、訇、我之类是也。舌音，则都、咄、嗻、乃之类是也。齿音，则嗟、咨、些、哉之类是也。唇音，则咈、否、彼、音之类是也。是故五音之起，皆以表情，推其起原，此种声音，大氐与笑叹呻吟歌呼之音不相远，此即一切声韵自然之质也。”[⑥]刘师培先生《原字音篇上》亦云：“人意所宜之音，即为字音之所本。例如，喜怒哀乐为人之情，惟乐无正字，喜怒

---

① 刘师培：《刘申叔遗书》，江苏古籍出版社 1997 年版，第 1443 页。

② 参见恩格斯：《自然辩证法》，人民出版社 1971 年版，第 152 页。

③ 参见鲁迅：《且介亭杂文》，人民文学出版社 1973 年版，第 76 页。

④ （汉）许慎：《说文解字》，中华书局 1979 年版，第 163 页。

⑤ （汉）班固：《淮南鸿烈解》（卷 12），第 3 页，电子版文渊阁《四库全书》，武汉大学出版社。

⑥ 黄侃：《黄侃论学杂著》，上海古籍出版社 1980 年版，第 95 页。

哀三字之音，即象喜怒哀所发之音。”①

从文化人类学的观点来看，早期人类对事物的认识总是掺入了人的情感，人总是用自身的好恶尺度去衡量世界、认识世界。特定情感发出的声音与特定事物一旦形成固定音义联系，声音就有了特定的表义功能，当它们按线性排列为语句并成为声音和意义的符号系统时，则可以视为语言产生的标志。

4.拟物形之音说

拟物形之音当是以人发声之时的口形拟物之形而发出的声音。如大小圆扁方狭之类。黄季刚先生《声韵略说·论字音之起原》：“音之拟物形者，如果，木实也，象果形，在木之上，此以音状其长圆也。从声以来，则有瓜，蓏也，象形。与瓜果义近，在物则有壶，有[illegible]……所属不同，而形皆有似者。”②

5.比类移植说

所谓比类移植，是以已有事物之名，名之于具有相同特征的事物。宋末戴侗著《六书故》，首先提出“六书推类”说。其在《六书通释》一节中云：“六书推类而用之，其义最精……熏本为烟火之熏，日之将入，其色亦然，故谓之熏黄。《楚辞》犹作纁黄，或加日焉。帛色之赤黑者亦然，故谓之熏，或加糸与衣焉。饮酒者酒气酣而上行，亦谓之熏，或加酉焉。”③

《段注》于哭字下注云：“窃谓从犬之字，如狡、獪、狂、默、猝、猥、㹻、犷、状、獳、狎、狃、犯、猜、猛、犺、㹤、狟、戾、独、狩、臭、獘、献、類、猶三十字皆从犬，而移以言人，安见非哭本谓犬嗥，而移以言人也。”④

民国学者则对这一现象进行了深入分析。刘师培先生在《物名溯源》中说道：“古人之于物类也，凡同形同色，则其呼名亦同……又蜗字下云：蜗，蠃也。盖三物同名为蠃。其所以同名者，皆以形圆而中细得名。蜾蠃转音又名蒲卢，而蜾蠃之音又转为果蓏。《说文》云：栝蒌名果裸。盖栝蒌亦为圆形，故字异音同……若近人称瓠为胡卢，或曰蒲卢其音亦由果蠃通转。盖瓠亦形圆中细之物。蒲瓠双声，莫不取义于圆转。今江淮之南称物之圆转不已者恒曰圆滚卢。故物之圆而易转者，古人皆称以此名……即取名不同，其音亦不甚相远，则以在有音无字之前仍为一字也……观于此例，则植物、动

① 刘师培：《刘申叔遗书》，江苏古籍出版社 1997 年版，第 1240～1241 页。

② 黄侃：《黄侃论学杂著》，上海古籍出版社 1980 年版，第 95 页。

③ （宋）戴侗：《六书故》，第 11 页，文渊阁《四库全书》电子版，武汉大学出版社。

④ （清）段玉裁：《说文解字段注》，成都古籍书店 1981 年版，第 66 页。

物之得名，非以物类区分，实以物形区别。物形相似，则植物、动物均可锡以同一之名，非若后世之物各一名也。”[①]

6.相反同根说

晋代郭璞注《尔雅》时注意到词语中存在着“义有相反而兼通者”“义有反复旁通，美恶不嫌同名”的现象。章太炎先生把其归纳为语源学重要命题——相反同根。他在《小学问答》中说：“谊相对相反者，亦多从一声而变。”随后他列举了大量的这类词语，如双声类有天地、阴阳、古今、疏数、疾徐、精粗、生死、燥湿、加减、消息、钝锐、长短、规巨、文武、褒贬、男女、夫妇腹背、本末、起止、始终等；叠韵类有寒暖、出入、央旁、水火、晨昏、旦晚、头足、好孬、聪聋、祥殃等。[②] 这些相反相对的概念在语音和意义上的密切联系表明它们应当出自同一语源。弗洛伊德在《精神分析纲要》中指出：“‘人只有从对照矛盾双方的过程中，才获得了最古老的、最简单的概念，他只是逐渐地才学会区别对偶的两方，不用专门比较，便能想到对立的一个方面。’阿贝尔认为，只有在‘最古老的词根’上，才能观察到对偶的双重意义。‘原来具有双重含义的词汇，后来分解成单一含义的词汇，两个意思对立的词中的每一个，都带有原来词根的变音，例如早在（埃及）象形文字中，ken（强弱）就变成了 ken（强）和 kan（弱）。’”[③]

从以上可以看出，民国学者对语言起源有着较为全面和深刻的认识。这就是声音和概念的最初结合点，即人类语言起源的源头。其结合形式大致有人类表情感之音，劳动号子，模仿动物叫声，模仿自然之声，模仿物体冲撞、摩擦、击打之声，以口形拟物形之音等等。而声中之义多为事物的形色、状态、性质、程度等抽象概念。原始概念本身具有矛盾特征。在此基础上，人类形成类的观念，并以比类推衍的方式，用同一声音去称呼具有相同形色、状态、性质的事物。探索语言的起源形式有非常重要的意义，它为语根的确定和语族的系联规定了基本的出发点和方法论。

总之，和人类发展史是漫长的一样，语言的形成过程也是漫长的。从动物简单的声音信号到人类复杂的语音系统，其间经历了数千万年。因此，在这个过程中，无论是语音成分还是语义系统，语言产生发展的因素应当是多元的。人类有声语言既是自然进程的产物，也是人类社会活动和文化进程

① 刘师培：《刘申叔遗书》，江苏古籍出版社1997年版，第1443页。

② 参见章炳麟：《章氏丛书》上册，台北世界书局1982年版，第296页。

③ [奥]西格蒙德·弗洛伊德：《精神分析纲要》，刘福堂等译，安徽文艺出版社1987年版，第32页。

的产物。

(二)章黄学派的贡献

明确提出汉语语源问题并对汉语的语根和语族进行系统研究的创始人是章太炎先生。在研究《说文》和古韵学的过程中,他发现了语根和词语的孳乳繁衍关系。他在《自述学术次弟》中说:“古字至少,而后代孳乳为九千,唐宋以来,字至二三万矣。自非域外之音,字虽转繁,其语必有所根本。盖义相引申者,由其近似之声,转成一语,转造一字,此语言文字自然之则也。于是始作《文始》。”[①]在《文始·叙例》中云:“取《说文》独体,命以初文。其诸渻变及合体象形、指事与声具而形残、若同体複重者,谓之准初文,都五百四十字,集为四百五十七条。讨其物类,比其声均。音义相雠,谓之变易。义自音衍,谓之孳乳。坒而次之,得五六千名。虽未达神恉,多所缺遗,意者形体声类更相扶胥,异于偏觭之义。”[②]它表明,太炎先生已经从汉字字源的研究深入到汉语语源的系统研究。他不仅为后人提供了具有中国特色的研究汉语语源的思路与方法,而且真知灼见随处可见,为研究探索汉语语源提供了经典著作。

在语源研究分期问题上,章太炎先生提出表实、表德、表业三个阶段的概念。《国故论衡·语言缘起说》:“语言之初,当先缘天官,然则表德之名最夙矣。然文字可见者,上世先有表实之名,以次桄充,而表德之名因之。后世先有表德表业之名,以次桄充,而之名表实因之。是故同一声类,其义往往相似。”[③]

黄季刚先生的最大贡献是把古韵学整理为一个科学系统。他把上古韵部按阴阳入三分的原则和韵母之间的联系重新排列,定为古韵二十八部,把古声定为十九纽,并开创了古声母和古韵母结合起来研究古韵学的新途径。他的古本韵古本声学说不仅使后来的古音拟音成为可能,而且表明他已经注意到语音的稳定性问题和音位问题。应当说,明代陈第《毛诗古音考序》提出的“时有古今,地有南北,字有更革,音有转移”主张是针对叶音说而言,它说明的是语音有古今的差异,有南北方言的差异。黄季刚先生则在语言的历史比较中发现了同。他在影母下注云:“凡本声古今无变,譬如今日字

---

① 转引自许嘉璐:《黄侃先生的小学成就及治学精神》,陆宗达主编:《训诂研究》第1辑,北京师范大学出版社1981年版,第75页。

② 章炳麟:《章氏丛书》上册,台北世界书局1982年版,第51页。

③ 章炳麟:《章氏丛书》上册,台北世界书局1982年版,第439页。

读影母，古音亦必读影纽也。”古本声下皆注明“古今同”，在变声下皆注明“声同韵变”，或“声同韵异”或“声韵俱变”。[①] 在《声韵略说》中，他先言同。“发声之处有五：曰喉、牙、舌、齿、唇，古今所同也。”“声有清浊，古今所同也。”“韵有开合，古今所同也。”“韵有洪细，古今所同也。”“韵有阴阳，有对转，异平同入，古今所同也。”“一字或有数音，古今所同也。”于古韵表每字之下，必注明“今韵某是本韵”，以标明古今音同。[②]

正是这个同，表明古今语音相通之理。在此基础上，他提出了古音演变为今音是由于古声与古韵“相挟而变”的理论。从逻辑学角度而言，这是逻辑学中判明因果联系的重要方法即契合法与共变法在语言研究中的具体应用。古韵学开始成为一门有系统、有条理的独立学科，绝非什么“乞贷论证”。音位理论则是对音素分析琐碎与脱离语义的纠偏。归纳古声为十九纽，就是他从音位学角度对古声纽整合的结果。

黄季刚先生同时也是汉语语源学领域的开拓者。他屡屡强调：“清代小学之进步，一知求本音，二推求本字，三推求语根。”“孳乳变易皆有其根，故孳乳变易之根，皆文字之根。既有其根，虽变化至鉅，而声音训诂无变，故声音又为文字之根。”[③]他还发明了多种推求语根的途径和方法，把汉语研究的学术重心推向汉语语源学。

许嘉璐在《黄侃的小学成就及治学精神》一文中这样评价道：“他……是在乾嘉诸人‘因形以得其音，因音以得其义’（段玉裁《广雅疏证序》）、‘就古音以求古义，引申触类不限形体’（王念孙《广雅疏证自序》）等经验基础上的发展，不仅指明了声音与文字、语言的关系，而且还超出了前人横向描写的局限，深入到从纵向探求文字之源的领域，而研究文字的根源又是寻求语源不可或缺的阶梯。”[④]

由是观之，章黄学派的最大贡献不仅是传承总结乾嘉学者们的学术思想和成果，而且是承先启后，把小学从经学的附庸地位训诂学上彻底解放出来，开创了汉语语源学研究的新领域。古音系统的建立，更是为语源学深入研究奠定了坚实基础。因此，把章黄学派称作清代小学的殿军是不恰当的。

---

① 参见黄侃：《黄侃论学杂著》，上海古籍出版社 1980 年版，第 69～77、98～99 页。

② 参见黄侃：《黄侃论学杂著》，上海古籍出版社 1980 年版，第 69～77、88～90 页。

③ 黄侃述，黄焯编：《文字声韵训诂笔记》，上海古籍出版社 1983 年版，第 12、34 页。

④ 陆宗达主编：《训诂研究》第 1 辑，北京师范大学出版社 1981 年版，第 77 页。

（三）重倡“右文说”

民国学者敏感地捕捉到这一语言研究的重大转折契机。在审视比较中，他们看到了右文说的语源学价值和意义。刘师培先生著《字义起于字音说》，谓谐声之字必兼有义：“近儒于古字音训之例诠发至详，然谐声之字音所由起，由于所从之声，则本字与训词音近者，由于所从得声之字与训词音近也。故字从与训词音近之字得声，犹之以训词之字为声，此则近儒言音训者所未晰也。即此而类求之，则谐声之字所从之音不復兼义者鲜矣。”①

沈兼士先生明确指出，《说文》声母字多为汉语语根。针对章太炎对右文说的质疑，他在《国语问题之历史的研究》中解释道：“音符兼义而非其语根者，或如章炳麟《文始叙例》说：‘昔王子韶剏作右文，为字从某声便得某义，若句部有钩笱，臤部有紧坚，丩部有纠芁，𠂢部有衇覛，及诸会意形声相兼之字，信多合者，然以一致相衡，即令形声摄于会意。夫同音之字，非止一二，取义于彼，见形于此者，往往而有，若农声之字，多训㫗大，然农无大㫗义。支声之字，多训倾衺，然支无倾衺义。盖同韵同纽者别有所受。（兼士按，表示语根的本字亦有求不可得者。）非可望形为喻。（兼士按，《文始》说醲濃襛等从农声的字，均含厚义，其语源不出于农，乃出于乳，是不错的。至谓𧢼技等从支声的字，多训倾斜，是由氏丂孳乳出来的，那却不对。大概支字之形为手持半竹，其义即由不全引申而有倾衺之义，于形添加偏旁则为𧢼技，于音变成连语则为支离……然则支就是𧢼技的语根，并非别有所受。这一派的半音符字，虽说同一声类，其义往往相似，但其语根却不在此音符，而别有来源。如與声之字多有安徐之义，而與字本身无此义，其义盖受于余，余，语之舒也……又从今声之字，多有禁制蕴藏之义，而今字无此义，其义盖受于禁。禁，吉凶之忌也。这个可以说因为与今等发音，与安徐之义的余，禁制之义的禁有关，所以把他拿来，加上各种类属的偏旁，即成为一组含有此等意义的半音符字。”②沈先生的辩解是正确的。在分析研究语源问题时，必须坚持具体情况具体分析的原则，既不能以偏概全，也不能一概否定。

在《右文说在训诂学上之沿革及其推阐》中，沈先生提出简明扼要的解决方案：“然此种纷乱之情形并非无法整理。盖推究其理，不外二涂，或缘音近，用代本字，或本无字，衹表音素。前者即通借法，可依其右文之义以求本

---

① 洪治纲主编：《刘师培经典文存》，上海大学出版社 2004 年版，第 223 页。

② 沈兼士：《沈兼士学术论文集》，中华书局 1986 年版，第 25～26 页。

字，后者依声托事，归本于音可耳。”[1]在同一篇文章中，他列出分析《说文》声母字语源义的七种公式，并提出：“惟右文须综合一组同声母字，而抽绎其具有最大公约数性之意义，以为诸字之共训，即诸语含有一共同之主要概念。”[2]在语言研究中引进数学概率统计观念，沈先生无疑是第一人。

杨树达先生的汉语语源研究是非常扎实而具体的，他把很大一部分精力用在了《说文》声母字语源义的考释之上，考释《说文》声母字的语源义是探索汉语语根和语族系统的必要前提。据先生自云，所考释的声母字有数百个之多。在《积微居小学金石论丛》和《积微居小学述林》等著作中，有上百处提到并证明《说文》声母字某声含有某义。

从以上可以看出，民国学者的重倡右文说和宋代的右文说有着质的不同。民国学者的右文说是建立在古音学和清代学者的研究成果基础之上，是以近当代语言学为理论支柱，将汉语语源研究向纵深领域拓展迈开的重要一步。他们已经清醒地认识到，右文不是单纯的声符字，右文中包含着完整的古音系统和语根语族系统，右文的声中之义也不是一般的语言义，而是汉语的语源义。在这个意义上我们可以说，《说文》声母字是研究汉语语源最重要的材料依据和坐标系。

（四）探索汉语语音要素的语源含义

民国学者还提出就一韵之字或就同声纽之字对照比勘，综而释其同韵或同声纽之字语源含义的总体趋向。

刘师培先生著《古韵同部之字义多相近说》，谓“之耕二部之字其义恒取于挺生，支脂二部之字其义恒取于平陈，歌鱼二部之字其义多近于侈张，矦幽宵三部之字其义符于敛曲，推之蒸部之字，象取淩踰，谈类之字，义邻隐狭。真元之字，象含联引。其有属于阳侵冬三部者，又以美、大、高、明为义。则同部之字义，恒相符也”[3]。

《文字声韵训诂笔记》也说：“余友刘君博平则谓同纽之字义，亦多相近，略谓声韵二者，互相发明而为用。同韵部者，既可审音以推义。同声纽者，其用则似为尤神。惟分韵之道，闻一足以知十。定纽之术，犹当按文而施。言其大齐，则分喉舌唇齿之界，而定其发送收而已。喉音发声，即古声类影

① 沈兼士：《沈兼士学术论文集》，中华书局1986年版，第111页。
② 沈兼士：《沈兼士学术论文集》，中华书局1986年版，第82页。
③ 刘师培：《刘申叔遗书》，江苏古籍出版社1997年版，第1241页。

见二类，为众音之原始，矢口而出，故发音之词多属之。其送气（晓溪），则吹气而出，故声息之词多属之。其象多取乎混玄（匣纽），义多丽乎惊叹（见纽）。其收声（疑），则龂牙牾气而出，故其义严而威。舌音发声，送气（端透定），俱以舌端抵齶，击之成响，故其义多重。若其收声（疑），揉舌而出者（泥），其言也訒，故其义柔润而近仁。捲舌而出者，其义或连丽而有伦，或流离而多戾。齿音发气适当齿尖，其音遒而惨，遒则进取，从集之义生焉，惨则摧挫，纖细之义著焉。唇音发送（邦滂并），其言也辩，故其义多披分而排比。其收声（明）为音之终，闭口而出，故其意义多近于无。于是经之以同韵，纬之以同声，索义于音，意义莫能隐矣。”[①]

显然，这是对汉语语源问题所作的更深入的分析与综合。它告诉我们，汉语语音要素有其语源含义。一个音节或以声表义为主，或以韵表义为主，声为主时，以韵参之；韵为主时，以声参之。声韵二字是研究语源的键钥。同时，它也启发了后人应当对诸如韵头、韵尾、声调等汉语语音要素的语源含义作更深入的研究。

（五）建立汉语语源研究的参照系

两代学者也都注意到方言俗语和汉语语源之间的关系问题。如果说典籍文字是保存在纸上的古语，那么方言俗语中相当一部分则是保存在我们现代人口头上的古语。程瑶田《通艺录·释虫小记·螟蛉蜾蠃异闻记》有云：“夫简策之陈言，固有存人口中之所亡者也。而其在人口中者，虽经数千百年，有非兵燹所能劫、易姓改物所能变，则其能存简策中之所亡者，亦固不少。”[②]郝懿行在《尔雅义疏·释诂下》中也说：“毗刘暴乐，盖古方俗之语，不论其字，唯取其声。今登莱间人凡果实及木叶堕落谓之毗刘杷拉，杷拉亦即暴乐之声转。”[③]存留于今人口语中的这类方言俗语仍然很多，如山东人口语中的日、鸟、冒、尔丽、叠肚、扑拉、拳由、扑吃、格枝等等，都在一定程度上保存了较为原始的古音和古义，并且见载于古代典籍。这些词语不仅能印证《说文》和其它古代典籍的释义，而且还反映了古今语言的联系。太炎先生著《新方言》正是为此。

此外，民国学者借鉴西方比较语言学，认识到藏緬等近亲语系是汉语语

① 黄侃述，黄焯编：《文字声韵训诂笔记》，上海古籍出版社1983年版，第214～215页。

② 转引自任继昉：《汉语语源学》，重庆出版社2004年版，第49页。

③ （清）郝懿行：《尔雅义疏》，上海古籍出版社1983年版，第235页。

源研究的重要的参照系。鲁迅先生说："苗瑶是我们的前辈。"[①]在远古，我们同宗同族，说着同一种语言，一起采集、狩猎、耕作。但后来由于迁徙、战争、避乱等因素，他们躲藏到与世隔绝的偏远地区。他们的口语中或许还保留着当时我们共同的较为原始的语言。陈寅恪先生在给沈兼士关于《右文说在训诂学上之沿革及其推阐》的复信中说："右文之学即西洋语根之学，但中国因有文字特异之点，较西洋犹复杂，西洋人《仓》《雅》之学不能通，故其将来研究亦不能有完全满意之结果可期。此事则不能不由中国人自办，则无疑也。然语根之学，实一比较语言之学。读大著所列举诸方法外，必须再详考与中国语同系诸语言，如西藏缅甸语之类，则其推测之途径及证据，更为完备。"[②]

民国学者很多曾留学国外，因而在他们的研究过程中，融入了西方的语言学理论和科学方法。如这一时期音素分析、音位理论、语族、语根等观念的引进，方言俗语的调查收集和近亲语系比较研究的展开，都极大地丰富了汉语语源研究的内容，使之更具科学性和系统性。围绕汉语语源研究，两代学者还汇集了大量的资料，归纳出多种从声义联系中探求汉语语源的方法。汉语语源研究经由音训、右文说、因声求义，再到语根、语族的探讨，由含混直觉而清晰明确，由主观臆测而客观证明，由个别归纳而综合分析，作为一门独立学科，它的轮廓已经凸显出来。这就是一个以古音为纲、以《说文》声母字为基本材料和坐标系、以方言俗语和近亲语族为参照系的汉语语源研究的基本逻辑框架结构。

本文原载于《山东社会科学》2009年第10期，2011年10月获山东省第二十五次社会科学优秀成果三等奖。

① 《鲁迅全集》第3卷，人民文学出版社1963年版，第406页。

② 沈兼士：《沈兼士学术论文集》，中华书局1986年版，第183页。

规范行政立法行为　促进服务型政府建设

高学栋　崔　维

服务型政府又是法治政府，在法治理念下建设服务型政府，行政立法承担着重要的责任。改革开放以来，尤其是 2000 年《中华人民共和国立法法》（以下简称《立法法》）颁布实施以来，我国行政立法的数量和质量有了很大提高，这对深化行政管理体制改革、建设服务型政府起到了巨大的推动作用。但也应看到，我国的行政立法在立法内容、立法形式和立法程序上仍然存在与服务型政府建设相悖的问题。因此，在新一轮政府机构改革中探寻解决问题的办法，对进一步规范行政立法行为、建设服务型政府意义重大。

一、服务型政府建设与行政立法行为

（一）服务型政府

服务型政府不同于传统意义上的“统治型政府”“威权型政府”，也不同于计划经济时代的“全能型政府”。服务型政府有自己特有的理论内涵。国内学者普遍认为，服务型政府就是民主政府、法治政府、阳光政府、责任政府、有限政府、以公民为中心的政府，即以为公民服务为宗旨、满足社会公共需求、提供充足优质的公共产品与公共服务的现代政府。

在我国，官方提出“服务型政府”的新概念是行政管理体制改革发展到新阶段的产物。2004 年初，温家宝首次提出要把努力建设服务型政府作为我国政府改革的发展方向；2006 年 10 月，党的十六届六中全会又正式把建设服务型政府作为我国行政体制改革的重要目标；2007 年 10 月，党的十七大报告则进一步明确提出要“加快行政管理体制改革，建设服务型政府”；

2008年2月，胡锦涛在主持中共中央政治局第四次集体学习时特别强调“创新行政管理体制，建设服务型政府”；同年3月，中共十七届二中全会通过的《关于深化行政管理体制改革的意见》中又多处提到服务型政府建设问题。由此可见，重视服务型政府建设与深化行政管理体制改革紧密相关，它既是行政管理体制改革和政府机构改革的重要内容，又是改革所追求的重要目标。

（二）行政立法行为

法治理念下服务型政府建设是一项艰巨的系统性工程，需要政府依法规范自己的行政行为，作出多方面的行政努力。行政行为是指行政机关依法行使权力、管理公共事务和提供公共服务、直接或间接产生法律后果的行为。现代政府的行政行为关系到社会生活的方方面面，其正当性与否对保障公民权利、建设法治政府以及改善政府与行政相对人的关系、推进服务型政府建设等具有重要作用。一般来说，与所有行政机关有关的行政行为可分为三大部分，即行政立法行为、行政执法行为、行政裁决和裁判行为。其中，行政立法行为在服务型政府建设中发挥着重要的基础与保障作用。

所谓行政立法，是指享有行政立法权的行政机关依照法定权限和法定程序制定、发布行政法规及行政规章的活动，包括国务院制定行政法规，国务院各部委和国务院授权的局制定内部规章，省、自治区、直辖市政府、省会和经国务院批准的较大的市政府制定地方规章等。它是目前世界各国普遍存在的立法形式，并且在整个立法中占相当大的比重，其数量远远超过权力机关的立法。行政立法行为既具有立法性质，是一种从属立法，又具有行政性质，属于抽象行政行为，其立法目的是为了执行和实施权力机关制定的法律，实现行政管理和服务职能等。我国中央政府和地方政府制定的行政法规、规章，是政府行政执法行为、行政裁决和裁判行为的重要依据之一。

（三）行政立法对建设服务型政府的重要作用

行政立法是具有普遍约束力的行政行为，它对公民、法人和其他组织所产生的影响是任何一个具体行政行为都无可比拟的，因而在建设服务型政府中发挥着举足轻重的作用。近年来，伴随着我国立法体制的改革、社会主义民主政治的发展和进步，2000年《立法法》颁布实施，2001年国务院根据《立法法》对《行政法规制定程序条例》进行了修订，并出台了《规章制定程序条例》。从此，我国的行政立法更加注重关注民生、体现民意，对服务型政府建设起到了较大的保障和推动作用。例如，《行政法规制定程序条例》规定：

国务院法制机构应当就行政法规送审稿涉及的主要问题，深入基层进行实地调查研究，听取基层有关机关、组织和公民的意见；行政法规送审稿涉及重大、疑难问题的，应当召开由有关单位、专家参加的座谈会、论证会，听取意见，研究论证；行政法规送审稿直接涉及公民、法人或者其他组织的切身利益的，可以举行听证会听取有关机关、组织和公民的意见；重要的行政法规送审稿，报国务院同意，向社会公布，征求意见。同样，《规章制定程序条例》也规定：起草规章，应当广泛听取有关机关、组织和公民的意见，听取意见可以采取书面征求意见、座谈会、论证会、听证会等多种形式；起草的规章直接涉及公民、法人或者其他组织的切身利益，有关机关、组织或者公民有重大意见分歧的，应当向社会公布，征求社会各界的意见，起草单位也可以举行听证会。

二、行政立法中存在的不利于服务型政府建设的问题

（一）立法观念上还残留着“官本位”意识和“管制型”倾向

建设服务型政府，要求政府必须具有并不断培养和强化“人权”意识与“服务”意识。但是，受上千年封建专制思想的影响，“官本位”意识仍具有广泛的市场。“官本位”意识与构建服务型政府的理念是背道而驰的，这在立法上具体表现为：行政强制和命令一定程度上贯穿立法和执法的全过程，官僚指令在立法决议与决策中往往发挥着举足轻重的作用，而行政立法本身所应该具有的协商精神在实践中却相对比较缺乏；[①]立法过程中，往往习惯直接将公民作为被监管的对象，而不是法律主体，结果是人民对所立之法具有一定程度的排斥性或逃避性，难以实现人与法的和谐；“官本位”的立法观念还使得立法过于隐秘，不够公开和透明，使严肃的法规也成为官样文章。

与“官本位”立法意识相伴而生的，是一定程度上依然存在的“管制型”立法倾向。立法者的立法动机往往是管制，即通过行政立法来构筑立法者理想的秩序，以达到管制社会的目的。“管制型”立法是一种专制立法，绝对的管制就是专制，其立法后果有二，一方面可能会剥夺个人追求理想、权利的自由，另一方面也降低了社会自我发展的功能。自改革开放尤其是2000年《立法法》颁布实施以来，“管制型”立法倾向虽然得到了有效遏制，但并没

① 参见冯鼎臣：《论司法独立》，《湖北社会科学》2002年第7期。

有完全根除，一定程度上依然对我国的行政立法工作有较大影响，与社会主义民主政治发展和服务型政府建设的要求不相适应。服务型政府的理念是要求公民本位，要求以服务社会和公众为核心，而管制型的立法则将人本身的需要、社会发展的自身规律等置之度外。

（二）行政立法的有些内容不利于服务型政府建设

一是行政立法的某些内容侵犯公民自由。在行政立法中，立法主体是政府行政机关，而行政机关往往又是地方利益、部门利益等自身利益的代表，这样在立法实践中就有可能自觉不自觉地侵害公民权利，造成对公民自由的危害。例如，涉及劳动教养的有关行政立法使得行政机关不经司法机关审判就可以剥夺公民甚至比某些刑罚更长的人身自由，明显违反了《立法法》和《行政处罚法》等上位法，严重缺乏合法性和正当性，在行政立法内容上构成了对公民人身自由的侵害，与服务型政府所主张的充分保障人权、保障公共利益的宗旨相悖。

二是行政立法的某些内容侵犯公民财产权。服务型政府所追求的目标原本应当是公共利益，为民谋福利，但在行政管理的具体实践中有些政府机关存在着谋取本地区、本部门利益的冲动和倾向，而行政立法有时就成为谋取本地区、本部门利益的手段。这也是造成乱收费、乱罚款、乱摊派等“三乱”现象屡禁不止的体制性原因。为达到谋利目的，有的行政机关或地方政府往往滥用行政立法权，立法偏私，越权立法，致使任意曲解上位法的现象时有发生。一个典型案例就是曾在网上被炒得沸沸扬扬的兰州市路桥收费事件。2009 年 11 月 15 日，兰州市有关部门宣布再次征收路桥费，其收费的法律依据主要是《城市道路管理条例》第 19 条中对“等”字的理解，认为“等”字里包含路桥收费。另外，屡屡发生的城市拆迁纠纷与国务院于 2001 年 11 月 1 日开始实施的《城市房屋管理拆迁条例》有关规定密切相关，这也是行政立法侵犯公民财产权的典型表现。由此可见，行政立法的某些内容实际上已经成为有关政府部门曲解法律、漠视宪法和物权法，谋取本地区、本部门利益的重要手段，严重损害了公民的财产权，与服务型政府所要求的公民本位大相径庭。

（三）一些法规、规章一定程度上存在与法律冲突现象

我国行政立法主要有职权立法与授权立法、中央行政立法与地方行政立法等具体形式。让行政机关拥有行政立法权是现代社会发展的客观需要，立法机关的精力和能力有限，不能满足社会对法律规范的需要。如此也

存在一定的风险，容易使行使立法权的行政机关滥用权力，导致立法偏私，潜藏着侵犯公民权利与自由的危险。一旦风险变成现实，将严重阻碍服务型政府的建设。从立法实践来看，我国行政立法违反上位法以及《立法法》的现象确实存在。譬如，我国地方性法规、部门规章、地方政府规章数量繁杂，经常会出现法律衔接不充分甚至互相矛盾的情况。国家在若干领域采用了以部门垂直管理的条条取代地方管理的块块的做法，虽然取得了一定效果，但又出现了利益部门化等问题。为了维护和扩大自身利益，各部门以自身为中心，自行制定规章，组织执法队伍，规章制定权作为部门利益的法宝而被发挥到极致。更有甚者，为了以"法"争权，不同部门之间还出现了彼此冲突的行政立法怪现象，不仅加重公民的义务，减损公民的权利，而且还严重损害服务型政府的建设。一个典型案例是苏州市水运管理部门在起草的一部地方规章中，规定凡河道两旁200米以内的区域全部归该部门管理，这种规定如果通过，必然造成权力之争。这种以争夺权力为目的的行政立法与建设服务型政府的要求大相径庭，成为建设服务型政府的法制障碍。①

（四）行政立法程序中存在着某些不利于服务型政府建设的环节

一是行政立法中公众参与不足。公众参与是保证行政立法程序的基础。客观地讲，我国正在努力完善公众参与制度，尽量吸纳社会公众参与行政立法过程。尤其是《行政法规制定程序条例》和《规章制定程序条例》发布实施后，我国行政立法中的公众参与取得了明显进步，但这种进步离服务型政府关于民主化、法治化、公民本位的要求还有一定差距。就目前我国的立法程序设计而言，参与立法活动的仅仅是立法机关、提案机关，缺乏利益相对人、其他机关、组织和普通民众等重要角色的参与；仅重视对立法机关的审议、表决，要么完全忽视各种角色的参与和讨论，要么虽然容许参与，但却不是辩论性的或各方充分的参与。不仅公众参与行政立法的广度不够，而且深度和力度也不够。实践中，对行政立法进行公开征求、听取意见，往往主要集中在对行政立法草案的审查（或审核）阶段，而在法案的起草阶段并没有请公众参与。公众参与行政立法有利于保障公民权益、控制行政专横，否则将有悖于保障公民权益的立法宗旨，不利于服务型政府的建设。

二是行政立法中公开征求意见的开放程度不均衡。公开是行政立法程序的关键。在我国行政立法实践中，各种形式的座谈会、论证会等有关征求

① 参见刘章华：《建设服务型基层政府的法律思考》，《长江论坛》2008年第3期。

立法意见的会议，基本上没有向社会公众开放。目前，行政立法公开征求意见在网络上的公布率基本达到100%，而在报纸等媒体上的公布率则相对较低。利用网络工具吸引公众参与行政立法具有一定的局限性。目前上网主体以年轻人、公务员、知识市民、专家学者等为主，而老年人、农村人口、普通市民特别是贫困民众等上网比例不高，同时网络又具有空间虚拟性、身份匿名性等特点，这就使行政立法公开征求意见在代表性、广泛性、乡土性、真实性等方面明显不足。如对涉及农业、农村、农民方面的行政立法进行公开征求意见时，很难真正听到来自农业、农村第一线的农民的声音。

三是行政立法信息公开程度不深，范围不广。服务型政府是阳光下的透明政府，建立行政立法信息公开制度是建设服务型政府的重要法制保证。近年来，包括公开行政立法程序在内的政务公开在我国虽然取得了长足进步，但从整体来看，行政立法公开程度还远远不能满足服务型政府民主化的要求。具体表现在两方面：第一，行政立法的绝大部分程序属于行政机关的内部程序，并没有真正向公众公开。即使已有的公开程序也大多具有任意性，并且缺乏对违反公开程序有关法律后果及责任的规定。第二，新闻媒体关于行政立法的实际运作过程鲜有报道，公众无法有效参与。新闻媒体对政府立法的报道主要以政治宣传和普法为目的，其内容主要限于一些场合、领导讲话和立法结果，对立法背景、立法过程、讨论辩论、意见分歧、利益分析等比较深入的报道并不多见。公众难以了解行政立法的实际运作过程，与服务型政府所提倡的阳光政府的要求相去甚远。

四是行政立法中听证制度不完善。听证是现代行政立法程序的核心。目前，我国虽然已经在一些行政法规制定中实行了听证制度，但在实际操作中却遇到一些困难。首先，听证制度作为一种舶来品在我国的推行往往会在传统观念上遭遇障碍。在我国，公民往往只知遵守法律的义务，却缺乏参与制定法律的观念和意识；在法律传统上，我国历来“重实体、轻程序”，立法者往往注重实体法的制定，民众也认同了非程序性行政行为的正当性。因此，让百姓认同并积极参与法律听证并不是一件容易的事情。其次，我国法律对行政立法听证的规定具有模糊性、任意性。国务院关于行政法规、规章制定程序的两个条例对听证的范围作了概括式规定，即对“直接涉及公民、法人或者其他组织和公民切身利益的”和“有关机关、组织或者公民对其有重大意见分歧的”行政法规、规章草案，“可以”举行听证会。也就是说，此范围内的草案是否举行听证会，由行政机关自由裁量。是否进行听证主要取决于行政机关甚至某些官员的自由裁量权，这不利于服务型政府建设。

三、加强行政立法工作、为服务型政府建设提供法制保障的对策

（一）树立“以人为本”的科学立法观

在行政立法观念上构建服务型政府，应摒弃“官本位”的立法观念，树立“以人为本”的科学立法观。服务型政府的基本职能就是为广大纳税人提供公共服务，公民和法人组织则以纳税的形式购买这种自身无力解决的“公共产品”。包括地方性法规和规章在内的广义上的法律均属于立法机关提供的特殊“公共产品”，这种特殊公共产品的质量如何，将直接影响到利害关系人乃至每位公民的切身利益，甚至关乎社会的安宁。因此，行政法规、规章作为特殊的公共产品应当具有广泛的民主性，应当在充分尊重每一位普通公民的利益与诉求的基础上，进行立法或修订、废止，否则法律这种“公共产品”就可能蜕变为服务于少数利益集团的“私人产品”。如，在《物权法》出台后，与之相冲突、部分条款严重侵犯拆迁人权益的《城市房屋管理拆迁条例》，终于被修改更名为《国有土地上房屋征收与补偿条例（征求意见稿）》，并于2010年1月29日正式向社会公众公开征求意见。新条例直面“拆迁”矛盾，充分体现以人为本的精神，强调强制拆迁必须先给予被征收人补偿，规定搬迁补偿不得低于类似房地产市场价，搬迁过程中禁止以断水、断电、断气相胁迫等，体现了由单项管理到对公民私有财产权的尊重和保护，折射出法治理念的进步。这种进步对规范其他行政立法行为、推进服务型政府建设必将产生深远影响。

（二）改革和完善立法模式

服务型政府的本质和目的在于构建和谐的政民关系。因此，为了适应服务型政府建设的要求，在行政立法模式上，应从“管制型”立法模式转变为“服务型”立法模式。“管制型”立法模式是以追求秩序为核心目标，而“服务型”立法模式则是以追求满足社会公共需求，提供有法律保障的充足优质公共产品与公共服务为核心目标。“服务型”立法模式强调服务对象的至上性，即强调人民的至上性。在此模式下，服务对象是第一位，立法者是第二位。它要求立法过程中要注意充分保障人权，保障公民财产权，保障公共利益，立法内容不得侵犯公民的人身自由、迁徙自由、言论自由等基本自由，不

得借行政立法为乱收费、乱罚款、乱摊派开绿灯，不得为谋取本地区、本部门利益而损害公民私人利益。

（三）建立适合中国国情的违宪审查制度

建立违宪审查制度，是监督行政立法内容、确保立法“以人为本”的必要条件。国际社会中有许多国家都建立了违宪审查制度，其中最具代表性的是美国和法国。法国违宪审查制度的违宪审查职能由兼有司法、监督、咨询等多重职能的宪法委员会来承担和行使，宪法委员会由九名经任命产生的有任期限制的委员和若干名无须任命的当然终身委员组成。九名委员任期九年，不连任，分别由总统、国民议会议长、参议院议长各任命三名。共和国的各前任总统为宪法委员会的当然终身委员。借鉴法国违宪审查制度的经验，建立适合我国实际的违宪审查制的具体思路是：设立直属全国人大的宪法委员会行使违宪审查职能；宪法委员会的人员构成可参考法国宪法委员会的人员构成；宪法委员会的具体审查职能应包括法律、行政法规、规章、地方性法规的违宪审查。另外，建议从中央到较大的市设置垂直管理的宪法委员会，并建立宪法委员会委员对具体行政法规、规章审查的责任制。这样既可以让立法尤其是行政立法不再违宪，实现真正的以人为本，又可以为服务型政府在制度建设方面提供法制保证。

（四）妥善解决行政立法冲突问题

为妥善解决行政立法冲突，提高行政立法质量，促进服务型政府建设，必须做到以下几点：一要坚持依法立法的原则，所有行政立法都必须有明确的法律依据，都必须在宪法、法律或特别授权的权限范围内进行，行政立法的内容和方式必须符合宪法、法律或特别授权的精神；二要加强行政立法的协调和统一，做到行政立法不得与上一层级的法律规范相抵触，努力实现与同级其他法律法规规章等在内容上的一致；三要确立行政立法的民主协商精神，在行政立法时尽可能听取社会各方意见，特别是当行政立法内容涉及相对人的权利义务时，行政机关应就立法所涉及的事项及权利义务征询相关当事人的意见；四要构建行政立法的合法性审查机制，以加强对行政立法权的制约，进一步强化行政法规的备案审查职能。

（五）提高公民参与行政立法的程度

针对公民参与不足问题，要从完善行政立法程序、建立公民参与保障机制等方面入手，加大解决力度。首先，要完善行政立法程序。一方面，赋予公民建议行政机关制定、修改或废止行政法规、规章的权利。对于公民主动向行政机关提出关于制定、修改或废止行政法规、规章的建议，行政机关应当予以答复。对于不具备制定、修改或废止条件的，应给出充分理由。另一方面，建立健全行政立法公告或预告制度，明确公告的范围、内容、期限和方式等。其次，要加强公民参与行政立法的机制建设。一方面，健全回应公众意见的处理反馈机制。公众在参与行政立法过程中所提出的各种不同意见和建议，都应当得到适时、必要的答复、解释和处理。另一方面，强化公众参与行政立法的保障制度。加强公众参与行政立法技术支持平台的规范化建设，为建立和完善自由、便捷、畅通、低廉、有效的民间行政立法诉愿表达渠道提供可靠、有力的技术支撑。

（六）建立健全行政立法信息公开制度

首先，应明确行政立法信息公开的义务主体和权利主体，摆脱传统政治文化的消极影响，树立行政立法信息公开意识，充分尊重公众的权利主体地位，并通过制度来确立政府是“公开义务人”，公开行政立法信息是政府的法定义务，不公开则是对公众知情权的侵犯。明确规定个人和组织是享有公开信息的权利人，依法享有获取政府行政立法信息的权利。确立“公开义务人”概念，有助于强化政府立法信息公开的责任和义务；明确“公开权利人”概念，则有助于为公众了解立法信息、积极参与行政立法过程提供根本的法律和制度保障，并最终为服务型政府建设提供法制保证。其次，应明确行政立法信息公开的内容。一是公开立法规划及其草案。要改变是否立法、立什么法完全由行政机关说了算的传统做法，提早公布正式立法规划，让公众了解，以便为他们提出建议留出充足的考虑时间。二是进行立法公告。公告的内容应包括立法机关、立法主题或立法草案、立法依据和目的，公众提出建议和意见的方式和途径、期限等等。三是公开立法信息资料。行政立法的背景资料、公众的意见和建议、听证会记录、听证报告书、利害关系人提供的材料、审议会纪要等，都应该公开。

（七）完善行政立法听证制度

针对我国行政立法听证方面存在的问题和不足，应从两方面来着手：一是通过加大宣传教育力度，营造良好的民主法治氛围，让听证主体（即政府）和听证相对人（即公民）都能够正确认识听证制度；二是明确界定行政立法听证的范围。实际上，在行政立法的实践中，我们已经积累了一些比较好的经验。例如，在公共产品的价格形成机制方面，《价格法》《政府价格决策听证办法》都对价格听证作出了明确规定，确保公共产品价格调整能符合民意，有利于树立政府亲民、为民、便民形象，促进服务型政府的建设。

（八）加强对行政立法的监督

行政立法行为是具有普遍约束力的行政行为，如不对其进行严密而有效的制约和监督，其行政立法权有可能异化为损害公共利益和公民权利的“魔杖”。孟德斯鸠曾指出：“一切有权力的人都容易滥用权力，这是万古不易的一条经验。有权力的人们使用权力一直遇到有界限的地方才休止。从事物的性质来看，要防止滥用权力，就必须以权力制约权力。”[①]因此，在建立适合中国国情的违宪审查制度的同时，还必须多措并举，加大对行政立法的监督力度。一要加强权力机关即全国人大常委会和地方人大常委会对行政立法的监督，包括事前监督和事后监督。事前监督主要是授权立法监督，事后监督则是通过备案或其他形式审查行政立法，撤销与宪法、法律相抵触的行政法规。二要加强上级行政机关对下级行政立法的监督。三要发挥人民法院对行政立法的监督作用，增强法院的司法权威。四要发挥新闻舆论对行政立法的监督作用，等等。只有加大监督力度，建立健全对行政立法的监督体系，才能有效地规范行政立法行为，使行政立法适应建设服务型政府的要求。

本文原载于《行政论坛》2010年第6期，2012年12月获山东省第二十六次社会科学优秀成果三等奖。

① [法]孟德斯鸠：《论法的精神》上册，张雁深译，商务印书馆1961年版，第164页。

基于流程的企业核心知识管理研究

司　强　庄文君　王本东

知识管理的价值和作用已为各行各业所认同，但目前主流的知识管理关注的仍是如何收集知识、如何将收集到的知识进行分类、如何提高知识检索的效率等基本技术问题。因而，知识管理也面临着一系列问题：企业在导入知识管理时，力求全面而没有重点；企业的知识管理只是孤立的管理系统，并没有与企业的业务、流程、竞争力等因素有机结合；等等。由于这些问题的存在，企业尽管投入巨资打造知识管理系统，但却难以达到预期的成效，有些还以失败告终。因此，为了建立起富有成效的知识管理体系，企业必须有所为，有所不为，把知识管理的重点放在影响企业生存与发展最重要的知识——核心知识上面，即通过建立企业核心知识管理体系，提高知识管理的成效。

一、企业核心知识的内涵

知识的本质比信息更丰富、更复杂。如果将企业看成是知识的集合体，那么在众多企业知识中，企业的核心知识是关键，处于企业知识中最核心的一层。关于企业核心知识，目前学术界并没有形成统一的认识，不少学者都提出了自己的观点。

应力等根据各种知识在企业中的作用，将知识划分为一般知识、基本知识和核心知识三个层次：一般知识是指对企业生产过程没有主要影响的知识；基本知识是整合为一个业务的知识，它可以提供短期优势，如最佳实践；核心知识是指提供或可以提供竞争优势的知识，是一个企业区别于另一个企业的主要内容，是形成核心能力的主要部分。①

维娜·艾莉则认为，相对特定商务而言，核心知识属于独一无二的专长、知识和技术知识的范畴，构成了企业的工作内容或主观条件，是一种由智慧和经验融合起来的组织知识，反映了企业的本质。②

企业核心能力理论认为，企业独特的累积性知识为企业提供了持续竞争优势，这种独特的累积性知识通过企业的价值创造过程，为企业带来竞争优势，是企业独特的、难以被其竞争对手模仿的、能够为企业创造价值的核心知识资源。③

我们认为，企业的核心知识是与企业目标和职责直接相关的、与企业核心业务相对应的知识。核心知识是企业知识中最有价值的部分，是企业核心能力的源泉。其特点是：与企业职责高度关联，对企业有明显的价值和实际效益；虽然管理与发展的难度较大、成本高，但却是必须定义、管理的知识；经过充分的验证和评估，被企业认定，关键复用率高，影响大；具有明确的个性、独特性，不容易被轻易获取或复制；物化的表现形式可以为课件、文章、著作、规范、章程、流程、模版等；适宜于企业内的学习和传播；有一部分核心知识可能是隐性的、暂时无法或不能被物化的。

二、企业核心知识的属性

传统的知识元模型包括知识的七要素，它可以描述一个特定的元知识。七要素知识元模型分别描述了知识的内容、知识的专业属性、组织属性、产权属性、知识创建者、创建时间和知识版本属性。但若考虑企业核心知识时，七要素知识元模型就显得不够完善了。我们认为，企业知识管理的重点是核心知识。为了定义核心知识，知识元模型应具备九要素，即除了传统的七要素外，还有相关性和确定性这两个重要的要素（或称为“核心知识的主要属性”）。正确理解核心知识，必须明确核心知识的属性。核心知识的主要属性包括相关性和确定性。

① 参见应力、钱省三：《企业知识体系分析》，《研究与发展管理》2001年第5期。

② 参见[美]维娜·艾莉：《知识的进化》，刘民慧等译，珠海出版社1998年版。

③ Leif Edvinsson and Patrick Sullivan, “Developing a Model for Managing of Intellectual Capital”, *European Management Journal*, Vol.14, No.4, 1996, pp.356-364.

(一)核心知识的相关性

知识除具有本身的领域、时代、发展阶段等特性外,知识间也存在着复杂的相关性,如在知识内容上的相关性,认识规律上的相关性,甚至在发展过程中人文或社会意义上的相关性等。然而,知识的价值在于应用,在知识应用过程中,应用对象的需求将使知识产生另一种极其重要的相关性,即企业核心知识与企业完成和实现它们职责的相关性。而核心知识的相关性是指与完成企业职责行为的相关性,在支持企业职责时与其他知识的相关性。

知识与企业职责的相关性可以帮助我们确定企业知识管理的对象子集。这样,即使面对飞速增长的知识,我们也可以从合理的资源中取得知识管理最大的消费比,从而从根本上避免知识管理中资源(搜索效率、存储容量……)的瓶颈。反之,知识的泛收集策略将很快导致知识库成为一个充塞着大量“垃圾知识”的垃圾库,甚至使整个知识管理成为无效的管理。因此,对核心知识相关性的进一步研究将帮助我们进一步提高核心知识应用的效率。

核心知识的相关性一方面是指企业在确定了自身的战略目标和职责后,为完成这些职责需要将员工组织成不同的团队,执行不同的流程并对结果进行评估和分析。为提高工作效率和效能,需要相关知识的直接支持。另一方面是指在支持企业行为时不同知识间的相关性。由于企业行为的复杂性,为有效支持企业行为,在多数情况下,往往需要多种不同方面甚至不同领域知识的组合支持,使离散的知识形成一个关联体系。因此,在企业活动中,知识体系化的重要性高过单项知识的专业性。这也说明了重视知识的相关性并在此基础上将知识组织成支持企业行为的体系的重要性。

(二)核心知识的确定性

核心知识的确定性是指知识在企业内是否已被验证和确认的性质。实际上,这也是知识在企业内被有效共享和应用的前提。

在传统的知识管理中,由于忽略了知识对企业的确定性(被企业认可的属性),在实际应用中常常会出现这样的困惑:检索到的知识或对问题的解释是不同的甚至是矛盾的,寻求帮助的人在应用所检索到的结果前,就必须对知识的适用性进行判别,或对知识的适用性进行验证,而对知识适用性的判定或验证在实践上往往都不是一项简单的任务。如此,知识的复用将变得困难甚至无法进行。因此,企业对知识的认定也即对企业核心知识的确定性的认定极其重要。

企业的生存、发展极大地依赖于企业的运作效率。如果在知识应用前都需要应用者进行适用性的判定甚至验证，就不可能期望知识得到高效的应用，从而严重影响知识应用的效率，甚至使知识管理和应用流于失败。

三、基于流程的企业核心知识管理

企业的核心竞争力是企业生存与发展之根本，由企业的各核心业务的核心竞争力构成。企业的核心业务由企业的核心业务流程来支撑，而企业的核心业务流程则需要运用企业的核心知识来管理和运营。因此，厘清企业核心竞争力与企业核心知识之间的递进逻辑，有利于理解企业核心知识的重要性，有利于探索企业核心知识的管理方法。

（一）核心竞争力

美国经济学家普拉哈拉德和哈默尔于 1990 年在《哈佛商业评论》上发表的论文《企业的核心竞争力》中，首次提出“企业核心竞争力”这一概念。他们认为，企业核心竞争力是持续竞争优势之源。核心竞争力之所以能给企业带来持续的竞争优势，是因为其具有价值性、独特性、不可模仿性和不可替代性。

近年来，随着知识经济理论的兴起，许多研究者认为企业核心竞争力是知识经济的产物。在知识经济条件下，企业是知识的集合体和学习的组织系统。企业之间的竞争很大程度上取决于他们使用知识和创造知识的能力，而致力于将企业的知识资源转化为提高企业效率、反应能力、创新能力，从而提高企业核心竞争力，则是知识管理的任务。

（二）核心业务

企业核心竞争力渗透于整个企业组织之中，是企业一系列技术和能力的有机整合，它能使企业的一项或多项业务达到国内外一流水平。对于一个企业而言，其核心业务是生产经营中的关键环节，是企业擅长的、能创造高收益和高附加值、有发展潜力和市场前景的业务，与企业的经济效益密切相关、对企业的战略目标有着重大影响，高效率的核心业务流程是形成企业核心能力的关键因素。具体的核心业务有：对企业的利润有重大影响的业务；对顾客所看重的价值有重大贡献的业务；对企业的战略目标有重大影响的业务；决定企业发展前景的业务；对企业的持续竞争优势有突出贡献的业务。

核心业务拥有高水平的人力资源、核心技术、营销技术，高质量的管理能力，灵活柔性的组织架构，它们最终体现为获利能力、市场份额、企业形象及公众对企业产品和服务的认同等。核心业务决定着企业的竞争优势和企业的生存与发展。企业的核心业务是核心竞争力的重要载体，核心业务能力是核心能力的重要组成部分，核心业务能力的强弱对企业核心竞争力的强弱起着至关重要的作用。因此，要提高企业的核心竞争力，必须从加强核心业务管理和提高核心业务能力入手。

核心业务能力是相对于核心业务而言的，是核心业务的支撑与运作能力。核心业务能力与核心竞争力是两个不同的概念范畴，主要区别在于，核心竞争力是从企业整体范围来考察的，是形成企业竞争优势的各种独特知识、技能和企业无形资产的有机组合，而核心业务能力仅指一个单项核心业务的行为能力。核心业务能力与核心竞争力的关系是局部与整体的关系，企业核心业务能力是企业核心竞争力的一个重要组成部分。

因此，一个企业要想培育其核心竞争力，就必须先提升核心业务能力。企业必须能够正确识别自己的核心业务，围绕核心业务来配置企业所拥有的资源，建设独具特色的核心业务和核心业务能力，从而为企业带来差别化的竞争优势，以达到提升企业核心竞争力的目的。

(三)核心业务流程

任何一个企业都有许多相互联系的业务流程和业务活动，其中只有一部分流程和活动对企业的生产经营是至关重要的，它们是企业竞争优势的决定因素。这些关键业务被称为企业的核心业务，而这些关键流程我们称之为企业的核心业务流程。核心业务流程是核心业务的支撑，它的质量决定了企业经营管理的实际运行效率和效益。在确定核心业务后，企业就应重建其核心业务流程，以利于核心业务流程的高效运作和培育及提高企业核心竞争力。

要保证流程的高质量，首先必须设计出合理、有效的核心业务流程。核心业务流程设计质量的高低取决于企业的知识存量以及组织学习知识、更新知识和运用知识的能力。其次，要确保核心业务流程能够被有效运行。员工是企业业务流程活动内容的承担者，企业业务流程运行质量绝不会超过企业所有员工的管理操作水平。员工必须具备一定的知识和技能，并且充分发挥这些知识和技能，才能保证企业业务流程运行质量。

（四）企业核心知识管理

企业的目标是创造价值，企业的竞争优势归根结底产生于企业为客户创造的价值。企业价值创造活动包括设计、生产、营销、交货以及对产品起辅助作用的各项流程活动，其中每一种流程如何构造、流程间如何协调、流程如何执行、什么样的输出是有利的，这些都需要相关知识的支持，特别需要企业核心知识的支撑。因此，对流程中的核心知识进行有效管理是企业业务流程运行和优化的重要保障。

普拉哈拉德和哈默尔认为，核心竞争力是“企业中的集体知识，尤其是协同不同的产品生产技能以及对多样化技术进行集成的知识”①。哈默还进一步指出，“一种核心竞争力包括隐性知识和显性知识”，这里的隐性知识包含技能知识和人力知识，显性知识包含事实知识和原理知识。② 核心知识是知识管理的重点，因此核心知识是企业获得持续竞争优势的根源，企业要想在竞争中立于不败之地，必须高度重视对核心知识的管理。要提高企业核心竞争能力，就必须有效地完成“核心知识的获取→核心知识的处理→核心知识的传递→核心知识的应用”这一完整的过程。知识管理就是通过引导和约束这四个环节，促进核心知识生产和流动，使核心知识在使用中实现增值，从而达到提高企业核心竞争力的目的，并最终实现创造企业持续竞争优势的终极目标。

由上述分析可知，企业的核心竞争力是企业核心业务的竞争力体现。企业核心业务的竞争力需要其核心业务流程的支撑，而企业核心业务流程的顺利运行有赖分布于核心业务流程各个环节中核心知识的支持。因此，追根溯源，企业核心竞争力实质上源于企业的核心知识。为了提升企业核心竞争力，企业需要提高对知识的积累、创新和应用能力，特别是企业核心知识的整合。为此，企业必须从流程的角度出发，建立基于流程的核心知识管理体系，充分发挥企业核心知识对核心业务及核心业务流程的支撑作用，以达到最终提升企业核心竞争力的战略目的。

---

① C. K. Prahalad and Gary Hamel, The Core Competence of the Corporation, *Harvard Business Review*, May 1, 1990, pp.79-91.

② Gary Hamel and Aimé Heene, *Competence-Based Competition*, New York: John Wiley & Sons Ltd, 1994.

四、构建基于流程的企业核心知识管理平台

企业知识管理的相关任务必须与日常工作任务结合在一起并融入到日常业务流程中，不应与日常工作相脱节。为此，可以按“企业战略—核心能力（核心业务）—核心（业务）流程—核心知识”的逻辑步骤来管理企业的核心知识，从而实现业务流程与企业核心知识的有机结合。

（一）知识管理与企业业务流程结合之识别核心业务

一个企业可能有一项或多项核心业务，企业的知识管理只有与这些业务密切结合才能取得显著成效。企业在实施知识管理项目时，首先要明确哪些业务对企业的成功起关键作用，找出这些核心业务，然后针对这些核心业务制定正确的知识管理对策。这里的关键点在于对核心业务的识别，其识别方法是：

1.关键目标分析。审查企业的长期战略目标，确定当前的关键目标，分析要完成关键目标所需要进行的业务流程，确定关键业务流程，即找出对企业关键目标有重大影响的业务流程。

2.顾客价值分析。核心业务流程必须对实现顾客所看重的价值有重大贡献，因为价值是顾客对企业提供的产品或服务所愿意支付的价格，所以首先要分析是什么令顾客满意，为什么顾客愿意为这种而不是那种产品或服务付出较多的钱，哪些价值对顾客来说最重要，产品或服务中令顾客满意的这部分价值主要是通过哪种业务活动来创造的，找出这些能给顾客带来核心价值的业务，就可以加强对这些核心业务活动的管理。

3.竞争优势分析。从企业的竞争优势来考虑，核心业务应是形成一个企业与竞争对手差异化的基础，也是该企业比竞争对手做得更好的关键所在。因此，核心业务必须对建立和保持企业的竞争优势有显著贡献，核心业务能力应是企业核心竞争力的关键部分，核心业务所采用的技术、所提供的产品或服务必须是独树一帜的，能给企业带来持续的竞争优势。

（二）知识管理与企业业务流程结合之识别核心业务流程

企业各项业务是否有竞争力，取决于资源配置方式的优劣。如何配置资源主要表现为企业做事情的方法，即企业的流程。流程是任何企业运作的基础，企业所有业务都需要流程来驱动，就像人体需要血脉驱动各个器官一样。因此，为了实现同企业业务活动的紧密结合，知识管理需要进一步落

实到企业的业务流程中去。

企业众多相互联系的业务流程和业务活动中只有某些流程和活动为企业创造价值,助力企业赢得竞争优势。这些流程和活动对企业经营的成功至关重要,只有对这些流程实施重构才能取得显著的成效。因此,为了提高运营效率和降低成本,企业在进行流程重组和优化时应围绕核心业务流程展开,即选择那些对企业经营成功起关键作用同时又适合实施的核心业务流程作为流程再造的首选对象,然后围绕这个经过再造的核心流程,将企业的其他流程系统作一个适应性的调整。这一过程的首要任务是识别出企业的核心业务流程。企业核心业务流程识别有两个基本视角:一是内部视角,即从企业内部出发分析和判断业务流程及流程中的活动对企业的重要程度。首先对流程活动进行分析,然后对若干活动所构成的流程进行分析和评价,根据各项业务流程相对于企业的重要程度确定其对企业性能的影响。对企业功能实施影响较大的业务流程即为核心业务流程;对企业功能实施虽然必不可少,但业务流程的性能高低对企业整体性能影响不大的业务流程即为非核心业务流程。二是外部视角,即从企业外部出发看待企业业务流程,也就是站在顾客的角度观察和分析业务流程及流程中的作业对顾客的重要程度。对提高顾客满意度必不可少的业务流程,也就是对顾客特别重要的业务流程,即为核心业务流程;对提高顾客满意度可有可无的业务流程,也就是对顾客相对不重要的业务流程,即为非核心业务流程。

(三)知识管理与企业业务流程结合之企业核心知识

业务流程的有效运行需要知识的支持,因此,对流程中的知识进行有效管理是企业业务流程运行和优化的重要保障。核心知识的识别是企业知识管理成功的基础,企业应着重关注核心知识,以利于知识管理工作的顺利开展。核心知识的判断有四方面内容:(1)价值性。必须能够为企业创造价值的知识。一项知识是否有价值关键看能否帮助实现企业的目标,而企业目标的实现与否在于那些起关键作用的事件有没有得到很好的完成,因此判断一项知识是否有价值可以从它所支持的关键事件来判断,如果事件是核心流程的关键事件,而知识又对关键事件有重要的支持作用,那这项知识就是核心知识。(2)独特性或稀缺性。企业相对独有的、专利性的知识。(3)可学习性。能够被有效共享,可以被学习、传递和可持续发展的知识。(4)相关程度。与企业职责、核心流程、关键事件高度相关的知识。在具体应用中,可以通过向企业领导、员工、客户和合作伙伴进行访谈,得出他们所用到的知识的重要性程度评价，然后知识管理专家汇总作最后的评价，辨别企业的核心知识和一般知识。

核心知识的发展、形成，存在着从识别（相关性的确定）到物化再到认定三个阶段。在识别阶段，需根据企业的职责和核心流程分析对完成职责能力的需求，并进一步基于相关性分析对核心知识的需求，在此基础上识别出企业的核心知识。在物化阶段，需根据企业应用需要和应用环境，制订核心知识物化的规范、标准和模版，使核心知识在企业内高效率地得到传播、复用。物化后的核心知识应在使用中进行验证，然后由专门的知识专家和职责承担者负责评审与认定。企业知识管理系统的使用者在企业知识管理系统中检索获得的结果都应明确告知该知识所在的发展阶段（已定义待发展，已物化待认定，已认定），从而帮助使用者确定知识应用的正确方法，使核心知识的复用具有更高的效率。

五、结论

企业知识管理的重心应放在对企业核心知识的管理上，才能充分发挥其作用。本文针对现有企业知识管理理论体系中的不足，从企业知识管理的实际需求出发，进一步界定了企业核心知识的主要属性，提出基于流程的企业核心知识管理的分析框架，构建基于流程的企业核心知识管理平台。

企业核心知识是核心竞争力的根源，并且能对业务流程给予支持。因此，企业应以业务流程为导向，通过识别核心业务、核心业务流程以及嵌入核心业务流程中的核心知识来实现对企业核心知识的有效管理，从而实现增强企业核心竞争力的战略目的。

本文原载于《山东社会科学》2010 年第 1 期，2012 年 12 月获山东省第二十六次社会科学优秀成果三等奖。

整合网络文化资源助推文化强省建设

王守光

建设文化强省，需要全面整合文化资源，而全面整合文化资源，理应包括整合网络文化资源，这是题中应有之义。网络文化资源以其创新性的独特形态、海洋般的丰富内容和多样化的表现形式，在服务和建设文化强省中发挥着不可替代的作用，对于建设文化强省同样具有重大而深远的意义。

一、创新性的网络文化形态打开了整合文化资源的新天地

胡锦涛同志在党的十七大报告中指出，文化越来越成为民族凝聚力和创造力的重要源泉。文化最需要创新。互联网的产生与发展孕育了崭新的文化形态——网络文化，为文化资源的整合缔造出最新的宽广平台和广阔天地，具有里程碑意义。“我们必须以积极的态度、创新的精神，大力发展和传播健康向上的网络文化，切实把互联网建设好、利用好、管理好。”[①]创新性的网络文化形态独具以下基本特性。

一是网络文化信息资源传播者与受众的自主性，使整合文化资源的主体更加大众化。传统的整合文化资源的主体大都是单位或组织。在互联网上，信息的传播者与受众的身份不是唯一不变的，而是可以随时互换转变的。作为传播者，最初只需要网上注册开通一个自己的网站，就可以在网站上根据自己的意愿相对自由地发布信息、开展讨论，而网站的注册非常简

① 胡锦涛：《以创新的精神加强网络文化建设和管理　满足人民群众日益增长的精神文化需要》，《人民日报》2007年1月25日。

便，建站资金投入也不高。Web2.0 时代改变了以往网民上网单纯浏览网页、下载文字、软件和影音资讯的情况，为整合文化资源的主体注入了更多活性因子，使“人人都是文化资源的开发者、整合者、利用者”成为可能，诠释着以人为本的理念。互联网上的信息如同一个世界范围的“信息资源超市”，信息的选择权完全掌握在自己的手中，网民可以按照自己的意愿各取所需。

二是网络文化信息资源传播的无界性，使整合文化资源的地域更加全球化。无处不在的互联网联成一个“网络共同体”，变成一个“地球村”。互联网将无数个计算机终端紧密地连接在一起，信息资源“超文本链接”，跨越各国疆界和区域，形成“网上联合国”，使全世界熟悉或不熟悉的人们走到一起，真正实现了“坐地日行八万里，巡天遥看一千河”的梦想。世界上任何一个角落的互联网网站，都可以为世界上任何一个角落的人们提供信息资源服务，只要对方拥有一根网线，人们可以在任何时候、任何地方上网点播或浏览。

三是网络文化信息资源传递的交互性，使整合文化资源的方式更加互动化。传统媒体的信息传播方式一般是点对点的传播，信息的传播者一般都是专业的、具有一定规模的组织机构，如报社、电视台、电台、杂志社等。传统媒体的信息传播对象是分布广泛、互不联系的广大受众，他们总是被动地接受大众传媒单向传播的信息，在媒体早已准备好的信息大餐中进行有限的挑选，相互交流、主动参与相对较少，缺少与大众传媒平等对话的权利。互联网在信息传播和接受过程中，不仅实现了点对点的沟通，即网站对网民、网民对网民发布或回复信息，而且实现了点对面的发布，即网民通过网络聊天室、电子公告、网站论坛、博客、电子邮件、手机网络等形式向大众进行信息传播，从而实现了更广泛、更迅速的双向互动，频繁高效的大众接触度使得受众信息资源覆盖范围可以无限扩大。

四是网络文化信息资源传输的多样性，使整合文化资源的成本更加低廉化。以数字化、网络化、多媒体等信息传播为代表的互联网，给现行的大众传播媒介造成了巨大影响。互联网集文字、图片、声音、影像、动画于一体，画面色彩丰富、表现形式灵活。依托先进的技术和平台，互联网包罗万象，兼容并蓄，传统的报纸、杂志、广播、电视、书籍、电影等形式都可以完全移植到互联网上，建立形态各异的网络版本。互联网的低成本传输特征是有目共睹的，无论是纯文本信息，还是多媒体视听，都可广泛快捷完成，除去通信网络和通信终端之外，无需再耗费其他的资源。从互联网上获取产品、资料，根据不同的类型有不同的方法，如网络蚂蚁式的 Web 下载、MSN 式的即时通信以及 PZP 共享等。

二、海洋般的网络文化资源放大了整合文化资源的文化效应

网络文化资源也称“信息文化资源”，如同海洋般“汇涓流、纳百川”。大批网站与日俱增，网上博物馆、网上音像馆、网上图书馆、网上艺术长廊的开发与建设，使其成为世界性“共享共建”的资源和财富，但其中也泥沙俱下、良莠不齐，放大了其整合开发利用未可预见的文化效应。这主要体现在以下五个方面。

一是文化资源共享化，但优劣文化资源共存共生。在网络时代，人们置身于网络化的虚拟空间，形成网上交往方式，各种文化形态相互学习、相互吸引、相互创造，这种全球知识、文化资源共享的过程强化了人的活动功能，扩大了人的活动范围，扩展和深化了人与自然界之间的关系及人与人之间的社会联系与交往。网络文化资源为现代人提供了积极生存的力量，拓展了整合文化资源的新空间，但这一虚拟空间中的文化资源难免优劣共存共生，给文化资源的搜索利用增加了一定难度。

二是文化存在一体化，但整合文化资源的参与身份具有虚拟性。发达的电信网络使信息的流动不再有国界的限制，从而导致各种有关文化的生产、流通、交换和消费等活动的范围被扩展到全球规模的水平上。人类的生存是个人生存的基础和前提，个人的生存利益只有通过全人类生存利益的实现才能实现。但网络中人的虚拟生存，文化参与身份相对隐匿，具有“多重身份”，带着“面罩”，信息资源有时真假难辨，增加破坏文化一体化的潜在风险。

三是文化经济生态化，但文化资源的开发利用有时具有不安全性。网络的智能性决定网络经济是一种低污染、高效能的生态经济和低碳经济。在这个人类文明和文化发展的高级阶段，人类将消除与生命自然界的对立，恢复生命大繁荣的局面，完善生物圈生命机制，实现全球性文化和谐有序的生存和发展。但虚拟经济有时冲击实体经济，易滋生危机文化资源，2008 年国际金融危机的爆发就是有力的佐证。

四是文化语言丰富化，但也对特色的民族文化资源构成冲击。语言是社会生活的直接现实，尤其是作为语言时尚的各种社会流行语，更是最为直接反映社会生活现实的语言文化现象。但虚拟的语言有时会对民族语言构成威胁，导致民族文化语言资源的弱化甚至消失。

五是文化资源有积极作用，但也是一把“双刃剑”。网络覆盖全球各地，拆除地域壁垒，为全世界不同形态、不同风格、不同种族的文化资源创造了共享和交流的机会，极大地满足了人们日益增长的精神需求。但网络文化资源的多样性如同一把“双刃剑”，色情淫秽、暴力、恶搞、垃圾信息等丑恶内容四处散布，侵犯个人隐私和著作权等现象屡禁不绝，少数国内外敌对势力利用互联网散布政治谣言、虚假信息，造谣惑众。不良文化资源毒害着人们的心灵和思想，其负面作用不可低估，必须高度警惕并加以防范、抵制。

三、科学整合、合理利用网络文化资源，助推文化强省建设

整合网络文化资源，服务和推动文化强省建设，必须坚持科学整合、合理利用，积极发展、科学管理，趋利避害、为我所用的基本原则，以先进技术传播先进文化，促进和谐文化建设，最大限度地满足人民群众日益增长的精神文化需求，最大限度地为加强文化强省建设提供有力优质的网络文化资源保证。

第一，整合网络文化资源，必须旗帜鲜明地坚持社会主义先进文化前进方向。任何一种文化形态都有其价值取向。网络文化有其开放性的一面，也有其民族性、地域性的一面，必定被所在国家、民族的主流文化所主导和影响。我们整合的网络文化资源是中国特色社会主义文化资源的重要组成部分，是体现先进生产力发展要求和最广大人民根本利益的文化资源，理所当然地应坚持社会主义先进文化前进方向。事实证明，网络世界并不虚拟，网络文化资源具有两面性，庸俗、低俗、媚俗的文化资源有时带着假面具，不易辨别。高举什么样的文化旗帜与坚持什么样的文化方向对于整合网络文化资源至关重要。如果放弃了整合网络文化资源的正确方向，任由错误的思想、腐朽的文化资源在网上大肆传播，甚至被别有用心的人加以整合利用，后果将不堪设想，势必会造成网上思想文化资源与社会主流价值背离的局面，导致人心涣散、社会混乱，也势必会给党和人民的文化事业带来不可

挽回的严重损失，给文化强省建设带来严重的灾难性后果。在坚持先进文化前进方向整合网络文化资源这个问题上，我们决不允许以任何借口散布违反四项基本原则的有害信息和攻击性言论，决不允许那些亵渎社会主义思想道德、严重毒害人们心灵的腐朽落后文化资源畅行无阻、大行其道，也绝不给热衷于整合“三俗”文化资源的不法之徒以可乘之机。

第二，整合网络文化资源，必须切实加强网络文化阵地建设。把发展和壮大网络文化阵地作为一项战略任务，努力建设一批综合实力强、在省内外甚至国内外都有广泛影响的网站，逐步形成以重点新闻网站为骨干，其他新闻网站为辅助，各级政府网站、主要商业网站、校园网站和其他专业文化类网站积极参与，共同推进网络文化建设、整合网络文化资源的生动局面。重点新闻网站是整合网络文化资源的主阵地，必须下大力气建设好、管理好、整合好。目前，我省的新闻网站尽管数量多，网络文化资源丰厚，但挖掘、整合、开发、利用的知名度、影响度却不够高，没有自己的特色和叫得响的品牌栏目，网络文化资源服务文化强省的功能较弱，在一定程度上影响了文化强省建设的步伐。加强文化强省建设，必须下大气力集中力量建设一批影响大的精品网站，使之用先进网络文化资源占领网络阵地，掌握网络舆论的主导权和话语权，抵制低劣落后的文化资源乘虚而入，挤压不良网站的生存空间，为人民群众创造共建共享的绿色精神家园。“目前，我省有大众网等六家国务院新闻办批复的重点新闻网站，还有 30 多家省新闻办注册备案的地方新闻网站。这 40 家新闻网站，是一个巨大的网络资源优势，充分利用好这一优势，做大做强我省的重点新闻网站，对于促进我省网络文化的发展具有重要的积极作用。”①各新闻网站要进一步解放思想、增强活力，真正建设成为有重要影响力、有特色、过硬的先进文化资源的开发阵地、传播阵地和服务阵地。

第三，整合网络文化资源，必须大力发展网络文化产业。网络文化产业资源是助推文化强省建设最具优势和潜力的资源。当今时代，网络文化产业异军突起，发展前景不可估量。从全国来看，北京、广东、上海等地网络文化产业发展势头迅猛，已成为当地重要的新兴经济增长点。盛大、巨人、网易、第九城市、腾讯、搜狐、网龙等国内知名网站的网络娱乐收益一般占其网

① 李群：《加强网络文化建设和管理　努力营造健康向上的网络文化环境》，山东省网络文化办公室编著：《网络文化建设和管理》，山东人民出版社 2008 年版，第 2 页。

站总收入的80%左右，每年达数亿美元。与先进省市相比，我省的网络文化发展比较落后，网络文化产业收益也较少。据统计，我省是国内网民数量第二大省，发展娱乐性网络文化产业具有得天独厚的优势。当前，要结合我省传统文化产业发展的实际，重点推动网络影视产业、网络出版产业、网络娱乐产业的发展，加快传统文化产业与网络文化产业的融合，努力在扩大市场规模、完善产业链条、形成产业优势等方面取得新的进展。要积极推动网络文化创意产业园区、动漫网络游戏产业基地建设，孵化一批具有自主知识产权的网络文化企业，努力提高网络文化产业的规模化、集约化和专业化水平，努力提高整合网络文化资源的质量。要着力培育网络文化市场主体，通过加大投入、政策扶持组建壮大一批国有或者国有控股的网络文化企业和企业集团。要积极培育网络文化产业战略投资者，推动国有大型骨干企业投资市场前景好、综合实力强、社会效益高的网络文化产业，充分发挥国有资本在推动网络文化发展方面的控制力、影响力和带动力。要打造网络文化产业品牌，大力实施网络文化精品战略，深入研究网络文化创作、生产、传播、消费的特点和规律，增强网络文化原创能力，努力打造一批具有山东特色的网络文化品牌。要强化营销意识，掌握现代市场规则，充分利用各类文化博览会等平台，做好网络文化品牌的推介和营销，扩大网络文化产品的影响力和市场占有率，不断整合山东网络文化产业资源走向世界。

第四，整合网络文化资源，必须不断健全和完善网络文化建设管理体制。互联网是一个虚拟与现实相结合的世界，网络文化资源的整合与管理涉及多个部门，齐心合力是管好、用好互联网的关键。宣传文化部门作为网络文化信息服务的行业主管部门，要协同互联网行业主管和监管部门，坚持谁主管谁负责和属地管理的原则，落实分工不分家的工作责任制。目前，就我省而言，关键是建立健全相关工作机制，落实好职责分工，更好地发挥好现有管理体系的作用，做到各司其职、各负其责，避免相互扯皮、责任落空的现象发生。各市、各有关企业和网站，要充分提高关于做好互联网管理工作和整合网络文化资源对建设文化强省的极端重要性的认识，对在管理中存在的责任不落实、管理不到位等问题实行“网络问责制”。互联网的管理牵涉到我省宣传、公安、广播电视、教育、通信等多个部门，要加强协调、及时沟通情况，统一工作步调，形成管理合力，维护好整合网络文化资源的秩序，保证其健康发展。同时，要积极探索并建立跨地区舆情联动处置机构，构建以内容管辖与属地管理相配套的立体管理体系，提高管理效能。“在现实管理中退后一步，遵循市场运作规律，减少政府的直接干预，加强政策性引导，实行有限管制。理顺各部门的职责分工，防止职能交叉不清，进一步明确互联网相关部门在维护国家安全与稳定中的责任和义务，使之切实承担起应有的责任，各司其职，加强事前防范、事中监管、事后处置，做到到位不越位。”[①]强化行业自律，制订行业规范，督促网络文化信息资源服务的从业者自觉抵制一切违背网络文明、影响社会稳定的行为。

第五，整合网络文化资源，必须加强行业自律和公众监督，形成社会化管理格局。整合网络文化资源，单靠政府管理显然是不行的，需要发挥社会各方面的作用，依靠全社会力量发现问题和解决问题，形成政府管理、行业自律与公众监督相结合的网络文化资源管理格局。既要充分发挥行业组织的作用，如我省已经建立的互联网协会，要支持他们积极参与网络文化资源的建设、管理与整合，建立健全网络文化信息服务企业信誉公示制度，对基础运营商、接入服务商、内容提供商履行社会责任、文明办网情况进行测评并向社会公示，引导其守法自律、依法经营和整合网络文化资源，又要充分发挥公众的监督作用，利用我省已经建立的互联网违法和不良信息举报中心，对在整合利用网络文化资源过程中从事非法活动的不法分子及时受理公众举报，及时向执法机关反映，落实举报奖励制度，定期向社会公布受理和查处情况。要在全社会大兴网络文明之风，倡导网站要文明办网，认真处理好经济效益和社会效益的关系，增强社会责任感，不发布各种违法和不良信息，对网友上传的低俗信息资源进行必要的删除和封堵，不给非法不良信息网站建立连接。要加快推广分级过滤软件和技术，有效屏蔽网上不良和有害信息资源，为青少年创造绿色安全的网络空间。倡导网民要文明上网，教育引导广大网民文明上网，自觉做到不上传、发布、下载、浏览、传播违法和不良信息资源，不在网上散布传播谣言，不在网上进行恶搞。同时，加强对网民宣传普及互联网基础知识，加强网络法制和网络道德教育，组织开展文明网站、文明网吧的创建活动，在整合网络文化资源的实践中推动形成良好的网络道德风尚。

第六，整合网络文化资源，加快推进保护网络文化资源的法制建设。目前网络文化资源面临三大问题：一是容易流失。网站会因各种原因关闭，还

---

① 谢劲良、揭芩：《当文化遇到网络——关于网络文化建设与管理的研究》，《中国电信业》2008年第1期。

会因网站内存空间与管理导致网络文章无端被删除；二是论坛文章与博客文章都无法引用。无法引用的资源可以说是无效的文化资源，这种文化产品的双重户口既不利于文化发展繁荣，也是对文化原创者的不尊重；三是网络文化作品得不到有效的法律保护。整合和保护网络文化资源，法律法规是互联网管理的重要依据。互联网作为新生事物，相关的法律法规不够完善，法律授权不够，存在诸多法律真空，给互联网管理造成了较大困难。就我省而言，互联网不良信息界定模糊，对关闭涉及信息安全、社会稳定、意识形态等敏感内容的网站，以及屏蔽、删除相关敏感性信息没有明确的法律依据，处理不好容易引起纷争。因此，必须加快出台规范互联网文化管理的有关法律法规，加强现有涉及网络文化的法律法规延伸和司法解释工作，为加强网络文化信息安全提供法制保障。同时，在学校和社区加强网络文化法制教育，通过丰富多彩的形式大力宣传互联网法律法规，增强网民的依法上网意识、网络文化信息安全防范意识，培养网民文明上网习惯，共同营造和谐健康文明的网络精神家园，努力打造具有浓郁齐鲁文化特色的健康向上的网络文化环境，为推动和服务文化强省建设提供强有力的共享共建的“绿色网络文化资源”法制保障。

本文原载于《理论学刊》2010 年第 9 期，2012 年 12 月获山东省第二十六次社会科学优秀成果三等奖。

论建立党委新闻发言人制度

张书林

党的十七届四中全会指出，保障党员主体地位和民主权利，其中一项重要工作就是要“建立党委新闻发言人制度”。这是第一次将“党委新闻发言人制度”作为一个全新的概念和全新的制度郑重地提出来。那么，党委新闻发言人制度是怎么提出来的？它的内涵与特征是什么？它的立论逻辑何在？它是怎样运行的呢？这些都是本文要着力探讨的问题。

一、探索建立党委新闻发言人制度的过程

如果追根溯源的话，提出建立党委新闻发言人制度，就是从政府新闻发言人制度的运行中受到启发，并借鉴政府新闻发言人制度运作经验的结果。

众所周知，新闻发言人和新闻发言人制度起源于西方社会，是西方民主政治、政党政治运作中致力于提升媒体作用和舆论监督水平的产物。我国的新闻发言人制度起步较晚，改革开放以后才出现。我国最早设立的新闻发言人，是在政府层面设立的，是推行政务公开的产物。所以，我国的新闻发言人制度首先是规范政府新闻发言人的制度。党的十一届三中全会以来，我们制定了改革开放政策，坚定不移地推进改革开放进程，加大了与世界各国的广泛联系。与此相适应，外部世界也迫切希望更多地了解中国，把握中国的政策导向。在这种情况下，出于更好地公开政务信息和开展对外宣传的需要，我国开始设立政府新闻发言人、建立政府新闻发言人制度。1983 年 4 月 23 日，我国记者协会第一次向中外记者全面介绍了国务院各个部委和各个人民团体的新闻发言人，正式宣布新闻发言人制度的建立。之

后，随着改革开放的进一步推进、社会主义市场经济的逐步建立完善、我国民主政治的快速推进、信息透明公开化的社会呼声不断高涨，人大机关、政协机关、司法机关的新闻发言人制度也陆续建立起来。不仅是中央层面，而且各级地方政府、人大、政协、司法机关也开始探索建立新闻发言人制度。

我国的新闻发言人制度建立以来，充分发挥了宣传事实真相、满足民众知情权、引领社会舆论发展、塑造政府形象的功能，推进了我国的对外开放，提升了我国的政治民主化水平。目前，我国的新闻发言人制度已经从建立初期单纯为满足对外宣传需要、为新闻界服务、向国外宣传中国、与外国加强信息互通的最初目的，逐步转到为全方位内外宣传服务、建设公开透明政府、培育多才能政府官员、密切与人民群众联系的综合复杂性轨道。更重要的是，在长期的实践推进过程中，新闻发言人和新闻发言人制度越来越为人民群众所认知、所熟悉，甚至所推崇。

尽管取得了一定成绩，但改革开放以来，我国的新闻发言人制度仍然存在着一个明显的缺陷，那就是党委新闻发言人制度建设的缺失。这种状况长期没有引起关注，但随着“我们党历经革命、建设和改革，已经从领导人民为夺取全国政权而奋斗的党，成为领导人民掌握全国政权并长期执政的党；已经从受到外部封锁和实行计划经济条件下领导国家建设的党，成为对外开放和发展社会主义市场经济条件下领导国家建设的党”①的历史方位转变的完成，缺乏党委新闻发言人制度的状况越来越与我们这样一个负责任的马克思主义执政党的运作不相适应。为了进一步提高党的执政水平与领导水平，建立党委新闻发言人制度迫在眉睫，由党委出面对公众感兴趣的关于党的建设、党的领导和党的执政中的重大问题说明真相、澄清事实、给民众一个满意的解释，已经成为公众的普遍呼声。在这种情况下，我们党开始酝酿设立党委新闻发言人、建立党委新闻发言人制度。《中国共产党党内监督条例(试行)》较早触及这一问题，指出：“中央委员会作出的决议、决定和中央政治局会议的内容，根据需要以适当方式在一定范围通报或向全党通报。地方各级党的委员会全体会议作出的决议、决定，一般应当向下属党组织和党员通报，根据实际情况，以适当方式向社会公开。地方各级党委常委会会议的内容和本地区的重要情况，根据需要以适当方式在一定范围通报或向

① 江泽民：《全国建设小康社会　开创中国特色社会主义事业新局面》，人民出版社2002年版，第11页。

本地区的党组织和党员通报。”党的十六届四中全会进一步强调：“要认真贯彻党员权利保障条例，建立和完善党内情况通报制度。”在此基础上，2009 年 9 月党的十七届四中全会第一次明确提出要建立党委新闻发言人制度。

提出建立党委新闻发言人制度，预示着今后一段时间我国新闻发言人制度建设的重点将由政权层面转向执政党层面。这一转变必将弥补我国新闻发言人制度的现有缺陷，将包括执政党在内的我国各个层面、各个领域的新闻发言人制度都完全充分地整合起来，推动我国新闻发言人制度体系的完善。

二、党委新闻发言人制度的内涵与特征

（一）党委新闻发言人制度的概念内涵

要搞清党委新闻发言人制度的基本内涵，首先要界定好新闻发言人、新闻发言人制度的概念。

1.新闻发言人

刘建明在其主编的《宣传舆论学大辞典》中综合一些学者的思想后认为，所谓新闻发言人就是指：“国家、政党、社会团体任命或指定的专职（比较小的部门为兼职）新闻发布人员，其职位一般是该部门中层以上的负责人。新闻发言人的职责是在一定时间内就某一重大事件或时局的问题，举行新闻发布会，或约见个别记者，发布有关新闻或阐述本部门的观点立场，并代表有关部门回答记者的提问。”①根据这一观点，笔者对“新闻发言人”的定义如下：新闻发言人是指各种政治组织、经济组织、文化组织、社会组织设立的专门负责发布本组织运作中的新闻事件、重大问题、民众关注焦点等方面事实真相的特定新闻发布人员，他们通常通过召开新闻发布会、约见记者、接受并回答记者提问等方式代表本组织公开党务信息和新闻事件，并明确阐明本组织对新闻事件所持有的态度。

2.新闻发言人制度

所谓新闻发言人制度主要是为保障新闻发言人正确行使新闻发布权、事实公开权，规范新闻发言人的新闻发布行为、新闻发布纪律、新闻发布内容与形式等而创设的一整套程序与制度体系。从本质上讲，新闻发言人制

---

① 刘建明：《宣传舆论学大辞典》，经济日报出版社 1992 年版，第 357～358 页。

度是一种公共政治传播手段，兼具政治性与公共性两大基本特征。它不仅能够起到对民众进行告知的作用，而且还承担着澄清事实、维护稳定、塑造形象的功能，是执政党及政府控制舆论传播的手段，也是执政党及政府实现与媒体和公众联系沟通的重要方式。

3.党委新闻发言人制度

党委新闻发言人制度无非是新闻发言人制度的党内表现形式。具体是指党委及其工作部门将发生于各级党内的重大事件、党的重大决策与人事安排、领导干部的腐败及其他违纪行为、党员群众普遍关心的重大问题等事实情况，通过专门设立的党委新闻发言人及时向党内、社会与媒体发布，以匡正社会视听、保障党员与社会公众知情权、引导民众自觉监督各级党的领导执政活动的一种致力于推进党务公开的制度形式，是规范党委新闻发言人言行、保障党委新闻发布活动顺利展开的制度规范与程序规则的总称。

（二）党委新闻发言制度的基本特征

从概念内涵和运作实践看，党委新闻发言人制度作为一种全新的制度形态，必须具有以下几个方面的基本特征。

1.讲党性

如果要问“姓氏“的话，无论哪一级党委新闻发言人都姓“党”，都是代表党来说话，所以党委新闻发言人制度第一位的特征就是讲党性。所谓党性就是指党的本质属性，包括党自身的内在规定性和外在形象性，它是党的性质、地位、宗旨、功能和任务的集中体现，是党的阶级性、先进性、人民性和时代性的有机统一，是党员意识和党的意识的高度凝结和充分展现。对党委新闻发言人来说，要有坚定的党性就要自觉做到新闻发言在政治上、思想上、组织上与党的路线、方针、政策保持高度一致，与党的重大决策决议、重要事项人事安排保持高度一致，不发表任何违背党性原则的新闻言论和政治评论。

2.真实性

新闻发言的目的是要向社会和媒体公布事实真相，所以新闻发言人在发布新闻时一定要坚持“以事实为根据”，保证所发布的信息、所公开的材料都是真实的，都是符合客观实际、反映客观事物原貌的真实情况，能够全面、深入、原本地反映新闻事件的现象与本质。如果在新闻发言中曲解客观事实，故意掩盖事实真相，往往会使新闻发言漏洞百出、混淆视听、欲盖弥彰。这样一来，对维护党委权威、树立党委形象、提升党委公信度都是巨大的伤害，县全还要为此付出不小的代价。

3.针对性

一次新闻发布会所发布的新闻事项不能太多，否则容易出现多中心、多主题的混乱情况，也不容易与民众在某一特定时期的特定兴奋点产生共鸣。从政府新闻发言人制度的运作来看，新闻发布会往往是针对某一个事件展开的，而且把这一事件说得透彻清晰。所以，党委新闻发布会通常也应该针对某一个或某几个社会民众、媒体舆论感兴趣的新闻事件而召开，将新闻事件的来龙去脉向大家解释清楚，充分展示其针对性特征。

4.及时性

新闻事件出来以后，不能长时间地捂盖，否则就会出现两种后果：一是捂得时间长了就“变馊”了，新闻也就不叫新闻了，社会公众也会逐渐将其淡忘。二是真相长期掩盖，民众的知情权保证不了，正规渠道解决不了的问题就会在非正规渠道形成各种猜测，滋生小道消息、以讹传讹。因此，党委新闻发言人制度的一个重要特征就是及时性，要在民众最迫切、最渴望知道真相的时候告诉大家事实究竟是什么，以做到“政惟求于民便，事皆可与人言”。

5.连续性

对于持续发生的新闻事件，还应该做到新闻发布的连续性。例如，2003年春“非典”在全国蔓延，政府部门关于此疫情的新闻发布坚持做到了每天一次的连续性跟踪。2008年汶川大地震爆发，国务院和四川省政府也对人员伤亡、财产损失、抗震救灾等方面情况进行了连续性的新闻发布。党委新闻发布也不例外，应该根据事情或事态发展的不同阶段及呈现出的不同阶段性特点，作连续性的新闻发布，以使民众和媒体深入了解事态的发展，掌握事态的基本走向。当前，党委新闻发言人可以对持续开展的学习实践科学发展观活动情况进行连续性的新闻发布，以使党员和人民群众及时了解活动开展情况及取得的阶段性成果。所以，党委新闻发言人制度的连续性特征也是很明显的。

6.导向性

党委新闻发布的目的是告诉党员和人民群众事实真相，将他们的思想统一引导到中央和各级党委要求的轨道上来，使他们更加自觉地在大是大非、大政方针问题上同党站在一起，与党心连心、同呼吸、共命运。所以，党委新闻发言不单单是为了传播一个新闻事件，而且还要承担着强大的舆论导向、认知导向、民心导向功能。当民众面对思想上、政治上、组织上的困境不知道何去何从的时候，一次全面的新闻发布也许能够在很大程度上使民众知道接下来该干什么、应该怎么干。

在传播学意义上说，新闻发言人制度实际上是通过“议程”的设置来控制引导舆论、为公众认知导航。议程设置理论是20世纪70年代发端于美国的大众传播效果假说，其要义是：媒体在某一时期对某一问题的关注程度会影响公众的关注程度，媒体关注问题的轻重缓急会直接影响公众在兴奋点的排列组合。建立党委新闻发言人制度，实际上意味着要把新闻舆论控制的主动权掌控在党的手中，以实现党影响“媒体议程”、引导媒体舆论，媒体舆论影响“公众议程”、引导公众认知，最终达到党控制“政策议程”、决定政策走向以及党通过媒体引领团结人民群众、密切党群关系的目的。

7.主动性

党委新闻发布是党委主动进行的活动，一定要具有主动性、掌握主动权，避免被公众和媒体牵着鼻子走，陷入被动局面。这就预示着，建立党委新闻发言人制度、开展党委新闻发布活动的过程中一定要有积极主动的姿态，对党内的热点问题不搞回避搪塞、对记者的发问不搞推诿不知、对敏感事件不搞无可奉告，始终牢牢控制党委新闻发布会上的主导权。

三、建立党委新闻发言人制度的立论逻辑

建立党委新闻发言人制度的立论逻辑如下：(1)民主政治发展已经成为一种世界潮流和民众需求，必须重视发展民主政治，否则只能是死路一条。(2)在我国，发展民主政治，应先发展党内民主，因为党内民主是人民民主的推动和引导力量。(3)发展党内民主必须首先做到尊重党员主体地位，因为党员主体地位是党内民主的中流砥柱。(4)尊重党员主体地位的实质与核心是要实现党员当家作主，党员当家作主要凭借所享有的民主权利，因此必须注重保障党员的民主权利。(5)因为党员民主权利中最基本的是知情权，所以保障党员民主权利第一位的是保障其知情权。(6)从实践探索来看，保障党员知情权需要采取的积极有效举措是实行党务公开。(7)建立党委新闻发言人制度是推行党务公开的重要途径和手段。下面对党委新闻发言人制度的这一立论逻辑作具体阐释。

鉴于党员主体地位是党内民主的中流砥柱，研究党员主体地位必须首

先搞清党内民主的内涵。由于党内民主属于民主的一种，因此又必须从界定民主的内涵入手。“民主”一词很早就出现于中西文化中，但古代中西文化中“民主”概念的含义是截然不同的。中国古代认为“民主”的基本含义是“民之主”，即“人民的主人、人民的首领”。而在西方，英文中的“民主”(democracy)一词来源于古希腊文 δημοκρατια，是由 δημos 和 κρατια 两个字组合而成，δημos 是指“人民”，κρατια 是指“统治”。因此，在西方“民主”一词的字面含义便是指“人民的权力”“人民的统治”，引申开来就是指“人民当家作主”。希罗多德在《历史》中强调，民主的特点在于政事要“取决于民众”[①]。伯里克利认为：“我们的制度之所以被称为民主政治，因为政权是在全体公民手中，而不是在少数人手中。”[②]亚里士多德的《政治学》更是强调民主制即指“多数人的执政”。近代以来，西方学者洛克、卢梭又进一步指出，民主是按照人民的意志进行的政治统治。可见，中西方是在完全不同的意义上使用“民主”一词。不过，近代以来，西方的民主观逐渐渗入我国的思想文化和政治领域，从而取代了我们对民主的传统解释，代之以“人民当家作主”的阐释。因此，我们现在也是在“人民当家作主”的意义上来使用民主这一概念的。由民主推及党内民主，可以认定：党内民主无非就是要在党内实现“党员当家作主”。

发展党内民主、实现党员当家作主，就内在地要求必须使党员真正成为党的主体而非工具，切实尊重党员主体地位，反之亦然。胡锦涛在党的十七大报告中指出，发展党内民主必须“尊重党员主体地位，保障党员民主权利，推进党务公开，营造党内民主讨论环境”[③]。这就第一次将“党员主体地位”作为发展党内民主的基础工程明确提出来。那么，什么是党员主体地位呢？目前学界对这个问题的认识虽然有一些分歧，但基本上都认同以下要点：党员主体地位是指党员成为党的组织细胞和运作主体，党员在党内政治生活中发挥基础性、主导性作用，党员能够直接或间接参与决定和管理党内事务，党员是党的主人，党员在党内真正当家作主。这样看来，党员主体地位的实质涉及党员当家作主问题，尊重党员主体地位实际上就是要尊重党员当家作主，就是要领导支持党员当家作主。

① ［古希腊］希罗多德：《历史》，王以铸译，商务印书馆 1959 年版，第 80～82 页。

② ［古希腊］修昔底德：《伯罗奔尼撒战争史》，谢德风译，商务印书馆 1960 年版，第 130 页。

③ 胡锦涛：《高举中国特色社会主义伟大旗帜　为夺取全面建设小康社会新胜利而奋斗》，人民出版社 2007 年版，第 51 页。

党员当家作主的实现需要凭借的方式与途径就是党员民主权利的落实，没有党员民主权利的落实也就没有党内民主，也就谈不上对党员主体地位的尊重。达尔指出："权利是民主政治制度不可缺少的组成部分，因此，民主体制内在地就是权利体制。权利是民主统治过程最为关键的建筑材料。"①所以，尊重党员主体地位、实现党员当家作主，就必须切实保障党员当家作主的民主权利。党员当家作主的民主权利在党章和《中国共产党党员权利保障条例》中都有明确规定，总体上可以归类为四大基本民主权利：知情权、参与权、选举权与被选举权、监督权。2009 年 6 月 29 日，在中共中央政治局专门就积极推进党内民主建设问题进行研究的第十四次集体学习会上，胡锦涛对此明确指出："推进党内民主建设，最根本的是要认真落实党章及党员权利保障条例等党内规章赋予党员的知情权、参与权、选举权、监督权等民主权利，使党员在党内生活中真正发挥主体作用。"②需要指出的是，党员的四大基本民主权利不是长短一致，而是有侧重点的，其中最为基础性、根本性的是党员的知情权。因此，尊重党员主体地位、实现党员当家作主，必须落实党员的各项民主权利，重点是落实党员的知情权。

为了防止出现侵犯或破坏党员民主权利的行为，我们必须对党员的民主权利予以保护，这就涉及党员权利保障问题。由于知情权是最基础性的权利，所以保障党员民主权利必须首先保障其知情权。因为如果党员群众的知情权得不到保障，其参与权就无法得到落实，就谈不上按照自己的真实意图参加提名推荐、投票选举，其选举权与被选举权就实现得不充分；就谈不上提出正确合理的意见建议、批评质询，其监督权也就流于形式。按照《中国共产党党员权利保障条例》的基本精神，为保障党员的知情权，必须明确以下保障措施：党组织应当按照规定召开有关会议，并创造条件保障党员参加其有权参加的各种会议，会议的组织者、召集者要将会议的召开时间、议题等适时通知应到会党员；党组织应当为党员提供阅读党内有关文件的必要条件；党组织应当采取多种形式有计划地对党员进行教育和培训；党的重要会议召开后，党组织要按照规定将会议内容和精神向党员传达、通报，党组织作出的决议、决定也要按照规定及时向党员通报等。这些保障措施都涉及一个中心问题——实行党务公开。

---

① [美]罗伯特·达尔：《论民主》，李伯光、林猛译，商务印书馆 1999 年版，第 56 页。

② 《高度重视积极推进党内民主建设　充分发挥全党积极性主动性创造性》，《人民日报》2009 年 7 月 1 日。

党务公开就是指党组织在不违背党的保密纪律的前提下，将党的建设情况、工作开展情况、领导执政情况，通过合适的形式和手段，即时或适时地向一定范围的党员群众公布并接受监督的党内民主机制。之所以强调要实行党务公开，从原理上讲主要是因为民主与公开是紧密相连的，民主意味着公开，公开从来就是民主的实现条件。列宁指出："'广泛民主原则'要包含以下两个必要条件：第一，完全的公开性；第二，一切职务经过选举。没有公开性而谈民主制是很可笑的。"①所以，要发展党内民主、保障党员的知情权，就必须坚决实行党务公开。党的十六届四中全会明确提出要"逐步推进党务公开，增强党组织工作的透明度，使党员更好地了解和参与党内事务"②，这是第一次在党的正式文件中提出党务公开的概念。十六届六中全会强调要"积极推进党务公开"，十七大报告则继续"推进党务公开"。十七大党章对此专门指出："党的各级组织要按规定实行党务公开，使党员对党内事务有更多的了解和参与。"③党的十七届四中全会强调，必须进一步"推进党务公开，健全党内情况通报制度，及时公布党内信息，畅通党内信息上下互通渠道"④。

当前，在推进党务公开过程中出现了一系列新问题，如"该出手时不出手"——该公开却不公开的问题，"只见蛇头不见蛇尾"——前期公开后期不公开的问题，"犹抱琵琶半遮面"——公开时遮遮掩掩的问题，"报喜不报忧"——公开成绩不公开问题的问题，"跟着感觉走"——公开与否取决于个人偏好的问题，等等。出现这些问题的根本原因不是我们没有进行党务公开，而是党务公开制度化水平较低，没有以完备的制度保障党务公开的规范化开展。由于制度问题是带有根本性、全局性、长期性、稳定性的问题，我们要着力解决党务公开中存在的问题、提升党务公开质量，就必须从制度上寻找出路，着力研究如何建立健全和大胆创新党务公开制度的问题，以使党务公开始终保持在常态化、规范化、制度化的轨道上运行。而建立健全党务公开制度，党委在关键时刻对重大新闻事件进行必要的新闻发布无疑是一种生动鲜活、喜闻乐见、富有权威性的好形式。因此，建立党委新闻发言人制度是开展党务公开的需要，是党务公开的一种制度化表现形式，是推进党务

---

① 《列宁全集》第 6 卷，人民出版社 1984 年版，第 131 页。

② 《中共中央关于加强党的执政能力建设的决定》，人民出版社 2004 年版，第 36 页。

③ 《中国共产党章程》，人民出版社 2007 年版，第 31 页。

④ 《中国共产党第十七届中央委员会第四次全体会议文件汇编》，人民出版社 2009 年版，第 16 页。

公开的高层次手段。

可见，正是大力发展党内民主、保障党员群众知情权、大力推进党务公开多层逻辑关系与现实需求，催生了党委新闻发言人制度的建立。

四、党委新闻发言人制度的运行要素

（一）明确党委新闻发布的辐射对象

关于党委新闻发布的对象范围可以从狭义和广义两个方面来理解。从狭义上看，党委新闻发布主要是就党内问题在党内公开，是党委将党的建设情况、开展工作情况、重大决策与执行情况向全体党员群众公开，以保障广大党员群众知情权的过程。从广义上看，由于我们党是中国的领导党和执政党，党委新闻发布不仅要包括将党内事务向党员公开，而且还应该包括将党的领导和执政中的重要事务向社会民众公开、向国内外媒体公开。因此，党委新闻发布就有了两个基本的维度：组织维度和社会维度。党委新闻发布的组织维度关注的是党组织与党员个人的关系，意在保障普通党员对党内事务的知情权；党委新闻发布的社会维度关注的是执政党与人民群众的关系，意在保障人民群众对执政党活动的知情权。至于党委新闻发布什么时候应该被限定在组织维度的范畴内，什么时候要同时扩展到社会维度的范畴内，要具体问题具体分析，不可整齐划一。不过，在通常情况下，由于新闻事件是民众和媒体普遍关注的，所以党委新闻发布的对象范围应该是广义的，要尽可能地向一切党员、一切群众、一切媒体公开事件真相。

（二）界定党委新闻发布的主要内容

界定党委新闻发言人要发布的主要内容必须把握一个原则：要围绕党委工作领域展开，除需要保密的事务以外，都需要在一定范围内进行公开。根据这一原则，党委新闻发布的主要内容应该涵盖党内出现的突发性事件、重要的新闻事件、党员群众关注的热点与焦点问题；党委全局和中心工作安排部署，重大决策、决定和决议，涉及各级党组织长远发展的规划；党的代表大会、党的委员会全体会议、常委会会议、纪委会会议、党的干部会议等重大会议召开情况及研究解决的重大问题；重要干部的提名、推荐、选拔、公示、任用情况，年终或任前对干部的考核考察情况；党员党费的交纳和使用情况；党内奖优罚劣的情况，特别是对不合格党员的处置情况；党组织的制度建设情况，特别是出台新制度、新规定的情况；党组织的作风建设情况，包括发扬党的优良作风和反对党内不正之风的情况、惩治和预防干部腐败情况；其他需要向党员群众和人民群众进行公开的事项等。

（三）严格遵循党委新闻发布的程序

民主的规范要件是程序。党委新闻发言人制度是发展党内民主的重要形式，必须严格按照规范的程序和步骤操作。由于党委新闻发言人制度刚被提出来，其运作程序还处于探索中，暂时没有一个成熟的方案。在此情况下，笔者根据政府新闻发言人制度的运作流程及党委新闻发布的特殊性，对党委新闻发言人制度的运行程序作以下设计，主要包括五个程序步骤。第一步：党委及其办公机构、组织机构、宣传机构、统战机构、外联机构，要根据实际情况和现实需求拟定需要对外发布的新闻事项，并将其转给党委新闻发言人承办。第二步：党委新闻发言人接到任务后，要收集整理好与拟发布新闻事项密切相关的事实材料、实证材料、背景材料，材料的收集要考虑到新闻发布会上记者可能的提问范围、提问模式、提问类型，尽可能地做到丰富翔实。第三步：党委新闻发言人将整理好的拟发布信息材料提交到与各级党委宣传部门合署办公的党委对外宣传办公室（简称“外宣办”），由外宣办对拟发布的信息材料进行审核把关，必要时请党委分管领导同志甚至主要领导人审阅，并提出修改意见。第四步：外宣办或领导同志审核后的拟发布材料交还到新闻发言人手中，新闻发言人根据提出的修改意见对宣传材料进行修改后定稿。第五步：党委适时召开新闻发布会，由新闻发言人将需要公布的新闻材料进行宣读，回答记者提问，阐明事实真相，以正视听。至此，党委新闻发言人制度的运作过程才算最终完成。

（四）严守党委新闻发布的宣传纪律

党委新闻发言人是党的代言人、党的传话筒、党的喉舌，所以党委新闻发言人在代表党委发布新闻的时候一定要坚持“宣传有纪律”。这就要求党委新闻发言人在发布新闻的时候，一定要坚持党性原则、严守党的宣传纪律，自觉坚持做到以下三点：第一，“不胡说”。新闻发布要与党中央、与党委保持高度一致，与党的路线、方针、政策、决议、决定保持高度统一，不作想当然的、随意发挥的、情绪化的、不负责任的解释阐发，不发表同中央精神、各级党委要求相违背的政治言论。第二，“不乱说”。新闻发布要围绕和服务于党委的中心工作、服务于党委正在开展的工作，不能随意发布同党委的中心工作相背离的新闻言论，甚至不自觉地干扰破坏中心工作。第三，“不瞎说”。党委新闻发布要靠党委指明方向、拟定基调、圈定路线，党委实际上就是新闻发布的领航者和督导员。所以，党内的新闻发言人、新闻发言机构进行新闻发布时，必须要由党委提出、向党委请示、靠党委拍板、按党委口径说话。

本文原载于《探索》2010年第1期，2012年12月获山东省第二十六次社会科学优秀成果三等奖。

论网络环境下政党的执政文化建设

王守光

政党要生存、建设、发展，就必须关注和适应外部环境的变化。信息网络化的发展，使人类文化生存状态发生了重大改变，营造出变幻莫测的网络外部环境。特别是国际计算机互联网络的建立和扩张过程已经形成了一种特定的文化类型，即网络文化，其本身具有鲜明的时代性、后发性和先进性。中国共产党作为执政党，要始终代表中国先进文化的前进方向，发展中国特色社会主义文化，打造国家“软实力”，就不能不高度关注和尽快适应网络环境下网络文化的发展趋势，加强互联网上党的执政文化建设，通过处于主导地位的网上执政文化的明确导向，培育网民先进的思想道德，强化网民的法制观念，提高网民的科学素养，弘扬网民的民族精神，引领并规导网络文化的健康发展和前进方向。

一、网络环境下政党执政文化的内涵及其特征

作为观念形态的文化，是对经济和政治的反映。一般来说，在政党政治社会里，主流的文化形态都是执政党治国思想和法制精神的凝聚与体现。政党在执政中始终在灌输执政思想，贯彻执政原则，实施执政法制，推行执政价值，强化一种执政导向。这种导向就是执政文化。由此我们也可以推论，互联网上党的执政文化是贯穿于网上执政行为的一套赋予意义和秩序的思想、观念、原则、态度、情感、评价等心理倾向和价值取向，是网上执政思想和网上执政制度的凝聚。虽然人们至今对它的认识还不够深，但伴随着网络经济、网络政治和网络文化的形成与发展，它却无时无刻不在发挥着导

向和引领作用，成为执政党推动网络社会文化建设和管理的关键因素。

网上执政文化作为一种新兴的特殊社会意识形态，同现实中的执政文化一样，具有一般文化所不具备的文化特征。

(1)政党性。网络政治的出现，使其成为政党执掌国家权力的一种新的政治形式。政党在网上执政活动中，必然要灌输本党的思想理论、政治主张、价值观念、制度原则、道德规范、情感态度等，使其弥散于庞大的执政体系之中，推动网络管理者和所有网民都形成一种共同的观念、态度和情感，自觉地用共产党的理论原则和制度要求指导自己的网上政治行为。

(2)权威性。执政权威是政治权威和法律权威的统一，是管理国家和社会事务的必备手段。政党网上执政，需要运用权力通过互联网贯彻本党意志，推行国策，在互联网上树立强大的执政权威。恩格斯在《论权威》中指出："革命就是一部分人用枪杆、刺刀、大炮，即用非常权威的手段强迫另一部分人接受自己的意志。获得胜利的政党如果不愿意失去自己努力争得的成果，就必须凭借它的武器对反动派造成的恐惧，来维持自己的统治。"[①]尽管互联网的发展和特性常常使这种权威性受到冲击，但在政党的网上执政行为中，我们所看到的常常是多种形式的"禁止"与"服从"、"堵"与"查"的相互关系，并期望整个网络社会的发展都安于这种秩序，督促网上执政系统的组织和网民个体都自觉地行驶于这种轨道，在网上形成一种健康的观念、习惯、态度等心理倾向。

(3)法制性。互联网上的执政活动具有外向性，特别需要法律的规范和保障。正因为如此，执政党更需要依照法规条例治理互联网，实现网上科学执政、民主执政、依法执政。正因为政党执政是依照法律管理国家和社会事务，那么互联网方面的相关法律法规就是政党维系网上执政的一根根准绳，政党在互联网法律法规范围内活动成为政党网上执政的重要规定和必然要求。在这样一种网络法制环境中执政的国家机关工作人员，就会把互联网法律的规范和约束变成理性的认知和情感的反映，从而形成网上法制文化。互联网的相关法律法规规定了网民的基本权利和义务，网上执政系统的个体成员和组织会用法律武器来维护自己应有的权利，并熟悉和遵循着互联网相关法律规定的规则和规程。网络社会网民的权利意识，或者说法律意识会不断增强，这种法律意识就是一种网上法治文化。政党网上执政，也就

① 恩格斯：《论权威》，人民出版社1973年版，第5～6页。

有了法律思想、观念、习惯等网络文化精神的支持。

(4)政策性。执政党实现网上执政目标，履行网上执政职能，是通过网上执政过程来完成的。网上执政过程是执政信息输入和执政信息输出的过程，前者是集中网民智慧，吸收网情民意，进入决策，制定指导网络社会发展的权威政策；后者则是执政者推行网上政策，网民对政策的自觉贯彻落实。网上政策是网上执政行为的准则和基本依据，而政策水平是提高驾驭互联网执政能力的基础，因此，网上执政系统会形成一套庞大的政策体系，执政者会形成很强的网上政策观念，熟悉政策内容、忠实于政策要求、结合工作实际执行网上政策。重政策、懂政策、善于用政策，是执政者的重要理念，是执政者网上政策文化的反映。网上政策是民众从事网络政治、网络经济、网络文化和网络社会活动的准则，界定了互联网各个领域的实施范围，给予网上政策受惠者以发展的网络空间。网民在互联网上选择一种发展方向，开展一项职业和社会活动，首先必须了解网上政策，勘明网上政策边界，争取网上政策支持，寻求网上政策保护，享受网上政策之惠。熟悉网上政策和用足用活网上政策来发展网络事业，是网民共有的政策意识，形成一种更高境界的网上政策文化。

互联网上政党执政文化的政党性、权威性、法制性和政策性的特征，决定了它对社会主义社会网络文化的发展具有强大的导向和引领功能。

二、网络环境下政党的执政文化引领并规导着网络文化建设

(一)政党网上执政文化引领网络社会文化前进的方向

一个国家的文化建设，是由政党尤其是执政党引导和推动的。同样，一个国家的网络文化建设和管理，也需要政党网上执政文化的引领。坚持什么样的网络文化方向，推动建设什么样的网络文化，是一个政党网上思想精神的一面旗帜。

首先，通过网上执政思想文化对网络文化建设进行引导。马克思断言，在一个国家占统治地位的思想，始终是统治阶级的思想。统治阶级的思想文化主导着社会文化的前进方向。进入信息网络化时代，互联网上政党执政的思想、制度、法律、道德等则凝聚着网络群体的精神和心理，引导着网络社会文化的发展。其中，最为重要的是网上执政思想文化的引导。这里所

说的网上执政思想文化，不是思想与文化的简单相加，而是指网上执政文化的思想层面，或者说是思想层次的网上执政文化，它是一个网络社会文化发展的灵魂。

任何政党在执政中都会旗帜鲜明地宣传自己的政治主张和思想理论，灌输主流的意识形态和行动指南，通过法定程序将其变成国家意志而要求国民实施（并非由党直接发号施令于“党民”），力求使全社会形成共同的理想追求、价值观念和道德体系，引导民众形成正确的思想观念、心理倾向和价值取向。网络环境下我们党要发展网络社会文化，建设中国特色社会主义网络文化，“必须在互联网上坚持中国特色社会主义理论体系的指导地位，用中国特色社会主义理论体系统领社会主义网络文化建设”。

其次，通过网上执政制度文化对网络文化进行规导。执政制度文化，是政党在执政的法律制度建设和实施的基础上形成的依法治国的理念、精神、习惯和作风。法律是体现统治阶级意志、由立法机关制定的行为规则，制度是执政系统为了实现纲领目标而形成的政治、经济、文化等各方面的体系以及创设的办事规程，政党执政需要法律和制度的规范和保障。网络环境下，执政党要推进网络社会文化的发展，不仅要明确其前进方向，而且还要标明和开创其前进的路径。网上法律和制度是对网民权利界限和行为规程的确立，在互联网上发挥着规范和调节的作用，从而成为网络观念形态的法律制度，即网上执政制度文化，呈现出方向性、系统性、边际性、强制性和稳定性的特点，并对网络社会文化的发展产生强大的文化导向功能。网上执政制度文化集中体现为网上法律制度确立国家网络文化发展性质、发展方向、目标道路、运行规程，体现了网络社会制度的优越性。网上法律和制度积淀为文化形态，成为网民进步的精神路标，执政者和民众都清楚自己所处的网络社会形态和发展趋势，树立在互联网上可以有所作为的正确取向，明确应该采取什么角色态度，能自觉地以制度理念、制度价值取向引导自己的网络行为，自觉遵守共同的行为规则，由此形成社会主义政治制度的网络文明。在网络文化、网络社会日益发展的时代，尤其需要政党网上执政制度文化的导向力。总之，观念形态的网络文化表现为网络思想文化、网络制度文化、网络科学文化、网络道德文化、网络心理文化等多种形式，而关系到社会主义网络文化前进方向的文化主要是网络思想文化和网络制度文化，是网上执政文化的主要内容。只有加强网上执政文化建设，才能建设具有中国风格、中国特色的社会主义社会网络文化。

（二）网上执政文化是网民行为的重要导向

网民是网络文化的活的载体，是网络文化的建设者和体现者。要发展中国特色的网络文化，政党就必须用网上执政文化塑造网民的文化品格，对网民的行为进行引导。

首先，用网上执政文化塑造网民的文化品格。互联网发展的历史表明，生活在网络政治中的社会成员，无不接受网上政治文化的熏陶，形成互联网上特定的思想、信念、习惯、情感和态度，具备基本同质的网上政治文化，由此构成了互联网上不同民族的基本特征。可以说，民族特征主要是一种政治文化特征，其核心内容是民众的文化素养与品格的丰富和完善。政党主导国家政治以后，通过互联网的建、管、用，加快了“丰富”和“完善”的过程，对网民文化涵养输入了大量的执政文化成分。执政党在互联网上向网民传导其思想理论、信念理想，进行政治输出，也就是实施其法律、制度、政策，形成强大的网络执政文化“场”，使网络社会成员的灵魂深处吸纳执政文化的“元素”，熔铸成一种文化特征，形成新的网络文化特质。建设中国特色社会主义网络文化，其重要任务之一就是要通过我党的网上执政思想文化和网上执政制度文化的建设与潜移默化的滋养教育，提高网民群体的社会主义网络文化素质。

其次，用网上执政文化引导网民行为。在网络政治社会里，只要具备上网条件，人们几乎都是“政治人”，即具有政治意识和政治行为能力并且通过互联网实际参与政治过程的人，都需要网上政治引导。执政党对网民行为的导向，主要不是靠手中掌握的强制工具，也不是靠党直接向网民发号施令，而是依靠网上执政文化的作用。在互联网民主政治发展和法制日益健全的基础上，执政党是连接网民和网络公共权力的桥梁，是执掌和运作国家权力的主体，但不是国家政权本身。管理国家和社会事务、管理经济和文化事业是国家政权机关的权能，党只能运用国家权力手段，以国家意志的形式在互联网上推行自己的主张，引导网民的行为。放在我国，也就是依托互联网宣传党的执政思想、纲领、路线、政策，实施中国特色社会主义的发展战略、法律制度、道德规范，使网民认同和接受党执政的意义和秩序，形成一种政治行为的理性支持。这种支持是非常重要的，因为政治文化尤其是执政文化，是政治行动的内在知识基础。在此基础上，人们才能理解外在政治系统的运行方式，形成自己有关外部政治对象的信念，决定自己是否参与或如何参与政治活动的态度，从而构成对自身政治行为的理性支持。网民对“理性支持”的需求，为我党发展网上执政文化、又好又快地推进中国特色的网络文化建设和管理提供了广泛的群众基础和强大的实践主体。

三、加强网络环境下政党执政文化建设的路径选择

当今时代，文化越来越成为民族凝聚力和创造力的重要源泉，越来越成为综合国力竞争的重要因素，丰富精神文化生活越来越成为我国人民的热切愿望。党的十七大指出：“要坚持社会主义先进文化前进方向，兴起社会主义文化建设新高潮，激发全民族文化创造活力，提高国家文化软实力，使人民基本文化权益得到更好保障，使社会文化生活更加丰富多彩，使人民精神风貌更加昂扬向上。”①同时，特别强调要“加强网络文化建设和管理，营造良好网络环境”②，这一重要战略任务要求我们党必须适应信息网络化发展趋势，高度重视网络环境下网络文化发展带来的积极影响和负面影响，以改革创新精神加强网络文化建设和管理。依托互联网这一先进的高科技手段构建具有中国特色的网上执政文化，以引导和把握网络社会文化及精神文明的发展方向，对构建社会主义核心价值体系和社会主义和谐社会无疑具有巨大的推动作用。

当前和今后一个时期，加强党的网上执政文化建设的主要途径应包含以下几方面。首先，加强执政党网上思想文化建设。加强网上执政思想文化建设，就是要在互联网上向网络执政系统和网络社会宣传一种能推进社会进步的先进的思想理论、意识形态、价值体系，使网民形成一套理性的、积极的、共同的、稳定的理念、情感和态度，以支配自己的行为。网络既为党员干部和网民学习、宣传、研究马克思主义提供了方便、快捷的途径，也为一些别有用心反马克思主义的人洞开方便之门，其长期的“潜移默化”的负面渗透作用不可低估，必须积极开展网络思想文化建设，在互联网上构筑坚强的社会主义核心价值体系。要充分依托互联网这一高科技手段和多媒体平台，开展中国特色社会主义理论体系的宣传普及活动，推动当代中国马克思主义大众化，把马克思主义理论研究和建设工程的成果及时推向各大新闻

① 胡锦涛：《高举中国特色社会主义伟大旗帜　为夺取全国建设小康社会新胜利而奋斗》，人民出版社 2007 年版，第 33～34 页。

② 胡锦涛：《高举中国特色社会主义伟大旗帜　为夺取全国建设小康社会新胜利而奋斗》，人民出版社 2007 年版，第 35 页。

网站，抢占网络制高点，增强中国特色社会主义理论体系的说服力、凝聚力、感召力和战斗力，使这一思想理论体系贯穿于网络社会各组织、各阶层，落实到网络经济、网络政治、网络文化发展之中，形成为网络社会的思想基础、意识形态、评价依据、情感导向和行动指南，融入网民群体的精神之中，成为网民的行为导向和“主心骨”，最大限度地维护网上意识形态领域的安全。

其次，加强执政党网上政治文化建设。信息网络化特别是互联网形成的网络虚拟世界，既扩大了党的执政活动舞台和决策辐射面，又使执政党时刻面临着虚拟世界及其背后各种政治力量的挑战。因此，要在互联网上培育和发展执政党网络政治文化，强化互联网上的社会主义民主政治理念，明确社会主义民主政治建设的根本要求，把坚持党的领导、人民当家作主和依法治国有机地统一起来，要求网民遵循社会主义民主和法律制度，自觉用其规范自己的上网行为。同时，适应网民参政议政的民主诉求，开辟网民网上反映社情民意的各种渠道和平台。执政者要充分利用互联网这一便捷的新途径和新形式，倾听民众呼声，体察民众意愿，采纳民众建议，开展“网上纳谏”，推进民主执政，在全党和网络社会逐步形成民主政治的意识和规范，让人们生活于集中反映民众意志、高度尊重社情民意、最大限度地保障网民权利的网络政治秩序之中，为推进社会主义民主政治增添生机和活力。

再次，加强执政党网上制度文化建设。强化网上法律制度理念是执政制度文化建设的关键。执政党要在互联网上形成一套法律和制度的思想、观念、态度、原则，使网民有一种“心灵契约”，以此不断提高广大网民的法律意识和法制观念，做到自觉遵守互联网的相关条例和法律法规，依法维护国家利益、自身权益和互联网的安全。实践证明，法律不健全、制度上有严重漏洞，坏人就会乘机横行，好人也无法充分做好事。然而，即使有了比较健全和完善的法律与制度，但如果人们的法律意识和法制观念浅薄，政治思想素质低，再好的法律和制度也会因为得不到遵守而不起作用，甚至会形同虚设。执政党要加快互联网建、管、用的立法步伐，对网上遵纪守法者进行适当的奖励，对违法乱纪者给予重罚，对构成犯罪者则要移交司法机关进行法律制裁。

最后，加强执政党网上道德文化建设。网络道德文化是网络社会文化的基础，影响着政党网上执政文化的效益。网络文化效益最集中地体现为网民对主流意识形态的认同和理解程度，这不仅关系到执政党执政的社会基础，同时也是执政党执政过程中最重要的思想武器和舆论支持。互联网拓宽了人们获取知识信息的渠道，扩大了人们思想文化的交流，但其构成的“虚拟世界”容易造成网民特别是未成年网民人际隔离和社会道德责任感的缺失，形成不良的“网瘾”。执政党要在互联网上倡导文明办网上网，净化网络环境，营造共建共享的精神家园；要动员各类互联网站开设未成年人思想道德教育的网页、专栏，为广大未成年人创造良好的网络文化氛围，从小养成自律意识；要有组织地建设一批非营业性的互联网上网服务场所，为未成年人提供健康有益的绿色网上空间。此外，还应要求学校加强对校园网站的管理，规范上网内容，积极防范和最大限度地化解互联网给青少年带来的负面影响。

本文原载于《当代世界与社会主义》2008 年第 4 期，2014 年 8 月获山东省第二十八次社会科学优秀成果三等奖。

公共产品致害引发社会舆情的引导与调控对策研究

山东行政学院课题组

由于我国当前处于社会转型期，各种社会矛盾相互交织、错综复杂，因公共产品安全性差而引发的安全事故、责任事故、突发事件等极易激化社会矛盾，引发社会舆论的不满。在公共产品致害引起突发危机事件后，如果不及时对社会舆情加以正确引导与调控，很容易引发群体性的非理性情绪与行为，甚至使社会谣言作为有害的伴生物而迅速传播，不利于公共危机事件的处理。因此，加强对公共产品致害引发社会舆情的引导与调控，对于稳定民心、妥善处理公共危机事件、构建和谐社会具有重要意义。本文拟对此作一系统性研究，并提出应对策略。

一、当前我国公共产品生产与供给中存在的安全性问题

公共产品安全性差往往引发灾难性的社会突发事件。当前，我国公共产品的质量虽然从总体来说基本上是好的，但也存在某些不容忽视的安全性问题，必须引起高度警觉。

（一）我国公共产品生产与提供方式变革引发的安全问题

公共产品生产和供给的方式有三种：一是公共生产，公共提供；二是私人生产，政府提供；三是混合生产，混合提供。为了确保社会的公平与公正，一般来说，政府是公共产品的最好提供者。这是因为公共产品具有非排他性与非竞争性的特点，而市场在提供公共产品时容易出现失灵现象。改革开放之前的中国，政府是全部公共产品的提供者。但随着改革的深入，完全由政府提供公共产品的单一供给形式面临着越来越多的困境，公共产品供

给制度由是开始了渐进式、温和式的变迁过程，公共产品的私人或企业供给应运而生。

由私人或企业提供公共产品会产生某些负外部性问题，如容易产生对某一公共产品生产与提供的垄断，私人或企业凭借垄断优势可能会提高某一公共产品的消费准入价格，增加社会公众的消费负担，引发公众的不满情绪；私人或企业在生产公共产品的过程中还可能为了追求更大利润而破坏环境，损害公共利益。尤其在我国社会转型期，由于制度约束的不到位或缺失，作为理性经济人的私人或各类企业在生产和供给公共产品时，很容易做出某些有违公共利益的行为，并由此引发某些安全问题。因此，由我国公共产品生产与提供方式变革而引发的安全问题，如果不引起警觉，不着力解决公共产品安全性差和负外部性问题，极易成为引爆社会群体性事件的导火索，并引发不利于社会和谐稳定的舆情蔓延，影响政府信誉。

（二）管理者对公共产品使用过程脆弱性认识不足和安全责任意识淡化引发的安全问题

公共产品有其自身的脆弱性，即致害隐患，这主要是指公共产品在生产、提供及使用中因先天不足、后天不补而导致产品的不稳定和不安全状态。这种致害隐患有以下两种类型：一是因公共产品的设计缺陷造成致害隐患，如 2011 年甬温线特大铁路交通事故；二是公共产品在建造施工或生产过程中因使用不合格材料而造成的产品质量隐患，如道路之患、桥梁之患、公益设施安全防护之患、管网之患、消防之患等。这种不稳定和不安全的状态可能会使经济发展受阻，使用者权益受损，最终导致经济与社会风险，并且一旦发生公共产品的安全问题，其负面影响大，结果也严重。公共产品的管理者如果缺乏责任意识，敏锐性差，防范措施跟不上，会扩大公共产品运行中的脆弱性，导致重特大安全事故的发生。

（三）公共产品的过度使用与公共产品的安全承受度不匹配引发的安全问题

中国现代化的加速，对公共产品的安全提出了更高的要求。但近年来，某些地方政府或政府官员存在着急功近利的思想，致使在现代公共产品的生产制造过程中，尤其在某些公共基础设施的建设规划设计中，对工程未来可能存在的安全风险考虑不周，本身存在严重的设计缺陷。加之建设资金短缺、投入不足，建设材料不达标或偷工减料，以及工程承包建设责任人资质差等，导致不少已完工的公共基础设施存在着安全质量问题，甚至存在着严重的脆弱性，从而为灾害事件的发生及处置埋下了隐患。另外，随着经济的发展，生产资料和劳动力的流转、移动加速，加之我国人口数量庞大，几乎在所有公共产品领域内都存在过度使用的现象，这也给公共产品安全性带来了极大挑战。

（四）政府在公共产品管理中的监管责任不到位造成安全隐患

在放开市场让私人、企业等社会力量参与公共产品生产及提供时，政府必须担负起监管的职责。首先要严把市场准入关，对进入该市场的从业者要有实力、经验、诚信等方面的门槛限制；其次要严把质量关，健全确保公共产品质量的法律法规，依法加大产品质量监管力度；最后，还应加强动态的管理，及时掌控参与公用产品生产与提供者的运营状况。但目前由于体制、机制等各方面的原因，政府对公共产品的生产、提供、运营等各环节中，均一定程度上存在着监管不到位、推诿扯皮、推卸责任等现象，并且无论是相关企业还是监管部门，一般都缺乏严密的关于安全问题的应急处置措施，给公共产品的生产、运营等留下了不小的安全隐患。

二、公共产品致害是引发社会群体性事件的重要因素

随着公共产品生产与提供方式等方面改革的推进，公共产品致害已成为转型期引发社会群体性事件、影响社会和谐稳定的重要因素，必须引起高度重视。

（一）公共产品设置过程中公共参与不足导致群体性事件时有发生

如果把群体性事件按引发的原因进行分类，可以分为事后救济型维权和预防式维权。前者即权益受到侵害之后为维护个人合法权益而进行抗争，后者则是防止权益受损而引发的群体性事件。随着民众权利意识和观念的增强，预防式维权事件逐渐增多。如在环保方面，从 2007 年厦门 PX（对二甲苯）事件到去年的四川什邡反钼铜项目示威事件、浙江宁波反 PX 工厂扩建抗议事件、江苏启东抗议纸厂废水排放事件等，都呈现这一特征。项目尚在建设初期，并未产生实质性的环境危害，但引发的群体性事件却已吸引了舆情的高度关注。由于事前地方政府缺乏与公众和媒体的坦诚沟通，公共参与严重不足，以上事件都激起了民众的强烈不满。当地政府在争议演变为群体性事件后，不得不被动地仓促宣布取消项目来平息群众的怒火，平息一边倒的舆情。相比一般的群体性事件，环境群体性事件的动员能力更强。

(二)公共产品运营管理体制的缺陷是引发群体性事件的重要原因

当前,我国某些垄断性的公共设施生产供给者在实施管理过程中,往往以管理者的身份出现,以准行政主体自居,而在经营过程中又以市场主体身份出现,倚仗特殊背景形成垄断,与民争利。由于这些企业的内部和外部竞争机制均未充分发育形成,企业的经营能力和提供服务的水平也十分有限,使得大量不符合标准的公共设施出现在人们生活中。但同时,我国目前对公共产品尤其是公共设施的管理模式,既有由行政机关负责的,也有由运营机构负责的,一定程度上还存在着职责不分、权责不清现象。一旦牵扯到公共产品的责任承担问题,主体间往往互相推诿。近年来,因井盖缺失、破损等导致路人坠井伤亡的事件屡有发生,因护栏不牢、路面塌陷、电线裸露、广告牌坠落等导致的安全事故也不绝于耳。由于主体间互相推诿责任,使受害人得不到有效救助,严重侵害公民权益,这往往会引起公众的不满,并进而引发舆情的声援,甚至导致群体性事件的发生。

(三)公共产品致害引发群体性事件所具有的极大破坏性值得高度关注

公共产品致害引发的群体性事件一般都具有极大的破坏性:一是引发社会秩序失控。公共产品致害引发的群体性事件由于被广泛关注,参与者和围观者的心态高度一致,叠加群体性公共事件中的集体非理性,小事件会成为爆发社会矛盾的导火索;二是削弱政府公信力。当问题不能通过正常司法途径解决时,就必然走上非法上访引起上层重视、网络炒作引起民众同情关注、群体性闹事引发舆情声援等途径。一旦演变为公共事件,政府一般就不得不超常规地应对解决,甚至超越法律以息事宁人。其结果是原本薄弱的法治底线被一再冲击,公众丧失对法治的信心,政府公信力弱化;三是影响经济发展。群体性公共事件不仅可能会对公共设施造成某种程度的冲击和破坏,而且其处置平息过程也会消耗大量的社会资源,造成直接经济损失。尤为严重的是,因正常社会秩序遭受破坏而造成的间接经济损失更是成倍增加,甚至无法估量。

三、公共产品致害引发群体性事件对社会舆情的严重影响

群体性事件是观察转型期中国社会的重要窗口，社会舆情在其中扮演着非常重要的角色。在公共产品致害引发群体性事件的背后，一般都隐含着某种酝酿已久的社会不满情绪，当这种不满情绪接近或达到临界点时，公共产品致害就成为引爆事件的导火索，而社会舆情如得不到正确引导与调控，往往会对事件发展演变起到推波助澜的作用。

（一）公共产品致害引发的流言谣言传播对社会舆情有着重要的影响

近年来，某些公共产品致害引发群体性事件的发生及演变，在很大程度上与流言、谣言的流传有着密不可分的关系。在当今信息时代，互联网、手机短信、微博等新媒体的普及，使信息传播具有速度快、超时空、覆盖面广、重复性强等特点。当公共产品致害引起突发事件后，如果政府因避免影响稳定而保持沉默、封锁消息，或主流媒体虽有报道但谨小慎微、语焉不详，就极可能为谣言的传播留出空间。借助新媒体的力量，在官方权威信息发布之前，相关谣言和流言就可能已满天飞，并形成舆情，占据人们的思维空间，给事件发展火上浇油。也就是说，在公共产品致害引发群体性事件中，谣言在其中往往扮演着不光彩的重要的角色，它一方面对人群的聚集起到了发动、动员和组织的作用，另一方面也对事态的扩大起到了推波助澜的作用。

（二）公共产品致害引发的群体性事件中公众情绪对舆情有着重要影响

在公共产品致害引发的群体性事件中，参与者在社会心理、情绪、态度、诉求等诸多方面，往往具有相当程度的一致性。在事件发生之初，公众群体中蔓延的不满、对立情绪，一般会成为群聚行为的诱因。但伴随着聚众行为的扩大化，这种不满情绪、利益诉求等很可能会传染、影响更多原本与事件并无直接关系的人加入进来。加之某些别有用心者的煽动、谣言的泛滥等，就可能会助长形成一定的舆情氛围，这种舆情会对事件的处理产生很大的影响，甚至会直接影响相关政府部门在群体性事件中处置方式、程序、手段的运用与效果。

(三)传统新闻管制模式加重了公共产品致害类群体事件对舆情的影响度

毫无疑问,稳定是改革与发展的前提,没有稳定,什么事也干不成。但多年来过分强调"稳定压倒一切"也造成了关于群体性事件新闻报道的僵化的思维定式,即认为新闻媒体报道群体性事件会影响稳定、影响政府形象,是给政府添乱,以至于对群体性事件的报道一度成为新闻报道的禁区。在传统的新闻管制模式下,政府往往对有关非法游行示威、集会、骚乱等事件信息实行封锁,主流媒体对群体性事件报道也往往缺位,这是造成谣言盛行的主要原因之一。虽然非典事件后,尤其《中华人民共和国政府信息公开条例》实施以来,信息公开的氛围逐步形成且日渐浓厚,但受传统思维定式的影响,在公共产品致害引发的危机事件面前,政府反复告诫媒体"要帮忙,不要添乱"的家长式思维至今仍颇为盛行。这不仅无助于对舆情的引导与调控,而且还可能会适得其反,助长谣言、虚假信息的传播,加重公共产品致害引发群体性事件负面舆情的流行。

四、发挥政府职能作用,加强公共产品致害引起突发事件的社会舆论引导

公共产品致害引起的突发事件往往会成为社会关注的焦点,激起公众的不满情绪,如果不加以正确引导与调控,会对社会舆论产生不良影响。这就要求政府必须发挥职能作用,加强对共产品致害引发突发事件的舆论引导。

(一)根据公共产品致害引起突发事件的特点确定舆情引导与调控措施

当前,我国公共产品致害引起的突发事件具有以下两大特点:一是参与者中无直接利益冲突的人员明显增多。很多参与者本身与事件并无直接利益冲突,仅仅是由于其曾遭受过类似的不公对待,积累了不满情绪,一遇适宜的条件尤其是不良舆情的煽动,便借机发泄,围观、起哄甚至公开挑衅。贵州瓮安"6·28"打砸抢烧事件就是典型案例。二是表现方式激烈。随着事态的发展,事件的组织者、煽动者或者出于"大闹大解决,小闹小解决"的心理,或者别有用心唯恐天下不乱,或者借机发泄对社会、党和政府的不满,往往煽动不明真相的群众越来越多地采取极端的或违法的行为发泄不满情

绪，常常使本来的非对抗性矛盾转化为对抗性矛盾，甚至引发一定规模的骚乱。[①] 为此，政府应高度重视公共产品安全问题，注重培育、营造全社会重视公共产品安全的浓厚舆论氛围，强化对公共产品生产、供给各环节的监督与管理，时时关注并回应公众对公共产品安全的诉求与关切，力求防患于未然，这是从源头上解决公共产品引起突发事件并导致负面舆情泛滥的治本之策。万一发生了因公共产品致害而引发的群体性事件，政府要根据其特点及时确定应对措施，做到既尊重舆情，又避免为舆情所束缚、甚至为舆情所挟持，要处理好快速反应和科学反应的关系，保持公开、快速、畅通的信息渠道是舆情引导的关键；要正确看待理性舆情与非理性舆情，充分发挥主流媒体作用，并合理引导网络媒体，鼓励新媒体发挥正面作用；要尽量在第一时间发布官方消息，先入为主，赢得话语权；要发挥好信息优势，有节奏地抛出系统化的专业信息，注重用事实澄清谣言，有力地引导舆论。

（二）根据公共产品引起突发事件舆论传播的特点采取处置措施

公共产品致害引起突发事件的舆论传播一般有六大特点：一是信源具有不确定性。信源可以道听途说、添油加醋、张冠李戴，甚至无中生有；二是传播过程中环节多，容易以讹传讹，造成信息失实，影响人们对事件真相的正确认识和判断；三是信息传播者与接受者均具有不确定性。不同的传播者可以对同一事件作出完全不同的判断，发出完全相左的声音，同样，不同的接受者对相同的信息也可以作出完全不同的理解、反应；四是信息言论具有主观性。信息传播者往往有感即发而不去核实信息的真伪，不去深究事件的真相，甚至有的以偏激、极端的态度发布信息；五是传播迅速、范围广泛的新媒体越来越成为左右舆论的重要力量，但其快速传播中往往夹杂着诸多片面、不准确、甚至有害的信息；六是新媒体传播具有很强的交互性，往往能在很短的时间内打动受众，并形成舆论，影响社会舆情。[②]

根据这些特点，在公共产品致害引发的社会舆情面前，政府必须尽可能地在第一时间公开事实真相。如果掩盖、隐瞒真相，封锁信息，不管本身出于多么善良的目的，都有可能导致谣言频出，促使矛盾激化；要善于用权威、准确、真实的信息掌控舆论的主动权和制高点，使谣言失去市场和传播的空间。如果政府部门反应迟钝，虚假信息就会趁虚而入并得到迅速传播、蔓

① 参见无锡市法学会：《公共突发事件与社会舆论引导》，《江南论坛》2011 年第 8 期。

② 参见吕静：《新媒体时代公共危机舆论导向对策》，《青年记者》2012 年（4 月下）。

延，甚至导致恶性事件的发生；要善于运用新媒体的交互性，贴近生活、贴近群众，运用群众乐于参与、便于参与的方式，创新形式载体，探索方法手段，主动与社会公众交流、互动，努力增强主渠道舆论传播的吸引力、感染力、针对性、实效性；要善于利用网络等新媒体引导舆情，如组织网络媒体通过系列报道、在线访谈、论坛跟帖等方式，开展具有网络特点的事件信息传播，积极引导网上舆论，有效回应网民关切，形成网上正面舆情传播强势，增强网络舆情引导与调控的实效性和影响力。

五、建立健全公共产品致害引起突发事件的社会舆论引导与调控机制

机制更具有根本性，因此政府加强公共产品致害引起突发事件的社会舆论引导与调控，必须注重加强机制建设。

（一）建立化解公众不满情绪的长效机制和公共产品危机应对机制

由公共产品致害引发的群体性事件，从本质上说是转型期各种社会矛盾冲突激化的特殊表现，是某些具有类似感受的社会公众长期酝酿的不满情绪失控后的极端发泄。因此，政府必须建立化解公众不满情绪的长效机制，给公众提供表达诉求、发泄不满的宣泄渠道。要建立缓解社会不满情绪的减压“避震器”，通过制度化、常规化的宣泄通道，引导社会公众以较为平和的方式发泄不满、释放压力，把不满情绪控制在社会可以承受的限度内，努力化消极因素为积极因素，防止矛盾激化。此外，还要构建政府与不同社会主体之间正常沟通的中介传导机制，构建不同社会群体间的利益诉求与沟通表达机制，构建心理健康咨询与引导机制，为各社会阶层提供表达利益诉求、发泄不满情绪、培养健康心态的制度性平台。[①]

政府要增强忧患意识、风险意识、责任意识，善于从社会公众的主观言论甚至是某些牢骚、并非恶意的过激言辞中，读出民心的向背，检讨为政、管理、服务的得失，发现公共产品生产与供给中可能存在的缺失或致害因素，积极开拓进取，及时弥补缺陷，修正可能的致害因素，化解矛盾与问题，有效防范各种潜在风险，防患于未然；在日常管理中要高度重视网络舆情，提高政府的网络舆情研判和应对能力，在网络社区、“公民报道者”和“网络意见

① 参见无锡市法学会：《公共突发事件与社会舆论引导》，《江南论坛》2011年第8期。

领袖”中发展“盟友”，重视发挥网络舆论监督的作用，通过积极沟通对话，引导网民在最根本的问题上理解政府，缓释民间某些不满情绪。

在完善宣泄机制的同时，还应建立高效的公共产品危机应对机制，以便危机事件发生时能够有效应对，正确引导和调控舆情，尽量减轻公共产品致害引起突发事件的破坏性。在当前形势下，构建公共产品危机应对机制的核心，是要建立并完善设置合理、体系完备、职责明确、信息通畅、反应灵敏、协调有方、引导得法、处置高效的专业化应急系统，及时有效地搜集、捕捉、分析有关信息，密切关注舆情变化。一旦发现公共产品致害有引发群体性危机事件的苗头，应把相关信息及时迅速地传递到最高政府机关，果断决策，加强协调，调控舆情，赢得危机处理的主动权，避免事态失控，防止出现连锁反应，力争取得最佳的应对、处置效果。

（二）健全灵敏的社会预警防范机制和信息发布机制

实践经验告诉我们，公共产品致害引发的危机事件在事前一般都是有预兆的，如能全面搜集、捕捉相关信息，密切关注舆情变化，及早发现苗头性问题并作出科学判断和正确反应，采取得力措施及时弥补漏洞，纠正偏差，调控舆情，是可以有效预防的。这就要求我们必须建立灵敏的社会预警防范机制，健全完善的社会舆情汇集分析机制。平时要注意主动、深入、广泛地搜集舆情信息，一旦发现有公共产品致害可能引发群体性事件的苗头，应引起高度警觉，及时对相关信息进行分析、研判，制定出应对危机的有针对性的预案，并快速收集掌控舆论、媒体等可能关注的问题和环节，正面引导舆论，最大限度地减少危机舆情的负面影响，力求将事件消除在萌芽状态，控制在局部环节。

与此同时还应构建快速、高效的危机信息发布机制。一旦公共产品致害引起突发事件，政府应及时提供真实客观的权威信息。政府发布的危机事件信息只有及时、权威，才能占领、掌控舆论的制高点，阻止谣言的传播和虚假信息的蔓延，为事件的妥善解决创造良好的舆论环境。只有真实、客观，才能有效地运用正面的声音去引导公众，使社会公众信任政府，支持和配合政府，为危机事件的处理赢得最可珍贵的民心“资源”。否则会助长虚假信息的大量传播，导致谣言满天飞，使政府失去对舆论的有效引导与调控，甚至会成为激起民众反对政府、不与政府合作的导火索。

（三）建立有利于引导正面舆论的分层次信息发布机制

在公共产品致害引起的突发事件刚刚发生的时候，首先应该由某一层次的政府权威部门或行政领导人在第一时间内发布信息，努力使政府成为消息的第一来源，掌握引导舆论、调控舆情的主动权；第二层次应由事件涉及的具体部门负责人发布信息，这时发布的信息要尽可能更详细、更具体；第三层次应由公共突发事件现场负责人发布信息，真实、全面、直观地介绍现场情况；最后，应由专业技术人员面对公众发布信息。

另外，为了引导和调控社会舆情，信息发布工作一般需要持续较长时间，不应虎头蛇尾，需有后续性、持续性，有耐心，要不断有序地发布事件处理的最新信息，直至促成事件妥善解决。

本文原载于《东岳论丛》2013 年第 12 期，2014 年 12 月获全国行政学院第三届优秀科研成果三等奖。

基督教节欲伦理研究

李学迎　赵化民

一、引言

“人是一种不断需求的动物，除短暂的时间外，极少达到完全满足的状况，一个欲望满足后，往往又会迅速地为另一个欲望所占领。”[①]人的欲望无穷，追求最大化效用。而满足其欲望和效用的资源是有限和稀缺的，由此必然导致纷争甚至战乱。如荀子所言：“欲恶同物，欲多而物寡，寡则必争矣。”[②]“然则从(纵)人之欲，则势不能容。”[③]故任何社会任何时期都不会无节制地放纵所有欲望。“个人行为天生要使效用最大化，直到受到他们遇到的抑制为止。”[④]“欲虽不可尽，可以近尽也；欲虽不可去，求可节也。”[⑤]宗教伦理是传统社会节制欲望的重要规范。宗教节欲伦理一方面规定了欲望的边界，要求人们践行克制和牺牲；另一方面，允诺人们在边界内尽其所能追求利益，由此化解有限之物与无限之欲的冲突。

基督教[⑥]是西方主流传统文化，富有节欲伦理。基督教的一些节欲伦理

---

① [美]马斯洛：《马斯洛人本哲学》，成明编译，九州出版社2003年版，卷首语、封底语。

② 《荀子·富国》。

③ 《荀子·正名》。

④ [美]布坎南：《自由、市场和国家》，吴良健等译，北京经济学院出版社1988年版，第23页。

⑤ 《荀子·正名》。

⑥ 本研究中，中世纪基督教主要指天主教，新教改革后指天主教和新教。

具有鲜明的禁欲[①]特征，禁欲可视为严苛状态的节欲。中外古今之节欲或禁欲皆非限制人的所有欲望，因为“需要层次越高，爱的趋同范围就越广”，“高级需要的追求与满足具有有益于公众和社会的效果”[②]。节欲或禁欲主要指抑制人的肉体欲望，包括物欲和性欲，这些欲望在马斯洛的需求层次理论中皆属最低层次需求，即生理需求。高级需要（如自我实现、奉献社会等）非但不应受限，反而应予以激励。节欲之欲多为在一定程度上被认可的欲望。此外，尚有大量完全负面的欲望，如淫乱，它们应被无条件禁止。除了节制物欲和性欲，基督教还特别强调要节制统治欲。基督教节欲伦理对西方传统基督教社会乃至当今欧美国家都具有重要影响，形塑了其政治经济与社会生活。洞悉基督教节欲伦理，对我国当前精神文明建设也具有一定的借鉴意义。

二、基督教主要节欲伦理

基督教节欲伦理主要体现为对物欲、性欲、统治欲等的有力约束。它的节欲伦理大多属于禁欲，其禁欲表现为普世性的节制性欲和禁食等方面，力行苦修和独身的宗教力量（主要包括修士、修女和教士）尤为禁欲典范。

（一）基督教之救贫济困和施舍捐赠

基督教并不反对追求和获取物质财富。《路加福音》中“主人交银给十仆”的故事说明了这一点。《旧约》也多处记载了上帝（即基督教唯一的神，有圣父、圣子和圣灵三个位格）应诺为犹太人提供“流奶和蜜”的富庶之地。但基督教更强调施舍捐赠和救济贫弱，这正是节制物欲（主要在消费层面）的有力表征。奥古斯丁（本文指希波的奥古斯丁）和托马斯·阿奎那的商业和借贷理论也不反对价值增殖本身，而是要求将增殖部分用于基本生活所必需，剩余则要用于捐赠和救济。

《旧约》说：“不可亏负寄居的，也不可欺压他……不可苦待寡妇和孤

① 禁欲主义（asceticism）是要求人们严格节制肉体欲望的一种道德理论。它源于古人忍受现世困苦的宗教教义和苦行仪式，是一种以抑制世俗欢愉为特点的生活，也称苦修（austerities）。其形容词（ascetic，禁欲的）来源于古希腊语“askesis”，意思是“练习”“训练”。可见，禁欲最初与严格的训练形式有关，后来则发展出抑制肉体欲望并追求智慧、情感与高洁精神生活的意思。

② [美]马斯洛：《马斯洛人本哲学》，成明编译，九州出版社2003年版，第61页。

儿……我民中有贫穷人与你同住，你若借钱给他，不可如放债的向他取利。”[①]“六年你要耕种田地，收藏土产；只是第七年，要叫地歇息，不耕不种，使你民中的穷人有吃的；他们所剩下的，野兽可以吃。”[②]“在你们的地收割庄稼，不可割尽田角，也不可拾取所遗落的。不可摘尽葡萄园的果子，也不可拾取葡萄园所掉的果子，要留给穷人和寄居的。”[③]“不可欺压你的邻舍，也不可抢夺他的物。雇工人的工价，不可在你那里过夜留到早晨。”[④]《旧约》还要求免除贫弱者的债务，“每逢七年末一年，你要施行豁免。豁免的定例乃是这样：凡债主要把所借给邻舍的豁免了，不可向邻舍和弟兄追讨。”[⑤]“你要谨慎，不可心里起恶念，说：‘第七年的豁免年，快到了。’你便恶眼看你穷乏的弟兄，什么都不给他，以致他因你求告耶和华，罪便归于你了。”[⑥]

《新约》也主张节欲施舍。《路加福音》说：贫穷的人、饥饿的人、哀哭的人、被人恨的人有福了，神的国是穷人的；而富足的人、饱足的人、喜笑的人、被人称好的人则有祸了，喜笑的人要哀哭，饱足的人要挨饿。[⑦] 这与“登山宝训”的“八福论”表述相近。耶稣对想要永生的人说：“你若愿意做完全人，可去变卖你所有的，分给穷人，就必有财宝在天上。”[⑧]耶稣还说：财主进天国是难的，骆驼穿过针的眼，比财主进神的国还容易。[⑨] 耶稣还告谕：不可将善事行在他人面前，故意叫人看见；施舍时，不可在人前吹号和有意去得人的荣耀，不要叫左手知道右手所做的；否则，就不能得神的赏赐。[⑩]

托马斯·阿奎那从自然法视角解释了为什么要救济贫弱。他认为，人法（如保护个人财产的法律）应服从自然法，据神意所确立的自然法则，物质财富是为满足人类需要而备；基于此理，任何多余的东西都应用于救济穷人；如果一个人面临迫在眉睫的物质匮乏，又无其他办法满足需要，他就可

---

① 《圣经·旧约·出埃及》22：21-25。
② 《圣经·旧约·出埃及》23：10-11。
③ 《圣经·旧约·利未记》19：9-10。
④ 《圣经·旧约·利未记》19：13。
⑤ 《圣经·旧约·申命记》15：1-2。
⑥ 《圣经·旧约·申命记》15：9。
⑦ 参见《圣经·新约·路加福音》6：20-26。
⑧ 《圣经·新约·马太福音》19：21。
⑨ 参见《圣经·新约·马太福音》19：23-24。
⑩ 参见《圣经·新约·马太福音》6：1-3。

以公开或用偷窃的办法从他人财产中取得所需；严格来说，这不算欺骗或盗窃。[①]

(二)基督教之禁食

施舍、祷告和禁食是普适于每个基督徒的圣事和责任。禁食是每个基督徒的重要日常生活内容，尽管不必每天如此。禁食不是指禁止吃某些动物[②]，而是指信徒在灵修生活中为更好地默想、忏悔、祷告、洁净自己，暂时在一段时间(从一餐到几天)内不吃饭，藉此亲近神并得属灵经验的举动。普通的禁食可以喝水。据《圣经》所载，《旧约》核心人物摩西和《新约》核心人物耶稣都曾禁食。《旧约·申命记》说：摩西上了山，要领受两块石版，即耶和华所立约的版；那时摩西在山上住了四十昼夜，没有吃饭，也没有喝水。[③]《旧约·出埃及》也说："摩西在耶和华那里四十昼夜，也不吃饭也不喝水。"[④]《新约》则说："耶稣被圣灵引到旷野，受魔鬼的试探。他禁食四十昼夜，后来就饿了。"[⑤]除此之外，《圣经》还有多处关于禁食的教义。耶稣在教导禁食时，不说"如果你们禁食"，而说"你们禁食的时候"。这表明，基督徒的禁食不是假设，而是明确的诫命和必需的生活。当然，并非所有禁食都是40天。据基督教义，40天的禁食非一般教徒所可领受，保罗和十二使徒也没这么做，其需要神恩和启示。基督教绝大多数禁食不超过三日，且时间不固定。较固定的有规律可循的禁食包括两个：一是神所唯一规定的七月初十(犹太历)赎罪日禁食，再就是早期基督徒的周三和周五禁食。[⑥] 基督徒禁食一般基于下述目的：求神的能力，求神的帮助，求明白真理，认罪悔改，求神饶恕等。基督教要求在禁食时做到：不可故意叫人看出在禁食，不可求利，不可行恶；要向人行善，赒济贫穷；要专心祈祷，多做祷告；要停止娱乐消遣，不可同房等。《圣经》批评了不正确的禁食："你们禁食的日子仍求利益，勒逼人

---

① 参见[意]托马斯·阿奎那：《阿奎那政治著作选》，马清槐译，商务印书馆2010年版，第142～143页。

② 依据《圣经·旧约》：教徒不可吃血；地上的走兽可吃的是分蹄和反刍的动物，但是骆驼、獾子这一类的兽肉不能吃。不可吃死的兽肉。海里、河里的水生动物，凡有翅有鳞的都可以吃，无翅无鳞的、死的都不能吃。鸟类中不能吃的有雕类、鹰类、乌鸦、鸵鸟、夜鹰、鱼鹰、鹗、鹭鹚、猫头鹰、隼、鹈鹕、秃鹰、鹳鸟、戴胜和蝙蝠。凡有翅、有足的爬行动物不能吃。地上的爬行动物如鼹鼠、硕鼠、老鼠、蜥蜴等这一类的东西都不能吃。对于《圣经》关于禁食的上述规定，犹太人时至今日仍严格遵守，但基督徒较为自由。

③ 参见《圣经·旧约·申命记》9:9。

④ 《圣经·旧约·出埃及》34:28。

⑤ 《圣经·新约·马太福音》4:1-2。

⑥ 参见《十二使徒遗训》第八章。

为你们做苦工。你们禁食，却互相争竞，以凶恶的拳头打人。你们今日禁食，不得使你们的声音听闻于上……我所拣选的禁食，不是要松开凶恶的绳，解下轭上的索，使被欺压的得自由，折断一切的轭吗？不是要把你的饼分给饥饿的人，将飘流的穷人接到你家中，见赤身的给他衣服遮体，顾恤自己的骨肉而不掩藏吗？”[①]

（三）基督教之节制性欲

性欲是基督教重点节制的欲望，节制性欲是基督教禁欲最具代表性的体现。从《旧约》到《新约》，从基督教诞生到国教地位确立，再到历时千年的中世纪天主教神权共和国，节制性欲经历了从讴歌爱情和严禁淫乱，到普世禁欲和宗教力量高度禁欲（如独身制度化）相结合的历程。

《箴言》和《雅歌》等《旧约》篇章不乏对爱情的讴歌。在《创世纪》等篇章中，上帝还多次赐福以色列人生养众多。同时，《旧约》和《新约》均明确主张严惩淫乱。“不可奸淫”是《圣经》十戒之一。《旧约》有许多对奸淫、淫合与猥亵等的具体界定及相应严厉惩罚，其中一例如“凡与兽淫合的，总要把他治死。”[②]《新约》经典作家保罗也说：淫乱者、奸淫者、娈童、亲男色者都不能承受神的国；[③]人所犯的其他罪都在身子以外，惟有行淫是得罪自己的身子，而身子就是圣灵的殿。[④] 与《旧约》不同，《新约》主张一夫一妻制，反对休妻，并提倡独身。耶稣说：夫妻是神配合的，乃是一体，人不可分开；凡休妻另娶的，若非淫乱之故，就犯了奸淫；娶那被休妇女的人也犯了奸淫。[⑤] 保罗提倡独身，但认为婚姻是避免淫乱的次优选择（耶稣也有类似表述，奥古斯丁等其他基督教经典作家也多持该观点），是有助于避免大罪的小罪，婚姻和独身都是神的恩赐。保罗说：为避免淫乱，男子当各有自己的妻子，女子也当各有自己的丈夫；夫妻不可彼此亏负，暂时分房要两相情愿，为的是要专心祷告；尚未嫁娶者和寡妇若乐意独身，是很好的；但倘若自己禁止不住，就可嫁娶；与其欲火攻心，不如嫁娶为妙。[⑥] 娶妻并非犯罪，处女出嫁也不是犯罪，但希望人们免受这等肉身苦难。[⑦] 耶稣也说，为实现禁欲而“不嫁娶”不

---

① 《圣经·旧约·以赛亚书》58:3-7。

② 《圣经·旧约·出埃及》22:19。

③ 参见《圣经·新约·哥林多前书》6:9-10。

④ 参见《圣经·新约·哥林多前书》6:18-19。

⑤ 参见《圣经·新约·马太福音》19:4-9。

⑥ 参见《圣经·新约·哥林多前书》7:2-9。

⑦ 参见《圣经·新约·哥林多前书》7:28。

是人人都能领受的。

基督教还主张力戒思想淫乱，认为肉体被玷污并不影响内在贞洁，被玷污者更不应自杀。耶稣说："凡看见妇女就动淫念的，这人心里已经与他犯奸淫了。"[①]奥古斯丁则论证：别人的情欲不可能使一个人失去贞操，因为贞洁是一种内心品德；只要被强奸者内心保持贞洁，就不能认为她因遭强奸而失去贞操；别人无论对肉体做什么，都不是承受者的错；相反，如果内心没有贞洁的品德，把性交看成一种肉欲，即使未被强奸，实际已失去贞操，肉身的圣洁也就失去了；基督徒在任何情况下都无权自杀，高尚绝不能用来促进自杀，无辜受辱妇女更不应自杀。"如果法律不允许私自杀人，哪怕是杀一名罪人，那么杀死自己的人也犯了杀人罪，他杀死自己的罪行比杀死别人更重，因为他杀死了一名无罪之人。"[②]

实现普世禁欲和独身制度化。独身一度被视为仅次于殉道的称义之举。有早期教父宣称，即使拥有最美满婚姻且没有婚外性行为的教徒，其在天堂的地位也远低于独身者。有的教父视婚姻为"下贱的状态""淫欲的手段"，主张"用童贞的斧头去砍伐婚姻的森林"；有的教父认为"婚姻是人类弱点的延续"；还有的教父说："那些对自己的妻子爱得过于热烈的人，就是一个通奸者。"自三世纪圣安东尼始，基督教社会修道士千年不绝，中世纪时规模庞大。中世纪修道院明确规定修士和修女独身，不可拥有私人财产，要立誓恪守基本义务：安贫、守贞和服从，努力抵制三大世俗诱惑：财富、性欲和野心。绝大多数修士和修女能严格履行独身禁欲生活，秉持"绝财、绝色、绝意、守恒"四愿，是全社会禁欲典范，他们还曾多次修正教士群体过于世俗化的错误。教士群体也是禁欲典范。早在 386 年，罗马教皇就发布命令：禁止已婚者当教士；已担任副祭司以上教职的已婚者，被禁止与妻子性交。十一、十二世纪，天主教开始强制全部教士独身。教皇还曾多次与民众以及世俗君王贵族联手反对教职人员偷情、违规结婚等。直到今天，天主教仍严格要求高级教士独身。至少在中世纪，由教士和修士修女两大群体构成的宗教力量实现了独身制度化。不过，历史上还是有不少教士以多种理由和方式结婚，也发生过教皇偷情等腐败行为。但这在整个独身史中占比不大，且存在可修正这些行为的宗教力量和世俗力量。新教尽管同意修士修女、教

---

① 《圣经·新约·马太福音》5:28。

② 〔古罗马〕奥古斯丁：《上帝之城》上卷，王晓朝译，人民出版社 2006 年版，第 25～28 页。

士结婚，但仍要求所有教徒节制性欲，甚至比天主教更严格反对非生育目的的性行为。对于婚姻，天主教长期坚持一夫一妻制，严格限制离婚，君王贵族也非例外；还要求夫妻性生活必须采用男上女下、面对面的传教士体位，其他性交姿势则是必须忏悔的罪恶；非受孕目的的性生活最好一次也没有，非婚性生活更受严惩。1181年，婚姻被列为圣礼，要求遵循三大原则：自由意志、节欲和族外婚；新娘和新郎必须表示同意并向对方许下至死都忠贞不渝的誓言，婚姻才生效。由于每周宗教纪念日（如纪念耶稣周四被捕和周五受难）均需禁欲，已婚基督徒每周只有周二和周三两天可以性交。这两天还要再除去宗教节假日和不宜受孕日期。据推算，全年平教徒夫妻可以性交的日子只有42天左右；而恪守婚内禁欲生活的平教徒夫妻，实际性生活日要低于42天。此外，孕产期和哺乳期还均禁止性生活。婚内禁欲和严惩非婚性生活使基督教社会实现了普世性禁欲。历史上，还发生过基督徒追求更极端的性禁欲，即自宫，但此举被教廷定为异端行为。

（四）奥古斯丁与托马斯·阿奎那论节制统治欲

奥古斯丁与托马斯·阿奎那是后《圣经》时代最重要的两位基督教经典作家。奥古斯丁是教父学说集大成者，是基督教主流教义奠基人。托马斯·阿奎那是基督教神学集大成者。他们均拥有丰富的神权政治思想，均看到了节制统治欲的重要性。

奥古斯丁论述了统治欲的性质和何为合理的政治统治。在奥古斯丁看来，人的各种欲望中最强的是性欲，而统治欲则是理性、意志、情感以及灵魂自由的主要奴役者。[①] 地上之城的典型特征是缺乏对他人的爱和关怀，贪求凌驾于他人的统治权，该隐做恶并妒忌亚伯，正源于最卑劣的欲望——对同胞的统治欲；统治欲的邪恶之处在于，人企图仿效上帝，做神灵凌驾于同胞之上。[②] 基于上帝的创造，人最初就其深刻本质而言是“社会性的动物”，而非“政治的动物”，不适于生存在他人统治之下；强制性社会权力表现为统治和征服欲，不可能没有不平等、强制和暴力，但就其起源而言，与上帝创造的本善自然无关；尽管如此，上帝还是依其天意而用恶为善；在此意义上，一种社会权力结构只要能在被罪污染的人类生活中维持某种秩序，还是可作为

---

① [芬]罗明嘉：《奥古斯丁〈上帝之城〉中的社会生活神学》，张晓梅译，中国社会科学出版社2008年版，第6页。

② [芬]罗明嘉：《奥古斯丁〈上帝之城〉中的社会生活神学》，张晓梅译，中国社会科学出版社2008年版，第120～121页。

罪的一种补救;统治欲既是罪,也是对罪的惩罚。[①] 没有什么政治秩序是绝对的或神授的;所有的政治秩序和组织都是动态的、可变的。[②] 基督徒皇帝的幸福不在于统治了很长时间,或安宁地逝世并把皇位传给儿子,或能够征服国家的敌人,或能挫败国内反叛企图,或在可悲的一生中得到其他安慰;而在于公义地进行统治,不陶醉在高贵荣誉和高度赞扬中,不接受谄媚和奉承;在于把皇权当作对上帝的侍奉,敬畏、热爱、崇拜上帝;在于慎用惩罚,多用宽恕,不用惩罚来进行私人报复,多用仁慈来弥补被迫实行的严峻手段;在于拒斥奢侈,不追求有悖于永福和皈依上帝的荣耀;在于不拒绝向上帝,奉献人道的献祭、忏悔和祈祷。[③]

虽然托马斯·阿奎那认为人天然要过政治生活[④],这与奥古斯丁观点相左。但阿奎那同样主张严格节制世俗权威的统治欲,总体上秉承并发展了奥古斯丁的思想。阿奎那节制统治欲的思想重点体现在两方面:一是要求世俗权威服从神权与公义的代表,即教权;二是要求世俗权威严格守法,并充分尊重公众意见。阿奎那认为,教会的权力高于世俗权力,因为前者直接源于上帝,这可在《圣经》里找到理论根据;世俗权威有存在的理由,但它必须适应教阶制社会,并承认自己居次要地位。[⑤] "正义的正常状态要求臣民服从他们的上级,否则在人类的事务中就不会有稳定的局面。"[⑥]但政治义务要以宗教义务为依归。[⑦] 基督教世界的一切君王都应当服从教皇,就像服从耶稣基督本人一样。[⑧] "世俗权力之服从宗教权力,犹肉体之服从灵魂。"[⑨] "当一个统治者由于背弃基督教而被宣判开除教籍时,他的臣民事实上就立刻摆脱他的统治,解除那种使他们对他承担义务的忠诚誓言。"[⑩]"统治者的命令不应超过人们所授予的权力,也不应强使臣民承受无益的或不平均的

---

① [芬]罗明嘉:《奥古斯丁〈上帝之城〉中的社会生活神学》,张晓梅译,中国社会科学出版社 2008 年版,第 127～130 页。

② [芬]罗明嘉:《奥古斯丁〈上帝之城〉中的社会生活神学》,张晓梅译,中国社会科学出版社 2008 年版,第 178 页。

③ 参见[古罗马]奥古斯丁:《上帝之城》上卷,王晓朝译,人民出版社 2006 年版,第 227～228 页。

④ 参见[意]托马斯·阿奎那:《阿奎那政治著作选读》,马清槐译,商务印书馆 2010 年版,第 44 页。

⑤ 参见[意]托马斯·阿奎那:《阿奎那政治著作选读》,马清槐译,商务印书馆 2010 年版,第 21 页。

⑥ [意]托马斯·阿奎那:《阿奎那政治著作选读》,马清槐译,商务印书馆 2010 年版,第148 页。

⑦ 参见[意]托马斯·阿奎那:《阿奎那政治著作选读》,马清槐译,商务印书馆 2010 年版,第 26 页。

⑧ 参见[意]托马斯·阿奎那:《阿奎那政治著作选读》,马清槐译,商务印书馆 2010 年版,第 85 页。

⑨ [意]托马斯·阿奎那:《阿奎那政治著作选读》,马清槐译,商务印书馆 2010 年版,第140 页。

⑩ [意]托马斯·阿奎那:《阿奎那政治著作选读》,马清槐译,商务印书馆 2010 年版,第 27 页。

负担。在所有这些情况下，服从是以权力的正当行施为条件的。不法的命令没有拘束力。昏君必须加以反抗。”[①]“克服暴政弊害的办法应以公众的意见为准，而不能以若干个人的私见为断。”[②]“天堂的最高幸福是人君的酬报”[③]，“国王的职责就在于殚心竭虑地增进公共福利”[④]。无论何人，如果为他人制定法律，就应将同一法律应用于自己身上；权力服从法律的支配，乃是政治管理上最重要的事情；全部法律都应以人们的公共福利为目标，并且仅仅由于这个缘故才获得效力，否则就没有责成人们担负义务的力量。[⑤] 无论谁，只要依仗暴力据有权力，就不是真正的领袖；如果掌权者的命令违背了那个权威在当初被设立时所抱定的目的，人们不仅没有服从的义务，而且还不得不予以反抗，正如宁死而不屈从暴君的神圣殉道者那样；如果掌权人的命令越出自身权限，臣民有服从或反抗的自由。[⑥]

三、基督教节欲伦理主要特点

前面主要从应然层面分析了节欲伦理的主要内容。本部分将分析基督教节欲伦理的初始布道路径和践行路径、社会上层群体节制物欲和性欲的状况、世俗权力统治欲的节制状况、节欲伦理的激励机制和执行力等，以实然层面为主揭示基督教节欲伦理的特点及其影响。

（一）初始布道路径和践行路径由下而上

节欲伦理是基督教义的内在组成部分，基督教义的初始布道对象也即节欲伦理的初始布道对象。基督教节欲伦理的布道路径是由下而上。基督教首先在中下层群众中传播，创始人耶稣的直接信徒主要是穷人。在国教地位确立前，由于基督教教义严重冲击了世俗权威和欧洲传统宗教，基督徒不断受到迫害。耶稣、保罗、多位使徒与知名教父以及大量平教徒因此殉

---

① [意]托马斯·阿奎那：《阿奎那政治著作选读》，马清槐译，商务印书馆2010年版，第35页。

② [意]托马斯·阿奎那：《阿奎那政治著作选读》，马清槐译，商务印书馆2010年版，第59页。

③ [意]托马斯·阿奎那：《阿奎那政治著作选读》，马清槐译，商务印书馆2010年版，第69页。

④ [意]托马斯·阿奎那：《阿奎那政治著作选读》，马清槐译，商务印书馆2010年版，第70页。

⑤ 参见[意]托马斯·阿奎那：《阿奎那政治著作选读》，马清槐译，商务印书馆2010年版，第123页。

⑥ 参见[意]托马斯·阿奎那：《阿奎那政治著作选读》，马清槐译，商务印书馆2010年版，第151页。

道。许多教徒毅然放弃生命，尽管有时求生条件只是向罗马皇帝鞠个躬或宣称放弃信仰基督即可。基于殉道精神的感召力、富有成效的传教活动、教义的合理性（尤其是关爱弱者）等，生活困苦的下层人首先大量皈依基督教，基督教逐渐传播到欧洲大部并为大多数人所接受，中上阶层包括王庭也最终选择了皈依。以下层人为主的早期基督徒一般过着严守律法的禁欲式清苦生活，反对骄奢淫逸；每日 3 次诵读《主祷文》，每礼拜三和礼拜五为禁食日，主张“禁食比祈祷好，但施舍比两样都好”①。不仅禁食由下层人发起，而且节制性欲亦如此。基督教独身主义最初是一场自下而上的群众运动。从公元 3 世纪开始，在埃及和叙利亚基督徒中，首先刮起了一股以离家修道为特色的禁欲主义风，并很快蔓延到整个西欧。② 天主教规定所有教职人员必须禁欲，独身则在其后。据中世纪天主教规定，君王贵族也必须履行一夫一妻制、婚内节欲和杜绝婚外性行为的义务。

（二）对上层群体的物欲与性欲约束有力

自我实现和奉献社会等是马斯洛话语体系中的高层次需要，其正外部性强，是团契社会的纽带，是道德高尚的体现。在任何社会，高层次需求非但不会被禁止，反而会被大力提倡。物欲与性欲等低层次需求因资源稀缺性和竞争性问题，在任何社会均必须确立限度并予以节制。

中世纪基督教会曾经把宗教力量（包括教士群体和修士修女群体，教皇、红衣主教等属于教士群体）称为上层的属灵阶层（但被新教否定，路德认为所有教徒都属灵，当前基督徒普遍秉持路德的观点），其他则属于下层群体，后者包括以君王为核心的世俗统治力量。但从世俗层面看，君王和世俗贵族也无疑是上层群体。本文把宗教力量和世俗君王贵族共同视为传统基督教社会的上层群体。一个社会的资源常集中在上层群体手中，基督教社会亦不例外，但基督教节欲伦理有力约束了上层群体对资源的消费。多数宗教文明中的上层群体，尤其是世俗君王贵族，常常占据和消费太多资源。而如果他们占据和消费过多资源，势必降低整个社会的总体效用。从福利经济学视角看，把一个饼子分给无饼可食的饥饿者，相比把它分给已吃了两个饼子的人，会增加社会的总体效用和福利。基督教节欲伦理有力地约束了上层群体的物欲和性欲，上层群体在消费层面享用资源相对较少，由此提

---

① 王美秀等:《基督教史》，江苏人民出版社 2006 年版，第 41 页。

② 参见林中泽:《中世纪西欧的宗教禁欲主义及其历史影响》，《史学月刊》1997 年第 5 期。

高了资源配置效率和社会福利。

基督教强调在神面前人人平等，世俗地位高的阶层和群体没有被赋予享用较多资源的权利。无论《旧约》和《新约》，还是后《圣经》经典作家奥古斯丁、阿奎那、路德、加尔文等，无不强调对穷人等弱势群体的救助和关爱。无论拥有多少财富，无论是否被鼓励去追求财富，任何人都从未被许诺奢侈，都被要求严格控制消费欲望，都被鼓励捐赠。新教与原始基督教和天主教的不同只是更鲜明地鼓励教徒去创造和积累财富。基督教社会上层群体，占有较少资源。宗教力量是节制欲望的典范，不仅基督教经典作家耶稣、保罗、众使徒、奥古斯丁、阿奎那等身体力行，高度禁欲，而且教士、修士、修女也是禁欲典范，尤其在性欲方面。早在中世纪之前，教会就致力于教士独身，并在中世纪时成功实现了教士独身制度化。教会尽管有大量物质财富，但不许遗传给教士亲属，教会用物质资源办了育婴堂、教会医院等大量公益事业。尽管也有教士阶层偷情的腐败行为，但比例不大，且多得到修正。同普通基督教民众一样，君王贵族需恪守禁食、节制性欲的规定。君王也必须遵守一夫一妻制，而且离婚尚需教皇批准。基督教有效节制了上层群体的物欲和性欲，这也为救济贫弱奠定了基础。基督教社会的性禁欲在较大程度上为自愿选择，是意志力和灵性高的体现，是称义和亲近上帝的表现。实质上，基督教禁食和性禁欲均将遏制低级需要与实现高级需要联系在了一起，即成功遏制低级需要代表了实现高级需要。

（三）有力地规约了世俗统治

节制物欲和性欲是基督教和其他诸宗教文明的共同特点。但相比而言，基督教用教权和法律更有成效地规约了统治欲，在一定程度上把世俗权力关进了笼子。与儒教相比，即是如此。不可否认，儒教的仁、义、礼、智、信、忠、孝、和等思想，尤其仁政思想，对以君王为核心的世俗权威会有一定约束力。基督教的信、望、爱、从等核心伦理也对世俗权威具有相似作用。但与儒教不同，基督教明确强调了统治欲的负面性和世俗统治的服务性，并给予其有力制约。

在《新约》中，耶稣就曾告谕：基督徒首领是要服侍人。[①] 而且说：圣子的到来，不是要别人服侍，而是要服侍人并舍命为人赎罪。[②] 奥古斯丁则称统

① 参见《圣经·新约·路加福音》2:24-27；《圣经·新约·马可福音》9:3。

② 参见《圣经·新约·马可福音》10:45。

治欲为最卑鄙的欲望,因其使人欲凌驾于自己的同胞之上。他认为,基于上帝的创造,人最初就其本质而言是社会性动物,而非政治动物,不适于生存在他人统治之下,基督徒皇帝必须服从神和神谕。阿奎那虽认为人天然要过政治生活,但也同样认识到世俗统治是一种必要的恶,并明确主张限制世俗权威的统治欲:一是要求世俗权威服从神权和教权;二是要求世俗权威服从体现民众意志的法律。儒教没有视统治欲本身为卑鄙或者不良欲望。在现实生活中,儒教社会的君王可称“天子”,君王旨意高于成文法律(由于未充分体现民意,其法律属于西方先贤话语中的恶法。西方先贤认为恶法非法,民众没有服从恶法的义务),甚至长官意志也高于法律,旨意和长官意志高于恶法一般是进一步扭曲了正义。

历史上,中世纪基督教社会曾存在教俗之争,也有学者称之为神权(或教权)与君权(或王权)之争。实际上,这些事件中的君王从未否定神权,他们只是否定“教权为神权的代表”,不想服从教廷和教皇领导,并争夺对地方教职人员的任命权和地方教会资源的控制权。基督教社会君王常自称服侍神及神的子民的“仆人”,此举鲜有例外。由于奥古斯丁和阿奎那等基督教经典作家的思想被认为是神的启示,基于对神权的敬畏,基督徒皇帝或贵族不仅不会否定《圣经》,而且还会把奥古斯丁、阿奎那等人的思想奉为圭臬,会较好地遵守其中诫命。

律法是《圣经》的重要内容,其中《旧约》摩西五经通常被称为律法书,《新约》诸多教义也具有律法性质。阿奎那将法分为永恒法、神法、自然法和人法。永恒法是神(即上帝)关于整个宇宙运行的法则。自然法是永恒法中适用于人类社会的那一部分。神法则是神谕示于人的法则(因人理性有限而不能靠自身充分洞悉这些法则,故神将其谕示于人),主要是《圣经》中的律法,属成文法。他强调人法(世俗成文法,主要是世俗权威制定的法律)要服从永恒法、神法和自然法,而且人法的制定还要充分尊重民意。他把权力服从法律的支配视为政治管理上最重要的事情,强调全部法律(人法)都应以人们的公共福利为目标,任何人(主要强调君王)都必须遵守自己为他人所制定的法律。基督教将不能体现公众意志的法定性为恶法,认为人们没有服从恶法的义务。在中世纪基督教社会,教会法庭(不同于宗教裁判所)还与世俗法庭长期并存,教会法庭秉持教会以爱正错的理念,并对基督教社会诸多事务拥有最终裁决权。在理论和实践层面,法律均对世俗权威形成了有力约束。自然法是现代法治的核心和根基,基督教自然法思想则是近现代自然法的重要理论源泉。孟德斯鸠说，自由就是充分享有法律所规定的权利；卢梭说，自由就是所有人遵守共同的法律；洛克说，法律并非废除或限制自由，而是保障和扩大自由，没有法律的地方就没有自由；哈耶克说，自由就是服从且仅服从法律。自由的主要障碍就是世俗权力僭越法律，因此，基督教世俗权力基于法律规约而节制统治欲，这为自由奠定了基石。

相比世俗权力，中世纪教会力量的优势在于：掌握整个社会所必需的基督教义的诠释权；掌控覆盖整个四部欧洲的教会分支（有的大城市有数日教室，教室是救乡生活的中心）和修道院所；可提供普世性宗教服务和爱意关怀；是践行基督教义的典范（此即道德优势），比如在节制物欲和性欲方面；拥有对基督徒参与教会生活的决定权，例如，绝罚（即逐出教会，革除教徒教籍，属于非常严厉的惩罚）就是教会曾经悬在世俗君王头上的利剑，世俗君王多次屈从教会的绝罚威胁；拥有一支庞大而代不乏人的优秀理论队伍，掌握着文化的前进方向。中世纪天主教为提升教义，曾有“魔鬼代言人”制度，即鼓励在经院内对教义进行正反方论辩。倘若反方无人，就力所能及地安排最优秀的理论家代表反方，代表反方的理论家被称为魔鬼代言人。

此外，相比世俗权力，中世纪天主教还有更大的优势。此即可从《圣经》中找到教权高于世俗权力的依据，亦即耶稣所言：“我要把我的教会建造在这磐石上，阴间的权柄不能胜过他。”①并告诉彼得（被奉为首任教皇）：“我要把天国的钥匙给你，凡你在地上所捆绑的，在天上也要捆绑；凡你在地上释放的，在天上也要释放”②耶稣之言属于神性告谕，对世俗权力有较大威慑。奥古斯丁、阿奎那等基督教经典作家的理论思想也具有神性，也将世俗权力置于教会权力之下。

相比教会力量，世俗权力的最大优势在于掌握着暴力机器，尤其是军队。他们也曾尝试在理论上挑战教会权威，但实践层面和暴力层面的挑战远比理论上的挑战更为成功。教会缺乏可直接抗衡世俗力量的暴力机器（但常借力打力），但掌握了基督徒视之为命的精神食粮（还掌控大量物质财富，并一度掌握西欧 1/3 以上的地产），并靠其缔造了面积大于中世纪西欧任何世俗国家的神权共和国。阿维尼翁之囚和卡诺莎之辱是教俗之争的典型案例。在前者，教权屈从于君权；在后者，君王则在教皇面前悔改。可以

---

① 《圣经·新约·马太福音》16:18。

② 《圣经·新约·马太福音》16:19。

说教权与君权在权力之争上互有胜负，一方面，君王需要教皇或教皇代表为自己加冕，从而获得全社会认可，并在宗教生活方面接受教会领导；另一方面，也有的教皇并不是由红衣主教等选任，而是由世俗皇帝确立。

总的来看，中世纪中后期的现实是教权长期高于君权，这表现在政治、经济与信仰生活等诸多方面。中世纪君王离婚尚需教皇批准。英王亨利二世（英国宪政奠基人之一，被奉为英国乃至欧洲法律之父）晚年与妻子隔阂较大，曾秘密请求教皇准予离婚，得不到批准以致郁郁而终。英王亨利八世因无儿子，想离婚另娶，未被教皇批准，转而与教皇反目。本来积极协助天主教打压新教，转而大力推进宗教改革，成为继路德、加尔文之后，又一重要的新教领袖。

基督教通过教权和法律将以君权为核心的世俗权力关进了笼子，实现了对人权与自由的初步呵护。世俗力量也曾多次成功纠正教权的过误与腐败，由此，教权也一定程度上被关进了笼子。

（四）节欲伦理执行力较高

梁启超曾说，言仁政者只能论其应如是，无术使之必如是。[①] 此言道出应然与实然、文本规范与现实行为之间的差距问题。执行力是伦理规范的生命所在，是应然与实然的桥梁，激励机制则是执行力的核心要件。如果缺乏有效激励，再美妙的伦理规范也会被束之高阁。有效的激励机制对任何宗教伦理的落实执行都至为关键。激励既可以是世俗的，也可以是超世俗的，抑或兼而有之。本部分从经典文献的权威性、经典文献语言的简易性、现实中宗教力量的以身垂范、是否存在具有"完全信息、无限期重复博弈和公正的奖惩"特点的约束机制等方面分析基督教节欲伦理的执行力。

经典文献的语言是否简明、内容是否具体，关乎教徒能否高质量地掌握节欲知识和信息，也是判断节欲伦理执行力的要素。《圣经》是基督教核心经典，其语言简明易懂，可为普通人所领会，只要识字就能看懂（字面意义），只要不聋就易听懂，且内容具体。《上帝之城》等经典也具有相似特点。这便于节欲伦理的信息充分传递到平教徒，有利于其落实执行，也有利于平教徒监督上层精英的节欲状况，减少了教会力量通过垄断教义寻租的空间。天主教会一度垄断教义宣讲，平教徒须到少数场合才能读到《圣经》，大部分教徒失去了直接亲近《圣经》并直接获取其中节欲知识信息的机会。新教改

① 参见梁启超：《梁启超文集》，线装书局 2009 年版，第 142 页。

革扭转了这一局面。路德主张每个教徒都是祭司（即人神之间无需教会作中介），都可得到一本《圣经》，都可读讲《圣经》。路德还将圣经译为德文，满足了德国人的精神需求。

经典文献权威性高，其应然层面激励措施的可信性也高，其伦理规范的执行力就高。由于《圣经》具有至高权威，为基督徒所笃信，所以基督教也被称为“一本书的宗教”。《旧约》主要是神的律法，《新约》则主要是神的救恩。历史上，无论是教俗之争中的世俗权威，还是宗教改革后数以百计的新教流派，它们都挑战了教皇和教廷权威，但却从未挑战神权和《圣经》的权威性。甚至被天主教定性为异端的（新教之外的）诸多派别也是如此。由基督教经典文献可知，在应然规范层面上，不遵守教规教义的教徒总要受严厉惩罚；而严格践行教规教义者总要得优厚奖励，节欲伦理则正是教规教义的重要组成部分。据《圣经》可知，未严格按照应然标准践履教规教义者所受惩罚包括：受疾病折磨、被杀死、入地狱受永刑、被野兽吃掉、亲属与代际受刑（尽管上帝要求教徒不可因父杀子、因子杀父，但他自己声称要追究违规者自父及子，直到三、四代）等，且言辞灼灼。每有重要教规教义，总附以此类戒语。同时，严格践行教规教义者所得奖励也相当丰厚，包括富庶的土地、远离疾病、享永福等。《圣经》的权威性保障了这些应然层面的激励措施的可信性，有助于保障节欲伦理的执行力。

此外，基督教信仰使教徒的行为具有双重交易和双重博弈性质：一是世俗交易和博弈，二是与上帝的交易和博弈。所获得的激励也是双重的：一是世俗社会的回报，二是上帝的奖赏。基督教尤其强调来自上帝的酬赏，世俗社会的回报在基督徒效用函数中不占重要地位。上帝的酬赏又包括两方面：一是可在世间得到的，二是可在天国得到的。其中，基督教又强化了可在天国得到的酬赏，亦即没有任何疾病和痛苦的永福。永福是基督徒心中最重要的激励。然则天国的激励是远期的肉身死后的激励，对众多教徒来说是超验的，是今生不可直接经验证明的，这意味着会降低教规教义的执行力。基督教对此采取了弥补措施：一是提供圣徒体验上帝和天国生活的描述，二是宣扬耶稣、保罗许多知名教父以及平教徒等的殉道精神等。尤其后者具有强大影响力，它是许多教徒亲身经历过的，甚至许多异教徒目睹殉道场景后选择了皈依基督教。在他们看来，若无上帝和天国永福，就无法解释耶稣被钉十字架时，还要为害他的人祝福；就无法解释诸多知名教父、平教徒等，面对诸如只要鞠个躬或声言不再信基督教这么容易的求生条件，却毅然选择了痛苦的死亡。基督教经典作家耶稣、保罗、彼得、奥古斯丁等人以身垂范，严格践行基督教义并且不惜为此殉道，这是基督教发展壮大的原因之一，并铸就了平教徒的坚定信仰，也提高了节欲伦理规范的执行力。

上帝存在和灵魂不死是基督徒的两个基本信仰。这两个信仰将基督徒的节欲行为置于“完全信息”“无限期重复博弈”和“公正的奖惩”三个约束条件之下(据博弈论，这三个条件可确保规范得到落实。同于此理，康德认为，道德行为要真正落实必须具备两个前提：一是上帝存在，二是灵魂不死)。灵魂不死使教徒的节欲行为具有无限期重复博弈的特点，上帝对其每一期行为总握有修正机会。上帝的全能全知说明他能掌握教徒的完全信息，教徒深信上帝可获得关于他们节欲行为的所有信息。上帝满怀仁慈并绝对公正，断不以义者为不义、以不义者为义，义人将获得丰厚收益，进入天国享永福，践行节欲则是称义的要件之一。无论以前践行过多少节欲行为，如果当下不践行，将来都可能面临地狱的永罚。践行节欲的边际收益永远大于零，且远远大于零。这三个约束条件降低了基督徒践行节欲的机会成本，有助于保障节欲伦理的执行力。

(五)助益慈善事业和公共服务发展

救济贫弱是基督教重要教义，践行慈善是中世纪基督教社会任何有条件的个人和组织的宗教义务。施舍和禁食普适于所有基督徒，高层教职人员和世俗君王也不例外。基督教主张一夫一妻制和婚内节欲。对君王而言，这杜绝了嫔妃现象(个别有姘头，但广受谴责)，也大大减少了子女数量，进而减少了宫廷消费。同理，基督徒贵族与官吏的家庭消费也较低。此外，相比传统儒教社会，基督教社会的丧葬更节省了巨额财富。即便基督徒皇帝去世，也不埋随葬品(但常在墓穴上方有真人大小的自身雕像。据基督教义，埋随葬品非但无益，反而有害)，而且占地很少，大多占地不超 10 平方米，有的一个家庭仅占 20 平方米左右。传统儒教社会则丧葬耗费惊人，一座帝王陵就是一座宝库，有的帝王陵费尽国家几十年总税收的 1/3 以上(如汉武帝茂陵)。传统儒教社会其他人的丧葬耗费程度有异，但难改厚葬本质，上层群体的丧葬尤以奢侈浪费和民不聊生为代价。基督教社会的施舍、禁食、节制性欲和薄葬有助于节省财富用于救济贫弱。由于践行慈善不局限于奉献实物的施舍和捐赠，以“爱人如己”为指南的纯劳动服务也是慈善的一部分(如当前义工的志愿服务)，所以任何组织和有行为能力的人都有机会成为慈善的行为主体。

中世纪教会与修道院拥有大量物质财富，尤其一度拥有天主教地区 1/3 以上的土地。土地主要来源于世俗捐赠。此外，教会与修道院也组织了大量垦荒和生产。由于教会力量和修道人员属于高度禁欲群体，并理应是全社会的道德典范，且不可将财产转赠或遗传给亲属，所以教会掌握了可用于救济贫弱和提供公共服务的优厚物质基础。教会建立了大量慈善机构和其他免费公共服务机构，如养老院、救济院、育婴堂、图书馆等；还常为过往商人提供免费食宿，在实践层面彰显了爱和人文关怀，也奠定了现代慈善制度的基石（西方有提供免费公共服务的古老传统，但中世纪之前的古罗马城主要有免费浴室、剧场和面包房等）。

据历史资料，中世纪西方的经济发展远远落后于传统中国，但其并未发生易子相食等重大饥荒下的悲剧事件，而这种事件却在传统中国常常发生。重要原因之一是，中世纪基督教社会普世性的捐赠、施舍、禁食和教会慈善事业有助于将大量资源用于救济贫弱。这也印证诺贝尔经济学奖得主阿玛蒂亚·森所言（基于大量实证资料）：重大饥荒灾难不是因为食物短缺，其最根本的原因是食物的不合理分配。

此外，基督教节欲伦理具有男女平等思想，有助于保护失身受辱的女性，并对确立现代社会一夫一妻制的婚姻制度有重要影响。

四、结论与讨论

一方面，人类不可能根除也不应根除物欲、性欲和统治欲。假如没有物欲和性欲，人类社会很快就会灭绝；没有政府权力主导的社会也会陷于混乱和失范状态。另一方面，古往今来，人类矛盾和冲突又多因物欲、性欲和统治欲而生。在当代中国，无论个人层面，还是社会组织层面，各色罪误也多可用物欲、性欲和统治欲作出有力解读，腐败问题尤可佐证此论。腐败多为物欲、性欲和统治欲的失节并发症，至少是在“三欲”之一存在突出问题。如何节制物欲、性欲和统治欲，并让其造福社会，是人类永久面临的重大课题。基督教节欲伦理及其践行历史则可为今天的社会发展提供有益启示。

在物欲方面，基督教主张施舍、禁食和捐赠，力戒奢侈。在性欲方面，基督教主张独身、婚前童贞、婚内禁欲，严禁非生育目的性生活和非婚性生活，淫乱之行更受严惩。在统治欲方面，基督教主张用神权、教权和法律规约世俗统治。在传统基督教社会，宗教力量是践行节欲的典范，世俗权力同臣民一样要持守施舍、禁食和一夫一妻制等伦理规范。基督教强调神权和教权高于世俗权力，并主张以神法、自然法和人法规约权力，在中世纪时已初步将世俗权力关进笼子，实现了对人权与自由的初步呵护。基督教节约伦理有助于救济贫弱，保护失身受辱妇女，对现代慈善制度和婚姻制度也有积极影响。但基督教的最大特色是建构了保障节欲伦理执行力的有力机制，该机制包括经典文献的权威性、教义的合理性、经典作家的以身垂范、应然激励的可信性等因素。当然，不可否认，基督教节欲伦理也存在问题，即一定程度上限制了尘世生活的幸福，尤其限制了性福。

相比中世纪基督教社会，现代社会对物欲和性欲的节制普遍宽松化，但对统治欲的规约普遍收紧(宗教节欲伦理、自由、民主、宪政等共同承担了此项重任)。借鉴基督教的节欲智慧，为当前社会各个阶层确立合理的欲望空间，杜绝奢侈并救济贫弱，以法律和伦理道德有力地规约权力，为节制欲望构建具有"完全信息、无限期重复博弈和公正的奖惩"特点的约束机制，是化解有限之物与无限之欲冲突的可选路径，有助于社会和谐。

本文原载于《世界宗教研究》2014年第1期，2014年12月获全国行政学院第三届优秀科研成果三等奖

中国共产党与中华民族伟大复兴

孙占元

实现中华民族伟大复兴，是中华民族近代以来最伟大的梦想。中国共产党始终以中华民族伟大复兴为己任，团结带领全国各族人民经过 90 多年艰苦奋斗，把贫穷落后的旧中国变成日益走向繁荣富强的新中国，中华民族伟大复兴展现出光明前景。中国共产党承担着在新世纪实现推进现代化建设、完成祖国统一、维护世界和平与促进共同发展三大历史任务，努力推进中华民族伟大复兴。实现中华民族伟大复兴的中国梦，必须增强在中国特色社会主义道路上实现中华民族伟大复兴的使命感和责任感。

一、中国共产党始终以中华民族伟大复兴为己任

实现中华民族复兴的任务，是由中国历史的发展进程提出来的。中国作为拥有 5000 年悠久历史的东方古国，曾长期走在世界的前列，中华民族创造的古代文明对人类社会作出了巨大的贡献。但中国在 19 世纪 40 年代步入近代社会之后，却备受西方列强的侵扰，国势衰弱。外国资本主义不断侵略中国，给中华民族带来了沉重的灾难。清朝统治者却在闭关心态和锁国政策的驱使下，昧于世界大势的变化，饱尝落后挨打的苦果。然而，中华民族并没有屈服，而是通过前仆后继的抗争，走上了民族复兴的道路。无数仁人志士"以爱国相砥砺，以救亡为己任"，拯救民族于危难。孙中山鉴于"方今强邻环列，虎视鹰瞵"的状况，提出"振兴中华"的口号。从鸦片战争、太平天国、甲午战争、戊戌变法、义和团运动到辛亥革命，中国人民进行的种种斗争都起到了积极的作用，但各种救国的方案都未能成功。实现民族复

兴的使命，历史地落到了中国共产党的身上。

诞生于20世纪20年代初国家衰弱、民族危亡之际的中国共产党，从创立之初就以中华民族的复兴为己任。党的一大和二大先后提出党的最高纲领和最低纲领，表明中国共产党在民主革命时期既以实现共产主义为最终目的，又必须在中国半殖民地半封建社会的境况中为“消除内乱，打倒军阀，建设国内和平；推翻国际帝国主义的压迫，达到中华民族完全独立”[①]而奋斗。北伐战争时期，中国共产党在《中国共产党对于时局的主张》中指出，“必须力争整个的民族解放，推翻本国军阀及世界帝国主义，才有出路”[②]。1935年12月，瓦窑堡会议通过的《中央关于目前政治形势与党的任务决议》强调，必须使党成为“中国无产阶级的先锋队”，同时“成为全民族的先锋队”，进而“把土地革命与民族革命结合起来，把国内战争与民族战争结合起来”。[③] 抗日战争时期，面对空前的民族危机，毛泽东发出了“我们中华民族有同自己的敌人血战到底的气概，有在自力更生的基础上光复旧物的决心，有自立于世界民族之林的能力”[④]的呼声。经过北伐战争、土地革命战争、抗日战争和解放战争，中国共产党领导中国人民和中华民族赢得了近代民族民主革命的胜利，实现了民族独立和人民解放。新中国的建立，标志着“占人类总数四分之一的中国人从此站立起来了”[⑤]，结束了中国近代以来长达100多年的半殖民地半封建社会的历史，为中华民族伟大复兴创造了前提。

新中国成立后，中国共产党就如何实现由新民主主义向社会主义的转变进行了探索。1953年，我们党制定了“逐步实现国家的社会主义工业化，并逐步实现国家对农业、对手工业和对私营工商业的社会主义改造”[⑥]的过渡时期总路线，创造性地开辟了一条适合中国特点的社会主义改造道路，目的是有利于社会生产力的迅速发展，满足人民日益增长的需要，提高人民的生活水平，确有把握地增强国防力量，反对帝国主义的侵略，巩固人民政权，把中国建设成为一个伟大的社会主义国家。经过3年的努力，社会主义改

① 中共中央文献研究室、中央档案馆编：《建党以来重要文献选编（一九二一——一九四九）》第1册，中央文献出版社2011年版，第133页。

② 《中共中央文件选集》第2册，中共中央党校出版社1989年版，第146页。

③ 《中共中央文件选集》第10册，中共中央党校出版社1991年版，第599、622页。

④ 《毛泽东选集》第1卷，人民出版社1991年版，第161页。

⑤ 《毛泽东文集》第5卷，中央文献出版社1996年版，第343页。

⑥ 中共中央文献研究室编：《建国以来重要文献选编》第4册，中央文献出版社1993年版，第495页。

造的任务基本完成,社会主义制度在我国建立起来。1956年8月,毛泽东在党的八大预备会议第一次会议上的讲话中指出:“我们团结党内外、国内外一切可以团结的力量,目的是为了什么呢?是为了建设一个伟大的社会主义国家。”“将完全改变过去一百多年落后的那种情况,被人家看不起的那种情况,倒霉的那种情况,而且会赶上世界上最强大的资本主义国家,就是美国……这是一种责任。”“如果不是这样,那我们中华民族就对不起全世界各民族,我们对人类的贡献就不大。”[①]党的八大之后,党带领人民进行大规模的社会主义建设,积累了一些重要经验,为实现中华民族复兴打下了坚实基础,但也出现过“大跃进”等失误和“文化大革命”的严重错误。我们党对社会主义道路的探索在曲折中前进,民族复兴任重道远。

党的十一届三中全会确立了“把全党工作的着重点和全国人民的注意力转移到社会主义现代化建设上来”[②]的政治路线,开启了改革开放的新时期。中国共产党团结带领全国各族人民在邓小平提出的“走自己的道路,建设有中国特色的社会主义”的历史进程中,奋力推进中华民族伟大复兴。党的十三大在系统阐述社会主义初级阶段理论时提出了“实现中华民族伟大复兴”的概念,认为我国从20世纪50年代生产资料私有制的社会主义改造基本完成,到社会主义现代化的基本实现,至少需要上百年时间,都属于社会主义初级阶段,这个阶段“是全民奋起,艰苦创业,实现中华民族伟大复兴的阶段”[③]。同时,对党在社会主义初级阶段的基本路线作出概括,强调“为把我国建设成为富强、民主、文明的社会主义现代化国家而奋斗”[④]。党的十五大提出了建设有中国特色社会主义经济、政治、文化的基本纲领,并进一步指出:“社会主义初级阶段,是逐步摆脱不发达状态,基本实现社会主义现代化的历史阶段……是逐步缩小同世界先进水平的差距,在社会主义基础上实现中华民族伟大复兴的历史阶段。”[⑤]党的十六大郑重地把在中国特色社会主义道路上实现中华民族的伟大复兴,作为“历史和时代赋予我们党的庄严使命”提交到全党面前。江泽民指出:“中国共产党深深扎根于中华民

---

① 《毛泽东文集》第7卷,人民出版社1999年版,第88~89页。

② 中共中央文献研究室编:《十一届三中全会以来党的历次全国代表大会中央全会重要文件选编》(上),中央文献出版社1997年版,第20页。

③ 中共中央文献研究室编:《十三大以来重要文献选编》(上),人民出版社1991年版,第13页。

④ 中共中央文献研究室编:《十三大以来重要文献选编》(上),人民出版社1991年版,第15页。

⑤ 中共中央文献研究室编:《十五大以来重要文献选编》(上),人民出版社2000年版,第15~16页。

族之中。党从成立那一天起，就是中国工人阶级的先锋队，同时是中国人民和中华民族的先锋队，肩负着实现中华民族伟大复兴的庄严使命。”[①]党的十七大对改革开放以来我们取得一切成绩和进步的根本原因作出的归结就是：开辟了中国特色社会主义道路，形成了中国特色社会主义理论体系。胡锦涛指出：“社会主义和马克思主义在中国大地上焕发出勃勃生机，给人民带来更多福祉，使中华民族大踏步赶上时代前进潮流、迎来伟大复兴的光明前景。”[②]党的十八大进一步阐明：“在中国特色社会主义道路上实现中华民族伟大复兴，寄托着无数仁人志士、革命先烈的理想和夙愿。在长期艰苦卓绝的奋斗中，我们党紧紧依靠人民，付出了最大牺牲，书写了感天动地的壮丽史诗，不可逆转地结束了近代以后中国内忧外患、积贫积弱的悲惨命运，不可逆转地开启了中华民族不断发展壮大、走向伟大复兴的历史进军，使具有五千多年文明历史的中华民族以崭新的姿态屹立于世界民族之林。”[③]十八大召开之后，习近平在参观《复兴之路》展览时对“实现中华民族伟大复兴，就是中华民族近代以来最伟大的梦想”作出新的阐述。他说：“这个梦想，凝聚了几代中国人的夙愿，体现了中华民族和中国人民的整体利益，是每一个中华儿女的共同期盼。历史告诉我们，每个人的前途命运都与国家和民族的前途命运紧密相连。国家好、民族好，大家才会好……我们这一代共产党人一定要承前启后、继往开来，把我们的党建设好，团结全体中华儿女把我们国家建设好，把我们民族发展好，继续朝着中华民族伟大复兴的目标奋勇前进。”[④]这就把党的使命、国家的前途、民族的振兴同每个人的理想和追求紧密地连结在一起，实现中华民族伟大复兴的中国梦成为时代的强音。

二、新世纪的三大任务与中华民族伟大复兴

党的十六大立足于新世纪，把“实现推进现代化建设、完成祖国统一、维

① 中共中央文献研究室编：《十六大以来重要文献选编》(上)，中央文献出版社 2005 年版，第 43 页。

② 中共中央文献研究室编：《十七大以来重要文献选编》(上)，中央文献出版社 2009 年版，第 8 页。

③ 胡锦涛：《坚定不移沿着中国特色社会主义道路前进　为全面建成小康社会而奋斗——在中国共产党第十八次全国代表会上的报告》，人民出版社 2012 年版，第 56 页。

④ 中共中央文献研究室编：《十八大以来重要文献选编》(上)，中央文献出版社 2014 年版，第 84 页。

护世界和平与促进共同发展这三大历史任务”[①]与在中国特色社会主义道路上实现中华民族伟大复兴的使命联系起来。党的十七大着眼于回顾与展望,指出:“抚今追昔,我们深感肩负的使命神圣而光荣。展望未来,我们对实现推进现代化建设、完成祖国统一、维护世界和平与促进共同发展这三大历史任务充满信心。”[②]党的十八大站在新的高度进一步强调:“在新的征程上,我们的责任更大、担子更重,必须以更加坚定的信念、更加顽强的努力,继续实现推进现代化建设、完成祖国统一、维护世界和平与促进共同发展这三大历史任务。”[③]从“实现推进”到“充满信心”再到“两个更加”,表达了中国共产党在新世纪里完成三大历史任务的豪情壮志。

邓小平提出了实现社会主义基本现代化“三步走”发展战略。他强调:“党的十一届三中全会以后,我们集中力量搞四个现代化,着眼于振兴中华民族。”[④]到党的十五大召开之际,正是面向新世纪之时,以江泽民同志为核心的党中央领导集体牢记邓小平的嘱托,对第三步战略目标作出了新的部署,这就是党的十五大提出的分三个阶段展开和实施的发展目标。进入21世纪,我们党依靠人民实现了前两步走的战略目标。2001年,我国国内生产总值达到95933亿元,经济总量居世界第六位,人民生活总体上实现了由温饱到小康的历史性跨越。党的十六大对胜利实现现代化“三步走”战略的第一步、第二步目标,人民生活总体上达到小康水平作了充分肯定,又根据十五大提出的到2010年、建党一百年和新中国成立一百年的发展目标,提出在21世纪头20年全面建设小康社会的奋斗目标,指出“全面建设小康社会,加快推进社会主义现代化,使社会主义中国发展和富强起来,为人类进步事业作出更大贡献,这是我们党必须勇敢担负起来的历史任务”[⑤],强调“经过这个阶段的建设,再继续奋斗几十年,到本世纪中叶基本实现现代化,

---

① 中共中央文献研究室编:《十六大以来重要文献选编》(上),中央文献出版社2005年版,第2页。

② 中共中央文献研究室编:《十七大以来重要文献选编》(上),中央文献出版社2009年版,第43页。

③ 中共中央文献研究室编:《十八大以来重要文献选编》(上),中央文献出版社2014年版,第44页。

④ 《邓小平文选》第3卷,人民出版社1993年版,第357页。

⑤ 中共中央文献研究室编:《十六大以来重要文献选编》(上),中央文献出版社2009年版,第43页。

把我国建成富强民主文明的社会主义国家”①。党的十七大认为，必须适应国内外形势的新变化，顺应各族人民过上更好生活的新期待，“夺取全面建设小康社会新胜利”。经过30多年的改革开放和社会主义现代化发展，2010年我国国内生产总值达到397983亿元，经济总量居世界第二位。正是在这个基础上，党的十八大提出了确保到2020年实现全面建成小康社会宏伟目标，其中明确提出实现国内生产总值和城乡居民人均收入比2010年翻一番。对于我们党在21世纪前50年的奋斗目标，十八大报告指出：“只要我们胸怀理想、坚定信念，不动摇、不懈怠、不折腾，顽强奋斗、艰苦奋斗、不懈奋斗，就一定能在中国共产党成立一百年时全面建成小康社会，就一定能在新中国成立一百年时建成富强民主文明和谐的社会主义现代化国家。”②实现推进社会主义现代化的“两个一百年”目标，是中华民族实现伟大复兴的一个最基本的标志。

在实现中华民族伟大复兴进程中完成祖国统一大业，是中华民族的根本利益所在。中国共产党坚持“和平统一、一国两制”的方针，积极促进祖国统一大业的完成。香港、澳门先后于1997年7月1日和1999年12月20日回归祖国，是中国共产党对中华民族的历史性贡献。进入新世纪，中国共产党积极推进祖国和平统一的进程，为最终解决台湾问题不断创造新的条件。江泽民指出：“实现祖国的完全统一，是海内外中华儿女的共同心愿。我们成功解决了香港问题和澳门问题，正在为早日解决台湾问题、完成祖国统一大业而继续奋斗。”③2008年12月，胡锦涛在纪念《告台湾同胞书》发表30周年座谈会上的讲话中提出要牢牢把握两岸和平发展的主题，并强调：“台湾的前途系于两岸关系和平发展，系于中华民族伟大复兴。在推动两岸关系和平发展、实现中华民族伟大复兴的道路上，台湾同胞将同大陆同胞一道，共享一个伟大国家的尊严和荣耀，以做堂堂正正的中国人而骄傲和自豪。”④党的十八大报告进一步指出：“全体中华儿女携手努力，就一定能在同心实

① 中共中央文献研究室编：《十六大以来重要文献选编》(上)，中央文献出版社2009年版，第15页。

② 胡锦涛：《坚定不移沿着中国特色社会主义道路前进　为全面建成小康社会而奋斗——在中国共产党第十八次全国代表大会上的报告》，人民出版社2012年版，第16页。

③ 中共中央文献研究室编：《十六大以来重要文献选编》(上)，中央文献出版社2005年版，第33～34页。

④ 中共中央文献研究室编：《十七大以来重要文献选编》(上)，中央文献出版社2009年版，第847页。

现中华民族伟大复兴进程中完成祖国统一大业。”[①]2013 年 2 月 25 日，习近平在北京会见连战一行时强调：“我们有充分信心继续坚定不移推动两岸关系和平发展，有充分信心克服各种困难开辟两岸关系新前景，有充分信心同台湾同胞携手迎接中华民族伟大复兴。”[②]

当今世界，和平与发展仍是时代的主题。党的十六大报告指出：“维护和平，促进发展，事关各国人民的福祉，是各国人民的共同愿望，也是不可阻挡的历史潮流。”[③]党的十七大报告对中国将始终不渝走和平发展道路作了深刻阐述：“这是中国政府和人民根据时代发展潮流和自身根本利益作出的战略抉择。中华民族是热爱和平的民族，中国始终是维护世界和平的坚定力量。我们坚持把中国人民的利益同各国人民的共同利益结合起来，秉持公道，伸张正义。我们坚持国家不分大小、强弱、贫富一律平等，尊重各国人民自主选择发展道路的权利，不干涉别国内部事务，不把自己的意志强加于人……中国反对各种形式的霸权主义和强权政治，永远不称霸，永远不搞扩张。”[④]党的十八大报告指出：“人类只有一个地球，各国共处一个世界。历史昭示我们，弱肉强食不是人类共存之道，穷兵黩武无法带来美好世界。要和平不要战争，要发展不要贫穷，要合作不要对抗，推动建设持久和平、共同繁荣的和谐世界，是各国人民共同愿望。”[⑤]为此，“中国将继续高举和平、发展、合作、共赢的旗帜，坚定不移致力于维护世界和平、促进共同发展。中国将始终不渝走和平发展道路，坚定奉行独立自主的和平外交政策”[⑥]。在中共十八大胜利闭幕后不久，习近平就邀请在华工作的外国专家代表参加座谈会，他在听取专家们的发言后说：“中国走的是和平发展道路，中国的发展不是自私自利、损人利己、我赢你输的发展，对他国、对世界决不是挑战和威胁。中国决不会称霸，决不搞扩张。中国越发展，对世界和平与发展就越有

① 胡锦涛：《坚定不移沿着中国特色社会主义道路前进　为全面建成小康社会而奋斗——在中国共产党第十八次全国代表大会上的报告》，人民出版社 2012 年版，第 46 页。

② 孙立极：《习近平总书记会见连战一行》，《人民日报》2013 年 2 月 26 日。

③ 中共中央文献研究室编：《十六大以来重要文献选编》（上），中央文献出版社 2005 年版，第 35 页。

④ 中共中央文献研究室编：《十七大以来重要文献选编》（上），中央文献出版社 2009 年版，第 36～37 页。

⑤ 胡锦涛：《坚定不移沿着中国特色社会主义道路前进　为全面建成小康社会而奋斗——在中国共产党第十八次全国代表大会上的报告》，人民出版社 2012 年版，第 46～47 页。

⑥ 胡锦涛：《坚定不移沿着中国特色社会主义道路前进　为全面建成小康社会而奋斗——在中国共产党第十八次全国代表大会上的报告》，人民出版社 2012 年版，第 47 页。

利。中国不仅是合作共赢的积极倡导者,更是合作共赢的切实践行者。"[①]习近平在主持中共中央政治局第三次集体学习时进一步阐明:"中华民族是爱好和平的民族。消除战争,实现和平,是近代以后中国人民最迫切、最深厚的愿望。走和平发展道路,是中华民族优秀文化传统的传承和发展,也是中国人民从近代以后苦难遭遇中得出的必然结论。"[②]

三、继续朝着实现中华民族伟大复兴的目标前进

中国共产党肩负着中华民族伟大复兴的历史使命,职责光荣而任务繁重,道路广阔而充满挑战。实现中华民族伟大复兴的中国梦,必须增强党在中国特色社会主义道路上实现中华民族伟大复兴的使命感和责任感,继续朝着中华民族伟大复兴的目标前进。

第一,坚持中国特色社会主义道路自信、理论自信、制度自信,是在中国特色社会主义道路上实现民族伟大复兴的根本所在。坚持和发展中国特色社会主义,是贯穿十八大报告的一条主线。十八大报告指出:"回首近代以来中国波澜壮阔的历史,展望中华民族充满希望的未来,我们得出一个坚定的结论:全面建成小康社会,加快推进社会主义现代化,实现中华民族伟大复兴,必须坚定不移走中国特色社会主义道路。道路关乎党的命脉,关乎国家前途、民族命运、人民幸福。在中国这样一个经济文化十分落后的国家探索民族复兴道路,是极为艰巨的任务。九十多年来,我们党紧紧依靠人民,把马克思主义基本原理同中国实际和时代特征结合起来,独立自主走自己的路,历经千辛万苦,付出各种代价,取得革命建设改革伟大胜利,开创和发展了中国特色社会主义,从根本上改变了中国人民和中华民族的前途命运。"[③]这就把"中国特色社会主义道路""民族复兴道路"与"开创和发展了中国特色社会主义"有机地贯通起来。习近平同志在参观《复兴之路》展览时进一步强调,我们"找到了实现中华民族伟大复兴的正确道路,取得了举世瞩目的成果。这条道路就是中国特色社会主义……全党同志必须牢记,道

---

① 吴绮敏:《中国是合作共赢倡导者践行者》,《人民日报》2012年12月6日。

② 习近平:《更好统筹国内国际两个大局　夯实走和平发展道路的基础》,《人民日报》2013年1月30日。

③ 胡锦涛:《坚定不移沿着中国特色社会主义道路前进　为全面建成小康社会而奋斗——在中国共产党第十八次全国代表大会上的报告》,人民出版社2012年版,第10页。

路决定命运，找到一条正确的道路多么不容易，我们必须坚定不移走下去”①。他在新进中央委员会的委员、候补委员学习贯彻党的十八大精神研讨班的讲话中指出：“道路问题是关系党的事业兴衰成败第一位的问题，道路就是党的生命。中国特色社会主义，是科学社会主义理论逻辑和中国社会发展历史逻辑的辩证统一，是根植于中国大地、反映中国人民意愿、适应中国和时代发展进步要求的科学社会主义，是全面建成小康社会、加快推进社会主义现代化、实现中华民族伟大复兴的必由之路。”②因此可以说，在中国特色社会主义道路上实现中华民族伟大复兴，就必须坚定中国特色社会主义的道路自信、理论自信、制度自信。

第二，坚持中国特色社会主义经济建设、政治建设、文化建设、社会建设和生态文明建设的全面发展，是在中国特色社会主义道路上实现民族伟大复兴的内在要求。推进中华民族伟大复兴，一要坚持以经济建设为中心。以经济建设为中心是兴国之要，是我们党、我们国家兴旺发达、长治久安的根本要求。发展仍是解决我国所有问题的关键，只有牢牢坚持发展是硬道理的战略思想，推动经济持续健康发展，才能筑牢国家繁荣富强、人民幸福安康、社会和谐稳定的物质基础，才能筑牢中华民族伟大复兴的强大物质基础。二要坚持走中国特色社会主义政治发展道路。这条道路是党带领人民通过长期实践找到的正确道路，有利于发挥社会主义制度的特点和优势，发展人民民主、维护国家统一、促进民族团结、实现公平正义，是实现中华民族伟大复兴的必然要求。三要大力弘扬民族精神和时代精神。一个民族、一个国家，如果没有自己的精神支柱，就等于没有灵魂，就会失去凝聚力和生命力。民族精神和时代精神是一个民族赖以生存和发展的强大支撑，要大力弘扬以爱国主义为核心的民族精神和以改革创新为核心的时代精神，不断增强全民族的自尊心、自信心、自豪感，不断增强全社会的进取精神、开拓勇气、创新能力，激励全国各族人民为实现中华民族的伟大复兴而团结奋斗。四要更加关注民生。提高人民物质文化生活水平，是改革开放和社会主义现代化建设的根本目的。要多谋民生之利，多解民生之忧，解决好人民最关心、最直接、最现实的利益问题，在学有所教、劳有所得、病有所医、老有

① 张烁：《习近平在参观〈复兴之路〉展览时强调　承前启后　继往开来　继续朝着中华民族伟大复兴目标奋勇前进》，《人民日报》2012年11月30日。

② 李章军：《毫不动摇坚持和发展中国特色社会主义　在实践中不断有所发现有所创造有所前进》，《人民日报》2013年1月6日。

所养、住有所居上持续取得新进展，努力让人民过上更好生活。五要通过生态文明建设实现中华民族的永续发展。建设生态文明，是关系人民福祉、关乎民族未来的长远大计。“把生态文明建设放在突出地位，融入经济建设、政治建设、文化建设、社会建设各方面和全过程，努力建设美丽中国，实现中华民族永续发展。”①

第三，实现中华民族的伟大复兴，要始终保持“实干兴邦”的务实精神与工作作风。习近平总书记指出：“实现中华民族伟大复兴是一项光荣而艰巨的事业，需要一代又一代中国人共同为之努力。空谈误国，实干兴邦。”②他谆谆告诫全党，流于空谈只会误国，只有实干才能兴邦。他提醒全党同志必须牢记，要把中国梦变为现实，还有很长的路要走，需要我们付出长期艰苦的努力。他还指出：“永远要有逢山开路、遇河架桥的精神，锐意进取，大胆探索，敢于和善于分析回答现实生活中和群众思想上迫切需要解决的问题，不断深化改革开放，不断有所发现、有所创造、有所前进，不断推进理论创新、实践创新、制度创新。”③在中央党校建校 80 周年庆祝大会暨 2013 年春季学期开学典礼上的讲话中，习近平总书记对学习与实干的关系作了鞭辟入里的阐发：“领导干部加强学习，根本目的是增强工作本领、提高解决实际问题的水平。‘空谈误国，实干兴邦’，说的就是反对学习和工作中的‘空对空’。战国赵括‘纸上谈兵’、两晋学士‘虚谈废务’的历史教训大家都要引为鉴戒。”④他强调：“领导干部要发扬理论联系实际的马克思主义学风，带着问题学，拜人民为师，做到干中学、学中干，学以致用、用以促学、学用相长，千万不能夸夸其谈、陷于‘客里空’……中国共产党人依靠学习走到今天，也必然要依靠学习走向未来。”⑤因此实现深化改革的目标，实现两个一百年的目标，实现中华民族伟大复兴的中国梦，都需要以奋发有为、务实拼搏的实干精神去奋斗。

---

① 胡锦涛：《坚定不移沿着中国特色社会主义道路前进　为全面建成小康社会而奋斗——在中国共产党第十八次全国代表大会上的报告》，人民出版社 2012 年版，第 39 页。

② 张烁：《习近平在参观〈复兴之路〉展览时强调　承前启后　继往开来　继续朝着中华民族伟大复兴目标奋勇前进》，《人民日报》2012 年 11 月 30 日。

③ 李章军：《毫不动摇坚持和发展中国特色社会主义　在实践中不断有所发现有所创造有所前进》，《人民日报》2013 年 1 月 6 日。

④ 习近平：《在中央党校建校 80 周年庆祝大会暨 2013 年春季学期开学典礼上的讲话》，《人民日报》2013 年 3 月 3 日。

⑤ 习近平：《在中央党校建校 80 周年庆祝大会暨 2013 年春季学期开学典礼上的讲话》，《人民日报》2013 年 3 月 3 日。

当前，党的十八大选举产生的新一届中央领导集体，在坚持和发展中国特色社会主义这一前无古人的伟大实践中，更加奋发有为地团结带领全党全国各族人民，继续朝着中华民族伟大复兴的目标奋勇前进。正如习近平总书记所言："我坚信，到中国共产党成立100年时全面建成小康社会的目标一定能实现，到新中国成立100年时建成富强民主文明和谐的社会主义现代化国家的目标一定能实现，中华民族伟大复兴的梦想一定能实现。"①

本文原载于《理论学刊》2013年第3期，2015年8月获山东省第二十九次社会科学优秀成果三等奖

① 张烁：《习近平在参观〈复兴之路〉展览时强调 承前启后 继往开来 继续朝着中华民族伟大复兴目标奋勇前进》，《人民日报》2012年11月30日。

怎样在意识形态斗争中赢得民主话语权

张传鹤

当前，中国与西方的关系，是一种合作中隐藏着斗争、斗争中同时存在合作的关系。历来西方政要对中西关系的定性，无不体现了中西关系既合作又斗争的本质。意识形态斗争是中国与以美国为首的西方国家斗争的重要阵线。而在中西方意识形态的斗争中，围绕着民主话语权的较量是最为激烈的战线之一。能否在中西方意识形态较量中夺取民主话语权，对外关乎党和国家的形象以及外部发展环境，对内关乎国内的政治团结和政局稳定。因此，我们必须创新民主实践和民主话语，确立一套有别于西方的、有感召力的民主话语体系。

一是要夯实理论基础。对“民主”“资本主义民主”“社会主义民主”这些基本概念，敢于作出自己的定义。以对“民主”的定义为例，我们要敢于挑战西方主流民主理论。100多年来，西方各大主流民主理论流派对“民主”的定义，已经与民主的本意相去甚远，王绍光先生在其《民主四讲》一书中对此作了非常精辟的剖析。尽管西方各主流民主理论的代表人物对“民主”定义的表述不尽相同，但与熊彼特把“民主”定义为“一些个人通过竞争人民选票来获得(公共)决策权的制度安排”基本上大同小异。这样，“民主”在当代西方主流民主理论那里实际上变成了“选主”。笔者认为，“民主”从本源意义上讲，是一种国家事务和社会公共事务的决策方式，就是人民当家作主，即所有与事情有利害关系的人(利益相关方)，都享有对事情的知情权、参与权、表达权、监督权，甚至决定权(以下简称“五权”)。在人们充分知情、参与和表达意见以后，以人民(或公民)中多数人的意见为决策依据，同时允许和尊重少数人的意见表达。民主的决策管理方式上升到制度的层面，就形成民主制度。民主归根结底是一种利益分配的工具，工具性的事物只有从工具性价值的角度来认识，才能抓住其本质。我们作出以保障“五权”为价值取向的“民主”定义，就抓住了民主的本质，这显然比西方主流民主话语的“选主”定义更符合“民主”的本意和所有进步力量的民主理想。这种对“民主”的定义一下便能彻底打破西方长期以来从他们认可的制度机制（多党竞争下的议会制）角度定义“民主”所形成的民主话语权。按照以保障“五权”为核心的“民主”定义，只要认可并千方百计通过创新制度、体制、机制，保障公民获得“五权”，无论具体的制度、体制、机制如何，就都是在搞民主。我国是否为民主国家，不能由西方按其政治制度模式为标准来衡量，而应以我国是否积极推动公民“五权”的获得和行使来判断。

二是要创新民主实践。话语的底气来自于厚实的实践成果。无数事实证明，经过新中国成立以来60多年的发展，我国社会主义民主实践有了长足进步，民主实践在各个层面、各个领域都有很大发展。但应当承认，总体而言，我国社会主义民主实践的历史还不长，在有些方面尽管我们搭起了基本的制度框架，即由人民代表大会制度、共产党领导的多党合作和政治协商制度、民族区域自治制度、基层群众自治制度构成的根本政治制度和基本政治制度，但在一些民主实践的细节上还做得不够，还比较“粗放”“粗糙”。笔者认为，中国特色社会主义根本政治制度、基本政治制度和法律体系反映了马克思主义政党和政权建设的本质要求，吸收了现代政治文明的有益成果，体现了现代政治文明扩大政治参与、崇尚政治包容和法治的进步趋势。改革开放以来，我国坚持中国特色社会主义政治发展道路，在很多方面取得了举世瞩目的成就，一个13亿多人口的大国经济建设蒸蒸日上，人民生活持续得到改善，社会大局稳定。这一切都说明，我们坚持中国特色社会主义政治发展道路的方向是完全正确的。但我们应该看到，如果我国根本政治制度、基本政治制度缺乏丰富的、科学设计的具体制度作支撑，就可能成为笼而统之、大而化之的东西，马克思主义者的崇高民主思想就难以充分变为现实。也就是说，在根本制度和基本制度确定以后，社会主义政治文明建设的成败就由细节来决定。因此，今后我们需要做的就是，通过深化政治体制改革，不断完善各项具体制度，在细节问题上“斤斤计较”、精雕细琢。只有这样，中国特色社会主义民主政治才能日益精致化、完善化，才能为中国人民所自豪，为国外民众所敬仰。

本文原载于《光明日报》2013年12月11日，2015年8月获山东省第二十九次社会科学优秀成果三等奖。

关于西式民主的两个判断

张传鹤

当今时代，以美国为首的西方国家在世界范围内以其民主制度为工具，大肆进行意识形态领域的渗透，妄图最大限度地谋求自身利益。一些陷入发展困境的国家也病急乱投医，对西式民主顶礼膜拜，却深陷泥潭不能自拔，成为西式民主的牺牲品。为此，有必要让人们看清西式民主的真实面目，从而坚定走自己发展道路的信心和决心。

一、转型社会西式民主化进程乱象丛生

近年来，一些国家和地区在由威权型社会向民主化社会过渡的进程中呈现出诸多乱象。在埃及，穆巴拉克政权倒台后，埃及选民用选票把穆兄会成员穆尔西推上总统宝座。这位按西方民选方式上台的总统一年后即被军方废黜，穆兄会被国家宣布为恐怖组织，其不少成员受到审判并被判刑。乌克兰是苏联解体的产物，独立以后其民主化进程经历了不少波折。亲欧美和亲俄总统候选人无论谁上台，都难以在亲欧美和亲俄民众中凝聚起足够的共识，大规模长时间示威、暴力冲突、国家分裂等乱象始终伴随着其民主化进程。我国台湾在国民党威权统治结束以后，实现了西方式的政党轮替。但台湾的民主化进程也充满了波折，执政党和在野党在立法机构中的民意代表之间屡见不鲜的出格打斗、地区领导人选举中的枪击事件等，无不影响着人们对台湾民主化进程的观感。那么，为什么被西方鼓吹的“灵丹妙药”会落得个“狗皮膏药”的下场？

究其缘由，是因为这些国家和地区的民主化进程不是内源型的，而是移

植型的，并且尚处于民主化进程的学习期、模仿期和幼稚期。如果不是抱着某些固定的意识形态偏见，人们应该承认，无论是从理论上还是从民主化进程的典型案例来看，民主化的成功推进的确是需要某些条件的。美国学者卡尔·科恩在其专著《论民主》中分析了实行民主的条件，认为民主体制的成功运作至少需要一些必要的物质条件、法制条件、智力条件、心理条件以及其他的保护性条件。在各个国家和地区的民主化进程中，实际情况可能要比卡尔·科恩考虑的因素更为复杂，但他的“条件论”仍然颇具启发意义。“移植型”“模仿型”民主化国家和地区并不具备或基本上不具备欧美发达国家民主体制成功运作所拥有的综合条件，这是造成转型国家和地区在民主化运作中乱象频现的根本原因。

二、西式民主体制决不具有普适性

以美国为首的西方国家以民主的代表自居，向世界推销其民主价值观，甚至安倍这样的右翼政客也都敢以民主的代表自居，开展所谓价值观外交，意图用加大援助的方式，拉拢东南亚尤其同中国有领土纠纷的国家，建立一个所谓的民主之弧包围圈，对我国进行战略围堵。在西方国家的主流认知中，西式民主体制具有普适性，不照搬西方的民主体制就是反民主的国家。这是何等的自大专横！

要知道，就民主理想和民主性质而言，中西方的取向是存在本质差异的。中国共产党作为一个马克思主义政党，其最终要实现的民主是建立在公有制、按劳分配等制度安排之上，从而消除阶级差别的高度的社会主义民主，即广泛的、真实的人民民主。而多年来西方主流政治家和理论家所推崇的民主，其本质则是建立在私有制、按资分配基础之上，从而保留阶级差别的前社会主义阶段的民主，或资本主义民主。尽管中国特色社会主义民主的发展历程还相对短暂，也不够完善，但其民主理想在性质上是高于西方主流政治家和理论家所推崇的民主理想的。中国共产党坚持马克思主义的唯物史观和阶级分析方法，一方面肯定当今西式民主成果相对于封建专制制度是一个历史进步，但另一方面认为建立在资本主义私有制基础之上的西式的、有限的民主，还存在很大局限，必然会为更高的社会主义民主所扬弃或超越。

值得注意的是，西方也有一些学者对美式民主的“金权属性”或“资本属性”进行了深刻的揭示。如英国《金融时报》专栏作家爱德华·卢斯 2014 年 4 月 6 日在新加坡《联合早报》以“美国民主只为 1%人口服务”为题，对美国民主的不良发展动向发表了自己的看法。他指出，2010 年，美国最高法院开始赋予公司与公民一样的言论自由。不久的将来，美国最高法院可能废除“水门事件”之后对竞选资金所作限制的仅存部分，将可能取消个人向候选人和政党捐款的最高限额。他认为，在一个顶层 1%人口占据全国财富三分之一以上的经济体里，这么做会侵蚀共和体制，人们对美国的“1%经济”感到担心，但更应担心美国出现“1%民主”，即美国民主只为处于财富金字塔顶端的 1%人口服务，使“一人一票”的大众民主变成“一元一票”，变成“金权民主”。这是西式民主体制内人士的深刻洞见，也一针见血地指出了西式民主的根本局限。为此，笔者认为，无论是在民主的性质上，还是在民主的形式上，我们都应勇于扬弃和超越西式民主，坚定地走符合马克思主义民主精神、适合中国国情的有别于西方的民主化道路。西方在民主议题上需要谦虚地同中国进行理性平等的对话，交流互鉴、取长补短，而不是居高临下地进行无端指责和空洞说教。

本文原载于《光明日报》2014 年 9 月 17 日，2016 年 10 月获山东省第三十次社会科学优秀成果三等奖。

关于社会主义几个基本概念的探讨

张传鹤

“社会主义”概念起源于何时？如何定义“社会主义”？“社会主义”与“共产主义”概念之间的关系如何？什么是空想社会主义？什么是科学社会主义？弄清楚这些问题，对我们今天加强共产主义理想信念教育的解释力、说服力至关重要。

一、社会主义概念的起源及传入中国

社会主义思想的源头是古代空想社会主义，资本主义生产关系产生以后，出现了近现代空想社会主义。但“社会主义”的概念是在社会主义思想经历了奴隶制社会、封建制社会和资本主义社会数千年的发展之后，于19世纪初被正式提出的。

关于“社会主义”概念的提出者和提出时间，大致有四种观点。第一种观点认为是1753年德国天主教教士安塞尔姆·德辛首先提出来的，他在与人论战时把遵循自然规律的人称为“社会主义者”。但是德辛使用的“社会主义”概念与我们现在讲的“社会主义”概念不是同一个意思。第二种观点认为1803年意大利传教士朱利安尼在《驳斥反社会主义》中不仅使用了“社会主义者”，还使用了“社会主义”概念，把社会主义解释为“上帝安排的传统社会制度”。第三种观点认为是1827年英国欧文主义者在其《合作杂志》首先提出来的。实际上，该杂志只是使用了“社会主义者”一词，而没有直接使用“社会主义”概念。第四种观点认为“社会主义”概念是圣西门主义者戎西埃雷于1832年在《地球》（或《环球》）杂志上首先提出的。1833年，英国欧文派杂志《贫民卫报》使用了“社会主义”一词。1834 年，法国圣西门主义者勒鲁发表了《论个人主义与社会主义》，“社会主义”概念开始在法国流行。1840 年和 1841 年，欧文先后发表《社会主义或理性社会制度》《关于“什么是社会主义”问题，欧文同布林德利的公开论战》，“社会主义”概念开始在英国流行。柯尔在《社会主义思想史》一书中指出：“我们并不知道当初究竟是谁首先使用‘社会主义’和‘社会主义者’这两个名词的。据目前所知，这两个词在 1803 年首次出现在意大利的出版物中，可是当时的含义却同后来的毫不相干。往后就一直没再出现过，直到 1827 年欧文主义者的《合作杂志》才使用‘社会主义者’一词来称呼欧文的合作学说的信徒。至于‘社会主义’一词，则是 1832 年在法文期刊《地球》上初次出现的。”①笔者倾向于第四种观点，认为圣西门主义者戎西埃雷所讲的“社会主义”，最接近我们现在讲的“社会主义”的含义。

因此，从“社会主义”概念的起源时间看，人类先有了社会主义思想之“实”，经过漫长的历史，才有了“社会主义”概念之“名”。“社会主义”概念的提出，是社会主义思想史和运动史上的一件大事，标志着社会主义思想开始从早期的零碎、幼稚、不自觉的阶段，发展到系统、成熟、自觉的阶段。

中国人开始接触“社会主义”概念是在洋务运动以后，一些旅欧人士接触到西欧的近代社会主义思潮。当时，有人把“社会主义”音译为“索昔阿利斯”，或意译为“养民学”“安民学”。1878 年，日本人福地源一郎首次使用汉字“社会主义”这一意译概念。1902 年，福地源一郎意译的汉字“社会主义”由梁启超创办的《新民丛报》引入中国。

那么，“共产主义”概念是什么时候提出的呢？据考证，英国社会主义者古德温·邦比曾自称“共产主义”概念是他在 1840 年同法国巴贝夫主义者交流时首创的，但有的西方学者并不认同这一说法，认为这一概念是法国人在 19 世纪 30 年代首先提出的，与法国人提出“社会主义”的概念几乎同期，只不过略晚几年而已。② 洋务运动以后，中国人逐步接触到欧洲共产主义思潮，并用“主欧罗巴大同”这一意译概念或“廓密尼士”这一音译概念称之。1882 年，日本人城多虎雄首次使用汉字“共产主义”这一意译概念，不久后，“共产主义”概念经日本渠道进入中国。同“社会主义”概念的提出一样，“共

① [英]G. D. H. 柯尔：《社会主义思想史(1789-1850)》第 1 卷，何瑞丰译，商务印书馆 1977 年版，第 7～8 页。

② http://en.wikipedia.org/wiki/Catherine_Barmby。

产主义”概念的提出也具有里程碑意义，是共产主义思想和运动日益走向自觉和成熟的重要标志。

二、如何定义“社会主义”

关于社会主义，是否已有现成的定义？如何评价已有定义？国内外对社会主义的定义已有不少版本。

1902年，上海广智书局出版了日本学者村井知至的《社会主义》一书。村井在介绍了他所掌握的十多种关于社会主义的定义之后，从个人主义与社会主义对比的视角，给个人主义和社会主义各下了一个定义：“个人主义者，即个人中心主义也。社会主义者即社会中心主义也，个人主义以社会为单纯集合体，则各自独立……若社会主义，则认社会为一个有机体物，协一群之力，以求可为社会全体之幸福者。”①高放先生在其主编的《当代世界社会主义新论》的“导论”中介绍，英国学者格里菲斯于1924年出版了一本题为《什么是社会主义》的论文集，列举了260多种关于社会主义的定义。高放指出：“在当代，社会思潮和派别比20世纪20年代要多得多。当代关于社会主义的定义有多少种，还没有看到确切的统计数字，大体上总在500种以上。”②他还从社会主义与资本主义的关系的角度给“社会主义”下了一个定义，认为社会主义是资本主义的继承物、对立物、取代物和创新物，是在继承资本主义精华的基础上产生的用来解决资本主义基本矛盾、克服资本主义固有弊病的新型社会制度和社会形态，是取代资本主义的、新创立的高于资本主义的新世界。牛津大学出版社《现代高级英汉双解辞典》对“社会主义”的定义是：“社会主义是主张土地、运输工具、主要工业、天然资源如煤、水电应归国家或公共团体所有和经营，并且财富得到平等分配的哲学、政治和经济学说。”③

1992年初，邓小平在南方谈话中指出：“社会主义的本质，是解放生产力，发展生产力，消灭剥削，消除两极分化，最终达到共同富裕。”④可以把邓

① 转引自高军等主编：《五四运动前马克思主义在中国的介绍与传播》，湖南人民出版社1986年版，第51～52页。

② 高放主编：《当代世界社会主义新论》，云南人民出版社1998年版，第2页。

③ 《现代高级英汉双解辞典》，牛津大学出版社1984年版，第1114页。

④ 《邓小平文选》第3卷，人民出版社1993年版，第373页。

小平对社会主义本质的归纳看作他对社会主义的“准定义”。概览国内外对社会主义的定义可见，进行定义的侧重点不同，有侧重于从“制度”的角度下定义，有侧重于从“价值观”或“奋斗目标”的角度下定义，有的则混合了价值观和制度两方面的元素。邓小平对社会主义本质的定义是从社会主义“价值观”或“奋斗目标”的角度着手的，这对于重新认识社会主义具有重要启发意义。

笔者倾向于从“价值观”或“奋斗目标”的角度来定义“社会主义”，而不赞成从“制度”的角度来定义。首先，社会主义价值观和奋斗目标是社会主义制度与社会主义实践的“灵魂”和“导航仪”，相对于践行社会主义的价值观和实现社会主义的“奋斗目标”，“制度”则是第二位的。“制度”安排要服从和服务于践行社会主义的价值观和实现社会主义的“奋斗目标”，“制度要围着价值转”，而不是相反。其次，社会主义的价值观和奋斗目标是相对稳定的，而根本制度、基本制度、具体制度即体制机制，则应随着具体历史条件和人们对社会主义发展的客观规律的认识程度进行不断调整。从具有相对稳定性的“价值观”和“奋斗目标”的视角定义社会主义，一是可以充分体现社会主义思想、运动和制度的终极关怀；二是可以避免把社会主义从“制度”方面搞僵化了。需要说明的是，笔者倾向于从价值观角度定义社会主义，并不是说制度不重要，如果社会主义的价值观没有相应的制度作保障，就无法真正得到实现。

笔者认为，“社会主义”就是具有社会命运共同体的意识，崇尚公平正义、共建共享、平等、博爱、和谐等价值观，反对个人主义和利己主义，主张消除任何形式的剥削、压迫和奴役，关心并以实际行动促进社会命运共同体的健康运行和发展，以造福于全体社会成员，实现全体社会成员普遍解放和普遍幸福的思想、运动或制度。这是一个基本上能够把各种“自称的”或“他称的”社会主义流派都包含在内的关于社会主义的定义。具体到某一社会主义派别的社会主义定义，需要在这个普遍性定义的基础上再加上一些修饰限定性的内容，如对科学社会主义、空想社会主义、民主社会主义这些社会主义派别的定义，必然既包含社会主义的普遍性和共性的内容，又包含社会主义的特殊性和个性的内容。

三、“社会主义”与“共产主义”概念之辨

笔者认为，“社会主义”与“共产主义”概念之间在外延上是一种包含与被包含的关系，前者包含后者，后者为前者所包含。属于共产主义的，必然属于社会主义，属于社会主义的并不一定属于共产主义。在社会主义的思想、运动或制度中，只有那些主张实行生产资料公有制，特别是生活资料也实行公有制的社会主义派别，才既可以被称为“社会主义”，同时又可以被称为“共产主义”，而那些主张保留私有制的社会主义派别，就不属于共产主义。

在列宁的科学社会主义理论中，社会主义和共产主义还被用来区分共产主义发展的第一阶段和高级阶段。他把马克思在《哥达纲领批判》中所界定的共产主义第一阶段，即刚刚脱胎于旧社会的那个阶段的社会，称为“社会主义社会”。因为这个阶段还存在历史局限，只能实行生产资料公有制，还不能同时实行生活资料的公有制，人们之间还存在富裕程度的差别，只有当生产资料和生活资料都实行公有制的时候，共产主义社会的高级阶段才能真正到来。

英国社会主义思想史学家柯尔也曾对“社会主义”和“共产主义”两个概念进行了分析。他指出：“在十九世纪四十年代‘共产主义’一词往往同‘社会主义’联系起来使用，但通常又区别于后者，并且含有更强烈的战斗含义……同时它跟共有与共享的概念也具有更明确的联系。”[①]夏征农主编的《社会主义辞典》指出：“社会主义和共产主义有区别，共产主义一般指通过生产资料公有制的办法来实现社会平等，而社会主义则允许财产不平等存在。”[②]

四、“空想社会主义”与“科学社会主义”概念之辨

“空想社会主义”和“科学社会主义”概念都是马克思、恩格斯提出来的。1839年，日洛姆·布朗基在《政治经济学史》一书中，把圣西门主义者、傅立叶主义者和欧文主义者统称为“空想社会主义者”。1848年，马克思、恩格斯

① [英]G. D. H. 柯尔：《社会主义思想史(1789—1850)》第1卷，何瑞丰译，商务印书馆1977年版，第13页。

② 夏征农主编：《社会主义辞典》，吉林人民出版社1985年版，第336页。

在《共产党宣言》中加以采用[①]，并使用了"空想社会主义"概念来表示空想社会主义者的理论体系。"科学社会主义"是 1872 年恩格斯在《论住宅问题》中首次提出的概念，用来指称马克思和他所创立、所属于的社会主义派别的思想体系。

笔者认为，空想社会主义就是在唯心主义指导下，在主客观条件不成熟的条件下提出的一时还实现不了的社会主义构想，或主客观条件虽已成熟，但由于社会主义者不了解和缺乏按社会主义运动客观规律办事的科学素养，而难以实现目标的社会主义思想或运动。空想社会主义就是以不符合社会主义运动的客观规律为指导，无法实现目标的社会主义。

科学社会主义就是在主客观条件已经成熟，社会主义者以辩证唯物主义和历史唯物主义为指导，在唯物史观和剩余价值学说的基础上，掌握了社会主义运动的客观规律，采取科学的战略、策略，制定科学的路线、方针和政策，并加以贯彻落实，能够实现目标的社会主义思想、运动或制度。科学社会主义就是以符合社会主义运动的客观规律为指导，能够实现目标的社会主义。

由于认识规律的作用，科学社会主义者在缺乏经验的情况下，也会在无意中违反客观规律，提出带有空想色彩的目标和任务。因此，在空想社会主义和科学社会主义之间并没有一条绝对的界限，自称为"科学社会主义者"的人，如果实行的政策违背了社会主义运动的客观规律，也可能染上空想社会主义的色彩，结果会使社会主义者离社会主义革命和建设的目标越来越远。

五、关于"中国特色社会主义"的定义及其丰富内涵

邓小平在党的十二大开幕词中提出中国要"建设有中国特色的社会主义"。从此"中国特色社会主义"成为在当代中国建设社会主义的伟大旗帜。如果用一句比较精炼的话来定义，"中国特色社会主义"就是中国共产党在党的十一届三中全会以后，带领全国各族人民在深刻总结国内外社会主义实践经验教训的基础上，独立探索符合中国国情和时代要求的科学社会主

① 参见[英]G. D. H.柯尔：《社会主义思想史(1789—1850)》第 1 卷，何瑞丰译，商务印书馆 1977 年版，第 10 页。

义。这一概括包含了中国特色社会主义的创立主体——“中国共产党”和“全国各族人民”、创立时间——“党的十一届三中全会以后”、历史依据——“社会主义实践的经验教训”、理论品格——“符合中国国情和时代要求”、理论谱系或基因——“科学社会主义”等重要内容。

党的十七大报告指出,中国特色社会主义包含中国特色社会主义旗帜、道路和理论体系三个层面的含义,并对中国特色社会主义道路和理论体系进行了界定。党的十八大报告进一步指出,中国特色社会主义包含中国特色社会主义的旗帜、道路、理论体系、制度和实践五个层面的含义,对中国特色社会主义道路、理论体系、制度进行了明确界定,阐述了中国特色社会主义道路、理论体系和制度之间的关系。习近平在十八届中共中央政治局第一次集体学习时,对“中国特色社会主义”的“特”字进行了专门解读,指出:“中国特色社会主义特就特在其道路、理论体系、制度上,特就特在其实现途径、行动指南、根本保障的内在联系上,特就特在这三者统一于中国特色社会主义伟大实践上。”①

(一)中国特色社会主义之“特”

首先,为什么会“特”?矛盾的普遍性和特殊性辩证关系原理告诉我们,在中国搞社会主义建设,必须同时体现出社会主义的普遍性和特殊性、共性与个性,如果只讲普遍性和共性,不讲特殊性和个性,这样的社会主义必定会脱离中国国情。在中国,如果要把社会主义搞成功,所实行的政策必须符合中国国情、行得通、有成效,即必须是具有中国特色的社会主义。

其次,相对于谁“特”?如果世界上只有中国一家搞社会主义,没有对比的参照物,也就无所谓“特色”了,因此“特”是比较比出来的。那么,邓小平讲“中国特色的社会主义”是相对于谁“特”呢?当时搞社会主义的突出问题,是存在照抄照搬马克思主义经典作家个别具体论断和苏联模式的现象。因此,在当时的语境下,邓小平讲“建设有中国特色的社会主义”的主要目的就是想说清楚,在中国搞社会主义必须相对于马克思主义经典作家的个别具体论断和苏联模式有所“特”。换言之,就是要敢于突破马克思主义经典作家的个别具体论断和苏联模式。

再次,“特”在哪些方面?相对于马克思主义经典作家的论断,“中国特

① 习近平:《紧紧围绕坚持和发展中国特色社会主义 学习宣传贯彻党的十八大精神——在十八届中共中央政治局第一次集体学习时的讲话》,人民出版社2012年版,第4页。

色社会主义”的特色主要体现在：提出中国目前还处在社会主义初级阶段，与此相适应，制定了以公有制为主体、多种所有制经济共同发展的基本经济制度和以按劳分配为主体、多种分配方式并存的分配制度；提出“社会主义市场经济”的概念，让市场在配置资源中起决定性作用；实行人民代表大会制度、共产党领导的多党合作制度和民族区域自治制度。

相对于高度集权的苏联模式，“中国特色社会主义”的特色主要体现在：推动个体、民营、外资经济发展；放弃高度集中的计划经济体制，建立社会主义市场经济体制，相应地调整收入分配政策，在坚持以按劳分配为主体的同时，允许其他生产要素参与分配；更加重视发展社会主义民主，并推动民主的制度化、法制化、程序化和规范化，实施依法治国方略；反对思想僵化，鼓励思想理论创新；主张超越意识形态差异，在和平共处五项原则的基础上与各类国家发展友好合作关系，在独立自主、完全平等、互相尊重、互不干涉内部事务“四项原则”的基础上，发展党际关系，不搞大党主义和大国主义。

相对于非马克思主义派别的社会主义，“中国特色社会主义”的特色主要体现在：坚持以马克思主义为指导，主张公有制和按劳分配是实现社会主义理想的重要制度保证；坚持“工人阶级的解放应该是工人阶级自己的事情”，要建立工农联盟，并建立马克思主义政党以领导这个联盟；中国的工农联盟在中国共产党的领导下建立的政权实行人民民主专政；在党和国家的政治生活中坚持中国共产党的领导，实行民主集中制。

最后，如何“特”？中国特色社会主义不能为“特”而“特”，我们讲的“特色”是符合中国国情并能够促进中国进步的“特色”，我们所提倡的制度“特色”和政策“特色”必须是社会主义性质的，或是有利于社会主义的。如在社会主义初级阶段，在生产力发展水平还不够高的情况下，发展个体经济、民营经济和外资经济，是为了利用非社会主义的生产方式解放和发展生产力。按照马克思主义历史唯物主义的观点，生产力的发展是一切社会进步的基础，是建立社会主义社会和共产主义社会的根本条件。因此，现阶段利用非资本主义生产方式解放和发展生产力，归根结底是有利于社会主义的，是具有进步意义的。

（二）中国特色社会主义旗帜、道路、理论体系、制度和实践之间的关系

这五者之间是一种直接或间接的相互影响、相互促进的多重双向关系。可图示如下：

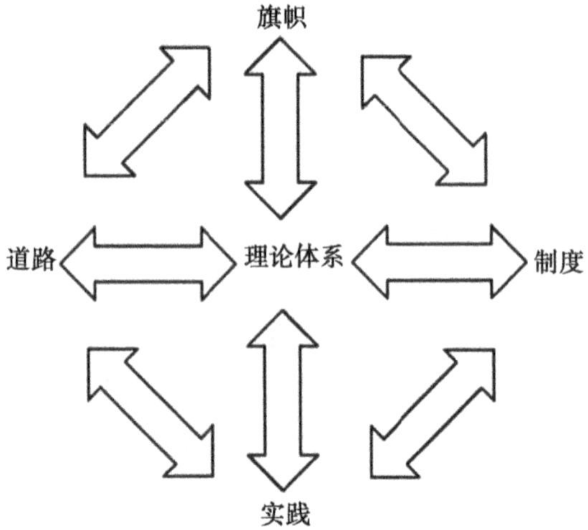

图示的含义是:中国共产党高举中国特色社会主义伟大旗帜,指引党和国家前进的正确方向,在此前提下,党带领人民致力于中国特色社会主义理论体系的创立和发展、道路的开辟和拓展、制度的建立和完善。这三者统一于中国特色社会主义的伟大实践,并相互作用、相辅相成。中国特色社会主义理论体系愈成熟、愈科学,以其为理论指导的中国特色社会主义道路就愈宽广,中国特色社会主义制度就愈完善。这将反过来会促进中国特色社会主义理论体系的发展。中国特色社会主义理论体系、制度、道路愈成熟和发展,中国特色社会主义实践将愈成功,这一切又将愈有利于党高举中国特色社会主义伟大旗帜。

本文原载于《当代世界与社会主义》2015 年第 3 期,2016 年 12 月获全国党校系统第十一届优秀科研成果三等奖。

供需协同的产业创新生态系统构建及对策研究

李维梁　高　雅

一、研究综述

创新研究经历了从“科学推动”、“技术推动”、科学技术和市场需求“推拉双动”，到创新的各个环节之间都存在着反馈“链环回路”的过程，形成了“系统范式”，开始关注创新系统的非线性作用和复杂性。鉴于硅谷的持续创新发展情况，研究者提出了“创新生态”概念。2003 年，美国总统科技顾问委员会的报告正式将“创新生态系统”作为总括性核心概念提出来。① 企业创新模式的演化脉络则经历了从创新源局限于企业内部的封闭式创新即企业创新 1.0 阶段，到企业广泛获取来自企业外部的创新源的开放式创新即 2.0 阶段，再到更加重视资源整合与共生发展的嵌入/共生式创新即 3.0 阶段的演化过程，完整实现了从原始创新向满足市场需求的产品创新的转变。创新 3.0 阶段体现为产学研用的“共生”以及政府、企业、大学院所和用户的“四螺旋”。② 从逻辑上来说，企业创新生态系统进一步扩展到产业层次上，就形成了产业创新生态系统，其性质主要体现为系统性、多样共生性、动态性、演化性、栖息性。产业创新系统的构成主要有创新生态群落以及创新生态内、外环境，三者缺一不可，协同共生。内部环境子系统主要是指基础设施，外部环境子系统主要是指人文环境，

① 参见曾国屏、苟尤钊、刘磊:《从“创新系统”到“创新生态系统”》,《科学学研究》2013 年第 1 期。

② 参见李万、常静、王敏杰等:《创新 3.0 与创新生态系统》,《科学学研究》2014 年第 12 期。

创新群落子系统主要是指创新生产者、创新分解者、创新消费者。[①]

将生态系统概念引入产业创新研究中，体现了在现代社会经济技术条件下，创新已经不是单一个体甚至企业或科研院所单独能够完成的任务，而是需要从产业层面、区域层面甚至是国家层面上构建协同共生、动态演化的创新生态系统，实现经济社会发展驱动力由要素、资本到创新的顺利转换和过渡，才能完成的系统性任务。在构建和完善产业创新生态系统过程中，既要激发产业创新主体的供给侧推动力，也要激发产业创新客体的需求侧拉动力，更要重视发挥居于核心位置的企业作用，即运用价值分配和利益机制协同创新系统内的所有主客体。

二、供需协同的产业创新生态系统模型

企业创造利润的过程就是价值创造的过程，其活动串联起来称作企业的价值链，行业内各个企业的价值链构成了产业链。[②] 产业链的互相整合、互相连接、互相作用并良性发展演进，就构成了产业创新生态系统。企业是创新的主体，需求拉动力是企业创新源泉，供给推动力是企业创新保障。必须从企业所处产业链的上下游关系以及产业链所处环境的供给推动力和需求拉动力两个角度出发，才能构建和完善供需协同的产业创新生态系统（如图 1 所示），其发展必须重视各创新主体之间的协调整合，形成“动态性”“栖息性”和“生长性”。[③] 供需协同的产业创新生态系统模型中的消费者、生产者和分解者角色，已经不再局限于产业系统内部，而是涵盖从市场需求、基础科研、研发试制、金融投资到资源平台等各类社会和市场主体。产业创新生态系统内各创新主体必须具备定向性扫描吸收原创性研究成果的能力，整合性技术开发协同创新能力，规范性的以价值分配为核心的治理能力，市场主体的并购、合作研发以及价值共创行为能力等[④]，这些能力是产业创新生态系统具有可持续性进化生命力的保障。

---

① 参见何向武、周文泳、尤建新：《产业创新生态系统的内涵、结构与功能》，《科技与经济》2015 年第 4 期。

② 参见杜鹏：《基于生态观的科技企业孵化器运行模式及效率研究》，吉林大学博士学位论文，2014 年。

③ 参见曾国屏、苟尤钊、刘磊：《从“创新系统”到“创新生态系统”》，《科学学研究》2013 年第 1 期。

④ 参见吕一博、蓝清、韩少杰：《开放式创新生态系统的成长基因——基于 iOS、Android 和 Symbian 的多案例研究》，《中国工业经济》2015 年第 5 期。

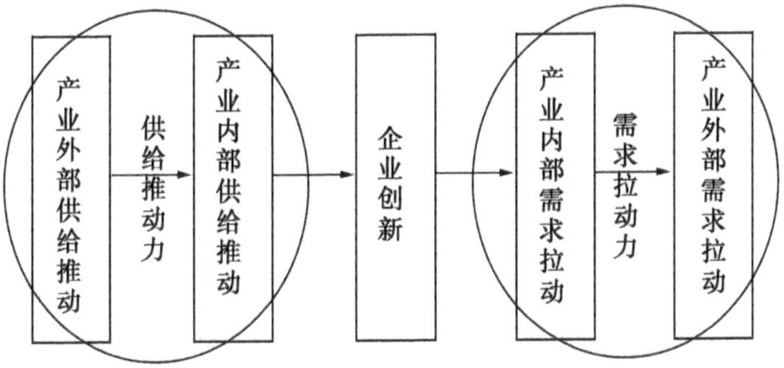

图1　供需协同的产业创新生态系统模型

科技创新供需不协调、创新体制机制不健全、市场主体追求短期利益、创新环境不完善和创新文化氛围不浓厚等问题，本质上说明我国产业创新生态系统构建还处于无序状态。没有完善价值分配和利益机制等序参量发挥协同作用的制度环境，往往会影响创新驱动力的发挥。破除创新驱动力充分发挥的阻碍因素，需要政府、企业、社会、投资主体和市场环境的不断协同优化，这个过程就是产业创新生态系统整体推进、逐步形成的过程。[①] 供需协同的产业创新生态系统模型是涵盖需求拉动力和供给推动力的一个整体，包括最终消费者的产业外部需求拉动、组织消费者的产业内部需求拉动、政府制度的产业外部供给推动和技术开发者的产业内部供给推动等四个子系统。而企业居于整个系统的核心位置，运用价值分配和利益机制协同创新系统内的所有主客体。

(一)最终消费者的产业外部需求拉动子系统

发挥市场配置资源的决定性作用，需要企业始终抓住用户需求来挖掘和提供创新点，发挥产业外部需求拉动力。经过30多年的改革开放，我国居民收入和消费能力都有了巨大的增长。2014年，我国GDP稳居世界第二位，各项社会保险事业也逐步完善，从城镇到农村都享受覆盖面逐步扩大的公共服务，引发居民消费爆发性释放。2015年，最终消费对GDP的贡献达到了60%以上，而且居民消费恩格尔系数从2013年的0.312降到2014年的

① 参见李维梁、赵艳娟：《促进我国高新技术市场化过程的对策分析》，《山东行政学院山东省经济管理干部学院学报》2005年总第72期。

0.31，2015 年进一步下降到 0.306。[①] 居民消费重点从排浪型向个性化升级转换，从基本的吃住行产品转向了高端的绿色有机产品、改善型住房、差异化交通工具以及发展型和享受型的旅游、学习进修等。由于累积性的社会发展及环境问题的存在，居民互联网产品和安全产品的消费需求也在逐渐增加，如食品检测、清洁饮用水和空气制备、家用监控和远程家电控制等“大智云移物”产品正逐渐进入寻常消费者家庭。但我国大多数传统企业还停留在满足普遍性需求的层次上，满足这些升级转换后的个性化需求的能力还不足。最终消费者的需求拉动是产业创新系统产生和发展的原动力，而能够准确感知、认识、发掘产业外部需求拉动力并满足最终消费者需求的企业就是产业创新生态系统的核心。居于核心位置的企业可以制定规则和制度促进产业创新生态系统的形成并主导整个系统的演进。当然，企业创新还需要充分发挥其他三个子系统及其内部要素的协同作用。

（二）组织消费者的产业内部需求拉动子系统

组织消费者的产业内部需求拉动是提供产业创新技术支撑和激励的重要一环。在产业创新生态系统概念产生和发展的原始区域，硅谷提供了组织消费者产业内部需求拉动的最好样板。硅谷激励技术创新的机制主要有三类：产学互动机制、风险投资机制和联合企业机制。[②] 这些机制确保和激发了产业内部需求拉动作用的发挥。最终消费者消费需求的升级转换为产业内部企业颠覆性创新提供了方向，当然有些消费需求升级转换并不需要颠覆性创新来满足，只需要通过及时准确地把握消费需求的细微变化，采取局部创新就可以满足消费者需求。新兴产业是满足消费者需求升级转换的重点领域，2015 年我国新兴产业增长较快，全年高技术产业增加值比上年增长 10.2%，比规模以上工业企业高 4.1 个百分点。[③] 新兴产业创新需要企业紧跟基础科研机构的研究方向或者根据最终消费者需求变化向基础科研机构提出攻关要求，也需要政府在基础研究领域增加资金投入和提高科学技术的扩散力度、广度和深度。高新技术成果转化为产品并推向市场，需要风险资本参与来降低企业创新风险、提供利益分配机制和退出机制，以激励企业投入资金技术力量开展成果转化并带来高额风险溢价。产业内部组织消

---

① http://money.163.com/16/0119/12/BDML0SD000252G50.html。

② 参见李建军：《硅谷模式及其产学创新体制》，中国人民大学博士学位论文，2000 年。

③ 参见《2015 年国民经济运行稳中有进、稳中有好》，http://www.stats.gov.cn/tjsj/zxfb/201601/t20160119_1306083.html。

费者之间的合作需要一种普遍接受的、基于利益共享和风险分配的、长期博弈形成的激励约束机制，才能形成产业集群内部或上下游企业之间的联合。联合形成的技术创新集群具有自组织性质，其创新文化作为慢变量需要利益分配作为快变量加以引导才能逐渐形成。创新文化是集群内具有公共产品性质的非正式制度，其作用的发挥依赖于产业外部正式制度供给的推动。

（三）政府制度的产业外部供给推动子系统

企业将创新成果转化为市场供给并获取回报的过程，需要不断完善体制、机制等创新环境来推动其实现。在产业供给整体过剩的宏观条件下，企业竞争正由单纯的价格为主转向以核心竞争力为主，而企业创新能力就是核心竞争力。不规范、不正常的市场竞争是阻碍企业创新能力建设的主要原因。企业创新投入需要较长时期的累积才能发挥效益，在这一过程中如果被侵权仿造而诉讼成本又居高不下，将会导致企业科技研发投入减少，代之以模仿型、傍靠型的假创新和伪创新，倾向于搭便车来获取短期收益。

通过制度供给推动创新驱动发展战略，建立倒逼机制，可以促进社会层面尤其是企业采用先进的知识和技术，通过创新来驱动企业发展，提升全社会创新驱动发展的效率和能力。在构建产业创新生态系统时，政府最适当的角色是鼓励创新、鼓励竞争，推动产业升级，而非提供使产业逃避进步的“扶持”。[①] 政府由于存在信息不对称，无法“万能”地精确提供产生正向激励的补贴或优惠，而一些“短视”的保护政策更会对企业竞争力产生负向激励，降低企业生产率并无法提供社会需要的产品和服务，甚至会导致因无法满足需求而引发供给侧结构性问题。提高知识产权法律法规的保护力度，加大对基础性和外部性强的科学技术研究部门的投资，为企业技术开发创造条件并增加企业自主知识产权含量等，这些措施将极大地助力产业创新生态系统的生成。

（四）技术开发者的产业内部供给推动子系统

技术开发是运用新的业态、新的组织和新的商业模式等综合性制度，将新出现的科学研究成果转化为产品和服务，需要建设集群式、网络式、复合式的产业生态系统来促进成果的转化进程。技术开发者是连接基础科学研究和企业生产的桥梁，而确保创新的持续涌现则需要畅通的技术市场化渠道来实现成果转化，这就需要技术开发者、企业载体、具有发展眼光的企业

① 参见[美]迈克尔·波特：《国家竞争优势》，李明轩、邱如美译，中信出版社2012年版，第27页。

管理者的协同配合，完善原始创新、技术创新、市场创新的链接通道，形成产业内部创新生态系统构建的供给推动力。

创新最重要的要素是人力资本，区域产业创新生态系统本质上是人才聚集的产出物。作为技术开发人才重要载体的企业研发活动具有双重性，即创新与学习，而学习与后续创新的能力直接相关。[①] 知识累积需要企业处于一个充满学习机会的环境，融合“干中学”和“学中干”来转化知识成果。成熟产业生态创新系统往往汇聚了来自全球的科研院所、创新创业人才、风险投资者、科技市场信息和政府公共服务等，发明创造、基础研究成果能够迅速被技术开发者识别、使用、推广，转化为科技生产力和受消费者喜爱的新产品。因此，要注重技术型、复合型管理人才的培养，要注重链接基础研究和市场需求的技术交易市场的发展，才能为企业转化高新技术成果，面向市场开发产品提供智力支持[②]，形成产业内部供给推动力，解决技术和市场“两张皮”的问题。

三、供需协同构建产业创新生态系统的对策

要明确政府、市场、企业在构建产业创新生态系统上的权利、责任和利益边界，供需协同构建产业创新生态系统。

（一）从供给侧提高构建产业创新生态系统的推动力

供给侧结构性改革是为应对世界经济增长放缓、出口形势严峻条件下经济增长、产业集群、区域均衡、创新驱动等方面存在的系统性问题而提出来的。经过 30 多年的改革开放，我国形成了比较完整的产业体系，但从供给侧来看仍然存在企业核心竞争力不足、原创知识产权欠缺、知识成果转化转移渠道不通畅等问题。因此，必须从供给侧方面提高构建产业创新生态系统的推动力。

一是从企业角度来说，要树立品牌意识，以永续经营为企业发展的立足点。品牌是产品在持久的生命周期中所形成的消费者的一种忠诚度，而消费者需求的变动将给品牌带来压力，只有依靠持续不断的创新形成核心竞争力，才能消解这种压力。二是从市场角度来说，要尽快形成有利于企业技

① 参见鲍新中、屈乔、尹夏楠：《企业持续创新动力机制和影响因素的国外研究综述》，《华东经济管理》2016 年第 7 期。

② 参见李维梁、赵艳娟：《促进我国高新技术市场化过程的对策分析》，《山东行政学院山东省经济管理干部学院学报》2005 年总第 72 期。

术创新的竞争环境。这有利于保护企业依靠技术创新获取经济利益、应对竞争压力的积极性和主动性,建立知识产权保护的强烈意识和法律环境,降低诉讼成本,消除企业技术创新的后顾之忧。三是从政府角度来说,要坚持高端引领、梯次开发、以用为本,健全多层次科技创新人才培养体系,柔性吸引高层次人才开展创新研究。首先要形成有利于吸引创新人才的制度环境,综合运用"千人计划""长江学者""泰山学者"等各类高层次人才引进计划,形成创新的人才高地,使得人才开展创新活动的成本最小化、收益最大化;其次要破解基础研究机构成果转化的制度障碍,增大技术创新成果转化利益分配向个人倾斜的程度,建立研究机构和企业之间合作双赢、风险共担、收益共享的机制,最大限度地简政放权并加强市场监管,降低制度性交易成本,拉近基础研究和技术创新之间的距离;最后还要继续加强在基础研究领域的资金投入,赋予科技领军人才更大的技术路线决策权、财物支配权和资源调动权,为企业创新营造适宜环境。

(二)从需求侧提高构建产业创新生态系统的拉动力

把握消费者需求结构升级转换的现状和趋势,是产业创新的基础。满足消费者全方位、全周期的消费需求,企业要破除短缺型经济思维,改善短尾式生产形态。政府必须从需求侧方面完善产业创新生态系统拉动力,引导全社会摒弃短视性行为模式,营造组织消费者之间的需求闭环。

一是企业要注重产品创新和提升服务品质,在开放的全球化买方市场中重视消费者思维的转变,以高端、前卫的产品满足消费者喜欢尝试新事物的消费需求心理,吸引消费者从国际市场回流;中小企业要在长尾市场中满足小众消费者的需求萌芽和特殊需求,以区域性市场为蓝海,运用 O2O 线上线下方式实现产品和服务的本地化、个性化、接触化、细分化,激发市场需求活力。二是政府要注重引导长期性消费行为模式,要降低符合产业发展规划、区域承载力和产业竞争力要求的产品和服务消费成本,激发全社会稳定、理性、可持续的消费理念,对于符合减排、绿色、生态要求的消费需求给予保护和支持,对于浪费、污染、重复的消费需求给予控制和监管,为企业创新指明方向。要加大对创新产品和服务的政府采购力度,将企业拥有自主知识产权的高新技术产品和服务纳入政府采购目录。三是要在大数据、互联网、云计算等方面营造组织消费者之间的需求闭环。在互联网环境下,组织消费者已经走出传统的以物流为核心的产业关系,正在走向以信息流和资金流为核心的新型产业关系,而政府可以通过大数据共享来营造满足组织消费者需求变化的产业环境，解决产业内部各子系统之间存在的信息孤岛和信息不完备问题，促进产业创新生态系统的形成。

（三）供需协同助力构建产业创新生态系统

协同机制形成过程是序参量对系统从无序走向有序实现自组织的关键环节，发现并重视系统中各个要素相互作用而形成的序参量是创新生态系统构建并完善的最短路径。序参量联系各个系统要素并决定各要素作用的发挥程度，在一段时间内，序参量具有稳定性。[①] 基于这一原因，创新生态系统的内部子系统之间需要一定的规则或制度安排来形成有序结构，才能够发生质变产生协同效应。技术扩散理论认为创新研发高地将会向周边区域扩散创新、辐射创新、带动创新，但实际上这些区域的创新火焰持续高涨，并吸引了越来越多的人才和资金集聚，其原因就是已经形成的独特创新生态系统，使得创新者无法离开系统而独立存活或发展。

一是要建立公共服务和信用信息平台。创新的扩散力度和广度受到政府提供公共服务能力的影响，为此，应布局建设一批具有核心引领作用的重大创新平台。首先要完善创新驱动发展公共服务平台，从重大科研设施开放、关键技术协同开发、知识技术共享等方面强化创新生态系统内部资源的高效配置。公共服务平台是研发设计、信息、物流、商务、金融等现代服务业的重要载体，是促进制造业和生产性服务业协同发展的公共产品，是产业创新生态系统构建的制度性供给。其次要构建完善信用信息平台。创新生态系统中的企业和人才依靠价值分配产生凝聚力而形成共生关系。信用信息是市场主体合作的基础，也是市场主体竞争的保障，是确保产业创新生态系统正向演进的公共产品，政府应加大投入，以大数据思维不断开放整合数据，构建完善企业、个人公共信用信息平台。提高信用信息服务能力可以显著降低交易性制度成本，提高创新收益，减少创新阻力，形成创新动力，减少企业知识产权保护、融资渠道开拓、股份变更、转板上市等方面存在的体制机制障碍，畅通企业发展上升通道。

二是要营造更加宽松的创新创业环境。开放共享是产业创新生态系统的关键特征，而环境是促进创新创业力量成长的适宜气候、土壤、温度、湿度。政府要加大对科技型中小微企业在技术开发、推广中的财政支持力度，

---

① 参见陈劲、王方瑞：《再论企业技术和市场的协同创新——基于协同学序参量概念的创新管理理论研究》，《大连理工大学学报》（社会科学版）2005年第6期。

以产业政策定向精准地扶持新技术、新业态、新模式的发展。要通过完善税收优惠政策引导产业投向，加强信贷支持积极引进符合区域产业基础和发展方向的产业创新领军人物，以良好的创业创新环境和生活待遇环境吸引高端人才，以主导产业为发展方向带动创新产业集群的形成。产业集群是区域产业可持续发展的基础，是产业创新生态系统的本地化、网络化表现形式，是产业内知识、技能、信息累积效应和合作效应的载体，也为企业和人才发展提供着竞争压力和动力。要不断整合消费和生产市场信息，推动产业系统内企业集体研发。要注重挖掘和支持产业基础好、创新能力强的产业创新集群，建立横向和纵向产业创新链条，形成网络化创新机制，提高产业集群合作竞争能力。要加快培育研究开发、技术转移、知识产权、科技咨询、科学技术普及等科技服务机构，大力发展创新创业孵化机构，提高大型科学仪器设备共享协作能力，降低创新创业企业的研发费用支出。

三是要加大汲取新技术新理念的力度。重视开放环境下知识溢出效应和回波效应，要对接汲取先进国家和地区的创新技术和创新理念，融合改造成适合自身发展需要的竞争优势。注重改变偏保守和稳健的传统文化理念，采取错位、争位、借位等策略来准确定位区域发展战略，以更加开放的心态加大与先进技术和理念的对接，打开创业天窗，捅破创新天花板。完善科技金融服务平台，加强金融创新，通过创设天使基金、种子基金和创新引导基金等措施来破解资金对创新的瓶颈制约。更加注重发展生产性服务业，鼓励产业内先进技术和理念的互动融合，继续推动战略性新兴产业和具有竞争优势的产业，为创新驱动发展持续投入资金和研发力量，尽快营造企业核心竞争力。鼓励企业在创新人才和技术方面积极引进来、走出去，发挥国际创新园和国际科技合作基地作用，在海外建立企业研发中心、创新孵化器和创新创业基地，积极开展对外合作研发活动。

四是要确保价值分配发挥协同作用。价值分配是产业创新生态系统构建的内生动力和制度保障，是促进产业创新生发、传播、分享的内生性动力源泉，是确保供需子系统有序协同作用发挥的序参量。价值分配需要完善鼓励研发投入、促进合作配套、稳定利益获得的正式制度和非正式制度，并形成合理预期。政府提供的正式制度安排是制度供给的主要手段，非正式制度的协调也需要政府正式制度的逐渐介入并发挥其指导和引导作用。正式制度侧重于法律法规对于企业市场利益和个人财产利益的保护，非正式制度侧重于建立各子系统之间的利益分享谈判机制。构建符合各子系统之间的竞争关系、捕食关系和共生关系的制度体系，通过高效率的制度供给产生协同效应，可以促进和保障创新知识的市场供给和优化知识资源配置，解决市场失灵，解决创新驱动发展的动力和保障机制，实现“大众创业、万众创新”。

四、结论

构建产业创新生态系统，要从人才引进、政策环境、创新支持等方面逐渐完善并形成供需协同机制。知识经济是人才经济，人力资本是最重要的创新源泉，全球化时代各国（地区）间的竞争都是人才的竞争。加强创新人才队伍建设，吸引包括研发、管理、金融、贸易、法律等各类创新人才聚集，是产业创新生态系统构建的第一步。创新环境是创新创业大潮兴起的风暴眼，是促进创新力量茁壮成长的适宜温度、湿度和肥沃土壤，构建符合经济社会发展规划的有助于引进和培养创新人才的政策体系，完善官产学研企相结合的激励科技创新的政策环境，是产业创新生态系统构建的第二步。产业创新系统的核心是企业，政府要实施包括研发、空间、融资、营销、政府采购等在内的综合支持政策，推动科研设备共享、基础研究成果和基础资料储备、政府拥有大数据的最大限度开放，协调配置区域优势资源和开放信用信息形成创新支持体系，投资建设天使基金、种子基金和创新引导基金来促进企业创新驱动发展，是产业创新生态系统构建的第三步。

本文原载于《华东经济管理》2016年第11期，2017年12月获全国行政学院第四届优秀科研成果三等奖。

洪涝灾害经济影响与防灾减灾能力评估

仝　鹏

由于我国大部分地区处于季风区，水资源的时空分布不均，年际变化大，且大量的围湖造田导致湖面缩减，泄洪能力差，河流中上游地区植被破坏严重，再加上我国东部地区地势平坦，水流缓慢，种种因素导致我国洪涝灾害频繁发生，严重威胁了人民群众的生命财产安全，成为制约我国社会经济发展的一大因素。因此，我们应当明确洪涝灾害对我国社会经济的影响，建立健全洪涝灾害防灾减灾能力评估体系，提高我国防灾减灾能力，促进我国社会经济的发展。那么，洪涝灾害究竟有哪些经济影响？我们应当如何构建科学的洪涝灾害防灾减灾能力评估体系？笔者主要针对以上两个问题展开探索和研究。

一、洪涝灾害的经济影响

（一）洪涝灾害威胁着人民的生命财产安全

我国历史上每一次大型洪涝灾害都会产生大量伤亡人口和受灾人口。[①]据国家防汛抗旱总指挥部办公室统计，经由相关部门核实，2013 年全国洪涝灾害受灾人口多达 1.2 亿，因灾死亡 774 人、失踪 374 人，全国共投入抢险 966 万人次，紧急转移危险区域群众 1112 万人，解救洪水围困群众 195 万人，减少受灾人口 3787 万。即使如此，2013 年全国洪涝灾情相对来说还是

① 参见姜蓝齐、马艳敏、张丽娟等：《基于 GIS 的黑龙江省洪涝灾害风险评估与区划》，《自然灾害学报》2013 年第 5 期。

总体偏轻的，其主要指标与 1990 年以来的均值相比，偏少 3 成的受灾人口，偏少 7 成的死亡人口，偏少 7 成的倒塌房屋，偏少 1 成的农作物受灾面积。其中，直接经济损失占上年 GDP 比值小 0.98%。由此可见，社会经济的发展水平能够在一定程度上控制洪涝灾害的影响。而洪涝灾害对人民生命财产安全的严重威胁，导致人们生命财产得不到完全的保障，进而限制了我国社会经济发展和生产力的进步。[①]

（二）洪涝灾害恶化了人们的生存条件

洪涝灾害的发生往往伴随着住房的破坏、基本生活设施的损坏等状况产生，这些状况无疑恶化了人们的生存条件。洪涝灾害不仅会导致房屋倒塌，还会污染饮用水、破坏供水系统和排水系统，严重破坏了生态平衡，影响了人们的日常生活。[②] 以 2013 年全国洪涝灾情为例。据统计与核实，2013 年我国洪涝灾害倒塌房屋 53 万间，农作物受灾 11901 千公顷，成灾 6623 公顷，受损水库 1241 座、堤防 3.7 万处、护岸 5.3 万处、水闸 7187 座。其中，县级以上城市受淹 234 个。

同时，由于洪涝灾害破坏了原本的安全水源，造成水质污染，严重影响了食品安全。又由于洪涝灾害破坏了供水系统和排水系统，各种垃圾随着洪涝流向漂流满溢，大大增加了血吸虫病、疟疾和肠道传染病等疫病和传染病的爆发概率，极大地威胁着人们的生存条件，影响社会的和谐与稳定。[③] 洪涝灾害对人们生存条件破坏所产生的直接经济影响，以及国家后期对修复再建的经济投入，很大地阻碍了我国社会经济的发展。[④]

（三）洪涝灾害的直接经济影响

据统计，2013 年我国洪涝灾害直接经济损失高达 3146 亿元，全国投入抢险舟船 10 万舟次，运输设备 68 万班次，机械设备 35 万班次，消耗编织袋 9963 万条，最终防洪减淹耕地 3978 千公顷，避免粮食损失 2029 万吨，减灾效益约 2362 亿元。从以上实例中可以看出，洪涝灾害造成了我国巨大的直

---

① 参见张晓等：《中国水旱灾害的经济学分析》，中国经济出版社 2000 年版，第 35 页。

② 参见庄天慧、刘人瑜：《贫困地区村级组织防灾减灾能力评价及影响因素研究——基于西南地区 28 个村的调查》，《干旱区资源与环境》2013 年第 5 期。

③ 参见周峰、许有鹏、石怡：《基于 AHP-OWA 方法的洪涝灾害风险区划研究——以秦淮河中下游地区为例》，《自然灾害学报》2012 年第 6 期。

④ 参见王小鲁、樊纲主编：《中国经济增长的可持续性——跨世纪的回顾与展望》，经济科学出版社 2000 年版，第 213 页。

接经济损失，其中，各大产业中受灾害影响最为严重的主要有农牧渔业、工业与交通运输业以及水利事业。

从农牧渔业的角度来看，我国是农业大国，农业是我国的第一产业。由于洪涝灾害本身的特点，它往往会造成大面积的耕田被淹、农作物被毁，在农牧渔业当中，农业的直接经济损失最大。首先，洪涝灾害是阻碍我国农产品产量增长的一个重要因素之一。灾情较轻的年度农产品产量大大多于灾情较重的年度农产品产量。其次，洪涝灾害具有较大的地域差异性。例如，2013 年洪涝灾害主要集中在东北地区，农作物受灾 3927 千公顷，成灾 2619 千公顷，直接经济损失 591 亿元。① 其中，松辽流域地区最为严重，该地区的洪涝灾害损失是我国将近 12 年以来年均损失值的三倍之多。再次，不同地区的农田受灾率具有很大差异。农田受灾率是指农作物受灾面积与耕地面积的平均比例。根据我国历年农田受灾情况可以看出，农田受灾率在全国显现出由西向东、从北向南逐步升高的趋势。② 最后，洪涝灾害对牧渔产业的影响也较为严重。尤其是 2014 年以来，在我国林牧渔业不断发展的同时，洪涝灾害对牧渔产业造成的直接经济损失也越来越大、越来越严重。

从工业与交通运输业的角度来看，洪涝灾害主要从以下几个方面影响我国国民经济的发展：一是造成工矿企业停产；二是破坏输电线路和通信线路，导致电力中断以及通信中断；三是毁坏路基和路面，导致铁路中断以及公路中断。③ 首先，洪涝灾害对工矿企业造成了严重的经济损失。洪涝灾害会迫使工矿企业停产、停工和停业，导致企业生产量下降，生产值减少。其次，洪涝灾害对交通运输业造成了严重的经济损失。洪涝灾害会损坏铁路与公路的路基、路面、轨道、隧道、车站等基础设施，威胁交通安全，迫使铁路中断以及公路中断。最后，洪涝灾害对电力业与通信业造成了严重的经济损失。洪涝灾害会破坏电力与通信基础设施设备，从而损坏输电线路和通信线路，迫使供电中断以及通信中断。

从水利事业的角度来看，我国要防洪减灾就应当加强水利工程建设，水利事业是对抗洪涝灾害的重要手段。因此，洪涝灾害尤其是大型洪涝灾害，

① 参见崔巍、陈文学、白音包力皋等：《中小河流洪涝风险评估及研究——以哈尔滨地区为例》，《中国水利》2013 年第 4 期。

② 参见薛晓萍、马俊、李鸿怡：《基于 GIS 的乡镇洪涝灾害风险评估与区划技术——以山东省淄博市临淄区为例》，《灾害学》2012 年第 4 期。

③ 参见何爱平：《灾害经济学》，西北大学出版社 2000 年版，第 176 页。

会严重破坏水利设施。洪涝灾害会损害水库、堤防，导致垮坝以及堤防决口，同时，还会破坏机电泵站、机电井、塘坝、护岸、水文测站。灌溉设施以及水电站等水利基础设施，不利于区域防护、农业灌溉的进行，妨碍了区域内的正常发电与供电。据调查，21 世纪以来，洪涝灾害对我国水利设施造成的年均直接经济损失高达 209.12 亿元。其中，江西、广东、四川、浙江和湖南水利设施受损情况最为严重，对我国国民经济的发展有着很大的负面作用。

（四）洪涝灾害的间接经济影响

洪涝灾害不仅会对我国社会经济的发展产生直接经济影响，而且还会产生间接经济影响。间接经济影响是指由于洪涝灾害直接造成了某行业的经济损失，从而影响到与某行业具有关联性的其他行业，甚至影响到整个经济系统，对其他行业产生间接经济影响。目前，洪涝灾害的间接经济影响主要表现在实际 GDP、消费、投资、就业、贸易等方面。洪涝灾害通过对我国农牧渔业、工业与交通运输业、水利事业的影响，导致我国实际 GDP 在一定程度上下降、实际工资水平与就业水平下降、资本要素的四个指标整体下降以及行业产出受到负面影响等等。

二、防灾减灾能力的评估

（一）优化防灾减灾能力评价系统设计

要提高防灾减灾能力，就应当优化防灾减灾能力评价系统设计，提升防灾减灾质量，提高防灾减灾效率。首先，我们应当深化对洪涝灾害防灾减灾能力的认识和理解，设计出综合评价防灾减灾能力的总体架构，有针对性地进行防灾减灾能力评估。洪涝灾害防灾减灾能力是指政府相关部门掌控洪涝灾害对社会经济影响的行为能力，其总体行为目标是避免或减轻人员伤亡以及财产损失，为社会连续性运行和人民人身财产安全提供有力的保障。

其次，应当依据美国危机管理专家和大师罗伯特·希斯率先提出的 4R 危机管理理论和危机管理领域公认的 PPRR 理论应对洪涝灾害危机，设计防灾减灾能力评价体系。其中，4R 危机理论将危机管理分为四个阶段：Reduction（缩减力）、Readiness（预备力）、Response（反应力）、Recovery（恢复力）。PPRR 理论则将危机管理分为 Prevention（危机前预防阶段）、Preparation（危机前准备阶段）、Response（危机爆发期反应阶段）和 Recovery（危机结束期恢复阶段）四个阶段。另外，我国于 2007 年出台了《中华人民共和国突发事件应对法》,根据突发事件发生以及发展的阶段性特征,从预防与应急措施、监测与预示警报、应急行动与救援、事后重建与恢复等方面进行了规范性规定。我们应当深入理解危机管理科学理论和相关法律法规,科学制定洪涝灾害防灾减灾能力评价体系。

最后,应当在危机管理理论的指导下,以《中华人民共和国突发事件应对法》为依据,充分结合我国实际国情,优化洪涝灾害防灾减灾能力评价体系。我们应当建立健全预防与应急措施能力评估分系统、监测与预示警报能力评估分系统、应急行动与救援能力评估分系统与灾后重建与恢复能力评估分系统。其中,在预防与应急措施能力评估分系统中,我们应当主要针对洪涝工程防灾能力、生态保护能力以及民众防灾意识进行评估;在监测与预示警报评估分系统中,我们应当主要针对洪涝灾害监测能力、洪涝灾情分析能力、洪涝灾害预警能力以及相关信息发布能力进行评估;在应急行动与救援能力评估分系统中,我们应当主要针对防洪除涝能力、安置灾民能力、交通运输能力、医疗救治能力以及灾区通信能力进行评估;在灾后重建与恢复能力评估分系统中,我们应当主要针对政府救济能力、资源供应能力、灾区建设能力以及居民恢复能力进行评估。

(二)构建科学合理的防灾减灾能力评价指标体系

首先,应当充分发挥洪涝灾害防灾减灾能力评价指标体系的各种功能。我们应当收集与洪涝灾情以及防灾减灾情况相关的多种数据,将数据加以归纳整理,充分发挥洪涝灾害防灾减灾能力评价指标体系的描述与反映功能。同时,我们应当综合分析灾情区域内各方面的防灾减灾能力,总结和反思不足之处,对比不同灾区的情况,分析相同点与不同点,更好地发现问题、解决问题,充分发挥洪涝防灾减灾能力评价指标体系的监测与评价功能。另外,我们应当明确各地防灾减灾工作的绩效与缺点,优化工作设计,改进工作方法,提高工作效率,充分发挥洪涝防灾减灾能力评价指标体系的指导和决策功能。

其次,应当科学合理地构建洪涝灾害防灾减灾能力评价指标体系,实现评价效果最优化。我们应当贯彻实施科学的理论指导方针,从实际出发,充分考虑到当地灾情和我国国情,将科学理论与客观实际紧密地结合起来,更好地构建洪涝灾害防灾减灾能力评价指标体系。同时,我们应当将洪涝灾害防灾减灾能力评价分为目标层、系统层、状态层和指标差四个层次,坚持系统性原则和层次性原则,协调自然因素、社会因素和经济因素等各方面的关系，突出评价重点，抓住评价对象的主要特征和情况，科学构建防灾减灾能力评价指标体系。另外，我们应当运用简洁明了的文字或表格阐述洪涝灾害防灾减灾能力评价指标体系，实现指标体系的规范化发展，使其具有正确的引导意义，促进我国洪涝灾害防灾减灾综合能力的提高。

（三）构建科学合理的防灾减灾能力评估模型

应当对洪涝灾害防灾减灾能力进行数据标准化处理。防灾减灾能力包含多种方面的能力，因此，针对不同的能力，我们应当根据科学理论和实际情况，提出不同的评价指标。例如，在评价防灾工程的排水管道密度时，我们应当计算该工程的排水管道长度与建成区面积的比率，将实际比率与规范的排水管道密度相对比，科学评价该地区的工程防灾能力。在评价地区人均防护林造林面积时，我们应当计算当地实际防护林造林面积与当地常住人口的比率，将其余规范的人均防护林造林面积相对比，根据对比结果，对该地区的生态保护能力作出科学评价。在评价区域气象观测站点覆盖率时，我们应当计算区域气象观测站点数量与其土地面积的比率，将其与规范的区域气象观测站点覆盖率相对比，科学评价该区域的灾害监测能力。[①] 在评价洪涝灾区除涝面积比例时，我们应当将除涝面积除以耕地面积，再乘以100%，将实际比例数据与规范数据相对比，从而评价该地区防洪除涝能力。在评价洪涝灾区的人均自然灾害生活救助支出时，我们应当计算该地自然灾害生活救助支出与常住人口的比例，将其与规范数据相对比，科学评价该地政府救济能力。在评价地区人均水利、环境和公共设施管理业全社会固定资产投资时，我们应当计算该地水利、环境与公共设施管理业全社会固定资产投资与常住人口的比例，与规范数据对比之后，科学评价该地资源供应能力。

结语

综上所述，洪涝灾害破坏着人们的生存环境，威胁着人们的生命财产安全，对我国的农牧渔业、工业与交通运输业以及水利事业等方面造成了负面的直接经济影响，对我国的实际 GDP、消费、投资、就业、贸易等方面造成了

---

① 参见邱新法、宋亚君、曾燕：《气象灾害风险评估承灾体易损性参数定量确定方法研究——以潍坊市干旱、暴雨洪涝灾害为例》，《科学技术与工程》2013 年第 22 期。

负面的间接经济影响。因此，我们应当加大对防灾减灾事业的投资力度，完善相关政策法规，建立健全灾后重建制度和灾民保障制度，对防灾减灾事业提供有力的政策支持和财政支持，提高我国防灾减灾能力。同时，应当注重洪涝灾害防灾减灾能力评估体系的构建，全方位、多方面地评价防灾减灾能力，促使评价指标科学化、规范化，构建科学合理的防灾减灾能力评估体系，对提高我国防灾减灾能力起到更好的督促作用。

本文原载于《人民论坛》2014 年第 20 期，2017 年 12 月获全国行政学院第四届优秀科研成果三等奖。

规制能力提升是深化中国垄断行业政府规制体制改革的有效途径

张蕴萍

一、引言

由美国次贷危机引发的全球性经济危机，造成了美国及全球经济"温和式"衰退，波及范围之广、影响程度之深、持续时间之长都大大超出了国际社会的预料。在世界各国纷纷采取措施积极应对、谋求经济复苏的当下，"政府规制"再一次进入了人们的视野。

实施政府规制的经济学内涵是如何处理好政府和市场的关系，这是一个经济学理论界、各层级执政者古老而又常新的话题。理论和实践证明，政府干预经济是必要的，政府干预和市场机制共同维护着经济社会的正常秩序。各国政府无外乎通过宏观调控和微观规制这两种政策手段来调节市场、干预经济。其中，宏观调控立足于宏观经济和国际经济视角①，而政府规制则是从微观视角和国内经济视角，纠正市场垄断、外部性、资源配置的非均衡性、分配的不公正性等市场失灵现象，以达到保护消费者利益、维持正常的市场竞争秩序、保障市场经济良性运转的一项制度安排。政府规制又被称为"政府管制"或"政府监管"，缘起于市场失灵，是由规制主体依据相关法律、规章、命令或裁决，对规制客体的经济行为进行的制约、干预等一系列

① 参见赵美泽、王栋、孙峰华等:《烟台市国有资产运行机制存在的问题及对策研究》，泰山出版社2014年版，第15页。

行政管理与监督行为[①]，用来修正市场制度的种种缺陷，以避免市场经济可能给社会带来的某些弊端。规制主体主要是指各级政府或者独立的规制机构，规制客体主要是指具有垄断行为的微观经济主体。但是在具体实施过程中，规制政策的执行效果有可能偏离政策的预期，甚至出现背离现象，从而导致“规制失灵”或者“规制失效”的情况发生，对微观经济主体乃至整个经济社会生活造成效率低下、社会福利降低的负面影响，甚至滋生腐败，进而造成巨大的经济损失。

具体到我国，改革已经走到了第 37 个年头，全面深化改革进入关键时期，改革重心正在全面转向“攻坚区”“深水区”。垄断行业的全面改革即是其中一个难啃的“硬骨头”。我国的垄断行业主要是自然垄断和行政垄断的交织体，经营主体均为国有企业。近年来，经过竞争性业务和垄断性业务的分拆、放松市场准入门槛等市场化改革，行政垄断格局开始被打破，改革成效非常显著，正在逐步建立以公有制为主体、多种所有制并存的现代产权制度，以及产权清晰、权责明确、政企分开、管理科学的现代企业制度。但是，在取得以上种种成就的背后，垄断行业的改革仍然滞后于我国市场化改革全局，政企不分、效率低下、缺乏竞争等弊端并没有得到根本性的解决。各种垄断和阻碍竞争的行为保护了落后的生产方式，破坏了市场公平原则，产品或者服务的价格等市场经济信号严重失灵，进一步导致了市场资源的错误配置，反而加剧了市场失灵。自从 2008 年以来，深化垄断行业改革的内容每年都作为重要部分写进中央政府工作报告。国家发改委也出台了一系列政策文件以加快推进垄断行业改革。但是改革进展却非常缓慢，有学者曾经形象地将垄断行业改革比喻为火车进站：吼声大、行动缓。

当前，按照党的十八届三中全会的总体部署，新一轮垄断行业改革已经拉开了历史的序幕。改革的目标和方向“是要形成更加完善的体制机制，充分体现国有企业根本属性和内在要求，使其更好地为全体人民谋利益、增福祉”[②]。如何提高竞争能力、保持国有企业在国民经济的主导地位是下一步的工作重点，而进一步深化垄断行业的运营体制、竞争体制、产权体制、治理体制、规制体制改革将是这一战略目标顺利实现的制度保证。如何规范政府规制，如何构建起与市场化改革相适应的垄断行业政府规制体制将是其

---

① 参见王俊豪：《政府管制经济学导论——基本理论及其在政府管制实践中的应用》，商务印书馆 2001 年版，第 1 页。

② 《求是》评论员：《做好深化国有企业改革大文章》，《求是》2015 年第 11 期。

中的重中之重。综观我国垄断行业政府规制体制改革，尽管取得了阶段性的成就，但是面临的问题和挑战依然很严峻，主要体现在以下两个方面：一是“二元”化特征明显，由于计划经济时代路径依赖所导致的过度管制与现代意义上的规制无力、无效状态并存。二是与市场化要求相比，缺乏合理有效的价格规制体制。政府规制体制的不完善加剧了我国垄断行业市场结构和价格结构的不合理、产业发展的不规范、受规制企业竞争力以及市场效率的低下、消费者剩余以及社会福利遭到损害等问题。激励机制的扭曲是造成我国垄断行业规制效率低下的症结所在。破解这一难题的有效途径在于提升政府规制能力，构建新的激励性规制体系，在不完善的市场和不完善的政府之间寻求最优规制，保护和促进竞争，提高社会总福利。

二、我国垄断行业政府规制体制改革有待进一步深化

脱胎于计划经济体制下的垄断行业政府规制体制对增强我国的经济实力起到了重要作用，但是与社会主义市场经济的内在发展要求相比还有许多不完善的地方，亟待进一步深化。

（一）我国的垄断行业主要是自然垄断和行政垄断的交织体

自然垄断的经济学特征是企业的规模经济效益、范围经济效益[①]，自然垄断往往需要用政府权力控制市场准入以保护企业的规模经营，这就将自然垄断与行政垄断联系了起来。自然垄断与行政垄断的根本区别并不是以是否依靠行政手段保证垄断为标志，而是以是否具有明显的规模经济性为标志。目前我国的垄断行业主要是自然垄断和行政垄断的交织体，在被称为“垄断行业”的领域——电力、电信、公路、铁路、公共汽车、港口、机场、自来水、石油、天然气、供暖、邮政等行业，其经营主体均为国有企业。这些行业是国民经济的基础和支柱，有很强的外部性，或具有国家战略意义。由于种种原因，难以实现一般意义的市场竞争。即使在西方成熟的市场经济体制下，上述全部或部分垄断行业也一直被置于政府的严格控制之下，或由国有企业占支配或垄断地位。近30多年来，世界各国在垄断行业兴起改革浪潮。改革的目的大体是为了转变官商习气、提高效率，或是出于自由经济的信仰。改革主要有两条途径：一是以英国为代表的私有化（或产权多元化）

---

① 参见唐小锋：《中国电网企业政府规制理论及其政策建议》，《学习与探索》2014年第10期。

形式;二是以美国为代表的自由化形式,放开市场引入竞争,同时对法律与监管(也即政府规制)框架相应进行调整。[①]

(二)我国垄断行业规制体制改革的重点依然是反行政垄断问题

当今时代,技术创新驱动经济迅猛发展。在西方成熟市场经济国家,各种形式的垄断组织控制着经济命脉。各发达国家的反垄断主要是针对经济性垄断,反对卡特尔、辛迪加、托拉斯、康采恩等垄断组织或私人公司通过价格同盟、控制生产销售渠道等不正当竞争手段限制市场竞争,从而对消费者以及中小企业等市场竞争主体的利益造成巨大损害,阻碍产品或服务质量的改善以及科学技术的创新与进步的经济行为。[②] 与发达国家不同,我国垄断行业所取得的垄断地位依靠的是行政权力。37 年的市场化改革使得部分垄断性行业的去行政化改革得到一定程度的解决,取得了如下成绩:一是初步实现了政企分开。电信、电力、民航、邮政、铁路等部门的"政企分开、政资分开、政事分开、政社分开"的改革初步到位,组建公司实施企业化经营,设置政府规制部门或明确规制职能。二是部分垄断行业基本形成了有利于引入竞争的市场结构。其中电信、电力等行业竞争的格局基本形成,推动了现代企业制度的建立,在法人治理结构、公司运行机制、内部管理制度以及透明度等方面已经取得了一定进展。邮政部门已经出现过度竞争的局面。但是总体上看,尚未从根本上解决垄断问题,部分行业仍是政企不分、独家垄断;部分行业虽然引入竞争,但在主营业务仍是一家独大,真正的竞争尚未形成。因此,今后一段时期,我国面临的紧迫问题主要是行政垄断,尤其是行业和部门垄断,而不是因为经济性垄断妨碍市场竞争和提高效益。

(三)我国垄断行业政府规制体制改革面临的突出问题

1.政府规制体制"二元"化特征较突出

目前,针对我国垄断行业的科学的政府规制体系并未真正建立起来,"二元"化特征明显。一方面是对垄断行业的过度管制,设置并严格维护了自然产业的进入壁垒;另一方面是规制的无力、无效造成了垄断行业的无序竞争状态。建国初期至改革开放之前,我国一直处于高度集中的政府规制体制,政府既是公共产品或者服务的供给者,同时也是生产经营者。[③] 在原

① 参见高梁:《垄断行业和国有企业改革》,《政治经济学评论》2010 年第 3 期。

② 参见朱泽:《加快垄断行业的改革步伐》,《宏观经济管理》2006 年第 2 期。

③ 参见王学庆:《垄断性行业的政府管制问题研究》,《管理世界》2003 年第 8 期。

来我国"大一统"的计划经济体制下,所有的经济活动都处于国家的计划之中,市场在资源配置中不能充分发挥调节作用,这种高度集中的规制谈不上是现代意义的规制,但是有规制的职能在里面。经过30多年的改革,充当规制角色的国家计划委员会已不复存在,相继出现的国家发展计划委员会和国家发展与改革委员会只对各垄断行业的重大价格行为进行监督,不负责质量监管,价格监管也要与行业主管部门共同进行,过去国家计委的那种控制作用已不存在。各行业主管部门取代国家计委成为了垄断行业主要控制力量,但是这些主管部门并没有成为真正的规制机构①,它们在计划经济时代充当的角色和职能并没有改变,而是演变成了垄断行业利益的维护者。残留在行业主管部门的计划管理体制,不仅不能发挥正常规制作用,而且经常发挥不正常的规制作用。它们的作用很多时候不是对垄断行业进行规制,而是进行反规制②,呈现过度关注行业利益而忽视公众利益的规制局面,甚至由于行政隶属关系的原因,实行着一种厂商保护主义,经常成为厂商利益的"政策保镖"。③

我国行业主管部门被赋予了过多的经济规制权力,特别是在市场准入方面和价格政策方面。而这些经济规制权力由于得不到有效的再规制,也就是没有得到有效的监督,从而导致了行政性滥用情况发生。这种权力的滥用一方面严重地损害了广大消费者的合法权益,另一方面又使得生产经营者对规制机构始终存有极强的利益预期,反过来助长了"权力寻租"等不良社会现象。由此可见,我国仍处于"二元化"的政府规制体制之下,科学的政府规制体制并未真正构建起来。

2.缺乏合理有效的价格规制

与市场化要求相比,我国的垄断行业价格规制欠缺科学性和合理性。一是针对垄断行业有效的价格规制法规体系并未真正建立起来。现今遵照执行的是《中华人民共和国价格法》(1998年5月起实施,2011年修订)以及相关的法律法规。这一法规体系中并未将垄断性行业、竞争性行业、公用事业以及公益事业所提供的产品或服务的定价原则、方法、规制方式等区别开来,缺乏针对性和可操作性,从而导致规制机构对垄断行业的价格约束功能在制度层面上的弱化,价格规制行为无章可循,透明公开程度较低;二是价

① 参见王学庆:《垄断性行业的政府管制问题研究》,《管理世界》2003年第8期。

② 参见王学庆:《垄断性行业的政府管制问题研究》,《管理世界》2003年第8期。

③ 参见杨欣:《论我国政府经济职能转变的目标及实现路径》,《辽宁警专学报》2007年第2期。

格规制方式简单。我国的垄断行业价格规制沿袭着计划经济体制的申报审批制。政府进行价格规制的依据是由企业上报的成本资料，垄断行业价格的制定或调整采取的是成本加成定价法。但是由于独特的地位，垄断企业的成本并非代表社会平均成本或社会先进成本，而仅仅是垄断企业的个体成本。另外，由于信息不对称，政府也难以获取成本的真实信息，对价格的审核无法体现应有的客观公正性，只得付出高昂的信息租金。于是，政府和垄断企业讨价还价，各方利益集团的博弈产生了政府规制垄断价格的方式。并且，由于价格规制的制约功能弱化，缺少对垄断行业预期成本、效率指标的限定，因而垄断行业在运营过程中往往不去过多考虑成本控制、节约资源的问题，造成社会效率损失；三是规制者定位不明晰。政府肩负着多重角色，既是规制政策的制定者，又是执行者、监督者，还是垄断行业的经营者；承担着对垄断行为的约束、风险防范以及对国有资产保值增值这一对相互矛盾的市场职能。因此，政府的这种模糊定位也必然带来如下弊端：(1)对国有资产保值增值这一显性职能往往战胜其规制职能，价格规制最终沦为保护垄断行业利益的工具。(2)由于自然垄断性，垄断行业呈现固定成本高而边际成本低的特点，也即初期投入成本较高，后续运营成本较低。垄断行业所涉及产业多为民生类或普遍服务类，承担着稳定物价的责任，不能单纯追求利润最大化，因此一直采取低价原则，对企业造成的损失一般通过财政补贴以及价格补偿两种方式进行弥补。但是，由于受各级政府财力的限制，财政补贴的渠道往往无法保证顺畅、高效，政府往往对垄断行业的提价行为采取默许的态度以解决政府补贴不足的问题。这种价格规制机制的不完善，无法厘清垄断行业成本的政策性因素和经营性因素，往往将市场性因素导致的亏损视为政策性因素，由政府或民众买单，从而导致垄断价格虚高在制度上的合法化。(3)价格规制的监督功能弱化、规制影响评估制度的缺失[①]，导致垄断行业利用其垄断地位不正当加价调价、强买强卖或延伸服务经营项目的行为时有发生。[②]

① 参见蒋海洪：《政府规制影响评估制度的法经济学思考——以医疗器械规制评估为例》，《广东商学院学报》2013 年第 2 期。

② 参见戚聿东等：《中国垄断行业市场化改革的模式与路径》，经济管理出版社 2013 年版，第 466～468 页。

三、激励机制的扭曲是造成我国垄断行业规制效率低下的症结所在

我国实施政府规制的初衷是为了保护、扶持自然垄断行业的发展，但是实际运行效果却与政策的预期愿景相左：一是垄断行业的产业效率低下与自然资源及社会资源的低效率配置、社会福利损失的高启并存；二是因信息不对称而导致政府支付大量的信息租金，产生较高的规制成本，同时助长了企业的寻租行为，从而带来政策制定的随意性、执行的不彻底性等连锁反应，甚至"寻租""造租"行为等腐败现象丛生；三是在政府实施微观规制的同时也抑制了企业创新，对低效率充当了庇护者的角色。在现有体制下，鼓励纵容了员工尤其是高管人员的工资、产品或服务价格的螺旋式上升，助推了以成本（包括物质、技术成本以及人力资本）扩张、浪费为主的现象蔓延。从不同的研究视角出发，分析导致我国垄断行业规制效率低下的原因，不同的学者给出不同的答案。究其实质，问题的症结主要在于激励机制的扭曲，这是由信息不对称以及委托代理关系造成的。

在实践中，规制主体与规制客体之间处于明显的信息不对称状态。政府规制部门位于信息洼地，掌握的关于生产经营的信息要比被规制企业少很多，诸如生产技术的创新及应用、产品（服务）成本以及质量的控制、市场需求的变化等。被规制企业往往也不愿意向规制部门公开相关运营信息，以便维持垄断高价、攫取高额利润。政府规制部门无法及时、精准地获得以上市场变量，甚至很难发现这种信息的扭曲。

政府规制部门与被规制企业存在委托代理关系，其中政府规制部门是委托人，被规制企业是代理人。两者的目标函数存在较大差异，前者主要关注社会福利（由消费者剩余与生产者剩余共同构成）最大化，而后者则主要追求企业自身利润最大化，将企业利益、部门利益置于公共利益之上。

由于信息不对称以及效用函数不一致的委托代理关系的存在，导致被规制企业的逆向选择问题和道德风险问题，进而导致激励机制的扭曲。具体来讲，被规制企业往往利用信息优势和利润动机，故意抬高成本水平，诸如我国互联网"资费高""网速低"的问题。另外，为降低成本需要加快技术创新，这意味着R&D经费投入以及创新人才成本的高昂投入，但是由于市场和技术的不确定性以及垄断价格的补偿机制不完善，垄断企业往往进行逆向选择，技术创新行为遭到遏制。

四、提升规制能力、构建科学的激励性规制体系是深化垄断行业政府规制体制改革的有效途径

破解规制效率低下、提高垄断行业竞争力、保护消费者利益的关键在于提升政府规制能力,创建科学合理的激励性规制体系。这是新时期深化垄断行业规制体制改革的有效途径,也是强化政府治理能力的重要内容之一。

(一)垄断行业加强政府规制的必要性

坚持我国国有企业在关系国民经济命脉的重要行业和关键领域的支配地位,其效率主要取决于技术、装备与管理水平,产权并不重要[①],要反对传统政府规制体系的新自由主义倾向。随着技术进步、需求水平与需求结构的变化,在一些传统自然垄断产业实施了放松规制改革,将非垄断性环节与垄断性环节剥离,在非垄断性业务领域引入市场竞争。尽管自然垄断产业的边界被打破,但是自然垄断产业的特征并未发生实质变化,仍然需要政府充当“守夜人”的角色来纠正市场失灵、维护社会稳定。对垄断行业微观规制也是一种管理能力,坚持让市场规律在资源配置中起决定作用的同时,要向规制管理要效益,让政府规制真正回归到对市场微观经济主体的行为进行制约、干预和管理,修正市场制度的种种缺陷、维持公平竞争市场秩序的基本功能上来。

(二)提升规制能力,创建新的激励性规制体系

在企业进入、产品或者服务的价格以及质量等方面对自然垄断特征依旧存在的领域和环节实施微观规制,提高规制效率,引入激励规制,创建新的激励性规制体系,这是深化垄断行业政府规制改革的方向,而保证改革顺利实施的关键则是要提升政府规制能力。

1.提升政府规制体系设计能力

垄断行业存在不对称信息以及由此产生的逆向选择和道德风险等问题。政府规制部门无法完全详细掌握有关企业生产成本函数和需求函数的信息。[②] 由于无法观测到真实的市场信息,传统的规制体系得到的仅是扭曲

① 参见高梁:《垄断行业和国有企业改革》,《政治经济学评论》2010年第3期。

② Ingo Vogelsang, Jörg Finsinger, “A Regulatory Adjustment Process for Optimal Pricing by Multiproduct Monopoly Firms”, *Bell Journal of Economics*, Vol.10, No.1, 1979, pp.157-171.

信息，缺乏科学的制度设计基础，某种程度上来讲是个制度黑箱，不可避免地带来规制失灵的情况。只有当“市场失灵”与“政府失灵”同时得到解决，资源配置才能达到帕累托最优，社会福利才能实现最大化。[①] 与其受制于信息不对称，不如借鉴大禹治水以疏代堵的思路，打破制度黑箱。正视信息约束以及逆向选择和道德风险这两种表现形式，对成本高、效率低、收益差的传统规制体制的思路和方法进行重新调整，设计诱使企业提供真实信息的激励性规制合同，也即规制经济学家罗埃比、马盖特的“说真话机制”[②]，诱使被规制企业显示真实成本，让垄断企业主动接受激励，从而促使企业提高效率，进而完成政府规制意志。提升政府规制体系设计能力，可结合垄断行业的产业特点积极引入和综合运用提高企业激励水平的规制措施，如采用最高限价规制和社会契约规制等激励性规制可以诱导企业提高经营效率，采用特许投标规制和区域间竞争规制可以给予企业以竞争刺激等。[③]

2.提升政府价格规制能力

价格规制是对垄断行业进行微观规制的重要手段，具有复杂性和多样性的特点。科学合理的价格规制体系应该遵循价值规律，促使价格起到合理配置资源、调节社会需求、保证社会供给的作用。提升政府价格规制能力，一是要坚持效率原则和公平原则。既要提高资源配置效率、垄断企业内部效率以及消费者使用效率，又要保证生产经营成本的合理分摊[④]；二是要在垄断企业与公众利益之间寻求一个平衡点。既要防止垄断企业利用其垄断地位人为设置价格高位，谋求暴利损害消费者利益，又要保证垄断企业能够获取合理的成本补偿，以确保其简单再生产的持续；三是要在激励性规制框架内，优化价格规制方式。可以考虑以下方式：(1)最高限价方式。在我国垄断领域竞争不充分的背景下，最高限价可以防止垄断企业共谋，制定垄断高价，损害消费者利益。(2)实行“两部制”价格。根据垄断行业所提供的产品或者服务的供求状况，由政府给消费者确定基本的消费额度，对定额内和定额外的产品制定不同的价格。这种方式主要适用于具有较强需求弹性的产品，比如阶梯水价。这既能保证消费者得到最基本的需求，又能保证垄断企业获得经营补偿，还可以达到抑制消费、刺激供给的目的；四是完善垄

---

① 参见汤自军：《市场失灵与政府失灵：论规制理论的发展》，《学理论》2011 年第 25 期。

② 参见樊建强：《基础产业经济性规制理论变迁》，《长安大学学报》（社会科学版）2012 年第2 期。

③ 参见张茉楠：《梯若尔理论的改革启示》，《中国金融》2014 年第 21 期。

④ 参见刘树杰：《价格监管的目标、原则与基本方法》，《经济纵横》2013 年第 9 期。

断行业成本约束机制。成本约束机制的关键是要保证信息的真实性，减少信息租金的损失。可以考虑以下措施：(1)对上报的成本信息，引入第三方物价审核部内，剔除虚高部分。(2)根据企业产品零售价格指数、所在行业技术进步率、实际生产效率、国内外同行业先进生产效率的差距等因素，确定成本控制参数，形成成本变动硬约束。[①]

本文原载于《理论学刊》2015年第8期，2017年9月获山东省第三十一届社会科学优秀成果三等奖。

① 参见戚聿东等：《中国垄断行业市场化改革的模式与路径》，经济管理出版社2013年版，第473～476页。

新媒体时代强化网络舆情引导研究

邓凌月　杜艮芝

互联网作为新媒体时代的主流媒体，已成为舆论形成的新型大众媒介，也成为普通群众参政议政、进行民意表达的重要信息平台。网络从传播方式到传播内容的双重变化，极大地拓展了社会舆论空间，使网络舆情的社会影响力和社会推动力日益显现，对于政治、经济、文化等各个方面乃至整个社会的发展都产生着深远影响。2008 年 6 月，胡锦涛总书记在人民日报社考察工作时指出："互联网已成为思想文化信息的集散地和社会舆论的放大器，我们要充分认识以互联网为代表的新兴媒体的社会影响力。"①因此，做好新媒体时代的网络舆情引导工作已成为提高政府科学治理水平、提升党的执政能力的重大现实课题。

一、网络舆情对有效实施社会管理构成挑战

网络舆论可以说是一种最具"原生态"的鲜活民意，正在逐渐成为民意"晴雨表"、社会"风向标"、大众负面情绪的"泄压阀"，并带动网络民主、网络民生、网络反腐等现象风生水起。据中国互联网络信息中心（CNNIC）发布的统计数据，截至 2011 年 12 月底，我国总体网民达到 5.13 亿。② 伴随网民数量急剧增加，网络舆情日趋表现出极强的多元性和不确定性，甚至在一定程度上成为意识形态中非理性社会心理的一种反映形式，导致网络负面舆

① 胡锦涛：《在人民日报社考察工作时的讲话》，《人民日报》2008 年 6 月 21 日。

② 参见《第 29 次中国互联网络发展状况调查统计报告》，2012 年 1 月 16 日，http://www.cnnic.net.cn/dtygg/dtgg/201201/t20120116_23667.html。

论热点事件、网络公共危机突发性事件和群体性事件的频繁发生。新媒体时代的舆论环境对我国各级党委、政府如何科学应对网络舆情提出了新的要求和挑战。

（一）日常舆论引导的难度逐渐增大

首先，网民从新闻传播的受众者转变为"发布者"。博客、微博、BBS、音视频等自主发声的网络平台，已逐渐成为普通群众的"自媒体"，我国正进入全民"围观"时代。其次，网民以"隐形人"的身份在网上发表意见，造成网络言论泥沙俱下、真伪难辨。充斥着情绪化和极端化的网络言论使网络舆情出现非理性化，扰乱公共话语体系和公民的价值判断，由此导致的突发性、群体性事件增加了社会不安定因素。最后，网络的实时性、交互性加大了政府对信息传播进行技术控制的难度。一些商业网站为了提高网络热度和点击率，发布未经证实的虚假信息或所谓的"内幕消息"来吸引眼球，赚取商业利润。"网络黑社会"打着所谓"网络公关公司""网络营销公司"的名义，雇用网络水军、网络推手不断在国内一些论坛上发布攻击信息和造谣言论，凭空捏造事实，恶意误导舆论，造成公众恐慌，使日常网络舆情引导的难度不断增大。

（二）政府的社会公信力受到质疑

当前我国社会正处于社会转型期，利益主体多元化、社会收入分配不均、贫富差距拉大等直接影响到部分社会成员切身的经济利益和社会利益，而网络舆情的日益复杂尖锐正是网民在自身权益受到侵害而无法通过正常途径解决时，对政府公信力的质疑在网络中的映射。网民反应最为强烈的舆情热点主要集中在民生诉求、涉法涉警、贪污渎职三大领域，其主体也大都是党和政府及各级领导干部。由于网络传播的"蝴蝶效应"和"沉默的螺旋"效应，社会矛盾冲突不断被激化，引起网民共鸣，加剧了社会公众和政府之间的对立情绪、不信任、不认同感，降低了政府的社会公信力。

（三）舆论环境的复杂态势日益加剧

在新媒体时代，网民通过网络可以随时随地进行"公民现场报道"，深刻改变了社会舆论的生成机制，也为虚假信息制造者和谣言传播者提供了空间，加剧了舆论环境的复杂态势。部分网民由于法律意识淡薄，不负责任地散布谣言和虚假信息，如导致"谎报地震""抢盐风波"等类似事件的频繁发生；一些网民把网络当作不良情绪宣泄口，在面对网络负面舆论热点事件时，往往会一边倒地同情现实社会中的弱势一方，习惯性地质疑政府和司法部门，在“仇官、仇富、仇警”等心态的驱使下，随意发布片面、偏激的言论，对社会产生强大的影响力。这不仅有可能干扰党和政府决策，影响司法审判，而且还有可能成为群体性事件发生的直接动因。

（四）网络信息安全监管形势异常严峻

一些组织或个人出于某种目的进行泄密、破坏、侵权和意识形态的渗透，甚至通过网络进行政治颠覆等活动，严重威胁国家利益、公共利益和公众合法权益。境内外反华分裂势力、敌对势力、邪教和恐怖组织等，运用各类“翻墙”软件、加密邮件，穿透防火墙，突破我国互联网国际进出口网关，发布大量针对我国的歪曲真相、蛊惑人心的负面信息，进行意识形态和思想文化渗透，传播反动消极言论，诋毁党和政府形象，制造政治混乱，煽动群体闹事，对社会稳定和公共安全具有极强的破坏力。而由于网络安全监管机制不健全、网络安全运维投入低等原因，我国的网络处于被窃听、干扰和监视等多种安全威胁中，系统安全漏洞、间谍软件频繁出现，网络蠕虫、黑客攻击等事件时有发生，导致网络舆情群体性事件频发，网络信息安全监管形势异常严峻。

二、当前引导网络舆情存在的几个突出问题

近年来，党和政府非常重视网络舆论在意识形态领域的导向性作用，各级政府都建立了网络舆论宣传与管理部门，网络舆情管理的各项工作机制也在逐步完善之中。但必须清醒地认识到，由于新媒体时代的舆论环境发生了根本性变化，网络舆论的“双刃剑”效应日趋明显，给舆情引导工作带来了巨大压力。网络舆情引导还存在一些突出问题，主要表现在以下几个方面。

（一）部分领导干部对网络舆情的重要性认识不足

如何对待网络舆情，在很大程度上折射出执政理念如何。当前，网络已成为群众行使知情权、参与权、表达权和监督权的重要阵地和重要途径，成为群众表达诉求、沟通交流、抨击时弊、建言献策的重要工具，也成为落实“立党为公，执政为民”的执政理念、加强和创新社会管理的重要手段之一。但是，不少领导干部仍然没有从网络政治、网络民主的角度来看待网络舆情，对网络舆论监督持有抵触情绪和恐惧心理，患了“网络恐惧症”。尤其是在网络突发事件面前，个别党政机关表现出官本位思想、惯性思维和官僚敷

衍作风,导致部分地方政府的舆情应对机制仍然僵化、低效。

(二)政府危机公关机制尚不健全

政府危机公关是政府公共危机管理必不可少的手段,在网络突发事件的应对、舆论引导以及政府形象塑造方面都发挥着重要作用。然而由于我国公共危机应对处理机制尚处于起步阶段,当网络突发事件出现时,某种程度上的推诿扯皮、回避责任等,加剧了谣言的散布传播和舆情危机的恶化,削弱了政府行政效能,影响了政府形象。政府的社会管理和公共服务能力与公众不断增长的维权意识之间形成了较为严重的矛盾。例如,在"湖北石首骚乱事件"中,面对网民的"实时报道",地方政府危机应对失策,是导致这起重大群体事件的直接动因。

(三)政府网络互动平台有待整合提升

据统计,截至"2008年,中央部委政府网站普及率达到96.1%,省市政府网站普及率达到100%,地市级政府网站普及率达到99.1%"[①]。全国以.gov.org.cn等为域名后缀的政府及政务服务型网站近7万家,已注册并认证的政务机构微博达上万家。[②] 综观这些网站,主要有以下几个问题:一是政府网站建设区域发展极不均衡。省、地(市)、区(县)这三个层次的网站,普遍呈现出中东部多、西部少甚至没有的特点。二是政府网站运行效率低,不作为的现状亟待改善。不少政府网站处于"休眠"状态,投入巨资建立起来的网站变成了好看不中用的"面子工程"和"形象工程"。网站栏目设置不合理、重点内容不突出、信息发布反馈不及时、互动功能不完善的现象比较普遍。三是政务微博的建立和运用存在一定程度的无序自发状态。开通微博的机构大多集中在公安、司法、宣传、交通、旅游等部门,其他的职能机构很少,并且目前各个网站之间的微博用户是物理隔离、相互独立的,不利于政务微博的互联互通以及统一的管理与服务。

(四)网络立法执法面临困境

一方面是立法难。全国人大常委会通过的网络法规仅有《关于维护互联网安全的决定》1项,由国务院发布实施的有关信息网络的政策法规仅有《互联网信息服务管理办法》等4项,其余绝大多数则是一些部门规章和地

① 《(2008)中国政府网站绩效评估结果》,2009年1月12日,http://news.cctv.com/china/20090112/102350.shtml。

② 参见《2011优秀政府网站推荐及综合影响力评估结果公布》,2011年12月28日,http://www.gov.cn/gzdt/2011-12/28/content_2031424.htm。

方条例。现行的网络立法停留在部门规章层面，立法位阶低，没有清晰具体、可操作性强的行为规范体系。特别是涉及言论自由、知情权、隐私权、名誉权等公民个人权益的立法、数据库保护法、数字认证法以及计算机安全监管等方面的法律法规很不健全。另一方面是执法难。我国网络管理部门多达20余家，分头负责制定具体管理办法、协调解决网络相关重大问题。管理部门权责不明晰，管理权限内容交叉重复，容易产生管理纰漏和混乱。同时由于网络犯罪行为存在技术性强、时间短、不留痕迹等特点，给网络执法带来较大困难。

三、新媒体时代强化网络舆情引导的对策

做好新媒体时代的网络舆情引导工作，应将网络舆情常态化监管与危机应急处置相结合，形成系统运作、科学有效的网络舆情引导长效机制。

（一）重视网络舆情的常态化监管，科学引导网络舆情

1.正视网络舆情，转变执政理念

要正确对待网络舆情，充分认识网络舆情的极端重要性，对群众网络监督和网络问政要秉持积极主动、包容开放的心态，开辟更多、更畅通的网络互通渠道，创造更加开放的舆论空间，使网民的合理诉求得到充分表达，切实解决网民反映的热点问题，将社会矛盾化解在萌芽状态中。要将网络舆情当作了解社情民意的新渠道，解读网络舆情蕴含的深层次现实问题，努力打造“勤关注、勤倾听、勤回应”的服务型政府，逐步形成新媒体时代的思维方式和执政管理方式，从而凝聚社会共识，促进社会和谐，形成党和政府与民意的良性互动。

2.打造互动平台，提升政府形象和公信力

一是完善政府网站和政务微博，开放互动平台。政府官方网站是政府的权威信息门户和动态资料库，是政府运用网络信息技术进行政务公开、便民互动及收集网络问政信息的平台。应进一步完善政府网站的互动功能，开通网上信访、投诉建议的互动平台，建立高效互动机制。时刻关注网络突发事件和热点舆情，积极利用网络与公众对话，增强政府网站的权威信息发布、政策解读功能，引导网民理性探讨问题、表达意见，通过真诚沟通，协调不同利益群体之间的关系，维护大多数群众的利益，进一步密切党群干群关系。重视政务微博的系统性建设，研究探索“政务微博群”的建立完善。应

由省、市一级政府部门牵头组织，按照政府各部门的自然组织结构建立一个自上而下的政务微博群。各部门微博之间应添加其他相关部门的微博链接，方便信息的上传下达、互联互通。由专人对信息进行及时更新、收集、上报、反馈，提升政务微博的运行效率和行政服务效能。二是切实做到政府信息公开。必须“抓好重大突发事件和群众关注热点问题的公开……及时回应社会关切”[①]。对于谣言传播导致危机的舆情热点事件，更应及时通过官网、微博等主流媒体，第一时间发布权威信息，提供详尽的数据资料，客观公布事件进展、调查处理结果和公众防范措施，使谣言不攻自破，引导网民自发作出理性判断。

3.完善网络立法，推进舆情引导法制化进程

一是加强立法，做到有法可依。尽早出台体系完备、可操作性强、紧跟网络发展趋势的网络管理法律法规，构建由法律、行政法规、部门规章和司法解释共同组成的规范系统的体系。二是严格依法管网。加大对违法违规网络传播行为的查处力度，对于利用网络泄露国家机密、反动暴力、造谣诽谤、侵犯他人隐私、恶意人身攻击、发布低俗淫秽色情信息等违法乱纪的行为人，必须依法追究其法律责任。对于滥用公权随意践踏民众自由表达权，打击报复甚至肆意抓捕网民的行为也要依法严惩，维护法律尊严和政府公信力。三是实行网络“实名制”。“实名制”能够对网络信息监管产生示范效应，遏制网络匿名制度造成的网络语言暴力、诽谤和暴露他人隐私等行为，推动网络舆论健康有序发展。

（二）提升舆情危机的应急处置能力，有效应对网络舆情

1.要加强对舆情热点的技术监测与分析研判

加强与专业舆情监测服务机构的合作，重视技术研发，采用舆情智能监控技术及时甄别和处理各种舆情信息，对转载量、转载媒体的权重、点击数、回复跟帖数进行汇总统计，及时准确地把握网络信息的来源、流量、流向、性质等，明确舆情热点，分析研判网络舆论发展动态趋势，并在第一时间向政府主管部门报送负面热点舆情分析评估报告。要运用智能搜索识别技术、数据挖掘技术、信息关防过滤等网络技术，实现对 IP 地址的识别、定位、监测、跟踪、封锁，必要时对论坛发帖进行延时审查及发布，屏蔽、限制浏览境外反动、敏感网站等。要通过智能型分析软件进行跨语种、跨媒体的舆情要

① 《关于深化政务公开加强政务服务的意见》，人民出版社 2011 年版，第 6 页。

素挖掘采集、关键词识别抽取和相似聚类、自动过滤、专题跟踪、趋势分析、报告整编等，在科学监测和分析研判的基础上实现对负面舆情的有效预警，从而把舆情引导关口前移到对负面舆论的科学监测和分析研判上，及时发现解决倾向性问题，提前介入和正确疏导，为有效引导舆论赢得先机。

2.加强对舆情危机的快速回应与沟通引导

一要快速回应网络热点，抓住舆情引导的关键时机。要高度重视舆论引导的作用和价值，快速厘清事实真相，主动回应网民质疑，尽快化解对立情绪，有效控制和减轻舆情的进一步演变恶化。二要借力主流媒体，把握舆情引导的主动权。加强与主流媒体、相关管理部门的密切配合，充分发挥网络媒体与传统媒体的合力，赢得舆论话语权和引导主动权。三要完善网络媒体议程设置，提升舆情引导的影响力。通过设置专版、专题、热帖评论等来吸引网民注意力，发挥议程设置的作用。

3.加强对舆情处置的汇总研判与问责督办

对网络舆情数据信息的汇总研判，既是对网络舆情的科学尊重和理性对待，更是对舆情积极而务实的回应。主管部门应全面汇总、登记相关信息和数据，进行深刻研究与反思，以总结经验或吸取教训。同时，要加强对问责处理的督办落实。完善的问责机制不仅能够稳定社会公众情绪，维护社会稳定，而且是展现政府担当、树立政府公信、挽回政府形象的重要一环。网络突发事件大多涉及负面、敏感信息，地方党委、政府及各部门要在充分调查取证并深入分析的基础上，对人员伤亡及财产损失等情况查清事实真相，对责任相关单位和个人进行问责处理并督办落实。

（三）建立完善网络舆情引导的长效机制

1.设立政府相关机构，建立舆情引导多方联动机制

由于网络舆情的处置往往涉及多个部门，因此应成立以党政主要领导挂帅的网络舆情监管领导小组，完善机构设置或抽调专门人员，建立宣传、文化、民政、信访、公安、网络等相关职能部门的联动体系，实现与主流媒体、社会组织、重点网站、重要论坛的的顺畅、高效沟通，产生舆情危机应对合力。要做好应急预案，在面对突发性重大舆情时，能够对预案进行适当修正和调整，按照统一领导、多部门联动、各司其职的原则，迅速展开应对处置，实现网络舆情引导工作的科学高效。

2.培养“专业型”人才，完善政府网络新闻发布机制

我国网民大多数比较年轻，社会阅历不足，对事件的解读容易出现偏

差，但一段时间内易形成主要声音，其网络动员力不可小觑。因此，要集中力量打造特定领域中有公信力和影响力的网上民意主导者，使其在特定的专业领域内发挥正向引导力，帮助网民提高对信息的鉴别力和客观理解力，实现网络舆情引导的良性循环。应选拔能力强、业务熟、善表达、有威信的人员，组成一支成熟完善、有影响力和公信力的政府新闻发言人队伍。要重视政府网站评论、资深网友意见、版主置顶帖等"网络意见领袖"的确立。此外，应严格信息发布程序，坚持"谁发布谁负责"的原则，严肃宣传纪律，杜绝负面、虚假信息在互联网上的传播，确保向群众提供真实、快速、正面的信息，提升网上新闻发布工作的科学化、规范化。

3.加强监督检查，引入舆情引导考核激励机制

加强监督检查，引入舆情引导绩效考核和奖惩激励机制，发挥激励机制的导向作用，提高舆情监督引导工作的实效性。要建立舆情管理岗位责任制，对舆情引导工作的人员配备、工作原则、工作职能、工作重点等内容作出详细规定，明确任务、标准和完成时限，定期将舆情及处置信息报送上级主管部门，并以此作为年终考核的重要指标。

本文原载于《理论学刊》2012 年第 8 期，2018 年 9 月获山东省第三十二次社会科学优秀成果三等奖。

供给侧改革：中国垄断行业政府规制体制改革的新动力

张蕴萍

一、引言

“垄断行业”是一个集合概念。电力、电信、铁路、石油、民航、供水、军工等关系国计民生的关键性领域一般被称为“垄断行业”，这些行业是一个国家或地区的经济基础和支柱产业。在我国，或因其具有很强的正外部性，或因其固有的自然垄断地位，或因其具有国家战略意义，这些行业的市场主体均为国有企业，且多数是中央企业。① 与发达市场经济国家相比，我国主要的垄断形式是行政垄断。行政垄断较之于垄断的其他两种形式——自然垄断、经济垄断而言，对经济社会生活具有更大的危害性，诸如抑制市场活力、权力寻租、资源错配、易孳生腐败、造成消费者福利损失等。在近40年的改革开放历程中，党和国家致力于打破各种形式的行政垄断，针对我国垄断行业出台了一系列重要改革措施。对垄断国企分类别、分阶段、分层次地逐步推进了诸如政企分开、放开市场准入、引入竞争、公司法人治理、分类管理、国资监管、混合所有制改革等改革措施，大部分改革实践属于放松政府规制体制的改革范畴。与其他行业相比，我国垄断行业各项改革试点工作进展较慢，并且随着社会主义市场化改革的深化，我国垄断行业的低效率、低服务、高价格、高收入等深层次问题日益凸显，给国民经济发展带来诸多负面影响，极易激发社会矛盾并威胁社会主义和谐社会的建设。目前，我国经济

① 参见高梁：《垄断行业和国有企业改革》，《政治经济学评论》2010年第3期。

下行的压力加大，包含垄断行业在内的企业运营环境发生了巨大变化，生产要素成本较低的改革红利正在逐步消失，资源能源约束进一步加剧，新的产业组织形式逐渐兴起，面临的国际市场竞争越来越激烈。站在经济发展新的历史节点，如何引导国有垄断行业进入有效竞争状态，提高其经济效益、社会效益和生态效益，促进国有资产保值增值，进一步提升人民福祉，是一项亟待解决的现实课题。这其中，如何深化垄断行业政府规制体制改革将是关键环节之一。大量理论研究和美国、英国等发达市场经济国家的国际经验已经证明放松规制是垄断行业改革的正确方向，然而，我国现阶段却面临着放松规制改革陷入迟滞的现实困境，亟需寻求新的改革动力以及实现路径。2015 年 11 月 10 日，习近平总书记在中央财经领导小组会议上首次提出“供给侧改革”的深化改革总体思路，旨在重塑政府与市场合理边界，为我国垄断行业政府规制体制改革提供了新思路、新动力。有理由相信，在供给侧改革的助推下，我国垄断行业政府规制体制改革进程将会取得实质性进展，对提高垄断行业的效率、加快经济社会健康持续发展具有重要意义。

二、垄断行业的“二重性”决定了我国政府规制体制改革的政策选择

为提高垄断行业的运行效率和社会效益，需要在追溯垄断形成原因的基础上对其垄断特性进行深度剖析。我国的垄断行业以行政垄断为主，具有“二重性”，即行政垄断包含以下两种形式：合理的行政垄断与不合理的行政垄断。这两种形式的行政垄断在我国社会主义市场经济体系中已经并将长期并存，这不仅是我国基本经济制度的必然要求，而且还是我国渐进式改革的必然选择，更有路径依赖的影响。唯有站在审视垄断成因的角度，以及力求矫正垄断的价值诉求的立场上，加强对行政垄断“二重性”的客观认识，才能促使政府寻求科学的规制政策，采取相应规制手段提高垄断行业的运行效率，降低消费者福利的损失，尽而充分发挥垄断国企在国民经济中的重要作用。

（一）垄断行业的成因及其政府规制手段的差异化运用

垄断与完全竞争是相对的一组概念。完全竞争的市场状态需要满足以下三个条件：一是市场的生产者、消费者无限多；二是每个市场参与者具备完全信息，各种生产要素完全自由流动，没有任何限制；三是单一生产者、消

费者对市场价格的形成几乎没有决定性作用，均是价格的接受者。而在现实中，完全竞争的市场假设不可能得到满足，在任何一种产品市场，买者和卖者都是有限的，信息都是不完全的，对厂商的进入或退出都有或紧或松的限制，于是厂商或者消费者不再是市场的接受者，而是对价格具有了或大或小的控制力。因此，就供给端而言，政府是否施行对价格的规制、市场是否存在进入或退出壁垒、买者或卖者是否具有对价格的控制力，是衡量某一市场形态竞争程度或者垄断程度的重要标准，同时也是对垄断形式进行划型的标准。规制是政府干预经济的手段之一，又被称为管制、监管或政府管制、政府监管，缘起于市场失灵，是由政府或独立的规制机构依据相关法律、规章、命令或裁决，对规制客体的经济行为进行的制约、干预等一系列行政管理与监督行为。它是从微观视角和国内经济视角纠正市场垄断、外部性、资源配置的非均衡性、分配的不公正性等市场失灵现象，以达到保护消费者利益、维持正常的市场竞争秩序、保障市场经济良性运转的一项制度安排。[①]

根据产生原因的不同，垄断行业一般分为经济垄断、自然垄断、行政垄断三种形式。相应地，政府针对不同的垄断形式会采取不同的规制手段。第一，企业合谋是导致经济垄断的主要原因。当某一个或某几个在位的竞争企业，凭借技术或者经营管理或者市场份额的优势，通过不正当契约的形式操纵产量和价格，就会阻止潜在竞争，获取不正当的超额利润时[②]，经济垄断便形成。经济垄断是技术进步和自由竞争的产物，只要其不对社会公平造成太大的威胁，各国均采取较为宽容的态度[③]，实施的规制手段也较为柔和。第二，规模经济是导致自然垄断的主要原因。由于规模经济的存在，某一行业的网络性经营特征客观需要该行业在运行之初支付大量的沉淀成本，并且随着产量的不断增加，边际成本会逐渐下降。具有如此产业特点的行业适宜单一企业独立经营，生产成本最低，生产效率以及社会效率最高。但是，由于缺乏竞争以及存在信息洼地，极有可能出现哄抬产品价格或降低产品质量、服务水平以致损害消费者利益的情况。这是市场失灵的一种表现形式，各国政府均会出手进行干预，促使自然垄断行业既要发挥规模效应，又要规避其对消费者利益的损害。无外乎采取以下两种规制方式：一是

① 参见张蕴萍：《规制能力提升是深化中国垄断行业政府规制体制改革的有效途径》，《理论学刊》2015 年第 8 期。

② 参见岳希明、李实、史泰丽：《垄断行业高收入问题探讨》，《中国社会科学》2010 年第 3 期。

③ 参见朱泽：《加快垄断行业的改革步伐》，《宏观经济管理》2006 年第 2 期。

国家直接经营，二是采取民营的方式，但是国家对价格、服务质量进行管制。电信、电力、自来水、石油天然气等领域是自然垄断行业的典型代表。第三，政府利用公权力对市场竞争的人为限制和排斥是导致行政垄断的主要原因。在行政垄断领域，公权力取代市场机制对资源进行配置。包括成熟市场经济国家在内的每个经济体都存在行政垄断，只是不同的国家维持行政垄断的手段略有不同。在发达市场经济条件下，政府为规制对象所俘获，厂商通过向政府机构提供转移支付形成串谋以维持其垄断地位。而在我国经济体系中，政府机构直接或间接对市场进入、生产要素及产品流动等方面进行干预已成为系统性、结构性的现象①，通过地区封锁、地方保护、设立行政性垄断公司、政府限定交易、国家指定专营等非市场手段②，对某一或某些行业实施严格的政府规制。

(二)我国的行政垄断具有"二重性"

与发达市场经济国家占据主导地位的经济垄断不同，我国的行政垄断存在范围最广、危害程度最深，是最主要的垄断形式。在计划经济路径依赖的影响下，步入经济新常态的今天，我国的行政垄断仍然具有"二重性"，可分为合理的行政垄断和不合理的行政垄断。这两种行政垄断形式的检验标准是市场绩效：合理的行政垄断能提高资源配置效率，增加社会福利；而不合理的行政垄断则会降低资源配置效率，减少社会福利③；更为直观的辨识标准则是：前者为合理使用行政权力的行政垄断，而后者则为滥用行政权力所导致的行政垄断。④ 不可否认，不合理的行政垄断与市场经济相悖离，摒弃了竞争和交易这两个市场经济的基本内核，损害了市场的竞争活力，降低了社会总福利。但是，合理的行政垄断却是政府对市场经济进行合理干预的重要手段，以确保公共物品的有效提供、保障国家安全，并且体现社会公平正义。因此，要切实破除行政垄断，必须研究其特性，有针对性地制定分类规制措施，才能有效地破解规制失灵和市场失灵的弊端。

---

① 参见张伟、于良春：《行业行政垄断的形成及治理机制研究》，《中国工业经济》2011 年第 1 期。

② 参见朱泽：《加快垄断行业的改革步伐》，《宏观经济管理》2006 年第 2 期。

③ 参见张志伟、应品广：《反垄断法思维下的行政性垄断新探》，《江西财经大学学报》2013 年第 4 期。

④ 参见陈林：《"二元性"特征与反行政垄断的现实困境》，《学术界》2015 年第 2 期。

（三）合理的行政垄断与不合理的行政垄断在我国转轨时期将长期共存

在经济新常态下，合理的行政垄断、不合理的行政垄断在社会主义市场经济体系中将长期并存，这不仅是我国基本经济制度的必然要求，而且还是我国渐进式改革道路的必然选择，同时也有路径依赖的影响。首先，从基本经济制度角度来考察。我国坚持"以公有制为主体，多种所有制经济共同发展"的基本经济制度，旨在保障国有经济主体地位的合理行政垄断与社会主义市场经济并行不悖，这也是提高国家综合竞争力、提升人民福祉的需要。其次，从经济史的角度来考察。以苏联为代表的激进式改革国家，在革新之初即通过立法程序彻底消灭行政垄断，历史教训昭示这种彻底否定式变革是不成功的。而我国采取的渐进式改革方式，是容许合理的行政垄断与国有经济共生存在的。自从社会主义市场经济制度确立伊始，直到经济转轨时期的经济体制改革，合理的行政垄断始终是政府干预市场的重要手段，是"以公有制为主体、多种所有制经济共同发展"的基本经济制度的重要组成部分，并没有随着国有经济改革和民营经济发展而消失，反而日渐成熟，并将在未来很长一段时间内保持不变，这与国有经济主体地位是相辅相成的。最后，从路径依赖的角度来考察。在我国，行政垄断的主要表现形式是部门垄断和行业垄断，其垄断地位是基于历史原因，在计划经济时代依附于行政权力取得的。伴随着我国经济转轨的历史进程，垄断行业尤其是不合理的垄断行业已经或逐渐蜕变为独立的市场经济主体，谋求本部门本行业最大利益的诉求日益强烈，力图将本部门既得利益固化，在一定程度上深刻影响着产业政策的形成和实施，并且近年来这种既得利益藩篱有进一步恶化的趋势。

（四）基于行政垄断"二重性"的垄断行业规制体制创新

垄断行业规制体制创新应该重在重塑政府和市场的权力边界，兼顾效率与公平，既要约束垄断国企的经济行为，又要激发其经济活力。这就需要针对我国垄断行业"二重性"的划分制定分类规制政策，创建有效规制、有为规制体系。一是针对合理的行政垄断形式，应以完善规制为主。在关系国民经济命脉的重要行业和关键领域以及具有公共物品属性的行业，需要进一步明确竞争和公有制经济是可以共存的，要提高政府规制的有效性，而不是一味地放松规制，要注重其社会功能的发挥，在此基础上追求经济效率；二是针对不合理的垄断形式，以激励性规制为主线，切实打开阻碍市场效率的制度通道。不合理的行政垄断对社会主义市场经济体制的有效运转危害极大，破坏了市场经济自由竞争的基础，牺牲了大多数人的福利。[①] 垄断企业凭借其行政垄断地位攫取高额垄断利润，其垄断地位不断得以强化，从某种程度上说，与规制失灵关系较大。我国垄断行业规制失灵主要表现在：一是政府作为规制部门与被规制的垄断行业有着密切的利益交织，在某种程度上被俘获，已经站在了被规制者的一边。[②] 垄断行业的泛行政化现象较普遍，垄断国企业高管一般由上级党委任命，组织部负责考核。人事安排的泛行政化直接导致了资源配置的行政化和无效率[③]；二是垄断企业逐渐演化为既得垄断利益集团，与代表社会公共利益的各级政府之间存在着“委托—代理”关系的矛盾，并且作为被规制者与行使规制职能的各级政府之间存在着严重的逆向选择、道德风险等信息不对称，这种规制失灵与发达国家相类似。引进激励性规制方式是未来的改革创新方向，要对政府进行有效约束，对企业进行充分正向激励，以破解政企合谋问题、“委托—代理”矛盾以及信息不对称问题。

三、供给侧改革为我国垄断行业政府规制体制改革提供了新动力

一个国家或地区国民经济发展谋求的是社会总供给和社会总需求的相对平衡，运用不同的宏观管理手段力求实现劳动力的充分就业、价格总水平的相对稳定、经济的健康持续平稳增长。2008 年国际金融危机至今，世界各国均在不懈探寻经济强劲增长动力，力求从发展乏力和低迷的状态中尽快复苏起来。我国为了应对本次经济危机带来的巨大冲击，采取的是以投资政策、财政政策、货币政策为主的需求侧管理。尽管这些政策在实施之初取得了明显的效果，在其他国家经济严重下滑的同时，我国保增长的目标效果取得一定的成效。但是事实证明，需求侧管理的边际效益在逐年递减，GDP 增速自 2010 年达到 10.6%后，出现经济下行的趋势性变化，直至 2016 年第二季度的 6.7%，经济下行态势并未得到根本扭转。中国经济在下行通道徘

---

① 参见胡德宝：《行政垄断危害及其治理的福利经济学分析》，《中国物价》2015 年第 6 期。

② 参见于左：《激发经济发展活力应完善政府规制》，《人民日报》2013 年 6 月 6 日。

③ 参见戚聿东：《供给侧改革剑指“国企病”》，《董事会》2016 年第 2 期。

徊，直观表现在市场资源的错配、经济结构的扭曲以及经济效率的下降。着力提高经济发展质量和效率是今后一段时期经济发展的根本要求，亟需发展新动力的重塑和释放。为有针对性地应对国际持续低迷的经济形势和国内经济下行的新常态，2015 年底中央确定推进供给侧改革。供给侧改革是对宏观调控方式的创新举措，创新逻辑在于着力培育新动能，改造提升传统动能，是针对中国国情开出的一剂良方，为中国经济社会发展注入了新动力。

我国现在处于经济增长新旧动力衔接的重要历史时期，供给侧改革着眼于解决新常态下经济增长动力问题。[①] 与需求侧管理的传统发展动力不同，供给侧改革强调的是劳动、资本、资源、技术、制度对中长期经济增长的拉动作用，更多地体现在中长期的潜在增长率上；而需求侧改革则是以需求管理为主，强调的是投资、消费、出口三驾马车对经济增长的拉动作用，更多地体现在短期增长率上。需求侧改革直接带来的是粗放式经济增长方式，造成经济结构的扭曲以及资源的错配；供给侧改革则重在推动体制机制的结构性变革和制度性创新，通过资源的再配置，缓解结构性产能过剩问题，从而优化经济结构，提高供给体系效率。

供给侧改革的核心重在降低企业的制度性交易成本[②]，这也是促进经济保持中高速、产业迈向中高端的内生动力之所在。在旧的发展动力背景下，各生产要素受到了高行政成本、高税收、高融资成本等在内的制度供给约束，并未完全发挥作用。[③] 新的发展动力从供给侧入手，充分释放制度供给，激发市场活力，促进全要素生产率稳步持续提升。[④] 供给侧改革意味着更少的垄断领域或者垄断环节，更少的市场准入限制，更多的社会资本参与机会，更均等的要素价格，更强的资源和环境约束。[⑤] 究其实质，供给侧改革就是针对制度架构和规制（监管）架构进行的改革[⑥]；重点在于发挥好政府的作用，塑造成“有为政府”“有效政府”，实现政府和市场主体的良性互动。在具体实践层面来看，要改善供给体系，不是靠政府规划，而是要打破垄断和规

① 参见盛垒、权衡：《供给侧结构性改革重在转换动力》，《解放日报》2016 年 1 月 1 日。

② 参见苏安：《供给侧改革应侧重效率》，《21 世纪经济报道》2015 年 12 月 8 日。

③ 参见张梦洁：《避免供给侧改革认识的三大误区》，《21 世纪经济报道》2015 年 12 月 2 日。

④ 参见陈莹莹：《关于“供给侧结构性改革”的观点综述》，《经济研究参考》2016 年第 12 期。

⑤ 参见林远、梁倩：《供给侧改革的核心需激活生产要素》，《经济参考报》2015 年 11 月 30 日。

⑥ 参见吴敬琏：《吴敬琏：什么是结构性改革？它为何如此重要?》，《清华管理评论》2016 年第 11 期。

制，解除供给抑制，让市场自由竞争。[①]

2016年是“十三五”规划开局之年，更是国有企业全面深化改革的落实之年，2月25日国企“十项改革试点”方案的发布更是促进了改革步伐的加速。在供给侧改革的总基调之下，我国将逐步深化垄断行业产权模式、治理体制、竞争体制、运营体制、价格体制、规制体制等六大方面整体设计的相关改革。[②] 由于触及既得利益集团的深层次利益，垄断行业规制体制改革一直处于停滞状态，尤其是对不合理行政垄断的改革明显动力不足，阻碍了市场资源配置决定作用的有效发挥，是本轮国有垄断行业改革的重点和难点。新一轮规制体制改革的实质是治理政府对市场的不合理干预，纠正不合理行政垄断，矫正规制失灵和市场失灵问题，维护市场秩序的规范、高效、公平和公正。与之相契合的是，供给侧改革同样也是着眼于市场化制度改革，重在处理好政府和市场的关系，着力营造一个市场化、法制化的营商环境。究其实质，供给侧改革客观上要求放松不合理规制以及完善合理规制，为垄断行业规制体制的变革和完善提供了新动力。

四、供给侧改革助推我国垄断行业政府规制体制新格局

供给侧改革已经剑指我国垄断行业，为打破不合理的行政垄断提出了严峻的挑战，倒逼一系列改革措施的创新和落实，诸如混合所有制改革的试点、由“管人管事管资产”到“管资本”的管理体制创新、对垄断国企进行公益性和竞争性分类管理的探索、以放松规制为主的政府规制体制改革。现阶段，正值供给侧管理释放改革新动力的历史机遇期，要立足于调整政府与垄断行业利益关系的改革方向，进一步修正放松规制就是“一放就灵”“一拆就灵”的简单观念，树立“有效规制”的改革总体思路，力求实现政府这只“看得见的手”和市场这只“看不见的手”的协同运作，建议从建设有为政府以及创建有效市场入手规划设计规制体制改革新格局。

1.强化对规制者的有效规制，建设有为政府

在目前的制度框架下，与成熟市场经济国家设置独立的规制机构不同，我国政府规制机构的独立性明显不足。为了防止规制机构滥用行政权力，

---

① 参见张梦洁：《避免供给侧改革认识的三大误区》，《21世纪经济报道》2015年12月2日。

② 参见戚聿东、柳学信：《深化垄断行业改革的模式与路径：整体渐进改革观》，《中国工业经济》2008年第6期。

乱作为不作为，需要通过制度建设强化对规制者的有效规制，来根治政府寻租行为的发生，降低被俘获的几率，防止政商合谋。一是要以资源有效配置和社会福利最大化为目标和行为准则设计规制框架，从制度的源头有效约束政府的规制行为，保障政府机构作为规制者的独立性的充分发挥；二是要树立降低规制成本的理念，建立规制绩效评估指标体系，将成本收益分析纳入规制政策决策过程中，以增强规制政策的科学性和规范性；三是要合理约束政府公权力，减少公权力对市场秩序的不当干预。政府之所以被俘获，根源在于公权力的滥用，人为扩大政府的权力边界。要在对合理的行政垄断进行必要的干预之外，深化行政管理体制改革，对相关规制部门的权力进行分解或取消，以降低寻租机会，增加政府俘获行为发生的难度和成本。[①] 要在法律的框架下规范约束政府的规制行为，“法无授权不可为”，在法治经济语境下设置负面清单，把该管的管住管好，不该管的不管不干预。[②]

2.构建激励性规制体制，创建有效市场

要学会运用市场化力量降低规制成本，尤其是在垄断行业所涉及的产业范畴内创建有效市场机制，这是提高垄断行业规制效率的根本途径。需要遵循市场化的利益导向，设计正向的激励机制，促使垄断行业追逐利润的行为不偏离政府规制政策目标。价格规制是除了进入规制以外，政府对垄断行业的主要规制手段，一般采取服务成本规制法和拉姆齐—布瓦德规制法。[③] 信息不对称以及“委托—代理”问题在垄断规制中产生的障碍非常明显，被规制的垄断国企会主动隐瞒市场需求、运营成本、产品成本、技术条件等信息，政府作为规制者不能及时获得真实价格信息，导致这种传统规制方式出现较大程度的激励扭曲。可以借鉴梯若尔的新规制理论，运用激励性规制补充传统规制方式，充分利用垄断行业的信息优势、利润动机，与其签订激励性规制契约，通过引入竞争或明确奖惩方式等市场手段给予企业提高内部效率的诱导和刺激，包括特许权竞标、区域间竞争、价格上限管制、稀缺资源公开拍卖等方式。[④] 通过激励规制方式的创建，用市场的手段促使垄

---

① 参见孔祥利、沙颖洁：《政府俘获行为的矫正与治理能力现代化》，《西北大学学报》2016 年第 3 期。

② 参见陈兵：《法治经济语境下负面清单模式与政府管制改革》，《东北师大学报》（哲学社会科学版）2015 年第 5 期。

③ 参见喻言、任剑新：《价格挤压与反垄断规制》，《广东财经大学学报》2014 年第 2 期。

④ 参见倪斐：《论独立监管机构的经济法主体地位——以马克思主义社会权力机构学说为视角》，《南京师大学报》（社会科学版）2014 年第 9 期。

断行业在规制合同的激励强度和超额利润之间进行权衡[①]，从而促使资源有效配置、社会福利的最大化。

本文原载于《理论学刊》2016 年第 5 期，2018 年 9 月获山东省第三十二次社会科学优秀成果三等奖。

① 参见张茉楠：《梯若尔的改革启示》，《中国金融》2014 年第 21 期。

哲学反讽的实践立场

——对马克思哲学的一种解释

李正义

正如席勒对古希腊的向往一样，马克思对古希腊哲学也是推崇备至，他认为希腊哲人是活生生的艺术作品，现实实体的表现形式也是“诗歌式的”。因此，他的哲学思维与现实诉求的起点也是从古希腊开始的。苏格拉底的反讽以辩证法的形式影响了马克思，德国早期浪漫派的代表人物弗·施莱格尔更是把反讽当作“哲学”来讲授。马克思听过两门施莱格尔反讽的哲学课。马克思说：“这种‘讥讽’不是别的，正是哲学在其对普通意识的主观关系方面所固有的形式……凡坚持内在论而反对经验个人的哲学家都会使用讥讽。”①反讽的哲学家，是以“内在性”即人内在的无限的认识，反对经验的、有限的、受客观性制约的个人。反讽在主观方面所固有的形式就是对当下“经验”与有限的绝对否定。这样，反讽作为一种绝对否定的表达方式，凸显的不仅是一种逻辑的辩证意义，更是指向了人现实的生存世界。反讽作为精神层面上的主观愿望，通过否定客观的各种有限性，从而架起了主客观之间的桥梁，使主客观的统一具有了现实的可能性。

一、哲学的反讽

哲学的反讽，起始于苏格拉底的“话语陷阱”，我们可以称之为辩证法的“雏形”。施莱格尔继承了苏格拉底的反讽和费希特的主观哲学，创造了反讽的“超验诗”。尽管施莱格尔的浪漫哲学思想“敏感而多变”，但其焦点仍

① 《马克思恩格斯全集》第40卷，人民出版社1982年版，第139～140页。

然是要解决理想和现实的问题。他把反讽作为解决二重对立的途径，说："哲学是反讽真正的故乡。"[①]也就是说，反讽诞生于哲学，而又承载着哲学的使命：解决有限与无限的矛盾，实现观念与现实的和解、实然与应然的统一。哲学的反讽就是要解决这个对立问题，"这同马克思在青年时代所遇到的'现有'(有限)与'应有'(无限)之间的矛盾有深层意义上的同构关系，它成为'反讽'思想在青年马克思的哲学建构中得以移植的潜在基础"[②]。略早于弗·施莱格尔的席勒"把审美的游戏冲动作为感性冲动与理性冲动的结合，从而使主体与对象在相互作用中来取得和谐"[③]。而弗·施莱格尔把反讽的诗作为拯救人性普遍分裂的工具，他说："我们有多少哲学和诗，就有多少道德。"[④]

哲学的反讽"作为一种调解人自身内部冲突的方法，是建立在精神的绝对自由上的。反讽的实质，仍不外乎是综合，调解有限与无限的关系，克服人的二重对立。如果达到这一点，人便'超越自己'，超越有限，不但获得认识的深度，而且解决了对立"[⑤]。按照施莱格尔的观点，"反讽就是对全面的真的追求；我们只是具有个别的部分，只认识一个方面，一个阶段，一个时期，反讽不允许我们满足于此，时刻提醒我们。在反讽的光里，我们接近全面的真，同时又离开全面的真。任何种类的最高真理都是平淡呆板的。正因为这样，没有什么比起这更重要的了，即把真理总是表达得新奇、尽可能悖理，以致它们不致被人忘却它们的存在，并且根本不能被说出来"[⑥]。克尔凯郭尔认为反讽是无限绝对的否定性，因为它除否定之外，一无所为；它是无限的，因为它不是否定这个或者那个现象；它是绝对的，因为它借助于一种更高的事物进行否定，但这个更高的事物并非更高的事物，而是绝对的否定本身。因此，克尔凯郭尔说："反讽是起点，但也只不过是起点而已，它既是又不是；它的论战是起点，但也完全是结尾，因为对前一个发展过程的摧毁既是这个发展过程的结束，也是一个新的发展过程的起点——摧毁之所以可能，是因为新的原则已经作为可能性存在。"[⑦]在这里，克尔凯郭尔指出

① 转引自周国平主编：《诗人哲学家》，上海人民出版社 1987 年版，第 95 页。

② 何中华：《重读马克思》，山东人民出版社 2009 年版，第 468 页。

③ [德]席勒：《美育书简》，中国文联出版公司 1984 年版，第 9 页。

④ 转引自周国平主编：《诗人哲学家》，上海人民出版社 1987 年版，第 91 页。

⑤ 转引自周国平主编：《诗人哲学家》，上海人民出版社 1987 年版，第 97～98 页。

⑥ 转引自周国平主编：《诗人哲学家》，上海人民出版社 1987 年版，第 96 页。

⑦ [丹麦]克尔凯郭尔：《论反讽概念》，汤晨溪译，中国社会科学出版社 2005 年版，第 183 页。

了反讽的辩证法意义。马克思也说："苏格拉底的讥讽，——即一种辩证法圈套，通过这个圈套，普通常识应该摆脱任何僵化，但不是要弄到自命不凡以为无所不知的地步，而是要达到它本身所包含的内在真理。"①

概言之，哲学的反讽就是以辩证的"精神体操"去探求世界的真理并发出双重的旨令：既要反思经验事实（有限）的当下，又要实现无限与绝对的超越，从而解决人的普遍分裂问题。"反讽产生于生活艺术感与科学精神的结合，产生于完善的自然哲学与完善的艺术哲学的聚合。它包含并激励着一种感觉，一种有限与无限，一个完整的传达既不可能而又必要这样一个不可解决的冲突的感觉。它还是所有许可证里最自由的一张。因为借助于它，人们便超越自已。'超越自已'，在这个意义上就是克服人自身的二重对立，使自己成为完整的，也是自由的。"②

"哲学必须成为尘世的（现实的）哲学，而世界必须成为哲学的（观念的）世界。哲学既是救赎的工具，同时也是救赎的内容。"③马克思哲学对现实世界的批判和救赎也是以反讽的方式来描述的，并且把反讽作为哲学征服世界的力量。对于马克思来说，哲学的救赎也就是"世界的哲学化"过程，亦即"哲学的实现"过程，这个过程必需的工具就是反讽，或者说，反讽承担着哲学实现的历史使命。他说："哲学已经不再是为了认识而注视着外部世界；它作为一个登上了舞台的人物，可以说与世界的阴谋发生了瓜葛……它给自己戴上了各种具有特色的假面具。象传说中的杜卡利昂创造人时把石头向后扔那样，哲学在决心创造世界后，则把自己的眼睛往后扔（哲学的母亲的骨骼，就是明亮的眼睛）；然而象普罗米修斯从天上盗来天火之后开始在地上盖屋安家那样，哲学把握了整个世界以后就起来反对现象世界。"④

浪漫主义哲学家们以"淳朴自然""艺术的诗歌""古希腊传统"等反讽形式来表达对自我与现实的否定，却最终陷入解释世界的窠臼中，从起点又回到了起点。浪漫的反讽只能在观念和精神领域之内寻求哲学救赎的有效工具。与浪漫主义哲学家们截然不同，马克思实现了哲学救赎方式的革命性变革：从"认识世界"转向"改造世界"。马克思哲学的反讽具有绝对的否定

---

① 《马克思恩格斯全集》第40卷，人民出版社1982年版，第139页。

② 转引自周国平主编：《诗人哲学家》，上海人民出版社1987年版，第98页。

③ [美]维塞尔：《马克思与浪漫派的反讽——论马克思主义神话诗学的本源》，陈开华译，华东师范大学出版社2008年版，第183页。

④ 《马克思恩格斯全集》第40卷，人民出版社1982年版，第135～136页。

性，因此具有彻底的创造性。要改造世界，就必须找到反讽的真正武器和现实力量。人作为人的神圣性要求人成为一切，但现实中的人却失去了一切。这种矛盾的无限性和否定的总体性必定唤起彻底的反讽。作为哲学批判形式的反讽，已经指向了人们物质生活的现实本身。

“观念的东西和现实的东西之间二律背反的解决方法，只能通过分析现实的东西才能找到，现实的东西就是生活在社会和经济环境下的生物人。”① 人的普遍分裂根源于社会生活中的物质需要，只有从现实的物质力量才能寻找到消灭现实的异化根源。浪漫的反讽不足以解决有限（现实）和无限（理想）的矛盾，必须让位于现实的和物质的批判。“批判的武器当然不能代替武器的批判，物质力量只能用物质力量来摧毁。”②由此可见，马克思哲学的反讽已经超越了理论（观念）的力量，转变到了实践（物质）的力量。

二、反讽的实践诉求

克尔凯郭尔说：“反讽的矛头也可能指向整个生存，就此而言，它也坚持本质和现象之间的对立、内在和外在之间的对立。反讽是主观性的自为的存在，在本质上是实践的，它如果是理论性的，那也是为了再次成为实践性的。换言之，反讽所关心的不是事物，而是自己。”③由此可见，反讽既是辩证的思维方式，也是世界的存在面目。它既具有主观的“理论性”，也具有客观的“存在性”，但“本质上是实践的”。美国哲学家维塞尔说：“实践因为其是实践的而成为反讽，实践是哲学的反讽形态。实践真正的任务是消除有限、世俗和事物。实践的规律是渐进性的，因为实践要寻找上帝的可见王国。”④

正如浪漫主义反讽对有限与无限的调节与综合一样，马克思的实践概念显然是浪漫化的概念。实践作为人类生存发展的经验事实，既是有限的，但恰恰通过这种有限，又实现了人类对绝对价值的无限超越。因此，实践也是经验与超验的统一、有限与无限的综合。从这个意义上说，反讽的立场是

① 李正义：《诗意的延续：从浪漫主义到共产主义——对于马克思哲学的一种解释》，山东大学博士学位论文，2010 年。

② 《马克思恩格斯选集》第 1 卷，人民出版社 1995 年版，第 9 页。

③ [丹麦]克尔凯郭尔：《论反讽概念》，汤晨溪译，中国社会科学出版社 2005 年版，第 221 页。

④ [美]维塞尔：《马克思与浪漫派的反讽——论马克思主义神话诗学的本源》，陈开华译，华东师范大学出版社 2008 年版，第 172 页。

实践的。从某种意义上说，我们可以把马克思哲学的反讽称为一种实践的反讽。马克思说："凡是把理论引向神秘主义的神秘东西，都能在人的实践中以及对这个实践的理解中得到合理的解决。"[①]他从最基本的物质资料的生产实践出发，把人的生存状态还原为一个动态的展现过程。这个过程既是生存悖论的逻辑消解过程，又是对"现存的一切进行无情的批判"[②]的现实过程。

（一）人的悖论性存在与消解

就马克思哲学的反讽与现实世界的关系而言，它是批判性的。现实世界要么作为不可回绝的礼物，要么成为反讽需要完成的任务，而现实世界恰恰是通过行动才获得其有效性和丰富性。行动的反讽要想大显身手，必须具有双重特性，既针对经验的现实，又必须蕴含一种先验性，才能不至于在"抽象"的无限中迷失自我。实践恰恰创造出了经验的有限世界，却又向往超验的无限世界；不是止步于使人成为人，而是止步于使人成为"神"。正是在有限与无限、主观与客观、理想与现实的对立中，实践以其内在的张力"翩翩起舞"，释放出浪漫的激情。

实践与人的存在是相伴而生、"如影随形"的，二者不是派生的关系。实践作为主观见之于客观的活动，使它先验地具有主客二元统一的可能性。因此，要超越基于二元分裂所演生出的感性和理性、存在和本质、有限与无限、应然和必然、理想与现实之间的对立，只有诉诸于实践及其历史的完成才能实现。"马克思明确指出：旧唯物主义和唯心主义之间的理论的对立本身的解决，只有通过实践方式，只有借助于人的实践力量，才是可能的。因此，这种对立的解决绝对不是认识的任务，而是现实生活的任务，而以往的哲学未能解决这个任务，正是因为它把这仅仅看作理论的任务。"[③]

马克思在《关于费尔巴哈的提纲》中系统而概括地阐释了崭新的世界观，把实践作为消解人的生存悖论和普遍分裂的唯一基础和可能途径，进而揭示出了人类社会演进的奥秘。

首先，对于"抽象的思维"和"感性的直观"的二律背反，"抽象的思维"

① 《马克思恩格斯选集》第1卷，人民出版社1995年版，第56页。

② 《马克思恩格斯全集》第1卷，人民出版社1956年版，第416页。

③ 李正义：《诗意的延续：从浪漫主义到共产主义——对于马克思哲学的一种解释》，山东大学博士学位论文，2010年。

(理性)"是否具有客观的真理性,这不是一个理论的问题,而是一个实践的问题"[①]。人只有在实践中才能证明思维(理性)的力量,"感性的直观""至多也只能达到对单个人和市民社会的直观"[②],而实践唯物主义的视野则是整个人类社会历史。"感性"应当是"实践的、人的感性的活动"。这样,感性与理性在实践中实现了统一。其次,当感性活动的思维主体与客体发生冲突的时候,马克思指出:"环境的改变和人的活动或自我改变的一致,只能被看作是并合理地理解为革命的实践。"[③]只有通过实践才能消除客体"环境"的改变"与主体"人"的改变之间的二元对立。再次,宗教的秘密在于"神圣"与"世俗"的分裂,亦即"应有"与"现有"的对立。这种分裂和对立来源于世俗基础本身的内在矛盾,马克思认为这种分裂是由于"世俗基础使自己从自身中分离出去",因此要消除神圣与世俗的分裂,必须从根本上消灭世俗的基础。他说:"自从发现神圣家族的秘密在于世俗家庭之后,世俗家庭本身就应当在理论上和实践中被消灭。"[④]最后,对于"抽象的个人"(个体)与"现实的个人"(类)之间的对立,马克思立足于人的群体性的实践活动,把人的本质界定为"人的本质不是单个人所固有的抽象物,在其现实性上,它是一切社会关系的总和",而"全部社会生活在本质上是实践的"。[⑤]

(二)实践的双重批判

马克思哲学的反讽,实质上是以辩证法的方式对"现存的一切进行无情的批判"。辩证法批判的现实力量来自于人类的社会实践,只有实践的批判,才是真正彻底的哲学反讽。而实践的辩证法"在对现存事物的肯定的理解中同时包含对现存事物的否定的理解,即对现存事物的必然灭亡的理解;辩证法对每一种既成的形式都是从不断的运动中,因而也是从它的暂时性方面去理解;辩证法不崇拜任何东西,按其本质来说,它是批判的和革命的"[⑥]。

如同克尔凯郭尔所说,马克思哲学的反讽也把批判的矛头指向人类的"整个生存",把人类解放作为终极的价值目标。在消除人的普遍分裂过程

① 《马克思恩格斯选集》第 1 卷,人民出版社 1995 年版,第 55 页。
② 《马克思恩格斯选集》第 1 卷,人民出版社 1995 年版,第 57 页。
③ 《马克思恩格斯选集》第 1 卷,人民出版社 1995 年版,第 55 页。
④ 《马克思恩格斯选集》第 1 卷,人民出版社 1995 年版,第 55 页。
⑤ 《马克思恩格斯选集》第 1 卷,人民出版社 1995 年版,第 56 页。
⑥ 《马克思恩格斯选集》第 2 卷,人民出版社 1995 年版,第 112 页。

中，马克思实践的批判本质具体化为理论的批判与现实的批判。理论的批判是指辩证地扬弃关于人类解放进程中的理论与观念，祛除意识形态之蔽的过程。通过这种观念的反讽，理论自身实现超越与发展。马克思说："真理的彼岸世界消逝以后，历史的任务就是确立此岸世界的真理。"[①]现实的批判也就是把"对天国的批判变成对尘世的批判，对宗教的批判变成对法的批判，对神学的批判变成对政治的批判"[②]，而实践的批判过程是对现存的一切辩证扬弃的过程，是"使现存世界革命化，实际地反对并改变现存的事物"[③]的过程。这个过程是实践的主体运用"物质力量"摧毁"物质的东西"，从而实现"人是人的最高本质"的过程，亦即"哲学的世界化"和"世界的哲学化"的过程。

实践作为人的存在及其历史完成的展现方式，不是作为人的从属意义上的实然规定，而是逻辑意义上的自我否定、自我扬弃、自我超越。马克思说："整个所谓世界历史不外是人通过人的劳动而诞生的过程。"[④]"人的'劳动'亦即'实践'，潜在地包含着人的本质的全部丰富性，成为本体论意义上有待于完成的'道'。"[⑤]早期浪漫派没有从根本上找到人的存在及其历史完成的展现方式，试图用艺术的反讽来拯救完美与和谐的丧失，却因为缺少实际的手段而陷入"无精打采"的虚无化的困境。马克思的哲学反讽秉持实践的立场，实现了科学理性带给人类的实然世界和浪漫心灵所企求的价值目标的统一。

三、反讽的主体：无产阶级

在19世纪马克思主义诞生过程中，践行革命实践的无产阶级是浪漫反讽的主体，因为它承担着人类解放的历史使命。正因为如此，罗素说："'无产阶级'是个19世纪的概念，也许是同样浪漫化了的，却完全是另外一种东西。"[⑥]那么，在罗素眼里应该完全是另外一种什么东西呢？和浪漫主义的诗

① 《马克思恩格斯选集》第1卷，人民出版社1995年版，第2页。

② 《马克思恩格斯选集》第1卷，人民出版社1995年版，第2页。

③ 《马克思恩格斯选集》第1卷，人民出版社1995年版，第75页。

④ 马克思：《1844年经济学哲学手稿》，人民出版社2000年版，第92页。

⑤ 李正义：《诗意的延续：从浪漫主义到共产主义——对于马克思哲学的一种解释》，山东大学博士学位论文，2010年。

⑥ [英]罗素：《西方哲学史》下卷，马元德译，商务印书馆2003年版，第214页。

意追寻之路以及黑格尔的逻辑演绎方式完全不同的是，马克思寻求到一种完全不同的方案救赎人的神圣性，即通过无产阶级的实践，以革命的物质力量改造世界，消灭分工、交换和私有制，实现共产主义。而共产主义社会才真正实现了有限和无限、现实和理想、经验和超验的综合。

"马克思认为，宗教本身不可能给人提供任何最深层的需要。人是自己的太阳；唯有人的力量能够以美化和判断所有经验存在的价值照耀世界。由于宗教只不过是人所没有的东西的替代品，对这种幻想的批判必定迫使人认识到自身处境的彻底否定性，认识到人在现实世界中没有拯救的希望"，"批判和反讽的力量必定指这样的形式：它直面那些拥护革命的并受压迫的人的物质活动"。[①] 既然"彻底的革命、普遍的人的解放，不是乌托邦式的梦想"[②]，那么，解放整个社会的物质力量何在呢？"马克思看来，人不能最终取得解放，除非通过由诸个人组成的真正阶级的行动。有根据的个体行为同时代表整个神圣力量的人类，这些行为才是救赎的，因此，只有在特殊阶级所关心的情况代表了整个社会的迫切需要，一个阶级的物质兴趣和随后的行为才能成为普遍的社会力量。"[③]换言之，必须要有一个由无数个体组成的阶级，这个阶级要想解放整个社会，"必须在自身和群众中激起瞬间的狂热。在这瞬间，这个阶级与整个社会亲如兄弟，汇合起来，与整个社会混为一体并且被看作和被认为是社会的总代表；在这瞬间，这个阶级的要求和权利真正成了社会本身的权利和要求，它真正是社会的头脑和社会的心脏"[④]。同时，这个阶级还必须拥有和人民魂魄相同的，哪怕是瞬间相同的那种开阔胸怀，拥有鼓舞物质力量去实行政治暴力的天赋，拥有革命的大无畏精神，"对敌人振振有辞地宣称：我没有任何地位，但我必须成为一切"[⑤]。这个阶级是"一个被戴上彻底的锁链的阶级"，是一个"表明人的完全丧失，并因而只有通过人的完全回复才能回复自己本身"的阶级，即"无产阶级这个特殊等级"。[⑥] 马克思找到了人类的"救世主"，他给自己的反讽披上的新面纱是无产阶级。

---

① [美]维塞尔、陈开华：《论无产阶级的反讽》，《现代哲学》2006年第5期。

② 《马克思恩格斯文集》第1卷，人民出版社2009年版，第14页。

③ 李正义：《诗意的延续：从浪漫主义到共产主义——对于马克思哲学的一种解释》，山东大学博士学位论文，2010年。

④ 《马克思恩格斯选集》第1卷，人民出版社1995年版，第12～13页。

⑤ 《马克思恩格斯选集》第1卷，人民出版社1995年版，第13页。

⑥ 《马克思恩格斯选集》第1卷，人民出版社1995年版，第14～15页。

“由于经历了绝对的(无条件)否定，无产阶级具有绝对的清白，因此，只有通过否定人性的辩证否定，无产阶级才能成为人类的救赎者，成为否定的化身。”①无产阶级陷入普遍分裂的深度灾难之中，他们既是受难者，又是拯救者。无产阶级的受难乃是“拯救的受难”，不如此地“完全丧失”，就不能彻底地“完全回复”。正是因为无产阶级具有这种普罗米修斯式的殉道精神，所以他们内蕴着“解放的实践要素，由此能使无产阶级在世界秩序之内履行使命”②。“无产阶级宣告迄今为止的世界制度的解体，只不过是揭示自己本身的存在的秘密，因为它就是这个世界制度的实际解体。”③只有当无产阶级立足于“人是人的最高本质”这一社会理想，彻底消灭生产资料私有制，在全社会范围内实现无产阶级的革命诉求，恢复人的“神圣性”，才能实现人类的最终解放。因此，无产阶级成为人类解放的“心脏”。

无产阶级通过“摧毁一切奴役制”“从根本上进行革命”的绝对否定的反讽，把黑格尔主义的观念变成行动的现实，把“人性复归”的超验理想化为现实的实践活动。“哲学不消灭无产阶级，就不能成为现实；无产阶级不把哲学变成现实，就不可能消灭自身。”④无产阶级用哲学的精神武装起自己的头脑，这就把无产阶级自身从纯粹生物学意义上的绝望和愤怒中提升出来，转化为精神化的阶级，从而使物质力量转化为彻底的革命力量，“实际地反对并改变现存的事物”，既消灭了自身——完成了“凤凰涅槃”式的蜕变，又实现了人类普遍分裂的救赎。完美的时刻——共产主义到了，人终于完成了有限到无限的超越、应然和必然的统一、理想与现实的和解。人类彻底解放的日子到来了，这一天被马克思用宗教救赎式的诗意话语命名为人类的“复活日”。“一切内在条件一旦成熟，德国的复活日就会由高卢雄鸡的高鸣来宣布。”⑤

罗素曾经这样评价马克思：“合乎科学始终是他的目的。”⑥显然，罗素认为马克思是以科学的视野和严密的逻辑来认识和把握现存的世界，进而建构起一套科学的社会理论体系。这未免有失偏颇，他忽视了马克思所秉持

① [美]维塞尔：《马克思与浪漫派的反讽》，陈开华译，华东师范大学出版社2008年版，第241页。

② [美]维塞尔：《马克思与浪漫派的反讽》，陈开华译，华东师范大学出版社2008年版，第247页。

③ 《马克思恩格斯选集》第1卷，人民出版社1995年版，第15页。

④ 《马克思恩格斯选集》第1卷，人民出版社1995年版，第16页。

⑤ 《马克思恩格斯选集》第1卷，人民出版社1995年版，第16页。

⑥ [英]罗素：《西方哲学史》下卷，商务印书馆2003年版，第337页。

的超验视野与价值原则。马克思是从经验事实出发,以超验的视野来理解现存世界的。他所论述的人类社会的永恒法则和最高社会理想,乃是以全面实现人的解放为归宿的超验原则的理性表达。实践赋予马克思哲学的反讽以历史和辩证的视野。针对现代文明对于人的神圣性的剥离,他找到了人的异化的根源,并且把这种生存现状作为“自然历史过程”的“暂时性”去理解。要完成哲学的使命,反讽的实践必须依靠主体的物质力量,而这个主体必须能够发挥彻底的社会否定的作用,必须是社会产生的所有恶的无辜牺牲者。通过革命的实践,无产阶级彻底消灭了自身,成就了历史的最后诞生:共产主义社会。马克思哲学的反讽通过彻底的革命实践,实现了人的全面解放和对自己本质的真正占有:共产主义“是通过人并且为了人而对人的本质的真正占有”;“是人向自身、向社会的即合乎人性的人的复归”;“是人和自然界之间、人和人之间的矛盾的真正解决,是存在和本质、对象化和自我确证、自由和必然、个体和类之间的斗争的真正解决”。[①]

本文原载于《东岳论丛》2017 年第 5 期,2018 年 12 月获全国党校系统第十二届优秀科研成果三等奖。

① 马克思:《1844 年经济学哲学手稿》,人民出版社 2000 年版,第 81 页。

影响城市女性二孩生育意愿的社会福利因素之考察

陈秀红

一、引言

中国从20世纪80年代开始实行严格的计划生育政策，提倡“一对夫妇只生育一个孩子”。2011年11月，中国各地全面实施“双独二孩”政策。2013年12月，各地全面实施“单独二孩”政策。“单独二孩”政策的实施，有助于延缓中国人口老龄化的步伐，缓解养老保障的压力，延长人口红利，抑制出生性别比偏高的态势，增强家庭的稳定和抵御风险的能力。[①] 放开二孩的生育政策，的确可以缓解中国当前面临的诸多现实问题，已成为社会各界的普遍共识。但根据国家卫生和计划生育委员会统计，截至2015年5月底，全国约1100万对一方为独生子女的夫妇中，仅有145万申请再生育，占符合政策条件夫妇总数的13.2%[②]，申请远低于预期。2015年10月，党的十八届五中全会提出“要全面实施一对夫妇可生育两个孩子”的政策。全面二孩政策于2016年1月1日开始实施，面对全面二孩政策的刺激，已婚夫妻尤其是女性又会做出什么样的生育选择？这些选择主要是基于哪些方面的考虑？本文希望通过社会福利的视角对上述两个问题进行考察和分析，探索影响城市女性二孩生育意愿的社会福利因素，并借此找寻平衡二孩生育与

① 参见宋全成、文庆英：《我国单独二胎人口政策实施的意义、现状与问题》，《南通大学学报》(社会科学版)2015年第1期。

② 参见《截至5月底中国145万对夫妇提出再生育申请》，2015年7月10日，http://www.Chinanews.wm/gn/2015/07-10/7397423.shtml。

妇女发展的社会政策路径。

二、研究综述与研究方法

国外对生育意愿影响因素的研究可从个人、家庭和社会3个层面进行梳理和归纳。从个人层面来看，生育意愿主要与个人背景、价值观念和年龄有关。最近的跨国研究数据表明，在整个欧盟①，比起受教育程度低的女性，受教育程度越高的女性越希望多生。② 受教育程度高的女性有较多的就业机会和较高的收入水平，在夫妻关系中也有着较强的博弈能力，这些因素能促进夫妻双方更加平等地进行家务劳动和养育孩子的责任分工，继而促进生育意愿产生。③ 但对生育历程结束时的生育意愿和生育结果的纵向研究数据则表明，女性受教育程度越高，就越可能比预期生育的少。④ 也有研究表明，希望延长青春期以保持独立的生活方式、不利的居住条件、财政的不确定性、价值观变化、支持性家庭政策的缺失、性别平等、伴侣关系行为的变化⑤以及建立稳定伴侣关系的困难都会降低生育意愿和生育率。⑥ 从家庭层面来看，主要涉及家庭成员的支持对女性生育意愿的影响，这方面的研究在亚洲国家较多见。韩国的一项研究证明了"父亲投入"对女性生育意愿的影响，认为丈夫在家庭劳动中的投入包括照顾孩子和分担家务与女性未来生

① Beaujouan，E.，Sobotka，T. Brzozowska，Z. & Neels，K.，"Education and Sex Differences in Intended Family Size in Europe，1990 and 2000"，Paper Presented at Changing Families and Fertility Choices Conference，2013；Testa，M.R.，"Women's Fertility Intentions and Level of Education：Why Are They Positively Correlated in Europe? Vienna Institute of Demography of the Austrian Academy of Sciences"，European Demographic Research Paper 3，2012.

② Heiland，F.，Prskawetz，A.，& Sanderson，W. C.，"Do More Educated Individuals Prefer Smaller Families"，Vienna Institute of Demography Working Paper，2005；Mills，M.，Begall，K.，Mencarini，L.，Tanturri，M. L.，"Gender Equity and Fertility Intentions in Italy and the Netherlands"，*Demographic Research*，Vol.18，No.1，2008.

③ Mills，M.，Begall，K.，Mencarini，L.，Tanturri，M. L.，"Gender Equity and Fertility Intentions in Italy and the Netherlands"，*Demographic Research*，Vol.18，No.1，2008.

④ Morgan，S.P. and Rackin，H.，"The Correspondence between Fertility Intentions and Behavior in the United States"，*Population and Development Review*，Vol.36，No.1，2010.

⑤ Mills，M.，Rindfuss，R.R. & McDonald，P.，"Why Do People Postphone Parenthood? Reasons and Social Policy Incentives"，*Human Reproduction Update*，Vol.17，No.6，2011.

⑥ Keizer，R.，Dykstra，P. A. & Jansen，M. D.，"Pathways into Childlessness：Evidence of Gendered Life Course Dynamics"，*Journal of Biosocial Science*，Vol.40，No.6，2008.

育意愿相关，“父亲投入”可以增强女性未来生育意愿。[①] 泰国一项研究也表明，夫妻婚后是否与父母同住会影响夫妻生育决策和生育率。[②] 从社会层面来看，主要从社会互动视角去研究社会性因素对女性生育意愿的影响。生育决策会受周围互动人群的影响。[③] 不同的社会互动领域（家庭、朋友、熟人、同事和邻居）对生育决策有较大影响。[④] 人们所处社会网络中的生育行为是可以相互“传染”的，其“传染”机制包括社会学习、来自社会网络中的压力以及父母身份所要付出的社交成本。[⑤] 社会网络中的其他因素比如社会支持（例如儿童托管的供给）也会影响生育决策。[⑥]

国内学界关于生育意愿影响因素研究可归纳为 3 个方面。一是基于不同学科视角的实证研究。家庭经济学采用了微观视角下成本—效用理论、风险—投资理论、消费—储蓄理论和偏好—效用理论来研究家庭经济因素对家庭生育意愿和生育决策的影响。[⑦] 从宏观层面来看，生育意愿并非随社会经济发展而同步变迁，而是在一定范围和时期内表现出相对滞后的特点。[⑧] 对生育意愿影响最大的是家庭收入，其次是经济结构。[⑨] 从人口社会

---

① Sang-Mi Park, Sung-IL Cho & Man-Kyu Choi, "The Effect of Paternal Investment on Female Fertility Intention in South Korea", *Evolution and Human Behavior*, Vol.31, No.6, 2010; Sear, R., Mace, R. & McGregor, IA., "The Effects of Kin on Female Fertility in Rural Gambia", *Evolution and Human Behavior*, Vol.24, No.1, 2003.

② Snopkowski, Kristin and Sear, Rebecca, "Kin Influences on Fertility in Thailand: Effects and Mechanisms", *Evolution and Human Behavior*, Vol.34, No.2, 2013.

③ Balbo, N., Billari, F. C. & Mills, H., "Fertility in Advanced Societies: A Review of Research", *European Journal of Population*, Vol.29, No.1, 2013.

④ Bernardi, L., Keim, S. & Vonder Lippe, H., "Social Influences on Fertility: A Comparative Mixed Methods Study in Eastern and Western Germany", *Journal of Mixed Methods Research*, Vol.1, No.1, 2007; Keim, S., Klärner, A., & Bernardi, L., "Tie Strength and Family Formation: Which Personal Relationships Are Influential?", *Personal Relationships*, Vol.20, No.3, 2013.

⑤ Lois, Daniel and Arránz, Becker Oliver, "Is Fertility Contagious? Using Panel Data to Disentangle Mechanisms of Social Network Influences on Fertility Decisions", *Advances in Life Course Research*, Vol.21, No.3, 2014.

⑥ Bühler, C. & Philipov, D., "Social Capital Related to Fertility: Theoretical Foundations and Empirical Evidence from Bulgaria", *Vienna Yearbook of Population Research*, No.4, 2005.

⑦ 参见穆光宗：《生育的成本——效用分析》，《南方人口》1993 年第 4 期；庄渝霞：《实施生育保险制度的社会学和经济学双透析》，《上海经济研究》2009 年第 10 期；钱明亮：《不同生育数量选择的微观经济效应分析》，《华中科技大学学报》（社会科学版）2007 年第 4 期。

⑧ 参见风笑天、张青松：《二十年城乡居民生育意愿变迁研究》，《市场与人口分析》2002 年第 5 期。

⑨ 参见周连福、关晓梅、李淑文：《生育与相关社会经济因素关系的研究》，《人口学刊》1997 年第 5 期。

学角度来看，有学者借用禀赋、场域理论对女性生育意愿进行了研究，认为妇女的生育意愿是在能力、资源、资本、技术禀赋的共同作用下形成的，并受客观环境也就是“生育场域”的影响。① 生产力、文化、社会、经济、政策等方面因素是城乡居民意愿生育性别偏好差异的形成原因，当生育数量不受限制时，人们通过多育来满足性别偏好。② 也有学者构建了影响中国家庭生育决策的四维模型，即个人、家庭、区域和政策因素都会影响生育意愿。③ 女性的收入水平、在家庭中的相对地位、职业、教育程度、年龄和健康等因素也会影响其生育意愿，另外，家庭结构、生育政策和户籍制度以及利他性因素都能影响女性生育意愿。④ 二是独生子女家庭二胎生育意愿影响因素的实证研究。在对独生子女二胎生育意愿的研究中，经济负担、事业发展、生活质量是独生子女二胎生育选择的主要因素，经济负担是首要考虑因素。父母意愿的代际传递也在一定程度影响其儿女二胎生育意愿。⑤ 在独生子女较多的地区，“只生一个”的政策要求已经形成一种被普遍接受的文化，弱化了家庭对二孩的需求。很显然，独生子女政策对人们二胎生育意愿抑制作用明显，现代化观念对二胎生育意愿有重要影响，强调实现自我价值者更少赞同生二胎。⑥ “双独夫妇”与非双独夫妇的二胎生育意愿并没有明显差别，除了不同城市有所不同外，“双独夫妇”的性别、出生年代、文化程度、有无孩子等均与二胎生育意愿没有关系。⑦ 三是流动人口生育意愿影响因素的实证研究。受教育程度、年龄、流动时间、经济状况、社会交往等因素对农民工生育意愿影响较大。⑧ 新生代农民工生育意愿正处于从传统到现代的转型过渡中，收入、福利保险的享有及婚姻状况等因素与其生育意愿的关系较为密

---

① 参见王学义、王春蕊：《禀赋、场域与中国妇女生育意愿研究》，《人口学刊》2011 年第 1 期。

② 参见杨凤：《城乡居民生育意愿差异及其影响因素》，《重庆社会科学》2012 年第 5 期。

③ 参见张原、陈建奇：《变迁中的生育意愿及其政策启示——中国家庭生育意愿决定因素实证研究(1991—2011)》，《贵州财经大学学报》2015 年第 3 期。

④ 参见胡静：《收入、相对地位与女性的生育意愿》，《南方人口》2010 年第 4 期。

⑤ 参见马小红、侯亚非：《北京市独生子女及“双独”家庭生育意愿及变化》，《人口与经济》2008 年第 1 期。

⑥ 参见郑真真：《从家庭和妇女的视角思考生育和计划生育政策调整》，《中国妇运》2015 年第 10 期；贾志科、风笑天：《城市“单独夫妇”的二胎生育意愿——基于南京、保定五类行业 558 名青年的调查分析》，《人口学刊》2015 年第 3 期。

⑦ 参见风笑天：《生育二胎“双独夫妇”的意愿及相关因素分析》，《社会科学》2010 年第 5 期。

⑧ 参见庄渝霞：《不同代别农民工生育意愿及其影响因素——基于厦门市 912 位农村流动人口的实证研究》，《社会》2008 年第 1 期；尤丹珍、郑真真：《农村外出妇女的生育意愿分析——安徽、四川的实证研究》，《社会学研究》2002 年第 6 期。

切，而性别、年龄、文化程度、是否独生子女等因素与其生育意愿关系不大。[①]

综合国内外研究发现，国外对生育意愿影响因素的研究较多是基于某一理论的微观研究，理论视角明确，研究较为深入，研究对象多以女性为主。反观国内相关研究，多是从综合性视角出发来关注某个特殊群体的生育意愿，包括人口学特征、经济、社会和区域等方面的内容，从中寻找影响生育意愿的相关因素，具有综合性、全面性特征；多从家庭的整体角度来研究生育意愿，较少关注女性。

本文的研究对象为城市女性，选取了济南市30名城市已婚女性（已育一胎）进行深度访谈（见表1）。访谈时间为2015年11月和12月，大概用了2个月的时间来收集第一手资料，每次访谈持续30～40分钟。本研究采取了“目的性随机抽样”的方法。具体来说，首先选取了济南市两个行政区：槐荫区（经济发展水平一般）和历下区（经济发展水平较高）；然后各从两个区随机抽取一个街道办，获得已育有一胎的育龄女性信息库，再各从中随机抽取15个样本。最后，由街道办和其所在社区取得联系，由各社区居委会（服务中心）将笔者“合法”带入。这30个样本有一个共同特点：已生育过一胎，都面临二孩生育选择。这样一个群体的生育意愿可能会直接影响未来几年的二孩生育数量。访谈主要围绕3个基本问题：第一，想不想生育二孩？第二，若想生育二孩，为什么？第三，若不想生育二孩，为什么？透过生育意愿背后的“为什么”，挖掘影响其生育意愿的社会福利政策因素。

表1　访谈对象基本信息

编号	年龄	受教育程度	工作单位类型	是否愿意生育二胎
Case1	31	大学（本科）	企业	否
Case2	30	大学（本科）	企业	是
Case3	26	大学（本科）	NGO	否
Case4	41	大学（本科）	企业	否
Case5	36	大学（专科）	企业	否
Case6	33	硕士研究生	机关事业	是
Case7	36	大学（本科）	机关事业	否

① 参见许传新：《新生代农民工生育意愿及相关因素分析》，《中国青年研究》2012年第11期。

续表

编号	年龄	受教育程度	工作单位类型	是否愿意生育二胎
Case8	29	硕士研究生	无业	否
Case9	36	大学(专科)	无业	是
Case10	32	大学(本科)	企业	否
Case11	38	博士研究生	机关事业	否
Case12	30	硕士研究生	NGO	纠结/待定
Case13	29	大学(本科)	无业	否
Case14	28	大学(专科)	企业	是
Case15	40	高中	无业	否
Case16	35	中专	企业	是
Case17	29	硕士研究生	企业	是
Case18	34	大学(本科)	机关事业	是
Case19	33	大学(专科)	无业	是
Case20	34	博士在读	机关事业	纠结/待定
Case21	28	大学(本科)	企业	纠结/待定
Case22	39	中专	企业	否
Case23	41	大学(本科)	机关事业	否
Case24	25	中专	无业	否
Case25	33	大学(专科)	企业	纠结/待定
Case26	38	大学(专科)	企业	否
Case27	36	硕士研究生	机关事业	否
Case28	27	大学(本科)	无业	是
Case29	32	硕士研究生	企业	否
Case30	30	大学(专科)	NGO	是

三、影响城市女性二孩生育意愿的社会福利因素

学界对生育意愿的概念还缺乏统一界定。有学者提出了“生育的三维

性”，任何一次生育行为都包括生育数量、时间和性别3个方面。[①] 所以，生育意愿包括意愿生育数量、意愿生育时间和意愿生育性别。[②] 也有学者将生育质量——孩子的抚养和教育问题纳入生育意愿的维度，包括生育性别、生育目的、生育偏好和生育质量。[③] 根据本文研究目的，本文主要探讨全面二孩政策背景下城市女性二孩生育意愿，包括生育数量（是否愿意生育二孩）、生育性别、生育质量、生育动机四个方面。其中，是否愿意生育二孩是核心问题，生育性别、生育质量和生育动机都可作为其背后“为什么”的考量维度。本文对影响城市女性二孩生育意愿的“社会福利因素”的含义界定主要是指社会福利政策，具体包括以下几点：一是社会福利政策的功能（表现为“对抗”市场力量的能力）能否真正改善人们的生活质量；二是社会福利政策对社会福利服务提供主体和责任的限定如何；三是社会福利政策对社会弱势群体的保护程度如何。研究发现，社会福利政策的“去商品化”能力不足、社会福利服务供给的家庭倾向和基于性别平等视角的社会性规制缺乏等因素，影响了城市女性二孩生育意愿。

（一）社会福利政策的“去商品化”能力不足

访谈发现，大部分受访对象有二孩生育意愿，但是一些家庭收入水平偏低的女性会基于经济方面的压力，最终陷入“想生而不敢生”的“纠结状态”。

我和我老公都是独生子女，我们都挺想要二胎的，两边父母也都极力赞同我们再生一个。但是想想现在养个孩子成本太高了，我和老公都在私企上班，工资也不高。现在孩子上个幼儿园多贵呀，我家妞妞（一胎）上了个私立幼儿园，一个月3000多元，要赶上一个人的工资了。好的公立幼儿园太难进了，还得找关系。哎，生不生的等等再说吧。(Case10-DEC)

从俺生了第一个就再也没出去上班，现在孩子都上幼儿园了，倒是也想再生一个，但想想就觉得纠结……我现在不上班，生育保险都没有了，生个孩子得多贵呀，各种孕检下来又是一笔不小的费用，孩子有个大病小灾的，更得花钱，哎！想想还是算了！(Case28-DEC)

俺头胎生了个儿子，不得给儿子准备套房子啊。生个二胎当然好，可是万一再生个儿子，压力就更大了。我们父母都是农村的，还指望我们养老

---

① 参见顾宝昌：《论生育和生育转变：数量、时间和性别》，《人口研究》1992年第6期。

② 参见周福林：《生育意愿及其度量指标研究》，《统计教育》2005年第10期。

③ 参见李瑞德：《当前农村青年的生育意愿：一项观念性的实证研究——以闽南山区B村为例》，《市场与人口分析》2005年第6期。

呢，每个月都会给他们寄点钱，更拿不出钱来买房子了。主要还是房子的问题，挺烦的。(Case25-DEC)

这种状态与中国社会福利政策的“去商品化”能力有关。丹麦学者考斯塔·艾斯平-安德森（Gosta Esping-Andersen ）提出了社会政策中的“去商品化”概念，认为现代社会政策的原动力在于人类需求和劳动力的商品化过程，由此，人们的福利渐渐取决于他们与现金交易的关系。安德森认为，各种社会福利政策的去商品化潜力可以通过3个方面来考量：一是决定人们“进入”权利的规则，即资格标准和资格限制。如果易于“进入”，保障获得适当生活水准的权利无需与以往的就业记录、工作业绩、需求检验或缴费记录挂钩，那么这个计划就具有较大的去商品化潜力；二是与收入替代有关，也就是收入替代率，即人们不工作时获得的社会福利给付占工作时获得收入的比例。当给付水平下降至社会满意或认可的正常收入以下时，可能的结果就是迫使接受者尽快重返工作；三是资格授权的范围，也就是资格条件。可分为三种：一是基于贫困，二是基于工作业绩，三是基于普遍的公民权利，不论其需求程度或工作表现情况如何。[①] 据此，也可以观照中国现行社会福利政策的去商品化潜力。随着市场经济的发展，中国正处于一个生活成本高涨的阶段，市场因素“无孔不入”。在和受访对象的对话中，笔者明显感受到她们对来自市场的“商品化”因素的担忧，生育一个孩子就像在购买一件商品一样精于计算，迫使她们放弃生育孩子的意愿或永远处于“无解”的纠结困顿中。但是，完善充足的社会福利政策作为一种“对抗”市场力量的“去商品化”因素，可以帮助人们缓解甚至抵消来自市场的压力，能够影响当前全面二孩政策背景下人们的生育决策。以欧洲家庭政策为例，家庭政策综合指数靠前的丹麦、荷兰、芬兰、挪威和瑞典，通过工作—家庭平衡、支持儿童发展和提高家庭福利的政策，使得生育率明显提升。[②] 但是，中国现行的社会福利政策抗衡市场的“去商品化”能力明显不足，降低了许多城市女性（尤其是家庭收入水平一般的城市女性）二孩生育意愿。

第一，学前教育的“入园难、入园贵”问题，增加了育儿成本，影响二孩生育意愿。学前教育是基础教育的基础，但长期以来，学前教育一直被视为

① 参见[丹麦]考斯塔·艾斯平-安德森：《福利资本主义的三个世界》，郑秉文译，法律出版社2003年版，第52～55页。

② 参见吴帆：《欧洲家庭政策与生育率变化——兼论中国低生育率陷阱的风险》，《社会学研究》2016年第1期。

“有选择性”的儿童福利，公共财政投入十分有限，家庭负担较重。2010 年《国务院关于当前发展学前教育的若干意见》明确提出，发展学前教育，必须坚持公益性和普惠性。但事实是，目前学前教育的发展并没有体现出真正的公益性和普惠性，公立幼儿园尤其是优质的公立幼儿园数量严重不足，加之“属地管理”的原则使得公办幼儿园资源分配不均衡。以济南市公办幼儿园为例，截至 2014 年，济南市 LX 区公办幼儿园数量已达 62 所，且全部免费入园。而在该市其他区域，公办幼儿园数量和质量远远低于 LX 区，且无免费政策，质量好的公办幼儿园成为“稀缺资源”，人们不得不通过“找关系”“找门路”来挤入优质的实验类幼儿园。所以，学前教育作为社会福利体系的重要部分，其“资格授权”显然不是基于公民社会权利，一定程度上成了“特权资源”。从访谈中发现，一些收入水平较低或一般的家庭普遍想让孩子接受优质的学前教育，但是优质公立幼儿园的“门路”找不到，私立幼儿园收费又偏高，基于对这些困难的担忧，生育二孩的意愿会受影响。

第二，生育保险制度的设计缺陷和儿童医疗保障体系的缺乏也会影响二孩生育意愿。从生育保险制度的受益人群来看，它实际上是一种职工福利，其资格享受与就业和缴费联系在一起，即与其工作业绩挂钩。许多单位考虑到用工成本问题，不给职工缴纳生育保险费。这就导致了生育保险覆盖范围和受益人群不足的问题，几乎是“五险”中参与率和参与人数最少的。截至 2016 年 8 月，生育保险的参保人数为 18130 万人，是城镇职工基本养老保险参保人数的 50%，是城镇职工基本医疗保险参保人数的 26%。① 虽然目前一些地方规定无业女性生育医疗费用由居民医疗保险支付一定的限额，但是其支付限额要比生育保险基金支付限额低很多。因此，一些无业或未缴纳生育保险的女性（包括其配偶单位也未缴纳生育保险）会担心生育成本过高而倾向于不愿再生育。一些年龄偏高的育龄女性也会担心生育二孩给自身带来的疾病风险，可能会产生一些高危并发症，比如羊水栓塞、妊娠高血压等，而生育医疗费用的定额支付（大部分地方的做法）并不能解决这部分费用问题。② 一些地方虽然规定了生育并发症可以转入城镇居民医疗保险，但是支付限额依然非常有限。另外，多年以来，婴幼儿及儿童福利一直“游离”于社会保障体系之外。近几年，随着城镇居民医疗保险制度的建

① 根据人力资源和社会保障部公布的月度数据整理计算所得。

② 参见李线玲：《新形势下生育保险待遇落实探讨》，《妇女研究论丛》2016 年第 2 期。

立，中国医疗保障体系覆盖到了婴幼儿及儿童。但是，由于城镇居民医疗保险缴费低，医疗费用报销比例和范围也比较低，保障力度不足。以通化市为例，自2007年开始实施《城镇居民医疗保险暂行办法》以来，若儿童患有重大疾病，每年的报销最高限额为4.5万元，仅仅是杯水车薪。[①] 而婴幼儿及儿童作为生理上的脆弱群体，患病率高，且近年来因为环境卫生问题，儿童罹患“恶性肿瘤”的比例也在逐年上升。有的受访女性就对“二孩”将来潜在的患病风险表示担忧：未来孩子一旦罹患重大疾病，那么无论在经济方面还是精神方面，对整个家庭来说都是“无法承受之重”。这样的担忧对二孩生育意愿也有一定的抑制。

第三，住房过度“商品化”成为一些女性生育二孩的主要经济障碍。住房是保障公民生存权利最基本的物质基础，住房保障应是社会福利政策中的重要部分。当前中国并未建立完善的住房保障体系，廉租房等住房保障政策完全“抵挡”不住住房高度商品化的市场冲击，加之人们对住房的非理性追求，多生育一个孩子，意味着多一套住房或者置换面积更大的住房。“必须给儿子买房子”“两个儿子至少需要准备两套房子”等观念与高度商品化的住房市场“碰撞”在一起，再加上对留在老家的“农村父母的赡养责任”，这些因素交织在一起，必定会对二孩生育意愿有所抑制。

一言以蔽之，中国现行的一些社会福利政策不仅没有发挥“去商品化”的作用，反而在一定程度上“被商品化”，本该属于人们的社会福利变成了“商品”。所以，现行的社会福利政策不足以缓解二孩生育给收入水平一般的家庭所带来的经济压力，导致许多城市女性的二孩生育意愿降低。

（二）老人和儿童照料的家庭化倾向

与当前西方社会政策所倡导的福利多元主义不同，中国福利服务提供的主体具有明显的家庭主义倾向，家庭发挥了主要作用，国家和社会力量居于次要地位。

首先，养老服务供给中的家庭策略会影响城市女性二孩生育意愿。

原本考虑经济压力大不想生二胎的。去年我妈脑出血住院好长一段时间，我和老家那两个弟弟一直轮流照顾着，我都感觉累得够呛。如果将来我们老了，家里只有一个孩子，怎么照顾我们啊，要是两个孩子还能好些。

---

① 参见姜雪：《城镇儿童社会医疗保险问题研究——以通化市为例》，长春工业大学硕士学位论文，2016年。

(Case20-FAM)

还是两个孩子好，一个孩子忒孤单了，将来照顾我们的压力也很大。就像我和我老公都是独生子女，将来要照顾四个老人，我可不希望孩子将来像我们一样，二胎肯定要生的！(Case2-FAM)

我和老公都是独生子女，双方父母身体都不是很好，隔三差五地往医院跑，我现在除了照顾老大(一胎)，还得经常照顾几个老人。我现在已经觉得够疲惫了，哪有时间和精力再去生养一个孩子。(Case5-FAM)

《老年人权益保障法》明确规定："老年人养老主要依靠家庭，家庭成员应当关心和照料老人。"大部分受访女性有意愿生育二孩，主要原因是基于未来养老的考虑，希望两个孩子能够为自己提供足够的养老照料。但也有些女性不愿生育二孩，也是基于养老方面的考虑。两种生育意愿都与养老问题有关，前者担忧的是未来自身养老问题，后者顾虑的是当前父母养老及其给自身带来的压力和负担导致无力生二孩问题。无论是考虑自身未来养老还是当前父母养老，她们都想到了同一种策略，即家庭养老。对于部分受制于生育政策而不敢生育二孩的女性来说，全面二孩政策如同一根"救命稻草"，给家庭的未来养老增添了一份有力保障。而对于另一部分女性来说，放弃生育二孩则意味着能够拿出更多的时间、精力甚至金钱去照顾自己的父母。

中国从 20 世纪 90 年代初开始探索福利社会化道路，从 1998 年开始加大对社会力量兴办福利的政策引导和资金扶持，2011 年颁布《国务院办公厅关于印发社会养老服务体系建设规划(2011～2015)》，地方政府也进行了大量的实践探索，社会养老服务逐渐进入社会各界关注的视野。当被问及是否考虑选择"社会养老"时，她们则担忧"养老院太贵""社会上哪有那么多质量好的养老院""进养老院会不会遭受虐待""雇保姆会不会遭遇'毒保姆'"等问题。受访对象对这些问题的担忧充分显示出人们对社会化养老的不信任，依然看重家庭的传统赡养功能。有学者提出：社会养老服务体系建设期尚短，社会养老资金投入不足、社会养老及其配套政策落实不到位、多元化的养老主体没有形成、社会养老服务水平有待提高、社会养老专业人员缺乏等原因，致使社会养老服务的建设目标在短期内无法实现。[1] 这种观点给予了人们对社会化养老问题担忧的学理性解释，即使家庭力量不足以解决养

---

① 参见宋全成：《人口高速老龄化：我国社会养老服务面临严峻挑战》，《理论学刊》2016 年第 2 期。

老问题，人们依然看重并依赖家庭养老。因此，计划或放弃生育二孩都成为人们实现自身或父母养老的基本策略。

与此同时，研究发现，在家庭养老策略中，渐渐出现了“女儿养老”的偏好和倾向。

我和老公都想再生个闺女，你看人家闺女多的父母老了可享福了，都争着抢着养父母，都说“生儿子是名气，生闺女是福气”，生个闺女多贴心啊！(Case18-NCA-G)

俺家老大是个男孩，二胎就想生个女孩。当时要老大的时候，俺公婆就说想生个孙子，因为俺老公是独生子，当时怀孕的时候老有压力了！其实俺觉得生男孩女孩对于咱们年轻人来说无所谓的，很多年轻人是想生女孩的。只是他们老一辈还是想着孙子孙子的……我看还是女孩好，将来也知道疼咱啊，反正是没指望儿子给养老的……(Case6-NCA-G)

在城市，传统乡土社会“男娃金银垛，女娃赔钱货”的生育性别观念早已成为过去时，取而代之的是“生儿子是名气，生女儿是福气”的传统与现代相碰撞的生育性别观念。“生儿子是名气”带有传统“重男轻女”观念的烙印，“生女儿是福气”则反映了现代社会“女儿养老”的家庭策略。“女儿贴心”“女儿是妈妈的小棉袄”等观念反映了生女儿能够实现养老的最高层次需求——精神慰藉。随着现代女性经济地位和社会地位的提升，女儿不仅能够满足父母物质方面的需求，而且还能够提供更好的生活照料和精神慰藉。所以，生儿子能够满足人们传统的“面子”要求，而生女儿更能够带来真正的“实惠”。由此可见，生女儿的工具性意义逐渐凸显，是城市越来越多现代年轻夫妇出现“生育女儿”性别偏好的直接动机。

其次，儿童照顾中的隔代抚养也会影响城市女性二孩生育意愿。

在中国，隔代抚养已成为普遍现象。尽管不少学者从心理学和教育学视角做了不少批判性研究，但是祖辈(祖父母和外祖父母)俨然已成为当前婴幼儿及儿童照护的主要提供者，弥补了政府和社会力量的不足。有无祖辈的“帮忙”成为许多女性是否选择生育二孩的重要因素。

我婆婆和妈妈年纪都大了，根本没法帮我们照看孩子。我和我对象都上班，生了孩子谁来看啊，算了，还是不生了！(Case7-CHC)

俺家有人看孩子啊，老大就是奶奶看大的。奶奶身体也好，政策一出来就催着我们赶紧再生一个，趁着身体好还能帮忙看。(Case27-CHC)

20世纪中叶以来，一个世界性的趋势是传统由家庭承担的照顾责任逐渐被释放出来,或多或少迈向"去家庭化"的阶段,渐渐走向了福利多元主义道路。新中国成立后,儿童照顾问题逐渐从私领域走向公领域,进入社会政策的视野。自新中国成立到20世纪80年代中期,国家基于妇女解放和劳动力供给考虑,承担了儿童照顾的主要责任,儿童照顾经历了"去家庭化"阶段;从20世纪80年代中期到现在,国家基于优生优育的角度,开始重视儿童学前教育,但在责任划分上重新强调家庭责任,儿童照顾出现"再家庭化"的趋势。[①] 家庭中儿童照顾是一个性别化的实践活动,母亲承担着主要角色,父亲只做少量的参与。女性迫于职业压力,将孩子的照顾责任转移给上一辈,与上一辈传统的重视家庭的观念"一拍即合",于是祖辈便几乎成了国家和家庭责任的全部或部分"替代者"。有祖辈帮忙,能大大减轻许多女性关于孩子照顾问题的后顾之忧,会促使一些职业女性作出生育二孩的决定;否则,即便愿意生育二孩,也会迫于孩子照顾和职业压力间的冲突,最终遗憾地放弃生育二孩。

(三)基于性别平等视角的社会性规制不足

访谈发现,一部分女性会基于职业或就业压力方面的考虑而"不敢"生育二孩,这与中国目前基于性别平等视角的社会性规制不足有关。

这政策一出来啊,我们单位好多女同事都想生的。俺单位可搞笑呢,说是不能一起生,得排队生。真要是这样,我得排到三年以后啦,怕年龄大了对身体不好。(Case16-VOC)

记得当时还没休完产假,就被公司给叫回来了,说是缺人手。没办法,我也不敢不回来,怕被辞退了。(Case21-VOC)

我研究生毕业就结婚生子了,家里没人看孩子,这三四年就自己一人在家带孩子了。现在孩子上幼儿园了,正在找工作,我应聘的好几个企业都问我还生不生二胎,明确表示不要生二胎的!(Case8-VOC)

日本学者武川正吾(Takegawa Shogo)在其著作《福利国家的社会学》中提出,与给付一样,规制也是福利国家的重要手段。所谓规制是指根据一定的规则对某种行为加以禁止或限制。这里的规制是以公共权力为媒介的政府的规制,把以稳定和提高市民生活为直接目的的规制作为"社会性规

① 参见张亮:《中国儿童照顾政策研究——基于性别、家庭和国家的视角》,复旦大学博士学位论文,2014年。

制”。[①] 以往福利国家研究主流是把焦点对准社会性支出的规模或功能与效果。研究福利社会学必须重视社会性规制，社会性规制所需的财政支出较少，因此与给付相比，可以用相同的成本获得较大的效果。要把握一个福利国家的全貌，必须搞清楚该国的规制性手段和给付性手段的政策搭配。笔者以为，武川正吾的观点不仅仅适用于福利国家，同样可以适用于评价中国的社会福利水平。他为我们评估中国社会福利制度提供了两个重要维度，即给付和规制。给付方面，主要是指政府在社会福利方面（包括现金、实物和服务）的财政支出。规制方面，则指的是政府在保护不同社会群体尤其是社会弱势群体合法权益方面的立法和制度措施，比如对针对老年人、残疾人、儿童和妇女等群体的保护性制度。所以，武川正吾的福利社会学观点给我们提供了一个透视中国女性就业权和生育权保护的福利视角。

恩格斯曾指出：“妇女解放的第一个先决条件就是一切妇女重新回到公共劳动中去。”[②]也就是说，女性要取得和男子同等的地位与权利，关键在于拥有获得独立经济收入的途径。因此，妇女就业是妇女获得经济独立和发展的基本保障，也是妇女参与社会发展的基本形式之一。针对女性的就业保障主要体现在相关法规对女性就业权利的保护上。[③] 其就业权利的保护主要是指禁止就业歧视的立法规制，中国对女性就业歧视的立法规制体系显然不足。《劳动法》规定：劳动者就业，不因民族、种族、性别、宗教信仰不同而受歧视；妇女享有与男子平等的就业权利。这种规定过于笼统，不具操作性，缺少就业歧视的判断规则。另外，缺少就业歧视的救济程序。中国当前法律规定的劳动争议受案范围不包括就业歧视争议，也没有专门的保护劳动者就业机会平等、处理就业歧视争议的机构。禁止就业性别歧视的社会性规制缺失，使得欲生育二孩的女性迫于用人单位的压力而放弃二胎。明知是就业性别歧视，因为没有相应的保护机制，许多女性也会为实现或维持就业而放弃生育。全面二孩政策实施后，为鼓励生育，新修订的《人口与计划生育法》规定延长妇女生育产假天数，立法的初衷显然是基于对女性生育权利和育儿责任的保护。但是，根据目前大多数省份出台的新规来看，延长生育假的待遇由用人单位支付，而企业在税收等方面又难以得到相应的

---

① 参见[日]武川正吾：《福利国家的社会学》，李莲花、李永晶、朱珉译，商务印书馆 2011 年版，第 18～21页。

② 刘澄：《〈家庭、私有制和国家的起源〉导读》，天津人民出版社 2009 年版，第 55 页。

③ 参见金一虹、保剑：《多学科视野下的女性社会保障研究》，中山大学出版社 2011 年版，第 72 页。

优惠或补偿，这势必会加重企业的用工成本，结果可能会进一步加重就业性别歧视，使得女性在就业市场上处于更加不利的境地。

四、建议与反思

本研究探讨的重点是影响生育意愿的社会福利因素。总的来说，社会福利政策的“去商品化”体现了社会福利政策的功能，老人和儿童照顾中的家庭化倾向体现的是社会福利供给中的主体责任，基于性别平等的社会性规制体现的是社会福利政策中对女性的一种保护机制。具体来说，当前社会福利政策的“去商品化”能力不足，不能抵抗市场力量的“侵袭”，无法缓解生育二孩对收入水平偏低家庭所造成的经济压力。社会照顾供给中的家庭主体责任也是影响城市女性二孩生育的重要因素。在当前中国老人、儿童等群体的照顾服务体系中，家庭是责任主体，父母养老需求、自身未来养老需求以及儿童照护需求都能够影响二孩生育意愿。另外，关于保障女性在劳动就业、生育以及家庭支持等方面的规制性政策缺失，无法解决女性在生育和就业选择之间的“两难处境”，许多女性会选择就业而放弃生育二孩。有些女性是基于某一方面的考虑，还有些女性是综合考虑上述三个方面或其中两个方面来决定是否生育二孩。笔者认为，中国虽然正在经历快速的社会变迁，但是传统的以血缘关系为中心的“差序格局”不会发生根本变化，基于家庭的血缘关系在人们心中依然占有重要位置。因此，笔者相信，如果能够给予足够的社会政策刺激，消除或缓解二孩生育所带来的经济成本、照顾负担和就业压力，众多女性会将“心动”变为“行动”，促进二孩生育政策的贯彻落实。总之，完善中国社会福利政策体系需要以满足民生需求为价值目标，确定社会福利政策“去商品化”的总体策略，明确政府的政策主体和投资主体责任，划分政府、市场和社会在福利供给中的职能边界，通过福利多元主义的供给方式，提升社会福利政策的“去商品化”能力。具体来说，可以确立发展型社会政策的价值理念和政策方向，建议从以下四个方面着手。

一是投资于家庭，积极发展家庭政策。长期以来，家庭被认为是一个私领域，是人们获得福利的主要来源，政府对家庭有很少的干预或支持。在中国，除了《婚姻法》以外，计划生育政策和最低生活保障政策也是直接面向家庭的公共政策。但是，相较于发达国家，中国家庭政策还不够完善。在法国，《家庭法典》规定了种类繁多的福利项目。为鼓励生育，从 1965 年开始推出一系列福利项目，如家庭津贴、家庭附加工资、家庭补贴、家庭主妇补贴、儿童补助、贫困家庭的多胎补助等。1985 年又推出两项措施——幼儿补贴和产妇带薪休假，女职工生 3 胎以上的，不论半休或全休，工资照拿直到孩子满 3 岁。[①] 法国政府认为，家庭在表面看来属于一个私领域的范畴，当它涉及夫妇间婚姻关系的确立、婚后要不要孩子等个人选择时，的确是私人的事情。然而，家庭同时也是一个公共领域的概念，因为家庭状况的演变将对社会产生多种影响，这是国家关注和干预家庭事务的原因所在。[②] 所以，在全面二孩政策背景下，为鼓励生育，建议在当前延长女性生育假的基础上，建立“补救式”的家庭津贴制度，为城市贫困家庭或收入水平偏低的家庭提供妇女和儿童津贴，降低育儿成本。

二是建立老人和儿童的社会照顾体系，协调女性在就业与儿童及老人照顾之间的冲突。当前中国社会化养老服务体系建设是社会各界关注的热点问题，但仍面临诸多的困难，政府需要加大政策投入和资金投入，鼓励社会资本的广泛参与，真正实现养老社会化。儿童照顾和儿童发展方面，除了 3 岁以上儿童的学前教育，由政府支持的 3 岁以下的托幼服务严重不足。而国外在这方面则有可资借鉴之处。如德国政府从 2005 年起每年提供 15 亿欧元给地方政府，用以扩大针对 0～3 岁儿童的托幼机构，同时为 3～6 岁儿童提供非全日制的儿童看护服务。[③] 在中国，应将儿童照顾的“私人麻烦”重新设置成为“公共议题”，逐步建立起政府主导、社会力量广泛参与的儿童社会照顾体系。政府可以通过放宽准入条件、财政补贴、购买服务等方式，鼓励社会非营利性组织参与到儿童社会照顾体系的建构中来，增强女性就业和抚育责任之间的兼容性。

三是加快“生育保险和医疗保险合并实施”的步伐，并逐步建立专门针对婴幼儿及儿童的医疗保障体系。中共中央“十三五规划建议”明确提出“将生育保险和医疗保险合并实施”，这样在不久之将来就可以解决城市未就业女性对二孩生育成本的顾虑。另外，为缓解部分城市女性对孩子未来疾病风险的担忧，可在现有城镇居民医疗保险制度基础之上，建立起针对 0～18岁群体的医疗保险计划和大病救助体系。

---

① 参见王家宝：《难解的人口难题——论法国的家庭政策》，《社会学研究》1996 年第 5 期。

② 参见和建花：《法国家庭政策及其对支持妇女平衡工作家庭的作用》，《妇女研究论丛》2008 年第 6 期。

③ 参见吕青、赵向红：《家庭政策》，社会科学文献出版社 2012 年版，第 80 页。

四是社会政策的建构应考虑性别正义的价值取向。制定禁止性别歧视的相关法律，保证性别平等的所有事项都是有法可循的。另外，注重经济政策和社会政策的协调。比如，为防止对二孩孕期和产后女性的歧视和排斥，政府可以通过财税政策来引导企业吸纳和包容她们，否则“妇女享有与男子平等的就业权利”将只是一句苍白无力的口号。

本研究的主要贡献在于用质性研究方法对影响城市女性二孩生育意愿的社会福利因素作了初步探索。如果要进一步验证本文的研究结论，或者考察某地区甚至全国的状况，还需要定量研究的配合。所以，下一步的研究重点是分别针对社会福利政策“去商品化”、社会福利服务供给的主体倾向和基于性别平等视角的社会性规制三个维度来建立相应的指标体系，通过抽样调查和统计分析来具体确定影响城市女性二孩生育意愿的社会福利因素。唯有如此，才能更加普遍地、“接近真实”地反映社会福利政策对城市女性二孩生育意愿的影响。

本文原载于《妇女研究论丛》2017 年第 1 期，2019 年 7 月获山东省第三十三届社会科学优秀成果三等奖。

甲午战争与中华民族复兴的历程

孙占元

日本侵略中国的甲午战争，给近代中国带来空前严重的民族危机，中华民族为探索救亡图存之路进行了艰辛的探索和不懈的奋斗。有感于甲午战败的危局，康有为发出“外患乃以兴邦”的呼声，维新派以爱国相砥砺，以救亡为己任，把维新变法与救亡图存有机地结合起来；孙中山率先打出“振兴中华”的旗号，发动革命运动，倡导三民主义，致力于革命救国以谋求民族的复兴；义和团运动提出“扶清灭洋”口号，抵抗八国联军的侵略，为延缓中国被列强瓜分发挥了积极作用。在甲午战后的十余年间，这三支爱国救亡力量或先后、或交织地活跃于19～20世纪之交的中国政治舞台，在近代中国民族复兴的历程中发挥了各自的作用，并产生了重要的影响。

一、“外患乃以兴邦”：维新变法与救亡图存

“中国维新之萌蘖，自中日战争生。”[①]“变法之说，发端于甲午，实行于戊戌。”[②]时人的评价，充分说明了维新运动之兴起与甲午战争的关系。

甲午战前的许多仁人志士已意识到中华民族所面临的危机，积极寻求救国的方略。鸦片战争时期，林则徐、魏源提出仿造外国新式船炮和“师夷长技以制夷”主张，开近代中国海防思潮之先河。19世纪六七十年代，冯桂芬提出“始则师而法之，继则比而齐之，终则驾而上之”[③]的“自强”之道；薛福

---

① 梁启超：《饮冰室合集·专集之三》，中华书局1989年版，第42页。

② 夏曾佑：《论变法必以历史为根本》，《东方杂志》1905年第8期。

③ 冯桂芬：《校邠庐抗议》卷下，《制洋器议》，上海书店出版社2002年版。

成等提出“中国多出一分之货则外洋少获一分之利，而吾民得一分之利，夺外利以润吾民，无逾此者矣”[①]的“求富”主张；洋务派先后创办了近代军事工业和民用企业。尤其是1874年日本侵台事件引发的关于海防问题的大讨论，其中心内容是如何防日，即“揣度日本情势未能一日忘我，不能不豫为之备，于是有海防之议”[②]。洋务派以变局观分析了中国所面临的数千年未有之变局和数千年未有之强敌，认为唯有整顿海防、变法用人，方有所期。1879年日本用武力吞并琉球事件和1884年爆发的中法马尾海战后，清政府定下了“以精练海军为第一要务”及“拟请先从北洋开办精练水师一支”的调子。1888年5月，北洋海军正式成军。洋务派以“求强”“求富”相标榜，但甲午战败和北洋海军的全军覆灭，表明只注重器物层面变革的洋务运动无法从根本上改变中国的落后状况。于是，以康有为、梁启超为代表的维新派着力从制度层面寻求复兴道路。

对于甲午战争所产生的影响，恩格斯在1894年11月曾指出：“在中国进行的战争给古老的中国以致命的打击。”[③]甲午战败的创巨痛深，进一步唤醒了中华民族的群体意识。1895年5月，为阻止中日《马关条约》的换约，康有为联络在京参加会试的举人发动公车上书，痛陈民族危亡的严峻形势，提出拒和、迁都、练兵、变法的主张，强调“穷则变，变则通”，“与其以二万万偿日本，何如以二万万外修战备，内变法度哉”[④]。紧接着，康有为写下《上清帝第三书》，呈递到光绪帝手中，其中指出：“夫以中国二万里之地，四万万之民，比于日本，过之十倍，而为小夷嫚侮，若封羊缚豕，坐受剥割，耻既甚矣。”“此圣清二百余年未有之大辱，天下臣民所发愤痛心者也。”“然殷忧所以启圣，外患乃以兴邦。”他提出汰冗兵而和营勇、广学堂而练将才、厚海军以威海外的六条变法建议，认为“邓世昌捐躯报国，若加激劝，岂患乏人”[⑤]。同年9月，他与文廷式、陈炽等组织强学会，在《京师强学会序》中大声疾呼：“俄北瞰，英西睒，法南瞬，日东眈，处四强邻之中而为中国，岌岌哉！”“海水沸腾，耳中梦中，炮声隆隆，凡百君子，岂能无沦胥非类之悲乎！”[⑥]就甲午战争对民

---

① 丁凤麟、王欣之编：《薛福成选集》，上海人民出版社1987年版，第543页。

② 《中国近代史资料丛刊》编委会编：《洋务运动》第2册，上海人民出版社、上海书店出版社2000年版，第337页。

③ 《马克思恩格斯文集》第10卷，人民出版社2009年版，第674页。

④ 汤志钧编：《康有为政论集》，中华书局1981年版，第123页。

⑤ 汤志钧编：《康有为政论集》，中华书局1981年版，第139～144页。

⑥ 汤志钧编：《康有为政论集》，中华书局1981年版，第165～166页。

族觉醒的程度而言，梁启超在《戊戌政变记》说："吾国四千余年大梦之唤醒，实自甲午战败割台湾偿二百兆以后始也。"[①]何启、胡礼垣在《新政始基》指出："未之战也，千人醉而一人醒，则其醒者亦将哺糟啜醴，宜其醉醒无时也"，但是"一战而人皆醒矣，一战而人皆明矣"。[②] 陈炽在《上清帝万言书》中也说："以倭奴蕞尔小邦，遂能力制中朝。受此亘古未有之奇辱，使我中国之人，自上达下，稍有人心者，无不摧心失志，怀愤含羞，痛哭呼天，不能自已。"[③]

维新志士们奔走呼号，越出康乾以来厉禁知识分子干政的成规。在甲午战争中曾一向主战的光绪帝和许多朝廷官员也意识到形势的严峻及残酷。光绪帝在《马关条约》签订前曾愤然说："台割则天下人心皆去，朕何以为天下主？"[④]在战后的"上谕"中又表示："宵旰彷徨，临朝痛哭……此中万分为难情事，乃言章奏者所未详，而天下臣民皆应共谅者也。"同时宣誓中外："嗣后我君臣上下，惟当坚苦一心，痛除积弊，于练兵、筹饷两大端尽力研求，详筹兴革。勿存懈志，勿骛空名，勿忽远图，勿沿故习，务期事事核实，以收自强之效。朕于中外臣工有厚望焉。"[⑤]翁同龢阅读了陈炽的《庸书》、汤震的《危言》等变法著作，还与传教士李提摩太、李佳白等讨论过聘请西人、采用西法进行改革的问题。

维新派既痛陈西方列强对中国的侵略，又主张向西方学习。在那个年代，"要救国，只有维新，要维新，只有学外国。那时的外国只有西方资本主义国家是进步的，它们成功地建设了资产阶级的现代国家。日本人向西方学习有成效，中国人也想向日本人学"[⑥]。1895 年 6 月，康有为在《上清帝第四书》中指出："日本蕞尔三岛，土地人民不能当中国之十一，近者其皇睦仁与其相三条实美改纪其政，国日富强，乃能灭我琉球，割我辽台。以土之大，不更化则削弱如此；以日之小，能更化则骤强如彼。岂非明效大验哉？"[⑦]

---

① 梁启超：《饮冰室合集·专集之一》，中华书局 1989 年版，第 1 页。

② 郑大华点校：《新政真诠——何启、胡礼垣集》，辽宁人民出版社 1994 年版，第 183 页。

③ 转引自孔祥吉：《晚清政治改革家的困境——陈炽〈上清帝万言书〉的发现及其意义》，《广东社会科学》2000 年第 2 期。

④ 《中国近代史资料丛刊》编委会编：《中日战争》第 4 册，上海人民出版社、上海书店出版社 2000 年版，第 550 页。

⑤ 军机处《洋务档》光绪二十一年四月十六日，转引自茅海建：《从甲午到戊戌：康有为〈我史〉鉴注》，生活·读书·新知三联书店 2009 年版，第 84～85 页。

⑥ 《毛泽东选集》第 4 卷，人民出版社 1991 年版，第 1470 页。

⑦ 汤志钧编：《康有为政论集》，中华书局 1981 年版，第 153 页。

1898年1月，有感于德国侵占胶州湾，康有为心怀“胶东之耻”赶写了《上清帝第五书》。其中指出，“自东师辱后，泰西茂视”，“诸国眈眈，采颐已外”，因此必须“下发愤之诏”，以激励“人心之志气，然后训练军队，大购铁舰，沿海数十艘而习以海战”。他向光绪帝建议，“择法俄、日以定国是，愿皇上以俄国大彼得之心为心法，是日本明治之政为政法”，认为非采法俄、日，“不能为天下雄也”[①]。随后，他又第六次向清帝上书，即《请大誓臣工开制度新政局折》。其中再次申述变法的重要性，并批驳顽固派对变法维新的种种责难。他指出，世界各国皆以变法而强，中国要想救亡图存，必须全面变法。现在朝廷虽有变法的用意，但“皇上行之，而大臣挠之；才士言之，而旧僚攻之；不以为用夷变夏，则以为变乱祖制，谣谤并起，水火相攻”。故应效法“日本明治维新之始”，当务之急是采取三项措施：“一曰大誓群臣以革旧维新，而采天下舆论，取万国之良法；二曰开制度局于宫中，征天下通才二十人为参与，将一切政事制度重新商定；三曰设待诏所许天下人上书。”[②]这是康有为首次受皇帝之命提出的变法维新统筹全局的具体措施。此外，康有为还在北京的官员和知识分子中间进行活动，于1898年4月建立起保国会，参加者有在京官员和各省举人200多人。保国会以救亡图存相号召，其宗旨是“保国、保种、保教”。经过康有为等人不断催促，还有帝党官员的积极活动，光绪帝决定利用不断高涨的维新运动来实行变法。同年6月11日，光绪帝召见全体军机大臣，决定“下诏定国是”进行变法，于是有了“百日维新”。

这是近代中国采法俄、日以“为天下雄”的一次展示，也是以君主立宪制取代君主专制制度的初步尝试，将近代中国变革从物质技术层面推进到政治制度层面。百日维新虽然时间短，成效甚微，但终为以往所未曾有过的事情。“今日能闹到新旧两党流血遍地，方有复兴之望。”[③]维新派对封建制度的种种批判，动摇了封建专制统治的思想和政治基础，传播了资产阶级的新思想，冲击了人们的社会心理和社会观念。特别是维新派通过办学会、开学堂，冲破清政府例禁，初步形成国人议论时政的新风气，使中国传统社会“智慧骤开，如万流潏沸，不可遏抑”[④]。正如当时《字林西报》所描述的那样，国人“对国事漠不关心的时代过去了”，大批仁人志士均怀着“改革一日不完

① 汤志钧编：《康有为政论集》，中华书局1981年版，第202～203页。

② 《杰士上书汇录》卷1，中国历史第一档案馆藏内府抄本。

③ 中国史学会主编：《戊戌变法》第2册，上海人民出版社1957年版，第567页。

④ 梁启超：《饮冰室合集·文集之三》，中华书局1989年版，第156页。

成”便“不会一日休止”[1]的热望。同时,戊戌变法的失败也留下了极为深刻的历史教训。维新派以火热的爱国热情,试图通过自上而下的改革实现变法维新,结果却是:“戊戌六君子”血染京师,光绪帝被困于瀛台,康有为、梁启超出走海外。

戊戌变法失败后的第二年,梁启超有鉴于甲午战争的历史教训写了《爱国论》。他指出:“甲午以前,吾国之士夫,忧国难、谈国事者,几绝焉。自中东一役,我师败绩,割地偿款,创巨痛深,于是慷慨忧国之士渐起,谋保国之策者,所在多有。非今优于昔也,昔者不自知其为国,今见败于他国,乃始自知其为国也。”[2]1900 年,他发表《少年中国说》,强调“使举国之少年而果为少年也,则吾中国为未来之国,其进步未可量也”;“故今日之责任,不在他人,而全在我少年。少年智则国智,少年富则国富,少年强则国强,少年独立则国独立,少年自由则国自由,少年进步则国进步,少年胜于欧洲则国胜于欧洲,少年雄于地球则国雄于地球。红日初升,其道大光;河出伏流,一泻汪洋;潜龙腾渊,鳞爪飞扬;乳虎啸谷,百兽震惶;鹰隼试翼,风尘吸张;奇花初胎,矞矞皇皇;干将发硎,有作其芒;天戴其苍,地履其黄;纵有千古,横有八荒;前途似海,来日方长。美哉我少年中国,与天不老!壮哉我中国少年,与国无疆!”[3]1901 年,梁启超在《中国史叙论》中首次提出“中国民族”概念,并把中国民族的历史划分为三个时代:一是“上世史,自黄帝以迄秦之一统,是为中国之中国,即中国民族自发达、自竞争、自团结之时代也”;二是“中世史,自秦统一后至清代乾隆之末年,是为亚洲之中国,即中国民族与亚洲各民族交涉、繁赜、竞争最烈之时代也”;三是“近世史,自乾隆末年以至于今日,是为世界之中国,即中国民族合同全亚洲民族与西人交涉、竞争之时代也。又君主专制政体渐就湮灭,而数千年未经发达之国民立宪政体,将嬗代兴起之时代也”。“此时代今处虽阅时甚短,而其内外之变动,实皆为二千年所未有。”[4]1902 年,梁启超著《新民说》,着意论述了“新民为今日中国第一要务”。维新派思想家把救亡与启蒙结合起来,仍在为民族复兴作出新的努力。当然,在此时和稍后革命与改良的论争中,革命思想逐步占据主导地位,推动了革命运动的发展。

① 中国史学会主编:《戊戌变法》第 3 册,上海人民出版社 1957 年版,第 493 页。

② 梁启超:《饮冰室合集·文集之三》,中华书局 1989 年版,第 65～66 页。

③ 梁启超:《饮冰室合集·文集之五》,中华书局 1989 年版,第 12 页。

④ 梁启超:《饮冰室合集·文集之六》,中华书局 1989 年版,第 11～12 页。

二、“振兴中华”:革命救国与国家的复兴

在近代中国,正式提出“振兴中华”的是孙中山。他正是由于甲午战争的影响而率先发出这一呐喊,成为时代强音,并由此完成了由主张改良到革命的转变。于是,“中国之革命,发轫于甲午以后,盛于庚子,而成于辛亥”①。

甲午战争爆发前的一个月,孙中山经过数月的酝酿,于 1894 年 6 月到天津向李鸿章上书,陈述“人能尽其才,地能尽其利,物能尽其用,货能畅其流”的治国大计,并以日本为例进行对比。他指出,“试观日本一国,与西人通商后于我,仿效西方也后于我,其维新之政为日几何,而今成效已大有可观,以能举其四大纲而举国行之,而无一人阻之”;反观中国,“固患于能行之人少,而尤患于不知之人多”,“国家每举一事,非格于成例,辄阻于群议者”。② 李鸿章则以“甲书旁午”为由,婉拒了孙中山的上书。同年 7 月 25 日,日本挑起丰岛海战,甲午战争爆发。从天津来到北京的孙中山,所见所闻是京师正忙于慈禧太后六十大寿,可谓边海烽火告警,京师宴安升平。

有鉴于此,孙中山深刻意识到局势的严重性:“日本命将遣师,侵入吾土,除宅居战地之人民外,罕有知中日开衅之举者……中国睡梦之深,至于此极。”③他本想通过上书以“冀九重之或一垂听”,但事与愿违。于是,他于 1894 年 11 月在美国檀香山创立兴中会。《檀香山兴中会章程》指出:“中国积弱,非一日矣!上则因循苟且,粉饰虚张;下则蒙昧无知,鲜能远虑。近之辱国丧师,剪藩压境,堂堂华夏不齿于邻邦,文物冠裳被轻于异族。有志之士,能无抚膺!夫以四百兆苍生之众,数万里土地之饶,固可发奋为雄,无敌于天下。乃以庸奴误国,涂毒苍生,一蹶不兴,如斯之极。方今强邻环列,虎视鹰瞵,久垂涎于中华五金之富、物产之饶。蚕食鲸吞,已效尤于接踵;瓜分豆剖,实堪虑于目前。有心人不禁大声疾呼,亟拯斯民于水火,切扶大厦之将倾。”因此,“特联络中外华人,创兴是会,以申民志而扶国宗”,“专为振兴中华、维持国体起见”。④ 从此,以孙中山为首的资产阶级革命派在“振兴中华”的旗帜下,为争取民族独立和反对清朝的腐败统治进行了艰苦卓绝的

---

① 《孙中山全集》第 9 卷,中华书局 1986 年版,第 114 页。

② 《孙中山全集》第 1 卷,中华书局 1981 年版,第 15 页。

③ 《孙中山全集》第 1 卷,中华书局 1981 年版,第 52 页。

④ 《孙中山全集》第 1 卷,中华书局 1981 年版,第 19 页。

斗争。

1895年2月,香港兴中会成立。《香港兴中会章程》较之《檀香山兴中会章程》加进了"乃以政治不修,纲维败坏,朝廷则鬻爵卖官,公行贿赂;官府则剥民刮地,暴过虎狼"和设立该会以"讲求兴中良法,讨论当今时事,考究各国政治,各抒已见,互勉进益"等不少文字,尤其是规定接收会员以"心地光明,确具忠义,有心爱戴中国,肯为其父母邦竭力,维护中国以臻强盛之地"为条件,并"必要当众自承其甘愿入会,一心一德,矢信矢忠,共挽中国危局"。[①] 是年10月,孙中山策动广州起义,与清廷公开对立。1900年发动惠州起义,惜未成功。孙中山曾回顾说,在广州起义失败时,人们还视其为"乱臣贼子",而到惠州起义失败后,"有识之士且多为吾人扼腕叹息,恨其事之不成",表明"国人之迷梦已有渐醒之兆"。[②] 随着1900年八国联军发动侵略中国的战争以及先后侵占天津、北京,义和团运动也以失败而告结束,清政府被迫与列强签订丧权辱国的《辛丑条约》,并向列强表明清政府要"量中华之物力,结与国之欢心"。这样,由于外国资本进一步加强对中国的扩张、掠夺和控制,民族矛盾进一步深化,使得推翻清政府这个"洋人的朝廷"的革命运动得到了更多人的同情和支持。正如1902年曾师从康有为求学于万木草堂后又倾向革命的欧榘甲在《新广东》中所指出的,"自中日战争以后,天下皆知朝廷之不可恃"。他指斥清廷:"所谓朝廷政府者,日食吾民之毛,日践吾民之土,我民之深仁厚泽,谅既洽入其心矣,宜何如激发天良,感恩图报,以致我国之富强,以报我民于万一。乃不惟尸位无能,不称其职,而且忘恩背义,卖国卖民,则我中国四万万之股东,其默尔而息乎。"[③]

1904年是农历甲辰年,爆发了为争夺中国领土而进行的日俄战争。孙中山指出,日俄战争实际上是这两个国家在争夺亚洲的霸权,中国之所以成为列强利益纠纷的场所,其根源在于清政府的衰弱与腐败,强调必须防止欧洲列强趁机掠夺中国。孙中山说:"全世界的注意力现在都集中在远东,这不仅是由于俄国与日本间正在进行着的战争,而且也由于这样的事实,即:中国终究要成为那些争夺亚洲霸权的国家之间的主要斗争场所。欧洲人在非洲的属地——迄今为止,这一直是欧洲列强之间斗争的焦点——现在大

① 《孙中山全集》第1卷,中华书局1981年版,第21~22页。

② 《孙中山全集》第6卷,中华书局1985年版,第235页。

③ 张枬、王忍之编:《辛亥革命前十年间时论选集》第1卷上册,生活·读书·新知三联书店1977年版,第279~280页。

体上已经划定了，因而必须寻找一块新的地方，以供增大领土和扩展殖民地；长期以来被认为是‘东亚病夫’的中国，自然而然地就成了这样一块用以满足欧洲野心的地方。”孙中山批驳了西方流行的所谓“黄祸论”论调，即“中国拥有众多的人口与丰厚的资源，如果它觉醒起来并采用西方方式与思想，就会是对全世界的一个威胁”。他明确指出，这种论调是站不住脚的，因为“中国人的本性就是一个勤劳的、和平的、守法的民族，而绝不是好侵略的种族；如果他们确曾进行过战争，那只是为了自卫。只有当中国人被某一外国加以适当训练并被利用来作为满足该国本身野心的工具时，中国人才会成为对世界和平的威胁。如果中国人能够自主，他们即会证明是世界上最爱好和平的民族”。[①]

孙中山在奔走革命的过程中，既呼吁中国必须改变现存的专制制度而实行民主共和政体，同时还阐发了赶上西方强国以实现民族复兴的思想。1905年8月，他在日本东京中国留学生欢迎大会的演说中指出，中国通过向西方学习，不仅“足以突驾日本”，而且在“十年、二十年之后不难举西人之文明而尽有之，即或胜之焉，亦非不可能之事也”，希望“诸君将振兴中国之责任，置之于自身之肩上”。[②] 10月，他在《〈民报〉发刊词》中阐发其三民主义思想：“今者中国以千年专制之毒而不解，异种残之，外邦逼之，民族主义、民权主义殆不可以须臾缓。而民生主义，欧美所虑积重难返者，中国独受病未深，而去之易。”同时，孙中山还表达了振兴中华民族的情感：“翳我祖国，以最大之民族，聪明强力，超绝等伦，而沉梦不起，万事堕坏；幸为风潮所激，醒其渴睡，旦夕之间，奋发振强，励精不已，则半事倍功，良非夸嫚。”[③]这表明中国同盟会以三民主义的政纲来“奋发振强”，是对兴中会振兴中华思想的升华。随后，孙中山又在给外国友人的信中进一步指出，中国这个“占世界人口四分之一的国家的复兴，将是全人类的福音”[④]。这非常清楚地表明，“振兴中华”与“国家的复兴”是内在统一的。

因而，需要进一步分析的是，孙中山等革命派所倡导的民族主义，其核心内容是“驱除鞑虏，恢复中华”，那么如何来认识这种“反满革命”问题引起世人的关注呢？对此，孙中山曾作出非常明确的回答，“民族主义，并非是遇

---

① 《孙中山全集》第1卷，中华书局1981年版，第248～253页。

② 《孙中山全集》第1卷，中华书局1981年版，第283页。

③ 《孙中山全集》第1卷，中华书局1981年版，第288～289页。

④ 《孙中山全集》第1卷，中华书局1981年版，第319页。

着不同族的人便要排斥他”;“我们并不是恨满洲人,是恨害汉人的满洲人。假如我们实行革命的时候,那满洲人不来阻害我们,决无寻仇之理”。同时,他还指出:“中国数千年来都是君主专制政体,这种政体不是平等、自由的国民所堪受的。要去这种政体,不是专靠民族革命可以成功。试想明太祖驱除蒙古,恢复中国,民族革命已经做成,他的政治却不过依然同汉唐宋相近。”因此,“推倒满洲政府,从驱除满人那一面说是民族革命,从颠覆君主政体那一面说是政治革命”。[①] 此后,章太炎于 1908 年在《排满平议》中也指出:“排满者,排其皇室也,排其官吏也,排其士卒也。若夫列为编氓,相从耕牧,是满人者,则岂欲傅刃其腹哉?”“吾侪所执守者,非排一切政府,非排一切满人,所欲排者,为满人在汉之政府。而今之政府,为满洲所窃据,人所共知,不烦别为标目,故简略言之,则曰排满云尔。”[②]在三民主义的召唤下,人们愈来愈觉悟到,无论是为了延长清王朝的命运进行一些改革,或是通过“种族革命”以恢复汉族帝国的统治,还是在不推翻清王朝的前提下搞君主立宪,都不可能挽救国家危亡的命运、走上文明进步的道路。

中国的历史经过辛亥革命的洗礼而发生了重要的变化。1911 年 12 月 30 日,孙中山有感于武昌起义后全国响应“风云泱动,天下昭苏”的情形,充满激情地写道:“昆仑之山,为黄河之源,浑浑万里,东入于海,中有伟大民族,代产英杰,以维其邦国;吾党义烈之士,对兹山河,雄心勃郁,其亦力任艰巨,以光吾国而发挥其种性乎!”[③]1912 年 1 月 1 日,孙中山在就任中华民国临时大总统宣言书中申明:“国家之本,在于人民。合汉、满、蒙、回、藏诸地为一国,即合汉、满、蒙、回、藏诸族为一人,是曰民族之统一。”同时,孙中山还就领土之统一、军政之统一、内治之统一和财政之统一作了阐述。他强调:“满清时代藉立宪之名,行敛财之实,杂捐苛细,民不聊生。此后国家经费取给于民,必期合于理财学理,而尤在改良社会经济组织,使人民知有生之乐。”[④]同年 3 月 11 日,《中华民国临时约法》颁布,第一章总纲强调:“中华民国由中华人民组织之……中华民国之主权属于国民全体。”孙中山担任临时大总统仅三个月便让位于袁世凯。由于袁世凯和北洋军阀的倒行逆施,

---

① 《孙中山全集》第 1 卷,中华书局 1981 年版,第 325 页。

② 张枬、王忍之编:《辛亥革命前十年间时论选集》第 3 卷,生活·读书·新知三联书店 1977 年版,第 51 页。

③ 《孙中山全集》第 1 卷,中华书局 1981 年版,第 579 页。

④ 《孙中山全集》第 2 卷,中华书局 1982 年版,第 2 页。

迫使孙中山和革命党人只能以“愈挫愈奋”战斗精神发动二次革命、护国运动以至三次革命(护法运动)。尽管辛亥革命未能完成争取民族独立和人民解放的历史任务，但它毕竟开启了思想解放、政治变迁、经济和社会进步的闸门，推翻了在中国延续了2000多年的封建君主专制制度，推进了民族复兴的进程。

三、“扶清灭洋”：义和团运动延缓了西方列强瓜分中国

19世纪末兴起的义和团运动，与甲午战后国际形势的变化以及华北民众所受的困境直接相关。它是甲午战后西方列强加紧侵略和瓜分中国的产物，也是中国人民奋起挽救民族危机的必然结果。

日本通过甲午战争从中国攫得巨额赔款、土地等权益后，其他列强纷至沓来，大肆在中国划分势力范围。1897年，德国以巨野教案为借口，出兵侵占胶州湾，是甲午战争之后发生的严重事件。如果说1894年孙中山所痛陈的瓜分豆剖还处于“实堪虑于目前”的状况，1895年康有为所指出的中国处于强邻之中已是岌岌可危，那么甲午战后俄、德、法三国干涉还辽与德国侵占胶州湾事件则开启了帝国主义瓜分中国的狂潮。在甲午战前，德皇威廉二世就提出“要及时地在中国沿海占领一个坚固的据点”的图谋。他的这个愿望在德国参加三国干涉还辽时进一步暴露出来，就是由此“可以从心怀感激的中国……得到一块地方作为海军基地和加煤站之用”[①]。当然，德国毕竟还是使用武力于1897年11月强占了胶州湾，1898年3月逼迫清政府签订《胶澳租界条约》，以“租借”为名强租中国港湾，把山东变为其势力范围。紧接着，俄国军舰强占旅顺口和大连湾，把东北变为其势力范围。英国不仅强租威海卫，而且还与清政府签订《展拓香港界址专条》，并强逼清政府同意其在长江流域的特权。法国则通过签订《广州湾租界条约》等活动，把两广与云南作为其势力范围。同时，清政府为筹集对日战争赔款，三次向俄、法、英、德银行团借款，并加紧对国内的搜刮。外国教会势力也乘列强瓜分中国之机，加紧进行宗教渗透。正是在这样的历史背景下，义和团运动在山东爆发。

山东在甲午战争中受到日本侵略军的进攻，饱受战祸的苦难，尤其是遭

① 转引自丁名楠等：《帝国主义侵华史》第1卷，人民出版社1973年版，第373页。

受帝国主义军事侵略和宗教渗透较严重的省区,民教冲突异常尖锐。外国教会和传教士在山东活动猖獗,甲午战争后全省 108 个州、县中有 72 个州、县建立了教会活动的据点,共有大小教堂 1300 余处,传教士 150 余人,仅天主教徒就有 8 万人。面对教会势力的横行不法,广大群众始乃抱怨,继而为仇,先后在曹县、巨野、沂水、平度、威海、临清、即墨、冠县等地掀起反洋教斗争,教案迭起。每次教案后,教会势力便要挟清政府镇压群众,勒索赔款,这进一步激起山东人民和地方官的不满。[①] 山东巡抚张汝梅曾就德占胶州湾后“教士之势愈张,则平民之愤愈甚”的情形奏报清廷,认为“民气遏抑太久”,有“川壅则溃之势”。[②] 于是,长期以来在群众中聚积的仇视和反对帝国主义的情绪通过义和团运动爆发出来。1898 年 3 月,山东冠县的义和拳众闻“来有洋兵”,于是聚众“亮拳”。同年 10 月,赵三多、阎书勤在冠县梨园屯(今属河北威县)蒋家庄率拳民起义,打起“顺清灭洋”旗号,揭开了义和团运动的序幕。随后,义和团在直隶不断发展,并进入京、津地区,直接威胁着列强在华的侵略利益。对于这段历史,严复曾这样描述:“中国自甲午中东一役,而情实露,自庚子内讧,而情实愈益露”;“中国近二三十年,教案之起,不绝于时,而以乙未山东、庚子直隶二者为最大。乙未一案,德人乘便以夺吾胶州之军港,俄英尤而效之,旅顺、威海,相随已去。盖中国北方,从此无门户。”[③]

因此,从中国民众反对外国教会侵略的斗争逐步发展为义和团反对帝国主义加紧瓜分中国的斗争,正是义和团运动兴起的必然历史逻辑。以农民为主体的义和团能够初步意识到,正是外国的侵略造成了“祸乱中华”的状况,即“混乱扰攘均由洋鬼子招来”,并表示他们“最恨和约,误国殃民,上行下效,民冤不伸”[④]。虽然义和团的反侵略意识同资产阶级革命派和维新派相比有些简朴,但认识的基点和指向是一致的,均在不同层面上体现出挽救民族危机的迫切要求。因而,在当时就有人对义和团的反侵略之举作了较为客观的评述。如柳堂《宰惠纪略》云:“中国受外国凌侮,平民受教民欺压,人人衔恨,无以制之。一旦传闻义和拳烧洋楼毁电杆之奇技,明知非正,

① 参见孙占元:《义和团运动与晚清社会》,《北方论丛》1991 年第 1 期。

② 故宫博物院明清档案部编:《义和团档案史料》上册,中华书局 1959 年版,第 13 页。

③ 王栻主编:《严复集》第 1 册,中华书局 1986 年版,第 115、191 页。

④ 中国史学会主编:《义和团》第 1 册,上海人民出版社 1957 年版,第 112 页。

未始不足称快。”[①]义和团运动反对列强瓜分中国的斗争，顺乎民意，合乎民心。正如一位御史在奏折中所说：“方今天下强邻虎视，中土已成积弱之形，人心愤激久矣。每言及中东一役，愚父老莫不怆然泣下。是以拳民倡议，先得人和，争为投钱输粟。倡始山东，盛于直隶，现传及各省。所至之处，人多羸粮景从。父兄莫可拴束，妻子不能阻挽，独悻悻以杀敌致果为心。”[②]

义和团以“坛”或“场”为基层组织，在各坛口或场口门旁一般为红底三角形大旗，书有“顺清灭洋”“助清灭洋”“兴清灭洋”“保清灭洋”“扶清灭洋”等字。特别是1900年春，当帝国主义试图派兵入侵中国以及清政府对义和团的招抚政策日益占上风的时候，“扶清灭洋”的旗帜不胫而走，成为各地义和团的主要口号。虽然这一口号并不是义和团通过对社会主要矛盾进行科学分析后提出来的，但它却反映了民族矛盾的不断激化。“扶清灭洋”的口号对义和团运动的迅速发展起到了一定的积极作用，吸引了广泛的群众，并使一些地主官僚也卷了进去，扩大了反帝斗争的基础。但它也不免有一定的消极因素。如提出“扶清”，虽然具有保国的含义，却又将“中国”与“大清”等概念相混同，表明义和团在主观上并不反对清政府，也不反对封建制度；它提出“灭洋”，固然接触到了救亡的时代主题，却又对洋人、洋教和西方思想统统排斥，具有盲目排外的落后性。这一口号模糊了清朝专制统治与帝国主义的关系，后来成为清王朝得以利用、控制甚至蒙蔽和欺骗一部分义和团的重要原因。同时，不少义和团组织规定了“毋贪财，毋好色，毋违父母命，毋违朝廷法，灭洋人，杀赃官”[③]的戒条，因此得到了广大劳苦群众的支持，促使其队伍迅速发展和壮大。

义和团运动的发展，严重威胁了帝国主义在华的侵略利益。1900年4月，美、英、法、德四国公使联合照会清政府，限“两月以内，悉将义和团匪一律剿除，否则将派水陆各军驰入山东、直隶两省，代为剿平”[④]。同年6月10日，俄、英、美、日、德、法、意、奥等八国拼凑了2000多人，在英国海军中将西摩尔的率领下，乘火车由天津向北京进犯，开始了八国联军的侵华战争。与此同时，列强已经策划了更大规模的军事行动，各国增兵大沽口。同年6月17日，联军攻占大沽炮台，从大沽登陆，打开了进攻天津和北京的门户，进一

① 中国史学会主编：《义和团》第1册，上海人民出版社1957年版，第403页。

② 故宫博物院明清档案部编：《义和团档案史料》上册，中华书局1959年版，第178页。

③ 中国史学会主编：《义和团》第2册，上海人民出版社1957年版，第142页。

④ 中国史学会主编：《义和团》第3册，上海人民出版社1957年版，第169页。

步扩大侵略战争。同年 6 月 21 日，清政府发布宣战上谕，随后又在电旨中说，“此次事变，事机杂出，均非意料所及，朝廷慎重邦交，从不肯轻于挑衅”，令驻外使节向各国解释宣战出于被迫的苦衷，并保证“现仍严饬带兵官照前保护使馆，惟力是视。此种乱民，设法相机自行惩办”。[①] 可见，清政府在宣战后，虽然曾命令团民与清军共同防御京、津，但它也为自己的投降留了一条后路。这表明，由慈禧把持的清政府宣战的实质只不过是利用义和团借以发泄对列强在废立大阿哥问题和以武力威胁问题上的不满情绪，并伺机镇压义和团。面对八国联军的侵略，义和团和部分清军一起顽强抵抗。同年 8 月 14 日，联军攻占北京，为争夺在华权益进行争斗。沙俄要挟清政府以承认它独占东北为条件，表示承认李鸿章为全权议和代表，支持慈禧太后继续执政，主张立即从北京撤出各国军队，进行议和。英国则主张扶植光绪帝，不承认李鸿章为议和代表，反对联军从北京撤兵。德国仍继续派遣军队来华，计划攻占烟台，进而独霸山东，提出惩办慈禧，以此恫吓清政府，攫取更多的权益，反对立即议和与撤兵。日本因与沙俄争夺中国东北有矛盾，支持英国的主张。法国为了阻止英国在广东、广西的扩张，在一定程度上支持俄国的建议。美国提出第二次“门户开放”的通牒，主张“保持中国的领土和行政完整”，维持现存以慈禧太后为首的清政府，实际上要达到帝国主义在中国的共管，从而夺得更多的权益。从 1900 年 10 月至 12 月底，经过列强之间长时间的反复协商、争斗、妥协，最后英、德、日接受了俄、法、美的建议，承认“皇太后为合例”，同意李鸿章为议和代表，条件是清政府须接受各国的全部要求，提出“议和大纲十二条”的照会，由李鸿章电告慈禧太后。慈禧亡命西安，“以首祸当议己，常悁栗不自安；及见约无之，喜过望，诏报奕劻、鸿章尽如约”[②]。于是，列强又强加给中国一个严重的不平等条约——《辛丑条约》，它的签订更进一步加深了中国的民族危机。

尽管义和团运动在八国联军侵略中国的战争中失败了，但迫使列强改变了侵华的手段，并不得不从义和团的顽强反抗精神中认识到，“无论欧美、日本各国，皆无此脑力与兵力，可以统治此天下生灵四分之一”[③]的中国。美国《纽约新西报》刊发《论中国不可瓜分》一文指出：“今日为各国计，惟有扶

① 故宫博物院明清档案部编：《义和团档案史料》上册，中华书局 1959 年版，第 186、203 页。

② 中国史学会主编：《义和团》第 1 册，上海人民出版社 1957 年版，第 34 页。

③ 中国史学会主编：《义和团》第 3 册，上海人民出版社 1957 年版，第 186 页。

其四万万人所戴之皇帝,使之复辟,再行亲政,则义和团不平而自平。"[①]列强在义和团运动之后采取了"以华制华"的所谓"保全主义"政策。对此,梁启超深刻分析了列强为何从热议瓜分中国,而又迅速变为"保全支那"的原因。他引述了英人赫德《中国实测论》的论点:"义和团之运动,实由其爱国之心所发,以强中国、拒外人为目的者也。"若"自此以往此种精神必更加深入人心,弥浸全国",因此要放弃瓜分,使中国人"渐忘其军事思想,而倾服于我欧人,如果则将来所谓'黄祸'者,可以烟消烬灭矣"。梁启超明确指出:"此虽赫德一人之私言,而实不啻欧洲各国之公言矣。"并进一步揭露,"凡言保全支那者,必继之以开放门户"的实质是进一步侵略中国,"使吾民之欲谋衣食者,愈不得不仰息于彼族"。[②] 从当时国内外的各种议论来分析,可以说正是义和团运动延缓了列强进一步瓜分中国。

"殷忧所以启圣,外患乃以兴邦。"[③]近代中国有识之士有鉴于甲午战败发出的这一醒世之言,折射出国人应对民族危机的积极心态。振兴中华、变法自强、反帝爱国的疾呼,戊戌变法、义和团运动、辛亥革命的声浪,既延缓了中国社会的半殖民地化程度,也在近代中国走向复兴的历史进程中产生了重大影响。甲午战争20年后,1915年6月李大钊发表题为《国民之薪胆》一文指出:"吾国对日关系之痛史,宜镌骨铭心纪其深仇大辱者,有三事焉:曰甲午,曰甲辰,曰甲寅。甲午之役,丧师割地,东亚霸权拱手以让诸日本……此三甲纪念,实吾民没齿不忘者也。"[④]此后,新文化运动兴起,以心理层面的深化开启了中华民族走向复兴的新路。

本文原载于《河北学刊》2015年第4期,2019年7月获山东省第三十三届社会科学优秀成果三等奖。

① 梁启超:《清议报全编》卷17,横滨新民社辑印本,第171页。

② 梁启超:《饮冰室合集·文集之六》,中华书局1989年版,第43～46页。

③ 汤志钧编:《康有为政论集》,中华书局1981年版,第139～140页。

④ 中国李大钊研究会编注:《李大钊全集》第2卷,人民出版社2006年版,第297页。

历史思维的哲学诠释与当代价值

李正义

习近平同志多次要求党员干部要掌握马克思主义科学的世界观和方法论，学会运用历史思维去分析解决社会发展和治国理政中的一系列根本问题，提高把握大势的能力。党员干部必须具备从唯物史观的视野去厘清历史思维的哲学品质，才能站在历史的高度把握时代的发展趋势，积极肩负起开创历史的责任担当。

一、历史思维的哲学内涵

（一）历史思维及其特点

思维是"植根于人类实践的绚丽花朵"，思维方式是人类特有的思考问题的根本方法，是思考问题的维度、看问题的总的视角或者是视野。人们形成了一定的思维方式，才会产生一定的思想理论和方针政策，然后指导现实的工作实践。历史思维即思维的历史方法，这是人类思维的最基本的方法，是把人类过去、现在和未来贯通起来思考问题的根本方法和总的视野，可以为总结历史规律、理性分析现实、探寻未来发展提供科学的思想武器。历史思维是马克思主义唯物史观和方法论的集中体现。

综观中华民族几千年的文明史，"究天人之际，通古今之变"一直是人们认识和研究历史现象的内在动力。二十四史、《资治通鉴》等丰富的历史典籍记载着中华民族历史发展的过程，延续着辉煌灿烂的中华文明。当前，我们就要通过这些丰富的历史典籍，运用马克思主义的历史思维，挖掘中华民族历史的"宝藏"，为今天的发展找到借鉴和启示。这既是马克思主义历史方法论的客观要求，也是中华民族发展的历史使命和历史担当。

人们对历史内涵的界定是不断扩展的。在远古时期，历史只是人们对于已经发生事情的认识和记录。之后，人们对于历史认识的范围深入到借古讽今、以古鉴今，开始重视过去事情对于当下的影响，却没有看到历史对未来的指导作用。李大钊说过：那些只记过去事实的记录，不能称为生活的历史，历史是过去、现在以及未来的整个的人类生活。因此，只有把过去、现在和未来贯通起来的思维方式，才是真正历史思维的本质要求。只有把过去、现在和未来贯通起来，从动态过程把握和考察历史的真正内涵，才能达到研究历史的科学境界。历史思维突出了历史的生成过程，以从过去到现在、从现在到未来的动态思维去看待历史，具有重要的现实意义和指导作用。基于历史思维基础上的历史方法，开阔了人们研究历史的视野。

2015 年 8 月 23 日，习近平在致第二十二届国际历史科学大会的贺信中指出："世界的今天是从世界的昨天发展而来的。今天世界遇到的很多事情可以在历史上找到影子，历史上发生的很多事情也可以作为今天的镜鉴。重视历史、研究历史、借鉴历史，可以给人类带来很多了解昨天、把握今天、开创明天的智慧。所以说，历史是人类最好的老师。"[①]在这里，习近平同志提出了"了解昨天、把握今天、开创明天"的历史方法论，历史是已经过去的现实，而正在进行的现实则是未来的历史，过去、现在和未来是贯通的。他把对历史思维的论断推进到了新的高度，这是对动态历史过程深刻把握之后的科学概括、智慧总结和灵活运用。

（二）历史思维的历史唯物论基础

马克思、恩格斯在《德意志意识形态》中说："我们仅仅知道一门唯一的科学，即历史科学。"[②]恩格斯说，黑格尔也很重视历史，但是"在黑格尔看来，历史不过是检验他的逻辑结构的工具"[③]。马克思本来是要解决现实问题的，但他却从研究历史开始。因为所有意识形态的秘密都是从属于历史的，只有回到历史中去才能揭示出意识形态的本质。马克思正是以深邃的历史视野，放眼于人类整个历史发展过程，找到了人类社会发展的历史规律，发现了唯物史观，推动社会主义理论从空想变为科学。

---

① 习近平：《习近平致第二十二届国际历史科学大会的贺信》，《人民日报》2015 年 8 月 24 日。

② 《马克思恩格斯选集》第 1 卷，人民出版社 2012 年版，第 146 页。

③ 《马克思恩格斯全集》第 1 卷，人民出版社 1956 年版，第 650 页。

马克思主义哲学实现了哲学主题的根本性转换，即从对世界本体的追问转向研究人类社会领域，从认识世界转向改造世界，从对天国的批判转向对尘世的批判，使哲学从天上回到了人间，使人回归到现实的存在及其历史的展现。马克思从人类社会存在和发展的第一个历史前提即物质资料的生产入手，通过分析生产力和生产关系以及经济基础和上层建筑的矛盾，找到了人类社会发展的历史规律。正是在生产力和生产关系这一社会基本矛盾的推动下，人类社会从低级阶段不断地发展到高级阶段，共产主义社会成为人类解放的最终归宿和社会发展的逻辑必然。

历史思维成为马克思主义诞生的思想武器。马克思正是运用历史的方法，把回到历史本身作为逻辑起点，从而发现了唯物史观。马克思主义理论本身不是凭空创造的，而是历史本身过程的展现。马克思和恩格斯在《共产党宣言》中说："共产党人的理论原理，决不是以这个或那个世界改革家所发明或发现的思想、原则为根据的。这些原理不过是现存的阶级斗争、我们眼前的历史运动的真实关系的一般表述。"[①]也就是说，马克思的共产主义理论是历史本身的表述，而人类社会历史是一个自然历史过程。

《共产党宣言》是唯物史观的集中体现，是马克思、恩格斯运用历史思维，把过去、现在和未来贯通起来，从"资产者"和"无产者"产生的"过去"到对立的历史事实，再到矛盾的解决，从对历史规律的分析中得出了"两个必然"的结论，找到了人类社会发展的最终归宿。

历史思维是唯物史观的客观要求。列宁说："在分析任何一个社会问题时，马克思主义理论的绝对要求，就是要把问题提到一定的历史范围之内。"[②]这就要求我们在研究社会问题的时候，只有真正贯彻历史思维的客观要求才能正确地分析社会问题，进而得出科学的认识，指导我们的实践。

最早把马克思列宁主义这种站在历史的视角，动态地看待世界、思考问题的方法引入中国的，是中国共产党的创始人之一李大钊同志。他在1924年出版的《史学要论》中回答了什么是历史的问题。他认为："历史就是社会的变革……把人类的生活整个的纵着去看，便是历史；横着去看，便是社会。"[③]按照他的观点，历史既是"纵"的发展过程，又是"横"的社会当下的现实。从社会变革的角度去看历史，历史就表现为过去、现在和未来的动态过

① 《马克思恩格斯选集》第1卷，人民出版社2012年版，第413～414页。

② 《列宁全集》第25卷，人民出版社2017年版，第232页。

③ 中国李大钊研究会编注：《李大钊文集》第4卷，人民出版社1999年版，第379页。

程，是“活”的历史。李大钊同志在《史学要论》中第一次系统地介绍了唯物史观并把唯物史观引入中国，开辟了历史研究的新视野，开启了早期共产党人思考问题的崭新的历史思维方式，使人们对历史的把握更加丰富和科学，为新生的共产党人提供了科学的世界观和方法论。

毛泽东同志善于运用历史思维的方法，从历史的延续和承继中思考问题、解决问题。他在《抗日战争胜利后的时局和我们的方针》中说：“国民党怎么样？看它的过去，就可以知道它的现在；看它的过去和现在，就可以知道它的将来。这个党过去打过整整十年的反革命内战。”[①]正是把马克思主义的普遍原理和中国革命的历史实际结合起来，毛泽东同志领导中国人民取得了新民主主义革命和社会主义革命的伟大胜利。

为了驳斥国内外敌对势力散布的历史虚无主义思潮，捍卫马克思主义的话语权，彻底粉碎历史虚无主义的政治图谋，习近平总书记多次强调马克思主义的立场、观点和方法，科学界定了“了解昨天、把握今天、开创明天”的科学历史观，明确要求党员干部必须贯彻唯物史观的根本要求，到历史中寻求启示和智慧。

二、历史思维的哲学诉求

历史思维是对过去、现在和未来的总体把握，它的哲学诉求就表现为对过去的反思、对现实当下的辩护与批判性和对未来的创新。

（一）历史思维是对过去的反思性思维，这就要求我们要反思历史，从历史中总结经验教训，以史为鉴

历史是最好的教科书，也是最好的清醒剂。历史虽已成为过去，但是它的兴衰成败都是经验的沉淀和凝聚。我们要从透析历史、反思历史、总结历史中吸取教训、总结经验，这样才能清醒头脑、明确方向。

列宁曾经说过，忘记历史就意味着背叛。一个没有历史记忆的国家，是没有前途的。一部中国近代史，是中国人民饱受凌辱的历史，也是中国人民顽强抗争的历史。我们每一个中国人都不能忘记这段受到帝国主义国家压迫、欺负的历史，更不允许一些别有用心的人篡改、歪曲历史。

---

① 中共中央文献研究室、中央档案馆编：《建党以来重要文献选编（1921—1949）》第22册，中央文献出版社2011年版，第611页。

近代以来，日本军国主义政策给中国人民带来了深重灾难，日本的侵略使中华民族陷入濒临亡国灭种的境地。这段历史给中国人民留下了极其深刻的印象，特别是日本侵略者在南京制造的惨绝人寰的南京大屠杀惨案，中国人民永远不会忘记。当前，日本一部分极右派企图抹杀、否认日本侵略者对中国人民犯下的滔天罪行，采取各种卑鄙的方式掩盖事实，引起了全世界爱好和平人士的愤怒抗议。历史不会因时代变迁而改变，事实也不会因巧舌抵赖而消失。南京大屠杀惨案铁证如山，不容篡改。前事不忘，后事之师。我们要牢记日本侵略中国的这段黑暗历史，并不是对这段仇恨“念念不忘”，而是要以史为鉴、面向未来。只有中日两国人民正视这段历史，不断反思这段历史，珍惜当前的和平局面，两国人民才能世代友好下去。历史不能抹杀，更不能回避。只有正视历史、反思历史、以史为鉴，日本才能真正放下历史包袱。只有本着对历史负责的态度，顺应和平与发展的历史潮流，铭记历史教训，积极面对、妥善处理历史问题，日本才能得到世界人民的原谅。

历史真实地记录着一个国家和民族形成与发展的过程，既是对过去各种知识和经验的积累，也是兴衰成败的真实足迹。通过回眸历史、反思历史，有助于为当前时代的发展和一个民族、一个国家未来的发展方向提供借鉴意义。通过反思历史，我们可以用厚重的历史警示现实，从对历史趋势的把握中明确方向、指引未来。

（二）历史思维是对现实的辩护与批判性思维，这就要求我们发挥哲学的批判功能，积极地在理论和实践中开展双重批判与双重建构

哲学的辩护本质上是一种解释的功能，是指对存在的正当性作出的合理化说明，给出“存在”之所以存在的正当理由。哲学的批判是指辩证的扬弃，只有辩证的扬弃，才是真正贯彻历史思维的要求。没有了批判，事物就失去了前进的动力。

哲学的视野是历史的。我们要从历史的视野放眼现实的世界，从历史的角度去拓展社会发展问题研究的视野与深度，避免当前社会发展研究中的平面化与非历史化倾向。任何现实都是一个历史时间坐标上永远处于不断被确定又不断被超越的东西。马克思说：“批判的武器当然不能代替武器的批判，物质力量只能用物质力量来摧毁；但是理论一经掌握群众，也会变成物质力量。”[①]当前，我国已经进入中国特色社会主义建设的新时代，在新

① 《马克思恩格斯选集》第1卷，人民出版社2012年版，第9页。

的伟大实践中，我们要贯彻历史思维的哲学诉求，实现理论和实践的双重批判。

理论的批判就是在实践过程中不断实现理论本身的超越，从而去意识形态之蔽的过程。具体地说，就是在现代化建设的实践过程中，要理论地批判传统的观念和认识，从而实现关于社会主义、关于人的发展和关于哲学使命的理论不断地超越与发展。随着实践的发展和历史的推进，理论自身实现发展，进而又推动了实践的进程。马克思说："真理的彼岸世界消逝以后，历史的任务就是确立此岸世界的真理。"①

新中国成立以后，我们党对社会主义本质的认识不断深化，从"阶级斗争为纲"到"贫穷不是社会主义"，再到邓小平同志提出的"解放和发展生产力，消灭剥削，消除两极分化，实现共同富裕"。当前，我们党又提出了以"人民幸福为根本目标，实现人的自由而全面发展的"的历史新目标。中国共产党正是不断地进行理论批判，才深化了对社会主义本质的认识，进而推动了中国社会主义现代化建设的历史进程。

实践的批判也就是人类通过改造世界的现实活动，"实际地反对和改变现存的事物"，"使现存的世界革命化"。实践的批判是现实"物质的力量"摧毁"物质的东西"的历史过程。正是通过这种实践对现实的批判过程，人类社会实现了向未来的无限敞开和不断超越。

十八大以来，中国共产党加大了反腐力度，严厉惩处党内出现的腐败分子。到2018年年底，反腐败斗争取得了压倒性胜利，全面从严治党取得重大成果。"反腐败永远在路上"就是我们党以实践批判的姿态，积极加强自身建设，提高执政能力，确保社会主义事业不断前进的真实写照。

理论的批判和实践的批判，构成了人类历史发展过程中的双重维度，推动着人类历史的不断发展。我们要积极运用哲学的批判功能，开展理论和实践的双重批判，这是贯彻历史思维的客观要求。

（三）历史思维是对未来的创新性思维，这就要求我们要以创新的姿态，自觉担负起续写社会主义新篇章的历史使命，开创崭新的历史新时代

随着中国的和平崛起、中华民族的伟大复兴、中国特色社会主义的蓬勃发展，世界社会主义运动在遭受挫折和低潮之后实现了新的历史复兴，中国

① 《马克思恩格斯选集》第1卷，人民出版社2012年版，第2页。

已经站在了世界社会主义事业的最前沿。当前，中国特色社会主义建设事业已经进入了新时代，新时代中国共产党的历史使命是带领全国各族人民实现中华民族的伟大复兴。我们要完成党的十九大提出的宏伟目标，把世界共产主义运动推向新的高潮，就必须以创新的姿态迎接历史的挑战。

随着实践的发展，历史向未来敞开。一部人类文明史，就是一部人类不懈奋斗和创新的历史。一个国家、一个民族，如果停止了创新，就没有了活力，就失去了历史机遇，也就失去了未来。实现中华民族的伟大复兴和人的自由而全面发展，体现了价值追求和历史逻辑的统一。当前，实现中华民族伟大复兴的关键就是摆脱一切阻碍社会主义生产力发展和制约人民群众创造力发挥的体制机制障碍，真正实现劳动者个性解放与人的全面发展。面对新时代的新任务，我们必须以创新的姿态，迎接未来的挑战，续写社会主义现代化建设新的历史篇章。

习近平同志在治国理政过程中，非常重视创新的巨大作用。当今世界，变革与创新的潮流滚滚向前。在面向未来发展的过程中，综合国力的竞争归根结底是创新能力的竞争。任何一个国家和民族如果拒绝创新甚至创新不足，都将在历史的竞争中被淘汰。习近平总书记说："创新是一个民族进步的灵魂，是一个国家兴旺发达的不竭动力，也是中华民族最深沉的民族禀赋。在激烈的国际竞争中，惟创新者进，惟创新者强，惟创新者胜。"①

三、历史思维的实践价值

当前，我国的现代化建设进入新的历史方位，党员干部必须掌握和运用历史思维方法，提高把握历史大势的能力，才能肩负起新时代赋予我们的历史使命，取得社会主义现代化建设实践的伟大胜利，实现中华民族的伟大复兴。

（一）科学把握中国道路发展的历史趋势，坚持社会主义道路不动摇

掌握马克思主义的历史思维，对于各级领导干部把握历史大势能力的提高，无疑具有重要的方法论意义。党员干部要以科学的历史思维分析中国特色社会主义道路发展的历史趋势，坚持社会主义道路不动摇。

中国走社会主义道路符合唯物史观的基本原理，是人类社会及其历史

① 《习近平谈治国理政》，外文出版社 2014 年版，第 59 页。

发展的一般规律所决定的，是中国人民革命实践的历史选择。生产力和生产关系的对立统一作为人类社会发展的基本矛盾，推动着人类社会的发展。人类社会从低级阶段发展到高级阶段，是由社会发展规律所决定的。中国走向社会主义道路，是人类社会发展的必然结果。此外，中国为什么必须走社会主义道路而不走资本主义道路，这是由中国近代社会历史发展的现实条件决定的。胡绳曾经说过：中国人民选择的社会主义道路，是时代条件下所找到的最好的道路。

唯物史观揭示了社会主义道路的特殊性，这是中国社会主义道路必须具有中国特色的理论基石。唯物史观揭示了人类社会发展的道路既是一元的，又是多样的，既具有必然性，又具有多样性。按照马克思主义的观点，人民群众在创造自己的历史的时候，不可能随心所欲地凭着主观意愿创造，而是在已有历史的前提下，从以往承继下来的历史条件基础上进行创造。中国共产党在马克思主义中国化的过程中，坚持马克思主义指导，立足中国发展的实际国情，开辟了一条成功的“中国道路”。

中国特色社会主义进入新时代，不是执政的中国共产党简单的宣布，而是由客观实际所决定的。我国已经实现了从站起来到富起来的历史任务，面临着由富起来到强起来的历史新使命。此外，我国当前社会主要矛盾已经发生了历史性、全局性的变化，这种变化标志着中国社会主义改革发展的实践进入了社会主义新时代。

中国特色社会主义往哪儿发展？共产主义是我们坚定的目标和方向。唯物史观作为崭新的历史观，不仅仅揭示了人类社会发展的基本规律，更是把共产主义作为人类完美社会的价值预设。中国特色社会主义道路是符合唯物史观的正确道路，是马克思主义和中国实际相结合的道路。中国特色社会主义建设实践正是朝着共产主义的伟大理想迈进。中国特色社会主义道路是沿着共产主义方向在历史发展的逻辑中前进，是马克思主义理论逻辑和中国发展现实逻辑的有机统一。我们要坚持社会主义道路不动摇，倍加珍惜、不懈努力，真正做到“千磨万击还坚劲，任尔东西南北风”。

（二）科学理解共产主义理论内涵，坚定共产主义信仰不动摇

历史思维不仅要求各级领导干部正确地分析中国特色社会主义道路的历史趋势，坚定对中国特色社会主义的道路自信，而且还要求各级领导干部在道路自信的基础上，运用历史思维科学理解共产主义理论，进一步树立对中国特色社会主义共同理想的信念，坚定对共产主义的牢固信仰。

唯物史观所揭示的人类社会发展的终极目标，成为中国道路选择的终极价值取向。共产主义作为人类社会追求的目标，它是一种崇高的理想，是一种完美的社会形态；作为自觉的信仰，它是一种超越的价值指向。因此，中国作为社会主义国家，把共产主义理想作为我们的追求目标，正是中国道路选择的终极价值取向。历史唯物论揭示了人类社会发展的客观规律，正是在这一规律的支配下，人类社会形态的依次更替呈现为一个自然历史过程。共产主义的实现，是人类社会的终极理想，是人类历史发展的逻辑必然。因为符合科学逻辑，所以共产主义成为能够实现的理想而不是空想。

共产主义是个历史的生成过程。马克思在《德意志意识形态》中说，共产主义“不是应当确立的状况，不是现实应当与之相适应的理想……是那种消灭现存状况的现实的运动”①。共产主义道路成为唯物史观所揭示的实践基础上的历史叙事，是人类社会向未来发展的现实过程。共产主义作为历史的展现，它表征为一个现实的运动过程，这个过程具体化为建设有中国特色社会主义的伟大实践中。当前，我们即将全面建成小康社会，正在建设社会主义现代化强国进而实现中华民族的伟大复兴，这正是我们实践着共产主义的过程。

共产党人要坚定共产主义信仰。什么是信仰？信，就是相信，是笃信不疑；仰，是仰视，对高高在上的东西顶礼膜拜。信仰就是把它存在于自己的内心深处，视为自己的行为准则，坚定不移地去追求，一以贯之地去执行的东西。信仰具有排斥性，强烈的、纯洁的信仰具有强大的排斥力。如果没有了信仰，就会随波逐流，来者不拒，受之坦然；如果没有了信仰，就会迷失发展的方向。党员干部只有坚定共产主义理想信念，我们的现代化建设事业才能沿着社会主义的方向，永远走在希望的田野上。

（三）坚持科学的历史思维和正确的历史观，坚决批判和抵制历史虚无主义

党员干部要以科学的历史思维正视中国共产党带领中国人民进行革命和建设的历史，坚决抵制敌对势力散布的历史虚无主义思潮。

历史虚无主义否定已有定论的历史事件和历史人物，丑化和恶搞革命前辈和英雄人物，侮辱和诋毁党的领袖，妄图颠覆和动摇人们对革命前辈和人民英雄的崇敬。历史虚无主义的逻辑无非是通过歪曲、篡改和虚无历史，

① 《马克思恩格斯选集》第1卷，人民出版社2012年版，第166页。

鲜明地表达出反对共产党、反对社会主义的政治立场。历史虚无主义的泛滥，带来了恶劣的社会影响。他们丑化中国共产党、丑化社会主义制度，蛊惑和影响了部分群众对于历史真相的认知和判断。

“无论是对于一个民族，还是一个国家、一个政党，历史就是根基，历史就是血脉。历史根基、血脉被虚无、被否定了，必然‘国将不国’‘党将不党’。”①

国内外敌对势力站在反华、反共、反社会主义的立场上，拿历史事实做文章。他们的最终目的是要通过否定中国革命的历史、中国共产党的历史和新中国发展的历史，进而否定中国共产党执政地位的合法性，从根本上否定党的领导，否定社会主义制度，动摇人们的共产主义的理想信念。这个问题如果处理不好，后患无穷。我们要深刻认识历史虚无主义的危害，增强忧患意识，坚定政治立场，切不可麻痹大意、掉以轻心，更不能丧失原则，受其迷惑。苏联解体和苏共垮台是20世纪末世界共产主义运动史上的灾难性事件。苏联解体和苏共垮台的原因很多，其中一个重要原因就在于全面否定苏联历史和苏共的历史，抹黑和否定党的领袖人物，把思想搞乱了。

我们要实事求是地把握中国共产党领导地位、核心地位形成的历史必然性，要科学揭示和宣传中国人民选择社会主义道路的历史必然性，要科学揭示和宣传只有坚持改革开放和推进中国特色社会主义建设才能实现中华民族的伟大复兴，要科学揭示和宣传中国共产党领导全国人民取得的历史功绩和伟大成就，要科学揭示和宣传中国共产党的光荣传统和优良作风。

面对意识形态领域的严峻挑战，领导干部必须学会运用科学的历史思维，坚持正确的历史观。历史既具有传承性，又具有客观性和具体性。这就要求我们既不能割断历史，也不能虚无历史。反对历史虚无主义，我们就要坚决捍卫新民主主义革命的胜利成果，充分肯定社会主义革命和建设的历史成就，牢牢掌握改革开放和社会主义现代化建设的正确方向。

（四）运用历史思维，科学分析现代化建设过程中的问题

随着中国现代化建设实践的推进，在现实的经济和社会领域出现了一些新问题和新挑战，我们要以科学的历史思维去回答和解释这些问题和挑战。

党员干部要以科学的历史思维分析现代化建设过程中出现的问题，以历史的视野积极应对这些新问题和新挑战，捍卫马克思主义理论的科学性

---

① 罗云瀚：《习近平治国理政中的历史思维》，《中国延安干部学院学报》2017年第5期。

和革命性。

第一,以“历史的暂时性”视野科学理解市场经济。当前,我们国家正在大力发展社会主义市场经济。有人质疑:既然马克思的理论把批判和超越市场经济作为理论旨归和现实诉求,那么我们当前大力发展市场经济和我们信仰共产主义不是自相矛盾吗?大力发展市场经济,是不是就意味着我们要放弃共产主义理想呢?

马克思主义理论和现实的历史都已经证明,商品经济是社会发展的一个不可逾越的历史阶段。我们的改革也是以此作为合法性的逻辑起点展开的。按照马克思的观点,发展市场经济仅仅是人的存在和社会发展的一个内在的必要环节和步骤而已,这与马克思当时所批判和超越的那些资本主义辩护士和市场原教旨主义者所宣扬的市场经济有着本质的区别。那些资产阶级学者把社会制度分为两种,一种是“人为的”,一种是“天然的”,而市场经济及其制度安排作为资本主义核心成为“历史的最高成就”。我们要按照历史思维的客观要求,秉持马克思的历史主义立场,从历史的暂时性角度去看待现存事物,历史地认识市场经济。只有经历了市场经济的充分发展,我们才能实现真正的共产主义,这是历史本身走向成熟的逻辑必然。如果我们不大力发展市场经济,就只能回到粗陋的共产主义,陷入保守主义的立场。

马克思认为,人类社会历史发展过程是一个自然经济—市场经济—产品经济的演进过程,市场经济只是这个演进过程中的一个环节,是历史发展的一个过渡阶段。当前,我国已经建立起比较完善的社会主义市场经济体制,市场经济建设取得了巨大成就,但我们仍然需要一种历史的视野,从“历史的暂时性角度”超然地看待市场经济,坚持共产主义的超越旨向,坚守马克思的历史主义立场和共产主义的远大理想。这是我们共产党人与资产阶级学者本质区别之所在。

第二,运用历史思维,辩证认识改革开放前后两个历史时期。运用历史思维去看待新中国的历史尤其是改革开放前后两个历史时期,就不能僵化地把改革开放前的历史和改革开放后的历史割裂开来甚至对立起来,而应该辩证地把两个历史时期结合起来理解,避免给历史虚无主义留下“发挥”的余地和空间。

在如何理解和看待改革开放前后两个历史时期的问题上,习近平同志贯彻了马克思主义科学的方法论,运用科学的历史思维,以高瞻远瞩的历史视野,给我们指出了正确看待两个历史时期应当坚持的基本原则。1956 年,随着社会主义改造的完成，中国建立起了社会主义基本制度，随后进行了20多年的社会主义建设。1978年以后，我们正是在这个基础上开创了改革开放的新局面。

改革开放前的历史和改革开放后的历史是社会主义事业一脉相承的发展过程。这两个历史时期是辩证统一的，二者有所区别又相互联系，但不能相互否定。我们要实事求是，坚持历史分析的方法，秉持马克思主义的基本立场，坚持从客观事实出发，尊重历史，正视历史，运用历史思维对改革开放前后两个历史时期进行科学把握和准确定位，统一思想，深化认识，确保党和人民的事业既一脉相承，又沿着社会主义方向不断前进。

第三，历史地分析无产阶级的使命，避免把马克思主义理论沦为狭隘利益的工具。无产阶级以人类解放为历史使命，它不但要消灭资产阶级，而且最终还要消灭自身。“哲学不消灭无产阶级，就不能成为现实；无产阶级不把哲学变成现实，就不可能消灭自身”[①]，所以无产阶级是彻底的大公无私。正因为这种彻底的革命性和无私性，无产阶级敢于批判和揭露意识形态的秘密。中国共产党人作为无产阶级的组织核心，天然地承担着人类解放的历史责任，这是“与生俱来”“如影随形”的历史宿命。共产党人如果为了维护既得利益，把马克思主义理论作为实现狭隘利益的工具，以满足部分人的私利为出发点和归宿，就必然成为保守的力量，也就失去了无产阶级的革命性和先进性。

在现阶段，无产阶级及其政党必须代表最广大人民的根本利益。中国共产党人没有任何私利，始终把人民的利益放在首位，牢固树立“以人民为中心”的执政理念，把人民对美好生活的向往，作为现代化建设事业奋斗的目标。共产党人要到历史的长河中去把握自己的历史使命和责任担当，不忘初心、继续前进，以无私无畏的革命奋斗精神，“让马克思、恩格斯设想的人类社会美好前景不断在中国大地上生动展现出来”[②]。

本文原载于《东岳论丛》2019年第8期，2021年1月获全国党校（行政学院）系统第十三届优秀科研成果三等奖。

---

① 《马克思恩格斯选集》第1卷，人民出版社2012年版，第16页。

② 习近平：《在纪念马克思诞辰200周年大会上的讲话》，人民出版社2018年版，第28页。

增强党的群众组织力探析

尹传政

党的十九大报告明确提出要不断增强党的“群众组织力”。群众组织力是党永葆旺盛生命力和强大战斗力的基础性能力，是组织和动员群众参与社会实践活动的能力。强大的群众组织力就是党在引领和组织群众过程中，始终以追求人民群众的利益为价值目标，坚持依靠人民群众为基本原则，实施正确的人民群众工作方法，凝聚人民群众的智慧和力量，实现社会的革命和变革，是党领导能力、执政能力和国家治理能力的具体体现。强大的群众组织力是中国共产党的鲜明特征和力量优势，也是中国共产党百年奋斗历程的制胜法宝，更是新时代实现中华民族伟大复兴的根本力量。

一、强大的群众组织力是中国共产党的鲜明特征和力量优势

群众组织力是无产阶级政党的应有之义，也是检验其性质的重要标准，更是将党的组织优势转化为力量优势的基本条件。

(一)马克思主义经典作家对群众组织力的理论阐述

早期的无产阶级理论家虽然没有明确提出群众组织力这一概念，但是对其包含的群众、组织、组织群众、群众路线等概念要素作了众多经典论述，为其提供了基本的理论框架和丰富的理论蕴涵。

马克思、恩格斯从辩证唯物主义和历史唯物主义的角度出发，对群众在历史中的主体地位和群众解放作了经典论述。他们从生产力决定生产关系、社会存在决定社会意识的基本原理出发，坚持群众是历史的创造者，是

社会实践的主体。1844年，马克思在《论犹太人问题》中首次提出了“人的解放”的主张。马克思、恩格斯进一步提出，实现群众解放的前提是必须消除私有制下的压迫和异化劳动，而这一任务的完成必须依靠无产阶级作为领导力量，共产主义则是通向群众自由解放的必由之路。马克思将群众在实现这一历史任务中的作用归结为：“历史活动是群众的活动，随着历史活动的深入，必将是群众队伍的扩大。”①

在马克思、恩格斯的理论基础上，列宁进一步阐述了群众的历史主体地位。他认为人民群众是社会物质和精神财富的创造者，必须做到尊重群众的首创精神和利益，相信群众的力量和智慧，充分依靠群众。列宁突出强调了群众在历史发展中的主体地位，视其为“自觉的历史活动家”，并认为人民群众会自觉且越来越广泛地参与到历史创造活动中。“而没有千百万觉悟群众的革命行动，没有群众汹涌澎湃的英勇气概，没有马克思在谈到巴黎工人在公社时期的表现时所说的那种‘冲天’的决心和本领，是不可能消灭专制制度的。”②但这种自觉性的前提是无产阶级政党必须做到全心全意为群众服务，而这一根本宗旨的实现还要做到自觉接受群众监督和批评，保持和加强同人民群众的联系，时刻保持与脱离群众的现象作斗争。1919年，列宁在俄共（布）八大上指出：“只有当全体居民都参加管理工作时，才能把反官僚主义的斗争进行到底。”③

中国共产党人运用马克思列宁主义群众观指导革命和建设实践，提出了具体的群众工作方法，更好地实现了组织和动员群众参加革命和建设。1919年，毛泽东在《湘江评论》创刊宣言中写道：“世界什么问题最大？吃饭问题最大。什么力量最强？民众联合的力量最强。”④1925年，毛泽东更是鲜明提出“以人民为主体”⑤的观点。实现中国革命胜利的根本就在于“与民众在一道，一刻也不脱离民众，中国革命就一定能够胜利”⑥。因此，做好群众工作、把群众组织起来成为中国革命的首要任务。1937年5月，毛泽东在

---

① 《马克思恩格斯文集》第1卷，人民出版社2009年版，第287页。

② 《列宁全集》第17卷，人民出版社2017年版，第151页。

③ 《列宁全集》第36卷，人民出版社2017年版，第154页。

④ 中国社会科学院现代史研究室、中国革命博物馆党史研究室选编：《“一大”前后——中国共产党第一次代表大会前后资料选编（一）》，人民出版社1985年版，第58页。

⑤ 中共中央文献研究室编：《毛泽东年谱（一八九三——一九四九）》上卷，中央文献出版社2013年版，第141页。

⑥ 中共中央文献研究室编：《毛泽东著作专题摘编》上，中央文献出版社2003年版，第286页。

中国共产党全国代表会议上发出了“为争取千百万群众进入抗日民族统一战线而斗争”的号召：“抗日民族统一战线的组成、巩固及其任务的完成，民主共和国在中国的实现，丝毫也不能离开这一争取群众的努力。如果经过这种努力而争取千百万群众在我们领导之下的话，那我们的革命任务就能够迅速地完成。”[①]同样，群众组织起来还需要正确有效的工作方法。毛泽东从实践论和认识论出发，提出群众路线工作方法：从群众中来，到群众中去，再从群众中集中起来，再到群众中坚持下去。如此循环往复，实现对群众工作的正确认识和实践。为了组织和动员群众广泛参与社会主义现代化建设，邓小平强调：“党必须密切联系群众和依靠群众，而不能脱离群众，不能站在群众之上；每一个党员必须养成为人民服务、向群众负责、遇事同群众商量和同群众共甘苦的工作作风。”[②]把人民群众的满意度、支持度作为衡量一切工作的标准。

(二)强大的群众组织力是检验无产阶级政党性质的重要标准

无产阶级政党是为最广大人民群众服务的政党，是依托于广大人民群众而产生的政党。作为致力于人类解放事业的无产阶级政党，从诞生之日起，它就以领导和组织群众改造世界为根本使命，表现出了区别其他一切政党的性质、宗旨和组织形式。强大的群众组织力成为无产阶级政党的根本标志。

强大的群众组织力集中体现了无产阶级政党的性质，检验着无产阶级政党的本色。群众组织力既是为了实现和满足人民群众斗争的需要，也是发动和运用人民群众力量的要求。马克思和恩格斯明确指出：“无产者组织成为阶级，从而组织成为政党这件事，不断地由于工人的自相竞争而受到破坏。但是，这种组织总是重新产生，并且一次比一次更强大、更坚固、更有力。”[③]可以说，强大的群众组织力伴随着无产阶级政党的成立而诞生，是无产阶级政党的天然属性。列宁又进一步提出，无产阶级政党善于同劳动人民群众的联系、接近，成为检验无产阶级政党的标准。而无产阶级政党接近群众、融入人民群众，就是为了实现人民群众的利益。为了人民群众的利益，始终是无产阶级政党的根本宗旨。马克思、恩格斯强调：“无产阶级的运

① 《毛泽东选集》第1卷，人民出版社1991年版，第279页。

② 《邓小平文选》第1卷，人民出版社1994年版，第217页。

③ 马克思、恩格斯：《共产党宣言》，人民出版社2018年版，第37页。

动是绝大多数人的，为绝大多数人谋利益的独立的运动”①，“他们没有任何同整个无产阶级的利益不同的利益”②。

强大的群众组织力是实践党的宗旨的根本形式，是衡量党的路线、方针和政策的最高标准。坚持全心全意为人民服务是党的根本宗旨，党的宗旨集中体现于党的路线、方针、政策。践行党的宗旨，就是将党的路线、方针和政策转化为人民实际利益的过程，也是无产阶级政党领导和组织群众，贯彻路线、方针、政策为人民群众谋利益的过程。这一点不同于任何政党。毛泽东强调：“有无群众观点是我们同国民党的根本区别，群众观点是共产党员革命的出发点和归宿”③，“人民要解放，就把权力委托给能够代表他们的、能够忠实为他们办事的人，这就是我们共产党人”④。实现群众组织力，能否有效地组织和发动群众，关键取决于党的路线、方针和政策能否以人民的利益为出发点，满足人民的现实需要。实现人民的利益，得到广大人民群众的拥护，是衡量党的路线、方针和政策的最高标准。

（三）强大的群众组织力是把党的组织优势成功转化为力量优势的基本条件

无产阶级政党具有一般政党的基本功能，但比较其他政党而言，其特有的优势就是最终要将其功能转化为社会活动的实践效果，达到实际改造社会的目的。这一过程就是将党的成千上万的基层组织、党员这些组织细胞所汲取的人民群众蕴含的养分转化为组织成长壮大和实践社会改造的力量，组织人民群众，实现社会的革命和变革。党的强大群众组织力就是实现这一过程的根本途径。

自身完善的组织体系是无产阶级政党的强大优势。“党的力量来自组织。”⑤无产阶级政党成立之后，就致力于组织体系建设，包括各项制度的完善，对党员的教育和管理，甚至自觉地将群众监督纳入党的建设纪律以及把党的组织延伸到社会基层之中。中国共产党成立之后，就在党章中明确提出，要在工人和大众中发展党员，植根基层，厚植群众基础。比如建设党小组、党支部建在连上等，充分实现了党的组织体系完善，形成了牢不可破的

① 《马克思恩格斯选集》第1卷，人民出版社2012年版，第411页。

② 《马克思恩格斯选集》第1卷，人民出版社2012年版，第413页。

③ 《毛泽东文集》第3卷，人民出版社1996年版，第71页。

④ 《毛泽东选集》第4卷，人民出版社1991年版，第1128页。

⑤ 习近平：《在全国组织工作会议上的讲话》，人民出版社2018年版，第11页。

堡垒力量。正如习近平总书记所指出的："我们党是按照马克思主义建党原则建立起来的，形成了包括党的中央组织、地方组织、基层组织在内的严密组织体系。这是世界上任何其他政党都不具有的强大优势。"①

善于发动群众、组织群众是无产阶级政党的本质属性，也是与生俱来的力量源泉。作为无产阶级先锋队的无产阶级政党，来自于无产阶级群众，属于其阶层的杰出代表。无产阶级政党的出身决定了其与群众有着天然的联系，也决定了人民政党的性质，更决定了其政党的利益与人民群众利益的一致性。马克思、恩格斯指出："共产党人不是同其他工人政党相对立的特殊政党。他们没有任何同整个无产阶级的利益不同的利益。他们不提出任何特殊的原则，用以塑造无产阶级的运动。"②因此，无产阶级政党在领导和组织群众过程中，始终以推进社会的进步与发展、实现人民利益为使命。这也由此决定了无产阶级政党制定路线、方针、政策始终以人民群众的利益为出发点，领导和组织群众投身于革命和建设事业的伟大斗争中，谋求自身的幸福，从群众身上汲取推动社会进步的无限能量。

二、强大的群众组织力是中国共产党百年奋斗历程的制胜法宝

在领导革命和建设的历程中，中国共产党始终为了人民利益而奋斗，领导和组织人民群众从站起来到富起来，再到强起来，而群众组织力是中国共产党持续不断从胜利走向胜利的制胜法宝。

（一）新民主主义革命时期党增强群众组织力的探索实践

在风雨飘摇、内忧外患的旧中国社会大背景下，中国共产党一经成立，就以实现民族解放和国家独立为目标，初步组织人民群众进行革命实践活动。党的二大《关于共产党的组织章程议决案》明确提出，共产党就是群众党，要深入到群众中，为无产群众奋斗。为此，党成立了组织和领导人民群众革命运动的机构，如中国劳动组合书记部、农民协会、工人俱乐部等；开展了一系列组织和领导工人、农民的运动，如组织1922～1923年第一次工人运动、举行上海三次武装起义等，锻炼了其革命性。党初步开展了群众工

① 习近平：《在全国组织工作会议上的讲话》，人民出版社2018年版，第12页。

② 《马克思恩格斯文集》第4卷，人民出版社2009年版，第3页。

作，与工人、农民建立了广泛的联系，增强了党的影响，锻炼了组织群众的能力。

在开辟农村包围城市、武装夺取政权的革命道路中，党全面注重和加强对群众工作的探索。1928年，党的六大提出“党的总路线是争取群众”的重要论断。1929年，古田会议提出党的工作要“在党的讨论和决议之后，再经过群众去执行”[①]。为了加强群众工作，三湾改编提出把党支部建在连上，加强党的基层组织建设，保证党对群众工作的组织和领导。古田会议提出要坚决克服各种非组织的观点，反对部队存在的流寇思想，确保参加革命的群众具有严格的组织和纪律性。同时提出了党的组织群众纪律要求，赢得群众信任，规定不拿老百姓一个红薯纪律和六项注意。这一时期党开始运用“群众路线”，初步探索中国革命运动开展的方式、方法。

面对日本帝国主义的全面侵华，中国共产党担负起中华民族抗战救亡的历史使命，开启了全面领导和组织群众的时期。党明确了对群众运动的主体责任，强调党是领导一切其他组织的，“把群众力量组织起来，这是一种方针”[②]。因此，党制定了抗日民族统一战线方针，广泛组织和团结群众；按照“三三制”原则团结进步力量，建设抗日民主政权；给予抗日根据地内社会各阶层人民政治、经济等权利；完善群众工作方法，提出“为了群众，依靠群众，从群众来到群众中去”的密切联系群众的工作方式；强调党对群众的思想、政治和组织上的全面领导，“建设一个全国范围的、广大群众性的、思想上政治上组织上完全巩固的布尔什维克化的中国共产党”[③]。经过全面抗战，党组织和发动群众的工作日臻完善，密切联系群众成为党的优良作风。

抗战胜利后，党更加依赖和依靠群众，更加有效地开展和组织群众工作，同时人民群众更加愿意跟党走，汇聚到党领导的革命洪流之中。为了争取抗战胜利后的光明前途，毛泽东提出：“人民靠我们去组织”，“要在人民群众中间，广泛地进行宣传教育工作，使人民认识到中国的真实情况和动向，对于自己的力量具备信心”。[④] 因此，党采取各种方式领导和组织群众，紧紧依靠和团结群众，人民群众踊跃参军参战、积极支前，实现了解放战争用小

① 《毛泽东选集》第1卷，人民出版社1991年版，第88页。

② 中共中央文献研究室、中央档案馆编：《建党以来重要文献选编（一九二一—一九四九）》第20册，中央文献出版社2011年版，第640页。

③ 《毛泽东选集》第2卷，人民出版社1991年版，第602页。

④ 《毛泽东选集》第4卷，人民出版社1991年版，第1131页。

推车推出来的胜利。随着新民主主义革命的胜利,党始终坚持为了人民群众的根本利益,与群众建立了密切联系,形成了一套成熟的领导和组织群众的工作方法。同时,党在群众中树立起了崇高的威望,群众始终愿意跟党走。这是中国革命胜利的根本遵循。

(二)新中国成立后党增强群众组织力的探索实践

贫穷不是社会主义,只有让中国人民富起来才是社会主义的本质要求。因此,提升国家工业和基础设施水平、提高人民群众生活水平、实现人民群众富起来成了中国共产党的奋斗目标,也成为领导和组织、凝聚和团结群众的根本指导。

社会主义建设初步探索时期,党领导和组织群众全面进行社会经济建设,提高人民群众生活水平。一方面,以实现社会主义工业化、建设社会主义现代化国家引领和团结一切群众的力量;另一方面,不断加强党的群众纪律和作风建设,进一步密切群众联系,"党必须密切联系群众和依靠群众,而不能脱离群众,不能站在群众之上;每一个党员必须养成为人民服务、向群众负责、遇事同群众商量和同群众共甘苦的工作作风"①;进一步强调党的根本宗旨,始终服务于人民,如提出"它是人民群众的全心全意的服务者"②。在党的领导组织下,全国人民秉持"敢教日月换新天"的信念全身心投入社会主义建设中,展示出强大的力量,迅速改变了新中国一穷二白的面貌。

党的十一届三中全会后,党的工作重心转移到以经济建设为中心上来,以改革开放的方式为党领导和团结群众创造条件,以制定不同阶段的发展目标引领和凝聚人民群众的奋斗力量。为了实现人民群众的富裕生活,党确定了以经济建设为中心这一根本政治路线,引导和组织群众开展各项工作服务于这一政治路线。党确立的解决温饱、初步建成小康社会和全面建成小康社会等阶段性经济目标成为激发群众自觉参与社会实践的力量源泉。而为了确保组织和动员群众的参与度和效力性,党不断强调自身作风建设,密切群众关系。如 1989 年 7 月发布的《中共中央、国务院关于近期做几件群众关心的事的决定》,要求中央制止腐败和带头廉洁奉公;1990 年 3 月颁布的《中共中央关于加强党同人民群众联系的决定》,提出"我们党要密

① 中共中央文献研究室编:《建国以来重要文献选编》第 9 册,中央文献出版社 1994 年版,第 123 页。

② 中共中央文献研究室编:《建国以来重要文献选编》第 9 册,中央文献出版社 1994 年版,第 124 页。

切同人民群众的联系，领导人民群众胜利前进，首要的问题是必须保证决策和决策的执行符合人民的利益”[①]。事实上，随着党的十四大确立社会主义市场经济建设目标，党进一步提出了加强自身建设的新的伟大工程，领导和组织人民群众全面参与到深层次的改革和更高追求的发展目标之中。党的十六大作出了扩大党的群众基础的决定，把中国共产党是“两个先锋队”的主张写入了党章。与此同时，党一方面更加注重自身执政能力建设，包括提出了先进性建设、建设学习型政党等；另一方面注重基层党组织建设和创新，探索了包括五好党支部、党员社区服务站等众多党建活动模式。持续加强党的新的伟大工程建设为领导和组织群众增强了组织保障。

（三）十八大以来党增强群众组织力的探索实践

中国特色社会主义进入一个新的时代，意味着“从富起来到强起来”的一个伟大过程。中国共产党如何领导和组织群众成为决胜“两个一百年目标”、实现强起来的关键。

党的十八大以后确立的“四个全面”战略布局主要以全面从严治党统领全面小康社会建设，推动社会的改革和发展。对此，从作风上开展群众路线教育活动，密切联系群众；从监督纪律上加强群众监督力度，增强自我革命力度；加强基层党组织建设，增强战斗堡垒作用；等等。党的十九大提出要不断增强党的群众组织力，并将其与政治领导力、思想引领力、社会号召力一道作为中国共产党执政兴国、完成历史使命的基础性能力。群众组织力作为历史经验的总结、对群众路线的新认识，被纳入党的执政理论之中。

提升群众组织力，首先从党的自身建设做起。要坚定党的政治属性，加强政治建设，形成自上而下的党的组织力，确保整个党紧密联系群众、服务群众。2019 年 1 月，中共中央印发《中共中央关于加强党的政治建设的意见》，提出要站稳政治立场，坚定为人民服务的宗旨，“把人民放在心中最高位置，始终相信人民，紧紧依靠人民，把人民对美好生活的向往作为奋斗目标”[②]，并将其始终作为党的政治建设的根本内容和关键环节。

提升群众组织力，还要固本培元，加强基层党组织建设，强化组织群众、宣传群众、凝聚群众、服务群众的功能。从根本上讲，必须在强化政治属性、政治能力的基础上加强基层党组织的组织力建设。习近平总书记强调：“建

---

① 中共中央文献研究室编：《十三大以来重要文献选编》（中），人民出版社 1991 年版，第 929 页。

② 《中共中央关于加强党的政治建设的意见》，《人民日报》2019 年 2 月 28 日。

设好党的组织体系这座大厦,要让组织体系的经脉气血畅通起来,让党支部强起来。"[①]为此,党的十九大以来,强化党支部标准化建设,打造过硬支部;加强农村基层党组织班子建设,注重以德为先;加强党员的教育和管理,增强党性修养;增强基层党组织的服务功能,为群众干实事、讲实效,赢得群众对党的充分信任和衷心拥护。

三、新时代增强党的群众组织力的路径

新时代不断增强群众组织力,就要按照党的十九大部署的党的建设总要求,以政治建设为引领,在总结经验、发挥传统优势的基础上不断完善组织体系,运用新技术,增强干部本领,为提高党的执政能力、推进国家治理体系和治理能力现代化提供源源不断的动力支持。

(一)加强政治建设,突出群众组织力政治功能

旗帜鲜明讲政治是中国共产党的本质属性,始终为了人民是讲政治的最大体现。因此,以政治建设提升群众组织力必须要做到坚定政治信仰、加强政治领导、强化政治功能,体现政治建设的人民性。

第一,坚定政治信仰,强化群众组织力意识。政治信仰是中国共产党的精神内核。因此,要紧扣民心这个最大的政治,把顺应民意、提升群众组织力作为重要着力点。首先,坚持用习近平新时代中国特色社会主义思想武装头脑,理解和把握其包含的以人民为中心的思想内涵,筑牢信仰之基,补足精神之钙,把稳思想之舵,贯穿于指导具体的实践活动。其次,坚定政治立场,坚决做到始终坚持马克思主义立场,坚持人民立场,坚定人民主体和人民情怀,践行全心全意为人民服务的宗旨,始终把人民群众放在心中,始终为人民群众的美好生活而不懈奋斗。

第二,加强政治领导,增强群众组织力执行。首先,加强党中央的集中统一领导。坚持党的全面领导,坚决做到"两个维护",全面贯彻落实党中央部署的各项要求。健全党中央对民生重大工作的领导体制,攻坚克难,全面建成小康社会;完善推动脱贫攻坚重大决策落实和监督机制,使全面脱贫经得起历史检验。其次,加强党的全面领导制度体系。根据"五位一体"总体布局和"四个全面"战略布局的要求,把党的领导落实到经济社会发展、人民

---

① 习近平:《在中央和国家机关党的建设工作会议上的讲话》,《旗帜》2019年第11期。

生活提升的各个方面，落实到实现民族复兴的伟大征程的各个环节，落实到实现“两个一百年”奋斗目标的伟大征程中。最后，把关政治标准，选准配强班子队伍，加强各级党组织的政治领导作用。突出基层党组织的政治功能，切实履行好基层领导核心职责，毫不动摇地贯彻党中央的路线、方针、政策和决策部署，不断从方式、方法、形式、载体方面提升支部工作质量，把基层党组织建成坚强的战斗堡垒。

第三，强化政治功能，做好群众组织力引领。基层党支部要切实担负起教育党员和联系群众的职责，承担好服务党员、群众的同时，做好教育党员、管理党员的本职工作，做好组织群众、发动群众的关键工作，为提升群众组织力提供基本的载体与渠道。同时，提高各级党组织、党员干部的政治能力，有效落实好“三会一课”制度，严格开展组织生活会、民主评议党员，进行批评与自我批评，确保把紧密联系群众、服务群众落到实处。

（二）延续优良作风，发挥群众组织力传统优势

进一步延续我们党增强群众组织力的传统优势，坚持群众纪律、坚持群众路线。坚持群众纪律为提升群众组织力提供可靠保障，坚持群众路线为增强群众组织力提供有效方式方法。

第一，坚持群众纪律，为群众组织力提供纪律保障。群众纪律是中国共产党纪律建设的重要组成部分，是保障中国共产党紧密联系群众的重要手段。首先，加强党员日常教育管理，推动专题党日活动、主题党课、专题组织生活会开展，加强党史教育、党性教育，让广大党员明确群众纪律的具体内涵、具体要求。其次，加强群众纪律监督检查。各级纪委要充分发挥好纪检监督专职责任，充分运用纪检监督四种形态，对组织内违反群众纪律的问题严肃查处，让群众纪律成为党密切群众联系的警戒线。各级党委、纪委定期组织党员干部观看违反群众纪律的警示片、警示材料，提升自身觉悟，增强纪律意识。

第二，坚持群众路线，为提升群众组织力提供有效的方式、方法。群众路线是提升群众组织力的根本动力、根本保障、根本方法。首先，大力发扬调查研究之风，了解广大群众需求。党政主要领导干部要身体力行，经常前往群众生活区了解群众困难、关心群众生活。基层党组织特别是乡镇街道、社区农村党组织的党员干部要开展定期走访、结对子帮扶、驻村工作等多种活动，深入群众生活、了解群众需求。其次，坚持党的群众路线，广泛开展群众协商活动。要充分发挥协商民主的优势，就群众关心的经济发展问题、民

生保障、教育文化、卫生医疗问题开展社会协商、群众协商，构建协商平台，完善协商程序，形成协商结果，强化结果执行，满足人民群众合理诉求，保障人民群众根本利益。

（三）严密组织体系，夯实组织力载体

增强群众组织力，就要严密组织体系、创新组织机制、提升党员质量。

第一，强化组织建设，筑牢群众组织力基石。组织是党的活动开展的基础，充分提升组织力，就要打造过硬组织。首先，夯实传统农村、社区、国企、事业单位等基层党组织建设，守住组织建设基本盘。强化基层党组织支委会班子建设，强化支部（总支）书记队伍建设，对基层党组织支委会班子、支部（总支）书记进行定期培训教育，健全激励机制，坚持待遇留人，拓宽上升发展空间，保障基层党组织班子的强健有力。其次，强化社区网格管理党组织建设。加强社区网格化管理建设，强化网格党总支的协调服务作用，探索出台关于网格管理的办理办法，明确网格党总支的定位、功能。最后，加强“两新”组织党建工作，确保党的组织全覆盖。根据农民专业合作组织、专业市场、商业街区、商务楼宇等的具体情况，设立党小组、党支部、联合党支部等党的组织，创造性地开展党建活动，开展组织活动，加强与群众的联系，提升群众组织力。

第二，完善组织活动机制，增强群众组织力活力。首先，坚持“有效、创新”的组织活动机制，立足于基层这片沃土，充分利用互联网等先进传播技术，充分汲取地区文化资源、历史资源，构建具有地方特色的活动机制，打造活动品牌，并积极引导广大群众参与其中，形成党群互动的组织活动平台，为联系群众、提升群众组织力提供载体与渠道。其次，完善党群活动服务机制，充分立足社区文化广场、单位党员活动室等空间，开展党员志愿服务，定期组织党员走访慰问活动，定点帮扶，加强联系，解决群众诉求。最后，加强基层党员教育管理，提升基层党员素质。要以“三会一课”制度为基本载体，聚焦问题精准发力，融合党性教育、主题党日、专题培训等活动，坚持把党员教育融入日常，切实增强教育管理的规范性和有效性，不断提升基层党员的素质。

（四）发挥技术优势，推动群众组织力创新

增强群众组织力，就要充分发挥技术优势，进一步加强领导和组织群众的能力，推动社会治理精细化。

第一，发挥技术优势，增强群众组织力实效化能力。强化上级部门的领导保障，形成纵横相连、实时更新的区域化网络平台，增强行政办事能力。在中央统筹之下，注重加强省、市、县三级网络区域建设，构建联动平台。首先，加强省级信息平台的建设。省一级出台相关规划，统一协调省级平台、市级平台的建设对接。其次，完善县级平台建设，充实县级网络平台队伍建设，提升县级与群众事务相关的网络平台的办事效率、技术支持。再次，充分利用大数据等技术，简化办事流程，加强相关资金、信息监管，将互联网最新技术引入平台建设、社会管理之中。最后，积极探索吸纳技术人员、群众代表参与到平台规划、设计之中，保障整个平台建设来自群众、贴近群众、服务群众。

第二，发挥技术优势，增强群众组织力精细化能力。积极搭建智慧政务平台，强化社区智能管理，不断提升社会治理、群众组织的精细化和实效化程度。完善社区网格化管理系统，立足互联网平台，坚持线上线下互动，强化社区管理融合，同时构建街道、社区互联互通，完善对安全、公共服务系统的实时更新，为社区居民群众提供便捷高效的社保、医保、低保、计生、就业再就业等各类公共服务和行政审批类事项，让“数据多跑路，群众少跑腿”，不断提升社会治理、群众组织的精细化和实效化程度。

（五）提升本领建设，强化担当意识

习近平总书记强调：“领导十三亿多人的社会主义大国，我们党既要政治过硬，也要本领高强。”[①]增强群众组织力，关键在于党的领导干部要增强自身的学习能力，增强创新工作思路和一心一意为群众狠抓落实的能力。

第一，增强学习本领，增强群众组织力的主动力。时代是出卷人，共产党是答卷人，群众是阅卷人。面对不断发展变化的时代环境，只有不断增强学习本领，才能因地制宜地提升群众组织力。首先，深入群众、从群众中学，学习群众关于处理群众关系、相互帮助的优秀方法、优良经验，不断提升群众工作本领。其次，要在实践中学习，在处理群众问题、群众矛盾中提升群众工作手段，完善群众工作方法，不断增长知识、丰富才干。

第二，增强创新工作思路、解决重大矛盾的本领，增强群众组织力的担当力。在当前经济社会飞速发展的新情况下，社会治理与管控与以往有着较大的不同，稍有不慎，便会引发社会风险。因此，领导干部不能照搬照抄

① 习近平：《决胜全面建成小康社会　夺取新时代中国特色社会主义伟大胜利——在中国共产党第十九次全国代表大会上的报告》，人民出版社2017年版，第68页。

以往的群众工作经验，而是要针对新情况增强创新工作思路、解决重大矛盾的本领，增强群众组织力。首先，强化改革创新意识和风险意识。广大党员干部要善于站在全局的立场，用辩证的思维思考群众问题，学会用发展的观点来看问题，增强底线思维，强化风险识别，洞察风险隐患，不断提升自身创新思维、底线思维、风险思维。其次，各级党员干部要规范自身权力，依法行政、依法执法，“法治在国家治理层面上体现为依法治国，在政党治理层面上体现为依规治党”[①]。要按照法律法规处理群众问题、规范执法行为，加强对行政执法中违法行为的追查追究力度，实现依法治国与依规治党的统一。再次，完善风险跟进，加强对重大突发事件、重大群体事件的跟进，完善矛盾纠纷排查机制，对其敏感性因素、苗头性问题进行及早处理，做好舆论跟进，及时阻断不同领域风险、矛盾转换通道。最后，完善风险矛盾处理机制。坚持迅速处理、果断处理的原则，对相关责任人依照法律进行责任追查，及时发布权威消息，消除群众疑惑，及时应对群众利益诉求和回应关切。

第三，增强真抓实干本领，突出群众组织力的落实力。一分部署，九分落实。首先，构建促进落实的组织机构与公共流程。群众服务部门和窗口单位要综合部门职能，优化部门设置，简化流程环节，构建无缝连接和协作一致的群众服务、公共服务体系，从而真正建立起高效运行、为民服务、有效回应、落实有力、动态调整的“扁平化—适应型”组织结构。其次，完善落实制度，加强落实考评。逐步建立组织测评、群众参评、媒体海评的网络体系，“立体式”评价干部，强化群众在群众工作部门工作实绩的主体评价作用。强化考评结果运用，大力提拔狠抓落实的干部，形成狠抓落实、为民服务的干事创业氛围。

本文原载于《中国特色社会主义研究》2020年第2期，2022年1月获山东省第三十五次社会科学优秀成果三等奖。

① 季冬晓：《新时代政党治理与国家治理良性互动机制研究》，《理论探索》2019年第2期。

山东省金融效率、溢出效应与外商直接投资
——基于空间动态面板 Durbin 模型的研究

张蕴萍　杨友才　牛　欢

一、引　言

改革开放 40 年来，中国吸引外商直接投资（foreign direct investment，FDI）的成绩举世瞩目。大量 FDI 的引入不仅弥补了改革初期资金的不足，而且还促进了技术创新[①]和产业升级[②]，推动了中国经济的快速发展。但是，据《2017 年世界投资报告》显示，中国外资流入虽处于历史高位，仍比上年微降 1%。在逆全球化背景下，2016 年全球 FDI 流量下降 2%，其中各新兴经济体 FDI 吸入量下降了 14%，降至 6460 亿美元，FDI 投资流动方向由新兴经济体转向欧美老牌发达国家。在亚洲区域内，由于我国近些年来劳动成本大幅上升、环境规制强度不断加大、自然资源不断减少等一列问题，直接导致生产成本优势减弱。与此同时，东南亚国家劳动力依然较为廉价、环境管制宽松、生产要素成本低，致使大量 FDI 从中国转向东南亚国家。

中国吸引 FDI 不仅面临着欧美逆全球化和东南亚成本优势双重挤压的外部不利条件，而且内在发展也存在各省引资竞赛的严重非均衡发展。[③] 过去各地政府为吸引 FDI 的流入，在财政和土地方面对外资实行超国民待遇

① 参见曾诗鸿、姜雪、蔡明明：《外商直接投资对多维度创新产出的影响》，《管理评论》2014 年第 11 期。

② 参见方健雯：《FDI 对我国全要素生产率的影响——基于制造业面板数据的实证分析》，《管理评论》2009 年第 8 期。

③ 参见苗建青、邵青贤：《我国 FDI 的空间结构及空间溢出效应研究》，《科学决策》2014 年第 8 期。

政策。这一政策虽然有利于 FDI 的流入，但是却在一定程度上造成了民族企业处于不平等的竞争地位，从而损害了民族企业的发展。随着 FDI 超国民待遇政策逐步取消，中国吸引 FDI 的能力将会越来越弱。为了改变这一颓势，结合国家发展战略和发展实际，打造新的吸引点、制定新的政策促进 FDI 的流入，成为经济学界较为紧迫的研究问题之一。党的十八大以来，中国经济进入新常态，经济增长下行压力不断增大，党中央坚持以推进供给侧结构性改革为主线，加快推动新旧动能转换和经济结构战略性调整与经济转型升级，服务业主导地位在不断增强。金融业是服务业的主要产业形式之一，发展金融业以加速 FDI 的流入是契合国家战略的重要举措。因此，研究金融发展对吸引外商直接投资具有十分重要的现实意义。

二、文献综述

以往文献对于 FDI 区位选择的因素聚焦在税收政策、劳动成本、市场需求、基础设施等方面。李国平等认为环境规制对于工业引进外资具有抑制作用，党的十八大之后，中国政府对环境污染的“零容忍”在一定程度上限制了第二产业的发展，其吸引 FDI 能力下降趋势明显，过去依靠牺牲环境为代价来吸引 FDI 的老路子将行不通。[①] 苗建青和邵青贤研究认为，劳动成本的提高并不影响 FDI 的流入。[②] 但是，杨友才和牛欢以广东、山东两个经济大省为样本，研究发现劳动成本在吸引 FDI 能力上存在门槛效应，在达到阈值之前，FDI 对于劳动价格的变化并不敏感，但是一旦超过阈值临界点，劳动成本对 FDI 弹性变大，说明中国在吸引 FDI 方面的“人口红利”正在逐渐消失。[③]

一些国内外学者认为金融发展是影响 FDI 的重要因素之一。Ju 和 Wei 研究发现，具有有效金融制度的发达国家通常是外商直接投资的净出口国和金融资本的净进口国；发展中国家薄弱的金融体系往往呈现出相反的模

① 参见李国平、杨佩刚、宋文飞等：《环境规制、FDI 与“污染避难所”效应——中国工业行业异质性视角的经验分析》，《科学学与科学技术管理》2013 年第 10 期。

② 参见苗建青、邵青贤：《我国 FDI 的空间结构及空间溢出效应研究》，《科学决策》2014 年第 8 期。

③ 参见杨友才、牛欢：《劳动力成本和产业结构调整对 FDI 的影响——基于山东、广东 1998～2013 年面板数据的对比分析》，《制度经济学研究》2016 年第 8 期。

式：金融资本净出口，但外商直接投资净进口。[①] Adam 和 Tweneboah 认为股票市场发展和 FDI 存在互为因果的关系，完善的股票市场能够增加上市公司的流动性，降低融资成本，因此能够吸引更多的外来投资者，同时 FDI 的流入有助于股票市场的完善。[②] 王建增发现中国中部地区金融发展的滞后阻碍了 FDI 的流入：一方面在于企业运营的后续资金主要来源于当地金融机构，落后的金融市场无法满足外资的金融诉求；另一方面由于跨国投资衍生的国际贸易所需的金融服务需求无法得到满足。[③] Otchere 等认为相对完善的金融市场传达出如下信号：经济充满活力、包容性发展、市场环境友好，而且完善的股票市场能够增加上市公司的流动性，降低融资成本，因此能够吸引更多的外来投资者。[④] Albulescu 与 Cuadros 等研究发现金融市场的发展有利于 FDI 的流入，各国金融发展水平不同导致 FDI 溢出效应的不确定性。[⑤] 这些研究基本表明金融发展促进 FDI 流入，但是另一种截然不同的观点同样得到部分学者的支持。[⑥] 陈万灵和杨永聪从金融视角探究中国金融发展水平和 FDI 流入量之间的关系，结果显示二者之间存在负相关性。[⑦] 主要原因在于中国金融体系以国有银行为主导，股票、债券、保险等市场发展缓慢，融资渠道以间接融资为主，而且存在信贷资源分配所有制歧视问题[⑧]，即银行更倾向于将信贷资源分配给国有大中型企业，由于民营企业

---

① Ju J., Wei S. J., "Domestic Institutions and the Bypass Effect of Financial Globalization", *American Economic Journal Economic Policy*, Vol.2, No.4, 2010, pp. 173-204.

② Adam A. M., Tweneboah G., "Foreign Direct Investment and Stock Market Development: Ghana's Evidence", *International Research Journal of Finance and Economics*, Vol.26, No.2, 2009, pp.178-185.

③ 参见王建增：《金融发展对 FDI 区位分布的影响——基于中部地区的实证研究》，《经济问题》2011 年第 8 期。

④ Otchere I., Soumare I., Yourougou P., "FDI and Financial Market Development in Africa", *The World Economy*, Vol.39, No.5, 2015, pp.651-678.

⑤ Albulescu C. T., Ionescu A. M., "The Long-run Impact of Monetary Policy Uncertainty and Banking Stability on Inward FDI in EU Countries", *Research in International Business and Finance*, Vol. 45, No.8, 2018, pp.72-81; Cuadros A., Martín-Montaner J., Paniagua J., "Homeward Bound FDI: Are Migrants a Bridge Over Troubled Finance?", *Economic Modelling*, Vol.58, No.6, 2016, pp.454-465.

⑥ 参见朱彤、漆鑫、张亮：《金融扭曲导致 FDI 大量流入我国吗？——来自我国省级面板数据的证据》，《南开经济研究》2010 年第 4 期。

⑦ 参见陈万灵、杨永聪：《区域金融发展与 FDI 流入规模的实证研究——基于省际面板数据的分析》，《国际经贸探索》2013 年第 4 期。

⑧ 参见袁诚、周培奇：《中国中小企业间接融资的所有制歧视：来自双差分估计的经验证据》，《南方金融》2010 年第 12 期。

信息不透明，金融机构和民营企业存在严重的信息不对称，银行放贷风险大。[①] 这种扭曲的金融市场使民营企业面临严重的融资约束，被迫转向外部金融体系融资，导致 FDI 流入。冼国明和冷艳丽研究发现，金融发展和地方政府债务的高值聚集区对应于外商直接投资的低值聚集区，反之亦然，并进一步运用空间计量模型验证了金融发展和地方债务存量扩张会抑制 FDI 流入。[②] 东部地区地方政府债务对 FDI 挤出效应比西部大，而西部地区 FDI 的流入对金融市场的发展更敏感。不但金融体系扭曲金融资源配置，造成 FDI 的被动流入；同样，金融效率的低下也会导致 FDI 的被动流入。我国虽然有大量居民储蓄，但是无法转化为有效投资，以储蓄与贷款占比来衡量金融市场效率偏低，此时 FDI 的替代效应产生。但是当金融发展到达一定门槛，这种金融抑制效应会减弱甚至消除。[③] 金融发展和外商直接投资之间的非线性 U 型关系也得到了 Dutta 和 Roy 的证实。[④] 因此可知，金融因素对于 FDI 具有双重效应：替代效应和互补效应。在金融发展的不同阶段有不同的效应体现：由于国内信贷资源配置扭曲，存在信贷资源分配所有制歧视，民营企业通过引入 FDI 更多的是弥补资金短缺，也就是说金融发展的滞后会导致 FDI 的流入；而当金融发展相对完善则可能会抑制 FDI 的流入。

上述文献论证了金融发展对于 FDI 流入具有双重效应，但是金融发展包括不同的维度：金融规模的扩大、金融结构的变化以及金融效率的提升。不同维度可能对 FDI 流入产生不同的影响。熊勇清和孙会认为长三角经济圈金融效率的提升促进了 FDI 溢出效应，而金融规模的扩张阻碍了 FDI 扩散效应。[⑤] 张亮等利用 SystemGMM 方法研究金融效率与 FDI 流入的关系时，发现二者存在正向相关性，并且这种相关性随时间推移越来越强。[⑥] 这种溢出效应是将 FDI 与金融发展指标构成交互项作为解释变量，当被解释

---

① 参见林毅夫、孙希芳：《信息、非正规金融与中小企业融资》，《经济研究》2005 年第 7 期。

② 参见冼国明、冷艳丽：《地方政府债务、金融发展与 FDI——基于空间计量经济模型的实证分析》，《南开经济研究》2016 年第 3 期。

③ 参见张亮、周申：《金融扭曲差异与外商投资：存在 U 型曲线关系吗?》，《产业经济研究》2012 年第 1 期。

④ Dutta N., Roy S., "Foreign Direct Investment, Financial Development and Political Risks", *Journal of Developing Areas*, 2011, No.44, pp.303-327.

⑤ 参见熊勇清、孙会：《区域金融规模、效率及其对 FDI 溢出效应的影响研究——来自长江三角洲经济圈的实证分析和检验》，《财务与金融》2010 年第 4 期。

⑥ 参见张亮、刘群燕、漆鑫：《金融效率差异与外商投资的关系研究》，《上海金融》2012 年第 7 期。

变量对 FDI 求偏导数时,交叉项为正则说明 FDI 具有溢出效应,强调的是 FDI 的正外部性,与空间意义上的溢出效应存在差异:前者强调金融效率作为催化剂,加速 FDI 技术性溢出,提高全要素生产率;后者则强调了金融效率对周围地区 FDI 流入的带动作用,描述的是金融效率与 FDI 的空间相关性。

目前国内外的研究视角主要集中于利用交叉项研究 FDI 的溢出效应,而利用空间自相关性方法进行分析的文献相对较少,且这些文献通常是研究 FDI 空间溢出效应对周围邻近地区全要素生产率和经济增长的影响①,对于 FDI 自身空间效应并没有得到充分认识。Mi 和 Yum 研究证明我国 FDI 确实存在区域集聚现象,高值集聚和低值集聚分属第一象限和第三象限,并且 FDI 存在空间正相关性。② 张贤和周勇使用莫兰指数(Moran's index)揭示了我国在省际层面上 FDI 的流入量存在显著的正相关关系。③ 何兴强和王利霞从地级市层面给出了进一步的佐证,认为各城市之间的 FDI 流量具有空间集聚效应。④ 韩剑和张凌利用高阶权重矩阵研究表明,FDI 的扩散具有空间递减效应。⑤ 虽然 FDI 在空间上的溢出效应在递减,但是在时间上的溢出效应却在增强。⑥ 但这些研究都未将金融因素纳入吸引 FDI 的空间分析框架内,因而很难全面反映吸引 FDI 的要素,尤其是金融发展方面的因素。

山东省既没有像深圳特区那样享受国家吸引 FDI 的优惠政策,也没有像浙江省一样具有较为发达的民间金融,但是山东作为人口大省具有丰富的劳动力优势,并且具有与韩国、日本隔海相邻的优越区位条件,经济实力稳居全国第三位。然而,近几年来山东省的外商直接投资总额排名一直徘

---

① Thang T. T., Pham T. S. H., Barnes B. R., "Spatial Spillover Effects from Foreign Direct Investment in Vietnam", *The Journal of Development Studies*, Vol.52, No.10, 2016, pp.1431-1445; Antonelli C., Scellato G., "Complexity and Technological Change: Knowledge Interactions and Firm Level Total Factor Productivity", *Journal of Evolutionary Economics*, Vol.23, No.1, 2013, pp.77-96.

② Mi L., Yum Y.K., "FDI Spatial Spillovers in China", *The World Economy*, Vol.40, No.8, 2017, pp.1514-1530.

③ 参见张贤、周勇:《外商直接投资对我国能源强度的空间效应分析》,《数量经济技术经济研究》2007 年第 1 期。

④ 参见何兴强、王利霞:《中国 FDI 区位分布的空间效应研究》,《经济研究》2008 年第 11 期。

⑤ 参见韩剑、张凌:《集聚、扩散与 FDI 空间演化——基于中国省级数据的研究》,《财经科学》2010 年第 12 期。

⑥ 参见苏梽芳、胡日东:《中国 FDI 区域分布决定因素的动态演变与地理溢出程度——基于空间面板数据的实证研究》,《经济地理》2008 年第 1 期。

徊在第六、七位，作为拥有良好工业基础和优越区位因素的经济大省，其FDI流入总额排名与经济地位并不相匹配，因此以山东省为例探讨影响吸引FDI流入的因素具有一定的代表性和前瞻性。虽然彭怡等利用熵权Topsis方法从市场成本、集聚、制度等因素探讨了外商直接投资在山东省的最佳区位选择[①]，但是并没有从空间实证的角度作深入研究。有鉴于此，本文采取如下研究思路：以山东省为例，首先检验FDI的流入是否存在空间相关性。其次，探讨金融效率对于周边地区FDI流入的间接影响是否显著性存在以及对本地区FDI的直接影响是否有区别；FDI的流入是否存在路径依赖以及金融效率对本地区FDI流入的短期和长期直接效应如何，对周围地区FDI流入的短期和长期间接影响如何。

三、金融效率测算

由以上理论分析可知，在金融发展的不同阶段，金融因素对FDI的流入存在两种不同的效应：替代效应和互补效应。金融发展包括金融规模、金融结构以及金融效率等三个维度，对金融发展水平的衡量也逐渐从金融规模向金融效率转变。[②] 本文重点从金融效率角度研究金融因素对FDI流入的影响。而如何科学测度金融效率是研究金融发展与FDI流入之间关系的基础性工作，目前存在两种测度方式：单一比率测算和DEA(数据包络分析)模型测算。单一比率测算通常采用储蓄—投资转化率代替[③]、私企信贷的GDP占比[④]、农业贷款与农村居民储蓄存款比率[⑤]等。由于单一比率测算比较简单，难以反映出金融效率的内涵，缺点比较明显，因此衡量金融效率更多采用DEA方法。[⑥] DEA方法相比单一比率测算的优点在于其能够评价多输入、多输出效率测度问题，而且事前不需要设定具体函数形式，因此可以测度具有复杂生产关系的决策单位的效率。故本文采用DEA方法对山

① 参见彭怡、李友元、寇纲等：《外商直接投资区位选择与风险分析》，《管理评论》2012年第2期。

② 参见葛翔宇、汪霞：《区域金融效率的测算及其空间差异分析》，《统计与决策》2017年第10期。

③ 参见王志强、孙刚：《中国金融发展规模、结构、效率与经济增长关系的经验分析》，《管理世界》2003年第7期。

④ 参见沈军、白钦先：《中国金融体系效率与金融规模》，《数量经济技术经济研究》2013年第8期。

⑤ 参见赵洪丹、朱显平：《农村金融规模、农村金融效率与农村经济增长——来自吉林省的证据》，《经济经纬》2015年第3期。

⑥ 参见张永刚、张茜：《基于DEA方法的农村金融效率研究》，《经济问题》2015年第1期。

东省各地市 2001～2016 年的金融效率进行测算，以期科学地测度出山东省各地市金融效率水平。

区域金融效率既涉及宏观金融效率，又包含微观金融效率，所以在指标选取时需要考综合虑宏观和微观层面的各项指标。因而，测度山东省各地市的金融效率选取如下指标：投入指标 1：金融机构贷款余额。这一指标能够体现该地区金融机构为经济发展提供的金融资本数量，可利用金融机构年末本币贷款余额进行衡量。投入指标 2：金融机构从业人员数量。这一指标能够反映金融业投入的劳动力状况，从业人员数量越多代表该地区在金融业地区投入的劳动力就越多。产出指标 1：人均 GDP。在投入指标 1 和 2 相同的情况下，人均 GDP 越高说明金融配置资源效率越高。产出指标 2：人均金融资源。这一指标能够很好地衡量金融发展水平，人均金融资源越高说明金融发展水平越高。

将投入指标和产出指标输入到 DEA 模型中，得出山东省各地市 2001～2016 年的金融效率，限于篇幅原因并未将结果呈现在文章中，下文从横向（各地市）和纵向（时间维度）两个方面分析山东省金融效率状况。从表 1 横向角度分析认为，潍坊、烟台、临沂、济宁、青岛等 5 地市的金融效率普遍较低，除青岛以外，其他地区一直处于低位波动且波动幅度较小。而济南、东营、莱芜、威海、枣庄、日照等 6 地市的金融效率较高，其中前三者始终处于高位且无波动，后三者波动幅度较大，并且威海、日照总体呈现下降趋势，枣庄则表现为先上升后下降趋势。

图 1 为 2001～2016 年山东省平均金融效率的测算，可以看出山东省整体金融效率偏低，且波动幅度较小，呈现先上升再下降后上升的趋势。尤其在 2008 年美国次贷危机后，山东省金融效率不断下降，原因在于金融危机后，为遏制经济下滑实施的强刺激经济政策导致大量信贷资源配置到市场效率不高的“僵尸企业”，从而造成金融资源配置扭曲、效率低下。而在 2013 年后山东省整体金融效率有所提升，主要原因在于当年山东省出台的“山东金改 22 条”产生了较为理想的政策效应，促进了金融发展，提升了金融效率。

表 1　2001～2016 年金融效率描述性统计

地区	潍坊	烟台	临沂	济宁	青岛	淄博	聊城	德州	泰安	菏泽	滨州	日照	枣庄	威海	东营	济南	莱芜
Ate	0.22	0.27	0.27	0.31	0.41	0.42	0.46	0.46	0.49	0.53	0.55	0.66	0.71	0.76	1.00	1.00	1.00

续表

地区	潍坊	烟台	临沂	济宁	青岛	淄博	聊城	德州	泰安	菏泽	滨州	日照	枣庄	威海	东营	济南	莱芜
Std	0.04	0.03	0.07	0.07	0.17	0.05	0.09	0.07	0.06	0.16	0.09	0.12	0.13	0.09	0.00	0.00	0.00
Max	0.32	0.39	0.35	0.44	0.69	0.55	0.60	0.57	0.59	0.73	0.67	0.80	1.00	1.00	1.00	1.00	1.00
Min	0.16	0.24	0.13	0.23	0.13	0.35	0.31	0.35	0.40	0.22	0.37	0.43	0.56	0.63	1.00	1.00	1.00
Med	0.21	0.27	0.29	0.30	0.39	0.41	0.44	0.46	0.49	0.53	0.56	0.73	0.65	0.75	1.00	1.00	1.00

数据来源：利用 DEA 方法测算获取金融效率整理所得。

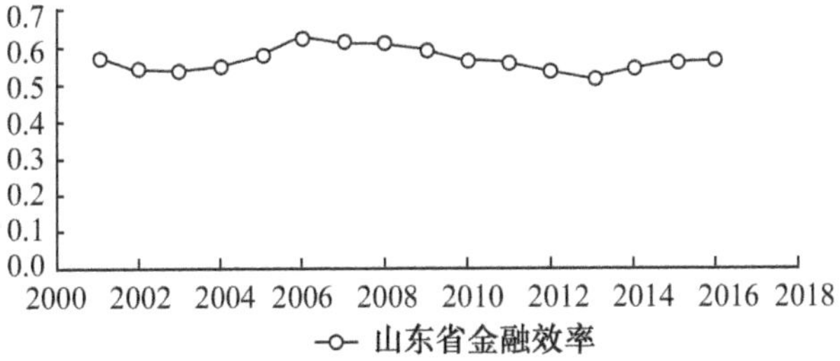

图 1　2001～2016 年平均金融效率

四、FDI 空间相关性检验

（一）构建空间矩阵和空间相关性检验

空间计量分析基础性研究工作的关键因素是空间相关性结构设定，目前绝大多数都利用空间矩阵外生给定方法，也就是利用预先设定的空间矩阵来表示空间结构相关性。本文立足欧几里德空间角度构建空间矩阵，其主要规则包括 Rook's Rule、Bishop's Rule、Queen's Rule，采用二进制邻接矩阵（binary contiguity matrix）的 Rook's Rule 规则，具体定义如下：

$$w_{ij}=\begin{cases}=1 \quad if \quad i\text{ 和 }j\text{ 具有共同边界}\\=0 \quad if \quad i\text{ 和 }j\text{ 不具有共同边界}\end{cases}$$

其中，下角标 i，j 表不同的城市，元素 w_{ij} 衡量地区 i 和地区 j 之间的空间结构关系。只有当地区 i 和地区 j 之间的共同边界大于零时，二者的空间交互作用才能发生。由于山东各地市经济辐射有限，与上海、北京、深圳等经济重镇的辐射范围有显著差别，故而未采用高阶邻接方式构建空间矩阵。另外，如果以社会距离和经济距离构造空间矩阵，这两个变量通常随时间而变动，会产生不确定性溢出效应，并且经济差异的大小与空间溢出效应的强弱未必有直接关系[①]，故而并未利用经济空间距离构造空间矩阵。

构建空间矩阵旨在确定空间结构关系，利用该矩阵检验 FDI 空间相关性是进一步研究的基础，因此本文采用 Moran's index 以及地理集中度 GCI 来衡量 FDI 空间相关性和空间均衡性。首先对二者进行定义：

$$GCI = 100 * \sqrt{\sum_{i=1}^{n}\left(\frac{X_i}{\overline{X}}\right)^2} \tag{1}$$

其中，$\overline{X}$ 为某年度山东省各地市平均 FDI 流入量，X_i 为地区 i 的 FDI 的流入量。GCI∈[0,100]，该值越大表示 FDI 流入越趋于聚集在某个地区，相反，该值越小则说明 FDI 流入趋于均衡发展。GCI 能够衡量区域内各空间单元 FDI 分布的集中度，但存在一定的局限性，因为它无法说明各空间单元之间空间的相关性问题。Moran's index 能够很好地解决这一问题，具体公式如下：

$$Moran's\ index = \frac{\sum_{i=1}^{n}\sum_{j=1}^{n} w_{ij}(X_i - \overline{X})(X_i - \overline{X})}{S^2 \sum_{i=1}^{n}\sum_{j=1}^{n} w_{ij}} \tag{2}$$

其中，$S^2 = \frac{1}{n}(X_i - \overline{X})^2$，$\overline{X} = \frac{1}{n}\sum_{i=1}^{n} X_i$，$X_i$ 为地区 i 的 FDI 流入量，$n=17$为山东省 17 个地级市，w_{ij} 为空间矩阵。$Moran's\ index \in [-1,1]$，其值大于 0 表示正相关具有空间聚集性，小于 0 表示负相关具有离散趋势，等于 0 表示无自相关表明区域之间没有关系，表现为随机分布的空间模式。

表 2　FDI 的Moran 指数和地理集中度GCI

年份	*GCI*	*Moran'I*	*Z*	*P*
2001	50.48	0.252	1.869	0.031
2002	50.50	0.337	2.371	0.009
2003	47.16	0.264	1.939	0.026
2004	54.76	0.133	1.211	0.113
2005	50.32	0.228	1.781	0.037

① 参见张可云、杨孟禹：《国外空间计量经济学研究回顾、进展与述评》，《产经评论》2016 年第1 期。

续表

年份	*GCI*	*Moran'I*	*Z*	*P*
2006	47.77	0.215	1.675	0.047
2007	45.69	0.233	1.778	0.038
2008	38.73	0.235	1.763	0.039
2009	34.67	0.202	1.519	0.064
2010	37.89	0.188	1.467	0.071
2011	39.03	0.066	0.739	0.23
2012	41.87	0.139	1.186	0.118
2013	43.22	0.175	1.427	0.077
2014	44.57	0.123	1.095	0.137
2015	45.50	0.161	1.306	0.096
2016	45.72	0.234	1.747	0.040

注：*** 为在 1%显著性水平上显著，** 为在 5%显著性水平上显著，* 为在 10%显著性水平上显著。

从时间维度分析，GCI 从 2001～2016 年总体呈现出先下降后上升的趋势，这说明 FDI 流入近年出现分流加大现象，集中程度在逐渐加强，但是由于 GCI 数值偏小，并不能有力地证明聚集现象；而 Moran 指数自 2001～2016 年均为正数，充分说明山东省各地市 FDI 流入存在空间相关性，空间相关性的存在为 FDI 空间效应分析提供了很好的证据，为进一步研究提供了扎实的统计基础。

五、实证研究

（一）变量选取和数据来源

影响 FDI 区位选择的因素除由路径依赖产生的聚集效应外还包括金融效率、对外开放度、人均工资、第二产业占比、第三产业占比以及城镇化，关于解释变量选取的理论依据以及预期参数估计正负方向，详见表 3。以上数据全部来源于《山东省统计年鉴》或者统计年鉴计算而获得。

表 3　解释变量含义、预期符号以及理论依据

解释变量	指标含义	预期符号	理论依据
$FE_{i,t}$	金融效率	－(＋)	表征 i 地区的金融效率水平。金融效率越高，则表明金融融资成本越低、金融服务越完善、越有利于 FDI 流入。但是金融效率越高，也说明该地区的金融资源配置越合理，企业金融需求缺口越小，FDI 流入则越少。在金融发展的不同阶段，金融效率对于 FDI 流入的作用方向不同。
$Openness_{i,t}$	对外开放度	＋	表征 i 地区的对外开放程度。对外开放程度越高，表示进出口量越多。一方面说明国际市场需求大，另一方面说明对外信息交流充分，有利于吸引 FDI。
$Wage_{i,t}$	人均工资	－(＋)	表征 i 地区的劳动力成本。通常认为劳动成本对 FDI 的吸引存在门槛效应。在初期，随着人均工资的上升，并没有阻碍 FDI 的流入；当人均工资水平超过门槛值，就会对 FDI 的流入产生抑制作用，符号也由正变负。但是也存在另一种情况，工资作为人力价值的信号，高工资表明高技能、高效率、高技术，从而有利于 FDI 流入，符号则为正。
$FDI_{i,t-1}$	FDI 滞后流入量	＋	表征 i 地区 FDI 的聚集效应。前一期 FDI 流入量越大，越易于因路径依赖而产生聚集效应，从而加大 FDI 流入量。
$Industry_S$	第二产业占比	＋	表征 i 地区的工业发展水平。第二产业占比可以反映该地区相关的工业配套设施投资和工业服务能力。
$Industry_T$	第三产业占比	未知	表征 i 地区的生产、生活服务水平。由于我国早期对 FDI 的流入存在准入限制，尤其在服务业方面，所以对于 FDI 的流入存在不确定影响。
$Urban_{i,t}$	城镇化	＋	表征 i 地区城镇化程度水平。城镇化水平越高，在城镇常住人口越多，人力资源越充沛，越有利于 FDI 流入。

在选取解释变量时并没有选择 GDP 或人均 GDP，主要考虑到跨国公司投资对于市场规模的考量并非基于山东省的市场需求，而是基于中国市场或者国际市场，因此将山东省各地市人均 GDP 加入模型显然并不符合现实。本文尝试将人均 GDP 指标纳入模型中，得出的回归结果也并不显著，印证了上述分析的合理性。

（二）模型构建

Moran 指数证明 FDI 具有空间效应，但是空间效应可能由 FDI 空间滞后相关引起也可能由空间残差相关引起，Moran 指数检验并不能确定模型的具体形式。目前国内大多数研究是采用 Moran 指数、LM_Lag、RLM_Lag（空间滞后稳健性检验）及 LM_Error 和 RLM_Error（空间误差稳健性检验）相结合的方式来选择模型。

依据 Anselin 方法对空间面板模型进行 LM 检验，其检验结果如表 4 所示。检验结果显示，基于无空间效应线性模型拒绝了所有原假设（除 RLM_lag外），因此可以同时接受 SAR 模型和 SEM 模型，该情况下通常优先考虑 SDM（空间杜宾模型）。[①] 其原因在于 LeSage 和 Pace 认为真实数据生成过程即使是 SAR、SEM、SAC 模型，利用 SDM 模型都会产生无偏估计。[②]

表 4　基于LM 的空间计量模型检验

Model	*Moran's I*	*LM_Error*	*RLM_Error*	*LM_Lag*	*RLM_Lag*
非空间线性模型	3.473***	10.397***	7.469***	3.978***	1.051

注：*** 为在 1%显著性水平上显著，** 为在 5%显著性水平上显著，* 为在 10%显著性水平上显著。

通过 Wald 检验和 LR 检验验证 SDM 模型是否可以退化为 SAR 模型或者 SEM 模型，来进一步验证 SDM 模型的合理性。表 5 中 Wald 值和 LR 值表明拒绝原假设，因此 SDM 模型很好地刻画了 FDI 空间相关性问题。同时检验结果也拒绝了时间固定效应和空间固定效应联合不显著的原假设，因此选用双固定效应 SDM 模型。而 Huasman 检验也表明空间固定效应模型更适合真实数据生成过程。

基于 LM 检验能够确定选择 SAR 或 SEM 模型形式，而 Wald 和 LR 检验是确定 SDM 模型能否退化为 SAR 或 SEM 的选择标准，但是对于其他空间模型有效性不能很好的识别，为选择更符合现实的模型，文章采用对数似然值（logLiklihood）和赤池信息准则（Akaike information criterion，AIC）对

① 如果基于无空间项的 OLS 模型的 LM 检验接受 SAR 模型、SEM 模型或者两者均接受，那么应该采用 SDM 模型来模拟数据。Elhorst J. P.，Spatial Panel Data Models. *Handbook of Applied Spatial Analysis*，Berlin：Springer Berlin Heidelberg，2010.

② LeSage J. P.，*Pace K. R. Introduction to Spatial Econometrics*，Boca Raton：CRC Press，2009.

模型的合理性进一步确认，根据对数似然值最大原则和 AIC 最小原则，双固定效应空间面板杜宾模型同时符合上述原则，因此构建空间静态面板杜宾模型如下：

$$\ln FDI_{it} = \rho \sum_{j=1}^{n} w_{ij} \ln FDI_{jt} + \theta_0 \sum_{j=1}^{n} w_{ij} \ln FE_{jt} + \theta WX + \beta_0 FE_{jt} + \beta X + \mu_j + \tau_t + _{ij} \quad (3)$$

（三）回归结果

采用极大似然估计方法对上述模型进行参数估计，回归结果如表 5 所示。

根据表 5 回归结果分析如下：静态面板模型（SPM）参数估计除人均工资和第二产业占比显著外，其他解释变量均不显著，整体拟合效果一般，且没有考虑 FDI 的空间相关性。空间自回归模型（SAR）和空间误差模型（SEM）中，空间滞后项和空间误差项系数均不显著，而且金融效率系数不显著，回归结果并不稳健，其原因可能是由于地区间的空间交互关系，不仅仅表现在被解释变量上，也存在于未被观测到的或被遗漏的变量。本文将空间面板杜宾模型（SDM）同时引入被解释变量和解释变量的滞后项，解决了建模过程中遗漏变量问题。SDM 存在随机效应模型和固定效应模型，回归结果显示前者 FDI 存在负的空间溢出效应，后者却存在显著正向空间相关性。并且 Hausman 检验拒绝随机效应的原假设，因此采用固定效应模型更合理。从理论上讲，采用一个省所有地市或一个国家所有地区作为研究对象，样本即全部总体，通常采用固定效应模型更合理，因此无论是从回归效果还是统计检验、理论依据都表明固定效应的空间面板杜宾模型能够很好地解释现实。下面重点对固定效应空间静态面板杜宾模型进行分析：

（1）FDI 的空间滞后项参数显著为正，表明各区域间 FDI 流入存在空间依赖，即某地区 FDI 流入不仅受本地区 FDI 的流入影响，还受到周边地区 FDI 流入量的影响。FDI 空间依赖性产生的原因，在一定程度上是由于地区之间的产业分工合作引起的。当某一地区引入 FDI 发展某一产业，支持该产业的相关产业可能会分布在周边区域，也同样吸引着 FDI 流入。这种产业布局的空间依赖性是考量地理距离缩短所带来的运输、仓储等生产成本的降低以及由于地理相近、文化相似易于交流沟通与合作而带来的交易成本的降低。

表 5　山东省FDI空间静态面板杜宾模型回归结果

VAR	SPM	SAR	SEM	SDM			
	FE	FE	FE	RE	IND	TIME	FE
WlnFDI		0.05		0.07	−0.003	0.28	0.18***
Wu			0.04				
Fe	−0.21	−0.25	−0.24	−0.68**	−0.56**	−0.48**	−1.44**
Urban	0.34	0.32	0.32	1.36**	0.86	0.12	0.23
Ind_T	1.48	1.48	1.51	3.43*	1.44	0.73	−0.37
Ind_S	4.15***	3.93***	4.05***	2.72**	3.19***	2.66**	2.38**
Wage	0.16***	0.15***	0.16***	0.11***	0.19***	0.12***	0.10***
Open	0.41	0.42	0.52	0.80***	0.46*	0.35	0.61***
Wfe				0.63	1.01	1.01	1.61**
Wurban				−0.99	−0.24	−2.23	−2.47
$Wind_T$				2.71	4.42	−0.79	1.45***
$Wind_S$				6.37**	6.86***	−0.06	−4.7
Wwage				−0.30**	−0.24*	−0.45*	−0.36*
Wopeness				−0.78	−1.21**	−1.37**	−1.39***
R^2	0.48						
LL	−153.1	−152.9	−153	−188.4	−203.1	−143.8	−129.0
Hausman		21.0***	17.1***	82.7***	30.9***	130.1***	82.7***
Wald				17.4***	18.8***	46.4***	20.5***
LR				16.5***	18.1***	40.4***	22.2***
AIC	302.5	312.82	322.05	408.74	434.14	315.6	285.94

注：*** 为在 1%显著性水平上显著，** 为在 5%显著性水平上显著，* 为在 10%显著性水平上显著。

(2)金融效率对 FDI 流入均存在显著影响，但是金融效率估计参数为负数，表明当金融效率提高时反而会抑制 FDI 的流入量，这种抑制现象的发生从供求角度能够得到合理解释。由于金融效率低下，国内信贷资源配置存在扭曲，银行更倾向于将信贷资源分配给国有企业，民营企业大量的信贷需求得不到有效满足，存在融资难融资贵现象，迫使其向外部寻求金融资源供给，从而导致 FDI 的大量流入。这也在一定程度上说明山东省的金融发展处于较为落后阶段，短期内金融效率的提升会抑制 FDI 流入。但是长期来看，当金融发展到一定门槛，这种金融抑制的效应会减弱甚至消除，而且金融发展和 FDI 之间的非线性 U 型关系，已经得到 Dutta 和 Roy 证实。[①] 同时金融效率的空间滞后项在显著水平 5%条件下显著为正，这说明本地区金融效率的提升对于当地 FDI 流入起到抑制作用，但是却能够促进周围地区 FDI 的流入，存在正向溢出效应，因此各地市政府之间有必要紧密加强金融合作，共同提升金融效率，共同吸引 FDI 流入，达到多赢的良好局面。

（3）人均工资水平的提高能够显著增加本地区 FDI 的流入。从表面上看，人均工资的提高增加了生产成本，但是在某种程度上却是生产效率提升的具体表现：一方面由于生产效率的提升导致，然而由生产效率提升带来的收益远大于人均工资上涨增加的成本；另一方面人均工资水平的上涨还可能由于高技术人才的引入所导致，然而由高技术产生的附加价值有时远超过人均工资水平提高所带来的生产成本上升，这两方面原因都会引致总体收益上升，从而有利于 FDI 的流入。这点与文余源的研究结论相似，他通过实证分析认为在长江三角洲地区劳动生产率的提高有助于该地区 FDI 的流入。[②] 某一地区工资水平的提高能够减少周围地区 FDI 的流入，表明人均工资高水平对于 FDI 流入存在空间相互竞争效应。

（4）第二产业占比增加会显著增加 FDI 的流入，一方面与中国自身产业结构所处的阶段有关，外资企业在工业技术方面存在优势；另一方面中国前期对外资存在准入限制，尤其在服务业方面，因此服务业的发展对 FDI 的流入并没有显著影响，随着中国金融市场的不断开放以及准入限制不断的放开，第三产业占比的提高会对 FDI 的流入存在正向影响。

因此，FDI 区位选择不仅受自身因素的影响，还受到周围其他地区因素的影响，即存在“第三方效应”。

---

① Dutta N., Roy S., “Foreign Direct Investment, Financial Development and Political Risks”, *Journal of Developing Areas*, 2011, No.44, pp.303-327.

② 参见文余源：《长三角地区城市 FDI 区位决定动态研究——空间计量的视角》，《商业经济与管理》2011 年第 5 期。

（四）稳健性分析

在分析山东各地市每年 FDI 流入量时，发现青岛、烟台、威海等 3 地市的前期流入较大，后期流入量同样较大，这说明 FDI 的流入可能存在空间路径依赖现象，也就是说 FDI 前期流入量会影响到当前 FDI 的流入。同时鉴于 FDI 的空间滞后性，为增加模型的稳健性考虑加入时空滞后交互项。在空间静态面板杜宾模型的基础上构建空间动态面板杜宾模型如下：

$$\ln FDI_{it}=\rho\sum_{j=1}^{n}w_{ij}\ln FDI_{jt}+\alpha\sum_{j=1}^{n}w_{ij}\ln FDI_{ji-1}+\gamma\ln FDI_{jt-1}+\theta_0\sum_{j=1}^{n}w_{ij}\ln FE_{jt}+\theta WX+\beta_0 FE_{jt}+\beta X+\mu_j+\tau_t+_{ij} \quad (4)$$

其中 $w_{ij}\ln FDI_{jt}$ 为空间滞后项，$w_{ij}\ln FDI_{jt-1}$ 为时空滞后交互项，$\ln FDI_{jt-1}$ 为时间滞后项。X 为控制变量关于参数估计的方法的选择，同样采用上述模型的估计方法（极大似然估计），空间动态面板杜宾模型回归结果 如表 6。

表 6　山东省 FDI 空间动态面板杜宾模型回归结果

VAR	*Main*	*Wx*	短期直接效应	短期溢出效应	短期总效应	长期直接效应	长期溢出效应	长期总效应
$\ln FDI_{jt-1}$	0.54**							
$W\ln FDI_{jt-1}$	0.22*							
$W\ln FDI$	0.27***							
Fe	−0.43*	1.36**	−0.29*	1.22*	0.93	−0.69*	2.93*	2.23
Yrban	0.24	−0.54	0.27	−0.44	−0.18	0.52	−1.00	−047
Ind_T	1.8	3.12	1.63	2.17	3.81	3.74	5.74	9.49
Ind_S	2.46**	0.78	2.53**	0.15	2.67	5.47**	1.22	6.7
Wage	0.13*	−0.27**	0.20*	−0.22**	−0.02	0.41*	−0.46	−0.05
Open	0.27	−0.42	0.25	−0.44	−0.18	0.35	−0.94	−0.59

注：*** 为在 1% 显著性水平上显著，** 为在 5% 显著性水平上显著，* 为在 10% 显著性水平上显著。其中拟合优度 R^2 为 0.71，Wald 和 LR 统计量分别为 15.03、11.52 在 5%、10% 显著水平下拒绝原假设，LL 和 AIC 分别为−94.83、221.65。

空间静态面板杜宾模型(SSDM)LL 值、AIC 值分别为－129.0、285.9,空间动态面板杜宾模型(DSDM)LL 值、AIC 值分别为－94.8、221.7,根据对数似然值最大原则和 AIC 最小原则,DSDM 效果更好。城镇化程度、对外开放度、第三产业占比对 FDI 流入具有正向影响,但是均不能通过显著性检验。

DSDM 回归结果显示 FDI 存在路径依赖、空间依赖以及时空效应。跨国企业一旦选择某一区位作出投资决策,通常不会轻易转移到另一区位,因为转移生产需要付出巨大的交易成本;并且,已有 FDI 规模的大小也是反映本地区对外商直接投资欢迎程度的一种信号,在一定程度上能够弥补信息劣势,而且对潜在的 FDI 的进入具有示范效应①,因此会对最初选择的区位不断地增加投资。

从长短期对比角度分析可知,金融效率对 FDI 流入的短期直接效应小于长期直接效应,且为抑制作用;金融效率对 FDI 流入的短期空间溢出效应小于长期空间溢出效应,且为促进作用。虽然金融效率的提升在局部地区表现为对 FDI 流入的抑制性,但是对于山东省整体而言,金融效率的提高有利于 FDI 的流入;并且金融效率的提升有利于优化整个区域的社会资源的配置效率,从而有利于促进经济发展。因此,正确认识局部与整体之间的关系,整体提升山东省金融效率更加有利于 FDI 的流入。另外需要注意的是,金融效率下降也可能导致 FDI 流入,这实质上是“牵拉型”流入,而金融效率提高所导致的 FDI 流入是“主动型”流入。

六、结论与政策建议

本文以山东省为例,在测算金融效率的基础上,通过各种统计检验分析,采用空间动态面板杜宾模型(spatial dynamical penal Durbin model),从金融效率视角探讨金融效率对 FDI 流入的影响。在此基础之上,将金融效率对 FDI 流入的长短期溢出效应进行分解,本文得出如下结论:

(1)FDI 的流入存在路径依赖、空间依赖以及时空效应,且影响效果依次递减,说明 FDI 的流入主要受前期积累的影响,前期流入量越多,则本期流入越多,反之亦成立。但是,空间依赖和时空效应对于 FDI 流入的影响也

① 参见蒋伟、赖明勇:《空间相关与外商直接投资区位决定——基于中国城市数据的空间计量分析》,《财贸研究》2009 年第 6 期。

是不可忽略的因素。所以，政府部门应充分利用好前期积累的FDI，建立起与外商企业良好的合作关系，发挥好FDI的示范效应。同时由于FDI流入具有空间溢出效应，各地方政府应加强合作，避免恶性竞争，并且各级政府要积极借助FDI对内资的挤入效应，增加可用于投资的资金，弥补资金缺口，为经济增长提供持续稳定的资本要素供给。[①]

(2)当期金融效率虽然对所在地的FDI具有一定的抑制作用，但是在地区间表现出空间溢出促进效应。从短期来看，金融效率对FDI的流入在区域内具有抑制作用，但是在区域间产生了空间促进效应；从长期来看，无论是区域内抑制作用还是区域间促进效应都会得到加强。所以，提高金融效率水平，允许外商投资企业发行股票、债券，发挥金融效率空间溢出促进效应是吸引FDI的一种良好途径。

(3)人均工资水平的提高有利于本地区FDI的流入，同时工资水平对于FDI流入在空间上存在相互竞争效应。这在一定程度上说明，随着山东省日益成熟的职业教育和每年大量毕业生的加入，人口平均素质在不断提升，劳动效率在不断提高，使得劳动收益增加大于劳动成本的增加，因此劳动工资的提高并未对FDI流入表现出抑制效应。同时，山东省由于产业资源较为丰富、"孔孟文化"使大部分人留在本省工作，因此山东省劳动力成本的门槛效应尚未达到，"人口红利"在一定程度上依然存在。所以，大力发展职业教育，提高高等教育质量，引进高层次人才，挖掘教育存量资源，从整体上提升人力资本质量，可以有效吸引FDI。

(4)目前第二产业依然是吸引FDI流入的主力军，但是面对国内产业结构调整的大背景，第二产业吸引FDI的数量呈下降趋势。[②] 伴随着国内市场对外开放程度的日益提高，城乡居民收入稳步提高，国内消费市场快速扩张，投向第三产业的FDI必然会大幅增加。[③] 尤其在山东省新旧动能转化的新时期，加快淘汰落后传统制造业，发展高新技术产业、现代服务业，形成以

① 参见随洪光：《FDI对东道国经济增长可持续性的作用路径分析》，《理论学刊》2013年第6期。

② 参见杨友才、牛欢：《劳动力成本和产业结构调整对FDI的影响——基于山东、广东1998～2003年面板数据的对比分析》，《制度经济学研究》2016年第8期。

③ 参见安同信、范跃进、曾庆美：《新常态下中国利用FDI促进产业转型升级的障碍与对策研究——基于日本、韩国的经验》，《济南大学学报》2017年第1期。

知识密集型为主的现代制造业和服务产业集群。[①] 所以，推动第三产业发展尤其是推动金融服务业的发展，放宽服务业 FDI 准入限制，将有序引导 FDI 流入第三产业，利用 FDI 助推产业结构升级。

本文原载于《管理评论》2018 年第 12 期，2022 年 1 月获山东省第三十五次社会科学优秀成果三等奖。

① 参见张晓敏、张跃胜：《基于 GVAR 模型的我国装备制造业货币政策效应研究》，《管理学刊》2016 年第 3 期；毕红毅、孙天乐：《FDI 与山东省制造业产业集聚关系的实证分析》，《经济与管理评论》2012 年第 6 期。

Prevalence of Psychological Distress and the Effects of Resilience and Perceived Social Support Among Chinese College Students: Does Gender Make a Difference?

Mingliang Zhang Jianmei Zhang
Feng Zhang Li Zhang Danjun Feng

1. Introduction

College students undergo a developmental transition from adolescence to adulthood, which poses a great challenge for them and makes them vulnerable to mental health problems. For example, previous studies have reported that individuals aged 16 to 24 years have the highest prevalence of mental disorders (Slade et al., 2009). Most college students are in this age group, with the highest risk of developing mental disorders. Although it seems that college students have some advantages compared with the non-students of the same age; in fact, the former have reported an even higher prevalence of mental health problems (Cvetkovski et al., 2012). The American National College Health Assessment reported that more than one in three undergraduates experience difficulty in functioning because of depression, and nearly one in ten students have considered attempting suicide in the previous year (American College Health Association, 2009). Further, with the prevalence of mental disorders among the general population of adolescents and young adults showing a moderate increase, a substantial increase has been observed among college students (Hunt and Eisenberg, 2010). For instance, one study found that the number of students with depression doubled, and the number of suicidal students tripled from 1989 to 2001. Regarding the prevalence of the specific types of mental health problems, that of eating disorders, severe substance abuse, and chronic mental illness has been steady, but the incidence of emotional problems has increased (Benton et al., 2003).Some other empirical studies also reported a prominent high prevalence of emotional problems (Cvetkovski et al., 2012; Zulkefly and Baharudin, 2010). Therefore, the current study focused on psychological distress in college students, because it is a nonspecific negative emotion that includes the combined feelings of anxiety and depression and is closely associated with mental disorders (Kessler et al., 2003).

With the rapid expansion of the higher education system in China, the proportion of college students among the same age population has increased in the past several decades. According to the latest Quality Report on Higher Education of China, the number of college students increased to 37 million in 2015, which is the world's largest college student population and accounts for about one fifth of the total world college student population. These college students face a variety of stressors, including loss or diminishment of previous social support networks, the need to make new friends, academic challenges, financial problems, and some potential traumatic events (e. g., life-threatening illness and physical violence) (Galatzer-Levy et al., 2012). All these stressors may lead to mental health problems. However, until now, few studies have focused on the mental health of Chinese college students, especially in English-language journals. Among them, only pure anxiety, depression (Wu et al., 2015), and mental health problems (e. g., paranoid ideation and psychoticism) have been studied (Liu et al., 2017). Hence, the current study aimed to describe the prevalence of psychological distress, which is a milder form of mental health problem but it affects more individuals, especially among Chinese college students.

Substantial evidence suggests that both resilience and social support have protective effects on mental health (Haddadi and Besharat, 2010; Hu et al., 2015; Thoits, 2011; Werner-Seidler et al., 2017). However, there is a lack of consensus on the operational definition of resilience. The current study therefore adopted the definition that resilience is a personality trait that can help individuals cope with negative stressors and maintain health (Ong et al., 2006). According to this definition, resilience is one of the most important internal resources of an individual, which enables him/her to combat stressors. Further, it is a comparatively stable trait like other personality characteristics such as self-esteem and extroversion. In contrast, social support can be considered as one of the most important external resources to buffer the negative effects of stressors (DeLongis and Holtzman, 2005), and it is comparatively changeable under different times and circumstances. Certainly, even if individuals do not face any stressors, their mental health could benefit directly from social support (Adamczyk and Segrin, 2015). A previous study indicated that perceived social support exerted a stronger effect on mental health than actual social support did (Hefner and Eisenberg, 2009). Hence, the current study focused on perceived social support instead of actual social support. As for the relationship between resilience and social support, few studies have focused on this topic. Some researches proved the positive effect of social support on resilience (Wilks and Croom, 2008; Wilks and Spivey, 2010). Certainly, as a personality trait, resilience would also have a positive effect on seeking social support as a part of the coping process (DeLongis and Holtzman, 2005). Therefore, the present study hypothesized that resilience and perceived social support are influenced by each other (H1). The other two hypotheses of this study were that resilience decreases psychological distress (H2), and perceived social support has a negative effect on psychological distress (H3).

Females are more likely to be depressed as compared to males (Hankin et al., 2007; Piccinelli and Wilkinson, 2000). This gender difference could be explained by the stress reactivity model to some extent, which attributes this difference to the gender differences in reactivity under stress (Hankin et al., 2007). One of the differences in such reactivity lies in that women attach greater importance to the role of social support in coping with stressors. Some researchers pointed out that women had a larger social network than men did (Caetano et al.,2013). Furthermore, social support played a more important role in reducing the risk of major depression among women than among men(Kendler et al., 2005). Despite these findings, it is still unclear why women are more prone to depression. Therefore, other variables that may account for the higher prevalence of depression among women were included in the stress reactivity model. As another important coping resource, the protective effect of resilience against depression may differ between women and men, which may provide us with more insight into the higher prevalence of depression among women. However, very few studies have paid enough attention to this topic. Hence, the most important goal of the current study was to explore whether female college students reported a higher prevalence of psychological distress than males did, and whether the effects of resilience and perceived social support on psychological distress differed between female and male college students.

2. Methods

2.1. Design

A cross-sectional survey was conducted in the current study. This study was approved by the Ethics Committee of School of Nursing in Shandong University, China.

2.2. Participants

The participants belonged to 13 universities from 6 provinces in China, in 2016. All participants were surveyed face to face, and they had provided oral informed consent to participate in the study. Fifteen hundred questionnaires were distributed, and 1400 valid questionnaires were obtained, representing a 93.33% response rate. The mean age of the sample was 19.15 years (standard deviation = 1.21 years). The other demographic characteristics of this sample have been presented in Table 1. Considering that very few students came from higher grades, only two grade groups have been presented in this table (i. e., freshmen vs. non-freshmen).

Freshmen are the first-year college students.

Table 1 Prevalence of Psychological Distress According to Demographic Characteristics of Chinese College Students

Groups	n(%)	K10≥16(n, %)	P
Gender			
Male	872(62.3)	777(89.11)	<0.01
Female	506(36.1)	476(94.07)	
Miss value	22(1.6)		
Hometown			
Urban area	619(44.21)	568(91.76)	>0.05
Rural area	758(54.14)	681(89.94)	
Miss value	23 (1.64)		
Grades			
Freshmen	1129(80.64)	1014(89.81)	<0.01
Non-freshmen	271(19.36)	258(95.20)	
Total	1400(100)	1272(90.86)	

Note: K10, the Kessler Psychological Distress Scale.

2.3. Measures

Psychological distress. The Kessler Psychological Distress Scale (K10) was employed to measure psychological distress (combined feelings of anxiety and depression) during the past 4 weeks. The Chinese version of the K10 has exhibited good reliability and validity (Huang et al., 2009). It has 10 items that are rated on a 5-point scale ranging from 1 (never felt) to 5 (feel all the time). The Cronbach's α of the K10 was 0.89 in the present study. The construct validity of the K10 was tested using structural equation modeling (SEM), and all of its factor loadings were above 0.53 (see Fig. 1). A total score ≥16 indicates moderate to serious psychological distress (Department of Human Services, Victoria, 2008).

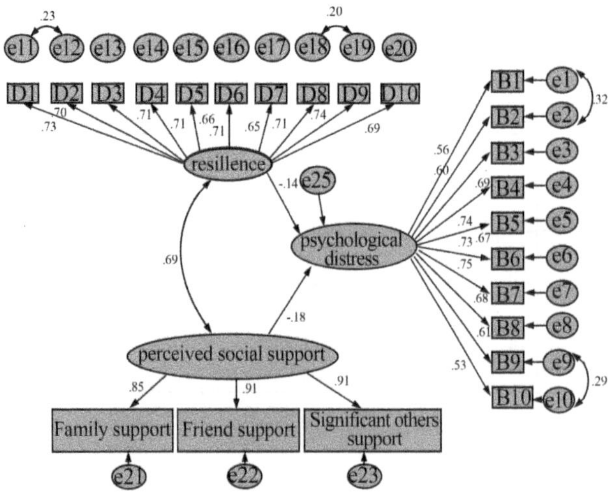

Fig. 1. Results of the SEM analysis of the effects of resilience and perceived social support on psychological distress among the whole sample. All the coefficients in the figure are standardized and significant at 0.001 level.

Resilience. The 10-item Connor-Davidson Resilience Scale (CDRISC) was used to assess resilience because it demonstrated a more stable factor structure and higher reliability than the 25-item version did among college students (Hartley, 2012). The most important difference between these two scales is that the 10-item one includes no items measuring faith, social support, and self-efficacy Campbell sills and Stein, 2007). Participants rate each item on a 5-point scale ranging from 0 (not true at all) to 4 (true nearly all the time), with higher mean score of these 10 items indicating good resilience. Its Cronbach's alpha in the current study was 0.91. The SEM analysis of its construct validity has been presented in Fig. 1, with the lowest factor loading being 0.65.

Perceived social support. The 12-item Multidimensional Scale of Perceived Social Support (MSPSS) (Zimet et al., 1988) was used to measure perceived social support from family, friends, and significant others (four items in each subscale). Items are rated on a 7-point scale ranging from 1 (very strongly disagree) to 7 (very strongly agree). The higher the mean score of these 12 items, the more social support one individual perceives. In this study, the Cronbach's α values for the subscale of family, friends, and significant others were 0.86, 0.89, and 0.86, respectively. Its construct validity has been presented in Fig. 1, with all the factor loadings above 0.85.

2.4. Data analysis

To begin with, a series of chi-square tests were performed to compare the prevalence of psychological distress across participants with different characteristics, especially the gender.

Next, the Pearson's product-moment correlation was used to examine the correlations among resilience, perceived social support, and psychological distress. The above analyses were conducted with SPSS 22.0 (IBM Corporation, Armonk, New York, USA).

Thirdly, SEM was conducted using AMOS 22.0, to test the effects of resilience and perceived social support on psychological distress. One of the advantages of SEM as compared with the traditional regression analysis lies in the calculation of the size of the effect of one variable on other variables more accurately because it can take into account the measurement errors of the questionnaires simultaneously. AMOS provides several indices to determine the degree to which the hypothesized model fits the observed data. Considering the sensitivity of $\chi 2$ to sample size (Hooper et al., 2008), and the large sample size of the current study, a good fit was determined when $\chi 2/df < 5$. Additionally, the root mean square error of approximation (RMSEA) with values <0.08 is acceptable, and <0.05 is excellent. In a good fitting model, the Goodness of Fit Index (GFI), Comparative Fit Index (CFI) and Tucker Lewis Index (TLI) should be $>$ 0.90.

Finally, the multiple group analysis feature of SEM was used to examine the moderating effects of gender on the effects of resilience and perceived social support on psychological distress. More specifically, the multiple group analysis tested the invariance of the model (see Fig. 1) by imposing successive restrictions on the measurement weights, structural weights, structural covariance, structural residuals, and measurement residuals, and forcing them to remain identical across different groups (i.e., male and female college students).

3. Results

As presented in Table 1, the prevalence of psychological distress (K10≥16) among Chinese college students was 90.86%. The prevalence of psychological distress was higher in female college students (94.07%) than male students [89.11%; $\chi 2$ (1) = 9.57, p= 0.002]. Furthermore, the prevalence of psychological distress among non-freshmen (95.20%) was higher than that among freshmen (89.81%; $\chi 2$ (1) =7.64, p= 0.006).

The means, standard deviations, ranges, and correlations of resilience, perceived social support and psychological distress in this study have been presented in Table 2. Both resilience and perceived social support were negatively associated with psychological distress. Furthermore, resilience was positively associated with perceived social support.

Table 2 Matrix of the Scores of Resilience, Perceived Social Support and Psychological Distress

	M	SD	Range	1	2	3
1.CD-RISC	2.48	0.67	0—4	1		
2.MSPSS	4.89	1.02	1—7	0.63	1	
3.K10	23.02	6.31	10—50	−0.24	−0.25	1

Note: CD-RISC, the 10-item Connor-Davidson Resilience Scale; MSPSS, the 12item Multidimensional Scale of Perceived Social Support; K10, the Kessler Psychological Distress Scale.

* * p ≤0.01.

The primary SEM analysis results showed a nearly acceptable fit between the hypothesized model and the data ($\chi 2$ /df=5.23, p< 0.001, GFI=0.93, CFI =0.94, TLI=0.94, RMSEA =0.06). To improve the fit further, post hoc modifications were conducted by referring to the modification index. More specifically, four pairs of error terms were allowed to be correlated in the final model (see Fig. 1). Consequently, a good fit was obtained ($\chi 2/df = 3.73$, $p < 0.001$, GFI=0.95, CFI =0.96, TLI= 0.96, RMSEA =0.04). Fig. 1 showed that higher scores of both resilience ($\beta = -0.14$, $p \leqslant 0.001$) and perceived social support ($\beta = -0.18$, $p \leqslant 0.001$) were associated with lower psychological distress. Additionally, resilience and perceived social support were closely positively related ($r = 0.69$, $p \leqslant 0.001$).

The results of the multiple group analysis indicated a significant difference of goodness-of-fit statistics between the model with "restricted measurement weights" and that with "restricted structural weights" (see Table 3). This result suggested that the relationships among resilience, perceived social support, and psychological distress differed across male and female college students. The specific results regarding these relationships among male and female college students have been presented in Fig. 2. Among male college students, the resilience was more strongly associated with psychological distress than perceived social support on (0.18 vs. 0.16). In contrast, among female college students, resilience was not significantly related, but perceived social support was closely related with psychological distress (0.01 vs. 0.31). Certainly, the resilience of female college students may be indirectly associated with psychological distress because of the strong interacting effects ($r = 0.80$) between resilience and perceived social support. These results indicated that the relations among resilience, perceived social support, and psychological distress differed across the gender groups of Chinese college students.

Table 3 Goodness-of-fit Statistics for the Multiple Group Analysis Based Gender Difference

Gooddness-of-fit statistics	x^2(df)	P	Δx^2(df)	P	GFI	GFI	TLI	RMSEA
Model with no restrictions	1197.06(446)	0			0.93	0.95	0.95	0.04
Model with restricted measurement weights	1221.55(466)	0	24.50(20)	0.221	0.93	0.95	0.95	0.03
Model with restricted structural weights	1238.26(469)	0	16.71(3)	0.001	0.92	0.95	0.95	0.04
Model with restricted structural covariance	1238.54(470)	0	0.29(1)	0.592	0.92	0.95	0.95	0.03
Model with restricted structural residuais	1267.19(472)	0	28.64(2)	0.000	0.92	0.95	0.95	0.04
Model with restricted measurement residuais	1338.26(499)	0	71.07(27)	0.000	0.92	0.95	0.95	0.04

Notes: GFI=goodness of fit index; CFI= comparative fit index; TLI =Tucker Lewis Index; RMSEA= root mean square error of approximation.

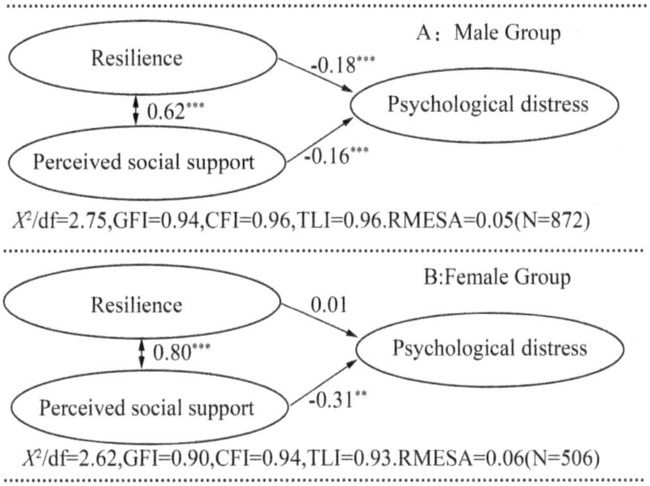

Fig. 2. Results of the SEM analysis of the effects of resilience and perceived social support on psychological distress among the Male (A) and Female (B) groups. All the coefficients in the figures are standardized. Observed indicators for the latent factors are not shown. GFI = goodness of fit index; CFI = comparative fit index; TLI = Tucker Lewis Index; RMSEA = root mean square error of approximation.

* * $p \leqslant 0.01$, * * * $p \leqslant 0.001$.

4. Discussion

The prevalence of psychological distress among Chinese college students was 90.86%, which is about 7% higher than that of Australian university students (83.9%) (Stallman, 2010), and strikingly higher than that found in the Chinese rural general population (32.9%) (Feng et al., 2013). This result indicated that most Chinese college students experience moderate to serious psychological distress, which may be harmful to their health, academic performance, and even retention in universities. Therefore, university administrators should improve the level of knowledge on mental health among general college students, screen out those who have serious psychological distress, and provide them with the efficient and timely mental health interventions.

Female college students reported a higher prevalence of psychological distress as compared to males, which was consistent with one study on American college students (Eisenberg et al., 2007) and one on the Chinese rural general population (Feng et al., 2013). However, another study that used the Symptom Check-List-90 (Liu et al., 2017), found that Chinese male college students reported more serious mental health problems. This suggests that the specific type of mental health problem and its corresponding measurement tool should be highlighted when studying gender differences in mental health, especially among college students. Moreover, freshmen reported a lower prevalence of psychological distress than non-freshmen did. However, considering the small proportion of non-freshmen (19.36%) in the current sample, more studies including grade-balanced participants are needed to verify this result.

Not surprisingly, the close relationships of both resilience and perceived social support with mental health were verified in Chinese college students, even taking into account the measurement errors by using an SEM approach. Furthermore, the high correlation between resilience and perceived social support was also observed in this sample. These results suggested that university administrators and teachers should take measures to promote students' resilience (comparatively stable but also can be improved in some degree) and should encourage them to seek more social support to prevent serious psychological distress.

This study indicated that gender moderated the relationships among resilience, perceived social support and psychological distress of college students. More specifically, psychological distress of male college students was more closely related with resilience, but psychological distress of female students was more closely related with social support. This result on the more closely relationship of social support with mental health among female college students, than among males, is consistent with the findings of one previous study (Kendler et al., 2005). The result of more closely relationship of resilience with mental health among male rather than female college students is a novel finding, partly because, to the best of our knowledge, almost no studies have focused on this topic until now. These reactivity differences under stress across genders may explain the higher prevalence of psychological distress among female college students. As the most important resource for women to fight against stress, social support is not as stable as resilience (Bíró et al., 2016). In many cases, the social network of a woman may not provide adequate and timely social support. In such situations, the lack of social support will become another stressor leading to additional emotional problems among women (Dalgard et al., 2006; Kendler et al., 2005). In contrast, resilience could provide men with a comparatively stable resource to fight against stress. Thus, the reactivity differences under stress may render women vulnerable to psychological distress.

As presented in Fig. 1, four pairs of error terms were correlated, which is acceptable when there is a strong theoretical justification to support it (Hooper et al., 2008). The correlation of error terms for B9 and B10 can be taken as an example. One participant's responses on B9 ("I really feel that I am very useless") and B10 ("I often feel that I have no any merits") could be influenced by his/her depression trait. Therefore, the correlation of their error terms can be supported by the present theoretical foundation.

There are several limitations in the current study. First, although SEM was employed to estimate the exact effects of resilience and perceived social support on psychological distress, it is still based on a cross-sectional design. Consequently, the causal relationships presented in the current study are still theoretical, and they cannot be verified by our data. Second, compared with the large amount of college students in China, the sample of this study is still small. Finally, considering that both personality traits and social network are influenced by the social culture (for example, the Chinese are more interpersonal relationship-oriented than are those in Western countries), the results of the current study, especially on the gender differences in the effects of resilience and perceived social support on psychological distress, should be generalized to other countries with caution.

In conclusion, Chinese college students reported extremely high prevalence of psychological distress. Among them, females reported significantly higher prevalence of psychological distress than did males. Gender moderated the relationships among resilience, perceived social support, and psychological distress. Psychological distress of female college students was more closely related with perceived social support, but psychological distress of male college students was more closely associated with resilience.

Conflict of interests

The authors declare that they have no competing interests.

Source of funding

This research was funded by Young Scholars Program of Shandong University(grant number: 2017WLJH42).

Supplementary materials

Supplementary material associated with this article can be found, in the online version, at doi:10.1016/j.psychres.2018.06.038.

References

Adamczyk, K., Segrin, C., 2015. Perceived social support and mental health among single vs. partnered Polish young adults. Curr. Psychol 34, 82-96.

American College Health Association, 2009. American College Health Association—National college health assessment spring 2008 reference group data report. J. Am. Coll. Health. 57, 477-488.

Benton, S. A., Robertson, J. M., Tseng, W.-C., Newton, F. B., Benton, S.L., 2003. Changes in counseling center client problems across 13 years. Prof. Psychol. Res. Pract. 34, 66-72.

Bíró, É., Veres-Balajti, I., Kósa, K., 2016. Social support contributes to resilience among physiotherapy students: a cross sectional survey and focus group study. Physiotherapy 102, 189-195.

Caetano, S.C., Silva, C.M., Vettore, M.V, 2013. Gender differences in the association of perceived social support and social network with self-rated health status among older adults: a population-based study in Brazil. BMC Geriatr 13, 122.

Campbell-sills, L., Stein, M. B, 2007. Psychometric analysis and refinement of the Connor-Davidson Resilience Scale (CD-RISC): validation of a 10-item measure of resilience. J. Trauma Stress 20, 1019-1028.

Cvetkovski, S., Reavley, N.J., Jorm, A.F., 2012. The prevalence and correlates of psychological distress in Australian tertiary students compared to their community peers. Aust. N. Z. J. Psychiatry 46, 457-467.

Dalgard, O.S., Dowrick, C., Lehtinen, V., Vazquez-Barquero, J.L., Casey, P., Wilkinson, G., et al., 2006. Negative life events, social support and gender difference in depression. Soc. Psychiatry Psychiatr. Epidemiol 41, 444-451.

DeLongis, A., Holtzman, S., 2005. Coping in context: the role of stress, social support, and personality in coping. J. Pers. 73, 1633-1656.

Department of Human Services, Victoria, 2008. Victorian Population Health Survey 2007. Department of Human Services. Victoria, Melbourne.

Eisenberg, D., Gollust, S.E., Golberstein, E., Hefner, J.L., 2007. Prevalence and correlates of depression, anxiety, and suicidality among university students. Am. J.Orthopsychiatry 77, 534-542.

Feng, D., Ji, L., Xu, L., 2013. The influence of social support, lifestyle and functional disability on psychological distress in rural China: structural equation modelling.Aust. J. Rural Health 21, 13-19.

Galatzer-Levy, I.R., Burton, C.L., Bonanno, G.A., 2012. Coping flexibility, potentially traumatic life events, and resilience: a prospective study of college student adjustment. J. Soc. Clin. Psychol. 31, 542-567.

Haddadi, P., Besharat, A.M., 2010. Resilience, vulnerability and mental health. Procedia Soc. Behav. Sci. 5, 639-642.

Hankin，B.L.，Mermelstein，R.，Roesch，L.，2007. Sex differences in adolescent depression：stress exposure and reactivity models. Child Dev 78，279-295.

Hartley，M. T.，2012. Assessing and promoting resilience：an additional tool to address the increasing number of college students with psychological problems. J. Coll. Couns.15，37-51.

Hefner，J.，Eisenberg，D.，2009. Social support and mental health among college students. Am. J. Orthopsychiatry 79，491-499.

Hooper，D.，Coughlan，J.，Mullen，M.，2008. Structural equation modelling：guidelines for determining model fit. Electron. J. Bus. Res. Methods 6，53-60.

Hu，T.，Zhang，D.，Wang，J.，2015. A meta-analysis of the trait resilience and mental health. Pers. Individ. Dif. 76，18-27.

Huang，J.P.，Xia，W.，Sun，C.H.，Zhang，H.Y.，Wu，L.J.，2009. Psychological distress and its correlates in Chinese adolescents. Aust. N. Z. J. Psychiatry 43，674-681.

Hunt，J.，Eisenberg，D.，2010. Mental health problems and help-seeking behavior among college students. J. Adolesc. Health 46，3-10.

Kendler，K.S.，Myers，J.，Prescott，C.A.，2005. Sex differences in the relationship between social support and risk for major depression：a longitudinal study of opposite-sex twin pairs. Am. J. Psychiatry 162，250-256.

Kessler，R.C.，Barker，P.R.，Colpe，L.J.，Epstein，J.F.，Gfroerer，J.C.，Hiripi，E.，et al.，2003. Screening for serious mental illness in the general population. Arch. Gen. Psychiatry 60，184-189.

Liu，F.，Zhou，N.，Cao，H.，Fang，X.，Deng，L.，Chen，W.，et al.，2017. Chinese college freshmen's mental health problems and their subsequent help-seeking behaviors ：a cohort design（2005-2011）. PLoS One 12，e0185531 https://doi. org/https://doi. org/10. 1371/journal. pone.0185531.

Ong，A.D.，Bergeman，C.S.，Bisconti，T.L.，Wallace，K.A.，2006. Psychological resilience，positive emotions，and successful adaptation to stress in later life. J. Pers. Soc.Psychol. 91，730-749.

Piccinelli, M., Wilkinson, G., 2000. Gender differences in depression: critical review. Br. J. Psychiatry 177, 486-492.

Slade, T., Johnston, A., Oakley Browne, M. A., Andrews, G., Whiteford, H., 2009. 2007 National survey of mental health and wellbeing: methods and key findings. Aust. N.Z. J. Psychiatry 43, 594-605.

Stallman, H.M., 2010. Psychological distress in university students: a comparison with general population data. Aust. Psychol. 45, 249-257.

Thoits, P. A., 2011. Mechanisms linking social ties and support to physical and mental health. J. Health Soc. Behav. 52, 145-161.

Werner-Seidler, A., Afzali, M. H., Chapman, C., Sunderland, M., Slade, T., 2017. The relationship between social support networks and depression in the 2007 National Survey of Mental Health and Well-being. Soc. Psychiatry Psychiatr. Epidemiol. (Epub). https://doi.org/10.1007/s00127-017-1440-7.

Wilks, S. E., Croom, B., 2008. Perceived stress and resilience in Alzheimer's disease caregivers: testing moderation and mediation models of social support. Aging Ment.Health 12, 357-365.

Wilks, S.E., Spivey, C.A., 2010. Resilience in undergraduate social work students: social support and adjustment to academic stress. Soc. Work Educ. 29, 276-288.

Wu, X., Tao, S., Zhang, Y., Zhang, S., Tao, F., 2015. Low physical activity and high screen time can increase the risks of mental health problems and poor sleep quality among Chinese college students. PLoS One 10, e0119607. https://doi.org/10.1371/journal.pone.0119607.

Zimet, G. D., Dahlem, N. W., Zimet, S. G., Farley, G. K., 1988. The multidimensional scale of perceived social support. J. Pers. Assess 52, 30-41.

Zulkefly, N. S., Baharudin, R., 2010. Using the 12-item General Health Questionnaire (GHQ-12) to assess the psychological health of Malaysian college students. Global J.Health Sci. 2, 73-80.

本文原载于 *Psychiatry Research* 2018 年第 267 期，2022 年 1 月获山东省第三十五次社会科学优秀成果三等奖。

学点自然辩证法

王信领

各级领导干部特别是中高级领导干部要提高自身的思想理论水平，就要始终坚持不懈地刻苦学习马克思主义哲学基本理论。自然辩证法是马克思主义哲学理论的重要组成部分。提倡学点自然辩证法，不仅是理论学习自身的内在要求，而且还是顺利开展各项工作的实际需要。

一、学习自然辩证法有助于完整、准确地理解和掌握马克思主义哲学理论

众所周知，马克思主义哲学即辩证唯物主义和历史唯物主义是关于自然、社会、思维发展最一般规律的学说，涵盖了人类认识和实践活动的一切领域，自身构成一个完整统一的科学体系。自然辩证法作为马克思主义哲学的一门分支学科，是 19 世纪七八十年代由恩格斯在马克思的合作下创立的，其奠基性著作是恩格斯未完成的著作《自然辩证法》。马克思主义自然辩证法以其对客观物质世界特别是自然界各种物质运动形式及其分类进行了唯物而辩证的阐发，有史以来第一次把人类对自然界的根本看法建立在真正科学的基础上，因而是马克思主义哲学理论的重要组成部分，在整个马克思主义哲学体系中占有重要地位。因此，学习马克思主义哲学理论，不能不学习自然辩证法。近年来，有人借口马克思与恩格斯的个人风格差异，妄图把主要由恩格斯创立的自然辩证法排除于马克思主义哲学体系之外，一度造成思想理论界的混乱。这种认识和做法的错误在于无视马克思和恩格斯两位经典作家在世界观上的根本一致，无视他们在阶级立场上的根本一

致，把他们之间若干正常的差异片面化和绝对化了。如果说唯物史观主要是由马克思所发现的，那么辩证唯物主义自然观则主要是由恩格斯奠定的。这种研究分工上的区别并不能说明唯物史观与辩证唯物主义自然观是两厢分离的，事实上，马克思主义历史观和自然观从来都是相互补充、互为前提的。如在《自然辩证法》一书中，恩格斯不仅根据自然科学史的丰富材料，全面阐发了自然界各种运动形式及其与各门相关自然科学的内在联系，同时也在《劳动在从猿到人的转变中的作用》一文中阐述了劳动和工具的制造在人的形成和人类社会诞生过程中的决定作用，分析了劳动、思维和语言在这一过程中的相互作用，揭示了劳动活动作为环境改变和人自身改变的统一这一辩证性质。总之，两位革命导师在各自最能发挥个人才能的前提下，所有一切理论创造都是为了服从和服务于彻底解放无产阶级自身从而最终解放全人类的伟大斗争实践。正是在这一意义上，我们说辩证唯物主义和历史唯物主义是一而二、二而一的关系，共同构成马克思主义哲学完整统一的科学体系，用列宁的话说，叫作"一整块钢"。由是观之，如果我们对马克思主义的自然辩证法原理缺乏最一般的了解，就不能完整准确地理解和把握马克思主义哲学的理论内涵，因此更谈不上对马克思主义科学世界观的正确运用了。

二、学习自然辩证法有助于深刻理解和贯彻党的科教兴国战略和可持续发展战略

恩格斯说："一个民族要想登上科学的高峰，究竟是不能离开理论思维的。"[①]在马克思主义看来，这个理论思维不是别的，就是辩证法。学习自然辩证法，在一定意义上是从马克思主义哲学理论的高度来把握自然科学。对于广大领导干部来说，其根本目的在于牢固树立辩证唯物主义的自然观和科学技术观。自然辩证法作为马克思主义的自然哲学，比自然科学高一个层次，因此它们之间是一般和特殊的关系。一般来源于特殊，又指导特殊，这种指导就是给自然科学研究提供正确的世界观和方法论。在《自然辩证法》一书中，恩格斯根据自然科学史的广泛材料，特别是从文艺复兴到19世纪中叶这一时期的材料，说明了哲学之于自然科学的这种关系——"在自然科学中，由于它本身的发展，形而上学的观点已经成为不可能的了。"[②]"对

① 《马克思恩格斯选集》第4卷，人民出版社1995年版，第285页。

② 《马克思恩格斯选集》第4卷，人民出版社1995年版，第259页。

于现今的自然科学来说，辩证法恰好是最重要的思维形式，因为只有辩证法才为自然界中出现的发展过程，为各种普遍的联系，为从一个研究领域向另一个研究领域过渡，提供了模式，从而提供了说明方法。”[①]但恩格斯又说：“要确立辩证的同时又是唯物主义的自然观，需要具备数学和自然科学的知识。”[②]自然辩证法本身就是一门科学，它只有不断地从自然科学方面汲取营养并作出正确的哲学概括，才能发挥它指导自然科学的功能。深入理解自然辩证法与自然科学之间这种一般和特殊的关系，对于各级领导干部来说，就是要以高度自觉的精神把对自然辩证法的学习同各门具体科学知识的学习有机地结合起来，力求相互促进，融会贯通；就是要在实际工作中自觉遵循自然科学研究和发现的客观规律，通过制定正确的方针、规划，对科技和教育事业如何发展，及时作出方向性的指导。

“马克思讲过科学技术是生产力，这是非常正确的，现在看来这样说可能不够，恐怕是第一生产力。”[③]这是邓小平同志在继承经典作家对科学技术历史作用的深刻阐发的基础上，通过深刻把握世界科技革命发展的总趋势，对现代科学技术在人类生产生活中的重要地位和作用作出的最新科学判断，是对马克思主义科学技术观的丰富和发展。认真学习自然辩证法，才能深刻领会马克思主义的科学技术观，尤其是邓小平“科学技术是第一生产力”的理论，从而才能提高贯彻落实科教兴国战略的自觉能动性。

辩证唯物主义的自然观是我们党制定和实施可持续发展战略的理论基础。辩证唯物主义的自然观认为，自然界的事物处于永恒运动和普遍联系之中。人是客观物质世界演化和发展过程中的最高产物。人们通过各种实践活动认识和改造自然界，但必须自觉遵循自然规律，必须克服短视行为，否则必将遭到自然界的惩罚。恩格斯郑重告诫我们：蔑视辩证法是不能不受惩罚的。“不要过分陶醉于我们人类对自然界的胜利。对于每一次这样的胜利，自然界都对我们进行报复。每一次胜利，起初确实取得了我们预期的结果，但是往后和再往后却发生完全不同的、出乎预料的影响，常常把最初的结果又消除了。”[④]对自然界运动和变化规律的无知、在改造自然过程中的盲目蛮干、各种短期行为和主观随意性，这些必然会破坏自然界自身的调

① 《马克思恩格斯选集》第4卷，人民出版社1995年版，第284页。

② 恩格斯：《反杜林论》，人民出版社1999年版，第9页。

③ 《邓小平文选》第3卷，人民出版社1993年版，第275页。

④ 《马克思恩格斯选集》第4卷，人民出版社1995年版，第383页。

节机制。这样一来，一个不可避免的结果便是自然界反过来又以各种暴虐的方式报复和惩罚人类。恩格斯曾列举当时他所掌握的大量事实警示世人：美索不达米亚、希腊和小亚细亚毁林垦殖，造成严重的水土流失，致使昔日的良田沃土沦为不毛之地；阿尔卑斯山的意大利人在山南坡把在山北坡的枞树林砍光用尽时，也就毁掉了高山畜牧业的根基，更没有想到的是，他们这样做，竟使山泉在一年中的大部分时间内枯竭了，同时在雨季又使更加凶猛的洪水倾泻到平原上；西班牙的种植场主在古巴焚烧山坡上的森林，认为木灰作为肥料足够最能赢利的咖啡树施用一个世代之久，结果后来热带的大雨却冲掉毫无掩护的沃土而只留下了赤裸裸的岩石……

20 世纪中叶以来，人口的爆炸式增长与各种自然资源日益减少之间的矛盾日趋尖锐：粮食短缺，“水荒”迭起，矿产资源日益减少；环境质量不断恶化，生态失衡，沙化蔓延，环境污染加剧，自然灾害频仍，等等。这都严重威胁着人类的生存和发展。自然界对人类广泛而严酷的惩罚一再告诉我们：“我们统治自然界，决不像征服者统治异族人那样，决不是像站在自然界之外的人似的，——相反地，我们连同我们的肉、血和头脑都是属于自然界和存在于自然之中的；我们对自然界的全部统治力量，就在于我们比其他一切生物强，能够认识和正确运用自然规律。”①

因此，广大领导干部认真学习马克思主义的自然辩证法，对于提高实施可持续发展战略的主动性和自觉性，牢固树立人口忧患意识，强化环保观念，按照生态规律开发利用自然资源，在现代化建设中坚持经济效益、社会效益和生态环境效益的有机统一，实现人与自然的协调发展等，都有着重要的理论和现实意义。

三、学习自然辩证法有助于弘扬科学精神，深入批判和抵制李洪志一类江湖骗子的歪理邪说，净化社会环境，繁荣科学文化，推进社会主义精神文明建设

随着揭批“法轮功”邪教斗争的日渐深入，一个不容回避的问题摆在我们面前。李洪志的“法轮功”编造贩卖如此荒诞无稽的歪理邪说，什么地球要爆炸，人类第 82 次劫难即将发生，人类的末日就要到来；地球是宇宙的垃

① 《马克思恩格斯选集》第 4 卷，人民出版社 1995 年版，第 383～384 页。

圾站，人的灵魂靠“大师”李洪志提升；伤病无须问医求药，对“法轮功”心诚即不治自愈等，居然使不少群众，甚至一些受过现代高等教育的知识分子、一些受党多年培养教育的干部如醉如痴，趋之若鹜！何以如此？除了其他种种原因，从主观上看，缺乏对自然发展史和科技发展史的常识性了解，缺乏基本的科技知识尤其是现代高科技知识，进而导致科学精神的严重匮乏，不能不说是重要原因之一。试想，如果对太阳系的发生发展史有所了解，能笃信地球行将爆炸这样的欺世谎言吗？如果知晓物质决定意识的一般原理及人生老病死的一般规律，能被李洪志的所谓“消业”、提升灵魂、治病不用问医求药等胡言乱语所迷惑吗？在那些笃信“法轮功”江湖骗术并竭力为之披上合法外衣的人士中，不乏知名学者甚至从事多年理论研究的哲学工作者！这不正从另一个侧面说明了对包括广大党政领导干部在内的社会各界人士来讲，学习掌握马克思主义哲学特别是自然辩证法的基本原理、进一步提高自身的马克思主义理论素养是何等的迫切和重要！

江泽民同志指出，加速我国的科技进步，一定要提高各级领导干部的科技素质。改革开放以来，我们的干部队伍朝着知识化、专业化的方向迈进了一大步，多数县级以上领导干部具有大专以上文化程度，但这并不表明大家都已熟悉和掌握现代科学技术知识。我们的干部，无论是学社会科学的还是学自然科学的，无论是毕业早一点的还是近几年走出校门的，都有重新学习的必要。为了从根本上克服“法轮功”邪教的社会影响，我们有必要在全社会尤其是领导干部中大力普及现代科学知识，倡导科学精神；有必要在全社会特别是领导干部中提倡学一点自然辩证法，提高按辩证法办事的自觉性。大力倡导科学方法、科学态度和科学精神，这不仅是深入批判邪教“法轮功”的需要，而且还是提高我们全民族的科学文化素质、加强精神文明建设、推进有中国特色社会主义现代化建设的需要。

学习自然辩证法，必须坚持理论与实践相结合的原则，应密切联系党中央、国务院制定实施的科教兴国战略和可持续发展战略，紧密结合我国现代化建设的实际，认真总结现代科技革命和经济建设的经验教训，努力使自然辩证法成为广大领导干部提高自身思想理论水平和领导水平、进行科学决策、推进改革开放和现代化建设的强大思想武器。

本文原载于《求实》2001年第2期，2001年获山东省精品工程奖。

在探索规律中提高执政能力

王守光

党的十六届四中全会《中共中央关于加强党的执政能力建设的决定》强调："要结合中国实际不断探索和遵循共产党执政规律、社会主义建设规律、人类社会发展规律，以科学的思想、科学的制度、科学的方法领导中国特色社会主义事业。"[①]这一重要论述，对于我们正确理解和深刻把握党的执政规律和党的执政能力之间的关系，更科学、更有效地提高党的执政能力，具有重大的指导意义。

提高党的执政能力必须尊重客观规律。规律，是事物发展进程中所固有的本质的、必然的、稳定的联系，是事物发展的必然趋势。规律具有客观性，它不以人的意志为转移，但可以为人们所认识和利用。能力，是素质在实践中的综合体现，是指能够胜任某项任务的主观条件，表示具备某种本领以及能够达到的程度和效率。能力既具有主观能动性，又具有鲜明实践性，是在实践中造就和积累的，并运用于实践，接受实践的检验。毛泽东同志曾说："不论做什么事，不懂得那件事的情形，它的性质，它和它以外的事情的关联，就不知道那件事的规律，就不知道如何去做，就不能做好那件事。"[②]这说明规律与能力具有内在的逻辑联系，二者相辅相成，辩证统一。遵循规律，就能提升能力，就能进步，就能成功；违背规律，就会削弱能力，就会倒退，就会失败。因此，只有深刻认识、准确把握、自觉运用客观规律，特别是深刻认识和自觉运用共产党执政规律、社会主义建设规律、人类社会发展规

① 《中共中央关于加强党的执政能力建设的决定》，人民出版社 2004 年版，第 6 页。

② 《毛泽东选集》第 1 卷，人民出版社 1991 年版，第 171 页。

律，才能把握历史发展的趋势和走向，有效提高党的执政能力，出色地完成党所肩负的历史使命。在全面推进中国特色社会主义伟大事业和党的建设新的伟大工程中，我们应当科学把握尊重党的执政规律与提高党的执政能力的辩证关系，不断增强遵循规律、运用规律的自觉性和坚定性。只有遵循规律、运用规律，按客观规律办事，才能减少失误，少走弯路，事半功倍。

"三个代表"重要思想揭示了共产党执政规律。面对新世纪、新形势、新任务，"三个代表"重要思想把共产党的执政同当今中国先进生产力、先进文化的发展趋势，同实现中国最广大人民的根本利益、实现中华民族伟大复兴的奋斗目标联系起来，从中国共产党的执政地位、执政环境和目标任务出发，从新的视野和新的高度揭示了共产党执政规律的真谛：共产党要实现长期执政，归根结底，就必须不断解放和发展中国社会的生产力，增强综合国力，推进经济社会的发展，提高人民的生活水平；就必须不断建设和发展面向现代化、面向世界、面向未来的，民族的科学的大众的社会主义文化，培育"四有"公民，弘扬民族精神；就必须全心全意为人民服务，立党为公、执政为民，维护和实现中国最广大人民的根本利益，不断满足人民群众日益增长的物质文化需要。这既阐明了我们党执政的内容、任务和要求，集中概括了我们党治党治国的战略思路和战略方向，又概括了党的先进性的本质特征，揭示了在改革开放的环境下长期执政对执政主体的客观要求；既揭示了共产党的执政基础，明确了党和人民群众的内在联系，又揭示了共产党执政的根本标准，明确了保持党的活力的关键所在。从这个意义上讲，遵循客观规律特别是遵循共产党执政规律来加强党的执政能力建设，最重要的是深刻理解和全面贯彻"三个代表"重要思想。

按照"三个代表"重要思想的要求加强党的执政能力建设。加强党的执政能力建设，提高党员干部的执政能力，关键是党员干部在实际工作中应自觉把遵循客观规律与提高自身的能力和素质有机地结合起来。首先，按照"三个代表"重要思想的要求，努力提高自身的能力和素质。要真正当好"三个代表"，就必须正确认识、努力把握和善于运用生产力发展规律、文化发展规律和社会发展规律，自觉按照客观规律办事，自觉实践"三个代表"重要思想，使执政能力的提高真正建立在对"三个代表"重要思想的深刻认识和科学把握基础上。其次，一切工作都应讲求科学性，按客观规律办事。要改革和完善党的领导体制和工作机制，改革和完善党的领导方式和执政方式，明确党的领导主要是政治、思想、组织领导，主要通过制定大政方针、提出立法建议、推荐重要干部、进行思想宣传、发挥党组织和党员的先锋模范作用来实现，把主要精力放在谋全局、把方向、抓大事上，集中精力解决好全局性、战略性、前瞻性的重大问题，从体制和机制上实现党的领导、人民当家作主和依法治国的有机统一，真正做到科学执政、民主执政、依法执政。最后，必须保持与时俱进的精神，不断深化对共产党执政规律的认识。我们党执政已经55年。在这55年里，我们党解决了许多重大问题，积累了不少经验，形成了许多规律性的认识。但是，实践没有止境，探索也没有止境。中国特色社会主义事业还在继续发展，新情况、新问题层出不穷，这就决定了我们在党的执政能力建设方面还将碰到许多新的课题，还有许多规律性的认识需要进一步探索。我们只有坚持以“三个代表”重要思想为指导，始终保持与时俱进的精神，在新的实践基础上不断深化对党的执政规律的认识，才能不断提高党的执政能力。

本文原载于《人民日报》2004年11月18日，2007年获山东省精品工程奖。

后 记

为回顾总结中共山东省委党校(山东行政学院)在哲学社会科学研究和思想智库建设方面取得的重要成果,展示党校(行政学院)人的学术风采,推动形成"出高端成果,出高端人才"的浓厚学术氛围,我们将党校(行政学院)1983年以来获省社会科学优秀成果奖、全国党校(行政学院)系统优秀科研成果奖和省精品工程奖的104篇理论文章,按照获奖等次和时间编辑成论文集,统一出版。论文集分为上、中、下三册,上册为获得一等奖、二等奖论文,中册、下册为获得三等奖论文。有的文中部分观点现已过时,但除必要的技术处理外,均尊重原文不做改动。这些极具代表性的优秀成果,凝聚了历届党校(行政学院)人的心血和智慧,也见证了党校(行政学院)人孜孜以求、辛勤耕耘、潜心治学、探寻真理的奋斗历程。"这是一个需要理论而且一定能够产生理论的时代,也是一个需要思想而且一定能够产生思想的时代",在习近平新时代中国特色社会主义思想指引下,我们党校(行政学院)人一定会不忘初心、牢记使命、砥砺前行,为奋力谱写中国式现代化新篇章作出积极贡献。

编　者

2022年10月31日

中共山东省委党校（山东行政学院）精品文库

中共山东省委党校（山东行政学院）获奖文集

HUOJIANGWENJI

■ 中共山东省委党校（山东行政学院）编

中

山东大学出版社
SHANDONG UNIVERSITY PRESS
·济南·

目　录

（中　册）

·三等奖·

保持毛泽东哲学思想的严整性和纯洁性 ………………………… 李光耀/319

全面理解社会主义物质利益原则 ………………………………… 赵　慧/330

美是在审美关系中存在的对象性属性 …………………………… 朱兰芝/334

关于国家垄断资本主义概念的探讨 ……………………………… 李传璋/344

社会主义企业的生产目的是二重的

　　——兼评李光远同志的观点 ………………………………… 王海燕/350

流通体制改革的宏观思考 ………………………………………… 李贯岐/356

社会主义优越性的发挥是一个历史过程 ………………… 宋士昌　郝宪印/360

毫不动摇地坚持党的基本路线 …………………………………… 徐文泽/367

试论价值类型的特征、演化和划分 ……………………………… 刘秀芬/374

论毛泽东的社会主义商品经济思想 ……………………………… 赵丽娜/382

论“不唯上、不唯书、只唯实” …………………………………… 徐文泽/388

论抗日战争在中国社会发展进程中的地位 ……………………… 杨明清/395

儒学的历史嬗变与现代人格的建构 ……………………………… 王　敏/407

寒亭模式：农村产业化经济的有效探索 ………………… 徐文泽　邵信之/415

关于嘉祥县乡镇企业发展的思考 ………………………… 段晓光　孙建军/421

马克思的世界历史理论与当代中国的社会主义 ………………… 于炳贵/429

马克思主义最注重发展生产力
——兼论马克思主义从革命科学向建设科学的历史发展 …… 张文彦/437
新探索　新成果　新方法
——十一届三中全会以来党对我国社会主义社会阶级斗争
问题的探索 …………………………………………………… 杨亚利/445
论公有制的若干种实现形式 ……………………………………… 迟树功/456
十一届三中全会以来国有企业改革的轨迹与思考 ……………… 段晓光/467
国有企业改组探析 ……………………………………………… 迟树功/476
“可持续发展”的着力点应放在对现实问题的研究解决上 ………… 张春光/483
邓小平社会主义改革价值论与中国的改革开放 ………………… 刘秀芬/486
世界社会主义运动发展趋势 ……………………………………… 薛新国/496
坚持“三个代表”与社会主义的前途命运
——学习江泽民考察广东时的重要讲话 …………… 薛新国　彭圣源/503
世纪之交的社会心理学走向 ……………………………………… 邢占军/509
当前再就业存在三大认识问题 …………………………………… 张春光/521
依法治国的关键：坚持与改善党的领导 ………………………… 李永清/525
中国共产党与苏联共产党执政党建设比较研究论纲 …………… 刘靖北/534
网络环境下的信息服务 …………………………………………… 李　敏/543
全球化视野下的文化冲突与融合 ………………………………… 张友谊/546
论当代西方哲学范式 ……………………………………………… 朱兰芝/560
以“三个代表”重要思想为指导，开拓创新，推进我国数字图书馆
事业发展 …………………………………………………………… 李　敏/569
论进一步转变政府行政方式 ……………………… 高学栋　郭桂永　杜江先/573
对建立和完善党政领导干部考核评价指标体系的若干思考 ……… 韩　强/583
城市居民婚姻状况与主观幸福感关系的初步研究 ……… 邢占军　金　瑜/598
重新解读胡适及“问题与主义”之争 ……………………………… 张传鹤/607
中国民营经济发展空间探析 ……………………………………… 迟树功/617
论新时期党的意识的创新 ………………………………………… 宋协娜/625
民主社会主义主要观点的再探讨 ………………………………… 张传鹤/635
加强农村社会管理的重大意义及对策 …………………………… 郭振宗/647

三等奖

保持毛泽东哲学思想的严整性和纯洁性

李光耀

在纪念毛泽东同志诞辰90周年的时候，人们很自然地想起列宁的一段名言："只有革命马克思主义的理论，才能成为工人阶级运动的旗帜，所以俄国社会民主党应该设法使这个理论继续发展并且实现，同时要保卫它，使它不致象许多'时髦理论'……那样被曲解和庸俗化。"[①]毛泽东思想是马列主义的普遍真理同中国具体实际相结合，是马列主义的普遍真理在中国革命实践中的具体运用。这个"结合"和"运用"，就是毛泽东思想对马列主义的发展。而这个"结合"和"运用"的哲学成果，就是中国革命不断胜利的思想精华，即毛泽东哲学思想。我们要坚持它、发展它，就要完整而准确地把握它的科学体系和革命精神，保卫它的严整性和纯洁性。

一、革命的需要，历史的必然

"马克思的哲学是完备的哲学唯物主义，它把伟大的认识工具给了人类，特别是给了工人阶级。"[②]毛泽东哲学思想作为在中国革命实践中开花结果的马克思主义哲学，不仅表现在它把马克思主义哲学由欧洲的语言形式化为中华民族的语言形式，使中国人民喜闻乐见和易于接受；更重要的是表现在它把马克思主义哲学化为具有中国共产党人特色的世界观和方法论，从而变成中国人民改造世界的伟大物质力量。这是中国共产党人，特别是

① 《列宁选集》第1卷，人民出版社1972年版，第200页。

② 《列宁选集》第2卷，人民出版社1972年版，第443页。

老一辈无产阶级革命家,包括最杰出的代表毛泽东同志,长期从事伟大实践活动和理论活动的光辉成果。这个科学思想的存在是无可怀疑的,而它的形成和发展也是革命的需要、历史的抉择,绝非偶然。

中国人民的革命事业需要毛泽东哲学思想。我们知道,毛泽东同志诞生在半殖民地半封建的旧中国,反帝反封建的革命任务尖锐地摆在中国人民的面前。在这个急速发展的历史舞台上,中国各种不同的阶级和阶层都先后登台表演。首先是伟大的太平天国农民运动,其规模之大,斗争之烈,为世界所罕见,但最终失败了。接着是地主阶级维新派的洋务运动以及资产阶级维新派的戊戌变法。谭嗣同在甲午战争后写的一首诗,“世间无物抵春愁,合向苍冥一哭休。四万万人齐下泪,天涯何处是神州?”表现了在民族危机加深情况下的苦痛。就是1911年辛亥革命那样全国规模的资产阶级和小资产阶级的革命运动,最终也只赶走了一个皇帝,剪掉了人们头上的一根辫子。苦难深重的中华民族仍处于水深火热之中。在旧中国,一些先进的中国人,如洪秀全、康有为、严复和孙中山等,都历经千难万险,向西方国家寻找救国救民的真理,搬来了各种各样的资产阶级理论和世界观,结果都不灵验,中国仍处于黑暗之中。“十月革命一声炮响,给我们送来了马克思列宁主义。”以崭新的革命姿态登上中国历史舞台的中国工人阶级与马列主义相结合,产生了中国共产党。从此,中国革命开始了由失败到胜利的新过程。历史雄辩地证明,中国人民的大革命,没有马列主义,是不可能胜利的;没有马列主义与中国革命具体实践相结合的毛泽东思想,也是不可能胜利的。

然而,把马列主义运用于中国这样一个大国的革命,作为观察中国命运的工具,进而与中国革命实践相结合,变成具有中国特色的科学世界观和社会革命论,这是宏伟的历史工程、艰巨的理论创造。列宁曾说:“共产主义者的任务,象在任何时候一样,也是要善于把共产主义共同的和基本的原则应用到各阶级和各政党的相互关系的特点上去,应用到向共产主义客观发展的特点上去,这种特点每个国家各不相同,我们应该善于研究、探求和揣测这种特点。”[①]列宁特别对东方的共产主义者说过:“你们面临着一个全世界共产主义者所没有遇到过的任务,就是你们必须以一般共产主义的理论和实践为依据,适应欧洲各国所没有的特殊条件,善于把这种理论和实践运用

① 《列宁选集》第4卷,人民出版社1972年版,第243页。

于主要群众是农民、需要解决的斗争任务不是反对资本家而是反对中世纪残余这样的条件。这是一个困难而特殊的任务，同时它又是特别崇高的任务。”[①]一般地说，各国共产主义者都有一个把马列主义具体应用于各国的不同情况和特点的任务。特殊地说，对中国这样一个东方的古老大国，这项任务尤为严重和艰巨。毛泽东同志忠实地履行了这项任务。他对马克思主义的世界观不仅学得深，而且用得好，学以致用，富于创造；他不仅能够以马列主义之“矢”，射中国革命之“的”，从中国国情出发，解决中国革命的实际问题，而且能够从中国革命的实际中，总结新经验，阐述新理论，丰富马列主义的宝库。正如列宁所说：“为了履行这个任务，需要有多么丰富的理论力量和政治经验（以及革命经验）呵！”[②]

毛泽东哲学思想是在中国人民大革命的实践中逐步形成、完善、发展起来的。它是中国人民智慧的结晶，是中国革命经验的总结。正因为如此，毛泽东哲学思想也就变成了进一步启迪人民智慧的钥匙，变成了进一步促进革命实践胜利的思想保证。它在中国人民心目中的崇高地位以及在实践中的生机勃勃的力量，充分说明，它是被实践检验的真理，是人民和历史的抉择。任何怀疑和否定毛泽东哲学思想的观点，都是没有根据的。

二、彻底唯物论和彻底辩证法的严整体系

毛泽东哲学思想是在马克思主义哲学基础上的光辉发展。它并不是从马列哲学著作摘引的一些论点汇集，更不是枝节之论，而是在中国革命的丰富实践斗争中运用和消化马克思主义哲学的基本原理，特别抓住最实质和核心的问题，从理论与实践的结合上所作出的系统分析和深刻论述，是一个彻底唯物论和彻底辩证法相统一，世界观和方法论相统一，立场、观点和方法相统一的严整的科学理论体系。

邓小平同志指出：“马克思恩格斯创立了辩证唯物主义和历史唯物主义的思想路线，毛泽东同志用中国语言概括为‘实事求是’四个大字。实事求是，一切从实际出发，理论联系实际，坚持实践是检验真理的标准，这就是我们党的思想路线。”[③]马克思主义的哲学路线就是无产阶级政党的思想路线。

---

① 《列宁选集》第4卷，人民出版社1972年版，第104页。

② 《列宁选集》第1卷，人民出版社1972年版，第242页。

③ 《邓小平文选（一九七五——一九八二年）》，人民出版社1983年版，第242页。

毛泽东同志把它概括为“实事求是”，并深刻地论述说：“‘实事’就是客观存在着的一切事物，‘是’就是客观事物的内部联系，即规律性，‘求’就是我们去研究。我们要从国内外、省内外、县内外、区内外的实际情况出发，从其中引出其固有的而不是臆造的规律性，即找出周围事变的内部联系，作为我们行动的向导。”①这段精辟的论述，把无产阶级的理论与实践、主观与客观高度统一起来，并指出了实现这种统一的科学途径。在毛泽东哲学思想体系中强调向实际作调查研究，从实际中引出规律性，指导革命运动，走出中国革命胜利的新道路，这是突出的特点，也是毛泽东同志彻底唯物论和彻底辩证法的集中表现。

第一，“毛泽东同志在延安为中央党校题词，就是‘实事求是’四个大字，这是毛泽东哲学思想的精髓”②。以实事求是为精髓的毛泽东哲学思想体系，首先包括认识论的丰富内容。(1)人们都知道，马克思主义把实践引入认识论，把辩证法应用于认识论，完成了认识论的大革命，创立了辩证唯物主义的认识论。马克思说：“人的思维是否具有客观的真理性，这并不是一个理论的问题，而是一个实践的问题。”③列宁说：“生活、实践的观点，应该是认识论的首先的和基本的观点。”④毛泽东同志正是抓住马克思主义认识论的这个本质特征，结合中国革命的丰富经验，系统地展开了它的丰富内容，深刻地论述了实践在认识论中的作用和地位，完整地提出了“实践是认识的来源”“实践是认识的动力”“实践是检验真理的唯一标准”“实践是认识的目的”这样四个互相联系的基本观点。诚然，这些观点都是马列著作中所有的。但是，正如列宁所说，理论就是把浩如烟海的事实材料综合成互相联系的几点思想。毛泽东同志把这些马列的观点经过科学的论证而综合成系统的理论，并把它概括为以社会实践为特征的能动的革命的反映论。这是一个大功绩。(2)人们在实践基础上的认识是一个什么样的发展过程呢？恩格斯说：“我们在思想中把个别的东西从个别性提高到特殊性，然后再从特殊性提高到普遍性。”⑤列宁则把认识过程看作是：“从生动的直观到抽象的

① 《毛泽东选集》第3卷，人民出版社1953年版，第801页。

② 《邓小平文选(一九七五—一九八二年)》，人民出版社1983年版，第64页。

③ 《马克思恩格斯选集》第1卷，人民出版社1972年版，第16页。

④ 《列宁选集》第2卷，人民出版社1972年版，第142页。

⑤ [德]恩格斯：《自然辩证法》，人民出版社1971年版，第212页。

思维,并从抽象的思维到实践。”[①]这是天才的思想,但未有进一步的发挥。毛泽东同志结合总结中国革命的经验,创造性地提出了认识发展过程中两个能动飞跃和多次反复的理论,并在此基础上揭示了认识发展的总过程、总规律,开拓了在实践中使人们的认识不断深化的道路。毛泽东同志指出:“通过实践而发现真理,又通过实践而证实真理和发展真理。从感性认识而能动地发展到理性认识,又从理性认识而能动地指导革命实践,改造主观世界和客观世界。实践、认识、再认识、再实践、再认识,这种形式,循环往复以至无穷,而实践和认识之每一循环的内容,都比较地进到了高一级的程度。这就是辩证唯物主义的全部认识论,这就是辩证唯物论的知行统一观。”[②]

(3)理论与实践的统一是马克思主义认识论的原则。马克思说:“理论要求是否能够直接成为实践要求呢?光思想竭力体现为现实是不够的,现实本身应当力求趋向思想。”[③]列宁则明确提出:“必须把认识和实践结合起来。”[④]毛泽东同志对这个原则作了充分的发挥和论证。他尖锐指出,唯心论和机械唯物,机会主义和冒险主义,都是以主观和客观相分裂、以认识和实践相脱离为特征的。马克思主义认识论的“结论是主观和客观、理论和实践、知和行的具体的历史的统一,反对一切离开具体历史的‘左’的或右的错误思想”。这就深刻地阐明了理论和实践为什么要统一及如何统一的问题,具有重大理论和实践意义。

第二,以实事求是为精髓的毛泽东哲学思想体系,包括唯物辩证法的丰富内容。列宁说:“马克思主义中有决定意义的东西,即马克思主义的革命辩证法。”[⑤]又说:“可以把辩证法简要地确定为关于对立面的统一的学说。这样就会抓住辩证法的核心,可是这需要说明和发挥。”[⑥]毛泽东同志紧紧抓住这个对马克思主义有决定意义的东西,从它的核心——对立统一规律出发,全面展开了辩证法的全面而深刻的内容。人们知道,马克思曾计划写一本专门阐明辩证法的著作,但是可惜没有完成;列宁收集了大量材料准备就对立统一规律问题作专门的论述,也没能实现。这个任务,毛泽东同志实现

① [苏]列宁:《哲学笔记》,人民出版社1960年版,第181页。

② 毛泽东:《实践论》,人民出版社1952年版,第18页。

③ 《马克思恩格斯选集》第1卷,人民出版社1972年版,第10页。

④ [苏]列宁:《哲学笔记》,人民出版社1960年版,第233页。

⑤ 《列宁全集》第33卷,人民出版社1959年版,第431页。

⑥ [苏]列宁:《哲学笔记》,人民出版社1960年版,第240页。

了。(1)毛泽东同志不仅系统地论述了矛盾的斗争性及同一性原理，而且还对矛盾存在的普遍性及特殊性作了科学的分析，指出，不仅要研究事物矛盾的普遍性，而且还要研究它的特殊性，具体矛盾具体分析，用不同方法解决不同性质的矛盾。他的名言“应该着眼其特点和着眼其发展”，就是这一思想的哲学概括。(2)毛泽东同志不仅对矛盾问题作了精辟的分析，而且从矛盾的斗争性和普遍性都是共性和绝对性，而矛盾的同一性和特殊性都是个性和相对性这些方面，对矛盾问题的总体进行了科学的综合，指出：“这一共性个性、绝对相对的道理，是关于事物矛盾的问题的精髓，不懂得它，就等于抛弃了辩证法。”[①]毛泽东同志关于“精髓”的思想是对“核心”论断的深刻发挥和创造性的发展，它给人们提供了一个观察和分析各种事物矛盾运动的科学方法论。如果说不懂得对立统一规律，就不能掌握辩证法实质的话，那么，不理解“精髓”的道理，也就无法理解对立统一规律。毛泽东同志关于矛盾问题精髓的理论，是马克思主义辩证法发展的新高度和新水平。(3)在毛泽东同志看来，马克思主义的唯物辩证法并不是头脑中的思辨，而是中国革命的客观辩证法在人们头脑中的主观反映。因此，他着力研究中国革命的逻辑，在军事辩证法、政治辩证法、经济辩证法等方面表现了卓越的才能，有着光辉的理论贡献。特别是研究了社会主义的矛盾问题，提出了社会主义存在基本矛盾的系统理论，丰富了唯物辩证法的宝库。他还运用辩证法的观点深刻批判了革命队伍中教条主义那种只承认对立的斗争不承认对立的同一、只承认普遍性不承认特殊性、否认具体问题具体分析的形而上学观点。同时也批判了经验主义只承认个性不承认共性、只承认特殊不承认普遍的错误。它们形式不同，实质却一样，都是主观地、片面地、表面地看问题。针对这种情况，毛泽东同志提出了要客观地、全面地、本质地观察和处理问题的思想方法和工作方法。

第三，以实事求是为精髓的毛泽东哲学思想体系，还包括历史唯物主义的丰富内容。马克思创立的历史唯物论“是科学思想中的最大成果。人们过去对于历史和政治所持的极其混乱和武断的见解，为一种极其完整严密的科学理论所代替”[②]。毛泽东同志依据历史唯物论的基本原理，精辟地分析了旧中国的社会基本矛盾状况，为我们党制定了正确的路线、方针和政

① 毛泽东：《矛盾论》，人民出版社 1952 年版，第 25 页。

② 《列宁选集》第 2 卷，人民出版社 1972 年版，第 443 页。

策，创造性地走出了一条新民主主义革命胜利和社会主义改造胜利的道路。这是具有世界意义的光辉理论和光辉实践。毛泽东同志特别尊重人民群众创造历史的马克思主义原理。他不仅提出了“人民，只有人民，才是创造世界历史的真正动力”的思想，而且进一步探讨了发挥人民群众的历史作用的问题，其中最突出的是提出党的群众路线，这就是：一切为了群众，一切依靠群众，从群众中来，到群众中去。邓小平同志说：“毛泽东同志是彻底的唯物主义者，他充分信任群众，历来反对不信任群众、不依靠群众。”①在社会主义条件下，毛泽东同志研究了苏联十月革命后社会主义的历史和现实，总结了我国的经验，创造性地提出了社会主义社会仍然存在矛盾和基本矛盾的理论，并且分析了社会主义基本矛盾的新特点及其与旧社会根本不同的性质。在此基础上，又提出了正确区分和处理敌我矛盾和人民内部矛盾这两类不同性质的学说。这些都为科学社会主义理论和唯物史观增加了崭新的内容。

仅从以上的简要论述，足以说明毛泽东哲学思想的科学性、革命性及其丰富的内容。这里还应指出，上述各个方面并不是孤立的，而是紧密相连的严整理论体系。毛泽东同志在论述唯物论、认识论、辩证法和历史唯物论时，经常交错使用如下四个公式：(1)物质变精神，精神变物质；(2)实践—认识—实践；(3)个别—一般—个别；(4)群众—领导—群众。它异常简明，又异常深刻地把马克思主义哲学的唯物论、认识论、辩证法和历史唯物论水乳交融地结为一体，把世界观和方法论水乳交融地结为一体。它如四根互相交错的钢架一样，牢固地支撑着毛泽东哲学思想体系的大厦。实事求是，群众路线，独立自主，就是这个体系的活的灵魂。这个思想体系除了具有马克思主义哲学的一般特点外，还具有中国作风和中国气派的民族特色，带有中国革命的时代烙印。当然，它是随着中国革命实践的发展而形成、发展、不断丰富其内容的。1929 年的古田会议决议和 1930 年的《反对本本主义》标志着毛泽东哲学思想的形成。《中国革命的战略问题》和《论反对日本帝国主义的策略》，是 1937 年《矛盾论》和《实践论》的先导，而“两论”则是毛泽东哲学思想达到成熟的代表作。在“两论”之后，毛泽东同志写了一系列科学著作，如《抗日游击战争的战略问题》《论持久战》《中国共产党在民族战争中的地位》《战争和战略问题》《“共产党人”发刊词》《新民主主义论》《论政策》

---

① 《邓小平文选(一九七五——九八二年)》，人民出版社 1983 年版，第 42 页。

等。这些著作既是卓越的军事著作、政治著作，又是在实践中运用和发展马克思主义认识论和辩证法的光辉范例。在延安整风运动中，毛泽东同志所作的关于整顿党风、学风、文风的报告，以及党中央关于增强党性、关于调查研究、关于领导方法的三个决定，是对全党进行马克思主义世界观教育的最好教材。毛泽东同志领导的延安整风和“七大”的胜利召开，为抗日战争和解放战争的胜利准备了思想条件。全国解放的前后，毛泽东同志的《目前形势和我们的任务》《在七届二中全会上的报告》《论人民民主专政》，以及《论十大关系》《关于正确处理人民内部矛盾的问题》等科学著作，代表了毛泽东哲学思想在“七大”以后的新发展。只要不怀偏见，人们都会为毛泽东哲学思想体系的严整性和丰富内容所折服。现在，有的同志否定毛泽东哲学的思想体系，这就犯了主观随意性的错误。

三、完整、准确地理解毛泽东哲学思想

毛泽东哲学思想既然是在中国革命斗争中产生的，是一个科学的理论体系，那么，就应该以科学的态度对待它。既不能无限拔高，也不能任意贬低。这就是邓小平同志反复强调的要完整、准确地理解的问题，也就是维护它的真理性和纯洁性的问题。

邓小平同志指出：“我们必须坚持马列主义、毛泽东思想。我们同林彪、‘四人帮’斗争的中心内容之一，就是反对他们伪造、篡改、割裂马列主义、毛泽东思想。我们粉碎了‘四人帮’，使马列主义、毛泽东思想重新恢复了它的科学面目，成为我们行动的指南。这是全党和全国人民的一个伟大胜利。但是有极少数人不这样想。他们或者公然反对马列主义的基本原理，或者口头上拥护马列主义，但是反对马列主义普遍真理与中国革命实践相结合而产生的毛泽东思想。我们必须反对所有这些错误的思潮。”①

从对待毛泽东哲学思想来看，既要反对“左”的观点，又要反对右的观点，方能保持其纯洁性。所谓“左”的观点，最突出的表现就是否定实事求是是毛泽东哲学的基础，大搞“两个凡是”。“两个凡是”把毛泽东思想歪曲成宗教教义，割裂成只言片语，实质上是林彪、“四人帮”鼓吹的“句句是真理”“一句抵一万句”的翻版。它否定实事求是、理论联系实际、一切从实际出

① 《邓小平文选(一九七五——一九八二年)》，人民出版社 1983 年版，第 157 页。

发、在实践中检验真理和发展真理这些毛泽东哲学思想的基本原则。经过实践标准的讨论，“两个凡是”的观点受到批判，毛泽东同志关于实事求是的思想得以恢复和发扬。今后，还必须继续肃清这种“左”的流毒和影响。但是，也不可否认：有极少数人对毛泽东哲学思想，包括它的基本原理和基本著作，有意或无意地加以贬低，以至否定，造成了恶劣的影响。这也是需要注意加以解决的问题。

有的同志认为毛泽东哲学思想包括正确的部分和错误的部分，因此应该随着实践的发展，不断把错误的部分清除出毛泽东思想的体系之外。这种观点的立论前提，是否认毛泽东哲学思想是一个科学体系。这是其一。其二，随着实践的发展，毛泽东哲学思想当然要丰富、发展，但这与所谓清除错误的部分，并非一回事。这是混淆概念。其三，毛泽东哲学思想作为被中国革命实践所检验的真理来说，它有其客观性。而就毛泽东思想必然要发展来说，这是真理的相对性。真理的相对性并不等同于谬误。这是马克思主义真理论的常识。针对上述观点，邓小平同志指出：“有的同志说，我们拥护‘正确的毛泽东思想’，而不拥护‘错误的毛泽东思想’。这种说法是错误的。我们坚持的和要当作行动指南的是马列主义、毛泽东思想的基本原理，或者说是由这些基本原理构成的科学体系。至于个别的论断，那末，无论马克思、列宁和毛泽东同志，都不免有这样那样的失误。但是这些不属于马列主义、毛泽东思想的基本原理所构成的科学体系。”①

有的同志由毛泽东同志晚年的错误而怀疑毛泽东哲学思想的真理性。这也是错误的。毛泽东哲学思想，不只是他个人的思想，同时是他的战友、是党、是人民的事业和思想，是半个多世纪中国人民革命斗争经验的结晶。它是科学的真理，谁违背了它就要犯错误，包括毛泽东同志本人在内。违背实事求是的原则，脱离群众而犯错误，只能证明坚持实事求是的原则，密切联系群众的极端重要性，而不是其他。至于有的同志说，毛泽东哲学思想是新中国成立后一段时期“左”的指导思想的理论基础，更是站不住脚的。谁都知道，毛泽东哲学思想成熟于抗日战争中后期，如果它是“左”的指导思想的理论基础，那还能引导全国人民取得抗日战争和解放战争的胜利吗？显然是不能的。毛泽东哲学思想之所以能指导革命取得胜利，就因为它正确，它是毫无片面性弊病的发展学说，是既反右又反“左”的锐利思想武器。邓

① 《邓小平文选(一九七五——一九八二年)》，人民出版社1983年版，第157～158页。

小平同志说："实事求是，是无产阶级世界观的基础，是马克思主义的思想基础。过去我们搞革命所取得的一切胜利，是靠实事求是；现在我们要实现四个现代化，同样要靠实事求是。"[①]也有的同志对毛泽东哲学思想的代表作捕风捉影地妄加贬低，说什么《矛盾论》受苏联20世纪30年代哲学片面强调斗争的影响，是什么"抄袭"，等等。这也是不能成立的。毛泽东同志在延安抗大讲述哲学课程，写作《矛盾论》，继承和发挥列宁的哲学思想，参考或者吸收苏联20世纪30年代哲学著作的某些论点，这是无可非议的。但是，毛泽东同志并没有简单地照搬他人的成果，而是紧密结合中国革命的实际，继承和吸取了中华民族优秀的哲学思想，诸如祸福相依、相反相成的辩证观点，对矛盾的对立同一规律，进行了提炼和发挥，从而使《矛盾论》这部著作远远超出了当时苏联哲学界的水平，具有经久不衰的生命力。在《矛盾论》中，毛泽东同志强调矛盾的同一性和斗争性的辩证关系，坚持了矛盾的又同一又斗争推动事物发展的辩证法观点。这哪里谈得上受强调斗争性，而忽视同一性的影响呢？恰恰相反，苏联哲学界一直是忽视同一性，并反对《矛盾论》对同一性的科学解说的。

还有的同志对毛泽东哲学思想的本质特点不理解，认为"思辨性不强"，没有什么大"本本"，似乎理论价值不高。这也是很不妥当的。马克思主义哲学是无产阶级的精神武器，它是根本不同于书斋哲学或思辨哲学的。恩格斯早已指出："我们党有一个很大的优点，就是有一个新的科学的世界观作为理论的基础。"[②]对无产阶级的政党来说，对于马克思主义哲学，仅仅局限于纯理论范围内加以论述是不够的，还必须在革命实践的范围内加以运用和发挥。这中间就必须有若干重要环节，有一系列把哲学同无产阶级政党、人民群众的实践活动紧密联系起来的伟大创造工作。毛泽东同志的功绩之一，他对马列主义哲学的独特的理论贡献就在于，他深入地研究了马克思主义的哲学理论，并把马克思主义的认识论、辩证法和历史唯物论引入无产阶级政党制定和贯彻路线、方针、政策的活动，化为党的思想路线，化为一系列的工作方法、领导方法和工作作风、领导作风，使哲学走出书斋和课堂而与无产阶级政党和人民群众的实践紧密地结合起来。这恰恰是毛泽东哲学思想的特色和优点及其伟大的价值之所在。

---

① 《邓小平文选(一九七五——一九八二年)》，人民出版社1983年版，第113页。

② 《马克思恩格斯选集》第2卷，人民出版社1972年版，第118页。

党的十一届六中全会的决议，对包括毛泽东哲学思想在内的整个毛泽东思想体系，给以完整而准确的马克思主义的科学分析，为我们在新的历史条件下坚持和发展毛泽东思想奠定了基础。邓小平同志指出："毛泽东思想过去是中国革命的旗帜，今后将永远是中国社会主义事业和反霸权主义事业的旗帜，我们将永远高举毛泽东思想的旗帜前进。"[①]这就是结论。

本文原载于红旗出版社编辑部编：《最好的怀念》，红旗出版社 1984 年版，1986 年 1 月获山东省第二次社会科学优秀成果三等奖。

① 《邓小平文选(一九七五——一九八二年)》，人民出版社 1983 年版，第 158～159 页。

全面理解社会主义物质利益原则

赵　慧

社会主义物质利益原则，是社会主义经济工作中一项根本原则。全面理解这一原则，对于充分发挥社会主义经济制度的优越性、开创我国社会主义现代化建设的新局面有重大意义。

按照马克思主义观点，物质利益是人们进行各种活动的物质动因，物质利益关系是社会生产关系中最根本的关系。它是由生产资料所有制决定的，并随着生产资料所有制的变化而变化。生产资料社会主义公有制的建立，结束了私有制下剥削阶级的物质利益主导一切，劳动者的物质利益被损害、被侵吞的局面，使劳动者的物质利益成为发展社会主义经济的目的和动力。我国现阶段，生产资料社会主义公有制占据绝对优势，同时存在着多种经济形式。生产资料所有制结构的这一特点，决定了我国物质利益关系的多样性和复杂性。它集中表现为国家、集体、个人之间的物质利益关系。

社会主义物质利益原则是社会主义物质利益关系的正确反映，是处理和调整社会主义物质利益的规范。兼顾国家、集体和劳动者个人物质利益是社会主义物质利益原则的主要内容。毛泽东同志指出："国家和工厂、合作社的关系，工厂、合作社和生产者个人的关系，这两种关系都要处理好。为此，就不能只顾一头，必须兼顾国家、集体和个人三个方面。"[①]毛泽东同志在这里讲的关系就是指物质利益关系，讲兼顾国家、集体和个人三个方面，就是说要兼顾这三方面物质利益，就是要正确处理三者利益关系。

有人只讲个人物质利益，把社会主义物质利益原则叫作个人物质利益

① 《毛泽东选集》第5卷，人民出版社1977年版，第272页。

原则。这种片面强调个人物质利益的观点是不恰当的。因为，在我国现阶段，生产资料所有制采取全民所有制和集体所有制两种形式，而全民所有制采取国家所有制的形式。所有制形式的这一特点，决定了国家、集体、个人物质利益，都是存在于社会主义社会中的客观经济范畴，都有其重要地位和作用。忽视和否定那一方面，都不能正确地反映客观存在着的物质利益关系，不能使各方面的物质利益真正得到实现。国家物质利益是全体劳动者整体利益、长远利益的集中表现。对于国营企业和集体经济单位，依据它们对社会承担的责任、提供的劳动成果的不同情况给予相应的物质利益，才能促进生产的发展。保障劳动者的个人物质利益，使他们的体力和智力得以充分的发展和运用，既是生产力发展的要求，也是社会主义公有制的实现。

兼顾国家、集体、个人三者利益，实际上也就是要正确处理这三方面存在的矛盾，摆正三方面的关系。既不能片面强调国家利益，不顾集体和个人利益，也不能只顾集体和个人利益，不顾国家利益。兼顾国家、集体、个人物质利益，并不是不分主次、轻重、先后的一样对待。必须在保证国家利益的前提下来实现集体和个人利益；集体和个人利益必须服从国家利益。

党的十一届三中全会以来，党和国家纠正了忽视集体利益和个人利益的偏向。这是完全必要的。但值得注意的是，近几年来，在纠正“左”的错误、进行经济改革的过程中，又出现了不适当扩大集体和个人物质利益、挤占国家利益甚至损害国家利益的倾向。一些单位和个人单纯追求个人或小团体的金钱收入，认为世界上一切都是假的，只有钱是真的，有了钱就有了一切。在这种“一切向钱看”的思想指导下，本位主义、个人主义、无政府主义滋长、膨胀。有的偷税漏税，截留上缴利润，损公肥私；有的以次充好，随意涨价，欺骗国家和消费者；有的片面追求产值，不讲经济效益，巧立名目，滥发奖金；还有的无视国家利益，向国家重点建设项目敲诈勒索，阻碍重点工程建设等等。所有这些，都是“一切向钱看”的表现。这不仅违背社会主义物质利益原则，而且还背离了社会主义经济的本质。

社会主义生产的目的是最大限度地满足人民日益增长的物质和文化生活的需要，而不是为了赚钱，片面地追求利润。不能把赚钱多少看作衡量企业经济效益高低的唯一标准，更不能把“一切向钱看”视为取得经济效益的手段和动力。社会主义盈利的目的是为了给国家提供更多积累，发展社会主义的各项事业；同时，也使劳动者在作出更大贡献的前提下，得到更多的物质利益，而绝不是鼓励人们“一切向钱看”。邓小平同志指出：“在社会主义制度下，归根结底，个人利益和集体利益是统一的，局部利益和整体利益是统一的，暂时利益和长远利益是统一的。”[①]这种统一性是以全国人民根本利益的一致性为基础的，是社会主义制度优越性的集中表现。

社会主义经济是计划经济，同时具有商品经济的属性。在相当长的历史时期内，还必须大力发展商品生产和商品交换。货币作为流通的媒介和分配的手段，是建设社会主义不可缺少的工具。社会主义经济关系本质上仍然是物质利益关系。劳动者个人的物质利益，必须通过按劳分配取得一定量的货币来实现。但按劳分配本身并不是产生“一切向钱看”的基础。“一切向钱看”是以私有制为基础的商品经济的必然产物，是资本主义生产的唯一目的和动机；用平均主义和雇佣态度对待社会工作，斤斤计较于个人物质利益的得失，按酬付劳。按劳分配是与社会主义公有制相联系的分配原则。它要求每个劳动者以主人翁的态度对待工作，鼓励人人“各尽所能”，根据为社会提供的劳动的质和量，向国家或集体领取相应的劳动报酬。

平均主义和雇佣态度是实行按劳分配的严重障碍。按劳分配承认以劳动为基础的报酬上的差别，平均主义则否定差别，不管劳动好坏，一律平均分配。这实际上是一部分人占有另一部分人的劳动，是变相的不劳而获。正如毛泽东同志所说，在社会主义制度下，平均主义是落后的、反动的。坚持按劳分配还必须克服雇佣态度。社会主义虽然还不是按人的需要而是按他为社会所做的工作取得消费品，但要求每个人尽他的所能为社会工作。因为劳动者是社会的主人，劳动是为自己和自己的社会劳动，只有每个人都尽自己能力工作，使生产不断增长，产品不断丰富，才能为按劳分配提供物质基础。各尽所能是按劳分配的前提。而雇佣态度则是“给多少钱，干多少活”，“按酬付劳”，这与“各尽所能”是完全对立的。邓小平同志指出：“我们提倡按劳分配，承认物质利益，是要为全体人民的物质利益而奋斗。每个人都应该有他一定的物质利益，但是这决不是提倡各人抛开国家、集体和别人，专门为自己的物质利益而奋斗，决不是提倡各人都向‘钱’看。要是那样，社会主义和资本主义还有什么区别？”[②]我们应以邓小平同志这一重要思想为指导，全面理解社会主义物质利益原则，划清社会主义个人物质利益与资产阶级个人主义、金钱主义的界限，正确处理国家、集体、个人之间的物质

① 《邓小平文选(一九七五——一九八二年)》，人民出版社 1983 年版，第 162 页。
② 《邓小平文选(一九七五——一九八二年)》，人民出版社 1983 年版，第 297 页。

利益关系。

在社会主义条件下，固然不可忽视劳动者个人的物质利益，但同时必须重视提高人们的共产主义思想觉悟，把坚持社会主义物质利益原则与进行共产主义思想教育结合起来。从根本上来说，共产主义理论本身就是无产阶级根本利益的科学表述。用共产主义思想教育人民，就是要用这一科学理论动员和组织人民为自己的利益而斗争。进行共产主义思想教育就能为正确理解和贯彻社会主义物质利益原则奠定思想基础。共产主义思想是无产阶级最革命、最科学的思想结晶，马克思主义的立场、观点、方法是它的核心和基础。用这一科学世界观教育和武装人民，就会使他们深刻认识资本主义制度的腐朽性和社会主义制度的优越性，坚定共产主义信念，认识自己的历史责任，树立主人翁责任感，提高共产主义思想觉悟，去自觉抵制资产阶级和其他腐朽思想的侵袭，正确处理公与私、全局与局部、集体与个人的关系，正确对待物质利益问题。

现在我们有些同志把列宁说的“对个人物质利益的关心”绝对化，认为离开奖金，离开钱和个人物质利益就什么事也办不成，事事“以钱开路”；认为一讲物质利益，就不必讲马列主义，不必讲共产主义。用物质利益代替共产主义思想教育和政治思想工作，是十分错误和有害的，是应该坚决纠正的。许多事实说明，单纯靠物质利益调动起来的积极性是不能持久的，最后必然碰壁。只有共产主义思想觉悟才是靠得住的。有了这种思想觉悟，才会有全局观念，有牺牲精神，有持久的干劲。但这绝不是说，我们只要革命精神，不要物质利益，共产主义思想教育，可以脱离人们的物质利益。正如邓小平同志所指出的：“革命精神是非常宝贵的，没有革命精神就没有革命行动。但是，革命是在物质利益的基础上产生的，如果只讲牺牲精神，不讲物质利益，那就是唯心论。”[①]这就是说，既不能离开共产主义思想去谈物质利益，也不能离开物质利益谈共产主义思想教育。我们应以邓小平同志这一思想为指导，把坚持社会主义物质利益原则与进行共产主义思想教育很好地结合起来。

本文原载于《光明日报》1984年1月22日，1986年1月获山东省第二次社会科学优秀成果三等奖。

---

① 《邓小平文选(一九七五——一九八二年)》，人民出版社1983年版，第136页。

美是在审美关系中存在的对象性属性

朱兰芝

美是美学中一个最基本的范畴。美学史上，人们一般或者把它界定为物的客观属性，或者把它界定为人的主观意识。虽然目前也有主张"关系说"的，但归根结底，还是把它界定为客观对象自身的或人的主观的属性。但是，既然美不能脱离审美对象和审美主体双方而存在，就不能把它归于任何一方，而应当从双方的关系中探寻它。本文试图从对一般的关系范畴的讨论出发，进一步考察人同现实界的审美关系的形成和特点，从而阐明美是在审美关系中存在的对象性属性的观点。

一、美的范畴的界定

世界上一切事物都是互相联系的，在这种相互联系中，一方面，事物表现出自身的某些内在的属性；另一方面，由不同事物的不同的内在属性构成事物之间的不同关系，产生了一方以另一方为前提的对象性属性。这是两种不同的客观存在，不能把它们混同起来。在科学研究中，作出这种区分是至关重要的，因为有时候，如果不作出这种区分，就无从进行正常的研究。我们试以马克思在《资本论》中对商品的研究为例作一说明，他的这一研究可以说是研究事物特殊关系的典范。

马克思认为，被人们认作商品自身属性的价值并非商品的自身属性，而只不过是由于它与人的劳动相联系取得的形态，他说："人类劳动的等一性，取得了劳动产品物质上同样是有价值的形式；用时间计算的人类劳动力的支出，取得了劳动产品有多少价值的形式；最后，生产者们的，有他们的劳动的社会性质在其中显现出来的关系，取得了劳动产品的社会关系的形式。”①由于这种劳动同产品的关系，人们把价值看成商品自身的属性：“把他们自己的劳动的社会性质，当作劳动产品自身的物质性质，当作这种物品的社会的自然属性来反映，从而也把生产者对社会总劳动的社会关系，当作一种不是存在于生产者之间而是存在于客观世界各种物品之间的社会关系来反映。”②马克思称这是对商品的“幻想形式”，是一种“拜物教”。

显然，马克思在这里反对了把商品因与人类劳动的特殊关系而具有的价值形态说成是商品自身的属性或社会的自然属性的观点，而只是把它当作人类劳动的表现形态。

关于马克思对这种特殊的关系的理解，我们还可以从他的一系列说明中看得更清楚。

他在谈到商品上衣表现麻布的价值因而具有价值形态时指出，“只有在商品麻布把商品上衣当作等价物发生关系的价值关系之内，才是妥当的。”③他还在对此所作的注中说：“这种互相反映的关系的性质一般说来是很特别的。例如这个人是国王，只是因为有别人当作他的臣属。反之，那些人相信他们是臣属，又就因为他是国王。”④马克思在这里所谈的这种“互相反映的关系的性质”，都是因具体的联系才具有的对象性的属性。因为这种属性不能单独存在，必以一方为存在的条件，所以马克思在分析了商品的价值后说：“直到现在，仍然没有一个化学家曾经在珍珠或金刚石内发现交换价值。”⑤

当然，在现实生活中，人们所遇到的关系是多种多样的，因而认识不同的关系必须作具体的分析，不可一以视之。那么，在这纷繁迷离、千变万化的世界中，物质之间的关系是否可以理出一条线索呢？回答是肯定的。

根据辩证唯物主义的观点，世界是一个多样复杂的统一体，而它的统一就在于它的物质性。物质世界自身发展变化而形成各种形态，由此具有各种性质并产生各种联系、关系。这种联系、关系，有一个内在的、由低级到高级的发展过程。列宁在谈到意识、感觉时就指出过各种联系的内在一致性，

① [德]马克思：《资本论》第1卷，郭大力、王亚南译，人民出版社1956年版，第47页。
② [德]马克思：《资本论》第1卷，郭大力、王亚南译，人民出版社1956年版，第48页。
③ [德]马克思：《资本论》第1卷，郭大力、王亚南译，人民出版社1956年版，第30～31页。
④ [德]马克思：《资本论》第1卷，郭大力、王亚南译，人民出版社1956年版，第31页。
⑤ [德]马克思：《资本论》第1卷，郭大力、王亚南译，人民出版社1956年版，第60页。

他说："假定一切物质都具有在本质上跟感觉相近的特性、反映的特性，这是合乎逻辑的。"[①]列宁这里所说的"反映的特性"就是不同形态的物质构成不同的反映关系的基础，是物自身的属性。到今天为止，我们赖以生存的世界上的各种物质的反映形式，大体可分为如下几种：一般的机械的反映，如一物受另一物的撞击而产生的位移；物理的反映，如一物受热而产生的分子运动速度的增加；化学的反映，如石蕊试纸遇酸或碱的颜色反映；刺激感应，如鞭毛生物受刺激后的反映；感觉，如动物的光感、声感反映；意识，是人类所独具的高级反映形式。这些不同的反映形式是由不同的物质实体决定的，而这些具有不同的反映形式的物质实体之间的联系就产生不同的反映关系。

反映的关系的性质就是在这种不同的反映关系中以对象作为前提而具有的属性，我们称之为对象性属性。它不同于物自身的属性。物自身的属性是不直接随与它相关联的事物为转移的，而物的对象性属性却要随与它相关联的事物为转移。例如太阳发出的光粒子，对任何物质实体，有生命的、无生命的，都只不过是具有一定波长的电磁波，但是，它作为"明亮的光"，却是对于人的眼睛而存在的对象性属性，它与人的眼睛的生理构造相联系。发出光粒子是太阳自身的属性，而发出"明亮的光"是太阳对于人而具有的对象性属性。显然，这是不能混同的。

美，实际上就是这样一种反映的关系的性质，是表现于对象世界同人类的高级反映形式之间的关系中的性质，它在人同对象结成的审美关系中存在。没有审美主体的审美能力，就没有审美对象的美的属性，而没有审美对象的美的属性，也就没有审美主体的审美能力。也就是说，在人同现实的审美关系中，对象对主体呈现为美，主体对对象呈现为美感。美是从客体角度表述对象同主体的关系的范畴，美感是从主体角度表述主体同对象的关系的范畴。在这种互相反映的关系中，美既与审美对象相联系，也与审美主体相联系。如果忽视了这种联系，就会导致关于美的本质问题见解的"客观说"或"主观说"。这就如同马克思所指出的光线给人的眼睛以刺激而产生光线印象从而使人产生误解一样："人们不把一物在视觉神经中留下的光线印象，表现为视觉神经本身的主观刺激，而把它表现为眼睛外界某物的客观形态。但是，在视觉活动中，实际也有光线由一物，一外界客观物，投到另一

① 《列宁选集》第2卷，人民出版社1972年版，第89页。

物眼睛里。它是两种物理性质的物品之间的物理性质的关系。”[①]

当然，人的审美能力，美感，远比眼睛的功能复杂得多，它不仅包括诸如眼睛、耳朵等感觉，而更重要的是，它通过大脑使这种感觉更高级、更深刻，并通过大脑作出反应。所以，美是在审美对象同人脑的高级活动相联系中存在的，它不是存在于一般的物理性质的关系中，而是存在于审美对象同审美主体的高级生命活动的关系中。

这种反映的关系的性质，只要一脱离具体的联系，就随之消失。这一点，中国古代就已为人们所注意：“毛嫱、丽姬，人之所美也；鱼见之深入，鸟见之高飞，麋鹿见之决骤。”“《咸池》、《九韶》之乐，张之洞庭之野，鸟闻之而飞，兽闻之而走，鱼闻之而下入，人卒闻之，相与还而观之。”[②]因此，那种脱离了人与对象的联系而把美看成是一种孤立的存在的观点，是不符合人类的审美实践的，只有把它置于关系中考察，才有可能得出正确的结论。

二、美在关系中产生

要了解美的本质，只确定它在关系中的存在显然是不够的，要对它作出进一步的把握，还应当进一步了解美何以在关系中存在，即它在关系中的产生和发展。

人类生存其中的世界经历了一个漫长的进化、发展过程；从无机界到有机界，从低等生物到高等生物，从低等动物到高等动物最后到人。人是自然界自身发展的结果。人类在形成以前，即作为人类前身的动物，只是被动地服从自然界，遵循着达尔文所指出的自然选择、遗传变异的规律向前发展。各种反映形式相应地由低级到高级地产生和发展起来——从刺激感应到感觉，然后产生了意识，意识是物质存在的高级形式——人脑的一种属性。人的反映形式与动物相比有着质的不同，动物的反映是简单的、直接的、本能的反映，而人的反映则要经过意识的作用。人的“意识代替了本能，或者说他的本能是被意识到了的本能”[③]。它是在已经相当发展了的生理感官的本能的基础上，伴随着人类劳动而产生的高级反映形式。人类同动物相比较，对外界和对自身的反映能力，无论从深度上还是从广度上都大大加强了。

---

① [德]马克思：《资本论》第1卷，郭大力、王亚南译，人民出版社1956年版，第48页。

② 北京大学哲学系美学教研室编：《中国美学史资料选编》上册，中华书局1980年版，第34页。

③ 《马克思恩格斯选集》第1卷，人民出版社1972年版，第36页。

在人类同自己的环境的相互关系中，长期地形成和发展着一种适应关系，这种适应关系是由一般动物与环境的适应关系发展而来的。这是物种生存斗争的结果。达尔文曾经指出："如问明艳之颜色何以能激动快感，则所能为之解释者。亦不过与一定味道及一定香气之适意相同；惟习惯必与此结果有关系，因最初有对于吾侪之感官不适宜者，最后成为适宜，此等习惯即被遗传。"①人之对明艳的颜色产生快感，是与人的生命活动相适应而得以遗传、发展的。只是由于人的快感由动物的快感发展而来，所以与动物有相似之处："由视觉及听觉所得之快乐，无论吾侪能举其任何理由与否，惟有同一颜色、同一优美之明暗与形状，同一声音，以感受快乐，则大类与许多较低动物皆相似也。"②当然，相似并非等词。动物的快感是纯熟的生理本能，而人的快感则是在生理本能基础上的发展，它可以有意识作用于其中，并发展为美感。动物性的快感是人类美感的基础，人类的美感则是动物性的快感的发展。

环境同动物的适应关系、现实界同人类的审美关系是发展的。在动物同环境的关系中，其适应关系表现为盲目性、自发性。一方面，自然环境自身由低级向高级的发展（就其实际意义上说，动物不能把自己同环境区分开来），为动物的生命活动提供更有利的条件（就总体来说）；另一方面，动物在与自己的环境进行物质交换的过程中发展着自己的能力。只是它们双方都是自在地发展着自己（当然有些动物也在消灭着自己）。动物也作用于环境，但它只是单纯依自己的存在来改变环境，而不能有意识地支配自然界。人作为有意识的动物，他同环境的关系已从动物同环境的关系中超脱出来，以自己的能动的作用发展着他同环境的适应关系。人能改造世界，并在改造世界中改造自己。在人类改造世界从而也改造自己的斗争中，人类的审美能力得到发展。马克思指出："社会的人的感觉不同于非社会的人的感觉。只是由于属人的本质的客观地展开的丰富性、主体的、属人的感性的丰富性，即感受音乐的耳朵、感受形式美的眼睛，简言之，那些能感受人的快乐和确证自己是属人的本质力量的感觉，才或者发展起来，或者产生出来。因为不仅是五官感觉，而且所谓的精神感觉、实践感觉（意志、爱等等）——总之，人的感觉、感觉的人类性——都只是由于相应的对象的存在，由于存在

① ［英］达尔文：《人类原始及类择》（一），马君武译，商务印书馆1930年版，第147页。
② ［英］达尔文：《人类原始及类择》（一），马君武译，商务印书馆1930年版，第148页。

着人化了的自然界，才产生出来的。五官感觉的形成是以往全部世界史的产物。”[①]人由于自己的劳动，能创造一个对象世界，而这一对象世界的产生，又促进了人类的五官感觉的发展，从而促进了美感的发展。因而，现实界同人的审美关系在发展着。

人同现实界的审美关系的形成，是以往全部世界历史发展的结果，它的存在是不依赖个别人的意志和愿望为转移的，因而是客观的。在这种客观的关系中，确定了美的客观性。我们承认个体的、阶级的、民族的美感差异，但是这种美感差异的个性特征并不能排斥人类美感的共性。更不能因美感的差异而否定美的客观存在。美客观地存在于客观现实界同人类的审美能力的关系中，在这个关系中存在，在这个关系中发展。

显然，这里所说的“客观”与“客观说”的“客观”是不同的，“客观说”认为美是物的不依人类的存在为转移的属性，美孤立地存在于事物自身中。这种观点以意识是存在的反映为理由，把美归结为纯然客观事物自身的性质，而不理解“关系”就是一种客观存在，不理解物质世界的存在的绝对性并不否定其存在形式的相对性，不理解关系同物质属性的差异，因而也就不理解美只是物质世界发展的一定历史阶段的产物的观点，因此，就像马克思所说的不理解光线是由具有一定物理性质的物和眼睛这一具有特殊生理构造的物的相互关系一样，它也不理解美是一种关系中的存在的事实。

我们所说的“客观”也不同于“客观社会性说”的“客观”，“客观社会性说”把美看成是事物在社会联系中所具有的意义。而割断了人同现实界的审美关系的产生和发展的自然历史过程，用实践的功利性代替了美感，代替了美。它关于“人化的自然”和“人的本质力量对象化”的观点，在说明美的生产和人的审美能力的发展上，有其正确的因素，但是，如果脱离了人的美感的生理基础，就会走向错误。

因此，只有在人类的发展的自然的和社会的历史联系中，在人与现实界的联系中，理解人同现实界的审美关系形成、发展的过程，才能对美的本质作出正确的把握。

① [德]马克思：《1844年经济学哲学手稿》，刘丕坤译，人民出版社1979年版，第79页。

三、美赖以存在的关系的特征

说美存在于审美主体同审美对象的关系中，这还只是对美作的最一般的规定。要进一步把握美的本质，还必须找出这种关系的特殊的质的规定性，找出它不同于别种关系的特征。

人同现实界的审美关系，不同于一般的生物与环境的关系，也不是一般的人与现实界的关系，而是一种特殊的关系。

如前所已指出的，动物同环境的关系是一般的适应关系，而人同环境的审美关系由一般的适应关系发展而来。就人同现实的审美关系来说，它是适应关系的发展，而美，则是从一般的对象性的属性向高一级的对象性属性的转化和发展。

应当指出，人同现实界的关系是多方面的，审美关系只是一种自有其特点的关系，美是在一种特定的关系中的存在。因此，要把握美作为一种反映的关系的特殊的质，就应该弄清楚这种特殊关系的两个方面的具体的规定性。马克思曾经这样论及对象同主体两个方面相互依存的关系："对象如何对他说来成为他的对象，这取决于对象的性质以及与其相适应的本质力量的性质；因为正是这种关系的规定性造成了一种特殊的、现实的肯定方式。"[①]这也就是说，在对象同主体的关系中，它们各自的特殊规定性受对方制约："眼睛对对象的感受与耳朵不同，而眼睛的对象不同于耳朵的对象。"[②]眼睛的对象是形象，耳朵的对象是声音，眼睛看不见声音，耳朵听不到形象。眼睛只能同形象、耳朵只能同声音结成对象性的关系。

人同现实界的审美关系，是人同现实界结成的多种关系中的一种，只有把它从这些关系中区别开来，才能把握其特殊的质，从而把握美如何在其中存在。通常，人们把人同现实界的关系分为三个方面，即审美关系、认识关系、实践关系，在这种关系中，主体表现为理智、意志、情感，对象表现为真、善、美。当然，主体的理智、意志、情感不是各自孤立、互不影响的，对象的真、善、美也并非各立门户，互不相容，而是相反，在理智、意志、情感之间，在真、善、美之间，它们都是互相渗透的。在主体方面，情感可以加强人们对事

---

① ［德］马克思：《1844年经济学哲学手稿》，刘丕坤译，人民出版社1979年版，第79页。

② ［德］马克思：《1844年经济学哲学手稿》，刘丕坤译，人民出版社1979年版，第79页。

物的意志，影响人们的理智，而理智又可影响情感和意志，意志可以影响情感和理智；在对象方面，真、善、美互相转化、互相包容。

美感是审美主体对审美对象的一种情感反映，它表现为直观、直感、不假思索，但是，这种情感反映，却不能理解为感觉或感性认识，而是一种对对象的反映形式，它既以直观和直感为表现特征，又综合了理智和意志的因素。理智和意志能使美感更为深刻，只是理智和意志是内在地起作用，它们统一于美感。

美是美感的对象，它以形象呈现于审美主体。它既不同于对象呈现于认识主体的真，也不同于对象呈现于实践主体的善，而是黑格尔老人说的“这一个”，是以其内容与形式、本质与现象、共性与个性的统一而呈现于审美主体的整体的形象。

美离不开形象。这个形象自然是内容与形式的统一的整体。作为现实的审美对象，不可能是脱离形式的孤立的内容，也不可能是脱离内容的孤立的形式。形式和内容只是在人们的思维抽象中分开来把握，现实中是不存在这种分离的。就自然美来说，湖光山色，雨霁云霞，既有其不同的物质作为内容，又有其不同的存在方式作为形式。“若把西湖比西子，淡妆浓抹总相宜”，是由于它有水、陆、鱼、鸟、树木、花草等不同的物质内容，而又有明灭显隐、虚实掩映的形式，它们相统一而构成对人的适应性，因而是美的。只有这样，才能在这种适应性的关系中，确定对象之为美的和主体之为美感的。抽去了物质内容，也就没有了这种美的形式，而没有这种形式，自然也就没有了它的内容。就社会美来说，人们的社会行动的内容必然体现于行动方式，行动方式必然以一定的内容为基础。单纯行动的内容不构成审美对象，例如说一个人的行动是正确的、善的，是就其内容而言，而如果说是美的，必然要包含其行动方式。同样，脱离了行动的内容孤立看待行动方式，也是不能确定其为美的。就艺术美来说，虽然其内容与形式的关系较为复杂，但他们也决不会脱离开来。说它们不会脱离，是在于对既成的艺术作品来说，它的形式同它反映的内容作为统一体而存在；说它们关系较为复杂，是在于艺术家在创作过程中能够运用较完美的艺术形式达到传达更博大精深的内容的效果，这看上去好像内容与形式会有某种程度的分离，其实这种现象并不难理解。在艺术作品中，形式美有两方面的含义：其一，依存于艺术作品内容，作为该艺术作品的艺术美的整体的形式美。其二，并不直接依存于艺术作品的内容，自身就是一种内容与形式的统一体的那种形式美（如节奏、色彩等)。当人们说,脱离艺术内容而追求某种艺术形式美时,是就第二种含义而言。这种艺术形式美,不是作为艺术作品的内容的表现的形式美,而是自身另有内容的形式美。在这种艺术作品中,艺术内容由于没有通过其形式充分反映而浅薄,艺术形式由于没有更充分地表达所应表达的内容而拙劣。例如文学作品中的对偶句,脱离一定的内容,它只不过是一种抑扬顿挫的节奏,是一种如同音乐那样意义上的美。它本身并不是文艺作品的美。只有在这种带有节奏感的对偶句同它表达的内容结合起来时,才成为文学作品的美。“无边落木萧萧下,不尽长江滚滚来”,勾勒了一幅杜甫生活于其中的萧索悲凉、变幻不定的自然图画,蕴含着杜甫的辛酸际遇,而那富有音乐节奏感的对偶句式,同萧萧落木与滚滚长江谐和起来,构成了诗意的美。某些四六句骈文,虽然也句法工整,但由于内容空洞,就不成其为艺术作品的美了。因此,无论自然美、社会美、艺术美,都必然是内容与形式的统一体。

黑格尔在分析艺术类型时,将艺术的内容与形式的统一程度当作艺术分类的根据,看上去似乎是把内容与形式割裂开来了,其实不然。只要抓住黑格尔哲学的特点,就可以理解他所作的这种分析了。黑格尔把经过人们头脑抽象而在思维中存在的普遍性看作是决定个别事物的存在的根据,提出了先有内容(或理性、绝对精神)后有形式(或外化、感性显现)以及内容寻找形式的观点。但是,正如马克思指出的:“黑格尔陷于幻觉,把实在理解为自我综合,自我深化和自我运动的思维的结果。”[①]这也就是说,黑格尔把人们由思维抽象上升为思维具体的思维发展过程当成了现实事物的产生过程,因而陷入了唯心主义,黑格尔从这种唯心主义观点出发,把人类的艺术发展史看成是理念内容实现其自身的、寻找外在形式的历史。他对人类艺术史上几种艺术类型的分析就是以内容寻找形式所达到的统一程度为根据的。但是,黑格尔毕竟是一位辩证法大师,他不会看不到现实事物的内容与形式的统一性,因此他在把内容寻求表达形式所达到的适应程度作为划分艺术类型的根据的时候,同时指出了各艺术类型的内容与形式的一致性:“在理念发展过程中的每一特殊阶段上,就有一种不同的实在的表现方式和该阶段的内在定性紧密地结合在一起。”[②]“理念和内容的完整同时也就显现

① 《马克思恩格斯选集》第2卷,人民出版社1972年版,第103页。

② [德]黑格尔:《美学》第2卷,朱光潜译,商务印书馆1979年版,第4页。

为形式的完整；反过来说，艺术形象的缺陷也就显出理念的缺陷，因为理念本来就是外在形象的内在意义，理念在这外在形象里才把自己实现出来。”[①]这就是说，在黑格尔看来，尽管由人创造的艺术品存在着选择和运用一定形式反映一定内容的问题，但某一类型的艺术内容与表现形式还是统一的。只不过较低级的艺术类型是较低级的内容与较低级的形式的统一，较高级的艺术类型是较高级的内容与较高级的形式的统一罢了。

概言之，美赖以存在的关系，是审美主体以美感作为对现实界的肯定方式同现实界以生动的形象作为对审美主体的美感的肯定方式而构成的关系，它区别于人同现实的认识关系、实践关系。美则是审美对象呈现于审美主体的对象性属性，而且，只是在审美关系中才对象性地存在的属性。

本文原载于《文史哲》1984 年第 2 期，1986 年 1 月获山东省第二次社会科学优秀成果三等奖。

① [德]黑格尔：《美学》第 2 卷，朱光潜译，商务印书馆 1979 年版，第 4 页。

关于国家垄断资本主义概念的探讨

李传璋

我国学术界一直对下面几个问题众说纷纭：国家垄断资本主义的内涵、列宁时代与当代国家垄断资本主义的区别与联系、国家垄断资本主义的发展水平等。我们认为，国家垄断资本主义理论分歧的主要焦点是国家垄断资本主义概念的规定性。本文的前两部分主要介绍列宁时代与当代国家垄断资本主义发展的简况以及我国学术界关于国家垄断资本主义概念的基本观点，第三部分提出了国家垄断资本主义的两个概念。

一

在探讨国家垄断资本主义概念之前，有必要先简要地叙述一下列宁时代与当代国家垄断资本主义发展的形式。

第一次世界大战期间，由于情势所迫，许多资本主义国家实行了对生产和分配的社会调节，有的国家则对生产实行了最严格的统计和监督。1914年8月，德国成立了“战时工业委员会”等机构，还设立了59个军需公司，专管征集和分配各种战略物资。各国还纷纷实行国有化经济。英国在先将铁路收归国有以后，继之又把军工、纺织等部门的一些企业收归国有。针对这种情况，列宁认为，工业国有化与国家对经济生活的全面调节表明了一般垄断资本主义向国家垄断资本主义的过渡。在列宁看来，国家垄断资本主义有两种基本形式：一是国家干预和调节经济，二是国有化经济。我们把这种国家垄断资本主义称为非常时期的或战时国家垄断资本主义。

第一次世界大战后一直到20世纪30年代大危机前的十多年，这种国家垄断资本主义大大收缩了。在1929～1933年的经济大危机期间和第二次世界大战期间，它又有所发展。然而，只是到了第二次大战后，国家垄断资本主义才出现了一些新情况和新形式，主要表现在以下几个方面：

第一，国家对经济生活的干预和调节并没有因第二次世界大战的结束而有所收缩，相反，由于资本主义基本矛盾的尖锐化以及由于东西方“冷战”的存在还有所加强。此外，随着资本主义行政与管理机构的全健与发展，国家干预与调节经济的政策越来越细致和庞杂。

第二，国有化经济得到了较大发展。这在西欧尤为明显。1976年，欧洲共同体四个主要国家（联邦德国、法国、英国、意大利）国有企业净产值平均占全国企业净产值的12.9％，固定资产投资平均占全国总额的24.7％，国有企业职工平均占全部职工总数的8.7％。而且，战后国有企业不像战前那样仅限于邮政、铁路等公用事业部门和军需部门，而是向基础工业和一些新兴尖端工业部门发展。

第三，国私合营企业也有较大发展。1977年，在年销售额超过50亿美元的西欧40家最大的工业公司中，国私合营者占1/5，其中著名的有英国石油公司、法国石油公司、大众汽车公司等。

第四，第二次世界大战后以来，还有以下一些新现象值得一提：(1)私人企业（包括私人垄断资本企业和中小企业）上缴的利润税逐渐占其利润额的一半。以美国为例，企业上缴税利占纯利润的比例，1916年为2.0％，1951年以后，一直维持在40％以上。(2)国家财政支出占国民生产总值的比例增长很快。联邦德国、法国、英国、意大利、荷兰、比利时六国的政府支出占国内生产总值的比重（加权平均），1957年为26.2％，20世纪70年代末上升为43.9％。(3)国家用于采购商品和劳务的开支增长迅速。1939年，美国这方面的开支为133亿美元，1952年增为756亿美元，1976年猛增到3,656亿美元。(4)中小资本的地位和作用在加强。无论从中小企业的就业人数，人均固定资本还是从产值来看，都能证明这一点。例如，20世纪80年代初，日本、美国、联邦德国中小企业就业人数占全国就业人数的比重分别为76.0％、57.1％和50.5％，产值占全国总产值的比重分别为50.0％、48.0％和47.0％。

二

我国学术界面对同样的理论（人们都承认列宁关于国家垄断资本主义

的基本观点)与同样的实际情况(也都承认第二次世界大战战后出现的新情况),对国家垄断资本主义概念却存有不同看法,概括起来,可分为两大派。

第一派基本上维护列宁的观点,他们坚持认为国家垄断资本主义包含两种形式——国家所有制经济和国家干预、调节经济。与该派趋于一致的观点还有两种:(1)把国家垄断资本主义的内涵看作国家所有制经济、国家消费(采购)和国家调节三种形式的结合;(2)认为国家垄断资本主义是国家所有制经济、国家财政对国民收入再分配、国家政策与计划调节三种基本形式的综合体。

第二派认为,国家垄断资本主义是一种生产关系体系,它含有三种资本形态:(1)国有垄断资本(表现为国有企业);(2)国私共有的垄断资本(表现为国私合营企业),这是国有资本与私人垄断资本在企业内部的结合;(3)国私密切联系的垄断资本,这一形态反映的是国有资本(主要表现为国家财政支出,如补贴、采购等,以及国家银行的贷款)与私人垄断资本在整个社会范围内即在剩余价值的生产、流通、分配、消费诸方面已密切结合起来。这里的私人垄断资本已失去了原来的意义,它已转化为国私密切联系的垄断资本了,而且成为国家垄断资本主义生产关系的重要形态之一。此外,该派还有两个观点需要一提:(1)他们认为,战后国家干预和调节的加强只是国家新作用的一种表现,而不是国家垄断资本主义生产关系体系的组成部分,它属于上层建筑领域的范畴。(2)尽管中小资本在战后发展较快,其地位和作用有所加强,但它们依附于私人垄断资本,自身没有独立的地位,因而不能把它看成国家垄断资本主义生产关系的第四形态。

由于对国家垄断资本主义概念出现上述分歧,因而在阐述其他理论与实际问题时分歧更大。试举几例。

一是关于国家垄断资本主义发展水平。第一派根据其对国家垄断资本主义概念的观点,认为西欧国家垄断资本主义的发展水平高于美国和日本,原因是西欧的国家所有制比较发达,国有企业产值占国民生产总值的比重高于日本和美国,而且,对经济生活干预和调节的程度也较高,除国内调节外,欧洲共同体还实行所谓“超国家调节”。第二派则认为,美国的国有企业发展水平虽低于西欧,但是,无论从垄断的程度还是从生产力发展的水平来说,美国的私人垄断资本都高于西欧,由于这种私人垄断资本与国有资本已在整个社会范围内密切结合起来,且已成为国家垄断资本主义生产关系的重要组成部分,所以,应该说,美国国家垄断资本主义发展水平在西方世界中是最高的。该派还认为，退一步说，即使美国对经济生活的干预和调节程度低于西欧，由于国家的经济政策与调节措施属于上层建筑的内容，也不能说国家垄断资本主义这种经济基础的发展水平在西欧为高。

二是关于英、法目前所采取的不同经济政策对国家垄断资本主义的影响。近几年来，英国保守党政府采取了如下政策：把许多国有企业或国私合营企业转为私营；减少国家对经济生活的干预和调节措施，实行所谓“经济自由”，法国社会党政府的政策与英国的政策迥然不同，该政府坚持采取凯恩斯主义的经济政策，继续加强国家对经济生活的干预和调节，加强计划化的措施，并适当推进国有化的进程。针对两种不同的政策，第一派认为，英国与法国的国家垄断资本主义的发展正好背道而驰，前者出现了较大的收缩，后者则有了较大的发展。第二派则认为，第二次世界大战战后，既然列宁意义上的国家垄断资本主义已进一步发展成为一种国家垄断资本主义生产关系体系，那么，当代国家垄断资本主义就无所谓收缩了。换句话说，虽然上层建筑对经济基础有影响作用（即国家的经济政策对国家垄断资本主义生产关系的影响），但是，这只能影响国家垄断资本主义生产关系体系中具体形态的变化（在英国表现为国有资本形态转化为国私密切联系的资本形态，法国则与之相反），而不会使国家垄断资本主义生产关系出现倒退，更不会退到一般垄断资本主义阶段。

可见，理论与实际都向我们提出了明确国家垄断资本主义概念的必要性与迫切性。

三

人们很少对自由资本主义这个概念提出疑问，认为这是马克思早已解决了的问题。然而，重温一下马克思对自由资本主义的分析，对探究国家垄断资本主义概念会大有裨益。

马克思从资本主义生产关系与生产力矛盾运动中考察了资本主义生产方式的发展。在资本主义生产方式下，生产的目的是为了榨取剩余价值，为此目的，资本之间必然展开激烈的竞争，这是资本关系的两大特点。这里，竞争对各个资本来说是平等的、自由的（还未形成垄断），而且，剩余价值规律在各个资本的运动中普遍发挥作用。从这个意义上说，这是自由资本主义的生产关系。

马克思对自由资本主义的考察不只限于此，他还从经济基础与上层建筑矛盾关系的角度考察了资本主义社会经济形态。在这个社会经济形态中，作为上层建筑的国家虽未直接参与经济生活，但它却制定了许多经济政策（如国内税收政策、关税政策等）与法律政策（如所谓私有财产神圣不可侵犯的原则等），这些政策与措施处处都打上了维护这个社会的经济基础的烙印。从这个意义上讲，说自由资本主义是经济基础与上层建筑的综合体也是不无道理的。

因此，我们认为，考察国家垄断资本主义概念的内涵也必须从两个角度着手——生产关系的角度和经济基础与上层建筑相结合的角度。

首先，从生产关系的角度看。我们认为，国家垄断资本主义含有两种资本形态，即国有资本和私人资本，这两种资本的融合或结合构成了国家垄断资本主义生产关系体系。这两种资本形态又具体表现为四种企业组织形式，即国有资本表现为国有企业和国私共有的企业，私人资本表现为私人垄断企业和中小企业。我们把国有资本与私人资本的结合所构成的国家垄断资本主义生产关系称为狭义的国家垄断资本主义。

我们基本上接受第二派的观点，但是，他们把中小资本排除在国家垄断资本主义生产关系之外在逻辑上是说不通的。如前所说，战后主要资本主义国家中小资本发展非常迅速，中小企业的就业人数、产值都已接近或超过总就业人数和总产值的半数。我们认为，国有资本参与中小资本的运动是中小资本地位和作用趋向加强的一个重要原因。1953 年，美国在商务部成立了小企业管理局，在全国设有 100 个办事处。它的主要任务是直接向小企业提供中、长期贷款；通过财政补贴方式帮助小企业改进经营管理，提高技术；为小企业争取政府订货。1979 年，联邦德国政府通过其控制的银行等信贷机构，仅对中小企业的优惠贷款即达 25 亿马克。这就是说，国有信贷资本（国家贷款）和国有财政资本（国家财政补贴）已成为中小企业资本的重要来源，换言之，如同国有资本与私人垄断资本的关系一样，国有资本与中小资本在生产总过程中也已结合起来。这说明中小资本也纳入了国家垄断资本主义发展的轨道，或者说，中小资本已成为国家垄断资本主义生产关系的重要组成部分。

其次，从经济基础与上层建筑相结合的角度看。国家垄断资本主义生产关系的总和构成国家垄断资本主义经济基础，这个基础与由其决定并为之服务的上层建筑中国家的一切经济政策（包括国家对经济生活的干预和调节，如"计划化"调节、国家采购、国家财政对国民收入的再分配）和法律政策一起构成国家垄断资本主义社会经济形态。在这个社会经济形态下，既有经济基础的成分，又有上层建筑的因素，我们把它们由此构成的社会经济形态称为广义的国家垄断资本主义。

在我们把国家垄断资本主义概念作了上述规定和区分以后，我们看到，第一派（把国家垄断资本主义看作国家所有制和国家调节经济两种形式）基本上是从广义的角度考察问题的。然而，该派没有深入地考察国家垄断资本主义生产关系，也没有把国家垄断资本主义看作具有丰富内容的社会经济形态，因而，他们的概念还是比较粗陋的。第二派（认为国家垄断资本主义是一种生产关系）主要从狭义的角度出发，比较深入地考察了国家垄断资本主义生产关系三形态，但却把大量的中小资本排除在外。而且，该派忽视了从经济基础与上层建筑相结合的角度考察国家垄断资本主义社会经济形态最重要的部分——国家垄断资本主义经济基础。因此，他们的分析具有孤立、片面的一面。

以上我们提出了从狭义与广义两个角度来考察国家垄断资本主义的发展，并简要地说明了狭义与广义国家垄断资本主义所包含的内容和二者的相互联系。我们认为，在作了这种规定以后，学术界关于国家垄断资本主义的许多理论与实际问题就会不解自明。更重要的是，探究国家垄断资本主义概念，会推动国家垄断资本主义研究的发展，丰富列宁关于帝国主义的理论。

本文原载于《世界经济文汇》1985 年第 5 期，1988 年 2 月获山东省第三次社会科学优秀成果三等奖

社会主义企业的生产目的是二重的
——兼评李光远同志的观点

王海燕

社会主义企业(本文分析的是全民所有制企业)的生产目的,是随着我国经济体制改革的进行,在实践过程中所必然提出来的一个重大理论问题。这个问题目前在理论界引起了热烈的讨论,一种观点认为,企业的目的是利润;另一种观点认为,企业的目的是满足社会需要。我认为这两种看法都有片面性。我的观点是:企业的生产目的是二重的,既有追求利润的目的,又有满足社会需要的目的。社会主义企业的这种二重的生产目的,是由企业在社会主义经济条件下的特殊的性质和地位所决定的。

《中共中央关于经济体制改革的决定》指出,社会主义经济还不是有计划的产品经济,而是在公有制基础上的有计划的商品经济。这是我国经济体制改革的基本理论依据,也是我们分析社会主义企业生产目的的基本出发点。

"公有制基础上的有计划的商品经济"这一论断,突出肯定了社会主义经济是一种商品经济。就是说,社会主义的产品也是使用价值和价值的统一体,其使用价值只有经过交换,先作为价值实现以后才能实现。社会主义经济中各生产者之间是通过交换,在交换过程中彼此作为不同经济利益的主体才能发生关系的。因此,各生产者必然要追求自身的经济利益,必然要从自身的利益出发来考虑问题。同时,这一论断又肯定了社会主义商品经济不是一般的商品经济,它既不同于小商品经济,也不同于资本主义商品经济,而是公有制基础上有计划的商品经济。"公有制"和"有计划"必然制约着作为商品经济产生出来的要求,使社会主义企业作为商品生产者产生出来的对于自身经济利益的追求,必然与公有制计划经济从社会整体利益出发产生出来的客观经济要求同时并存。

社会主义经济就是具有以上两方面规定性的一个经济肌体，而社会主义企业则是构成这个经济肌体的基本单位。《决定》指出，社会主义全民所有制企业是“相对独立的经济实体”，是“自主经营、自负盈亏的商品生产者和经营者”。这是“公有制基础上有计划的商品经济”的重要前提。

社会主义企业作为相对独立的商品生产者，其生产目的是什么呢？一方面，我们应当认识到，既然社会主义企业是商品生产者，那么企业就必然具有一切商品生产者共同的属性和要求。社会主义企业的生产过程同样是商品生产过程，即劳动过程和价值形成过程的统一。作为商品生产者其生产的目的是价值这一政治经济学的基本原理，同样适用于作为商品生产者的社会主义企业。并且，由于社会主义生产的特点是扩大再生产，故社会主义企业的生产过程与资本主义企业生产过程一样，也是劳动过程和价值增殖过程的统一，即社会主义企业的生产目的必然要追求价值增殖，追求利润，只不过这种利润的性质与资本主义利润的性质已有了根本的不同。正如有的同志的文章所说的那样，社会主义的利润不是纳入资本家私人的腰包，它反映的是社会主义的劳动者在根本利益一致的前提下，国家、集体、个人三者之间的物质利益关系。我完全同意这种认识，并且还要补充说：不承认企业对于利润的追求是客观经济规律的要求，就等于否定了企业作为商品生产者的性质，否定了企业作为商品生产者所应具有的自负盈亏的责任、自主经营的权力和相对独立的经济利益。一句话，还是把企业看作是不需要内在经济动力、没有生机和活力的国家政府机关的附属物。

以上我们从企业作为商品生产者的性质出发，说明必须承认社会主义企业的生产目的中不能排除对于价值、利润的追求。但是，这只是问题的一个方面。问题的另一方面是，我们应当看到，商品生产在历史上不是作为独立的社会经济形态存在的，它必须同某一社会生产方式相结合，服务于该社会的生产目的。因此我们还必须从社会主义商品经济的特点来进一步加以分析。无视这一点就不能将社会主义商品经济同资本主义商品经济区别开来，不能将社会主义企业同资本主义企业区别开来。

诚然，认为社会主义企业生产目的是利润的同志为了避免把社会主义企业的生产目的与资本主义企业生产目的相混淆，也特别指出了社会主义利润与资本主义利润的根本区别，指出两种利润体现着不同的生产关系。我当然赞同这一认识，但我同时又认为，仅以社会主义利润与资本主义利润不同为由仍不能说明社会主义企业生产目的的全部内涵。我们知道，在资本主义社会，企业行为的唯一动机就在于取得最大限度的利润，生产资料和劳动在各部门的分配，是由对剩余价值的追逐而自发形成的。而在我们社会主义条件下的经济生活中却是另一种情况：从企业的角度看，从事某种产品的生产经营可以有经济效益，可以盈利；但从整个社会看，如果宏观经济效益不高，企业在国家的计划指导下，就必须作出放弃这项产品的生产和经营的决策。这种实例说明，社会主义企业决策行为的动机中并不单纯只是出于利润的考虑，社会主义企业所处的客观经济条件决定了它还必须有另外方面的考虑，即考虑国家计划的要求，考虑社会的宏观经济效益。这就是说，社会主义企业与资本主义企业生产目的的区别，不仅在于追求的利润所体现的关系不同，而且还在于：资本主义企业以能否获得最大限度的利润为唯一目的，而追求利润不是社会主义企业的唯一目的。这是因为，社会主义全民所有制企业作为商品生产者，其独立性只是相对的，它不具有小商品经济或资本主义经济的那种完全独立的地位。全民所有制企业的生产资料不归企业所有，而是归国家所有，企业对于生产资料只具有部分经营权。就是说，国家作为生产资料的所有者，代表着全体人民的共同利益还必须对企业掌握着部分的经营权，还有必要根据全体人民的整体利益和经济全局的需要对国民经济的发展作出统筹规划，制定统一的经济和社会发展计划，以指令性计划和指导性计划的形式来指导企业的发展；还要运用各种经济手段、行政手段和法律手段来控制、协调和引导企业的生产经营活动。一句话，企业作为商品生产者的独立地位是以服从国家统一计划和管理为前提的。这种客观经济条件决定了企业的任何决策行为不可能仅以谋取利润为唯一目的。从企业的角度看问题，也要承认这样一个基本事实：企业的厂长或经理是国家机关任命或批准的，因此在正常情况下，厂长和经理是代表国家利益和全体人民的利益来行使权力的。因而企业能够自觉地按照国家计划的要求和人民需要来制定自己的生产计划，能够自觉地以满足人民需要为目的。总之，否认企业的行为动机中有自觉满足社会需要的因素，就无异于否定了国家对企业所保留的部分经营权，否定了国家对企业计划控制和管理的作用，否定了企业自觉以局部利益服从全局利益的可能性，否定了我们的厂长、经理以及企业职工起码的社会主义觉悟。

顺便再补充说明一点，认为社会主义企业的生产目的只是利润的同志还有一个解释不清的问题：作为企业“直接目的”的利润怎么又转化为社会主义生产的最终目的、满足了社会需要呢？在这里，所谓“直接目的”和“最终目的”的区别，依我理解，无非就是主观动机与客观效果的区别。如果我的这个理解没有曲解原意的话，那么这与资产阶级那种“主观为自己，客观为大家”的理论有何区别？社会主义公有制基础上有计划的商品经济与资本主义私有制基础上无政府状态的商品经济有何区别？这样的疑问不能不使人感到，所谓“直接目的”和“最终目的”是个含糊不清的概念，似乎是持这种观点的同志为了避免在理论上陷入企业生产目的与社会主义生产目的相脱离的困境而创造的概念。实际上，虽然企业要求取得利润并不就是与社会主义生产目的相矛盾，但毕竟从它们各自本身来说是两种不同的要求。如果企业自身没有接受国家计划、满足社会需要的生产目的，是谈不到与社会主义生产目的的一致性的。

我也不同意那种认为社会主义企业生产目的直接就等同于社会主义生产目的的观点。这种观点的文章很多，我只想就《红旗》1986 年第 2 期发表的李光远同志的《论社会主义企业生产的目的》一文谈以下四点看法：

第一，我赞同文章中这样一个正确的观点：“社会主义企业生产的目的，说的是由客观经济关系决定的企业劳动者集体从事生产、管理、经营活动的动机和所追求的目标。”但我认为整篇文章观点的片面性，恰恰是忽视了社会主义企业处在商品经济条件下，作为一个商品生产者这种客观经济关系所决定的“企业劳动者集体从事生产、管理、经营活动的动机和所追求的目标”，即社会主义企业对于利润的追求。

第二，与上述问题相联系的，是文章正确指出了经济体制改革前后企业的性质和地位的变化：过去“人们把整个社会主义生产理解为一个大工厂，企业没有什么独立性和自主权，它的一切行为都听命于国家机关的计划和指挥”，而现在“社会主义经济的发展，客观上要求人们承认企业作为社会主义经济这个整体中相对独立的、自主经营、自负盈亏的社会主义商品生产者和经营者的地位”。这无疑是经济体制改革前后企业的性质和地位最重要的变化，但文章在指出这种变化以后说明了什么呢？说明过去企业没有自己的目的，“企业生产目的和整个社会主义生产目的被说成是一回事”。而现在企业由于有了自主权，就有了自己行为的动机和追求的目标，可是这种动机和目标是什么呢？李光远同志说：是“企业要把整个社会主义生产目的即满足全体劳动者物质和精神生活的需要当作自己一切行为的最终目的”！这与过去的“企业的生产目的和整个社会主义生产目的被说成是一回事”有何区别？我认为这是李文中显而易见的逻辑表述上的自相矛盾。

第三，文章用了大量篇幅论证的是“企业为什么不可以把利润作为自己行为的直接目的”。这样提出并分析问题，不禁要使人提出疑问：难道企业的目的是人们主观上可以任意选择的吗？如果认为企业从主观上“可以”或“不可以”把利润作为自己行为的目的，岂不是也违反了李文开头的那个正确的、马克思主义经济学的基本观点了吗？这个正确观点为：“社会主义企业生产的目的，说的是由客观经济关系决定的企业劳动者集体从事生产、管理、经营活动的动机和所追求的目标。”

第四，李文中的又一个重要观点是认为利润是企业实现目的的手段。并且认为“获得利润”和“满足社会需要”两者中，哪个是目的，哪个是手段，这是区别社会主义企业和资本主义企业的重要分界线。我认为这个观点只有一半的正确性。因为这个观点忽视了社会主义企业与资本主义企业都是作为商品生产者所必然具有的共同性，忽视了社会主义企业作为商品生产者所必然产生的对于自身经济利益的要求，社会主义企业绝不可能仅仅把利润作为实现满足社会需要之目的的手段。实际上，利润在社会主义企业中具有双重的意义，它既是企业作为商品生产者从自身经济利益出发所必然追求的目的，同时也是企业为更好地实现满足社会需要这另一方面目的所必要的手段。可以说，社会主义企业生产目的二重性与资本主义企业生产目的单一性的区别，或者说，利润在社会主义企业中所具有的二重意义与利润在资本主义企业中只作为目的性的区别，这才是社会主义企业与资本主义企业的重要分界线。

上述可见，社会主义企业的生产目的具有二重的性质，一方面，企业要求谋取尽可能多的利润；另一方面又要求自己的行为符合国家计划的要求，提供满足社会需要的产品。社会主义企业这种二重的生产目的是否有矛盾？这种矛盾在什么条件下能够统一呢？

应当看到，在旧的高度集中计划经济体制向新的有计划商品经济模式转变的过程中，企业内部这二重的生产目的常常表现出了尖锐的矛盾。这种矛盾性在那些按国家指令性计划生产的企业表现最为突出，一方面，在有些企业中是服从社会需要的目的占了主导地位，而不得不舍弃部分应得的利润；另一方面是在有些企业中追求利润的目的占了主导地位，如采取不正当手段压低计划指标，或千方百计抬高计划外产品的价格。更有甚者，把计划分配物资拿到市场倒卖牟取暴利。不仅在按指令性计划生产的企业中表现了二重生产目的之间的矛盾,在其他企业中也有表现,如许多企业为了增加利润,而不惜偷工减料、降低产品质量或采取以假乱真的手段来欺骗和坑害消费者等。

社会主义企业二重生产目的的这种矛盾性在整个新旧体制的转变中是会始终存在的,当然矛盾双方的主次地位会不同,矛盾的程度会有差别,只有当符合有计划商品经济要求的新的经济体制建立起来的时候,社会主义企业二重的生产目的才会真正统一,也就是说,企业自觉满足社会需要的目的同时就是实现利润的目的。这一有利于企业二重生产目的统一的新体制具体来说应具有以下特点:第一,形成一个以增强企业活力为核心的国家宏观决策与企业微观决策相结合的新的经济决策结构。第二,指导性计划成为主要的计划形式,计划价格的制定以市场价格为依据,形成主要利用市场机制的经济调节体系。第三,建立起国家、集体和个人三者利益兼顾、经济收入同经济效益紧密相连的新的分配体制。

上述三个特点的概括当然不会是全面的,但我认为这是有利于社会主义企业二重生产目的统一的新体制的最主要的特点。

本文原载于《山东师范大学学报》(社会科学版)1987 年第 2 期,1988 年 2 月获山东省第三次社会科学优秀成果三等奖。

流通体制改革的宏观思考

李贯岐

党的十届三中全会以后,我国流通体制的改革取得了很大进展。从宏观上看,"三多一少"的流通体制已初步形成;从微观上看,以增强企业活力为中心的改革正在深入发展,特别是近二年,以承包经营为主要形式的企业内部改革,给企业带来了新的活力,使企业出现了新的生机。流通体制的宏观改革和微观改革是紧密相连的。宏观改革的深入发展是微观改革顺利进行的条件,微观改革的深化,又不断给宏观提出新的要求。从目前流通体制改革的形势来看,微观改革进展较快,客观上要求进一步深化宏观改革,以从总体上予以指导和协调。本文就如何进一步深化宏观改革问题谈几点粗浅看法。

一、进一步改革商业行政机构

商业行政机构是主管商业工作的国家机关,是商业体制的中枢。进一步改革商业行政机构,是进步深化宏观商业体制改革的关键。

我国商业行政机构是 20 世纪 50 年代仿照苏联的模式建立起来的,党的十一届三中全会以后,经过几年的改革,行政机构进行了部分调整,下放了部分权利,对于搞活企业起了很大作用。但是,从总的方面来看,商业行政机构还没有进行根本性的改革,还不适应流通领域变化的新形势。其主要表现是:第一,行政机构的职权范围太小,不适应新的市场形势。我国目前的商业行政机构,在中央是指商业部,在省(市)是指商业厅,在县(市)是指商业局。商业行政机构应该是代表政府对整个商业工作进行行政领导,而上述现有行政机构只能领导商业部所属商业，而对商业部系统以外的大量的商业经营机构则无权过问。因此说，我们现在的所谓商业行政机构实际上是不完全的商业行政机构。在改革深入发展的新形势下，在多种商业形式并存、多渠道流通的市场条件下，这样的商业行政机构不能统一领导整个社会商业，其行政领导也很难充分发挥作用。第二，商业、物资两大系统并行，不利于统一组织、协调商品流通。我国现行的商业行政机构，是在生产资料不是商品的指导思想下建立起来的，其所属企业主要是经营生活消费品。生产资料则是由物资局统一调拨分配。党的十一届三中全会以后，承认生产资料也是商品，生产资料的经营也是商业活动。这样，物资局就成了政企合一的商业机构，它也行使商业行政领导的职能。因此说，目前我国商业行政机构，除了商业部系统以外，还有物资局系统。在改革深入发展的新形势下，生产资料和生活资料的混合经营、交叉经营越来越多，并且随着农村商品生产的发展，产前、产中、产后服务一体化的形成，这种混合经营、交叉经营还有大发展的趋势。而在行政领导方面又是商业、物资两家并行，这样就很难统一协调和组织整个商品流通。

鉴于上述情况，对现有的商业行政机构必须进行改革，以从宏观领导方面适应新的经济形势。改革的基本思路可以是，建立统管全国社会商业的商业行政机构，对全国商品流通进行统一的行政领导。其主要领导职能是：制定商业政策和经营法规，统一规划布局各种形式的商业，统一调整行业结构和规模结构，统一协调和监督各种商业形式的经营活动。这样，就可以从根本上解决流通领域政出多门，各行其是的弊端，国家就可以从宏观上统一调控全社会商品流通。

二、进一步完善商品市场机制

市场和商品流通紧密相关，完善商品市场机制，就是从宏观上改善商品流通的条件。因此，充善商品市场机制，也是宏观流通体制改革的重要内容。进一步完善商品市场机制，必须从以下几个方面入手。

第一，强化市场宏观协调和控制的能力，创造一个可以控制、可以调节的商品市场。

社会主义经济是有计划的商品经济。在社会主义经济条件下，建立整个社会经济的自觉调节和控制与商品经济的平等自由运行是紧密联系在一起的，二者不能互相脱节。建立一个可以控制、可以调节的市场是实现国家计划，保证商品自由流通的基础条件。要想建立一个可以控制的市场，首先必须统一全国市场。全国市场统一，地区封锁、部门分割的局面才能彻底打破，跨部门、跨行业的自由交换才能真正实现，商品流通才能畅行无阻。全国市场统一，国家对整个商品流通才能进行有计划的调节与控制，商品市场机制作用才能有条件发挥。其次，变以行政手段控制为主为以经济、法律手段控制为主。这样既能保证经营者不受各种干预自主经营，又能保证政府部门集中精力研究、处理宏观方面的问题。最后，对所有经营者进行控制。目前在流通领域中多种经济形式并存，除了国营企业以外，还有集体、个体、中外合资、合作、各种联合体等经济形式。在这种情况下，如果只控制某种商业形式，不仅难以稳住全局，而且会在捆住某一种商业形式的同时，让其他商业形式有机可乘。这样，市场机制的作用就不能真正发挥。

第二，创造平等的竞争条件，使各种商业形式在平等的条件下展开竞争。

平等的竞争条件，是商品正常流通的前提。各种商业形式在平等条件下竞争，市场机制的作用才能充分发挥。从我国目前情况看，由于体制和政策方面的原因，商品经营者仍处于不平等的竞争地位。一方面，国营商业、供销社商业在某些方面处于垄断地位，竞争条件优于个体、新集体等商业形式；另一方面，国营商业、供销合作社商业又没有足够的经营自主权，缺少必要的自我调节机制手段，这样，竞争条件又劣于个体、新集体等商业形式。再加上各种商业形式的隶属关系不同，对各种商业形式的政策也各不相同。所以，在我国市场上，各种商业形式并没有真正地展开竞争。由于真正的市场竞争没有形成。就不能通过市场竞争优胜劣汰，市场机制的作用就受到不应有的限制。这样，就有碍于市场的进一步繁荣。

创造平等的竞争条件，首先必须冲破传统观念的束缚，牢固地树立商品经济观念，按商品经济的要求组织商品流通。其次，从宏观上控制供给与需求，努力创造供给略大于需求的市场环境。再次，理顺价格体系，完善价格管理体制，给商品经营者定价权。最后，真正赋予经营者独立经营的权力，使经营者真正处于独立经营的主体地位。

第三，完善市场监督体制，加强市场管理。

完善市场监督体制，加强市场管理，是市场机制正常运行的根本保证。没有完善的市场监督体制，放松市场管理，市场秩序就会大乱，各种违法经营就会横行。这样，市场机制的作用就无从发挥，改革也无法继续进行。

完善市场监督体制，加强市场管理，必须制定切实可行的经济法规和有关管理市场的经济政策，使参加市场交换的单位和个人，有法可依，有章可循。同时，还要建立健全相应的司法机构和市场管理机构，并且真正做到违法必究、执法要严，及时地惩处各种违法经营。只有这样，才能确保市场机制正常运行。

三、加强商业立法，发展和巩固改革成果

随着流通体制改革的深入发展，整个流通领域越放越活，多种经济成分并存、多渠道流通的局面初步形成。在这种条件下，要求参与流通的单位或个人要有统一的行为准则。流通领域复杂的经济关系，客观上要求以法律的形式进行调整和规范。通过立法确定经营者的权利和义务，不仅可以确保经宫者的合法权益，而且消费着的利益也能得到有效的维护。从我国目前情况来看，由于缺少必要的商业立法，商品经营者无法可依，致使一些经济纠纷不能及时处理，经营者的利益受到不应有的损害也投诉无门，损害消费者利益的行为也时有发生。从上可以看出，加强商业立法势在必行。

当然，制定法律是一个复杂的问题，有些问题还把握不准。有待进一步观察。但也不能以此就把必要的立法无限期地拖下去。新中国成立已30多年，粉碎“四人帮”也已10多年，根据我国流通体制改革的进展情况，对于把握准的问题，应该及早立法。例如，理论界一致公认应该真正赋予企业独立经营的权利，党中央文件也一再申明，但企业独立经营的权利一直不能真正行驶，对企业的各种摊派也一直得不到纠正，这就是因为企业没有真正受到法律保护。鉴于这种情况，可以通过制定“商业企业法”从根本上解决。其他如个体商业法也应及早制定。

法的稳定性也是相对的，随着经济形势的发展，也可以按照一定的程序进行修订。如果过分强调把握不准，无限期地拖延立法，改革的成果就不能从法律上得到保护，继续深化改革就不能顺利进行。

本文原载于《山东商业经济》1987年第6期，1990年1月获山东省第四次社会科学优秀成果三等奖。

社会主义优越性的发挥是一个历史过程

宋士昌　郝宪印

社会主义制度的优越性，是指社会主义制度较之以往的社会制度远为先进的独具的本性。社会主义制度的优越性，随着社会主义社会的产生而产生，并将随着社会主义社会的发展、完善而日益有力地显示出来。社会主义自身从其不成熟的初级阶段到成熟的高级阶段要有整整一个历史时代。所以，社会主义优越性由初步发挥到充分发挥，也必然是一个长期的历史过程。

一

社会主义首先在落后国家取得了胜利，社会主义在世界上最终战胜资本主义也许需要更长的时间，因此，对社会主义的优越性问题必须有个正确的估计。

按照马克思、恩格斯的设想，社会主义将首先在资本主义最发达的国家取得胜利。恩格斯在《共产主义原理》一文中指出："单是大工业建立了世界市场这一点，就把全球各国的人民，尤其是各文明国家的人民，彼此紧紧地联系起来，致使每一国家的人民都受着另一国家的事变的影响。此外，大工业使所有文明国家的社会发展得不相上下，以致无论在什么地方，资产阶级和无产阶级都成了社会上两个起决定作用的阶级，它们之间的斗争成了我们这一时代的主要斗争。因此，共产主义革命将不仅仅是一个国家的革命，而将在一切文明国家里，即至少在英国、美国、法国、德国同时发生。”①恩格斯还展望了发达国家社会主义革命胜利后的前景。1882年9月12日，恩格斯在致卡·考茨基的信中说：“只要欧洲和北美一实行改造，就会产生巨大的力量和做出极好的榜样，使各个半文明国家自动地跟着我们走，单是经济上的需要就会促成这一点。”②

但是，历史的发展却把落后的我国推到了前沿。由于帝国主义政治经济发展的不平衡，具有中等资本主义发展水平的俄国成了矛盾的聚焦点，成为帝国主义链条中的薄弱环节，最后在布尔什维克党的领导下实现了社会主义革命的胜利。随后，一系列欧亚国家(甚至比俄国更落后)因当时特定的历史条件如世界战争、国内矛盾激化，无产阶级政党成熟，等等，也相继走上了社会主义道路。社会主义革命没有在发达国家爆发，而不发达的落后的国家却率先进入了新的社会。

社会主义首先在落后国家的胜利，使世界历史进入了资本主义和社会主义两种社会形态并行的时代，发达的资本主义和不发达的社会主义共存的状况，给我们展示了这样一个矛盾的现实：社会主义由于在一个时期内经济水平落后于发达资本主义国家，甚至差距很大，因而社会主义优越性在短期内还来不及也不可能充分地发挥出来。也就是说，在社会制度上社会主义是资本主义的明天；而在经济水平上，社会主义国家却是发达资本主义国家的昨天或前天。与之相适应，资本主义国家的物质生活和精神生活反而比较容易对社会主义国家的一些人产生较大的诱惑力。实际上，我们应该清楚，社会主义制度的建立，仅仅是为其优越性的发挥提供了一种客观可能性，在实践中能否真正发挥出来，还有待于人们的主观努力。正如毛泽东同志指出的：“社会主义制度的建立给我们开辟了一条达到理想境界的道路，而理想境界的实现还要靠我们的辛勤劳动。”③也就是说上述历史矛盾的解决还有待于社会主义自身的迅速发展，特别有待于生产力发展水平赶上并超过资本主义。邓小平同志对此也有过精辟的论述，他指出，我们应坚持社会主义，但要进一步建设对资本主义具有优越性的社会主义，首先必须摆脱贫困的社会主义。现在虽然我们也在搞社会主义，但只有到了下世纪中叶，达到了中等发达国家的水平，才能理直气壮地说社会主义优越于资本主义，

① 《马克思恩格斯选集》第1卷，人民出版社1972年版，第221页。

② 《马克思恩格斯全集》第35卷，人民出版社1971年版，第353页。

③ 《毛泽东选集》第5卷，人民出版社1977年版，第386页。

才能说真的搞了社会主义。这就明确地告诉我们，只有创造出高度发达的生产力和比资本主义更高的劳动生产率，才能较为充分地展示社会主义的优越性，上述历史矛盾才能得到初步解决。无疑，这将是一个需要几代人努力的长期的历史过程。

二

社会主义的发展是一个长期的历史过程。现在，我国还处在社会主义的初级阶段，所以社会主义优越性的发挥还要直接受到初级阶段社会历史条件的制约。

社会主义是资本主义基本矛盾激化的必然产物。使社会主义脱胎出来的那个社会的政治、经济和思想文化等既可以是社会主义得以建立的基础，又可以说是制约社会主义社会发展的历史障碍。与之相适应，社会主义优越性的发挥同样要受到这些条件的制约，这种制约将随着社会主义制度的发展、成熟而逐步减弱。

我国社会主义初级阶段对社会主义优越性发挥的制约，主要表现在以下几个方面：

第一，社会生产力落后，物质文明不发达。列宁指出："社会主义的唯一的物质基础，就是同时也能改造农业的大机器工业。"[①]就是比资本主义更高的社会生产力和劳动生产率。就目前来看，我们不仅没有实现这个目标，而且在生产力发展水平上与发达资本主义国家还有很大差距。正如党的十三大报告指出的，我们当前突出的景象是：十亿多人口，八亿在农村，基本上还是用手工工具搞饭吃；一部分现代化工业，同大量落后于现代水平几十年甚至上百年的工业，同时存在；一部分经济比较发达的地区，同广大不发达地区和贫困地区，同时存在；少量具有世界先进水平的科学技术，同普遍的科技水平不高，文盲半文盲还占人口近1/4的状况同时存在。这些无疑都制约了我国社会主义制度优越性的发挥。

第二，生产力落后，决定了在生产关系方面，发展社会主义公有制所必需的生产社会化程度还很低，商品经济和国内市场很不发达，自然经济和半自然经济占有相当比重，社会主义经济制度还不完善。现在我们正在积极

① 《列宁选集》第4卷，人民出版社1972年版，第549页。

改革旧有的僵化经济模式，这必然要经过一个较长的阵痛期。社会主义从制度上带来的优越性只能是初步的发挥。我们摆脱了资本主义由于盲目竞争带来的危机，但又陷入了由于僵化体制造成的“短缺”僵局。如何摆脱这个困境，已成为我们目前改革的中心议题之一。

第三，按劳分配还在因种种情况而得不到完全彻底的贯彻执行。作为基本分配形式的按劳分配还在与其他非按劳分配形式并存。社会主义的优越性之一在于社会主义能有一个公平的分配，但现实还差得很远。由于生产力水平比较低，目前虽然以社会主义公有制为主体，但同时还存在着多种经济成分。与之相适应也还存在着多种分配方式，如按劳分配、按股分红、平均分配等。所以，尽管社会主义的分配制度代替了资本家无偿占有的剥削制度，但在它的初级阶段，按劳分配还不能彻底实现。

第四，在上层建筑方面，建设高度社会主义民主政治所必需的一系列经济、文化等条件很不充分，封建主义、资本主义腐朽思想和小生产习惯势力在社会上还有广泛影响，并且经常侵袭党的干部和国家公务员队伍。所以，社会主义初级阶段虽然建立了人民当家作主的政权，但在人民当家作主实现的程度上，社会主义民主的形式上，还受着历史的、体制的和思想意识等诸方面的束缚。为此，必须进行长期的建设性工作，这是一条不为人们的意志为转移的客观规律。

正因为社会主义初级阶段对其优越性的发挥有这样多方面的制约，所以，尽管人们已经初步见到了社会主义给自己带来的好处，但社会主义的优越性并没有也不可能充分地发挥出来。

三

人们对社会主义社会发展阶段的认识是一个由浅入深的历史过程，而人们主观认识的正确与否又极大地影响着社会主义优越性的发挥。

马克思在《哥达纲领批判》一文中认为，未来社会要经历三个互相衔接的阶段，即从资本主义到共产主义的革命转变时期、共产主义的第一阶段、共产主义高级阶段。列宁则明确地把共产主义第一阶段定为社会主义社会，并根据俄国的实践提出了“初级形式的社会主义”和“发达社会主义”的概念。列宁逝世后，斯大林在 1936 年宣布过渡时期结束，苏联建成社会主义，并在 1939 年联共十八大上提出了向共产主义过渡的任务。赫鲁晓夫在

1959年苏共二十一大上则进一步提出苏联已“进入全面开展共产主义社会建设的时期”，1961年二十二大上又宣布苏联要在“20年内建成共产主义”，“当今一代苏联人将生活在共产主义制度中”。勃列日涅夫上台后提出了建设发达社会主义问题，认为苏联经济进入比较成熟、比较完善的“发达社会主义”。安德罗波夫在提法上较之又后退一步，认为苏联仍处在发达社会主义“这一漫长历史阶段的起点”，提出苏联面临的任务是“完善发达的社会主义”。戈尔巴乔夫继承了安德罗波夫的观点，明确指出苏联的战略任务是在加速社会经济发展的基础上有计划地和全面地完善社会主义。1986年10月1日，他在全苏高等学校社会科学教研室主任会议的讲话中又明确提出，苏联社会主义尚在发展中。

在我国，对社会主义阶段的认识也经过了一个曲折的过程。早在民主革命胜利前夕，毛泽东同志就指出，我国的社会情况是我们解决“一切问题的基本出发点”①。1957年在《关于正确处理人民内部矛盾的问题》的讲话中又指出：“我国社会主义制度还刚刚建立，还没有完全建成”，这个制度将经历一个从“很不完善”到“完全建成”的长期过程。② 但这一正确思想没有坚持下去，几次“左”的错误使我们愈益背离了这一思想。直到粉碎“四人帮”以后，特别是党的十一届三中全会以来，我党才得以真正冷静下来，认真总结了以往的经验教训，全面分析了我国的国情，得出了我国社会主义制度还处在初级阶段的结论。由此出发，我们党及时地作出了工作重心转移到经济建设上来的决策，并为之进行了全面的经济体制改革和着手进行政治体制改革。党的十一届三中全会以来路线、方针、政策的制定和社会主义建设大好形势的出现以及社会主义优越性的正常发挥都是与我们党对所处阶段的正确认识分不开的。但是，正如党的十三大报告所指出的，社会主义初级阶段是个很长的历史发展过程，我们对于社会主义初级阶段的状况、矛盾、演变及其规律的认识，在许多方面还知之不多，知之不深，必须在实际工作中进一步探索。这就决定了社会主义优越性的发挥仍将是一个逐步的、长期的历史过程。

① 《毛泽东著作选读》下册，人民出版社1986年版，第658页。

② 参见《毛泽东著作选读》下册，人民出版社1986年版，第768页。

四

弄清社会主义优越性的发挥是一个历史过程，这在理论上和实践上都有很大意义。

首先，有助于克服人们思想中对社会主义僵化教条的认识，启迪人们的改革思想。如上所述，社会主义制度的优越性必然要随着自身的逐步成熟、完善，经历一个长期的由初步发挥到充分发挥的历史过程。而在社会主义的不同阶段又各有不同的历史局限性。所以，我们只有充分认识社会主义各个不同阶段给社会主义优越性的发挥带来的制约，才能从实际出发，使社会主义的优越性较好地发挥出来。但是，长期以来人们对社会主义及其优越性抱着一种教条主义的态度，认为只要到了社会主义社会一切矛盾都会消失，社会主义优越性就会摆脱一切社会历史的制约而全部迸发出来。斯大林在《苏联社会主义经济问题》一书中就曾不恰当地强调所谓社会主义在道义上和政治上的完全一致，而忽视了不同历史发展阶段对社会主义优越性的制约，所以，只有打破对社会主义认识上的教条主义，树立社会主义优越性的发挥是一个历史过程，要受社会主义社会成熟程度制约的新观念，才能理解改革的必要性，强化改革意识，并通过改革，使社会主义制度日趋健全和完善，使社会主义优越性一步步地、较好地发挥出来。

其次，是克服"左"倾错误思想的重要武器。回顾我们的历史不难发现，每当党和政府对社会主义发展阶段及其优越性的发挥程度有一个正确估价时，社会主义建设事业就顺利发展。反之，超越社会主义发展阶段，夸大现实社会主义优越性的发挥程度，就会犯"左"倾冒进的错误。苏联社会主义建设中存在这个问题，中国也存在这个问题。1958年以前，由于我们对我国社会主义建设所处的阶段有比较清醒的认识，所以经济建设发展比较快。但是，当时对社会主义优越性发挥的长期性却很少有一个正确认识，多数人不敢也不能正视我们从一个半殖民地半封建社会的废墟上建设社会主义的困难，盲目地认为只要建立了社会主义制度，一切困难很快即可解决，只要不断调整、改变社会主义生产关系，社会主义社会便会不断向前发展。结果导致了"共产风""大跃进"的错误和挫折。事实上，对社会主义优越性的教条认识到了一定程度就会逐渐向唯意志论转化，所以，"大跃进"期间"人有多大胆，地有多大产"的豪言壮语，"文革"期间"灵魂深处闹革命"的惊世之论的出现也就不足为怪了。此外，我们之所以犯了许多“左”的错误，这与我们教条地理解经典作家关于社会主义优越性的论述有一定的关系。马克思和恩格斯谈论社会主义优越性时谈的都是发达国家实现社会主义的情况。但是，把经典作家的这种思想，不加分析地用于指导落后国家无产阶级革命胜利后社会主义建设的实践，自然容易犯急性病。如果我们能够明确，社会主义优越性的发挥是一个客观的、历史的过程，这就会使我们比较客观地面对现实，在工作中少犯错误。

本文原载于《理论学刊》1988 年第 3 期，1990 年 1 月获山东省第四次社会科学优秀成果三等奖。

毫不动摇地坚持党的基本路线

徐文泽

江泽民同志在中国共产党第十四次全国代表大会上的报告中指出："十四年伟大实践的经验，集中到一点，就是要毫不动摇地坚持以建设有中国特色社会主义理论为指导的党的基本路线。这是我们事业能够经受风险考验，顺利达到目标的最可靠的保证。"只有深刻理解和牢牢把握为什么要毫不动摇地坚持党的基本路线和怎样毫不动摇地坚持党的基本路线，才能提高贯彻执行党的基本路线的坚定性和自觉性，为加快改革开放和现代化建设步伐，夺取有中国特色社会主义事业的更大胜利作出应有的贡献。

一、毫不动摇地坚持党的基本路线，是我们的事业能够取得胜利的最可靠保证

党的基本路线，是马克思主义理论与中国社会主义实践相结合的产物。自1956年完成了生产资料私有制的社会主义改造以后，我国就进入了社会主义社会。但在如何进行社会主义建设的问题上，我们经历了一个长期探索的过程。党的八大正确分析了国内形势和国内主要矛盾的变化，提出了党在今后的主要任务，就是集中力量来解决"人民对经济文化迅速发展的需要同当前经济文化不能满足人民需要的状况之间的矛盾"，"把我国尽快地从落后的农业国变为先进的工业国"。但后来这条正确的路线就逐渐地为"以阶级斗争为纲"和"在无产阶级专政下继续革命"的错误路线所取代，使我们付出了沉重的代价。错误和挫折教育了人民。以邓小平同志为代表的中国共产党人运用马克思主义的科学的世界观和方法论，认真总结了中国

社会主义实践的历史经验，科学分析了中国的国情，逐步形成了以建设有中国特色社会主义理论为指导的党的基本路线。在1978年召开的党的十一届三中全会上，我们党毅然抛弃了“以阶级斗争为纲”这个“左”的错误路线，把党和国家的工作中心转移到经济建设上来，同时作出了实行改革开放的伟大战略决策。接着又针对拨乱反正过程中出现的错误思潮，旗帜鲜明地强调了必须坚持社会主义、坚持人民民主专政、坚持中国共产党的领导、坚持马列主义毛泽东思想。这就提出了以经济建设为中心，坚持改革开放和坚持四项基本原则，为党的基本路线的形成奠定了基础。后来，在1981年十一届六中全会通过的《关于建国以来党的若干历史问题的决议》中，对社会主义的主要矛盾作出了明确的论断，即人民日益增长的物质文化生活的需要同落后的社会生产之间的矛盾，恢复了八大的提法。1982年召开的党的十二大，提出“把马克思主义的普遍真理同我国的具体实践结合起来，走自己的路，建设有中国特色的社会主义”的思想，确立了在20世纪末实现国民生产总值翻两番和到下世纪中叶基本实现社会主义现代化的战略目标。1987年召开的党的十三大，系统地论述了我国社会主义初级阶段的理论，明确阐述了党的基本路线。指出在社会主义初级阶段，我们党的建设有中国特色的社会主义的基本路线就是：“领导和团结全国各族人民，以经济建设为中心，坚持四项基本原则，坚持改革开放，自力更生，艰苦创业，为把我国建设成为富强、民主、文明的社会主义现代化国家而奋斗。”“一个中心、两个基本点”是这条路线的简明概括。由上可见，党的基本路线，是党的八大后几十年经验教训的总结，是党的十一届三中全会路线的丰富和发展，是马克思主义基本原理同中国社会主义实践相结合的产物。

党的基本路线，是我们的事业能够经受风险考验的唯一正确的路线。党的十四大报告指出：十一届三中全会以来，在以邓小平同志建设有中国特色社会主义理论为指导的基本路线的指引下，我们党和人民锐意改革，努力奋斗，整个国家焕发出了勃勃生机，中华大地发生了历史性的伟大变化。在整个20世纪80年代，我国国民生产总值每年增长速度为8.9%，大大高于世界平均2.8%的速度，也高于美国的3%、日本的4.3%、法国的2.5%、英国的2.2%的速度。1978～1991年，我国的原煤、水泥、棉花、棉布、谷物、油料、肉类产量由世界二三位跃居第一位，其他许多产品产量也跃居世界前列。随着经济的发展，人民生活水平也有了很大提高，鸡蛋、肉类和食用植物油人均消费量高于发展中国家平均水平、接近世界平均水平，科技、教育和医疗保健事业也取得了引人瞩目的成就。现在我国 11 亿人民正在解决温饱的基础上向小康迈进。正因为在基本路线的指引下我们取得了巨大成就,所以我们就能经受住风险考验。1991 年在遇到历史上罕见的洪涝灾害的情况下,灾区人民很快恢复了生产,人民生活得到了保障,社会秩序和生产秩序都很正常。这同旧社会每次遇到大灾后灾民流离失所,许多人病饿而死,社会秩序混乱,经济萧条的情况相比,确实是奇迹。在国际风云变幻、东欧剧变、苏联解体、世界社会主义运动受到挫折转入低潮的冲击下,我们的社会主义国家却像泰山一样屹立在世界的东方。14 年的实践雄辩地证明,党的基本路线,是我们的事业能够经受住风险考验的唯一正确的路线。在今后改革开放和社会主义现代化建设的道路上,必然还会出现艰难险阻,但只要我们毫不动摇地坚持党的基本路线,我们就会无往而不胜。

党的基本路线是我们顺利达到目标的最可靠的保证。我们的目标是宏伟而艰巨的。按党的十二大确定的三步走的战略,我们的目标是在 20 世纪末实现国民生产总值翻两番和到 21 世纪中叶基本实现社会主义现代化,然后在这个基础上继续前进。党的十四大报告指出:"我们从事的事业,就是坚持党的基本路线,通过改革开放,解放和发展生产力,建设有中国特色的社会主义。""它的实质和目标,是要从根本上改变束缚我国生产力发展的经济体制,建立充满生机和活力的社会主义新经济体制,同时相应地改革政治体制和其他方面的体制,以实现中国的社会主义现代化。"报告还强调指出,我国经济体制改革的目标是建立社会主义市场经济体制,这是一项艰巨复杂的社会系统工程。要实现上述目标,实际上就是要解决一个主要矛盾,这就是人民日益增长的物质文化生活的需要同落后的社会生产之间的矛盾。社会主义初级阶段的这个主要矛盾,决定了社会主义初级阶段的根本任务就是集中力量发展生产力,实现工业化和生产的商品化、社会化、现代化。为了顺利完成这个任务,就要建立和完善社会主义市场经济体制。而社会主义市场经济体制,是人类历史上一种崭新的经济体制。它既不同于原来社会主义计划经济体制,又不同于资本主义市场经济体制,既要充分发挥价值规律和市场调节的作用,又要坚持公有制的主体地位。这种体制的建立和完善,必然会引起我国经济、政治、科技、文化、教育等一系列体制和观念的重大变革。这个任务是相当艰巨和复杂的,短时间内是不可能完成的。而党的"一个中心、两个基本点"的基本路线,就是指引我们完成这些艰巨而复杂的任务、顺利达到目标的最可靠的保证。

党的基本路线,是社会主义现代化建设规律的正确反映。为什么党的基本路线是我们事业能够经受风险考验、顺利达到目标的最可靠的保证呢?我认为最根本的是因为党的基本路线,是以马克思主义与中国实践相结合的建设有中国特色社会主义理论为指导的,它符合中国的国情,反映了社会主义现代化建设的规律。发展生产力是一切社会进步的物质基础,也是社会主义优越性赖以充分发挥的物质基础。在当今世界,科学技术日新月异,国际经济文化交流日益广泛,任何国家都不可能在封闭僵化的状态下发展自己的经济和文化,要发展经济和文化,实现现代化,都必须以经济建设为中心,并且要实行改革开放政策。比如高速发展的亚洲"四小龙",尽管他们各有自己的特点和经验,但都是紧紧抓住经济建设这个中心,并且经常对部分上层建筑、生产关系、产业结构进行必要的改革、改良和调整。同时,实行对外开放的外向型经济发展战略,不断扩大进出口贸易,积极参与国际经济大循环,这就大大促进了他们经济的发展和实现现代化的步伐。我们是社会主义国家,我们要实现的是社会主义现代化,因此必须以经济建设为中心,坚持改革开放,同时还必须坚持四项基本原则。以经济建设为中心,坚持改革开放,坚持四项基本原则,这是社会主义国家实现现代化的客观规律。尤其像我们中国这样落后的国家,只有坚持"一个中心、两个基本点",才能加速经济发展,取得社会主义现代化建设的更大胜利。当然,党的基本路线的具体内容及与此相关的方针政策,还要在实践中继续丰富、完善和发展。但就其主要内容"一个中心、两个基本点"来讲是不能改变的。如果不坚持以经济建设为中心,不坚持改革开放和四项基本原则,只能是死路一条。只有毫不动摇地坚持党的基本路线,艰苦奋斗上百年,才能把我国建设成为富强、民主、文明的社会主义国家。

二、毫不动摇地坚持党的基本路线,要警惕右,但主要是防止"左",要正确处理"一个中心、两个基本点"的关系

毫不动摇地坚持党的基本路线,就要准确把握党的基本路线。党的十四大报告指出:"在把握'一个中心、两个基本点'的问题上,在党内特别是领导干部中要警惕右,但主要是防止'左'。"现在,有右的东西影响我们,也有

“左”的东西影响我们。右的表现主要是否定四项基本原则，搞资产阶级自由化，甚至制造政治动乱。“左”的表现主要是否定改革开放，把改革开放说成是引进和发展资本主义，认为和平演变的主要危险来自经济领域，甚至用“阶级斗争为纲”的思想影响和冲击经济建设这个中心。在对待建立社会主义市场经济体制的问题上，把市场经济等同于资本主义，不敢学习和借鉴资本主义好的经验和做法，来建立和发展我们的社会主义市场经济体制，这是当前和今后一段时间内，加快改革开放和建立社会主义市场经济体制的一种主要障碍。把社会主义市场经济等同于资本主义市场经济，把生产资料公有制同市场经济对立起来，企图在建立社会主义市场经济体制中否定公有制的主体地位，这是右的突出表现，也是当前和今后一段时间，加快改革开放和建立社会主义市场经济体制中的一种不可忽视的思想倾向。右可以葬送社会主义，“左”也可以葬送社会主义。若不排除这些“左”右错误思想的干扰和影响，就不能加快改革开放和现代化建设的步伐，就不能使社会主义的优越性得到进一步发挥。要警惕右，但主要是防止“左”。在我党的历史上，“左”的思想根深蒂固，而且又带有革命的色彩，动辄拿大帽子吓人，好像越“左”越革命。改革开放要探索和开辟新的道路，突破束缚生产力发展的体制和观念，建立和发展社会主义市场经济体制，阻力主要来自“左”。不克服“左”的思想影响，改革开放就迈不开步子，更谈不上加快，这就势必丧失机遇，导致社会主义在世界激烈的经济竞争中失败。因此，一定要认清“左”的危害、根源和实质，克服右是立场问题，“左”是方法问题，右倾危险，“左”倾保险的思想，从“左”的禁锢中解放出来。当然，现实生活中也确实存在着右的干扰，国际敌对势力并没有放松对我国意识形态的渗透，国内那些顽固坚持资产阶级自由化立场的人也并没有改弦更张，在建立社会主义市场经济体制中，还会顽强地表现自己。因此，在主要是防“左”的同时，也要警惕右。在注意克服一种倾向的同时，要注意被掩盖着的另一种倾向。这是一条反倾向斗争的基本经验。只有主要防止“左”，同时警惕右，才能排除右的干扰，冲破“左”的束缚，准确把握党的基本路线，加快改革开放和现代化建设的步伐。

毫不动摇地坚持党的基本路线，就要正确处理“一个中心”与“两个基本点”的关系，坚持以经济建设为中心不动摇。“一个中心”与“两个基本点”是一个有机的整体，它们之间有着密切的联系，不可分割，相互依存，相互促进。坚持以经济建设为中心，决不能忽视或动摇“两个基本点”，强调“两个基本点”的重要，也决不能代替或冲击经济建设这个中心。它们都各有自己的地位和作用，不能互相代替。这里应该特别强调，党的基本路线是“一个中心”而不是两个中心。“一个中心”离不开“两个基本点”，“两个基本点”要紧紧围绕“一个中心”，服从于和服务于“一个中心”。党的十四大报告指出：“坚持党的基本路线不动摇，关键是坚持以经济建设为中心不动摇。”社会主义基本制度建立后，我国社会的主要矛盾已经不是阶级斗争，经济建设已经成为我们的中心任务。除非发生大规模外敌入侵，无论在什么情况下都不能动摇这个中心。这14年，尽管国际国内发生了这样那样的重大事件，我们都没有动摇这个中心，今后还必须坚定不移地这样做。现在坚持以经济建设为中心不动摇，就要全面落实十四大报告提出的20世纪90年代改革开放和建设的十项主要任务，当前特别要注意围绕建立社会主义市场经济体制，加快经济改革步伐，转换国有企业特别是大中型企业的经营机制，把企业推向市场；进一步扩大开放，更多更好地利用国外资金、资源、技术和管理经验；积极推进政治体制改革，行政机关切实要精兵简政，提高效率，转变职能，从而加速市场体系的培育，促进市场经济的发展。

毫不动摇地坚持党的基本路线，就要正确处理“两个基本点”之间的关系，把改革开放同四项基本原则统一起来。坚持改革开放和坚持四项基本原则这两个基本点是相互依存、相互渗透、辩证统一的。四项基本原则是立国之本，是改革开放的根本保证；改革开放是强国之路，它赋予四项基本原则新的时代内容。如果不用发展的眼光而用僵化的观点看待四项基本原则，就会怀疑甚至否定改革开放的总方针；如果用自由化的观点看待改革开放，就会使改革开放离开社会主义轨道；如果用“左”的观点看待改革开放，就会把改革开放说成是引进和发展资本主义。党的十四大报告指出：“有中国特色的社会主义所以具有蓬勃的生命力，就在于它是实行改革开放的社会主义。我们的改革开放所以能够健康发展，就在于它有利于巩固和发展社会主义的改革开放。坚持四项基本原则，坚持改革开放，都是为了更好地解放和发展生产力。”只有正确处理两个基本点之间的关系，把改革开放同四项基本原则统一起来，才能坚定地自觉地贯彻执行党的基本路线，促进我国社会主义生产力的迅速发展。

毫不动摇地坚持党的基本路线，就要正确处理物质文明建设与精神文明建设的关系，坚持两手抓，两只手都要硬。党的十四大报告指出：“物质文明和精神文明都搞好，才是有中国特色的社会主义。”并强调“要两手抓，两只手都要硬，把社会主义精神文明建设提高到新水平”。只有在抓好物质文明建设的同时，进一步抓好精神文明建设，才能为经济建设和改革开放提供强大的精神力量和智力支持，创造安定团结的良好社会环境，加速改革开放和现代化建设的步伐。这些年来，我们的两个文明建设都取得了巨大成就，但相对来说，精神文明建设仍然比较薄弱。要改变这种状况，把社会主义精神文明建设提高到一个新水平，需要做的工作很多。但我认为，根据十四大报告提出的“精神文明重在建设”的指导方针和各地实际情况，当前应该突出抓好两个建设。一是思想建设，要通过理论联系实际的教育和学习，使全体人民特别是领导干部深刻认识精神文明建设在改革开放和现代化建设中的重要地位和作用，认识到它与经济建设不但不相矛盾，而且是互相促进的，从而在实践中像抓物质文明建设一样去抓精神文明建设，不尚空谈，不做表面文章，而是采取切切实实的措施，大力发展教育、科学、文化事业，提高人民的思想道德和科学文化素质。二是加强法制建设，不仅做到有法可依，更重要的是采取切实有效的措施，使全体人民特别是领导干部真正做到有法必依，执法必严，违法必究，对改革开放和现代化建设中的各种犯罪活动和丑恶现象，坚决扫除，决不姑息。只有如此，才能克服一手比较硬一手比较软的状况，把精神文明建设提高到一个新水平。从而加速经济建设和改革开放步伐，为夺取有中国特色社会主义事业的更大胜利作出更大贡献。

本文原载于《理论学刊》1993 年第 1 期，1994 年 12 月获山东省第九次社会科学优秀成果三等奖。

试论价值类型的特征、演化和划分

刘秀芬

遵循唯物论的能动的反映论，运用辩证的历史发展观，研究和探讨价值类型的特征及其演化和划分，就会得知，价值类型与创价实践活动具有内在的同一性。

一

人类总要探究世界的过去、现在和未来，并通过自己的行动方式，创造一个属于自己的、为我的世界，即价值世界。这种周而复始的社会历史现象，就使人们发现和发展行动理论与价值理论之间的密切关系成为必然。

创价活动是价值世界和价值类型的客观基础，价值世界和价值类型是人类自身的创价活动创造的。人类丰富多彩的创价活动，满足了不同的价值主体各不相同的价值欲望，形成了人类价值关系的复杂系统，创造和形成了价值类型的基本特征。

从主体方面说，人自身结构和规定性的每一方面都对客体产生需要，有多种物质需要，又有多种精神需要，主体所进行的价值创造，始终不仅仅是物质价值的创造，也是精神价值的创造。所以，主客体的价值关系必定是多样的，价值类型也必然具有多样性。况且，随着创价活动的发展，人类历史的进步，人类通过"获得性遗传或积累起来的遗传"，不断发现和发展自己的本质结构和规定性，也就使自己同自然界的价值关系不断在性质、数量、方向上无限地扩展，由此决定人类创价活动的方向和内容也是不断向前、愈益丰富的，也就不断增长着新的价值类型。从客体方面说，自然界可供主体利用的客体及其属性是无限丰富的，随着人类创价活动的发展和人类历史的进步以及人的本质力量的增强，自然界可供主体利用的客体及其属性的数量、质量又是日益增加着的，人化自然、人造客体以日益丰富的面貌向人们展示着，这样，人同自然界、价值界可供利用的客体及其属性形成的价值关系就是一个不断增加着数量和方向的动态过程，它决定着价值类型也必定是不断生长着的多样性。

价值类型不仅具有多样性，而且还具有层次性。价值类型的层次性在于人类创价活动是一个从质上不断发展的动态过程。这是因为，创价实践活动都是外化和内化的统一，即主体的对象化和对象的主体化、对象世界的创造和对象世界的扬弃的现实统一。这种双向对象化既存在于各个具体的创价活动中，也存在于人类创价活动的历史过程中，正是它，揭示了人和人创造的价值世界共同发展的规律。

价值世界同人的属人本质和主体能力、人的生命和人的对象性活动密切相关。价值世界的生产和再生产，既是人的创价活动本身的内在要求，又是人和人生活于其中的世界发展的必然。列宁曾断言事物的本质有层次性，即所谓初级本质、二级本质、三级本质……以至无穷。那么人们对事物本质的认识过程也是有层次的，在不同认识层面上的创价活动也就具有和显出层次性。人们在创价活动中，不断将自在客体改造成主体化客体，而且根据自身新的认识和新的需要改造过去的或前人的活动，由一级主体化客体再改造成二级、三级以至多级主体化客体，从而推动创价活动的发展。这样，人们在不同认识层次、实践能力上的创价活动，就形成价值类型的层次性。一定层次上的价值类型，一定能在某个范围内某种程度上满足主体的需要，这种满足在性质上有待于更新，在程度上有待于扩展、提高，也就必然要进到更高层次的价值类型。

价值类型还具有历史性。人类的创价活动，具有鲜明的社会特征。创价主体是现实的社会的人，创价活动总是受一定的生产力水平、一定的生产关系的制约，是一个历史的发展过程。创造价值物、更新价值类型，是人的创价活动的直接目的，也是历史发展的基本前提。主体创造的价值能满足人们的需要，但同人的本质力量、同人的社会存在相联系并处在一定历史阶段上的创价活动，不能一劳永逸地满足人们不断发展着的需要。所以，在不同的社会历史时期，实践的对象化，人们的创价活动，往往具有不同的社会历史形式，社会作为客观条件制约着人们的创价活动，规定着活动的起点、范围，规定着主体选择的现实可能性，影响创价活动的目的。但人作为历史创造者是主体，自然界、人类社会和人类思维作为人活动的对象，首先是被改造和创造的对象，人不仅要认识世界，而且还更要改造和创造世界，不仅要改造自然界，而且还要改造社会环境。这样，在人的改变和环境的改变的一致性中，不断实现主客体的新的现实的统一，从而必然要淘汰和抛弃过时的价值关系和价值类型，并理所当然地增加新的现实的合理的价值关系和价值类型。所以，价值类型是历史的发展的，不会是永远如此的。

二

人类创价活动所形成的价值类型，不仅具有多样性、层次性和历史性，而且同社会历史过程具有同一性，其演化和发展是客观的自然历史过程。

一部社会发展史，也就是主客体客观的价值关系的运动的历史，价值类型的演化和发展也就是社会历史运动的表现，是人类漫长的历史性创价实践的结果。

历史一再证明，人的全部活动，就是追求价值、创造和实现价值的过程。自觉地追求、创造价值是人类活动能动性、创造性最深刻的根源。人类在创造和实现价值的活动过程中，会不断满足需要又产生新的需要，不断实现价值又产生新的价值目标，这是价值关系运动的过程，也是社会历史运动的过程，还是人类社会历史运动无限延续、永不止息的根本原因。

社会历史运动的自然历史过程，说到底，是由价值运动的客观历史过程所决定的。从创价主体说，人的各种属性及其发展是客观的、自然的流露和演化，一定历史阶段的创价主体是历史的产物。这是因为，人类具有动物所不可比拟的继承天才，能继承上代人所创造的全部物质文明和精神文明的成果，并且用获得与积累的经验和知识，用新的成就和新的创造丰富它、完善它。这就使得价值类型和形式具有社会历史的品格，并随着历史的进程而不断扩充。这个过程中，虽然有跃迁，但基本上是循序渐进的上升过程。创价主体的现实力量规定着创价活动的范围、方向和方式，而价值对象和对象的变化又能动地现实地复现着人自身，主体的内在尺度就外在地表现为客体变化的内在尺度，价值就是主体内在尺度的现实表现，价值关系的运动，价值类型的演化，也就是主体本质力量的现实运动过程，是其实施和实现的过程。

人和社会的发展的自然历史过程是与人工器官——劳动工具和劳动资料的不断完善相联系的。人类运用怎样水平的生产工具，标志着人类创价能力的高下，而且人类也只能在这种能力所及的范围内活动，超越创价能力的创价活动是不可想象的。人类从制造和使用石器到铜器、铁器，再到制造和使用各种动力机械和自动机器，从单纯依靠自己的自然体力到役使畜力、利用风力、水力、机械力，再到现代的电气化和原子能化，是一个客观的自然历史过程。与此相适应的，是价值关系运动的自然历史过程，是价值类型和形式演变的自然历史过程。

一定阶段上的创价活动总是创价主体有目的的自觉的对象性活动，都是构成价值主客体的具体的历史的统一。人类社会的发展，价值关系运动以及价值类型的演变就是这种具体历史统一的发展过程。

创价主体的目的需要是创价活动的动因，而目的需要的提出，必定依据人的本质力量，依据科学技术的发展提供的创价手段，依据对对象性质及发展规律的认识。原始人改造的客体是没有打上人的印记的自然物，如石头、森林、原野，而封建社会的人们则在开发利用过的园林里采摘，在耕种过的土地上耕耘，资本主义社会改造的客体本身在很大成分上就是主体创造的初级价值物、二级或三级价值物，是价值客体的再加工、再创造。可见，人类的创价活动是合目的性与合规律性的统一，是主客体具体历史统一的历史延续。人们如同不能自由地选择生产力一样，也不能主观任意地选择价值类型，价值认识调控着认识的事实层次，创价活动也调控着价值类型的诞生、发展和演化。所以，从价值关系的运动，从创价活动的发生和发展中，就可揭示出社会自我发展的决定作用，揭示出历史过程中第一性与第二性相互作用最深刻的根源。

价值类型的生成和变迁更离不开人类的生存和发展的活动，并且总是依赖于主体生存发展活动的需要及需要的变迁。而人类生存和发展的历史过程，就是通过改造自然和社会以及自己的本质力量加以满足和发展自己的需要的过程。随着人类生存活动的演变，非价值物变为价值物，价值物变为非价值物。随着人类发展自己的需要，能动的价值创造活动就具有现实的生活要素的特性。由于人类生存和发展的活动都是发展着的多样性，所以主客体间的价值关系是异常丰富的，可以说，人的活动领域的繁杂和价值类型的多寡是同一的自然历史过程。

三

人类主体无限延续的创价活动，创造了价值类型，揭示了价值类型的真正秘密。正因为创价活动是无限的过程，所以价值类型和形式客观上才具有多样性和层次性，才是丰富的和生生不息的。这是价值类型存在的客观性。我们研究价值的存在形态，如果把价值放在主客体关系中，而我们再从价值客体的角度区分价值类型，注重的首先是价值的客观基础，如果我们从价值主体的角度讲，主体需要不同，主客体统一的内容不同，客体所具有的价值也不同。价值类型的划分，从一定意义上讲，就是人对于价值类型多样性、多层性表现的认识和了解。对价值类型的划分，离不开对创价活动的理解。不同主体，总是从不同的出发点，由不同的角度来观测和度量创价活动本身，这样，同一创价活动，同一过程，同一事实和对象，由于不同视角和方位，可以呈现不同形式的价值。这就是价值类型划分的随机性、主观性或相对性。

从价值主体看，可有个人的价值，有各种范围和各个层次的群体的价值。根据价值关系在哪种社会历史共同体的活动中实现可分为阶级的、民族的、社会的以及全人类的价值。从人的价值的内涵又可区分为人生的价值和人格的价值，生命的价值、劳动的价值和能力的价值，人的个人价值和社会价值。如此等等。

从价值客体看，价值分类同人的需要的分类密切相关。从客体满足三体需要的基本方面可分为物质价值和精神价值。在每一类中，又有若干价值层次和形式。如精神价值，它作为满足主体精神生活需要的创价活动和价值对象，似应包括科学价值、知识价值、理想价值、信念价值、宗教价值、审美价值、道德价值等等。物质价值作为满足主体物质需要的创价活动和价值对象，更是丰富多彩的，有满足人生存和发展需要的生存环境、食物资源、医药保健、生态能源的价值，人体物的价值，特别是物质工具的价值。从客体价值产生、发展及作用的性质、程度可分为自然价值、社会价值。自然价值即自然界直接赋予主体、满足主体需要的部分，如阳光、空气对于人生存的价值，健康的身体、生存环境、地理条件、天然资源对于物质价值和精神价值创造和实现的意义，天然艺术品、奇山异川对于满足主体精神需要、心情愉悦的意义。社会价值作为满足主体社会交往和价值创造的需要的价值对象，可具体分为家庭的价值、群体的价值、民族的价值、阶级的价值、国家的价值、民主和自由的价值等等。

根据价值活动的内容，人们又把价值分为生产的价值、生活的价值，分为实践的价值、认识的价值。根据价值关系的运动发展，人们又把价值分为历史的、现实的、潜在的，分为直接的、间接的，分为单纯的、综合的、整体的。根据价值活动发挥职能的社会生活领域，人们把价值分为经济的、政治的、社会交往的、精神的、道德的、艺术的、科学的，根据人自身的生存和发展，还把价值分为生存的、享受的、发展的，分为为人的价值和人的自我价值。

南斯拉夫哲学家B.帕维切维奇也作了价值分类的尝试。他以人的基本需要为标准，把价值分为寻欢作乐的需要得到满足的价值，有实利的价值、活体的或生物的价值（如健康）、社会价值（秩序、社会安全）、道德价值、审美价值。此外，又从另一角度把所有价值分为高级的价值（指精神价值，如认识的、道德的、审美的）和低级的价值（指物质的或有实利的）。①

苏联哲学家阐述了价值分类原则和方法的多样性，指出按照社会历史特征对价值关系内容可分为资本主义的和社会主义的，根据价值关系在哪种社会历史共同体的活动中形成并实现可区分为阶级的和民族的；认为分析价值方针在各种不同的活动部门中的作用时，根据价值在其中实现的活动内容可区分为生产价值和生活价值；把价值作为人们在某种具体条件下进行活动的实际方针的种种职能机制进行比较，同时根据价值内容的社会重要性的程度可分为个人价值和集团价值；认为按价值与活动主体的关系可划分为个人的价值和社会的价值；按各种不同的社会关系可划分为经济的、政治的、法律的、道德的价值；根据价值发挥职能的社会生活基本领域可划分为经济价值、社会价值、政治价值、精神价值；如此等等。我国不少价值论研究的专家学者也就价值分类的方法和原则表述了自己的见解。

根据历史唯物主义对社会生活结构的分析，可以科学地认识基本价值类型。笔者认为，基本价值类型可划分为物质生活价值、社会生活价值、政治生活价值、精神生活价值、人的价值。

物质生活价值是社会生活结构中最基本的价值关系。它是人类存在和发展的基础。人类要生存和发展，必须要消费生活资料，也就必须有物质资

① 参见[苏]梅斯里夫钦科主编：《当代国外马克思列宁主义哲学》，中共中央编译局研究室译，社会科学文献出版社1986年版，第344页。

料的生产和再生产，否则，人类社会一天也不能存在，更不消说什么发展。物质生活过程还是其他创价活动得以进行和实现的先决条件，人必须首先满足衣食住行之需，才能进行社会生活、政治生活和精神生活。

社会生活价值也是人类基本的价值类型。人这个术语，从它一产生就包含着社会性，人类的任何创价活动都是在一定的社会关系中进行，也只有在社会交往活动中才能发展主体的需要，增强人的主体性，提高人类主体的认识能力和创造能力，也正是在这个意义上，人们才把社会关系、交往形式的发展看成人的发展的一种标志。社会团体、群众组织以及家庭、民族的活动，都具有不可替代的现实价值。

政治生活价值也是现实的基本价值类型。人类政治生活，如阶级、国家、政党、法制、民主等活动，是人类社会进入阶级社会以来的基本创价活动，这些活动对于维护正常的社会秩序、对于巩固社会制度及社会制度的变革、对于人类物质文明和精神文明的建设具有十分重要的意义。特别是在现今时代，由于改革开放的深入发展及“一国两制”的新构想，政治生活价值日益为世人所注目。

精神生活价值是又一基本价值类型。精神生活是人区别于动物的根据之一，精神生活的丰富和发展，是人类主体性的体现，是一定社会关系的特殊反映。精神生活在社会生活中占据日益重要的地位，其中科学、道德、审美等，在现今社会中具有非常重要的价值。科学活动真理地把握世界，科学技术在现今世界作为第一生产力，为人类丰富多彩的创价活动提供了客观依据和直接动力，在很大程度上关系到物质文明建设的速度和成败，决定着社会的进步和发展。道德活动是人类高层次的价值要求，无限延续的人类主体对善的不断追求在历史上起着不可低估的作用。审美价值是人类最高的价值欲求，按照美的规律改造世界是人的本质特征。审美活动满足了主体的审美需要，造就了人们的美感，增强了人们的审美能力，正在广泛地渗透于社会生活的各个方面，其价值日益成为人们最关心的问题之一。

人的价值也是基本价值类型之一。人既作为主体又作为客体，这种主客统一体的特殊身份，决定了人的价值的特殊意义。人作为价值关系的客体要以自身的活动和创造满足他人和社会的需要；人作为价值关系的主体，要以自身的活动和创造取得他人和社会的承认，以满足自身存在和发展的需要，实现和发展自身的价值。人只有参与创造价值才有自我存在的价值，才使自我价值表现为类的价值，即人的价值，否则，人就没有主客统一的特殊性,也就没有人的本质和人的价值。人的价值的实现,就是人类个体全面地、自由地、创造性地发展,它是人类的最大幸福,也是人类社会发展的最高价值目标。

本文原载于《理论学刊》1993 年第 6 期,1995 年 12 月获山东省第十次社会科学优秀成果三等奖。

论毛泽东的社会主义商品经济思想

赵丽娜

毛泽东同志在领导中国社会主义建设中，对社会主义商品经济问题曾进行过长期的探索，在一定程度上发展了社会主义商品经济的理论。但是，由于毛泽东对社会主义商品经济的认识还不够彻底，特别是他把阶级斗争看得高于一切，最终还是走上了否定社会主义商品经济的道路。因此，我们有必要对毛泽东社会主义商品经济思想进行系统的探讨和分析，以利于正确对待毛泽东同志的思想遗产，深化对社会主义市场经济的认识。

一

从毛泽东社会主义商品经济思想的发展轨迹看，大体经历了三个阶段：(1)商品经济作为资本主义经济，可以被社会主义利用；(2)社会主义经济是建立在公有制基础上的商品经济；(3)在提出无产阶级专政下继续革命理论之后，对社会主义商品经济持否定态度。

从新中国的成立到社会主义改造的完成为毛泽东社会主义商品经济思想的第一阶段。这个时期的基本观点是，商品经济就是资本主义经济，但它可以为无产阶级政权所利用。早在党的七届二中全会上毛泽东就指出："一切不是于国民经济有害而是于国民经济有利的城乡资本主义成分，都应允许其存在及发展。国内的自由竞争和自由贸易，不但是不可避免的，而且在经济上是必要的。"毛泽东此时是把商品经济看作资本主义经济，但强调了国家控制，并作为新民主义理论的一个内容，在实践中加以贯彻。由于商品经济与资本主义长期被视为同一事物的两个侧面，因而一旦步入向社会主义的过渡时期，就发生了被排挤和被消灭的态势。1956 年社会主义改造的基本完成，使我国排斥商品经济的、高度集中的计划体制基本确立。但毛泽东仍认为，商品经济仍是可以利用的，因为这时的毛泽东也意识到计划体制并不是包医百病的妙方。同年 12 月，他在与民主党派的领导人黄炎培等人谈话时指出："现在我国的自由市场基本性质仍是资本主义的……它与国家市场成双成对。……只要有原料、有销路，就可以搞。"从这段谈话可以看出，毛泽东仍把商品经济看作是资本主义性质的，认为发展商品经济就是发展资本主义，但同时承认在社会主义社会的一定条件下还不能消除商品经济。

第二阶段，从社会主义改造基本完成到"文化大革命"前夕。这一时期，毛泽东认识到社会主义经济是商品经济，但中间也有反复。1956 年，毛泽东接受了陈云在"八大"提出的社会主义基本模式的建议，开始形成计划经济为主、市场调节为辅的思想。但 1958 年在北戴河会议上，毛泽东却提出要破除资产阶级法权，强调生产关系向"一大二公"过渡。在实践中表现为"大跃进"和人民公社化运动，结果给中国经济造成极大的破坏。在纠正这个错误的过程中，毛泽东提出不能剥夺农民，不能超越阶段，强调发展经济，重视价值规律的作用。1958 年 11 月，毛泽东指示全党学习斯大林的《苏联社会主义经济问题》，他的《读书笔记》对否定商品经济的观点进行了批判。在 1958 年 12 月 10 日《关于人民公社若干问题的决议》中明确指出中国社会主义经济还是商品经济。他认识到，我们是商品经济不足的国家，现在又很快进入了社会主义社会，在社会主义建设时期必须有计划地大力发展社会主义的商品生产。但是，1959 年庐山会议以后，毛泽东把阶级斗争看得高于一切，对社会主义商品经济的认识出现了微妙的变化。他在 1959 年底至 1960 年初读苏联《政治经济学教科书》时，批评苏联人把价值规律的作用夸大了，在他看来，社会主义社会的生产领域中，价值规律不起调节作用，起调节作用的只是有计划按比例发展的规律和能够反映这种规律的国家计划。但总的来看，这一时期仍承认要发展一定的商品经济。

第三阶段，十年动乱开始到毛泽东去世。这一时期对商品经济基本持否定态度。一是他提出了建设没有商品经济的、自给自足的、平均主义的社会主义模式。1964 年 5 月 7 日，他在给林彪的一封信里，为中国的社会主义描绘了一幅"蓝图"，即每一个社会单位都是政治、经济、文化、军事的综合体，每一个社会成员都是"亦工亦农、亦文亦武"的全面发展的"共产主义新人"。二是认为社会主义商品经济是旧社会的残余，是产生资本主义的温床。1974年10月，毛泽东在谈到社会主义制度时说："现在还实行八级工资制，按劳分配、货币交换，这些跟旧社会没有多少差别，所不同的是所有制变了。"这样把社会主义条件下的商品生产、货币交换、按劳分配看成了产生资本主义的土壤和条件，把现实中的商品交换、自由市场看成是资本主义的苗子，进而推导出资产阶级人还在、资本主义还在的错误结论。这也必然会导致他最终否定商品经济。搞"文化大革命"，从一定意义上说是毛泽东否定商品经济的实践，但"文革"的失败，最终证明他的构想是错误的。

二

在对社会主义经济建设的探索过程中，毛泽东同志对社会主义商品经济的认识尽管有其历史局限性，但也提出了许多正确的思想，并在前人的基础上有所创新。

第一，毛泽东在马克思主义经济发展史上首次明确使用"社会主义商品生产"的概念，比较清楚地区分了社会主义商品经济与资本主义商品经济的界限，并正确地指出了社会主义条件下存在商品经济的原因。在1958年11月的郑州会议上，毛泽东提议在会议文件中写上"必须生产适宜于交换的社会主义的商品，加上一个'社会主义'"，以便发展"社会主义商品生产"。毛泽东运用矛盾的特殊性和一般性原理，区分了商品经济一般和商品经济的特殊性。从商品经济的特殊性看，"我国现在的情况是，已经把生产资料的资本主义所有制变成了全民所有制，已经把资本家从商品生产和商品流通中排挤出去，现在在商品生产和商品流通领域中占统治地位的是国家和人民公社，这同资本主义的商品生产和商品流通是有本质的差别。"他还进一步指出社会主义存在商品经济的原因，认为"两种所有制存在是商品生产的主要前提，但商品生产的命运，最终和社会生产力的水平有密切关系。因此，即使是过渡到了单一的社会主义全民所有制，如果商品还不很丰富，某些范围内的商品生产和商品交换仍然有可能存在"。毛泽东通过对社会主义商品经济一般性与特殊性的分析，明确了社会主义生产力水平决定了社会主义经济必然是商品经济，生产资料公有制则规定了这个商品经济具有社会主义性质。

第二，突破了斯大林关于生产资料不是商品的框框，承认部分生产资料也是商品，从而扩大了社会主义商品经济及其作用范围。毛泽东认为，斯大林说苏联商品生产的“活动范围只限于个人消费品”，而不涉及生产资料，“这看来很不妥当”，社会主义的商品活动不只限于个人消费品，有些生产资料也属于商品，比如工业供给农业的生产资料应当是商品，城市供应农村的生产资料也应当是商品，工农产品的交换必须采取“等价交换或者近乎等价交换的政策。”毛泽东把部分生产资料看作是商品，局部突破了斯大林的“生产资料非商品论”，扩大了商品经济范围，是对马克思主义政治经济学的伟大贡献。但是，毛泽东不把全部生产资料看作商品，不把各种生产要素看作商品，因而，仍然存在历史的局限性。

第三，毛泽东提出价值规律是一个伟大的学校，必须遵循价值规律。1959年初，毛泽东针对中国农村公社化运动中出现的“一平二调”的错误倾向指出，价值规律是客观存在的法则，“我们对于社会产品，只能实行平等交换，不能实行无偿占有，违反了这一点，终究是不行的”。同年3月在上海会议上，毛泽东指出：客观存在的价值法则“是一个伟大的学校，只有利用它才有可能教会我们的几千万干部和几万万人民，才有可能建设我们的社会主义和共产主义。否则一切都不可能”。这不仅肯定了价值规律是客观存在的，不以人们意志为转移的，在社会经济活动中不能违背它，而且只有在价值规律基础上的商品经济活动，才能使人们认识、尊重和利用客观规律，真正按价值规律办事。但同时毛泽东又认为，政府计划的作用要大于价值规律的作用。1959年底至1960年初，他在读苏联《政治经济学教科书》时说，价值规律作为计划工作的工具，这是好的，但是，不能把价值规律作为计划工作的主要依据，这也是毛泽东在价值规律作用问题上存在的理论不彻底性和矛盾性的表现。

三

毛泽东对社会主义商品经济的认识和探索充满了许多矛盾的现象。他对商品经济的认识本来已经达到很深程度，但后来都一一否定了原来正确的思想；在领导中国社会主义建设的过程中，经济发展比较顺利的时候，他往往怀疑商品经济；而在经济遭到挫折的情况下，则强调商品生产的重要性，一旦经济形势好转又对商品生产产生怀疑；“文化大革命”期间则完全否定了商品经济，把它归入资本主义范畴。特别令人遗憾的是，在中国经济发展的过程中,他对商品经济的正确认识大多没有转化为方针政策;相反,错误的见解却对中国的经济发展产生了重大影响。

造成毛泽东对商品经济认识矛盾状况的原因是复杂的,从根本上看大致有以下几个方面:

首先,毛泽东对社会主义模式的认识没有走出理论与实践的误区。马克思构想的社会主义是建立在资本主义充分发达的基础之上的,他们认为社会主义不再依赖物的关系即商品经济关系,将实行直接社会调节的计划经济。因此,他们预言,社会主义将消灭商品经济关系,但现实的中国社会不仅生产力极端落后,社会分工狭小,而且商品经济也极不发达。面对理论与现实的差距,毛泽东没有让社会主义理论适应社会主义的经济实践,去繁荣商品经济,迅速发展生产力,而是力图把现实社会经济系统加速趋近理论模式,从而导致对商品经济的排斥。从更深一个层次看,新中国成立前的中国基本是一个自给自足的自然经济社会,人们对商品经济有一种天然的恐惧和排斥。特别是中国革命的胜利,主要是靠了自然经济的主体农民的支持,如果大力发展商品经济,万一发生两极分化,就会危及工农联盟,进而危及新生的人民政权。1955年7月毛泽东在《关于农业合作化问题》一文中就表现出了这种忧虑。他说:“在最近几年中间,农村中的资本主义自发势力一天一天地在发展,新富农已经到处出现,许多富裕中农力求把自己变为新富农……。这种情况如果让它发展下去,农村中向两极分化的现象必然一天天地严重起来。”在这里他讲的“资本主义自发势力”实际上也是指商品经济。从国际上看,当时实行计划经济的苏联工业化取得了举世瞩目的成就,这更给人造成一种错觉:落后国家搞社会主义不用发展商品经济,只要不断变革生产关系就可以迅速建成社会主义。由此可以看出,毛泽东对商品经济认识的偏差,说明他还没有完全摆脱小农经济思想束缚,更主要的是社会主义在其最初运行中还没有显露出商品经济的充分发展是社会主义现代化的必然过程。

其次,以政治标准衡量商品经济,特别是他的阶级斗争观点,妨碍了他对商品经济认识的深入。在社会主义改造完成以后,随着他对当时国内外形势和党内分歧的错误判断,他的阶级斗争扩大化理论不断升级。特别是到了晚年,片面夸大阶级斗争的作用,夸大政治的作用,把政治看得高于一切,成为衡量一切的标准。单用政治的眼光看商品经济很容易把它与资本主义联系起来,以为商品经济产生资产阶级,社会主义国家可能会蜕变成资本主义。这样一来，商品经济只能按照政治意图和需要来发展，商品生产的存在与否也只能按政治需要而转移。当商品经济有利于实现政治目的时就放宽政策，特别是经济紧张、人心不稳时，就放开自由市场和允许个体经济发展；一旦经济好转、政治稳定，就"割资本主义尾巴"，加强对商品生产的限制甚至取消。毛泽东用阶级斗争的眼光看待社会发展，用政治眼光看待商品经济，并力图用政治需要来调度客观存在的商品经济，使他不可能更深入地认识商品经济。

最后，对国际共产主义运动中改革潮流的错误认识，加深了他对商品经济的误解。20 世纪五六十年代，苏联、东欧社会主义国家相继出现了社会主义的改革潮流。从现在的眼光看，那时的改革，实质上就是要发展社会主义商品经济，改革排斥商品经济的、高度集权的计划经济体制。但在毛泽东看来，他们这是搞修正主义，复辟资本主义。又由于复杂的历史原因，中苏两党发生分歧，并最终导致两国关系的破裂。毛泽东认为，苏联以及东欧大部分社会主义国家已是修正主义上台，资本主义已经在这些地方复辟。这一认识成为影响和左右毛泽东对国内、党内局势作出判断的最主要的外部因素。"文化大革命"的发动最直接的原因，就是基于毛泽东关于党内出现了"中国的赫鲁晓夫"，形成了以刘少奇为代表的一个"资产阶级司令部"的错误判断。

尽管毛泽东对商品经济的看法是正误胶着，并最终走上了否定商品经济的道路，但他对商品经济的探索和许多精辟的见解，对中国社会主义建设起到了极大的促进作用。今天，当我们回顾毛泽东的商品经济思想时不难发现，社会主义市场经济认识的确立经历了一个艰难的历程。从毛泽东商品经济思想的变化和中国社会主义经济建设的经验教训来看，在经济比较落后的中国，只有大力发展社会主义市场经济，才能加快社会主义现代化的进程。

本文原载于《山东社会科学》1993 年第 5 期，1995 年 12 月获山东省第十次社会科学优秀成果三等奖。

论“不唯上、不唯书、只唯实”

徐文泽

“不唯上、不唯书、只唯实”这一至理名言，是延安整风后陈云同志在认真总结第二次国内革命战争时期王明“左”倾错误教训的基础上得出的科学论断。它体现了我党一贯倡导的一切从实际出发、实事求是的马克思主义思想路线，体现了辩证唯物主义和历史唯物主义的科学的世界观和方法论，体现了坚持党性原则立场，同主观主义、教条主义毫不妥协的胆略、勇气和开拓创新的革命精神。在全党和全国人民齐心协力建设有中国特色社会主义的今天，认真学习《陈云文选》，重温陈云同志的这一论述，对我们分析解决改革开放和社会主义现代化建设中所遇到的新情况、新问题，圆满完成20世纪90年代的伟大历史使命并胜利迈向21世纪，无疑有重大的现实意义和深远的历史意义。

一、正确理解它的含义，牢牢把握它的实质

“不唯上”就是从人民的根本利益出发，因地制宜地贯彻执行上级的指示和决策，反对机械地照抄照发。它与自由主义和无政府主义是毫无相同之处的。

“不唯上”是指把对上负责与对下负责统一起来，从人民的根本利益出发。中国共产党的宗旨是全心全意为人民服务。党所领导和组织的革命和建设事业，都是为人民的根本利益奋斗，依靠和发动人民群众来完成和实现的。党和国家的干部都是人民的勤务员，上级和下级只是分工不同，决不能把上级与下级割裂开来、对立起来，对上级指示和决策采取教条主义或自由

主义和无政府主义的态度。陈云同志讲:“我们共产党必须天天关心人民群众的切身利益”,处处依靠人民群众,事事从党和人民的利益出发。为了维护党和人民的利益,“不惜牺牲自己的一切”。[①] 真正为人民谋福利,是我们一切工作的出发点和归宿。

“不唯上”是指对上级指示和决策不能机械地照抄照发,要结合具体情况因地制宜地贯彻执行。上级的指示和决策,一般来讲是来自客观实际,是建立在对客观情况的全面了解和把握的基础上的,是符合实际的。但由于各地区、各行业、各部门的具体情况错综复杂、千变万化,这些指示和决策并不能代替解决各地区、各行业、各部门的各种实际问题的具体措施和办法。因此,下级在贯彻执行上级指示和决策时,一定要同当时当地的具体情况结合起来,充分发挥自己的积极性和创造性。陈云同志指出:“政策要根据当地的实际情况具体化。”[②]下级对上级的指示和决策要因地制宜地贯彻执行,对政治路线“正确理解”,对具体情况“切实了解”,避免“只谈路线,不了解具体情况”或“只知道具体情况,不了解路线”的“空谈”和“盲目”现象。[③] 机械地照抄照发,“你说一他就一,你说二他就二”[④],下级的积极性和创造性不能充分地发挥,上级的指示和决策也不可能真正地贯彻和落实。因此,下级对上级的指示和决策要吃透其精神,并根据当时当地的具体情况,积极主动和富有创造性地贯彻执行,这是“不唯上”的基本含义。

“不唯上”不是不要党的纪律和中央权威,而是要求模范地遵守党的纪律,自觉维护中央权威。“不唯上”与遵守党的纪律,维护中央权威并不矛盾。有的以“不唯上”为借口,对上级的指示和决策采取对自己有利的就执行、不利的就不执行的实用主义的态度,甚至采取“上有政策下有对策”的地方保护主义和本位主义的态度,这与陈云同志讲的“不唯上”是毫无相同之处的。“不唯上”不但不否定党的纪律,而且是以遵守党的纪律为前提的。陈云同志讲:“纪律是执行党的路线的保证。”“无产阶级政党如果没有铁的纪律,就不能巩固自己,团结群众,坚持斗争,战胜强敌。”[⑤]因此,所有党员都要遵守党的纪律。陈云同志指出,个人服从组织,少数服从多数,下级服从

① 《陈云文选》第 3 卷,人民出版社 1995 年版,第 33、321 页。

② 《陈云文选》第 3 卷,人民出版社 1995 年版,第 31 页。

③ 《陈云文选》第 1 卷,人民出版社 1995 年版,第 220 页。

④ 《陈云文选》第 1 卷,人民出版社 1995 年版,第 119 页。

⑤ 《陈云文选》第 1 卷,人民出版社 1995 年版,第 139、195 页。

上级，全党服从中央，是党的纪律，党的纪律不容任何人破坏。“四个服从”是一个也不能少的。这是我们党的铁的纪律，也是健全党内生活、增强党的战斗力的有力武器。陈云同志强调，全体共产党员和党的领导干部，必须自觉维护和加强党中央的权威。他说，如果没有中央的权威，就办不成大事，社会也无法稳定。全党执行中央的决议，贯彻执行中央制定的路线、方针和政策，是全党统一意志、统一行动和团结战斗的共同的政治基础，是我们的事业不断取得胜利的根本保证。因此，每一个党员都要模范地遵守党的纪律，自觉维护中央权威，这也是“不唯上”的应有之义。

“不唯书”就是理论联系实际，用理论指导实践，反对教条主义。它与不读书、轻视理论的经验主义是毫无相同之处的。

“不唯书”不是主张不读书，而是要求认真读书，真正掌握理论。这是理论联系实际的前提和基础。陈云同志一贯高度重视学习理论。他指出：“我们反对教条主义，不是不读书。现在我们的毛病，是马列主义不够。要反对教条主义和经验主义，都需要认真学习马列主义。”[①]只有有了革命的理论，才能把革命工作做好。因此，陈云同志要求每个共产党员要随时随地在工作中学习理论和文化，努力提高自己的政治水平和文化水平，增进革命知识，培养政治远见。他还特别指出领导干部应更注重学习，“部长、副部长要领导学习。……要把学习作为指导工作的不可缺少的一部分，作为我们的一项重要任务。”“领导干部不解决这个问题，就没有尽到领导责任。”[②]陈云同志还特别强调：“我们的学习是学习马克思列宁主义的精神，学习他们观察问题的立场、观点和方法，而不是背诵教条。”[③]这是“不唯书”的重要含义。

“不唯书”不是赞同盲目实践，而是要求理论联系实际，用理论指导实践。这是“不唯书”的基本含义和要求。能不能理论联系实际并用理论指导实践，这是马克思主义同教条主义的根本区别。陈云同志多次讲：“学习理论一定要联系实际。”决不能采取教条主义的态度，生搬硬套书本上的概念。我们既要向书本学习，又要向实际学习。如果“只停于实际，就不会有远大目光；只停于高远理论，就不能解决实际问题。理论和实际两者不能或缺”。要“使理论知识和实践经验两者结合起来”。[④] 这就是说，要用理论知识指导

① 《陈云文选》第1卷，人民出版社1995年版，第261页。

② 《陈云文选》第3卷，人民出版社1995年版，第45页。

③ 《陈云文选》第1卷，人民出版社1995年版，第143页。

④ 《陈云文选》第1卷，人民出版社1995年版，第189、216、251页。

实践，用实践经验丰富和发展理论。要注意及时总结经验，并把具体经验提高到一般理论，再拿这种一般理论去指导实际工作。

“只唯实”就是一切从实际出发，实事求是，反对主观主义。这是“不唯上、不唯书”的关键和实质。它与教条主义是截然对立的。

“只唯实”就是要一切从实际出发。陈云同志一贯坚持马克思主义的实践第一的观点，尊重事实，强调一切从实际出发。他多次讲：“我们常讲实事求是。实事，就是要弄清楚实际情况；求是，就是要求根据研究所得的结果，拿出正确的政策。”“首先弄清事实，这是关键问题。”“这个问题不搞清楚，什么事情也搞不好。”[①]他还说：“我们做工作，要用百分之九十以上的时间研究情况，用不到百分之十的时间决定政策。所有正确的政策，都是根据对实际情况的科学分析而来的。”[②]尊重客观实际，弄清实际情况，一切从实际出发，这是“只唯实”的基础。

“只唯实”就是要按客观规律办事。了解情况是为了找到事物的内部联系，按客观规律办事。早在民主革命时期，陈云同志就强调“必须善于去了解各种环境的不同，善于采取适合于当时当地环境的工作方法。”[③]在社会主义建设时期，他指出：“建设规模的大小必须和国家的财力物力相适应”，否则就会出现经济混乱。“要重视研究国民经济的比例关系”，“研究合理的比例关系……必须从我国的经济现状和过去的经验中去寻找”。[④] 党的十一届三中全会后他又指出：“目前人民向往四个现代化，要求经济有较快的发展。但他们又要求不要再折腾，在不再折腾的条件下有较快的发展速度。我们应该探索在这种条件下的发展速度。”“根据三十年来的经验，找出基本建设投资在财政支出中所占比重这一条杠杠，是必要的，这样才是实事求是。”[⑤]不论革命还是建设，都要研究事物的内在联系，按客观规律办事。这是陈云同志一贯的思想和作风，也是“只唯实”的核心。

“只唯实”就是要解放思想，开拓前进。实际情况是复杂的，又是不断变化发展的，要从实际出发，按客观规律办事，就要解放思想，开拓前进。陈云同志多年来就把解放思想同实事求是联系起来。早在 1958 年他就指出：

① 《陈云文选》第 3 卷，人民出版社 1995 年版，第 188、235、250 页。

② 《陈云文选》第 3 卷，人民出版社 1995 年版，第 34 页。

③ 《陈云文选》第 1 卷，人民出版社 1995 年版，第 32 页。

④ 《陈云文选》第 3 卷，人民出版社 1995 年版，第 52、56 页。

⑤ 《陈云文选》第 3 卷，人民出版社 1995 年版，第 268、264 页。

"必须继续提倡……创造性，同时又要提倡实事求是的精神。墨守成规的倾向必须反对，应该提倡敢想、敢说、敢干的精神。没有这种精神，我们就不能前进。但是创造性必须和实事求是相结合，否则就会华而不实，不能真正地前进。"①1984年他又明确指出：我们的改革开放和社会主义现代化建设事业，"必须边实践，边探索，边总结经验"。"解放思想，实事求是，既要积极，又要稳妥。"②只有如此，才能不断胜利前进。

二、不断加强党性修养，学会运用科学方法

要坚持"不唯上、不唯书、只唯实"，不仅要正确理解其含义，牢牢把握其实质，而且还要不断加强党性修养，学会运用科学方法。

不断加强党性修养，具有要讲真理不讲面子的品格。能不能坚持"不唯上、不唯书、只唯实"，从根本上讲是一个党性强不强的问题。如果没有很强的党性，就不可能坚持"不唯上、不唯书、只唯实"。党性修养是多方面的，陈云同志50年前提出的"要讲真理，不要讲面子"就是其中的重要内容。加强这方面的修养，当前显得尤为重要。这些年来，我们有不少同志由于放松了世界观的改造，想个人的利益多了，想集体和国家的利益少了，结果真理越来越少，面子越来越大。有的同志对自己讲面子，爱听恭维的话，有了错误，躲闪遮掩，不做自我批评；对别人讲面子，爱打顺风旗，发现问题，息事宁人，不敢批评。他们分析和处理问题，不是从党和人民的利益出发，而是从个人的面子出发，害怕真理讲到自己头上，亮了自己的丑，捅破了"关系网"，拔出萝卜带出泥。陈云同志指出："共产党员参加革命，丢了一切，准备牺牲性命干革命，还计较什么面子？把面子丢开，讲真理，怎样对于老百姓有利，怎样对于革命有利，就怎样办。"③要具有讲真理不讲面子的品格，就要不断加强党性修养，认真改造世界观，努力提高自身的政治素质，发扬党的批评与自我批评的优良传统和作风，坚持真理，改正错误，光明正大，胸怀坦荡。只有如此，才能做到"心底无私天地宽"，真正坚持"不唯上、不唯书、只唯实"。

深入进行调查研究，了解掌握实际情况。要坚持"不唯上、不唯书、只唯实"，就要经常深入群众，加强调查研究，了解实际情况，抓住事物本质，掌握

---

① 《陈云文选》第3卷，人民出版社1995年版，第113页。

② 《陈云文选》第3卷，人民出版社1995年版，第338页。

③ 《陈云文选》第1卷，人民出版社1995年版，第296页。

客观规律。不论民主革命还是社会主义革命和社会主义建设时期，陈云同志总是率先垂范，深入实际，调查研究。早在1933年他就指出：党和工会的领导，“必须纠正官僚主义”[①]。他还亲自到汀州了解企业的实际情形，考察已订合同实行与否，了解工人的要求。在延安做经济工作时，他经常到新市场去了解情况，看农民卖什么，买什么，调查市场的供求情况。进北京以后，他也经常到百货大楼、天桥闹市、东单菜场等地方去了解市场情况，掌握第一手资料。在1960年困难时期，他为了了解实际，解决问题，还亲自到上海、杭州、苏州等地进行农村调查，了解农民的意见和要求，并把群众的意见和要求及时上报中央，以指导全局的工作。党的十一届三中全会后，陈云同志仍经常到全国各地，深入群众，调查研究。每到一地，他不仅与当地党委和政府的干部座谈讨论，交换看法，而且还亲自到工人农民家中，询问情况，听取意见。他把调查所得材料与党的方针政策联系起来，认真思考，总结整理，上报中央，指导工作。我们只有以陈云同志为榜样，经常深入群众，加强调查研究，及时了解和掌握实际情况，才能真正坚持“不唯上、不唯书、只唯实”，一切从实际出发，处理解决好改革开放中的各种新问题，做好各项工作，加快社会主义现代化建设的步伐。

学会运用交换、比较、反复的方法，正确分析解决实际问题。我们要使自己的认识符合客观实际，按规律办事，做到“不唯上、不唯书、只唯实”，还必须学会运用交换、比较、反复的方法，正确分析和解决实际问题。“所谓交换，就是通过交换意见，使认识比较全面。”“所谓比较，一是左右的比较；……二是前后的比较。”[②]陈云同志讲：“对于各种意见要进行比较。所有正确的分析，都是经过比较的。这是‘试金石’的方法。通过比较，可以弄清楚事物的本质。”因此，“研究问题，制定政策，决定计划，要把各种方案拿来比较。在比较的时候，不但要和现行的作比较，和过去的作比较，还要和外国的作比较。这样进行多方面的比较，可以把情况弄得更清楚，判断得更准确。”[③]“所谓反复，就是事情初步定了以后还要摆一摆，想一想，听一听不同意见。”[④]陈云同志指出，作了比较以后，不要马上决定问题，还要进行反复考虑。对于有些问题的决定，当时看来是正确的，但是过了一个时候就可能发

① 《陈云文选》第1卷，人民出版社1995年版，第10页。

② 《陈云文选》第3卷，人民出版社1995年版，第235页。

③ 《陈云文选》第3卷，人民出版社1995年版，第47、189页。

④ 《陈云文选》第3卷，人民出版社1995年版，第236页。

现不正确,或者不完全正确。因此,“决定问题不要太匆忙,要留一个反复考虑的时间,最好过一个时候再看看,然后再作出决定。”他还说:“我们的工作部署,要反复考虑,看得很准,典型试验,逐步推广,稳扎稳打。慎重一点,看得准一点,解决得好一点,比轻举妄动、早动乱动好得多。”“我们反复进行研究,目的是弄清情况,把事情办好。”[①]陈云同志还特别针对改革开放和社会主义现代化建设的实际问题,阐明了如何运用全面、比较、反复的方法,克服片面性和表面化。他指出:“对外开放,充分利用外国有用的东西加快国内建设,这是完全正确的。”但我们“要充分注意对外开放中带来的消极东西”。[②] 陈云同志多次强调:“我们是搞社会主义的四个现代化,不是搞别的现代化;我们进行的事业,是社会主义事业。”“在进行社会主义物质文明建设的时候,如果不同时进行社会主义精神文明建设,物质文明建设就可能偏离正确的方向。……也不可能搞好。”因此,要“在建设物质文明的同时,认真抓精神文明建设,两个文明一起抓”。[③] 在谈到民主与法制时他指出:“要有民主,还要守法。民主是必须的,守法也是必须的,没有这两条,我们一事无成。”在速度和效益问题上,他一贯主张既要速度快,又要效益好。强调“要循序而进,不要一拥而上。一拥而上,看起来好像快,实际上欲速则不达”。“搞建设,真正脚踏实地、按部就班地搞下去就快,急于求成反而慢,这是多年来的经验教训。”[④]陈云同志的这些论述,都运用了全面、比较、反复的方法,体现了他“不唯上、不唯书、只唯实”的一贯思想。我们只要坚持这一思想,一切从实际出发,实事求是,改革开放和社会主义现代化建设事业就一定会不断胜利前进。

本文原载于《求是》1995年第14期,1996年10月获全国党校系统第一届优秀科研成果三等奖,1997年12月获山东省第十二次社会科学优秀成果三等奖。

---

① 《陈云文选》第3卷,人民出版社1995年版,第189、206、236页。
② 《陈云文选》第3卷,人民出版社1995年版,第332页。
③ 《陈云文选》第3卷,人民出版社1995年版,第347、348页。
④ 《陈云文选》第3卷,人民出版社1995年版,第257、237、311页。

论抗日战争在中国社会发展进程中的地位

杨明清

社会发展进程由源远流长的历史铸就。任何重大的历史事件都必然对社会发展进程产生这样或那样的影响。抗日战争同样如此。这场战争虽然已过去50年,但重新审视这段历史时,仍然会清晰地感到它对中国社会发展进程的影响力。这种影响力归结到一点,就是它奠定了改换中国社会发展方向的基石。

一、抗日战争奠定了中华民族走向独立自主的基石

自1840年英国殖民有的舰炮打破了清政府独尊天朝的美梦之后,中国社会就被一步步地拖进了半殖民地的泥淖,中华民族的独立自主也被撕得粉碎。从那时起,民族的解放自由、国家的独立富强便成为中华民族苦苦浴血追求的渴望。然而,从太平天国到洋务运动,从戊戌变法到辛亥革命,一直到蒋介石南京政权的建立,历史留给中华民族的不是成功的喜悦,而是拌着血腥的悲壮,中华民族终未能真正摆脱半殖民地的桎梏和屈辱的命运。是抗日战争才真正改变了这种历史的发展方向,奏出了中华民族走向独立自主旋律的最强音。

(一)抗战与民族解放和独立的密切结合及与国际形势的呼应,创造了中华民族走向独立自主从未有过的契机

日本帝国主义发动对中国的侵略战争,旨在把中国由几个帝国主义国家共同支配的半殖民地变为出日本单独支配的殖民地。日本对中国的这种独占狂想激化了两种矛盾,即中日民族矛盾和日本与其他帝国主义国家之

间的矛盾。这种现实便为中华民族争取独立自主创造了有利的国内外条件和契机。从国内看，这种有利因素主要表现为，由于中日矛盾的尖锐化而产生的抗战与争取民族独立自主的契合。日本侵略军从东北到华北，从华中到华南，一路攻城、掠地、奸淫、抢劫、焚烧和屠杀，把亡国的危险明明白白地加在了中国人民身上。对中华民族来说，这种感受的痛楚，比之几个帝国主义国家共同支配中国时的那种半殖民地的状态要深切得多，民族生死存亡的威胁也更为直接、尖锐。在这样的时刻，中华民族拯救自己命运的选择，只能是以团结一致的奋起抗击来争取自身的解放与自由。于是，抗战与争取民族独立自主的目标便紧紧地结为一体，“驱逐日本帝国主义，建立自由平等的新中国”“争取中华民族之独立自主”，便成为中华民族的共同意志。这种共同意志来自整体的中华民族。尽管在实际行动上不同的政党或阶级会表现出某种差异或折扣，但这种共同的旗帜和意志仍然是清晰的。综观整个抗战时期，尽管环境异常艰难困苦，敌人异常凶恶残暴，但是，不管是共产党，还是国民党及其他各党，不管是工人阶级、农民阶级，还是地主阶级、资产阶级及其各阶级、阶层，除了少数民族败类，整体上都未曾放弃抗战的旗帜，都没有屈服于敌人的淫威。这种局面正是赖之于争取民族独立自主共同意志的支撑力。也正是这种共同的意志推动了中华民族的空前团结，成就了广泛的抗日民族统一战线的现实，唤起了民族的巨大力量。此种景象是中国历史上未曾有过的。从国际看，中华民族争取独立自主的有利因素主要表现为，中国抗战与争取人类和平、自由的世界反法西斯战争的契合。1937 年时，毛泽东就对这种情形作了明确的分析，他说：“日本帝国主义实行了完全征服中国的政策。因此，便把若干其他帝国大义和中国的矛盾推入了次要的地位，而在这些帝国主义和日本帝国主义之间，扩大了矛盾的裂口。因此，便在中国共产党和中国人民面前提出了中国的抗日民族统一战线和世界的和平阵线相结合的任务。”[①]这种结合有益于增强中华民族争取抗战胜利和自身解放的信心。以上两方面因素相联结，便使得这次抗日民族战争，“和中国过去一切历史时期的战争都不相同了”[②]。“如果说，中国近百年来一切人民斗争都遭到了失败或挫折，而这是因为缺乏国际的和国内的若干必要条件，那末，这一次就不同了，比较以往历次，一切必要的条件

① 《毛泽东选集》第 1 卷，人民出版社 1991 年版，第 252～253 页。

② 《毛泽东军事文选》，战士出版社 1981 年版，第 123 页。

都具备了。避免失败和取得胜利的可能性充分地存在着。""中国人民团结起来打败侵略者和建设新中国的信心,现在是极大地增强了。中国人民克服一切困难,实现其具有伟大历史意义的基本要求的时机,已经到来了。"[①]这种时机也就是抗日战争创造的中华民族从未有过的走向独立自主的契机。

(二)抗日战争迸发出的强烈的爱国主义精神和民族凝聚力,为中华民族走向独立自主注入了从未有过的内在动力

爱国主义和民族凝聚力是中华民族之魂,也是中华民族争取独立自主的动力之源。它们在抗日战争中得到了前所未有的激扬和迸发。这种激扬和迸发与中国民众对民族危机认识的加深和抗日救亡行动的高涨相伴随。"九一八事变"后,日本侵略者不仅吞占了东北,而且还极力向关内扩张,燃火上海,强入华北,1935 年挑起华北事变,将其吞并中国的野心暴露无遗。失地丧权、家破人亡的屈辱和近在眼前的民族危亡的灾难,深深刺痛了中华民族,于是,抗日救亡的浪潮亦随之滚滚而来,从东北到华北,迅速席卷全国,从城市到乡村,无不震荡赵抗日救亡的呼声。犹如在北方寒冬中滚动着的热火的"一二·九运动"和从卢沟桥到淞沪战场的战火硝烟,把这一浪潮推上蜂颠。中国民众的爱国热情从未如此强烈地炽烧着华夏大地和中华民族的心扉。这种爱国热潮的涌动本质上也是民族和国家自尊、自强、独立自由意识的灌输。它不仅使中国人民加深了对民族危机和国家危难的认识,而且推动了民族的空前觉醒,增强了奋起抗敌自救的共识和责任感,把激昂的爱国热情转化为强烈的爱国主义精神和坚强的民族凝聚力。这种精神和凝聚力促成了并始终支撑和凝结着全民族抗战的局面。抗战 14 年,国共两党释旧怨重携手,并在复杂多变的矛盾中,始终保持合作关系,维持着抗日民族统一战线的大局;全国各界各族人民、爱国人士和海外侨胞,不分宗教信仰.不分男女老幼,始终团结在抗日民族统一战线旗帜下,为挽救民族危亡而战;等等,无不赖之于这种精神和凝聚力。这亦即是说,它们实际是推动中华民族空前团结的内动力,使中华民族千千万万的分散个体结成为国家和民族的独立自由而战的统一整体。正是这种整体才使中华民族倍增抗御外来侵略的力量,承受住了持久抗战和伤亡 2180 多万人的重负,才创造了 380 万热血儿女洒血疆场及像八女投江、狼牙山五壮士跳崖这样的难以计数

① 《毛泽东选集》第 1 卷,人民出版社 1991 年版,第 1032 页。

的壮举。由此凝结的是不可屈辱的民族气节、守土卫国不畏牺牲的精神和一往无前的民族大军。在这种力量面前，再强大、再残暴的敌人都会被踏倒，通往民族独立自由的道路再坎坷也会被踏平。如毛泽东所说："全中国人手执武器走上了民族自卫战争的战场，全中国的最后胜利，即中华民族自由解放的曙光，已经发现了。"[①]所以，抗战时期爱国主义精神和民族凝聚力的强烈迸发，也就为中华民族走向独立自主注入了任何力量都无法压抑的内在动力。

（三）抗日战争打破了帝国主义在中国的殖民统治体系，把走向独立自主的前景明确呈现在中华民族面前

中国抗日战争是以反抗日本帝国主义对中国的侵略为主旋律的民族战争，同时又是世界反法西斯战争的重要组成部分。就世界反法西斯战争而言，中国战场是反对日本法西斯的主战场。在长达14年的艰苦奋战中，中国人民以鲜血和生命牵制着日本的大部分陆军和大量的空军，既直接支援了亚洲太平洋战场的作战，也在战略上有力地配合和援助了欧洲战场的作战，为世界人民赢得这场战争作出了重要贡献。因而，世界反法西斯战争的胜利大大提高了中国的国际地位，使中国一跃而成为同盟国中的四大强国之一。这一形象重塑的事实，特别是中国共产党在中国政治舞台上已占据重要地位及拥有120万军队和近1亿人口的根据地的现实，便迫使帝国主义不得不调整对待中国的政策，在态度和方式上有所收敛，不敢也不能再像过去那样随心所欲地驭使中国。就民族战争而言，抗日战争挫败了日本帝国主义对中国的侵略。这是近百年来中国人民反抗帝国主义侵略第一次取得完全胜利的民族解放战争，极大地振奋了民族的自信心。这两方面结合起来，就使得抗日战争具有了使中国从衰败走向重新振起的转折意义，表明了这样一种事实：抗日战争虽然是对日本侵略的胜利，但它的意义绝不仅仅在于把一个日本侵略者赶出了中国，而是打破了近百年来西方列强在中国的殖民统治体系.对中国半殖民地地位产生了强烈的冲击和震撼，把民族解放、国家独立的前景呈现在中国人民面前，明白地告诉中国人民，中华民族的独立自主已不再只是愿望，通向目标的道路实际上已经开始打通。

以上三个方面是联为一体的。民族的觉醒和团结一致的抗日救亡是中华民族走向独立自主的总动员和总行动，爱国主义和民族凝聚力的激扬则

① 《毛泽东军事文选》，战士出版社1981年版，第149～150页。

是穿溶于这其中的内在之魂。魂与体与行的结合，便有了抗战的胜利，便奠定了中华民族走向独立自主的基石。这一地位对中国社会的影响是极大的。抗日战争胜利后，美国企图取代日本独占中国野心的彻底破灭，全国解放战争的迅速胜利和新中国的建立与发展，都是立于这块基石上的。

二、抗日战争奠定了中国政治走向民主化的基石

同民族的独立自主一样，中国政治的民主化也是近代以来中华民族苦苦追求的渴望。孙中山将其称为民权主义，作为终身为之奋斗的三民主义的重要内容之一，并认为它是“政治革命的根本”[①]。然而，结果同争取民族独立自主的斗争一样，留下的也是伴着血和泪的悲壮。真正改变这种局面并影响其发展方向的，同样也是抗日战争。

（一）政治民主化与民族团结抗战相结合，进一步推动了民众的参政意识

民族独立与政治民主化本是一体的。抗日战争举起了争取民族独立自主的旗帜，也必然要举起政治民主的旗帜。全面抗战爆发前夕，毛泽东就尖锐地指出：“争取政治上的民主自由，则为保证抗战胜利的中心一环。抗战需要全国的和平与团结，没有民主自由，便不能巩固已经取得的和平，不能增强国内的团结。抗战需要人民的动员，没有民主自由，便无从进行动员。”“中国真正的坚实的抗日民族统一战线的建立及其任务的完成，没有民主是不行的。”[②]还说：“对于抗日任务，民主也是新阶段中最本质的东西，为民主即是为抗日。抗日与民主互为条件，同抗日与和平、民主与和平互为条件一样。民主是抗日的保证，抗日能给予民主运动发展以有利条件。”[③]正因为民主对于抗战的这样的重要性，政治民主化也就成为当时全国人民的行动目标之一。在全国人民的压力下，在大敌当前、国难当头的形势下，国民党也曾做出一些有利于政治民主的举动，召集了临时代表大会，发布了抗战建国纲领，召集了国民参政会，承认了各党派合法存在与共同抗日建国，实行了某种程度的民主权利，军事上与政治机构上的某些改革，等等。尽管国民党

① 《孙中山选集》，人民出版社 1981 年版，第 82 页。

② 《毛泽东选集》第 1 卷，人民出版社 1991 年版，第 256 页。

③ 《毛泽东选集》第 1 卷，人民出版社 1991 年版，第 274 页。

的这些举措是有条件、有限度的，但这毕竟是中国历史上从未有过的，而且是与民族抗战联结在一起的。所以，它一旦作用于中国民众，必然会产生强烈的冲击力和影响力，进一步唤起民众的抗日热情和参政的民主意识。这其中对民众影响最深刻的莫过于汇集了来自全国各党派和社会各界的200名参政员的国民参政会的召集。这个参政会虽只是一个战时的咨询机构，但仍不失为各党派和各界人士提供了一个公开发表政见的场所和为民众提供了一个关心国事的渠道。当时，中共方面曾这样评论道："在目前抗战剧烈的环境中，国民参政会之召开，显然表示着我国政治生活向着民主制度的一个进步，显然表示着我国各党派、各民族、各阶层、各地域的团结统一的一个进展。虽然在其产生的方法上，在其职权的规定上，国民参政会还不是尽如人意的全权的人民代表机关，但是，并不因此而失掉国民参政会在今天的作用与意义——进一步团结全国各种力量为抗战救国而努力的作用，企图使全国政治生活走向真正民主化的初步开端的意义。"[①]因而，国民参政会便成为当时舆论界和农工商学兵各界各团体关注的焦点。由此产生了两方面效果：一是刺激了民众关心国事的热情和民主意识；二是刺激了各党派特别是众多的中间党派的参政愿望。就党派而言，参政会的召集即意味着国民党承认了各党派参与国家政治活动的合法化，这对中小党派有很强的吸引力，促进了各党派和社会各界参政热情的高涨。战前一些声称远离政治的教育、研究组织，如中华职业教育社、乡村建设研究会等，迅速转化为政治派别。新的政党组织也开始酝酿建立，这其中具有明显影响作用的是1941年成立的带有中间力量联盟性质的中国民主政团同盟。它使民主党派在中国政治中占有了越来越重要的地位。这些对于推动中国政治向民主化发展都是极重要的，抗战胜利后和平民主局面的迅速出现和共产党领导的多党合作制度的建立都与此有着渊源关系。

（二）政治民主化与宪政运动相结合，一定程度上冲击了国民党一党专政

宪政是孙中山提出的推动中国走向资产阶级民主共和制政体的最后步骤。全面抗战开始前，国民党曾扬言实行宪政，实不过是借以粉饰其一党专政。抗战全面爆发后，国民党在政治上的一些进步举措，缓和了中国民众与国民党一党专政的矛盾。抗战进入相持阶段后，国民党正面战场压力减轻，

① 毛泽东、陈绍禹：《我们对于国民参政会的意见》，《解放》1938年8月1日。

遂故态复萌，在敌后大肆制造反共摩擦，挑起流血冲突，在大后方扩大特务组织，推行法西斯统治和一党专制，抗战初期刚刚营造出来的宽松局面和民主气氛蒙上了被摧残的阴影。严峻的现实使人们认识到，国民党的一党专政已成为民族抗战、政治民主化的严重障碍。于是，全国人民和各党派的斗争矛头遂集中转向反对国民党一党专政，要求实施宪政。1939 年 9 月，国民参政会提出并通过了要求政府定期召集国民大会、制定宪法、实施宪政的议案，并决定组织宪政期成会，协助政府促成宪政。随之，一场旨在反对国民党一党专政、争取民主政治的宪政运动即在国统区和解放区掀起，重庆、成都、延安等地成立了各种宪政座谈会、促进会。这样，政治民主化便与宪政运动和反对国民党一党专制结合在一起了。在全国人民压力下，1943 年 9 月国民党五届十一中全会表示要在抗战结束一年后实行宪政。时值 1944 年日军发动打通大陆交通线作战，国民党战场再次出现大溃败的局面。国民党在军事上的无能，加上政治上的专制腐败，经济上的垄断混乱，激起了全国人民的强烈愤慨，改组政府、反对一党专政的呼声再度高涨。在以上背景下，大后方民主力量再次掀起宪政运动高潮。中共积极支持和参加了这一运动，并提出了废除国民党一党专政、召开各党派会议、成立民主联合政府的主张。这一主张在各民主党派中引起强烈反响，带来对国民党一党专政的更强烈的冲击波。这一冲击波直接影响了抗战胜利后的民主运动，从而推动了中国民主政治的进程。

（三）政治民主化与抗日根据地政权建设相结合，展示了中国民主化的发展方向

中国共产党是政治民主化的有力倡导者，更是政治民主化的模范执行者。他们在坚持敌后抗战、创建抗日根据地的艰苦斗争中，把政治民主化与根据地政权建设有机地结合起来，把民主理论变为现实实践。这种实践表现出以下特点：

其一，以人民为主体推进政治民主化，把民主意识及行为传输给最基层的民众。明确规定，抗日民主政权必须经过人民选举产生。就是说，这种政权必须是尊重民意的，以人民群众广泛参与为主体。

其二，以几个革命阶级联合的民主专政为主要内容推进政治民主化，亦即实行新民主主义的、抗日统一战线性质的民主政治，反对一党一派的包办、专政。

其三，以“三三制”政权形式为载体推进政治民主化，实行民主集中制的

组织形式。共产党员要以在质量上的优越条件保证在政权中的领导地位。

其四，以抗日斗争为主要途径和目的推进民主化。民主政权要在坚持抗战、组织动员民众摧毁日伪政权的斗争中产生，“应以反对日本帝国主义，保护抗日的人民，调节各抗日阶层的利益，改良工农的生活和镇压汉奸、反动派为基本出发点”①。

这种民主政权与国民党专制独裁政权形成鲜明对照，推动了大后方的民主运动，展示了中国民主政权的模型和民主化的发展方向。中共提出的多党派联合政府主张、多党派合作理论、人民民主专政理论等，一定程度上都是借鉴这种民主建设的实践。

三、抗日战争奠定了中国共产党领导中国革命走向全国胜利的基石

抗日战争在中国共产党发展史上有着极重要的地位。它是中国共产党走向全面成熟并赢得全国人民信赖和拥戴的时期，从而为领导中国革命走向全国胜利奠定了基础。这种结果是中国共产党在推动抗日战争走向胜利的艰苦卓绝的斗争实践中获得的。

（一）共产党推动并维护了全民族团结抗战的局面，显示了共产党正确把握形势和斗争技巧的卓越才能，树立起民族柱石的形象

日本帝国主义对中国的入侵使中日民族矛盾尖锐地呈现在中华民族面前。形势的变化提出了斗争方向、方式的调整转变问题。不管是哪个阶级、政党，谁把握住这一问题，谁也就摸到了中国社会的脉搏，谁也就取得了统领民众的主动权。在这方面共产党无疑是出色的。“九一八事变”后，在蒋介石政权仍置民族大敌不顾，高唱“抗日必先剿共”“攘外必先安内”，调动大军频频围攻中共根据地时，中共就多次发表宣言，号召停止内战，全国人民团结一致，保卫中国，争取中国的独立统一与领土的完整。1935 年 8 月 1 日，中共发表了著名的《为抗日救国告全体同胞书》，号召各党派、各界同胞和各军队，以“兄弟阋于墙外御其侮”的真诚觉悟，停止内战，集中一切国力去为抗日救国的神圣事业而奋斗。1935 年 12 月，中共中央又在瓦窑堡召开政治局会议，确定了建立抗日民族统一战线的方针策略。随之，即致力于谋

① 《毛泽东选集》第 2 卷，人民出版社 1991 年版，第 743 页。

求国共两党的再度合作和抗日民族统一战线的建立。1936 年 12 月，以民族利益为重，和平解决了西安事变，加速了抗日民族统一战线的形成。全国抗战局面出现后，中国共产党又及时提出了与国民党片面抗战路线不同的全面抗战路线及实现这一路线的抗日救国十大纲领，提出了在敌后放手发动群众、武装群众，开展独立自主的人民游击战争的战略方针，指明了争取中国抗战胜利的正确发展方向。这一举一动无不紧紧扣住民族心弦，踏在中国社会的脉搏上，推动了中国局势由国内战争到抗日民族战争的转变。同时，中国共产党把自己置于民族解放浪峰的这些努力，也提高了自己在中国政治舞台上和全国各族人民中的地位。它不仅使中国共产党抓住了统领民众的主动权，走上了影响和领导全国抗战和人民革命的大舞台，而且还使各族人民进一步认识和了解了共产党的风姿和才能，从而初步树立起共产党是民族柱石的形象。

在抗日战争的艰苦斗争中，中国共产党还始终维护了全民族抗战的局面，顶住了来自国民党的两股逆流，即妥协投敌逆流和统一战线内部的反共分裂逆流。妥协投敌逆流最初表现为亡国论思潮，在抗战全国爆发前后曾甚嚣尘上。武汉失守后，亡国论思潮演化为妥协投敌逆流。一方面是汪精卫一伙公开投敌，另一方面是重庆国民党政府频频与日本诱降代表接触。与此同时，统一战线内部国民党顽固派的反共分裂逆流亦急剧上扬。1939 年 1 月国民党五届五中全会后，国民党顽固派挑起的反共摩擦事件即接连不断。这两股逆流造成中国全民族抗战局面下投降、分裂、倒退的暗流，给中国抗战大局和抗日民族统一战线带来严重危害。为维护民族抗战大局，中国共产党克服种种艰难困苦，毅然挑起了遏制这些逆流的重任，采取了一系列行动。首先，1938 年 5 月，毛泽东发表了长篇论文《论持久战》，阐明了抗日战争是持久战、最后胜利属于中国的重大问题；其次，在军事上指挥华北八路军发动了“百团大战”，以实际行动打击敌人，抵制妥协投敌逆流；最后，提出了反对妥协、分裂、倒退暗流的坚持抗战、团结、进步方针和统一战线中又联合又斗争，以斗争求团结的根本指导原则及斗争政策，按照有理、有利、有节的策略原则，打退了国民党顽固派的反共高潮。这些行动有力地遏止了国民党妥协、分裂逆流的发展，维护和推动了全民族抗战局面和抗日民族统一战线；同时，也向全国各族人民展示了中国共产党以民族利益为重的胆识和处理复杂的民族矛盾与阶级矛盾的成熟的斗争艺术，进一步扩大了中国共产党在全国的影响和作用，以实际行动树立起了中华民族柱石的形象。

（二）中国共产党在坚持敌后抗战的艰苦奋战中发展壮大，表现了共产党与人民群众血肉相连的密切关系，树立起了人民群众坚定靠山的形象

日本侵略军向中国内地的扩展和正面国民党军的败退，造成了广阔的敌后方地区。中国共产党正确分析了这种情况，认为“敌以少兵临大国，加之我之坚决抵抗，就迫使敌人发生了兵力不足与兵力分散的困难，这样就不但给了我一个总的抗日根据地，即大后方，例如云、贵、川等地，使敌无法占领；而且在敌后也给了我以广大游击活动地盘，例如华北、华中、华南等地，使敌无法全占”[①]。于是，中共及其领导的军队便把广泛的敌后方地区当作了自己的大舞台，在敌后发展、武装群众，建立根据地，开辟与国民党正面战场相配合的敌后战场。发动和武装人民群众是中共开辟敌后战场、坚持敌后抗战的根本立基点。他们深深懂得：“战争的伟力之最深厚的根源，存在于民众之中。”[②]告诫自己的干部和战士：只有分散做群众工作，才能制胜敌人；军队须和民众打成一片，使军队在民众眼睛中看成是自己的军队。这样，共产党及其领导的军队便把自己置身于人民群众的深厚沃土之中，并耕耘着这块沃土，结成了血肉相连的关系。这正是共产党树立起人民群众坚强靠山形象的根本所在。敌后战场是处在敌军包围之中的战场，是无后方的作战，这种作战是极其艰苦的。若没有与人民群众密切相连的血肉关系，共产党及其军队不可能开辟敌后战场并坚持八年之久。正是因为有了这种关系，共产党及其军队才由小到大、从无到有，奇迹般地在敌后发展起来，建立了十几块抗日根据地，把敌后方变成了打击敌人的最前线，并创造了世界战争史上人民战争的奇观，以层出不穷的、世界战史上闻所未闻的各种奇妙战术和手段，陷日军于人民游击战争的汪洋大海；正是因为有了这种关系，共产党才领导根据地抗日军民战胜了日伪的疯狂“扫荡”和国民党顽固派围攻、摩擦的两面夹击，战胜了1941～1942年根据地的空前困难，使敌后战场成为中国抗战的主战场。总之，共产党及其军队在艰苦的抗战中付出了代价，也获得了人民群众的信赖，得到了磨炼，也得到了发展。到抗战胜利时，中共已成为拥有120多万党员的大党；根据地面积达到近100万平方公里、近1亿人口，遍布东北、华北、华中、华南广大地区；军队由抗战之初的区区

---

① 《毛泽东军事文选》，战士出版社1981年版，第149～150页。

② 《毛泽东选集》第2卷，人民出版社1991年版，第511页。

数万人发展到120多万人，民兵220余万人。共产党已成为中国的重要政治力量，人民群众的真正坚强靠山，其在中国社会中的地位同抗战初期已大不相同了。

（三）中国共产党在抗战中推动了自身建设，展示了已经成熟的风姿，树立起中国革命坚强领导核心的形象

抗日战争是中国共产党在民族抗战大潮中浴血奋战的时期，也是自身在艰苦磨炼中走向完全成熟的时期。这种成熟表现在以下方面：

首先，认真总结了历史经验，全面丰富和确立了自己的指导思想——毛泽东思想。从此，中国共产党便有了领导中国革命走向胜利的光辉旗帜。

其次，对国情有了更深刻的认识，对中国革命发展进程的把握愈加应心自如。16年苦苦追寻的成功与失败的经验教训和抗日战争更加广阔的视野，使中国共产党对国情和革命进程的认识达到了一个新的层次。这就是新民主主义革命理论的完善，全党对中国革命两步走进程认识的统一。于是，一个宏伟的蓝图和前景，一个清晰的中国革命发展进程便展现出来了，一切的迷茫被冲荡一净。

再次，创造了加强自身建设的良策，推动了全党空前的团结统一。整风运动是中国共产党在抗日战争时期的一个创举，它不仅提高了全党的马克思主义理论水平，而且为加强自身建设创造了一个好的办法，促进了全党的空前团结统一。

最后，孕育了一代以毛泽东为核心的成熟的中央领导集体。

这就是抗战时期的中国共产党。战争的硝烟，艰苦的环境，没有压倒她，反而使她更坚强、成熟。

对于政党来说，抗日战争是挑战，也是机遇，是历史和社会选择领导者的挑战和机遇。谁把自己毫不保留地融进民族抗战的大潮，谁也就把握住了自己的命运。三个形象的树立，就是共产党把握自己命运的努力，也是历史给予的最好的回报。这种回报清楚表明：共产党已不再是领导区域性斗争的政治力量，而成为走向全面领导中国革命的政治力量，成为站立在中国大舞台上足以影响中国前途和命运的举足轻重的政治力量。也就是说，抗日战争是中国共产党由领导区域性斗争走向全面领导中国革命的转折的积累时期，它给予了中国共产党在人民解放战争、创建新中国斗争中叱咤风云的气势，一鼓作气把中国社会由新民主主义推上了社会主义的征程。

抗日战争是中国历史上壮丽的篇章，它对中国社会发展进程的影响不是以上内容能够包容的。这时期日本的野蛮侵略掠夺，战争带来的巨大破坏和对中国原有发展秩序的打乱、中断，也对中国社会发展进程带来很大的消极影响。但仅就三块基石的奠定，就可以看出它在中国社会发展进程中非同一般的地位。毛泽东在 1940 年说过："中国缺少的东西固然很多，但是主要的就是少两件东西：一件是独立，一件是民主。这两件东西少了一件，中国的事情就办不好。"[①]前两块基石解决的正是缺少独立与民主的问题。而独立与民主是要经斗争才能争得的，这就要有领导人。第三块基石正是解决了领导人问题。这就是这三块基石的内在关系。三者结合起来，必然推动中国社会不可逆转地奔向独立、民主、富强。

本文第一、三部分原载于《光明日报》1995 年 8 月 29 日，1997 年 12 月获山东省第十二次社会科学优秀成果三等奖。全文收录于《纪念抗日战争胜利五十周年学术讨论会文集》，中共党史出版社 1996 年版；1996 年 10 月获全国党校系统第一届优秀科研成果三等奖。

① 《毛泽东选集》第 2 卷，人民出版社 1991 年版，第 731 页。

儒学的历史嬗变与现代人格的建构

王　敏

中国传统文化虽然内蕴丰富，气象万千，但从某种特质意义上说，可称为是道德人格一元的文化。世界上任何一个民族、任何一类文化，都可以在这种一元的格局面前与古老的华夏民族、古老的中国文化区别开来。以道德人格为指归的儒学，流贯在中华民族绵延数千年的漫长历史之中，常被人称之为静态的、超稳定的文化，然而，如果我们认真考察一下这脉文化在不同历史阶段上的不同内涵与历史特征，便会较为清晰地看到儒学在历史发展中所发生的明显的自身演变，看到这种演变对中华民族的民族性格及其人格精神产生的巨大影响，进而看到眼前我们通向现代化的道路还有多么曲折而漫长。

一、周代文化精神与儒家学说

我国奴隶制度的最后朝代——周朝，是华夏民族文化融合发展的一个至为重要的历史阶段。从现存的《尚书》《易经》等典籍记载来看，我国传统文化中的崇礼敬德、渴慕理想人格的文化精神，在这个时期已经初步形成。它集中表现为文王的穆穆文制、武王的践功伐纣和以周公为代表的统治者对我国道德伦理思想的总结提高、与对国家典章礼乐制度的修整规定。《尚书》中的《周书》，主要记载了周公的言论和思想，还有别人对于他言论的发挥，据此我们可以看出周代文化的基本道德内涵：(1)“以德配天”，把道德视为治国的根本；(2)“王其疾敬德”，君王首先做出道德表率，为臣民层层效法；(3)“制作礼乐”，将统治者德政、德教的内容通过礼乐制度规范下来。

《诗经》这部集乐歌与民风一体的周代诗歌总集，可以说从更广阔的范围生动地反映了周代文化的独特精神风貌，显示了当时人们所具有的一种普遍的社会道德观念和教训规劝意识。值得注意的是，这个时期，道德与人格自然地趋向于统一，有了道德，也就有了人格，有了令人敬仰的人格力量与魅力，周公在《无逸》篇中举例的几位先王的品行如恭勤国事、勤俭自节、广施慈悯、孝悌亲厚等，在《诗经》中已成为人们反复歌咏的操作标准，成为人们追求仰慕的人格楷模。同样地，失去了道德品行，也就丧失了人格尊严，甚至失去了起码做人的资格，而为众人所不齿。《鄘风·相鼠》是一篇鞭挞无德无礼之徒的民歌，“人而无仪，不死何为”，“人而无礼，胡不遄死”！这种情感抒发正是周代社会道德人格文化较为发达，并对社会成员产生全身心的涵盖与渗透的结果。

只是，奴隶制的繁荣并未能永久维持，在生产力发展的推动下，一个分化动荡的社会开始了。孔子是鲁国人，春秋时鲁国是保存周礼最丰富的国家。历史的变迁，使他最早感受到的是文化问题，即礼坏乐崩、人心不古。他经过反复思考，最后得出结论：原因在于人自身，是人心麻痹了、堕落了、失去了节制，才使人的行为与礼制之间产生了疏离和脱节；而人自身，是有能力反省自己、提高自己、超越自己的。因此，孔子自信地踏上了一条解决问题的独特道路：不是修改文制去适应人，而是要从人心入手，恢复和培养人的精神，重建人的创造能力，最终构成统一规范的社会道德秩序。这样，我国最早的一个理论学派——儒学便在中国思想文化史上出现了。

“仁”是孔子思想的核心，也是他的伦理学说的根本。从总体上说，它具有两方面的意义：一是重视人的作用，注意人的内心修养；二是协调人与人之间的关系。因此，“仁”是一个总摄许多品德的综合概念，仁在孔子那里是爱君、爱亲、惠亲的统称，它不仅是一种道德行为，而且还是一种从内心发出的道德情感，体现了一种发诸善端而趋于日臻完美的人格境界。那么，人如何去拥有这种全德、到达“仁”的彼岸呢？孔子的答案包括两个层次，一是“教之”，一是“克己复礼为仁”。教之，就是要把理想的道德观念灌输给人们，使他们知德明礼，有行为准绳，“子以四教：文、行、忠、信”（《论语·述而》）。所谓克己复礼为仁，就是要把教之的内涵由心之外推及至心之内，通过人自觉的反省、努力、学习，克服麻痹和堕落而到达行为高尚的仁人目标。

孟轲在此基点上继承了孔子的内省式思考，并进一步深化扩展，建立起以仁、义、礼、智为核心的道德理论体系。在道德修养方法上，孟子提出了更为深刻的反省之路;养心、养气。“养心”就是存诸内心、求放心的修养功夫;养气之说,更有些形而上学的意味,但却有着明确的“义”“道”内容。孟子的养心养气说体现了人们对自我潜能的一种认识和把握,同时也加强了道德与人格二者内在的统一,所谓“三军可夺帅也,匹夫不可夺志也”,所谓“富贵不能淫,贫贱不能移,威武不能屈”,就是唱出了一首首“浩然正气”之歌,就是到达了高超的道德修养境界、人格意志境界。由孔子、孟子等创立的儒家学说,体现了滥觞于我国奴隶制社会的道德人格文化已发展到一个新的历史阶段,标志着人们对“人”这个社会主体所作的关注与反省到达了一个较高的理性层次。可以看出,重视人的主动精神、重视人的道德实践意志,恢复和建立统一的社会道德规范,是贯串于先秦儒学的一个基本支点。

二、汉儒学说及其历史影响

春秋时期,诸子百家,各抒己见,未有高低之分,各诸侯国对各家学说的认可程度亦有本同。但这种局面到汉朝时为之一变,自董仲舒“罢黜百家,独尊儒术”的建议被汉武帝采纳,孔子便被偶像化、圣人化了,儒家学说也被绝对化、权威化了。汉儒对儒学的推崇和经学加神学式的改造,使先秦儒家学说发生了一次历史性的演变与定位。

西汉的董仲舒被标榜为“为儒者宗”,而实际上他所阐释与宣扬的儒家理论,已是揉进了燕齐方术与墨家“义自天出”的天志、天命思想,改造了战国时具有朴素唯物主义和辩证特色的阴阳五行说,建立了以“天”为中心,以“三纲五常”为基本内容、以神秘主义、蒙昧主义为理论特色的封建道德(伦理)体系。

“三纲五常”是董仲舒对儒家学说最响亮的概括集成,也是他留给世人的最通俗、最完备的道德行为准则。“三纲”,在《白虎通义》中明确地阐释为“君为臣纲,父为子纲,夫为妇纲”。“五常”,是董仲舒在孟子“四心”说的基础上,与“五行”相比附,提出的五种行为准则:仁、义、礼、智、信。表面上看,此说与先秦儒学尤其孟子的体系颇有相似,然却在本质上有着明显的差异。先秦儒学的确也讲秩序,讲君臣等级,但他们的着眼点更在于讲道德所赋予每个社会成员的统一内容,讲各个层次无一例外所承载的道德义务,讲各方面通过履行各自的责任而形成的相互的关系。并且尤其强调在上者的道德垂范作用,在上者的道德状况对在下者所产生的影响。这与周公以王德领民风的思想是相通的。所以，孔子有“政者、正也。子帅以正，孰敢不正”以及“其身正，不令而行；其身不正，虽令不从”的论说，孟子有“君仁，莫不仁；君义，莫不义；君正，莫不正”，“君之视臣如手足，则臣视君如腹心；君之视臣如犬马，则臣视君如国人；君之视臣如土芥，则臣视君如寇仇”的论辩。而“三纲五常”则不同，“三纲”把君臣父子夫妇之间的关系确定为不可更改的阴从于阳的从属性关系，“五常”同样是以这种绝对化的从属关系作为道德根本的。董仲舒阐述“礼”为：“礼者，继天地，体阴阳，而慎主客，序尊卑贵贱大小之位，而差内外远近新旧之级者也。”（《春秋繁露·奉本》）由此可见，无论三纲，无论五常，其核心只有一个，确立法定的封建社会尊卑贵贱的等级序列，由此强调等级之分不可逾越；社会各个方面的关系，不再是相互的、相对的，而是依附的、绝对的，只有着卑者、下者对尊者、上者的服从敬顺，不见了上者、尊者所应承担的道德责任与义务，这样，贯串于先秦儒学中平等的道德实践精神和统一的道德规范观念就此消逝了。

在确定了“三纲”的等级轴心之后，董仲舒似乎觉得还不够威严和令人信服，便制造了天神的绝对权威，并在人性问题上提出了“性三品”说，形成了人“受命于天”“先天有别”的神学说教。这样，汉儒树立起“天”的主宰力量，将人们对于道德的培养和遵从，引入对“天”的敬畏与盲从之中，完全否定了作为维系道德力量的人的自主能动作用。同时，先秦社会所萌现的朴素的公平意识、平等观念，洋溢在先秦儒学中“圣人与凡人同”“人皆可以为尧舜”的响亮呼唤和“民贵君轻”的民主精神，也被彻底摒弃。这种极不平等的纲常制度和理论说教虽然遭到一些唯物主义思想家的猛烈抨击，但是，它却作为一种为统治者所得心应手的道德模式而延续、巩固下来，成为两汉时期占统治地位的思想，并且逐步演化为规定中国今后文化发展的一个轴心。这就导致了一个恶劣的困境与结局：道德的统一性被破坏了，等级地位向道德提出了挑战，虚伪性、欺骗性由此而生。它不仅造就了堂而皇之的堕落、表里不一的伪饰，而且还使先秦社会凝结起来的道德人格相辅相成、相得益彰的文化精神出现了断裂、唯上、屈从、盲目、毫无主动意志等都成了人的“美德”，道德不再体现人格的力量与尊严，反而凸显出人格的萎缩与丧失。这无疑是一个民族性格的悲剧开始。

三、宋明理学及其社会作用

随着汉王朝的覆灭，被引向谶纬迷信和烦琐考证的汉儒学日渐失去人心，代之而起的是东汉传入我国的佛学和魏晋兴起的玄学。到了唐代，统治者虽采取“三教并容”的政策，但佛学长风日甚，儒学衰败不兴，直到中唐韩愈、李翱力排佛教、弘扬儒说、重申“三纲五常”，才开启了宋明儒学发展的新时期。这是我国历史上儒学发展、演化的又一个重要阶段。

朱熹是这个时期宋明客观唯心主义理学的集大成者。他精通儒学，出入佛老（玄学），继承与发展了宋初周敦颐、二程和张载的理论观点，吸收了佛学“一多相摄”“月印万川”等所包含的理一分殊的思想，对三纲五常作了精密而系统的哲学论证。从此以后，朱熹的思想成为官方指定的儒学正统思想，他所编的《四书集注》，成为元、明、清历代王朝科举考试和文化人必读的教科书，朱熹本人也受到600余年的大力推崇。

然而，综观朱熹的理学理论，其体系虽然严整，其论辩虽然精致，但在根本上，可以一言以蔽之，只是在董仲舒强调等级威严的路子上愈走愈远，将禁锢人们身心的绳索愈收愈紧而已，只不过在佛老哲学深奥体系的压力下，煞费苦心地为其理论增加了诸多哲学思辨的色彩。

唐宋儒士们的高明之处，在于意识到了理论论证的必要，把封建道德与哲学的基本问题、与宇宙观密切联系起来，将其提升为独立于自然界和社会关系之上的“天理”，使“天理”成为最高的哲学范畴，成为派生宇宙万物的精神实体。“父子君臣，天下之定理，无所逃于天地之间。”（《河南程氏遗书》）天理是无所不在的，人们必须服从它，即使不想服从也做不到。这样，封建道德原则就被夸大成为宇宙的最高原则，而且附之烦琐的哲学论证，建立起了一个庞大完整的道德学说体系，为封建纲常制度奠定了理论的基础。

所谓“天理”，其实就是以“三纲”为核心的道德伦理观念，“其张之为三纲，其纪之为五常”（朱熹《文集》），落实在行为规范上，父子之间就是一个“孝”，君臣之间就是一个“忠”，儿子、臣下要绝对服从父亲、君主，“臣子无说君父不是底道理，此便见得是君臣之义处”（《朱子语类》卷十三）。如果说，汉儒在确立三纲还着重强调的是明确关系，从地位上规定等级名分，而宋明理学则推进了一步，在具体的行为规范上大大强化了这一纲常的贯彻实施。由此，“忠孝大节”成为封建社会衡量人们道德的主要标准，“饿死事小，失节事大”的操守观念,也愈加演示为社会性的习俗。到了明代,封建道德更被强调到了无以复加的地步,什么孝子挖脑取肝事父母、节妇断臂悬梁守贞操等等乌烟瘴气的宣传充斥社会,实为后来进步的思想家所指斥的:礼教杀人,罄竹难书!

宋明理学崇尚“天理”,而与“天理”相对立的一个重要概念便是“人欲”。“人欲”是“天理”的大敌,“人欲”的存在,直接构成了对“天理”的威胁。因此,“天理人欲,不容并立”(《孟子集注》卷五)。朱熹甚至把儒家学说归结为一点:“圣贤千言万语,只是教人明天理,灭人欲。”(《朱子语类》卷十二)的确,孔孟儒学中的重义轻利倾向,开了我国道德史上义利之辩的先河。然而那种倾向还是与先秦历代先王种种勤俭无逸的美德、与当时国家纷争、礼崩乐坏的社会思考有直接的关联,而且尚建立在事物整体性的联系之上,讲的是相对的侧重之分。汉朝时,董仲舒发展了孔孟“节欲”思想,提出了“成性”“防欲”论,即尚承认“欲”的一般合理性,而将其限定在某个范围之内,防止其贪,防止超度。到了宋儒,理学家们则是在“防欲”的基础上又大大前进了一步,把“人欲”视为一切罪恶的源泉,把人的全部生命权利一笔勾销,对“欲”不仅是节制、限制而且是要彻底围剿、连根拔除。宋朝以降,“存天理,灭人欲”的礼教训诫便威严地响彻在人们耳旁,既成为禁锢人们思想行为的严厉枷锁,也成为统治者所欣赏的最高道德修养境界,遂而造成了几百年对中华民族身心与个性的严重残害。可以设想,当由人所构成的社会到了半点容不下“人欲”而只有所谓“天理”的时候,这个社会的悲哀可想而知!由此,儒学终于在特定的土壤下完成了自身的演变——从以人为主体的自我开发走到了对人全面专制与禁锢的历史反面。

四、建构现代人格是现代化的最终目标

反观儒学的发展轨迹及其对人的塑造,不难看到这样一个悖论:道德规范愈昌达,自我人格愈萎缩,社会愈流于虚伪、不道德。专制的文化对人以及人格的根本毒害,在于砍削个性以迎合社会,制造了社会与人、人与人的根本对立与分裂。在强大的社会的、家族的、官僚的、舆论的、名分的等等势力面前,个人的自我意识被层层扼杀、层层销毁,人们终将被异化为一具具无思想能力、无行为意识的躯壳,而导致了个体人格萎缩和社会活力匮乏的双向负性循环。

今天，一场重大的社会变革使古老的中国真正启开了封闭已久的大门，启动了向现代社会迈进的脚步，十多年来，随着社会生产力水平的迅速提高和发展，随着改革开放愈加向纵深挺进，人们已经感受到传统文化以及所塑造的传统人格定势，正在中国社会走向现代化的进程中生发着强烈的阻抑作用。有识之士站在时代高度和未来发展背景上，致力于民族文化素质研究和现代文化重建，显示了人们对历史沉疴的正视和对现代社会的理性认识。社会的现代化终究的是人的现代化，没有人的健全发展、人格的健全发展，一切发展将失去最终的可能和意义，社会进步也将是一句空话。

改革开放的时代需要的现代人格特质是与现代化的目标相对应的，它与传统人格的根本区别应该是，能深刻地感知生活、自觉地顺应生活、主动地创造生活。有关学者将这些特质概括为：(1)认知层面的多元选择，包括生产方式的多样化和多元价值取向；具有立体思维视角，在无规可循的境况中，具有较强的价值分析和抉择能力；尊重并欣赏具有不同特点的人。(2)情感方式活跃、开朗、进取，适应功能良好，如何感受就如何表达，善于将负性情绪如焦虑、压力、忧郁等化合提升为人格动力。(3)个性化与理性高度结合，重视自我表现和自我实现，操之在我，不需要依据权威获取安全感；尊重他人的尊重与价值，重视同辈人的人际关系。

虽然，现代人格及其建构问题，是一个内涵复杂、因素纷繁的大课题，不同国家对此执着的研究也因主客观因素不同而各呈风貌。但是，有一点可以肯定，现代社会的发展是愈来愈趋向于对人的各种权利的尊重、对人的个体意志的开发和创造能力的弘扬，有如马克思、恩格斯所预见的，新社会的根本原则是"以各个人自由发展为一切人自由发展的条件"①。因此，在我们由传统社会向现代化社会迈进之际，尤其需要自觉地摒弃传统人格中的名分人格、依附人格、多重人格(主奴人格)、圣人人格等模式，而着力向新型的本真人格、独立人格、统一人格(平等人格)、健全人格等结构转化，主动地去顺应和推动社会变革，营造现代社会的良好生活环境。

所谓本真人格、独立人格，即强调人的本来个性和自主性，强调人的自我意志和独立品格，它与传统的名分人格、依附人格形成强烈的对照。传统的名分、依附人格，典型地体现了封建等级社会对人性的抑制和禁锢，"名分"下的人似乎不体现一个具体的有个性的人，只是一个官位的、级别的偶

① 《马克思恩格斯全集》第4卷，人民出版社1958年版，第491页。

象，是这个级别对那个级别的管辖或附庸，是繁缛礼节下的机械表演。尤其在官本位的社会，这种人格结构的政治语义在于，人的价值等同于“名分”的价值，人不在于做什么、有什么能力，只在于是个什么级别名分；人的能力不在于操之在我，自主地去实现，只在于是否得到另一级别的赏识恩宠。这种重名不重实、人为名累的依附性人格取向，导致了个性原创力和自主能力的极度枯萎，只会为社会制造僵化呆板的负面效应，实在为现代社会所不取。

冷峻地解剖我们自己的人格，将会发现，在其灵魂深处总埋有与传统人格难以切断的根，那就是一种“双重人格”基因。不管它以什么方式表现，或主人、或奴才、或倚强凌弱、或以弱媚强、或高傲自恃、或怯懦自卑等，都不离其正负转化的怪圈，这就是被鲁迅先生斥之为的“劣根性”，这种劣根性尤以“主奴人格”表现得淋漓尽致。在封建专制的国度，公平、平等的概念从未达到它理应具备的内涵，人们生活在层层权威奴役驱使的畏惧之中。然而，国人的劣根就在于相对于主子他是奴才、相对于奴才他是更刁刻的主子，受到了欺辱又去欺辱别人，碰到强手便只有忍气吞声、麻木不仁了。这种主奴人格极容易造成社会性的姑息养奸、为虎作伥的风气，不反省和剪除这种劣根，现代社会的公平意识、平等观念、竞争、保护、抗争等思维指向是难以在我们这个环境生发光大的。因此，社会的变革呼唤着统一人格的真正实现。

改革开放的时代，正在造就一种促进参与、呼唤献身的时代强音，在这种时代精神辉映下，“健全人格”应该是更快、更多地活跃在当今社会中的新型人格模式。健全人格是认知、情绪、价值、信仰、想象以及生化反应等诸要素整合良好的产物，它着眼于科学的身心系统的平衡和调适，着眼于对自我各种能力的尝试和把握，它不仅仅追求某种实现的结果，而更着意整个实现的过程，它不仅仅苛求成功的喜悦和完美无缺，而更乐意咀嚼全身心投入之后的平静和无憾。与传统的“圣人人格”相比，健全人格的意义在于，它并非高大无缺、煌煌盛美，并非高不可及、令人仰叹，也不必刻意雕琢、为世人楷模。作为个人的人，他可能有种种缺陷和失误，有种种欲望和苦闷，但是他却是自我的、独立的、真诚的，他在现实中学会努力地付出，学会努力地调整自己，学会建立符合历史发展的价值系统，这正是现代社会所需要的现代人格特质，也是我们人人应该经过不断体认、重组和更新去达到的人格目标。

本文原载于《学术研究》1995 年第 1 期，1996 年 12 月获山东省第十一次社会科学优秀成果三等奖。

寒亭模式:农村产业化经济的有效探索

徐文泽　邵信之

一、全新的经济模式

近几年来,山东潍坊市寒亭区从当地资源优势和生产力状况出发,探索按照产业化要求组织生产的路子,逐步形成了"一乡一业,一村一品"式农业产业化经济格局。为实现农村产业化、发展农村市场经济、解决农民问题提供了宝贵的经验。

所谓"一乡一业,一村一品",寒亭人的解释是,以乡镇为区域,按照产业化的要求组织生产。突出发展一种有一定规模,占农村经济较大比重的导向型产业。围绕导向型产业,通过龙头服务组织,把多种经济成分联合起来,形成以一种产业为主导,以龙头带基地,以基地联农户。集种养加、产供销、贸工农于一体的新的生产格局,以此带动农村经济向产业化方向发展。

1993年9月,国务院发展研究中心、中国社会科学院、农业部以及中共山东省委、省政府等30多个部门的60多位领导、专家教授在寒亭农业产业化发展战略研讨会上一致认定,寒亭以"一乡一业,一村一品"组织发展农村经济,形成了独具特色的"寒亭模式"。它是一种比较规范、符合一般经济发展规律、风险小、成本低、易操作、见效快的农村经济发展路子,对于我国广大经济欠发达地区农村经济的发展具有普遍的指导意义。

"寒亭模式"的规模是空前的。目前,全区具有一定规模的区级主导产业已发展到粮食、棉花、瓜菜、果品、养殖、猪鬃加工、木器加工、工艺品、电热毯、风筝年画、文化旅游、皮革加工、草柳编织、建筑建材、纸及纸包装、盐及盐化工等16个方面。除粮食、棉花外，其他14个主导产业已辐射到360多个村、5.1万户、8.7万人，分别占全区总村数、总户数和总劳动力的85%、60%和70%。

“寒亭模式”带来的效益是可观的。1993年，全区一乡一业总产值达15.8亿元，占全区农业和乡镇企业总产值的55%；上缴国家税金4100万元，占全区财政收入的73%；纯收入达到2.3亿元，全区农民人均766元，占农民人均收入的61.3%。

二、开拓就得探索

“寒亭模式”在十几年前就开始探索。那时，寒亭普遍推行农村联产承包责任制，长期潜伏的农业生产力得以充分发挥，当年全区粮食总产量就大大突破了历史最高水平。然而随后几年，家庭生产经营的种种弊端开始暴露出来，特别是农村劳动力大量过剩的问题更为突出。广大农民纷纷缠着自己的“父母官”要求开辟新的就业门路。经过深入调查研究，寒亭区作出总体规划：在较短的时间内，通过不断深化农村改革，创造一个宽松的政策环境，依靠农村集体和个人的资金、技术、人才力量，大力创办非农产业，逐步实现剩余劳动力的转移，把广大农村推向现代化建设的进程。“寒亭模式”的探索走过了起兴、扩展和成熟之路。起初，区里按照农民群众的意愿因势利导，重点解决农户单兵作战和农村种植业剩余劳动力问题。区里规定，在保证完成国家农业生产任务的前提下，农村基层单位和农民个人享有创办各类非农业的自主权。随后，根据几年来“一乡一业，一村一品”发展情况及农村出现的新问题，区里通过宏观管理，帮助农民选准主导产业，建立服务龙头，制定优惠政策，提出了乡村企业初步现代化、农业生产初步集约化和农村初步城镇化的发展战略。

在全区发展战略的指导下，农村经济向着产业化的方向迅速发展。该区双杨店镇，农户加工猪鬃的历史悠久，然而这一传统项目却一直没有大的发展，加工户只有几十家，户均年收入仅700元。为了开发这一传统项目，镇上建起了猎鬃贸易集团公司，对猪鬃加工户实行原料供应、技术指导和产品收购销售的全程服务，使全镇猪鬃加工得到迅速发展。目前全镇加工厂和作坊由原来的20家猛增到538家，从业人员由500人发展到8300多人。去年全镇制鬃业总产值达到6100万元，总收入1800万元，人均540元，占当年农民人均纯收入的1/3。尖子镇,位于寒亭区最北部沿海,有得天独厚的盐业生产条件。广阔的盐碱地不能种植,只能晒盐。但这一潜力长期没有充分挖掘。六年前,全镇盐田仅有500万平方米,年产值不到600万元。自1988年镇里建成集盐田开发、组织生产和产品销售于一体的盐业股份公司以后,截至1994年,全镇村办、联户办、户办的大小盐场已发展到97个,总面积达4300万平方米。去年生产原盐45万吨,产值达6525万元,利税达3600万元。盐业产值占全镇工农业总产值的一半,农民收入80%来自盐业。

三、产业化道路的效应

"寒亭模式"初步形成了"农民创基地、政府建市场、市场牵龙头、龙头带基地、基地联农户"的农村经济大循环,形成了种养加、产供销、贸工农、农科教一体化的农村经济新格局。实践证明,它的出现和发展,带来了各方面的效应。

"寒亭模式"结成了农村经济共同体,促进了农村经济社会化。它突破了以家庭为基本生产经营单位的原有模式,建立了一系列跨户、跨村、跨乡镇、跨市区,甚至跨国界的"农村经济合作组织",使农民的生产经营一头连着国内外市场,一头连着千家万户,种植、生产、收购、加工、储藏、运输、销售和结算等一系列过程紧密衔接、环环相扣,较好地解决了生产与市场脱节的问题。

固堤镇牟家二村农民郭洪泽,从3亩大棚西瓜起家成了闻名遐迩的"西瓜大王"。为了发挥自己的技术优势和形成规模经营,他在1990年联合邻村23户农民联片种植52亩西瓜,且以劳务股方式,组成了一个由土地、劳力、资金三方面入股的联合体。当年52亩大棚西瓜喜获丰收,去年生产规模扩大到100多亩,3年收入超过100万元。他的西瓜特点是上市早、口头好、甜度高、种植不用化学肥料等。这种"股份合作"西瓜种植形式在当地引起了强烈的共振效应,以此带起这种组织形式的西瓜种植大户20多家,面积500多亩,户均年收入8万多元。

寒亭的这种"农村经济利益共同体",已远远超越了农村股份合作制形式,使农村经济利润在各个环节上实现了合理分配。这种形式,既不同于以色列的"基布兹",也不同于美国的"合作社",更不同于我国历史上的"人民公社”，为中国农村找到了一种新型的“农业合作社”形式。

“寒亭模式”调整了农村产业结构，促进了农村经济产业化。一方面它使部分农民走出黄土地，脱离了种植业，实现了农村产业结构大调整。种植结构已由过去单一的种粮为主过渡到粮、棉、菜等综合型、高效益复合农业为主。全区粮食经济作物种植面积比例由1984年的3∶7调整到目前的0.9∶1.1，土地亩收入由过去的几百元发展到目前的几千元乃至上万元。而且随着种植业内部的分化，大批土地正在向一些种植业能手集中，户种20亩以上的种植大户发展到649家。整个产业结构正逐步朝着非农产业占主导地位转变，1984年全区农村第一产业与第二、第三产业收入构成比例为6.5∶3.5，到1993年已变成了2∶8。加工业和第三产业正在向着主导产业的骨干行业转变，目前全区420处镇村办企业、180处私营企业和8800个个体工商户中，从事16个主导产业的占90%以上。另一方面，它还使农村劳动力出现了大分流。去年以来，全区又有1180户农民脱离种植业，6000多农村劳动力又加入非农产业；2750户农民把耕地转让给种植大户，转让耕地1.42万亩。目前，全区各类产业中，第一、第二、第三产业就业人数之比为3∶4∶3，在非农业产业就业的农民已占到农村劳动力总数的74%。

“寒亭模式”培育和拓展了农村市场，促进了农村经济商品化。它科学地验证了“没有规模就没有市场，没有市场就没有效益”的理论。“寒亭模式”不仅促使各种服务机构逐步形成了户有联系户、村有服务站、乡镇有专业集团公司、群体有统一网络组织等双层次流通新体制，为农民解决了产前、产中、产后服务问题，而且还依托商品基地引导农民自己成立流通组织，自己走向市场。目前，几处乡镇按产业结构和村组建起了51个农民服务组织，解决了1.2万名“跑单帮”农民的后顾之忧。“一乡一业”的形成和发展还加快了农村市场的培育过程。目前，全区共改扩建集贸市场57个，专业批发市场13个，生产资料市场8个；以农民为主体的各类流通组织1万多个，从业人员11万人，占全区农村人口的1/3以上。目前，由于农村市场的带动辐射作用，原先的8类36种农副产品，现在已发展到14类58种，远销世界23个国家和地区，年收入达1.2亿元。去年全区农村市场成交额8.7亿元，农业商品率达72%。

我们认为，在农村，依托产品优势构建“小生产、大流通”和“小商品、大市场”的流通格局和市场态势，有利于解决农民小生产与大市场的矛盾，实现农副产品大流通并获得丰厚的商业利润。“寒亭模式”证实了这一点。

"寒亭模式"加速了乡村与城镇的结合,促进了农村经济城镇化。按市场趋向组织的大规模农副产品生产,不仅为城镇工业提供了充足的材料货源,促进了区属工业、乡村企业和个体私营企业的迅猛发展,而且还带动了商业、供销、交通运输等第三产业的崛起。

去年全区乡镇企业完成产值 41.3 亿元,实现利税 3.7 亿元;个体、私营企业户发展到 1.1 万家,比三年前增长了 2 倍。随着城镇第二、第三产业的发展,使城镇的技术、人才、资金、物资、劳力等资源有机结合,加快了城乡一体化的融合进程。而且随着城乡一体化的发展,城乡工农界限逐步被打破,农村各类生产要素得到合理分配和优化配置,使小城镇建设日新月异。该区原有的 6 乡 6 镇发展到 3 乡 9 镇和 1 个街道办事处,农村城镇覆盖率进入全国先进行列。几年来,各乡镇用于小城镇建设的资金达 7.9 亿元,进入城区和乡镇驻地务工经商的农民达到 5.6 万人。寒亭区加快城镇化步伐,既没有走阿瑟·刘易斯提出的"城市工业导向模式",也没走费里德曼提出的"农业城镇发展模式",而是结合了"Desakota 模式"和费孝通教授提出的"城乡协调发展模式",获得了城乡资源的最佳空间配置,走出了一条城乡联系的最佳路子。

"寒亭模式"还变革了农村生产关系,促进了农村经济现代化。它突破城市中现代与传统的东西并存以及城市自身发展机制不健全的现实,依靠农村区域广阔的空间和城市工业体系扩散的辐射效应两方面的力量来实现了传统农业的根本改变。在农村市场经济体制建立初期的农村经济结构转化的过程中,寒亭区依靠农村区域中不同产业部门经济主体间的联系,引导非农产业中的积累向农业部门投资,并依据农业关联效应发展农村地区的非农产业,在此基础上成长出主导产业,较好地解决了资本原始积累问题。"一乡一业"还开辟了按照专业生产采用现代化技术、现代设备的重要渠道,形成了一种新型的现代科技成果推广运用体系,农民走向乡村企业、个体私营企业,成为农村新型的产业者,学到了农业现代化大生产的科学技术、管理手段,提高了自身素质。同时,农村专业化生产的区域划分和农民向城镇的相对集中,解决了农村二元经济结构特征中的工业成分,推动了乡村企业及个体私营企业的再生与发展,从而为农村工业化的到来准备了前提条件。

短评:

寒亭模式的实践意义

本刊这期发表的山东省潍坊市寒亭区发展“一乡一业、一村一品”经济模式的调查报告,向人们展现出按照产业化要求组织发展农村经济的经验和效果。正像去年农业部一位领导同志所说:“寒亭,为中国广大农村,特别是一些不发达地区的农业产业化探索出了一条新路子。”

“寒亭模式”的特点是:生产经营专业化,所有制结构多元化,运行机制市场化,主导产业规模化,经济发展区域化,服务体系社会化。

“寒亭模式”的实践意义是显而易见的。

其一,它走出一条符合产业发展演化一般规律,引导农村经济向产业化发展的路子。它不仅解决了农村工业化发展前期的资本原始积累问题、农村城市化发展问题以及农民劳动方式和生活方式的转变问题,而且还初步解决了市场经济条件下政府行为的规范问题,为广大农民走上小康富裕之路指明了方向。

其二,它突破了发展经济学理论和发展经济关于农村现代化建设只能通过政府直接投资来进行的传统观念,主要依靠农民力量,走“民间自办现代化”的路子。这项全新的创造,使人们看到中国农村经济发展的巨大潜力。

其三,它为中国农民树立了一个勇于开拓创新、敢于承担农村现代化建设历史使命的全新形象。寒亭农民创造的经验和业绩,使人们看到了农村现代化的光辉前景。

本文原载于《中国改革》1994年第7期,1996年2月获山东省第十一次社会科学优秀成果三等奖。

关于嘉祥县乡镇企业发展的思考

段晓光　孙建军

嘉祥县乡镇企业发展尽管基础较差，起步较晚，但近几年却显示出良好的发展势头。截至1994年年底，乡镇企业总数已达12015个，从业人员96029人。1994年全县乡镇企业实现利税2.49亿元，比上年增长87%。固定资产6.19亿元，流动资金14.98亿元，并且涌现出一批初具规模、效益较好的企业。然而从总体来看，嘉祥县乡镇企业的发展仍处于初级阶段，不仅无法与我省东部经济发达地区相比，就是与邻近的县市相比，无论在经济总量、企业规模、投入数量上，还是在发展后劲、经济效益以及经济的外向度上，都存在着相当的差距。

乡镇企业发展的快慢，将直接影响嘉祥县经济的发展，影响全县农民生活水平的提高。那么如何才能加快该县乡镇企业的发展呢？我们通过对该县乡镇企业的调查，产生了一些想法，下面谈出来。

一、需要解决的几个认识问题

我们在调查中发现，当前对发展乡镇企业仍存在着一些模糊认识，而这些认识不澄清、不解决是非常不利于乡镇企业发展的。

(一)对乡镇企业的认识问题

不少人对乡镇企业存在不正确的认识，甚至偏见，这主要表现为两个方面：一是把乡镇企业与家庭手工作坊等同起来，认为乡镇企业在经济战场上是散兵游勇，因而轻视甚至鄙视乡镇企业，同时从事乡镇企业工作的部分同志，也存在这种认识，由此就产生一种自卑自贱和放松要求的心理，无形之中就会降低乡镇企业及其产品的水平和档次，满足于技术一般，设备简陋，产品粗糙，规模狭小。这种认识不仅直接影响到乡镇企业的健康发展，而且对引进外资、发展外向型经济同样会产生不利影响。二是把乡镇企业往往较多地与农业、农民、农村联系起来，对其在全县经济发展中的重要性尚未有足够的认识。目前全国乡镇企业工业产值已占全国工业产值的一半，越是经济发达的地区，这一现象越明显。如江苏省乡镇企业工业产值甚至已经占了该省工业产值的2/3，在出口方面广东、江苏省的乡镇企业出口额都已占全省出口额的2/3，无数事实已证明，乡镇企业已成为我国经济发展中最具活力的一支主力军。上海已决定把浦东开发区与乡镇企业视为经济腾飞的两翼，北京提出把经济新增部分的70%交由乡镇企业来完成。据我国专家预测，今年乡镇企业将成为我国新增经济实力的主体。面对全国经济发展的这种大趋势，如果还把乡镇企业的发展仅仅局限于在“农”字上做文章，岂不落后于时代大潮。因此，我们认为应把发展乡镇企业放在加快全县经济发展的战略高度上来认识，最大限度地发挥乡镇企业对全县经济发展的推动作用。

（二）对资源优势的认识问题

对这一问题的认识存在两个方面的误区：一是将资源优势绝对化，认为没有资源优势就无法发展乡镇企业，这甚至成为一些乡、村乡镇企业发展落后的借口。市场经济发展的事实证明，缺少资源绝不是经济落后的决定性因素，更不会成为阻碍乡镇企业发展的根本原因。二是将资源优势直接等同于经济优势。其实资源优势在尚未开发利用之前，相对于经济发展来说只能是一种潜在的优势，并不会自发地变成实实在在的经济优势。不应以拥有某些经济发展的潜在优势而盲目乐观，而应把注意力放在如何切切实实地、尽快地把经济发展的潜在优势转变成现实优势上来。嘉祥县经济发展的潜在优势很多，但真正转变为能够推动经济发展的现实优势的却不能算多。如满硐乡的油页岩石，这是墙地砖的主要原料，却得不到开发利用，仍不能产出效益，这就无优势可言。另外，该县的农业资源、工业资源、人文资源都不同程度地存在这一问题。所以我们认为对资源问题要有一个清醒正确辩证的认识，既不要唯资源论，又不要对资源问题盲目乐观，而应以务实的精神，走出对这一问题认识的误区。

(三)对负债经营的认识问题

这也是困扰乡镇企业加快发展的一个重要的观念方面的问题。许多人把收支平衡、既无外债又无内债作为评价乡镇企业是否成功的重要标准。这种观念和认识极其不利于乡镇企业的快速发展和迅速膨胀,是不适应市场经济发展客观要求的。负债经营在市场经济中是一种极为正常、非常普遍的经济现象。比如广东顺德“美的”集团1993年固定资产1亿多元,类似嘉祥县黄岗集团,经过两年多的大发展,1995年固定资产可达7亿元,销售收入2亿元,上缴镇财政8000万元,而这个企业负债高达80%。“美的”集团正是大胆而有效地利用了一切可用资金,实现三年三大步,“九五”期间还要以50%以上的速度发展。当然负债经营也有个合理性问题,一个企业从投入到产出效益必然有一个过程,综合全过程进行分析,才能从投入与产出的比较中得出企业负债经营是否合理的结论。因此在这个问题上,我们主张发展乡镇企业只要项目好,就应大胆地放开手脚,利用来自各种渠道的资金,不要怕背上负债经营的名声。

(四)对乡镇企业统一规划的认识问题

嘉祥县乡镇企业发展目前尚处于起步阶段,因而使人必然会对乡镇企业的统一规划、依法管理问题产生一种不以为然的认识,认为还提不到议事日程上来。从一些经济发达地区乡镇企业发展的过程来看,的确都是先发展后规划,先无序自发,后有序管理。但实践证明,这并不是一种值得推广的成功经验,而是乡镇企业在发展初期无任何成功先例和经验借鉴的情况下的一种无奈的选择,它造成的后遗症也是相当严重的:项目重复、遍地开花、规模狭小、结构失调、布局分散、投资浪费严重、土地资源的利用率极低、环境污染严重、经济效益低下等等。因此我们认为在乡镇企业发展的初期,县乡就应在产业结构、地区布局等方面搞好宏观的统一规划,这种规划应由土地、城建、交通、环保等有关经济职能部门共同参与,必要时请有关专家考察论证,一旦形成规划就要纳入法制管理,使其只能完善,不能推翻,保持规划的连续性。

(五)对乡镇企业发展机遇的认识问题

有人抱怨嘉祥县乡镇企业发展“生不逢时”,没有赶上好的发展机遇。其实机遇从来就不是等来的,而是靠积极的进取精神捕捉来的。善抓机遇是经济发达地区乡镇企业迅速发展的奥秘和拿手好戏,在善抓机遇背后更为重要的,我们认为是他们的积极进取、坚韧不拔的精神。如果没有这种精神，历史机遇到了你面前，你也抓不住。当前落后地区乡镇企业发展就面临一次极好的机遇。东部经济发达地区这些年来，随着乡镇企业的壮大发展，现在已开始受到资源、劳动力和市场的制约。例如广东的电已达1.2元/度，劳动力年工资已达1.2万元，均为我们的三倍。为了求得进一步的发展，他们相继逐渐进入一个产业结构、产品结构升级换代，总体战略进行调整的阶段，资本代替劳动的趋势日渐明显。有眼光的东部地区的乡镇企业家已明确提出“西进战略”，即把高耗能或劳动密集型产业向广大中西部落后地区转移，利用中西部地区丰富的资源、廉价的劳动力和广阔的市场寻求更大的发展空间。对此，中央、国务院极为重视，已提出了实行东西合作的战略，认为这是缩小东中西部经济发展差距的重要措施。面对这样一个绝好的发展机遇，我们认为嘉祥县再也不能错过时机，而应积极行动起来，主动出击，到发达地区去攀亲结友，把东部的资金、设备、技术、人才引进来。

二、应继续抓好的几项工作

除解决以上几个认识问题之外，我们认为在工作中还应扎扎实实地重点做好以下几个方面的工作：

（一）增强名牌意识，提高嘉祥县乡镇企业及其产品在市场中的竞争力

嘉祥县乡镇企业产品已达140多个门类300余种，现在省市有名的却几乎没有。苏南人嘴里常有“名牌”这词，争创名优的意识特别强，他们已经尝到了名牌带来的甜头。他们清醒地知道，一种产品的名气对他们企业的意义有多大。而嘉祥县的一些优质产品，生产了很久，甚至连商标都没有。我们的企业绝不能只看眼前，高枕无忧，而应登高远望，居安思危，干今天看明天想后天，只有这样，才能使企业立于不败之地，创造最佳效益，长期占领市场。

（二）围绕“传统”二字做文章

嘉祥县乡镇企业发展围绕“传统”二字还是有不少文章可做的，比如，传统工艺石雕，源远流长，民间艺人众多，石料充足，但至今未形成足够的优势。嘉祥县应组建强大的石雕经营集团公司，形成一个拳头，打向外地市场，此举就可以带动一大批乡镇企业的崛起。再如，鲁锦是嘉祥县传统的手工艺品，国内外市场行情看好，如能围绕它进行开发和创新。也可为乡镇企业的发展找到一条出路。还有一些传统的产品也大有文章可做，如著名的鲁西黄牛、小尾寒羊的开发利用加工。如果能重视这些产品的开发，利用它们在国内外的知名度，在种养、加工上下些功夫，打入国内外市场，这比新创牌子要快得多，效益也一定非常可观。因此，在发展乡镇企业上视野应开阔一些，思路应该更拓宽一些，不一定只局限于上“新项目”。

（三）因势利导，抓好规模化经营

布局分散，规模过小，是乡镇企业发展初期的通病，这一通病在传统体制下或在传统体制向市场经济体制转轨过程中，曾具有“船小好掉头”的一定优势，但随着改革的深入，市场经济的发展，特别是众多乡镇企业的崛起和发展壮大，企业规模过小的优势已经丧失并越来越难以适应市场经济的发展。正因为如此，所以规模化、集团化经营已成为当前乡镇企业发展的一大趋势。嘉祥县在前一段的工作中，已积累了一些这方面成功的经验。比如，选择了一批经济效益较好，在市场竞争中已基本站稳脚跟，有一定发展基础和规模的乡镇企业，加大投入，使其规模迅速扩大，经济实力大幅度增强，造就和确立了该县乡镇企业发展为排头兵和龙头，对全县乡镇企业的发展起到了重要的带动作用。像通达电解铜厂、黄岗集团、梁宝寺造纸厂、武翟山造纸厂、万张活性炭厂等企业的生产规模都有了不同程度的大幅度扩张，为乡镇企业的大发展奠定了极好的基础。

下步我们认为，还应将众多的中小企业组成联队，即小船变船队，船队成航母。或综合、或单项利用某个单位的知名度、某个企业的优势，一顶帽子大家戴，争取企业更佳效益。总之搞规模化、集团化经营是乡镇企业发展的必然趋势，我们不能忽视它，当然也应充分考虑嘉祥县乡镇企业发展刚起步的具体特点，不能急于求成，一概而论。

（四）注意调整结构，力争协调发展

结构失衡是困扰经济发展的重大疑难病症之一，这一问题对于乡镇企业的发展来说尤为突出。具体就嘉祥县来说，主要表现为三个层次上的问题，一是产业结构失衡，第三产业相对于第一、二产业来讲，发展严重滞后。因此，我们应在第三产业上多做文章，尽快改善乡镇企业产业结构失衡的状况。二是工业结构失衡。嘉祥县乡镇企业工业偏重于基础产业，特别是建材业，而与人们衣食住行密切相关的生活消费品工业，发展不足。在当今国内外市场上，与人们生活相关的消费品不下数十万种，社会需求如此广泛，我们如果能抓住十几种或几十种这类产品在省内外、海内外市场上叫响，嘉祥县的经济状况就会发生较大变化。广东一些县、市以及温州的乡镇企业发展情况有力地证明了这一点。三是产品结构失衡，嘉祥县乡镇企业生产的产品，结构单一，大部分是初级产品、原材料，在产品多样化、系列化、深加工、提高附加值上下功夫较少。电解铜厂、造纸厂、黄岗集团在这方面作了不少有益的尝试，并逐渐尝到了经济效益提高的甜头，我们应学习推广这些经验，抓紧改变乡镇企业产品结构单一的状况。

（五）清除心理障碍，发挥主观能动性，实现外向型经济发展的大突破

外向型经济是嘉祥县乡镇企业发展的薄弱环节，亟待加强。我们认为造成这一问题的主要原因之一，就是一些从事乡镇企业工作的同志在心理上不同程度地存在着不利于外向型经济发展的障碍。这种心理障碍主要表现为三个方面：一是对发展外向型经济缺乏自信心，认为中资尚搞不理想，何况合资企业资本，再说，稳稳当当有权有钱，受了洋罪还可能丢权（外商控股）。二是在发展外向型经济方面缺乏大家风度和气魄，不算大账算小账，只看眼前，不计长远，生怕外商占了便宜，坑了自己，结果与外商合作谈不成。三是好企业不愿外商沾光，孬企业急于攀亲，想让外商当救星。须知每个外商只会锦上添花，不会雪中送炭。我们认为，要督促、鼓励从事乡镇企业工作的同志利用一切渠道和机会大胆走出去。出路出路，走出去就有路；困难困难，困在家里就难。只有走出去才有可能捕捉到更多的与外商合作的信息与机会，才能开阔视野，广交朋友，增强自信心。

（六）因势利导，采取有力措施，促进个体私营经济大发展

农村个体私营经济是乡镇企业的重要组成部分，已与乡村集体企业形成互补互助、相互依赖的合作关系，成为乡镇企业发展的重要支撑点和生长点。嘉祥县对个体私营经济发展是重视的，其总体规模已达到可以与乡村集体企业平分秋色的程度。目前存在的问题主要有：一是发展极不平衡。各乡镇之间在个体私营经济发展上存在不小差距，而且差距有越拉越大的发展趋势。二是个体私营经济小而散的现象更为突出，企业膨胀速度慢，成规模的太少。三是吃拿卡要现象较为严重。以上三个问题严重制约了全县个体私营经济的大发展。造成这些问题的原因，我们认为主要有三个：一是缺乏指导和管理服务。各乡镇在发展个体私营经济方面基本上靠自生自长，该干什么、怎么干，全靠业主自己，缺乏政府部门的引导服务。二是缺乏资金。创办企业缺乏启动资金，经营当中缺乏流动资金，且贷款难，手续复杂，制约着个体私营经济的发展。三是缺乏宽松的社会环境。存在着轻视歧视个体私营经济的社会心理与意识，政策措施不稳定、不到位。管理部门

的某些不正之风等，使个体私营业主大部分都处于怕露富、怕冒尖的重重顾虑之中。助长了他们“小成即满，小富即安”，守摊子，不求发展，安于现状的保守倾向，使企业长期不愿、不敢追加投入，只能维持在现有规模上而得不到发展。为了促进嘉祥县个体私营经济的大发展，我们认为：第一，县有关部门应积极主动地向各乡镇提供有关个体私营经济发展所需要的政策、市场、项目、技术、人才等信息，以正确引导个体私营经济健康发展。第二，有关部门在政策经营业务条件允许的情况下，应在管理和资金上对个体私营经济的发展给予支持，不应对其采取歧视性政策。同时个体私营经济发展的资金问题也应更多地考虑通过自身积累来加以解决，也可通过联户集资的形式或通过股份合作制的形式解决。第三，采取各种有效措施，优化社会环境。应深入持久地宣传个体私营经济在全县经济发展中的地位和作用，使全县上下在这方面都形成共识，改变对个体私营经济的种种偏见。为了鼓励支持个体私营经济不断扩大生产规模、追加投入，县里应该加大对这方面优惠政策和物质奖励的力度，使其具有较强的刺激性和吸引力，并采取切实的保护措施，使个体私营业主的合法经济收益不受侵犯，以解除他们的后顾之忧。

（七）强化劳务输出，为乡镇企业发展增添后劲

农村剩余劳动力的大量存在，是我国经济发展肩负的沉重包袱之一。发展乡镇企业已成为解决农村剩余劳动力的主要措施之一。但是在乡镇企业发展比较落后的地区，由于乡镇企业吸纳就业人数有限，农村剩余劳动力的转移问题就比较突出，压力也比较大。这些地区大量的农村剩余劳动力出路何在呢？在市场经济规律作用的导向下，他们大部分向城市、向经济发达地区涌去，从而形成了颇为壮观的“民工潮”，即劳务输出现象。实践证明，这种转移农村剩余劳动力的方式反过来又会促进劳务输出地区乡镇企业的发展。许多落后地区的农民通过外出打工，积累了资金，开阔了眼界，更新了观念，学到了技术，带着项目，回到家乡创办企业，成为发展乡镇企业的骨干和主力。因此不能把劳务输出仅仅看成是一种解决农村剩余劳动力出路的途径，而应把它更多地与当地乡镇企业的长远发展以至整个地区经济增长联系起来看待，充分估计到它的重大意义。嘉祥县及各乡镇对这个问题应高度重视，应将劳务输出作为关系全县经济发展的重大问题而提到议事日程上来。特别对那些乡镇企业发展薄弱甚至空白的乡镇、村，更应该加强这方面的工作，为其存在的大量的农村

剩余劳动力找一条挣钱增加个人收入和乡村收入的出路，更为乡镇企业的发展准备一支强大的后备军。

本文原载于《理论学刊》1995 年第 6 期，1997 年 12 月获山东省第十二次社会科学优秀成果三等奖。

马克思的世界历史理论与当代中国的社会主义

于炳贵

从19世纪40年代马克思在《德意志意识形态》中提出“世界历史”理论以来，已经整整一个半世纪。在相当长的一个时期中，马克思这一极其深刻的理论为人们所冷落。20世纪以来，世界社会主义运动的实践特别是当代中国的社会主义实践，使这一理论所蕴含的内在意义日益凸显出来。深刻认识马克思这一重要理论的当代意义，正确理解“世界历史”对当代中国历史进程的重大影响和制约，弄清中国社会主义的客观必然性和社会主义建设道路的时代特色，是现实给我们提出的一项重大任务。

一

世界历史的思想并不是马克思的独创。早在马克思之前，资产阶级思想家们就对此作过探讨。黑格尔首先提出“世界历史”概念，突破了以往历史哲学的地域性和民族的局限，按照某一种内在逻辑把历史现象串在一起，使其成为有规律的发展过程。但是在黑格尔那里，世界历史是由逻辑对历史的强制而形成的，其实质是观念的历史，而不是现实的历史。同黑格尔相反，马克思的“世界历史”理论不是依据思维的逻辑运动，而是依据近代资本主义的历史现实提出来的。这里所说的“世界历史”既不是通常的、历史学意义上的世界历史，即整个人类历史，也不是世界各民族历史的抽象或概括，而是特指各民族、国家在生产力高度发展的基础上，通过普遍交往打破民族封闭状态，进入相互依存状态，使世界整体化以来的一个新的历史阶段。

首先，世界历史的形成是以生产力和分工的发展、世界市场的存在为基础的。马克思认为，前资本主义的历史都是狭隘地域性的民族历史，因为在落后的生产力和分工的基础上，人们征服自然和改造自然的能力还不足以提供打破限制民族普遍交往的自然隔阂和屏障的手段，只有随着生产力和分工的高度发展、大工业的出现、世界市场的形成，世界历史才能最终形成。“各个相互影响的活动范围在这个发展进程中愈来愈扩大，各民族的原始闭关自守状态则由于日益完善的生产方式、交往以及因此自发地发展起来的各民族之间的分工而消灭得愈来愈彻底，历史也就在愈来愈大的程度上成为全世界的历史。”①在近代，由于资本主义生产方式的确立，生产的社会化、商品化驱使资产阶级奔走于全球各地。“资产阶级，由于开拓了世界市场，使一切国家的生产和消费都成为世界性的了。”②以往自然形成的各个民族和国家的孤立状态被打破了，“过去那种地方的和民族的自给自足和闭关自守状态，被各民族的各方面的互相往来和各方面的互相依赖所代替了”③。大工业、世界市场、广泛的交往开创了世界历史。

其次，世界历史是个整体，而各个民族、国家是它的“器官”。各个民族、国家的历史发展进程必然要受到整体的影响和制约，同时也反过来影响世界整体的发展。例如，马克思认为西方发达资本主义国家一种机器的发明和应用，将会夺去印度和中国无数工人的饭碗，并引起这些国家整个生存形式的改变。英国的鸦片战争触发推进了中国的太平天国运动，同时，太平天国运动也将会给西方无产阶级带来重大影响。特别是率先走上资本主义道路的国家，对世界历史的影响是极其巨大的。正如马克思指出的：“资产阶级，由于一切生产工具的迅速改进，由于交通的极其便利，把一切民族甚至最野蛮的民族都卷到文明中来了。它的商品的低廉价格，是它用来摧毁一切万里长城、征服野蛮人最顽强的仇外心理的重炮。它迫使一切民族——如果它们不想灭亡的话——采用资产阶级的生产方式；它迫使它们在自己那里推行所谓文明制度，即变成资产者。一句话，它按照自己的面貌为自己创造出一个世界。”④

再次，世界历史形成以后，社会历史进程中的“跨越”现象成为一个全局

---

① 《马克思恩格斯选集》第1卷，人民出版社1972年版，第51页。

② 《马克思恩格斯选集》第1卷，人民出版社1972年版，第254页。

③ 《马克思恩格斯选集》第1卷，人民出版社1972年版，第255页。

④ 《马克思恩格斯选集》第1卷，人民出版社1972年版，第255页。

性的、普遍的现象。世界历史形成之前，社会发展中也出现过“跨越”现象，如日耳曼民族在征服罗马帝国之后，越过奴隶社会，从原始社会直接走向封建社会。然而，这只不过是一种特殊现象。世界历史形成之后，在各种国际生产关系中，资本主义生产关系居于主导地位，整个世界市场由资本主义国家占领着。由于世界历史整体的影响，在北美洲、大洋洲、非洲以至东欧，有的民族从奴隶社会甚至从原始社会，直接走上了资本主义道路。特别是一些较为落后的国家跨越了资本主义的“卡夫丁峡谷”，直接走上了社会主义道路。

最后，社会主义(共产主义)是一种世界历史性的存在，它的胜利以世界历史的形成为先决条件。马克思指出，资本主义“首次开创了世界历史，因为它使每个文明国家以及这些国家中的每一个人的需要的满足都依赖于整个世界，因为它消灭了以往自然形成的各国的孤立状态”①。但是，由于资本主义私有制和旧式分工的存在，人的劳动活动和全面依存关系作为一种异己的力量支配着人们的意志和行为。这种状况是同世界历史发展方向相违背的，因为每一个单独的个人解放的程度是与历史转变为世界历史的程度完全一致的。所以，马克思坚信，随着生产力的发展和交往的进一步扩大，人们终将自觉地控制和驾驭这些异己力量，使人们自发形成的世界历史性的共同活动的形式成为人们在世界范围内建立共产主义的必要基础。因此他得出结论：“无产阶级只有在世界历史意义上才能存在，就象它的事业——共产主义一般只有作为‘世界历史性的’存在才有可能实现一样。”②

二

在现代世界历史条件下，中国跨越资本主义的“卡夫丁峡谷”直接走上社会主义道路，是历史的误会还是历史的必然？这个同当代中国社会主义运动相伴而生似乎早已解决了的老问题，在世界社会主义运动遭受到空前的重大挫折、中国社会主义面临严峻挑战的今天，又重新以尖锐的形式摆在人们面前。当我们在前进过程中出现问题和困惑时，一些人把目光投向过去，重新思考是否在出发点上就出了问题。

① 《马克思恩格斯选集》第1卷，人民出版社1972年版，第67页。

② 《马克思恩格斯选集》第1卷，人民出版社1972年版，第41页。

如果仅仅把社会主义当作一种民族性、地域性的存在，那就很难理解中国社会主义革命的历史必然性，因为从当时的社会性质和生产力状况看，中国的确没有达到实现“跨越”、走上社会主义道路的高度。但是，问题的关键主要不是取决于中国社会本身的性质，而是取决于是否具备“跨越”的条件和如何利用这些条件。这是马克思的世界历史理论给我们的重要方法论启示。

既然中国处在世界历史业已形成的具体历史条件下，西方资本主义的冲击把中国强行纳入世界历史的轨道，中国历史发展进程就不能不受到世界历史整体的巨大影响和制约而成为世界性的问题。马克思从各民族和国家相互影响、相互作用的视角，把生产力和生产关系矛盾运动的理论由民族和国家扩大到整个世界，提出了“生产的国际关系”“世界普遍交往”“国际分工”“国际生产力”“国际竞争”等等，为我们观察像中国这样一些落后国家的社会主义革命问题提供了科学方法。

首先，处在世界历史的大背景下，整个世界都被纳入资本主义的经济体系，各国在经济上已不再是被分割在狭隘的民族区域中发展的独立自主的单元，而是成为世界整体的一个有机组成部分。这就使得马克思原先所设想的导致某一个国家或地区发生革命的物质前提扩展到全世界的范围。因此，某一国家或地区的无产阶级争取社会主义的斗争也具有了国际的性质。所以，西方资本主义社会化生产力的发展也就为中国的革命提供了客观可能性，其内部生产力落后便不可能成为革命不可克服的障碍。

其次，资本主义入侵同时也“带来”“导入”或“转移来”了资本主义的“新式工业”和生产关系。与这种新式工业和生产关系相适应，中国也产生了新的阶级和政党。毛泽东在分析中国社会主义革命的客观条件时指出：“中国已经有大约百分之十左右的现代性的工业经济，这是进步的，这是和古代不同的。由于这一点，中国已经有了新的阶级和新的政党——无产阶级和资产阶级，无产阶级政党和资产阶级政党。”“中国的现代性工业的产值虽然还只占国民经济总产值的百分之十左右，但是它却极为集中，最大的和最主要的资本是集中在帝国主义者及其走狗中国官僚资产阶级的手里。没收这些资本归无产阶级领导的人民共和国所有，就使人民共和国掌握了国家的经济命脉，使国营经济成为整个国民经济的领导成分。这一部分经济，是社会主义性质的经济,不是资本主义性质的经济。"[①]这说明,中国社会尽管生产力落后,但是毕竟也有了一定程度的社会化生产力作为社会主义革命的物质基础。这一点非常重要。列宁在分析俄国革命时曾指出:"没有一定程度的资本主义,我们是什么也办不成的。"[②]可以说,现代化生产力没有一定的发展水平,现代无产阶级没有一定程度的发展,所谓进行社会主义革命就只能是空想。

最后,国际交往的普遍化使中国的社会矛盾加速走向激化状态。"由于同工业比较发达的国家进行广泛的国际交往所引起的竞争,就足以使工业比较不发达的国家内产生类似的矛盾。"[③]资本主义生产方式区别于前资本主义生产方式的一个显著特征,就是它"具有国际性质"。正是通过开拓世界市场,"资本主义已成为极少数'先进'国对世界上大多数居民施行殖民压迫和金融扼制的世界体系"[④]。在马克思看来,这是一个"中心—卫星"式的经济体系,即发达资本主义国家是"中心",为"中心"发展工业服务的从事农业生产的落后国家和地区是"卫星"。在这个体系中,中心国的发展是以牺牲卫星国的利益为代价的。可以说,没有对包括中国在内的落后国家的剥削和掠夺,没有这些国家人民的贫困化,就没有发达资本主义国家的富足和繁荣。这样一种不平等的国际生产关系,必然导致"世界城市"和"世界农村"的对立。这种对立是资本主义生产力与生产关系矛盾的国际化,它首先集中体现为中国这样一些落后的国家内部矛盾的激化。矛盾的极端尖锐化很容易造成这样一种局势:"多数工人(至少是多数有觉悟、能思考、政治上积极的工人)充分认识到革命的必要性,并且抱有为革命牺牲的决心";"统治阶级遭到政府危机,这种危机甚至把最落后的群众卷入政治运动(一切真正革命的标志,就是从那些到现在还非常消沉的被压迫劳动群众中,迅速产生出十倍甚至百倍的能够进行政治斗争的人物),削弱政府的力量,使革命者有可能很快地推翻它。"[⑤]

中国实现跨越式发展,条件固然起了主要作用,但条件也有个如何利用的问题。同样的条件,利用得好坏所导致的结果大不一样。20世纪以来,许

---

① 《毛泽东选集》第4卷,人民出版社1991年版,第1430～1431页。

② 《列宁全集》第60卷,人民出版社1990年版,第317页。

③ 《马克思恩格斯选集》第1卷,人民出版社1972年版,第81页。

④ 《列宁选集》第2卷,人民出版社1972年版,第733页。

⑤ 《列宁选集》第4卷,人民出版社1972年版,第239页。

多同中国情况差不多的东方落后国家，同样受到资本主义的冲击，但是以中国为代表的一些落后国家实现了历史的大跨越，走上了社会主义道路，而以印度为代表的其他一些国家在独立后却走上了资本主义的发展道路。之所以会出现如此不同的结局，主要在于对条件采取了不同的态度。中国人民在中国共产党的领导下，在“世界社会主义革命时代”的启示下，清醒地认识到：“现在的国际环境，从基本上说来，是资本主义和社会主义斗争的环境，是资本主义向下没落，社会主义向上生长的环境。”[①]依据国际环境说，在中国走资本主义之路是行不通的。首先是国际资本主义即帝国主义不容许。它们侵略中国是要把中国变成殖民地，决不是要发展中国的资本主义。其次是社会主义不容许。中国要独立，离不开社会主义国家和国际无产阶级的援助。在社会主义国家和国际无产阶级援助下的中国革命必然要成为无产阶级社会主义世界革命的一部分。所以，在现代世界历史条件下，中国走社会主义道路是唯一的选择。正是基于这种对客观必然性的深刻认识，中国人民对有利的国际条件做出了积极的反应。由此看来，中国成功地实现“跨越”并不是一个自然而然的发展过程，其本质是人的能动创造过程，是社会主体所进行的合目的性与合规律性相统一的选择过程。在这里，历史规律的制约性和主体的能动创造性是内在统一的。

三

选择了社会主义的中国人民如何建设社会主义？这是我们面临的一个重大且无可回避的时代课题。邓小平同志说：“我们建设社会主义，准确地说是建设有中国特色的社会主义，这样才是真正地坚持了马克思主义。”[②]这个科学的结论，是中国共产党人对于在中国具体历史条件下如何巩固、发展社会主义的庄严回答。

如何理解中国社会主义的“特色”呢？这里的关键是要坚持马克思“世界历史”理论的系统方法，以整个世界为背景、作参考，在普遍联系中给予辩证的理解，而不能离开“世界历史”的整体发展，孤立地、抽象地分析问题。中国社会主义的“特色”或“独特”固然不是照抄照搬别国模式，走别人走过

① 《毛泽东选集》第2卷，人民出版社1991年版，第679页。

② 《邓小平文选》第3卷，人民出版社1993年版，第191页。

的老路，但也不是完全离开世界整体联系的、与资本主义世界隔绝的闭关自守。当今的世界是开放的世界，又是一个统一的国际大市场。生产的社会化和国际化，使得任何一个国家都不能孤立于世界经济和国际市场之外。一个国家只有通过开放，吸收先进的生产技术和管理经验，积极参与国际分工和经济循环，才能不断增强国力，取得和保持优势，使自己的经济和社会发展具有“特色”或“独特性”。经验证明，封闭不能发展社会主义，孤立在世界之外的“独立性”和“独特性”只能导致贫穷和落后。中国的社会主义建设当然主要靠自力更生，坚持自己的“特色”，但是真正坚持“特色”还需要对外开放，吸收外国的技术、资金和经验帮助自己发展。因此，我们所说的有中国特色的社会主义，不是以往所理解和实行的闭关自守的社会主义，而是对外开放的社会主义，是参与国际分工和世界经济循环的社会主义。

由于我们仍然处在资本主义生产关系占支配地位的世界体系中，所以，对外开放，加强国际交往，最主要的就是和资本主义交往，引进资本主义国家的经验、技术和资金。社会主义和资本主义既有相互对立、斗争的一面，又有相互学习、利用的一面。我们在扩大对外交往，学习、利用资本主义的实践中并不是那么和谐、顺畅的。对外开放会引进有利于社会主义发展的管理经验、技术和资金，同时也会带来一些资本主义的消极东西，形成破坏性冲击，严重影响我国社会发展目标的实现。特别是在国际垄断资产阶级对社会主义国家推行“和平演变”策略的情况下，它们在同我国交往的同时，必然进行政治、经济、思想、文化的渗透，力图把我国引向资本主义道路，变成它们的附庸。对于这一点，我们必须要有清醒的认识，既要对外开放、扩大交往，又要避免受到资本主义的破坏性冲击，始终保持中国社会主义的“特色”和“独立性”，这是我们在世界交往中的既定目标。实现这一目标的途径，不是靠限制交往显示“特色”，而是靠不断增强自身的交往能力，尤其是国际竞争能力。这就要求我们必须解决好这样几个重要问题：一是要从实际出发不照抄照搬。这是中国革命和建设取得胜利的一条根本经验，学习和利用西方资本主义同样应遵循这个基本原则。不对外开放，不走进世界历史的轨道，就不能发展社会主义；脱离中国实际，照抄照搬外国，同样也不能发展社会主义。要吸收和借鉴那些适合中国国情的对我们的发展有益的东西，把这些东西变成我们自主活动的条件，变成创造自己“特色”的现实基础，而不能良莠不分，搞兼收并蓄，更不能搞“全盘西化”。如果导致“全盘西化”，把学习资本主义变成照搬资本主义，把利用资本主义变成依赖资本主义，那就会丧失国家和民族的独立性，使我国变成西方资本主义国家的附庸。二是要有一个有效的体制和运行机制作为依托。没有这一条，所谓扩大开放、促进发展，就会成为泡影。实践证明，灵活有效的市场机制比较容易顺应世界经济发展趋势，能够在激烈的国际竞争中及时准确地把握有利时机，为自己争得发展的机遇。三是要善于捕捉国际环境中的有利因素，并同自身的优势相结合，从比较利益中求发展。

本文原载于《理论学刊》1995 年第 6 期，1997 年 12 月获山东省第十二次社会科学优秀成果三等奖。

马克思主义最注重发展生产力

——兼论马克思主义从革命科学向建设科学的历史发展

张文彦

有人说，马克思主义主要精神就是阶级斗争，武装夺取政权，建立社会主义制度，因此马克思主义是革命的学说。还有人说，马克思主义主要精神就是经济建设，实现四化，因此马克思主义就是建设的学说。实际上，在马克思主义看来，革命是为了建设，建设是更深刻的革命，而贯彻始终的是解放生产力和发展生产力。邓小平指出："马克思主义最注重发展生产力"①，"马克思主义的基本原则就是要发展生产力"②。从本质上说，马克思主义就是革命加建设的科学，是最注重生产力的科学。这一点已为整个20世纪的历史所证实。

一、生产力学说——马克思主义的理论基础和核心

正因为马克思发现了生产力对社会发展的最终决定作用，社会发展的主要动力是生产力，社会历史观才第一次成为科学。可以说没有生产力学说，就没有唯物史观的产生；离开生产力学说，唯物史观也就失去了其得以确立的基本依据。

通观唯物史观的基本理论，生产力学说的基础和核心地位主要表现在这几个方面：第一，生产力学说揭示了人类社会赖以存在的物质基础；第二，生产力学说揭示了社会基本矛盾是社会历史发展的最终动力；第三，生产力

---

① 《邓小平文选》第3卷，人民出版社1993年版，第63页

② 《邓小平文选》第3卷，人民出版社1993年版，第116页。

学说揭示了阶级社会中阶级斗争、社会革命的根源；第四，生产力学说揭示了人民群众创造历史的伟大作用。可见，生产力学说是唯物史观其他理论得以确立的基本依据，其他理论原理则是根据这一学说所作的展开和补充，整个唯物史观就是围绕着生产力学说这一核心所形成的关于社会历史发展的最一般规律的理论体系。而无论是承认生产力的基础地位和作用、承认社会基本矛盾的动力作用，还是揭示社会革命的根源、肯定人民群众创造历史的作用，最终都是为了论证说明解放生产力和发展生产力的问题，以指导人们的实践活动。因为人类的实践活动都要围绕发展生产力这个中心，只有这样，人类才能实现由必然王国向自由王国的飞跃。可见，解放和发展生产力是唯物史观的中心之论、本质之论，而唯物史观又是马克思主义的理论基础，故生产力学说不仅是马克思主义整个体系的理论基础，而且也必然成为马克思主义整个体系的中心之论、本质之论。

由于唯物史观的创立和剩余价值学说的发现，社会主义由空想变成科学，也为无产阶级的革命理论和建设理论奠定了科学基础，提供了世界观和方法论的指导。马克思主义博大精深的思想宝库，从其诞生之时，就既具有革命的功能，又具有建设的功能。用马克思主义指导无产阶级革命的实践，研究无产阶级革命的问题，所形成的理论就是马克思主义革命的科学；用马克思主义指导社会主义建设的实践，研究社会主义建设的问题，所形成的理论就是马克思主义建设的科学。革命的科学和建设的科学是内在统一的，这种内在统一的基础就是解放生产力和发展生产力。因为革命是为了建设，解放生产力是为了发展生产力；而建设是更深刻的革命，“生产力方面的革命也是革命，而且是很重要的革命，从历史的发展来讲是最根本的革命”[①]。社会主义要建设区别于以往一切社会的崭新的社会，就此意义可以说，社会主义的建设也是更深刻的革命。当然，革命和建设毕竟不是一回事，推翻旧社会与建设新社会毕竟是性质不同的事。这种时代的不同、历史任务的变化，使马克思主义在不同历史条件下，作为革命的科学和作为建设的科学得到了分步的大发展，并且是由革命的科学发展为建设的科学，也使马克思主义创始人与其后继者们注重生产力的视角不尽相同。历史已证明，“马克思主义在 20 世纪从革命的科学，发展为不但是革命的科学而且是

---

① 《邓小平文选》第 2 卷，人民出版社 1994 年版，第 311 页。

建设的科学”[①]，这是一个历史的逻辑的发展过程。

二、本世纪上半叶马克思主义革命学说的重大发展

20世纪上半叶，世界处于战争与革命的高潮时代，资本主义所固有的矛盾进一步激化，特别是资本主义发展不平衡的规律明显显现出来。这样，在资本主义瓜分世界、争夺世界市场的过程中，在其统治的薄弱环节上有可能取得无产阶级革命的胜利。列宁正确分析了世界资本主义发展的新特点，审时度势，果断提出社会主义可以在一国内实现的著名论断，率先领导并取得了俄国社会主义革命的伟大胜利，使社会主义由科学理论变成了现实。在这一伟大革命实践过程中，列宁从理论和实践的结合上进一步丰富和发展了马克思主义，形成了列宁主义。斯大林说：“列宁主义是无产阶级革命的理论和策略，特别是无产阶级专政的理论和策略。”[②]应该说，列宁关于国家学说、关于阶级斗争和无产阶级专政的理论和策略等是对马克思主义革命科学的巨大发展。对此，毛泽东同志曾指出：“列宁主义学说发展了马克思主义。在哪些地方发展了呢？一，在世界观，就是唯物论和辩证法方面发展了它；二，在革命的理论、革命的策略方面，特别是在阶级斗争、无产阶级专政和无产阶级政党等问题上发展了它。”[③]

然而，列宁在领导俄国无产阶级革命取得胜利、发展马克思主义革命科学的同时，并没有忽视马克思主义的生产力学说，相反，对革命学说的大发展是建立在马克思主义生产力学说基础上的。列宁在论证无产阶级革命和社会主义建设问题时，总是从生产力的发展水平来研究革命的条件、建设的基础。早在十月革命前，列宁就把生产力的发展作为“社会进步的最高标准”[④]，并且强调：为了生产力的发展，我们“不应该支持地主式的资产阶级演进，而应该支持农民式的资产阶级演进”[⑤]，因为前一种演进“使生产力发展速度慢到最低水平……后一种演进则使生产力尽快地发展，使农民群众能

① 胡绳：《马克思主义是发展的理论》，《人民日报》1994年12月27日。

② 《斯大林选集》上卷，人民出版社1979年版，第185页。

③ 《毛泽东选集》第5卷，人民出版社1977年版，第322页。

④ 《列宁全集》第13卷，人民出版社1959年版，第223页。

⑤ 《列宁全集》第13卷，人民出版社1959年版，第223页。

获得最好的（在商品生产条件许可的范围内）生活条件"[①]。十月革命胜利后，列宁清醒地认识到在生产力落后的国家搞社会主义的艰巨性，并根据当时俄国生产力发展的水平，把俄国正在着手建设的社会主义叫作"初级形式的社会主义"。他甚至还说："从物质、经济、生产意义上讲来，我们还没有走上社会主义的'入口'。"[②]因此，他认为社会主义的"根本任务就是提高劳动生产率"[③]，而生产关系的变革也必须适应生产力的发展。他在检讨"战时共产主义"政策时就指出，不能"直接用无产阶级国家的法令，在一个小农国家里按共产主义原则来调整国家的生产和产品分配"[④]。于是到1921年，列宁决定结束实行了两年多的战时共产主义政策，立即转向"新经济政策"。新经济政策的思想核心是把发展生产力作为国家的主要任务，强调只有尽快发展生产力，恢复和振兴工农业，才能巩固苏维埃政权，最后战胜资本主义，实现社会主义。可见，列宁不仅继承了马克思的生产力学说，而且还进一步丰富和发展了这一学说。

但是，列宁注重生产力的视角与马克思当年是不尽相同的。马克思在19世纪的资本主义社会注重生产力的问题，决不在于要解决现实资本主义社会如何发展生产力。恰恰相反，而是作为一种观点和方法来阐明社会结构和历史发展规律，论证资本主义灭亡和社会主义胜利的必然性。而列宁在革命时期注重的是解放生产力的问题，即主张用革命的手段推翻沙皇政府的统治，以解放被旧制度束缚的生产力；在建设时期，列宁直接注重生产力的发展问题，以搞好俄国的社会主义建设。这从另一方面体现了列宁对马克思主义的继承和发展。

应该说，马克思主义从革命的科学发展为建设的科学是从列宁开始的。列宁晚年在领导俄国社会主义建设七年的实践中，对俄国这样经济文化比较落后的国家如何建设社会主义、如何巩固社会主义，提出了一系列的观点、意见和措施，诸如，社会主义建设要利用市场和商业，要吸收和利用资本主义国家的一切好东西，要加强法制建设、政党建设、文化建设等等。所以，毛泽东同志指出："列宁还有关于社会主义建设的学说。"[⑤]这些观点、意见和

---

① 《列宁全集》第13卷，人民出版社1959年版，第223页。

② 《列宁选集》第3卷，人民出版社1972年版，第547页。

③ 《列宁选集》第3卷，人民出版社1972年版，第509页。

④ 《列宁全集》第33卷，人民出版社1957年版，第39页。

⑤ 《列宁选集》第5卷，人民出版社1977年版，第322页。

措施为后来马克思主义建设学说的大发展,提供了宝贵的思想资料。

继列宁之后,毛泽东把马列主义与中国革命的具体实践相结合,提出了农村包围城市的思想,形成了有中国特色的新民主主义革命的理论,在成功领导新民主主义革命和社会主义革命的过程中,就总体而言,突出发展的仍是马克思主义的革命科学。同样,毛泽东也没有忽视马克思主义的生产力学说。把解放和发展生产力作为中国共产党领导人民进行革命和建设的根本目的,这是毛泽东一贯坚持的思想,也是毛泽东思想的重要内容。早在抗日战争胜利前夕,毛泽东就指出:“解放中国人民的生产力,使之获得充分发展的可能性,有待于新民主主义的政治条件在全中国境内的实现。”[①]1956年,他提出:“社会主义革命的目的是为了解放生产力。”[②]毛泽东晚年对如何建设社会主义进行了艰苦探索,并提出了许多正确的思想和观点,如关于社会主义社会的基本矛盾思想、生产力为中心的思想、生产力标准问题等,对马克思主义生产力学说都有所贡献,就其本意而言,也想大力发展生产力,使国家尽快富强起来。但是,由于国际国内、主客观上的种种原因,在实践上我们却仍然坚持“以阶级斗争为纲”,搞“无产阶级专政下的继续革命”,用革命的手段搞建设,违背了经济规律,结果不仅没有有效地促进生产力发展,反而招致国民经济濒临崩溃的边缘。如何总结历史的经验教训,根据时代特点解决当代的新课题,从而大力发展马克思主义建设科学,这一重大而艰巨的任务就历史地落到以邓小平为核心的党的领导集体的身上。

三、本世纪下半叶马克思主义建设学说的重大发展

进入本世纪下半叶以来,和平与发展成为时代的主题。时代的发展摆在共产党人面前迫切需要解决的课题,就是经济文化比较落后的国家如何建设社会主义的问题。要完成这一历史任务,就必须发展理论,即把马克思主义由革命的科学发展为建设的科学。对此如前所述,列宁和毛泽东都做过有益的探讨,但总体上没有完成这一理论任务。邓小平同志以一个伟大的马克思主义者的魄力和勇气,坚持从实际出发,认真总结了中国和世界社会主义经济发展模式和战略的经验教训,把马列主义与中国建设的实践相

---

① 《毛泽东选集》第3卷,人民出版社1991年版,第1081页。

② 《建国以来毛泽东文稿》第6册,中央文献出版社1992年版,第22页。

结合，创立了建设有中国特色的社会主义理论，从而比较系统地初步回答了经济文化相对落后的国家如何建设社会主义这一时代课题，使马列主义、毛泽东思想得到了新的重大发展。认真研究这一理论，我们发现它是以唯物史观的核心生产力学说为理论基石的。它坚持和运用了马克思主义生产力学说的基本原理，具体深入地考察和研究了我国当代生产力的实际，揭示了其多层次性和整体水平的落后性。依据这一实际，提出了社会主义初级阶段的理论，以及围绕初级阶段论而形成了关于中国社会主义建设的道路、根本任务、发展动力、外部环境、政治保证、战略步骤等等一整套富有中国特色的社会主义建设理论。在新的历史条件下，丰富和发展了马克思主义的生产力学说。具体来说，表现在以下六方面。

第一，依据马克思主义的基本原则，提出社会主义的根本任务，阐明社会主义本质。邓小平认为，马克思主义的基本原则就是发展生产力。现实中，我国社会主义生产力又落后，还处在社会主义初级阶段，所以他一再强调，社会主义的根本任务决定了社会主义的本质“是解放生产力，发展生产力，消灭剥削，消除两极分化，最终达到共同富裕”[①]。

第二，坚持生产力标准，提出作为判断改革成败的“三个有利于”标准，根本任务联系着根本标准。党的十三大报告明确提出：“是否有利于发展生产力，应当成为我们考虑一切问题的出发点和检验一切工作的根本标准。”[②]在南巡谈话中，邓小平进一步提出了“三个有利于”的标准，指出判断姓“资”姓“社”的标准“应该主要看是否有利于发展社会主义社会的生产力，是否有利于增强社会主义国家的综合国力，是否有利于提高人民的生活水平”[③]。这是一个综合性标准，是对他一贯坚持的生产力标准的引申和发展。其中，是否有利于发展生产力是“三个有利于”的关键和基础，因为综合国力的增强、人民生活水平的提高都有赖于、取决于生产力发展的水平。

第三，强调大力发展生产力是坚持、巩固和发展社会主义，充分显示社会主义优越性的迫切需要。只有创造出比资本主义更高的生产力，才能从根本上巩固和发展社会主义；才能显示出其对资本主义的优越性，从而理直气壮地说明社会主义代替资本主义是生产力发展的客观要求，是社会历史发展的必然；也才有基础实现共产主义，因为“马克思主义的最高目的就是

---

① 《邓小平文选》第3卷，人民出版社1993年版，第373页。

② 中共中央文献研究室编：《十三大以来重要文献选编》上，人民出版社1991年版，第13页。

③ 《邓小平文选》第3卷，人民出版社1993年版，第372页。

要实现共产主义，而共产主义是建立在生产力高度发展的基础上的”[①]。

第四，提出改革开放是解放和发展生产力的基本方法和途径，是“必由之路”。邓小平明确指出，在社会主义条件下存在解放生产力的问题，“改革也是解放生产力”，“应该把解放生产力和发展生产力两个讲全了”。[②] 而要解放和发展生产力，必须通过改革开放的途径，改革开放是强国之路。通过改革，变革生产关系、上层建筑的旧体制来为生产力的发展开辟道路，促进生产力的迅速发展。所以，“改革是中国发展生产力的必由之路”[③]。通过对外开放，吸取资本主义世界一切有价值的东西，使之和中国社会主义基础相结合，从而发展社会主义国家的生产力，增强综合国力。邓小平还就走改革开放之路发展生产力提出了总的设计，对经济体制和政治体制改革的目的、内容、目标等都提出了明确的要求。

第五，提出依靠科技和教育的进步发展生产力的战略。目前，世界范围的经济竞争、政治军事力量抗衡的背后，实际上都是科学技术实力的较量。而科技的发展靠人才，人才的培养靠教育。因此，邓小平一再强调发展科技和教育的重要性，提出“科学技术是第一生产力”的著名论断，指出“中国要发展，离开科学不行”[④]，“经济发展得快一点，必须依靠科技和教育”[⑤]。

第六，要更快更好地发展生产力，还需要良好的国内外环境。为此，对内，我们坚持四项基本原则，加强精神文明建设，强调“两个文明”一起抓；对外，我们奉行独立自主的和平外交政策，并积极推动建立国际政治经济新秩序，为顺利进行经济建设创造有利的环境。

可见，邓小平始终把观察视角盯注在生产力上，围绕解放和发展生产力这个中心来建构整个理论的基本框架和规定其理论的基本思路。从改革开放十几年的建设实践看，邓小平不仅坚持和运用马克思主义生产力学说的基本原理作为观察、分析和解决中国社会主义建设问题的理论依据，而且还在领导社会主义建设的实践中，把生产力学说由一般理论转化为我们建设社会主义的具体路线、方针、办法、途径，从大政方针上为解决建设中的具体问题提供了可行性的操作方案。它不仅极大地丰富、深化和发展了马克思

---

① 《邓小平文选》第 3 卷，人民出版社 1993 年版，第 116 页。

② 《邓小平文选》第 3 卷，人民出版社 1993 年版，第 370 页。

③ 《邓小平文选》第 3 卷，人民出版社 1993 年版，第 136 页。

④ 《邓小平文选》第 3 卷，人民出版社 1993 年版，第 183 页。

⑤ 《邓小平文选》第 3 卷，人民出版社 1993 年版，第 377 页。

主义的生产力学说，而且还比较系统全面地发展了马克思主义建设学说。可以说，建设有中国特色社会主义理论的诞生，标志着马克思主义由革命的科学初步发展为建设的科学，对世界上经济文化比较落后的国家如何建设社会主义也具有普遍的指导意义。

当然，正如革命的任务在全世界还远没有结束、革命的科学还需要创造性地发展一样，社会主义建设在全世界历史还不长，建设的科学更需要创造性地丰富和发展。建设有中国特色的社会主义理论也只是“比较系统”地“初步”回答了经济文化比较落后的国家如何建设社会主义的问题，这就需要我们通过实践对它进行深入的科学研究，弄清楚至今还没有弄清楚的许多具体规律，进一步发展和完善这一理论，从而也使马克思主义建设的科学发展到一个新高度。

本文原载于《理论学刊》1995年第5期，1997年12月获山东省第十二次社会科学优秀成果三等奖。

新探索　新成果　新方法

——十一届三中全会以来党对我国社会主义社会阶级斗争问题的探索

杨亚利

社会主义社会的阶级斗争问题是国际共产主义运动发展史上面临的一个重大课题。马克思、恩格斯对此没有正面论述。列宁对从资本主义向社会主义过渡时期的阶级斗争问题作过详细的分析，但对社会主义社会的阶级斗争问题也未论及。1936年，斯大林宣布苏联的剥削阶级已经消灭，但是没有看到还存在着阶级斗争。不久，斯大林又说随着社会主义的不断胜利，阶级斗争也越来越尖锐，招致了阶级斗争扩大化。斯大林逝世以后，苏联和一些社会主义国家对这个问题也进行过探索，取得过一些积极成果，但也出现过严重的失误。特别是前苏共总书记戈尔巴乔夫提出所谓“全人类的利益高于阶级利益”的所谓“新思维”，从根本上背离了马克思主义阶级分析方法，结果导致苏联解体，国际共产主义运动出现了严重曲折。中国共产党人自1956年完成对农业、手工业和资本主义工商业所有制方面的社会主义改造进入社会主义社会以来至1978年底十一届三中全会召开之前对这个问题进行过艰苦的探索，曾经取得过一些积极的成果，但从总体上来说是不成功的，犯了阶级斗争扩大化“左”的错误。十一届三中全会以来的19年，党重新对这个问题进行了艰苦的探索，取得了不少新成果，对国际共产主义运动发展史上提出的新课题作出了科学回答。

在这里，需要简略地回顾和考察一下党在十一届三中全会以来对我国社会主义社会阶级斗争问题探索的过程。无疑，这里需要引用一些党的文献的论述并从思想发展史的角度作一些初步分析。

1978年12月召开的党的十一届三中全会是在我国社会主义社会阶级斗争问题上拨乱反正的转折点，新探索的起点。党的十一届三中全会通过决议果断地停止使用“阶级斗争为纲”的口号,作出了把工作重点转移到社会主义现代化建设上来的战略决策。虽然三中全会的公报没有明确地说我们国家的阶级状况如何,主要矛盾是什么,但在实际上解决了这个问题。公报指出:“我们国内现在还存在着极少数敌视和破坏我国社会主义现代化建设的反革命分子和刑事犯罪分子,我们决不能放松同他们的阶级斗争,决不能削弱无产阶级专政。但是,正如毛泽东同志所说,大规模的急风暴雨式的阶级斗争已经基本结束,对于社会主义社会的阶级斗争,应该按照严格区别和正确处理两类不同性质的矛盾的方针去解决,按照宪法和法律规定的程序去解决,决不允许混淆两类不同性质矛盾的界限,决不允许损害社会主义现代化建设所需要的安定团结的局面。”①这表明,党对我国社会主义社会阶级斗争状况和处理方式又重新回到了党的八大确定的马克思主义正确轨道上来。

1979 年 3 月 30 日,邓小平在《坚持四项基本原则》的讲话中指出:“我们反对把阶级斗争扩大化,不认为党内有一个资产阶级,也不认为在社会主义制度下,在确已消灭了剥削阶级和剥削条件之后还会产生一个资产阶级或其他剥削阶级。但是我们必须看到,在社会主义社会,仍然有反革命分子,有敌特分子,有各种破坏社会主义秩序的刑事犯罪分子和其他坏分子,有贪污盗窃、投机倒把的新剥削分子,并且这种现象在长时期内不可能完全消灭。同他们的斗争不同于过去历史上的阶级对阶级的斗争(他们不可能形成一个公开的完整的阶级),但仍然是一种特殊形式的阶级斗争,或者说是历史上阶级斗争在社会主义条件下的特殊形式的遗留。”②他还说:“社会主义社会的阶级斗争是一个客观存在,不应该缩小,也不应该夸大。实践证明,无论缩小或者夸大,两者都要犯严重的错误……总之,社会主义社会目前和今后的阶级斗争,显然不同于过去历史上阶级社会的阶级斗争,这也是客观的事实,我们不能否认,否认了也要犯严重的错误。”③在这里,邓小平精辟地分析了社会主义社会阶级斗争的表现和特点,为我们党正确和认识把握这个问题定下了基调。紧接着,邓小平在同年 6 月 15 日作的题为《新时期的统一战线和人民政协的任务》开幕词中指出:“这三十年中,我国的社会

① 中共中央文献研究室编:《三中全会以来重要文献选编》(上),人民出版社 1982 年版,第 4～5 页。

② 《邓小平文选》第 2 卷,人民出版社 1994 年版,第 168～169 页。

③ 《邓小平文选》第 2 卷,人民出版社 1994 年版,第 182 页。

阶级状况发生了根本的变化。我国工人阶级的地位已经大大加强，我国农民已经是有二十多年历史的集体农民。”“我国广大的知识分子，包括从旧社会过来的老知识分子的绝大多数，已经成为工人阶级的一部分，正在努力自觉地为社会主义事业服务。”“我国的资本家阶级原来占有的生产资料早已转到国家手中，定息也已停止十三年之久。他们中有劳动能力的绝大多数人已经改造成为社会主义社会中的自食其力的劳动者。”[①]在这里，邓小平对我国社会主义社会阶级状况作了马克思主义的分析。同年6月18日，由中共中央政治局常委主持起草并经中央政治局讨论通过的第五届全国人民代表大会第二次全体会议的《政府工作报告》指出：“实际生活无可否认地表明，在我们国家里（除台湾外）由于采取了为全国绝大多数人民所拥护的正确的步骤，已经消灭了封建剥削制度和资本主义剥削制度，改造了小生产制度，社会主义制度已经经历了严峻的考验而确立了自己的稳定的统治。作为阶级的地主阶级、富农阶级已经消灭。资本家阶级在我国的历史条件下是中华人民共和国人民的一部分，我国政府对他们采取了正确的赎买政策，顺利地改造了资本主义工商业，作为阶级的资本家阶级也已经不再存在。经过近三十年的斗争和教育，这些阶级中间有劳动能力的绝大多数人已经改造成为社会主义社会中的自食其力的劳动者。这个社会主义社会的主人翁，是社会主义的工人、社会主义的农民、社会主义的知识分子，以及其他拥护社会主义的爱国者。在他们中间还有这样那样的矛盾，但是没有根本的利害冲突，建设和发展社会主义事业是所有这些人的共同利益。这些是我们已经取得的伟大的历史性胜利，这些伟大的历史性胜利是不容置疑的客观事实。”[②]这是党对我国社会主义社会的阶级状况作出的客观的、全面的正确分析。同时，这个报告还指出：“我国还有反革命分子和敌特分子，还有各种严重破坏社会主义秩序的犯罪分子和蜕化变质分子，还有贪污盗窃、投机倒把的新剥削分子。‘四人帮’的某些残余，没有改造好的极少数地主富农分子和其他旧剥削阶级的某些残余，也还会继续坚持反动立场，进行反社会主义的政治经济活动。并且，国内阶级斗争又同国际阶级斗争密切地联系着。所以，各种阶级敌人还将长期存在，我们还必须对他们实行无产阶级专政。尽管他们人数很少，我们决不能够麻痹大意，放松警惕。在人民内部，

---

① 《邓小平文选》第2卷，人民出版社1994年版，第185～186页。

② 中共中央文献研究室编：《三中全会以来重要文献选编》（上），人民出版社1982年版，第157～158页。

资产阶级意识形态和封建阶级的意识形态的影响还将长期存在，针对这些影响还必须进行长期的斗争和教育。我们要在实现四个现代化，大力发展社会生产力，提高劳动生产率的同时，继续正确地进行经济上、政治上和思想上的阶级斗争，保证‘使资产阶级既不能存在，也不能再产生’。这些也都是不容置疑的客观事实。”①党从这两方面的基本事实出发，确定了关于社会主义社会阶级斗争的两条基本方针：第一，承认阶级斗争还没有结束，同时承认今后再不需要也再不应该进行大规模的急风暴雨式的群众阶级斗争。认为阶级斗争已经熄灭的观点和把阶级斗争扩大化的观点，都不符合我国现阶段的客观实际，因此也违背全国人民的心愿。“现在，我国的生产力发展水平还很低，远远不能满足人民和国家的需要.在本世纪内实现四个现代化，把我国目前很低的生产力水平迅速提高到现代化水平，为此而改革我国目前生产关系和上层建筑中那些妨碍实现四个现代化的部分，扫除一切不利于实现四个现代化的旧习惯势力，这就是我国现阶段所要解决的主要矛盾，也就是全国人民在现阶段的中心工作。为了完成这个中心工作，必须坚持无产阶级专政，坚持阶级斗争。但是，阶级斗争已经不是我国社会目前的主要矛盾，我们进行阶级斗争应该围绕着社会主义现代化建设这个中心工作并为这个中心工作服务。”②第二，承认社会主义社会还有敌我矛盾和人民内部矛盾，必须严格区别和正确处理这两类矛盾，解决敌我矛盾用专政的方法，解决人民内部矛盾用民主的方法，团结—批评—团结的方法。无论处理哪一类矛盾，都必须充分依靠人民群众，严格遵守社会主义法制。这个报告在十一届三中全会以来首次表述了对我国社会主义社会主要矛盾的新看法，其基本精神与党的八大的有关论述的精神是一致的。同年 9 月 29 日，叶剑英代表党中央所作的国庆讲话指出：“对社会主义制度确立以后的国内阶级状况和阶级斗争形势，必须作出合乎客观实际的科学分析，采取正确的方针和方法。我国的剥削阶级作为阶级已经消灭，阶级斗争在一定范围内仍然存在。我们既要反对认为阶级斗争已经熄灭的观点，又要反对把阶级斗争扩大化的观点，更不能人为地制造所谓阶级斗争。一定要严格区分两类不同性质的矛盾，决不能把人民内部矛盾当作敌我矛盾，更不能用对敌斗争的方法来进行党内斗争。只有这样，我们才能够长期保持安定团结的社

① 中共中央文献研究室编：《三中全会以来重要文献选编》（上），人民出版社 1982 年版，第 158 页。

② 中共中央文献研究室编：《三中全会以来重要文献选编》（上），人民出版社 1982 年版，第 159 页。

会政治局面。”[①]在这里，首次提出了“阶级斗争在一定范围内仍然存在”这样一个重要命题，实现了一个理论上的升华，这个命题对我们认识和把握社会主义社会阶级斗争问题具有重要的方法论意义。

1980年1月16日，邓小平在《目前的形势和任务》的讲话中指出：“有人说，剥削阶级作为阶级消灭了，怎么还会有阶级斗争？现在我们看到，这两方面都是客观事实。目前我们同各种反革命分子，严重破坏分子，严重犯罪分子，严重犯罪集团的斗争，虽然不都是阶级斗争，但是包含阶级斗争。”[②]同年12月25日，邓小平在《贯彻调整方针，保证安定团结》讲话中列举了当时社会上出现的一些不安定因素后指出：“这种种情况，有的属于反革命分子的活动，有的属于林彪、‘四人帮’残余势力的反扑，有的属于唯恐天下不乱者的破坏，有的属于剥削阶级残余分子的故态复萌，有的是由于封建主义，资本主义思想作风的严重腐蚀。按性质来说，一种是敌我矛盾，一种是阶级斗争在人民内部矛盾的不同程度上的反映。这说明，阶级斗争虽然已经不是我们社会中的主要矛盾，但是它确实仍然存在，不可小看。”[③]在这里，邓小平提出了一个重要思想即认为社会主义社会阶级斗争不仅表现在敌我矛盾上，而且还不同程度地反映在人民内部。

1981年6月27日，党的十一届六中全会通过的《关于建国以来党的若干历史问题的决议》对我国社会主义社会阶级斗争问题作了经典分析。这个决议指出：“在社会主义改造基本完成以后，我国所要解决的主要矛盾，是人民日益增长的物质文化需要同落后的社会生产之间的矛盾。党和国家工作的重点必须转移到以经济建设为中心的社会主义现代化建设上来，大大发展社会生产力，并在这个基础上逐步改善人民的物质文化生活。”“在剥削阶级作为阶级消灭以后，阶级斗争已经不是主要矛盾。由于国内的因素和国际的影响，阶级斗争还将在一定范围内长期存在，在某种条件下还有可能激化。既要反对把阶级斗争扩大化的观点，又要反对认为阶级斗争已经熄灭的观点。对敌视社会主义的分子在政治上，经济上，思想文化上，社会生活上进行的各种破坏活动，必须保持高度警惕和进行有效的斗争。必须正确认识我国社会内部大量存在的不属于阶级斗争范围的各种社会矛盾，采

---

① 中共中央文献研究室编：《三中全会以来重要文献选编》（上），人民出版社1982年版，第230页。

② 《邓小平文选》第2卷，人民出版社1994年版，第253页。

③ 《邓小平文选》第2卷，人民出版社1994年版，第370页。

取不同于阶级斗争的方法来正确地加以解决，否则也会危害社会的安定团结。”[①]在这里，党对我国社会主义社会的主要矛盾，阶级斗争存在的原因及主要的特点都作出了明确的回答。值得注意的是，在这里强调正确认识我国社会内部大量存在的不属于阶级斗争范围的各种社会矛盾，采取不同于阶级斗争的方法来加以解决，这是一个新的提法。党的十一届六中全会决议关于我国社会主义社会阶级斗争问题的论断是经全党中高级干部认真研究，反复讨论，仔细推敲而形成的经典的分析。这个分析的基本精神已经写进这以后历次党的全国代表大会报告及其通过和修改过的党章总纲之中。

1982 年 9 月 1 日，党的十二大报告指出：“正确认识和处理我国当前仍然存在的阶级斗争，是保障最广大人民的民主权利，对极少数敌对分子实行有效专政的一个关键。现在，还有形形色色的敌对分子从经济上，政治上，思想文化上，社会生活上进行着蓄意破坏和推翻社会主义制度的活动。我国现阶段的阶级斗争，主要表现为人民同这些敌对分子的斗争。党中央反复指出：在剥削阶级作为阶级消灭以后，我国社会存在的矛盾大多数不具有阶级斗争的性质，阶级斗争已经不再是我国社会的主要矛盾。在剥削制度和剥削阶级已经消灭的社会主义社会，提出和实行‘以阶级斗争为纲’的方针，是错误的。我们必须十分谨慎地区别和处理敌我矛盾和人民内部矛盾，防止重犯阶级斗争扩大化的错误。但是，阶级斗争还将在我国社会的一定范围内长期存在，并且在某种条件下还有可能激化。这不但因为历史上的剥削制度和剥削阶级在各方面的遗毒不可能在短时间内消除干净，而且因为我们祖国的统一大业还没有最后完成，因为我们还处在复杂的国际环境中，资本主义势力以及某些敌视我国社会主义事业的势力还会对我国进行侵蚀和破坏。我国经济和文化还比较落后，年轻的社会主义制度还有许多不完善的地方，还不可能完全防止某些社会成员以及我们党的某些党员发生腐化变质的现象，不可能杜绝极少数剥削分子和各种敌对分子的产生。因此，我们必须作好长期斗争的精神准备，坚持人民民主专政国家的专政职能，坚持用马克思主义的阶级观点处理当前我国带有阶级斗争性质的社会矛盾和社会现象。这就是党中央关于我国现阶段阶级斗争问题的基本方

---

① 中共中央文献研究室编：《三中全会以来重要文献选编》（下），人民出版社 1982 年版，第 839～841 页。

针。”[①]在这里，理论上的新进展在于：第一次对我国现阶段阶级斗争的主要表现作出了理论概括；第一次具体分析了阶级斗争还将在我国一定范围内长期存在的原因；第一次提出坚持用马克思主义的阶级观点处理当前我国带有阶级斗争性质的社会矛盾和社会现象，限制了阶级观点在社会主义社会适用的范围；第一次将我国社会主义社会的社会矛盾概括为两对矛盾即敌我矛盾和人民内部矛盾、带有阶级斗争性质和不带阶级斗争性质的矛盾。

1987 年 10 月 25 日，党的十三大报告重申：“我们现阶段所面临的主要矛盾，是人民日益增长的物质文化需要同落后的社会生产之间的矛盾。阶级斗争在一定范围内还会长期存在，但已经不是主要矛盾。”[②]

1989 年 9 月 29 日，江泽民代表党中央在庆祝中华人民共和国成立 40 周年大会上的讲话中指出：“阶级斗争已经不是我国社会的主要矛盾，但仍在一定范围内存在，而且在一定条件下还可能激化。国际敌对势力也正是从这里找到了他们实行‘和平演变’战略的根据。渗透与反渗透、颠覆与反颠覆、‘和平演变’与‘反和平演变’的斗争，是长期的。对于这一点，全国各族人民，全党同志特别是领导干部，必须保持高度的警觉。”[③]在这里，党指出了国内阶级斗争和国际阶级斗争的联系，重新提出了反和平演变问题。

1991 年 7 月 1 日，江泽民代表党中央在庆祝中国共产党成立 70 周年大会上的讲话中指出：“阶级斗争已经不是我国社会的主要矛盾，但是它在一定范围还将长期存在，并且在一定条件下还可能激化。这种斗争集中表现为资产阶级自由化同四项基本原则的对立，斗争的核心依然是政权问题，这种斗争同国际敌对势力与我们之间的渗透与反渗透、颠覆与反颠覆、和平演变与反和平演变的斗争密切联系，相互交织。”[④]江泽民在这个报告中把这个问题看作基本国情的一个方面。这段论述提出了如下新的看法：第一，资产阶级自由化与四项基本原则的尖锐对立，是现阶段阶级斗争的集中表现；第二，国内外敌对势力互相勾结，资产阶级自由化和和平演变遥相呼应。

以上就是党在十一届三中全会以来对我国社会主义社会阶级斗争问题

---

① 中共中央文献研究室编：《十二大以来重要文献选编》(上)，人民出版社 1986 年版，第 36～37 页。

② 中共中央文献研究室编：《十三大以来重要文献选编》(上)，人民出版社 1991 年版，第 12 页。

③ 中共中央文献研究室编：《十三大以来重要文献选编》(中)，人民出版社 1991 年版，第 631 页。

④ 中共中央文献研究室编：《十三大以来重要文献选编》(下)，人民出版社 1993 年版，第 1636～1637 页。

探索纵向的历时态的思想发展过程的基本脉络和主要线索。

十一届三中全会以来党对我国社会主义社会阶级斗争问题的探索到底取得了一些什么新成果呢？笔者认为可以归纳为以下九点。

第一，对我国社会主义社会的阶级状况作了马克思主义的科学分析。在这一点上，我们党坚持了斯大林对苏联进入社会主义社会后阶级状况和党的八大对我国社会主义社会阶级状况分析的科学方法，重新回到了马克思主义的历史唯物主义立场上来。

第二，对我国社会主义社会的主要矛盾作出了新的科学概括。这个概括和党的八大的概括基本精神是一致的，只是在表述上更准确了。对我国社会主义社会主要矛盾的概括实际上就是对社会主义社会的阶级矛盾的地位和作用作了新的判断。

第三，对我国社会主义社会的社会矛盾作出了新的理论概括。十一届三中全会以来党把我国社会主义社会社会矛盾概括为两对即敌我矛盾和人民内部矛盾、带有阶级斗争性质的矛盾和不带有阶级斗争性质的矛盾。这两对概念之间既有联系又有区别。矛盾的性质不同，解决的方法也就不同。对敌我矛盾，用专政的方法去解决；对人民内部矛盾，则用民主的方法去解决。对于带有阶级斗争性质的社会矛盾，要坚持运用马克思主义的阶级观点去分析处理；对于不带有阶级斗争性质的社会矛盾则具体问题具体分析，用不同于阶级观点的方法去分析处理。

第四，对我国社会主义社会阶级斗争的特点作出了新的结论。我国社会主义社会的阶级斗争不同于剥削阶级存在时期的阶级斗争的主要特点就在于它是一种特殊形式的阶级斗争，是历史上阶级斗争在社会主义条件下的特殊形式的遗留。这种阶级斗争在对象和范围、地位和作用、规模和总趋势方面不同于剥削阶级消灭以前的阶级斗争。这种阶级斗争在一定范围内将长期存在，在某种条件下还可能激化，既要反对阶级斗争扩大化的观点，又要反对认为阶级斗争已经熄灭的观点。

第五，指出了我国社会主义社会阶级斗争的主要表现是人民同形形色色的敌对分子的斗争，集中表现为资产阶级自由化与四项基本原则的对立斗争。

第六，从国内的因素和国际的影响两个方面具体分析了我国社会主义社会阶级斗争在一定范围内长期存在的主要原因。

第七，规定了处理社会主义社会阶级斗争的正确方法。解决这类问题不能开展大规模的急风暴雨式的群众运动，而可以依靠无产阶级专政的国家机器，按照正常的法律手段加以解决，决不允许混淆两类不同性质矛盾的界限，决不允许损害社会主义现代化建设所需要的安定团结的政治局面。

第八，吸收了毛泽东晚年关于反和平演变的思想的合理方面，重提“反和平演变”的口号，把国内一定范围的阶级斗争和国际阶级斗争联系起来加以考察。

第九，提出“两个文明一起抓”的战略方针，为完全消灭阶级差别开辟了具体途径。

这九点的第一点包括社会主义社会阶级结构、阶级关系方面的问题，可以称之为社会主义社会阶级论；第二至八点包括社会主义社会阶级矛盾、阶级斗争的特点、表现、存在的原因、解决的方法等问题，可以统称为社会主义社会阶级斗争论；第九点是关于消灭工农、城乡、脑力劳动和体力劳动差别的具体途径问题，可以称之为社会主义消灭阶级论。笔者认为，以上“三论”“九点”就构成了关于社会主义社会阶级斗争的理论体系，这是我们党对马克思主义阶级斗争学说的丰富和发展。

笔者认为，党在十一届三中全会以来对我国社会主义社会阶级斗争问题的探索之所以获得成功，其根本原因是采用了科学的方法。这个方法集中表现在“阶级斗争还将在一定范围内长期存在”这个命题中。这个方法就是毛泽东在新民主主义革命时期倡导和成功运用的阶级分析、调查研究，具体分析三者统一综合运用的方法。毛泽东之所以能够正确地认识和把握半殖民地半封建旧中国社会的阶级关系，就是因为他运用了阶级分析、调查研究、具体分析的方法，成功地将它们结合在一起。可以这样说，要准确认识和把握中国社会的阶级关系，阶级分析方法是指导线索，调查研究方法是根本基础，具体分析方法是活的灵魂。把三者有机地统一起来加以综合运用是毛泽东对马克思主义阶级斗争学说的一个重大贡献。毛泽东在讲调查研究时，着重点出其出发点是“对立统一，阶级斗争”，同时，他在另一处强调“认真调查研究，对具体问题作具体分析”，这就体现了三者的有机统一性。事实上，要正确认识和把握中国社会的阶级关系，这三个方法绝不可能孤立地运用，它们是密切结合不可分割的有机整体，也就是说，只有把三者有机地统一起来加以综合运用才能做到这一点。阶级分析方法体现了历史唯物主义的基本观点，调查研究方法体现了辩证唯物主义思想路线的客观性原则，具体分析方法体现了唯物辩证法的主要要求，三者结合的深层世界观基础就是辩证唯物主义历史唯物主义。唯物论和辩证法是统一的，辩证唯物主义和历史唯物主义是统一的，世界观和方法论是统一的，因而阶级分析、调查研究、具体分析方法也必然是统一的，三者缺一不可。事情很明显，如果离开了阶级分析方法，单单去调查研究，去具体分析，那就失去了指导线索；如果离开了调查研究单单去运用阶级分析、具体分析方法，那就失去了认识的根本基础；如果离开了具体分析，单单去运用阶级分析.调查研究方法，那就失去了认识问题的活的灵魂。当毛泽东进行阶级分析时，他是以调查研究为基础，贯穿着具体分析的方法的。当毛泽东进行调查研究时，他是以阶级分析方法为指导线索，以具体分析为要求的。当毛泽东对社会问题进行具体分析时，他是以阶级分析方法为解剖刀，以调查研究的结果为依据的。[①] 对贯穿着辩证唯物主义历史唯物主义基本精神的阶级分析、调查研究，具体分析三者统一综合运用方法的坚持和背离是使毛泽东在阶级斗争问题上成功和失误的根本原因。[②] 十一届三中全会以来，党提出“阶级斗争还将在一定范围内长期存在”的命题正是恢复和坚持了毛泽东在新民主主义革命时期创立的阶级分析、调查研究、具体分析三者统一综合运用的方法。为什么这样说呢？首先，党在十一届三中全会以来在探索我国社会主义社会阶级斗争问题中坚持了马克思主义的阶级分析方法。第一，党运用马克思主义阶级分析方法对我国社会主义社会阶级状况作了科学分析。正是从阶级是一个经济范畴这一基本观点出发，判定剥削阶级已经消灭，阶级矛盾已不再是我国社会的主要矛盾，把党的工作重点转移到社会主义现代化建设方面来。第二，党强调要坚持用马克思主义阶级观点观察处理当前我国带有阶级斗争性质的社会矛盾和社会现象，也就是说，阶级分析方法只是缩小了它的适用范围，但并没有过时。第三，党坚持运用马克思主义阶级观点对社会主义社会的阶级斗争的特点、表现，存在的原因、解决的方法作了科学的概括，提出了正确处理这类问题的正确方针。其次，党在十一届三中全会以来在探索我国社会主义社会阶级斗争问题中坚持了调查研究的方法。很明显，要准确认识和把握“一定范围”的阶级斗争，做到既不夸大也不缩小，调查研究是基础一环。党在十一届三中全会以来重视对我国社会主义社会阶级斗争问题的调查研究，把它作为了解国情的一个重要方面。一

① 参见杨亚利：《准确认识和把握中国社会的阶级关系——毛泽东在新民主主义革命时期对马克思主义阶级、阶级斗争学说的重大贡献》，《长白学刊》1996年第6期。

② 参见杨亚利：《毛泽东在阶级斗争问题上成功和失误探因》，《理论学刊》1996年第6期。

些党的理论工作者在充分调查研究的基础上写出了《中国社会主义初级阶段阶级结构研究》[①]这样的力作。党的一些理论工作者对新的历史条件下阶级关系的若干新情况新问题如雇工问题、经济特区，沿海开放城市和开放地区的阶级关系、“一国两制”和我国社会主义社会的阶级结构和国家体制等进行了调查研究。最后，党在十一届三中全会以来在探索我国社会主义社会阶级斗争问题中坚持了具体分析方法。第一，党提出的“阶级斗争将在一定范围内长期存在”的命题中的“一定范围”就是要求在这个问题上坚持具体问题具体分析这个马克思主义的活的灵魂。所谓“一定范围”不能简单地将其理解为一种空间概念和时间概念，不应该也不能够用机械的办法去划定若干具体的框框，指明那里有阶级斗争，那里没有阶级斗争，什么时候有阶级斗争，什么时候没有阶级斗争，等等。阶级斗争不是普遍存在的社会现象，在我国社会内部大量存在的社会矛盾并不属于阶级斗争性质，只有一小部分属于阶级斗争或是阶级斗争的反映。阶级斗争不是处处、时时、事事都存在。阶级斗争已经不是支配和影响一切矛盾的主要矛盾。在社会主义社会它不再是党的中心工作，不是我国政治生活的主题。我们在观察和处理日常社会矛盾时，不应再用过去阶级斗争为纲那一套，而是通过具体矛盾具体分析，是阶级斗争问题就用阶级斗争方法去解决，不是阶级斗争问题不能用阶级斗争方法去解决。第二，党在认识和把握社会主义社会阶级论（阶级结构、阶级关系）、社会主义社会阶级斗争论（阶级矛盾、阶级斗争的特点、表现、存在的原因、解决的方法）、社会主义消灭阶级论（消灭工农、城乡、脑力劳动和体力劳动三大差别）这些问题时都坚持了具体问题具体分析这个马克思主义的活的灵魂。

综上所述，党在十一届三中全会以来采用新方法对我国社会主义社会的阶级斗争问题进行了新探索，取得了新成果，对马克思主义阶级斗争学说作出了新贡献。

本文原载于《理论学刊》1994 年第 7 期，1998 年 12 月获山东省第十三次社会科学优秀成果三等奖。

① 高光等主编：《中国社会主义初级阶段阶级结构研究》，中共中央党校出版社 1988 年版。

论公有制的若干种实现形式

迟树功

社会主义公有制和公有制实现形式是两个不同的概念，不能混为一谈，亦即不能把公有制实现形式当成公有制本身。我党在总结我国社会主义建设正反两方面的历史经验和国外社会主义兴衰成败的经验教训基础上，首次提出了“公有制实现形式可以而且应当多样化。一切反映社会化生产规律的经营方式和组织形式都可以大胆利用。要努力寻找能够极大促进生产力发展的公有制实现形式”。这是对公有制认识的进一步深化，是对社会主义经济理论的重大突破，充分表明我们党既坚持马克思主义，又不教条地固守马克思主义经典作家的个别词句或个别结论，而是自觉地运用马克思主义的立场、观点和方法，研究新情况，解决新问题，把对马克思主义的坚持、继承与丰富、发展辩证地统一起来，使马克思主义经济理论在当代中国得到了极大的丰富和发展。

作为科学社会主义理论的创始人，马克思曾多次谈到了他对未来社会的根本经济制度——公有制的设想，提出了社会主义公有制的历史使命和理论内核。但社会主义公有制应该有哪些实现形式，马克思主义经典作家都没有讲过，而需要我们在实践中去探寻。特别是我国仍处在社会主义初级阶段的历史条件下，公有制如何有效地实现，更是我们深化改革迫切需要解决的重大实际问题。在改革开放过程中，在人民群众的努力探索和大胆实践之下，我国公有制的实现形式呈现出多样化的发展趋势，对此，需要从理论上认真地加以总结和概括。目前可概括为 16 种主要的公有制实现形式。

(一)国有独资企业

它是资产所有权归国家所有的经济形式,是公有制的实现形式之一。国有独资企业是国有经济最基本的组织形式,虽然它不能包括国有经济的全部,但它和国有控股企业都是国有经济中最集中、最主要的部分。

在社会主义市场经济条件下,一些特殊行业,涉及国家主权、安全的领域,垄断性行业(即其资源极少,或这种资源需要国家垄断),公益性很强的行业(即具有公共产品性质,支持社会和经济正常发展,而不以盈利为主要目标),主要分布在基础产业、支柱产业、高新技术产业以及第三产业中,而对这些行业或企业,必须牢牢地掌握在国家手中,也就是应主要由国家集中来办。在这些领域要发挥国有独资企业独具的作用,使国家所有制发挥战略性的主导和制约作用。从维护社会政治稳定、确保国家经济安全的需要出发,对一部分行业和企业实行国有独资经营,仍是社会主义公有制的不可轻视的实现形式。随着社会主义市场经济体制的建立,应按照建立现代企业制度的要求对国有企业进行制度创新,如具备条件的国有大中型企业,单一投资主体的可依法改组为国有独资公司,以明晰产权关系,转换经营机制,形成管理科学、激励和约束相结合的管理体制,使企业适应市场的要求,成为自主经营、自负盈亏、自我约束、自我发展的企业法人。

(二)社区所有制

相对于传统的集体所有制,社区所有制是一种范围扩大了的公有经济,是公有制的一种重要实现形式。社区所有制不是社区内的个别生产经营单位的劳动群众集体所有,而是社区内全体成员共同所有,与社区所有成员有直接的利益关系。社区所有制由于地域范围较小,在实行财产公有、收益共享的原则下,有利于消除社区范围内的分配不公问题,而且社区所有制不仅同其他所有制形式并存,还能够在一定条件下实现融合,因此可以按照市场经济的要求实现生产要素的重新配置。特别是为解决公平与效率这一当代经济学面临的难题提供了一种现实的选择,即以社区公有资产收益分配的合作原则约束满足公平要求,亦即社区所有制为实现社会公平提供了必要前提,这是由于社区公有财产收益的成员共享制使人们在社区公有制经济的范围内实现了权利的平等,尤其社区所有制的发展,由其向社区成员提供的社会保障系统、受教育系统和社会服务系统等也将逐渐完善,有利于满足社区成员的多种生活需求;同时,以社区公有资产收益实现过程的市场原则约束满足效率要求,进而使它们在现有生产力基础上达到相对平衡,因而社区所有制优势将得以充分发挥。

（三）集体所有制

它是由劳动群众集体共同占有基本生产资料和劳动成果的一种公有制实现形式。集体所有制包括农村集体所有制和城镇集体所有制。集体经济在适应范围内，又有全民所有制（国有制）经济代替不了的重要作用和优越性，许多领域的生产建设事业，都可以依靠集体经济来兴办。在社会主义建设过程中，城乡集体经济在税收、吸纳劳动就业、出口创汇以及活跃市场、改善人民生活和维护社会安定等方面，都发挥了不可替代的积极作用。当前要鼓励和扶持劳动者（包括体力劳动者和脑力劳动者）以劳动、技术和资本联合而形成集体企业。

（四）股份制可以成为公有制的一种实现形式

股份制是现代企业的一种资本组织形式，是所有制的一种实现形式。实行股份制有利于所有权和经营权的分离，有利于提高企业和资本的运作效率，因而可以为社会主义服务。我们不能简单地或笼统地说股份制属于什么性质的所有制形式。早在1856年马克思就曾预言，股份公司的出现是现代最不寻常的经济现象，标志着各国经济生活中的新时代的开端；恩格斯也指出，如果我们从股份公司进而来看那支配着和垄断着整个工业部门的托拉斯，那么，那里不仅私人生产停止了，而且无计划性也没有了。可见，马克思、恩格斯珍视人类文明成果，根本没有把股份制这种组织形式和经营方式简单地看作“资本主义私有化”。因此，我们决不能不加分析地断言股份制是公有还是私有，关键要看控股权掌握在谁手中。国家和集体控股，表明公有资产占优势，处于主导地位，也可以说体现着公有制占主体地位，具有明显的公有性，有利于扩大公有资本的支配范围，增强公有制经济的控制力。

在社会主义初级阶段，对国有企业进行股份制改革是一种制度创新，有助于建立现代企业制度，为社会主义市场经济体制的建立奠定基础。在国有经济采取独资公司形式日趋减少，而更多地采用有限责任公司和股份有限公司为主要财产组织与实现形式的情况下，国家可以采取控股的形式，实现国有经济对国民经济的支配地位和主导作用。如国家控制企业资本金的一定比例，以其资本金广泛吸收社会投资，其具体办法是通过上市股票、柜台交易股票、内部持股等方式加以实现。如果只追求单一的公有制实现形式，形成纯而又纯的国有经济，受有限资本的限制，国家能控制的经济比重必然下降，而非控制经济的比重必然上升，这有悖于国有经济支配国民经济的原则，而且不利于推动资产由分散转向集中经营，不利于规模经济的形成，也不利于分散投资经营的风险。因此，国家主动地用少量的国有资本去控制大量的社会资本，符合市场经济运行规律，符合现代社会化大生产的要求，不仅不会削弱反而会增强国有经济的主导作用。当然并不是说所有的国有经济都要变成股份制经济，或说把全部的国有大、中、小企业都办成公司。由于个人作为所有者对大中型企业的影响较小，因而国有大中型企业应以有限责任公司和股份有限公司为主要形式，尤其在支柱产业、重要的基础产业、高新技术产业及第三产业的某些规模经济特征明显的行业中的国有大中型企业应走大公司、大集团的道路。而国有小企业则应选择灵活多样的资产组织形式和经营方式，绝不可采取“一刀切”的办法。

(五)股份合作制是公有制实现形式之一

目前，我国股份合作制企业已达400万多个，而且数量日趋增多。股份合作制经济是在改革过程中产生的一种公有制经济组织形式，兼有股份制和合作制企业的特点，实行劳动合作与资本合作相结合，实行成员共同劳动、共同占有、利益共享、风险共担、一人一票和民主管理的基本原则，是劳动者和生产资料直接结合的一种有中国特色的企业制度。它由劳动者个人注入资金，有利于解决企业难以从银行和股票市场融资的困难，明晰了产权关系，解决了政企不分的问题，理顺了企业中所有者与经营者以及职工的权益和责任，特别是使职工的主人翁地位更加具体化，从而可大大提高企业和资本的运作效率。

股份合作制是一种较灵活的企业制度安排，在股权结构上，原则上应由职工共同持股，同时又不是完全平均的持股，但差距也不能过大。为了增强企业管理者的风险意识和不断进取精神，管理者持股比重可适当高些；但也不能过高，否则股份合作制企业的性质就可能发生改变。至于股份合作制企业公有股的设置，只要在入股成员自愿同意的条件下，设立公有股也是完全可以的。不过应当特别强调，公有股必须置于所有者的有效监控之中。三分配方面，要体现以按劳分配和按资分配相结合的原则。由于股份合作制是在劳动合作基础上建立起来的，因而应主要体现以按劳分配为主的原则；又由于它实行资本合作，因而又要体现股份制按资分配的原则。在适用范围上，股份合作制适应于一些生产力水平较低、资本有机构成较低、劳动较为密集的国有小企业、城镇集体企业、乡村集体企业的改制。总的来看，企业规模越小，越容易发挥股份合作制的优越性。但股份合作制又绝不是小企业唯一合适的组织形式。现在已经存在若干不同的公有制实现形式，各自适应于不同的具体情况，只要有利于促进生产力水平的提高，多种公有制实现形式都可以采用。要本着积极稳妥的方针，不刮风，不搞“一刀切”，注意规范化运作；要克服一“股”就灵的观念，把股份制和股份合作制改组同“抓大放小”和“三改一加强”的方针紧密地结合起来。

提倡和鼓励大量的国有小企业进行股份合作制改组，就意味着大量的国有小企业转为企业职工直接所有和管理的有活力的集体经济，这是一种所有制结构的调整，并未改变公有制的性质，公有制不但没有被削弱，而且能使国家剥离一些亏损的包袱，许多国有小企业成为职工利益共同体后迅速转换经营机制而起死回生，从而有利于恢复和增强公有制经济的生机和活力。国有经济和集体经济是社会主义公有制的两种形态，它们之间没有优劣之分，应允许两种形态在符合“三个有利于”标准的前提下互相转换和共同发展。

（六）社会基金所有制

它主要包括以各种社会保障基金为投资主体而形成的社会基金所有制和以某个经济组织吸收广大公众的资金而形成的投资基金。(1)我国社会保障制度的建立与完善以及相关改革的不断深入，使得养老、医疗、失业保险和住房基金等社会保障基金的种类越来越多，而且基金的规模迅速扩大，如仅养老基金目前就结存达500亿元以上。这种由各种社会保障基金为投资主体而形成的社会基金所有制，是一种全新的社会财产组织形式，其资产既不属于私人，也不属于企业和国家，而是属于有关的社会成员.这也是一种公有制的实现形式。社会保险基金这种公有制形式的发展壮大，会有力地巩固公有制的主体地位，也能极大地促进社会生产力的发展。但也应强调指出，做到管理好、使用好这些基金，必须由独立的法人实体对这些基金进行管理和经营，并鼓励多家基金管理组织在市场上展开竞争，实行优胜劣汰，从而达到其保值增值的目的，当然也有利于推动这些新的公有制形式与市场经济的有机结合。(2)投资基金。它是现代股份制企业法人投资的重要来源。其实现形式是由经济组织来建立一种基金，吸收社会广大公众的资金，公众委托该基金组织投资经营，并按投入基金的资金数量和经营成果进行收益分配。投资公众不拥有基金组织的股权，不能抽回本金，但可以在市场上买卖转让基金。而基金组织可将基金再投资于某一股份制企业，如果这个基金组织对该股份制企业投资超过一定比例，就可能实现对这个企业控股，由于是资本社会化了的基金法人投资控股，而不是私人投资控股，因而它是公有制的一种实现形式。它的优越性在于集中社会资金，投入企业，使产业资本社会化。在现实经济生活中，利用投资基金还可解决银企债务关系。如由国有资产经营公司以国有资产所有者代表的身份向社会发行债券，吸收广大社会居民的资金，国有资产经营公司可将这些资金投入到国有企业，国有企业既可用这些钱还贷，又可用于生产经营，以消除不良债务关系，使国有企业增强活力。

（七）混合所有制

在我国，自实行改革开放以来，随着企业组织结构的调整和企业制度的创新，各种所有制经济组织之间的联合和相互持股的混合所有制经济迅速崛起和发展。在新兴的股份制企业集团或公司中，有的形成国家控股、集体企业参股以及吸收本公司职工持股和吸收部分外资等；也有的形成了集体企业控股，国家参股以及吸收部分私营企业、外资企业等参股，形成了多种不同的排列组合。混合所有制经济的建立，打破了地区、部门、所有制的种种界限，遵循社会化生产规律的要求，推动生产要素的合理流动，发展专业化分工协作，提高资源配置效率，有利于培育出新的经济增长点。今后单纯的国有企业（国有独资公司）和集体企业将会减少，多种所有制混合的经济组织将呈上升趋势。在混合所有制经济中，无论是国家、集体还是基金组织控股或参股的部分，都必须认定为公有制经济的组成部分，尤其是通过国家、集体经济和基金组织对公司控股，可以扩大公有制经济的控制力。

（八）企业兼并

企业兼并是以产权有条件转让、重组为途径的企业扩张行为。即由被兼并企业将企业产权有偿让渡给兼并企业，实现产权转移，兼并企业实现资产一体化，同时被兼并企业法人资格也随之消失。兼并不同于合并，兼并表现为兼并一方因吸纳另一方企业而成为存续企业，并获得被兼并企业的产权，而被兼并企业则伴随着兼并过程的完结而最终丧失法人资格，具有不平等性。而企业合并则表现为合并双方均以丧失自身法人资格为代价，双方以新的法人面貌组成新的经济实体，具有明显的平等性。兼并也不同于购买，尽管二者都是产权转让的形式，但如果产权的买卖在两个法人之间进行，则可归入兼并之列，如果产权的购买者不是法人（如事业团体或以自然人身份出现的个人），则不能称之为兼并，而是购买。

在国有企业改组中，要鼓励多兼并少破产。因为企业兼并能促使资产存量的流动，促进资源的有效配置，实际上产业结构调整的存量重组方式，主要通过企业兼并来进行；通过兼并，促使资产由分散经营转向集中经营，有利于推动规模经济的形成，提高劳动生产率，降低成本，以及提高质量和增强开发创新能力，获取规模效益，从而也能极大地提高企业的市场竞争力；兼并还有利于社会稳定，因为比起被兼并企业破产所造成的失业及财产损失要小得多，因而引起的社会震动要小得多。

（九）企业合并

它是指两个或两个以上的企业，通过订立合并协议，依据法律和法规的规定，归并成一个新企业的经济行为。企业合并是资产重组和优化配置的重要方式。合并作为一种企业组织结构调整行为，它既可以是独资企业之间的合并、有限责任公司之间的合并、股份有限公司之间的合并，也可以是各类企业之间的交叉合并。企业合并可分为两种类型：一是吸收合并；二是新设合并。前者是指一个企业通过吸收其他企业的形式而进行的合并，其中被吸收的企业解散，失去法人资格。为便于管理、统计等，应把这类合并归于兼并。而新设合并是指两个或两个以上企业通过并成一个新企业的形式而进行的合并。采取这种形式的合并，合并各方解散，均失去法人资格。在实践中，企业合并更多地表现为同类行业中重复生产的企业并成行业中的新企业，实行联合生产；或将相同工艺的企业合并为一个专业化企业进行专业化生产的一种调整措施。当然也可以实行跨行业、跨地区、跨所有制的合并。企业合并也是公有制的一种实现形式，它有利于推动公有制企业实现规模扩张，实现资产由分散转向集中经营，减少过度竞争，提高规模效益。

（十）组建企业集团，也是公有制的一种实现形式

公有制企业组建和发展企业集团，符合中央提出的“抓大放小”方针，有利于使公有制企业尤其是国有企业从“大而全”“小而全”“小而散”的状况中解脱出来，冲破地区、部门、所有制的种种界限，实现企业组织结构重构，国有大中型骨干企业发挥龙头带动作用，小企业实行配套生产，从而形成高度的专业化分工协作关系，推动公有资产转向集中经营，实现扬长避短，优势互补，培育出新的高层次的市场竞争主体，消除以往过度、无序的竞争，形成新的经济增长点。为使集团成员之间形成稳固的经济关系，集团核心企业（一般是国有大型企业）应通过对紧密层企业和半紧密层企业的控股或持股，形成资本联结纽带，当然也可以实行集团成员间的相互持股来形成资本

联结纽带。对大型企业集团来说，应建立财务公司，形成集团的融资中心、信贷中心、结算中心，从而建立起企业集团的投融资机制。这对企业集团的发展壮大，以致形成规模经济至关重要。随着我国对外开放的不断扩大，尤其是加入世贸组织，中国经济将在更深层次上融入世界经济，开展国际竞争，竞争必然异常激烈。因此，我国企业尤其是公有制企业就必须加大企业组织结构调整的力度，组建各个产业的大型企业集团，形成规模经济，不断提高劳动生产率，降低成本，增强开发创新能力，就会极大地提高在国际市场上的竞争力。

（十一）出售

这也是公有制的一种实现形式。对于社会主义市场经济来说，没有公有制企业不行，因为那样不利于实现社会公平与市场效率的结合；同时让公有制企业主要是国有企业在各个领域都占垄断地位也是不行的，因为那样市场经济就很难正常运行。因此，除关系国家主权和安全（军工部门等）、涉及国民经济命脉部门如铁路、航空、港口、邮电、通信、金融等，而非公有制资本尚无力兴办或不宜由它们兴办的产业外，在一般竞争性领域，国有企业不一定非要继续保持主力经营者的身份，而应根据盈利性等因素考虑进入或退出，对逐渐退出的行业中的国有企业尤其是一些长期亏损的国有小企业，可以采取向社会出售的方式，实现民有民营。当然，企业职工愿意购买，应优先出售给企业职工。通过出售实现资产变现，可将这些资金投入到国家重点项目和重要产业中去；同时也引导民间资本形成合理的流向。而对于部分中型国有企业来说，由于其净资产较多，要全部转换或拍卖，在心理承受能力和操作上都存在着一些现实困难，可以在经过准确的资产评估后，采取有偿转让一部分给企业经营者和职工的办法，把原国有独资企业改为国家和职工合资经营的企业，以促使企业经营机制的真正转换，推动政企分开，调动经营者和职工的主人翁责任感和进取心，不断提高劳动生产率，防止国有资产在低效运作中大量流失。

（十二）企业破产

它是企业终止法人活动，结束生产经营的一种形式，是优化资源配置的重要手段。实行企业破产的目的，一是建立优胜劣汰的竞争机制，为企业尤其是国有企业进入市场参与竞争创造条件；二是促使企业重视加强经营管理，不断促进科技进步，提高经济效益；三是保护债权人、债务人的合法权益。企业亏损已资不抵债，不能清偿到期债务，就应倒闭破产，国有企业也不例外。若国有企业只生不死，不能像非国有企业那样通过优胜劣汰来注入生机和活力，这势必导致新增投资按原有结构持续追加，不断产生新的投资沉淀，这种存量结构的刚性约束延续时间愈长，依托增量优化重组拉动存量重构的难度就愈大，也就难以不断优化国有企业的结构和国有资产的合理配置。

国有企业的流动资金80%是由银行提供的，企业破产，银行利益自然受损。但只要是真正的破产，只要是实现了资产的合理重组，转变了经营机制，对银行来讲又不是坏事。企业依法破产后要偿还银行债权，也是维护银行债权的一种方式；同时也消化了一部分不良资产，有利于银行卸掉包袱，降低风险，改善资产结构，提高资产运营质量。但必须避免企业借破产之机逃废银行债务，要避免推动"整体接收""整体收购"破产方式。因为这种破产方式企业财产不通过招标拍卖，而是被严重压价后出售，企业只是换了牌子，一切照旧，却白白拿了安置费，导致国有资产流失，并且国有资产得不到合理重组，企业也难以转换经营机制。因此，要规范企业破产行为，要坚持"资产变现，关门走人"。

（十三）托管经营

它是指企业所有者通过法律形式将企业法人的财产委托给具有较强的管理能力并能承担相应风险的法人或自然人有偿经营，明晰企业所有者、经营者和职工之间的责权利关系，保证企业资产保值增值的一种经营方式。托管经营与租赁、承包一样都不涉及所有权的变更，但却能较好地解决了企业所有权和经营权的有效分离问题，而且通过市场机制调整经营关系，有利于培育和形成企业经营管理阶层，启动新的企业用人制度和分配制度，给企业引入新的经营机制，有利于推动包括经营力在内的各种生产要素的流动与重组，盘活存量资产，提高企业资本运营效率。现实地看，托管经营比企业兼并、破产更具有现实可操作性。因为企业兼并、破产目前遇到的政策上和操作上的障碍较多，诸如国有资产代表缺位或权责不清、社会保障体系不健全以及产权转让所需的配套法规和市场体系严重滞后等，而托管经营就不受这些因素的困扰，可以使亏损企业获得新的发展机遇，有利于消除企业的不良债权关系，满足职工就业要求，也是被实践证明了的一种有效的公有制实现形式。当然在实践中要尽量降低代理风险，并规范托管经营，建立委托人激励和约束机制、共担经营风险机制、企业经营行为约束机制和代理人市场选择机制等。

（十四）承包经营责任制

我国农村较早地实行了承包经营责任制。主要有两种形式：一是包产到户，即以农户为单位向集体经济组织承包一定的生产任务，并对所承包的生产项目的产量（或产值）负责的一种经营方式，农户的劳动成果中，包产部分交集体经济组织统一分配，超产部分全部或部分奖给承包户。二是包干到户，也是以农户为单位承包生产任务，它与包产到户的区别在于，在完成国家的税收任务、上交集体的各项提留以后，剩余部分全归承包户所有。上述承包经营责任制克服了生产上无人负责现象和分配上的平均主义，充分调动了劳动者的积极性，也能够适应现代农业发展的需要，以及有利于社会主义市场经济体制的建立。这也是为什么要长期坚持这一公有制实现形式的实践依据。

至于工业企业承包经营责任制，是在坚持公有制的基础上，按照所有权与经营权分离的原则，以承包经营合同形式，确定国家与企业的责权利关系，使企业做到自主经营、自负盈亏的经营管理制度。它要求企业管理机构和企业在处理经济关系时，必须兼顾国家、企业、经营者和生产者的利益，按照责权利相结合的原则，切实落实企业的经营管理自主权，保护企业的合法权益，调动企业经营者和生产者的积极性，挖掘企业内部潜力，确保上交国家利润，增强企业自我发展能力，逐步改善职工生活；按照包死基数、确保上交、超收多留、欠收自补的原则，确定国家与企业的分配关系。这一公有制实现形式，对工业企业经营管理制度的改革起到了积极的推动作用，它初步实现了工业企业经营机制的转变，为工业企业真正成为充满生机和活力的市场竞争主体提供了制度保证。

（十五）资产经营责任制，也是公有制可选择的一种实现形式

它是实现所有权与经营权分离的形式之一，在国家对企业进行资产评估的基础上，通过招标招聘经营者承包经营。它通过国家与企业签订责任书的形式确定企业和经营者在责任期内净资产保值增值指标、实现利润增长指标以及经营者奖惩办法等，明确了国家与企业的财产关系，能够促使经营者在经营期间注重资产增值，有较强的约束力。当企业收益大于规定资产收益指标时，超过部分在国家、企业和经营者个人之间分成；当企业收益不够缴纳国家规定的资产收益指标时，用企业奖励基金和福利基金补偿，直至扣发职工基本工资和改换企业经营者。这样把保值增值的责任统一到了经营者身上，有利于实现国有资产保值增值的目标。

资产经营责任制这种形式，按照市场经济权利与义务对等原则，重新构建和规范国家与企业、资产所有者与经营者的法律关系，改变了形式上资产多头管理而实际上无人负责的状况，使企业真正成为市场竞争主体和法人实体。

（十六）租赁制

它是通过签订租赁经营合同，将企业的经营权在一定期限内让渡给经营者，由其自主经营的一种经济责任制度。它通常要经过公开招标选拔经营者并根据出租企业资产价值收取一定数量的租金。由于租赁制也有效地实现了“两权分离”，承租者可以依据租赁合同有权选择经营方式，并作出有关生产经营的重大决策，因而有利于调动经营者的积极性、主动性和创造性，有助于增强企业活力。租赁制的适用范围，一般地说比较适合某些国有小企业和集体企业。它可主要采取以下几种形式：企业租赁经营；集团租赁经营；全员承租经营；个人租赁经营等。

总之，公有制的实现形式可以而且应该多种多样，除上述16种主要形式外，还可以探寻到其他一些实现形式。由于我国还处于社会主义初级阶段，探索公有制的实现形式将是一个长期的过程。随着我国改革实践的不断深入，还会不断涌现出新的公有制实现形式。在公有制实现形式的探索和选择上，各部门、各行业、各企业都应根据各自的特点和实际情况，因地制宜，从根本上讲，应坚持“三个有利于”标准。对于群众在实践中创造出来的新形式，在鼓励和提倡的同时，也要正确地给予引导和规范，不断加强和完善宏观调控，包括制定相关的政策和法律法规等，使之健康地发展，以充分发挥公有制经济在国民经济中的主体作用，促进国民经济快速、持续、健康地发展。

本文原载于《理论学刊》1998年第1期，1999年12月获山东省第十四次社会科学优秀成果三等奖。

十一届三中全会以来国有企业改革的轨迹与思考

段晓光

从党的十一届三中全会算起，我国的国有企业改革已经进行了20年。回顾我国国有企业改革的历程，探讨研究这一改革的经验教训，无疑会对我国经济体制改革的进一步深化，具有一定的启迪作用。

1978年开始的国有企业改革从一起步，就把改革的思路定位于调整国家与企业的经济关系上，从根本上抓住了原有国有企业管理体制种种弊端的关键所在，从而跳出了长期以来在中央与地方之间不断反复进行的集权分权——收收放放的怪圈。以1978年10月四川省进行企业扩权试点为标志，一场以扩大企业自主权为主要内容的国有企业改革拉开了帷幕。这一改革主要是针对传统国有企业管理体制中政府高度集权，而企业无任何经济自主权的弊病而展开的。从1979年5月国家选择8个企业进行扩大企业自主权试点开始，其间经过实行经济责任制、两步利改税改革，到1984年5月在总结以上试点和改革的基础上，国务院正式颁发了《关于进一步扩大国营工业企业自主权的暂行规定》。在这个规定中正式明确了扩大企业的10项自主权。通过这一时期的改革，政府对企业经营的集权现象有了一定改观，企业获得了一定的经济自主权，其活力有了明显增强。但是由于这一时期的改革，缺乏必要的理论依据和明确的改革取向，因而改革的举措大都停留在浅层次上，并且在诸如为何扩权、扩大哪些权、怎样扩权等一系列问题上，存在相当程度的混乱和盲目性。

1984年10月召开的党的十二届三中全会，在国有企业改革方面迈出了新的重要的一步。在理论上它首次提出了社会主义有计划的商品经济这一概念，并初步论证了“两权分离”的改革理论。在国有企业改革的目标上，首次明确提出要使企业成为真正相对独立的自主经营、自负盈亏的社会主义商品生产者和经营者。理论的突破和改革目标的明确，在实践上进一步推动了国有企业改革向纵深发展，使前一时期存在的改革的盲目性减少了，零零碎碎的扩权为系统的相对规范的分权所替代，模糊的急功近利的改革取向为指向明确考虑长远的改革目标所取代。在国有企业改革的实践中，“两权分离”的改革理论主要是通过租赁和承包等具体形式实现的。截至1987年年底，全国预算内企业的承包面已达78%，大中型企业达到80%以上。进入20世纪90年代，大部分承包企业又进行了第二轮承包。

以“两权分离”为理论依据的承包经营责任制，在推进和深化国有企业改革方面作出了功不可没的贡献。首先，它将改革的目标由单纯扩大企业自主权，转向了以塑造具有独立经济利益和经营自主权的商品生产者为中心的改革上来，这就为进一步确立企业市场主体地位的改革开辟了道路。其次，它所进行的所有权与经营权适当分离的改革，在一定程度上规范和约束了政府干预企业的经济行为，明显缓解了党政不分、政企不分的尖锐矛盾，为彻底解决这一问题奠定了有利的基础。最后，它在使企业享有独立经济利益和经营自主权的改革中，唤醒了企业的市场经济意识，使企业由过去过分依赖政府而转向更多地依赖市场，这对激发企业的活力无疑具有重要的意义。但是，尽管如此，以“两权分离”为主要特征的承包经营责任制改革，仍存在着内在的不可克服的矛盾和局限性。首先，“两权分离”的改革（包括改革以来所进行的扩大企业自主权的各种改革），从总体上来看，仍没有从根本上突破传统计划经济体制的框架。这一改革仍未使企业彻底摆脱受政府支配的命运，企业独立的经济利益和商品生产者的地位仍未得到真正确立。企业作为政府附属物的地位，仍未发生实质性的变化。其次，“两权分离”看似简单明了，实则操作起来却难以实现。所谓“两权分离”无非是指将所有权与经营权分离，前者归国家，后者归企业。但实践证明，这条路是走不通的。因为从国家的角度看，其经济管理职能与国有资产所有者职能集于一身的状况仍未改变，加之完整的所有权本身就包括经营权，因而所有权与经营权在这个层面上本来就没有实现分离，国家对企业的直接干预也就当然不可避免。从企业的角度看，将所有权与经营权分割归属于不同的主体——国家与企业，是对企业这个层面上两权统一的破坏。企业在不拥有任何所有权的情况下，其经营权是无法得到保障的。最后，“两权分离”的改革难以使企业形成有效的自我约束机制。由于这一改革解决不了政府对企业的干预问题,解决不了企业的自负盈亏问题,因而也就不可能解决企业的不合理经济行为的问题,企业强硬的自我约束机制的建立也就无从谈起。总之,随着国有企业改革的深化,以“两权分离”为主要特征的承包经营责任制已越来越不适应改革的发展趋势,其实施前期的积极作用逐渐为后来暴露出来的弊端所取代,成为国有企业改革进一步推进的羁绊。

就在国有企业改革陷入左右徘徊、停滞不前的困境之际,1992 年 10 月党的十四大召开了。这次大会明确提出,我国经济体制改革的目标是建立社会主义市场经济体制。随后在 1993 年 11 月召开的十四届三中全会上,把国有企业改革的目标重新定位于建立现代企业制度,并将这一制度概括为 16 个字,即产权清晰、权责明确、政企分开、管理科学。国有企业改革由此出现了新的重大转机,迈入一个全新的发展阶段。以建立现代企业制度为主要内容的新一轮国有企业改革,是从制度创新的高度上,对传统的计划经济体制的根本性突破,是国有企业改革的一次质的飞跃。这次飞跃主要表现为对传统计划经济的彻底摆脱,对现代市场经济的明确认同。国有企业改革的思路第一次名正言顺地调整到适应市场经济发展的客观要求上来。这就为国有企业改革走出“两权分离”的误区和困境,继续完成其改革的使命,创造了极为有利的条件。

按照现代企业制度的要求进行国有企业改革,首先,可以较好地解决政企不分的问题。因为这一改革要求国家将经济管理职能与国有资产所有者职能分离,同时还要对国有企业的所有权进行分割,将其分割为最终所有权与法人所有权,分割后的所有权分属不同主体,最终所有权归国家,法人所有权归企业。这样国家作为经济管理者,面向全社会行使其经济管理职能,不再对企业的具体经营活动进行干预;同时国家又作为国有资产所有者,由于享有最终所有权,因而只能作为出资人按照投入企业的资本额享有所有者权益,并对企业债务只负有限责任,而对企业的具体经营活动也不能进行直接干预了。这样长期纠缠不清、难以解决的政企不分问题,便有望得到解决。其次,这一改革可以较好地解决国有企业市场主体地位的确立问题。因为在这一改革中,如果企业真正拥有了法人所有权,那么这就意味着它拥有了企业的财产权,而企业财产权的拥有则直接决定着其经营权的真正落实。所有权与经营权在企业这个层面上的重新统一,使企业的自主经营、自负盈亏第一次有可能真正实现,国有企业独立的市场主体地位由此便顺理成章地得到了确认。最后,国有企业缺乏有效的自我约束机制问题也可以通过这一改革得到比较彻底的解决。因为这一改革要求企业内部仍需要实行两权分离，即企业的法人所有权与经营权的分离，而这两权也要归属不同的主体。前者归企业的董事会，后者归企业的经营者——经理。这样对改革后的国有企业而言，就形成了三权分离的格局。国家代表股东行使最终所有权，董事会代表企业法人行使法人所有权，经理代表经营者行使经营权。这就是现代企业制度中的法人治理结构。这种治理结构一方面切断了所有者对企业日常经营活动的一切直接干预，另一方面又要求企业不能损害所有者的权益，并以企业的全部财产来承担其经营风险，这就必然会从内部和外部对企业的不合理经济行为形成强有力的约束。总之，按照现代企业制度的要求进行国有企业改革，是一种改革思路上的重大调整。如果说在这之前的改革是调整国家与企业的关系，那么现在改革的重点则是调整企业与市场的关系了。这种改革思路上的调整，表明我们对国有企业改革的认识又上升到了一个新的高度。

但是，随着国有企业改革的不断深化，一个一直令人困惑的问题却迟迟未能得到有效解决，甚至呈现出一种愈演愈烈的发展趋势。这就是国有经济整体状况的持续恶化问题。国有企业资产负债率1980年为30％，1985年为40％，1990年为60％，而目前已达70％以上。截至1995年年底，全国国有企业总数为30多万户，而亏损户占2/3以上，并有明显扩大的趋势。1996年一季度国有工业盈亏相抵后首次出现净亏损，亏损达34亿元。这一现象引起不少人的疑虑：为什么国有企业越改革越困难？除了国有企业自身的和相关的问题之外，还有没有被我们一直所忽略，然而在现实中却始终发生重要影响的因素呢？经过人们的思考、探讨和研究，最终发现这个因素是有的，它可能就是在国有企业改革中，如何对国有经济进行整体定位的问题。改革开放以来，由于非国有经济的迅速崛起和扩张以及市场经济的深入发展，我国在传统计划经济体制下形成的所有制结构和国民经济结构受到了巨大冲击，并已经发生了令人注目的重大变化。1980～1995年，在全国工业产值中，国有工业的比重从76％下降到34％，集体工业的比重从23.5％上升到36.6％，城乡个体工业的比重从0.22％上升到12.9％，“三资”、私营等其他类型工业的比重从0.5％上升到16.5％；在全国社会消费品零售总额中，国有商业的比重从51.4％下降到29.8％，集体商业的比重从44.6％下降到19.3％，合营商业从0.02％上升到0.4％，个体商业从0.7％上升到30.3％，其他商业从3.2％上升到20％。1996年外商直接投资占全社会固定资产投资的比重为 14.8%，加上间接利用外资，这一比重已达 19%。外资企业产值约占国内生产总值的 12%，出口占全国出口额的 40%。但是，我国的国有企业改革在其设计和运作中，却未能将这一变化及其发展趋势及时考虑容纳进来，反而基本上仍然以改革前形成的不合理的所有制结构和国民经济结构为既定前提。这种对国有经济整体的不正确定位，反映在改革的具体实践中，就表现为总是不顾客观实际的需要与可能，力图救活搞好每一个国有企业；总是不遗余力地追求国有经济在数量和比重上仍然保持对非国有经济原有的绝对优势等等。这种不切实际的努力与追求，必然导致有限的国有资本不堪重负，国有资本经营效率低下甚至出现每况愈下的发展趋势也就不足为奇了。据统计，我国现有的 30 多万户国有企业，覆盖国民经济 40 多个行业，而每户企业的平均资产仅 1000 多万元人民币。即使大型企业户均资产也不过 1.86 亿元人民币。而世界 500 强最大工业企业排名最后的一家企业，资产也达 90 亿美元。由此可以看出，我国国有企业在规模方面与世界先进企业的差距有多大；同时也可以发现，我国国有资本布局分散的问题及其导致的后果有多么严重。

1997 年 9 月召开的党的第十五次代表大会，对国有企业改革的思路进行了重大的战略性调整。这次的调整跳出了以往就国有企业改革而谈国有企业改革的窠臼，把国有企业改革放在了宏观经济全局的大背景中，重新加以审视，从而得出了不同于以往的改革思路。它从所有制结构的角度，重新审视了国有经济与其他经济成分的关系，特别是肯定了非公有制经济在社会主义初级阶段的必要性和重要性，为国有经济今后发展的定位提供了理论和客观依据。它还从国民经济结构全局的角度，重新认识了国有经济的作用，特别对公有制的主体地位以及国有经济的主导作用，提出了一系列新的见解，进而对国有企业改革提出了新的思路，即着眼于搞好整个国有经济，抓好大的，放活小的，对国有企业实施战略性改组。这就把国有企业改革的思路从搞好救活每个国有企业调整到搞好搞活整个国有经济上来。这是国有企业改革思路的重大的根本性转变。这一转变无疑将会对国有企业改革的深化与发展、对重振国有经济的雄风产生重大的影响，具有深远的意义。

通过对我国国有企业改革 20 年发展历程的回顾，我们可以比较清晰地看出国有企业改革所走过的轨迹：改革首先从宏观起步，重点是调整国家与企业的关系，随后逐渐深入到微观，重点是调整企业与市场的关系，进而从宏观与微观结合的角度上，重新为国有经济定位，重点调整国有经济与其他经济成分的关系。国有企业改革正是按照这样一条发展轨迹，由浅入深地逐步使国有企业摆脱传统计划经济体制的束缚，最终走上社会主义市场经济发展的康庄大道。

我国国有企业改革走到今天这一步，是经历了诸多磨难，走过了许多曲折路程的。这其中的经验教训，异常丰富多彩，非常值得总结。

第一，思想观念的是否解放，直接影响着国有企业改革的发展进程。我国自改革开放以来，有过三次比较大的思想解放运动，每一次思想解放都对国有企业改革的发展进程起到了重大的推动作用。改革初期国有国营的传统观念束缚着国有企业的手脚，而发生于 1978 年的真理标准问题大讨论，极大地冲击了禁锢人们思想的教条主义和僵化的传统观念，使国有企业必须国家经营的观念发生了动摇，继而引发了一场轰轰烈烈的“两权分离”的改革，使国有企业由此踏上了改革的征程。当 20 世纪 90 年代初，国有企业改革受制于传统的计划经济观念，而陷入停滞不前的困境之中时，社会主义市场经济理论的提出，又一次大大地解放了人们的思想。国有企业改革由此第一次真正突破了计划经济体制的框架，按照市场经济的要求，对国有企业进行了大规模的制度创新——建立现代企业制度，这是国有企业改革的一次质的飞跃。当邓小平逝世之后，“左”的思想观念和社会思潮利用姓“公”姓“私”问题，再一次向国有企业改革施加干扰时，党的十五大对公有制经济的一系列新的见解，又一次把人们从“左”的思想观念的迷雾中解放出来，使国有企业改革迈出了更大的步伐，进入一个新的发展阶段。国有企业改革的实践证明，思想观念的解放是国有企业改革的先导，是国有企业改革能否取得进展的关键。

第二，国有企业改革要注意处理好宏观与微观的协调问题。我国的国有企业由于过去实行的是国家所有国家经营的管理体制，所以国有企业的问题往往既是一个宏观问题，也是一个微观问题。同时，我国又是一个发展中的社会主义国家，国有企业在整个国民经济中占有举足轻重的地位。因此，我们在微观上进行企业改革的同时，就不能不考虑宏观的一系列相关问题。否则，就有可能发生国有企业改革方面宏观与微观脱节的问题，影响改革的功效。国有企业改革的初期，由于其重点是调整国家与企业的关系，国家面对的是众多的企业，实现的形式主要是国家对企业的放权，因而改革在相当程度上是停留在宏观层次上的，而较少深入到微观层次上，着眼于企业经营机制的转换和企业制度的创新。这种情况决定了国有企业改革不可能有根本性的突破。20世纪90年代初，随着社会主义市场经济体制作为改革最终目标的提出，国有企业改革进入微观经营机制再造的发展阶段，国有企业改革的重点随之也转移到调整企业与市场的关系上来，众多企业面对的已经主要是市场而不是国家了。改革更多的是在微观层次上展开，而把国有经济作为一个整体，如何从宏观上加以把握却有所忽略。因而这一时期的改革，也存在明显的缺憾。党的十五大对国有企业改革思路的战略性调整，其意义正在于力求从宏观与微观的结合上，全方位地推进国有企业改革，避免由于顾此失彼而影响改革应取得的成效。这是国有企业改革经历了长期的曲折与磨难所获得的最宝贵的经验之一，我们应异常珍惜它。

第三，要正确认识、合理评价国有企业改革的功能与作用。在国有企业改革的过程中，客观上存着一种不易被人察觉的认识误区，即过分夸大改革的作用与功能，自觉不自觉地赋予改革以无所不能的神奇威力，似乎国有企业存在的一切问题都可以甚至只能通过改革来解决。这显然是一种危险的不切实际的幻想。这种认识误区给国有企业造成的危害主要表现为：以改革代替管理，甚至将一些必要的管理制度也视为改革的对象，从而导致企业管理滑坡，财务制度混乱，成本管理不严，劳动纪律松弛，不仅为腐败分子提供了可乘之机，而且还直接影响了国有企业的经济效益；以改革代替技术改造，认为改革释放出的能量完全可以创造出前所未有的经济奇迹，而不必在技术改造上耗费过多的精力与资金，以至延误了企业技术改造和设备更新的有利时机，使相当一批国有企业在后来激烈的市场竞争中处于极为不利的地位；以微观改革代替宏观经济调整，认为只要企业微观改革搞好了，国有经济在宏观上的资源配置失调和布局结构不合理的问题便可以自然而然地得到解决。其结果不仅国有经济宏观上的问题没有得到解决，甚至愈演愈烈，而且微观上的改革也深受其累，最终不得不回过头来，重新关注这一问题的解决。正是总结了国有企业改革在这方面的经验教训，中央才明确提出了“三改一加强”的方针，即把国有企业改革与改组、改造、加强管理结合起来。为了更好地贯彻这一方针，我们必须坚决地从对改革认识的误区中走出来，恰如其分地认识和评价改革。我们应该清醒地认识到，改革实质上只是对生产关系的一种调整，它的作用与功能也仅限于此，不能寄希望于它来解决国有企业的一切问题。因为国有企业存在的问题并不仅仅局限于生产关系的范围，而且也涉及生产力。所以改革仅是解决国有企业诸多问题的一条途径(尽管是一条极其重要的途径),但毕竟不是唯一的途径。国有企业诸多问题的最终解决,要靠包括改革在内的众多政策措施的综合作用才能奏效。对此,我们必须要有一个正确的认识。

第四,国有企业改革的实质是解决公有制与市场经济结合的问题。国有企业改革的目标是取决于整个经济体制改革目标的。而我国经济体制改革的目标是随着改革的不断深化,人们认识水平的不断提高,经过不断的调整最终才明确的,这就是1992年召开的党的十四大提出的建立社会主义市场经济体制。与此同时,国有企业改革的目标也随着经济体制改革目标的不断调整,几经变化最终确定下来,这就是1993年召开的党的十四届三中全会提出的建立现代企业制度。在市场经济条件下,国有企业最终要解决的问题便是如何确立其真正的法人实体和市场竞争主体地位的问题。这个问题的实质就是公有制与市场经济的结合问题。对这个问题西方经济学界在理论上断言,公有制与市场经济不相容,发展市场经济只能依靠私有制。而苏联和东欧一些国家则在实践上为"适应"市场经济的发展,大搞私有化,取消公有制。难道只有放弃公有制,才能发展市场经济吗?难道发展市场经济只能走私有制这一条路吗?公有制与市场经济难道真的就如水火一样不相容吗?经过我国国有企业改革的不懈努力与探索,我们所得出的结论是否定的。不错,发展市场经济的一个重要前提是市场主体的多元化,企业必须是真正独立的自主经营、自负盈亏、自我发展、自我约束的市场竞争主体。而传统的国有企业由于不具备独立的产权,难以成为市场的主体,因而的确与市场经济不相容。但是这种不相容并不是绝对的,也不是不可以改变的。在改革的实践中,我们逐渐找到了一条使公有制与市场经济相结合的现实途径,这就是用现代企业制度来改造传统的国有企业,使之符合市场经济发展的客观要求。通过建立现代企业制度,国家仍将是国有资产的所有者,而企业将拥有法人的财产权;国家作为企业的出资者享有所有者的权益,以投入企业的资本额对企业债务负有限责任,不再直接干预企业的具体生产经营活动;企业以其全部法人财产依法自主经营、自负盈亏,对出资者承担资产保值责任。这样既保证了企业的公有制性质,又塑造出了适应市场经济要求的市场主体,从而较好地解决了公有制与市场经济的结合问题。

第五,国有企业改革不可能一蹴而就。我国国有企业改革已经进行了20年了,尽管在这期间我们已取得了不小的成就,但距改革目标的最终实现还有相当一段路程。20年改革的实践证明,国有企业改革决不能急于求成,欲速则不达。国有企业改革是一个系统工程，它涉及社会的方方面面。它的发展进程既受制于社会各方面改革的进程，又影响反作用于这些改革的发展。比如国有企业改革与政府职能的转变、社会保障制度的完善、生产要素市场的建立与完善等就息息相关，就存在着相互制约相互促进的辩证关系。因此国有企业改革就不可能单方面突进，就需要与其他各方面改革协调一致，以期取得最佳效果，而这就需要时间。同时国有企业改革还受制于社会公众、企业职工精神与物质方面的承受能力。如果企业改革的推进速度超出了这些承受能力，那么改革便会失去群众基础，而得不到群众理解和支持的改革是不会成功的。制约国有企业改革顺利进行的因素，还有企业在传统体制下长期积累遗留的问题和沉重的历史包袱，这包括巨额的债务、过多的富余人员、陈旧老化的设备、严重短缺的资金、庞大的离退休职工队伍和企业办社会的沉重负担等等。这些问题都是短时间内难以解决的，并直接影响着国有企业改革的发展进程。但是，正视国有企业改革的这些制约性因素，绝不意味着可以任意拖延改革的进程和时间。当前国有企业改革已经进入攻坚阶段，加快改革的各种必要条件已基本具备，改革的有利时机已经出现。尽管如此，我们还是应该冷静地把握和分析，当前各种不利于改革的因素，因势利导地化解各种改革的风险，尽量平稳地完成国有企业改革的重任。

本文原载于《东岳论丛》1998 年第 4 期，1999 年 12 月获山东省第十四次社会科学优秀成果三等奖。

国有企业改组探析

迟树功

一、国有企业的集团化改组

国有企业集团化改组的指导思想，应是把国有经济增长的着眼点转移到国有存量资产的调整、优化配置上来，实现由粗放型经济增长方式向集约型经济增长方式的根本性转变。据此，应促使国有企业从整体上尽快摆脱“大而全”“小而全”“小而散”的结构，通过集团化实现国有企业的“大而专”“小而专”“小而精”，并通过集团化促进集约化。

集团化企业的构建，既要充分发挥国有大型企业经济实力雄厚、生产规模大、技术素质好、管理水平高、投资功能强等优势，带动中小企业架构强弱联合以及强强联合，又要突出名牌产品的扩张效应，即把围绕名牌产品组建企业集团放在突出的位置，通过一个品牌带活一大批相同相关的企业，通过一个名牌带起一批产品，形成名品系列，从而振兴一个产业，这是一种成本、风险较低的联合改组。同时也要形成两大机制，即内控机制和投融资机制。内控机制的形成，从纵向关系看，有赖于核心层企业对紧密层企业和半紧密层企业的控股或参股，形成母子公司结构；从横向关系看，有赖于集团内法人相互交叉持股，有利于股东稳定化，从而稳固成员企业间的分工协作关系，相互支持和相互控制，并且通过法人相互持股突出运营主体的作用，有助于突破原有行政隶属关系的束缚和弱化行政干预，促进政企分开，转变企业经营机制。而投融资机制的形成，则通过建立集团财务公司，即由企业集团各成员单位共同出资以股份制形式组建的金融机构，培育和组织产业资本和金融资本的相互渗透、相互融合，形成一荣俱荣、一损俱损的命运共同体。财务公司要得以发展，并充分发挥作用，尚须有充足的资金来源，概括地讲，主要有以下资金来源渠道：(1)核心企业和其他成员单位共同出资形式财务公司的自有资金。(2)集团成员单位的专用基金存款。(3)各成员单位的流动资金存款和结算资金。(4)财务公司的盈利和按规定建立的专用基金，都是财务公司的资金来源。(5)财务公司为支持集团生产经营的资金需要，所获得银行和其他金融机构的贷款以及与银行发生横向资金联系所拆借的资金等。(6)发行债券和股票，向社会集资，尤其吸引金融机构参股，也是解决财务公司资金来源的重要途径。集团财务公司的形成，可以弥补我国单一、呆滞的融资方式，并成为企业集团内引外联资金的融资中心、信贷中心、结算中心。

国有企业集团化改组应以经济效益最大化为直接目的，也就是要追求规模效益。规模效益是衡量改组中国有资产流动与重组是否合理的重要依据，也是改组后国有企业规模是否合理的根本标志。在改组的实践中，探寻某一部门或行业企业集团的规模效益，应根据国内外市场状况、生产技术条件、组织管理因素、成员企业之间专业化分工协作关系等进行最佳规模或合理规模的实证分析。由于工厂的最佳规模是随技术工艺和生产设备的进步等因素而扩大的，因而不同国家或同一国家的各个工厂的最小最佳规模是不相同的。与工厂经济规模有所区别的是企业集团的规模，它是指生产同样产品的若干生产线，或者处于生产工艺过程的不同水平的若干生产线联合在一起，或者为最张产品的生产而处于不同生产工序或生产环节的企业联合在一个生产经营实体中形成的规模扩张。因此，确定企业集团的合理规模时，必须分别计算确立各个系列及每个系列的处于不同生产环节的企业的最小最佳规模。由于各个成员企业所处的生产环节、生产的产品品种不同、生产设备不同，它们各自的合理规模是不同的，因此并不仅仅是产量达到一定程度就能实现成本最低，而是达到生产要素组合最佳，方能实现最佳规模效益。

二、国有企业的公司制改组

国有企业进行公司制改组，可采取三种类型：一是国有独资公司，二是有限责任公司，三是股份有限公司。后两者是其主要形式。从公司制的适用范围看，由于企业规模愈大，个人作为所有者的作用愈小，因而国有大中型企业不宜采用合作制或股份合作制，而应以公司制为主要形式。当然，股份制企业也可以吸收企业职工持股，但这种股份不可能占到较大比重。

国有企业进行公司制改组，形成产权清晰、权责明确、政企分开、管理科学的真正独立的法人组织，核心问题是建立新的产权制度，架构一种投资者与企业法人之间的委托—代理关系，从而实现政府的社会经济管理职能与国有资产所有者职能分开、国有资产监督管理职能与国有资产经营分开。前两种职能的管理目标、对象和手段是不同的。政府的社会经济管理职能追求的是社会目标、公共目标，如社会的稳定、公正和平等，并通过法律、计划和产业政策以及必要的行政手段等来管理，而政府的国有资产所有者管理职能追求的则是盈利目标，国有资产的保值增值，并通过产权管理、产权重组和产权交易来对国有企业及其资产进行直接的或间接的管理。推动这些职能的分开，实际上是推动政企分开。但出资者也不能缺位。在理论和实践操作上，首要的是必须明确政府的哪个机构或部门作为国有资产所有权代表与企业来划分产权。所选择的应是个独立化、专门化的承担所有权职能的政府机构或部门。它作为国有资产所有权代表，承担国有资产监督管理职能，更多的从宏观上规划、制定相关政策，以及考核、奖惩等，而不从事国有资产经营，这种经营活动应交给国有资产的营运机构。当前可考虑采取三种形式组建国有资产的营运机构：一是将政府及有关部门组建的独立性较强的投资公司改组为综合性国有资产经营公司；二是将直属企业多、资产规模大、经营实力强的行业主管部门和行业性总公司改为国有资产经营公司；三是对具备条件的大型企业集团实行授权经营，将其国有独资的核心企业改组为经营性控股公司。建立资本运营机构，形成资本运营主体后，还有一个至关重要的配套环节是建立健全资本运营责任制。只是授权经营，而没有与权利相关的责任设计，尤其缺乏对国有资产保值增值的明确责任，这样的出资人代表即使到了位，也往往搞不好国有资本运营。因而在明确运营主体的同时，必须明确运营责任，最主要的是国有资产管理部门与国有资产经营机构（如国有资产经营公司）间的责任。国有资产管理部门与国有资产经营机构应签订责任书，尤其要对国有资产经营机构强化如下考核指标：国有净资产增长率、国有净资产收效率、国有资本金收益率等。其次是国有资产经营机构对其控股及参股企业的责任约束，如国有资产经营机构对其所出资的股份公司应建立健全国有股权经营责任体系、国有资产经营考核奖惩体系、国有控股企业财务监控体系等。当然，进行公司制改组，最终要形成法人治理结构,国有资产经营的权责,最终要在国有资产经营主体身上得到统一,以实现量化的国有资产保值增值目标。

国有小企业和大企业作为分立的市场主体,由于彼此在经营管理的特点及方式上有较大差异,而且在国民经济中所处的地位和作用不同,因而改组就不能采取一种模式、一个办法。从改组的方向看,要放开搞活量大面广的国有小企业,使之寻找更为适合自身经营和发展的灵活方式。(1)国有小企业应摒弃“小而全”结构,融入社会化大生产的分工体系中,尤其是要与生产名优产品的主导企业形成配套关系,推动生产的专业化、系列化以及专业化生产的规模化。这也是集团化取得规模效益的基础。(2)要允许发展多种资产组织形式和经营方式,如承包、租赁、托管、委托经营以及兼并、收购、股份合作制、出售等。尤其是股份合作制,应成为当前国有小企业首选的一种主要形式,因为企业规模越小,越容易发挥股份合作制的优越性。

三、国有企业的减负改组

作为市场竞争主体的国有企业负担过重(包括巨额债务、冗员膨胀和沉重的社会职能),是多年来诸多矛盾的综合反映,是多种因素长期积累的结果。解决如此复杂的问题,需要综合分析其成因,内外兼治,尤其要实行战略性改组。

(一)国有企业负债改组

国有企业过度负债是长期以来多种原因相互作用形成的。对国有企业的过度负债,应视其性质确定改组的方案,总的来看应由国家、银行、企业三方重组。

由于体制和政策性原因而给国有企业造成的负债应由国家消化。这部分负债在全部不良债务中占较大比重,解决的难度最大。可供选择的思路是:(1)按照国家有关政策,将“拨改贷”资金转为国家资本金投入,亦即将这部分资金转为“贷改投”。这是现有条件下增加国有企业资本金投入,降低国有企业负债率的一项重要措施。(2)对因政策性亏损、上级决策失误所欠银行贷款,企业若有偿债可能,可先挂账停息或计息缓交,待企业盈利状况好转时再逐步偿还。(3)实行结构改组,带动国有资产重组,将部分国有资产的变现收入再投入其他国有企业,增加国有企业资本金。根据社会主义市场经济发展的需要,合理确定国有经济的进入与退出领域,将退出某些领域的资产变现收入再投入到需要重点发展的产业，增加其资本金投入。(4)通过兼并、破产以活化部分国有资产。(5)逐步建立国有企业资本金注入机制。

银行经营不善贷款，如盲目贷款、人情贷款等，是银行信贷管理不严导致的。尽管它在全部债权中只占较小部分，但银行应自担风险。因为银行也是市场竞争主体，其经营活动具有风险经营性质。而解决银行与企业之间的诸多债务问题，应根据债务性质来选择可行的改组方案。(1)重塑银企关系。银行与国有企业之间的借贷关系，可视国有企业的经营状况，在特定条件下实行债权变股权的改组，使银行成为企业的股东，这是解决以往遗留债务问题可供选择的一条途径。当然银行的股东权益并非银行资金所产生的权益，其股本仍然是银行资产运作的一种转换形式，且债权变股权只是一种特殊时期的权宜之计，不具有延续性和规模扩张性，最终将随企业经营状况的改善而退出股东地位。(2)冲销呆账。我国从1993年开始施行呆账准备金的规定，按年初贷款余额的6‰提取，以后每年增加1‰，直到历年结转的呆账准备金余额达到年初放款余额1%实行差额提取。尽管按1%提取的呆账准备金只有数百亿元的规模，与我国实际形成的呆账规模差距较大，但它毕竟能在某种程度上缓解企业的债务压力。这样对国有企业确属无法归还银行的呆滞贷款，经有关部门确认，开户银行核准，可用银行呆账准备金予以冲销。

减轻国有企业债务负担，应采取多种方式，其中借助于社会力量也是不可缺少的。在实践中应积极推动股份制改组，吸引外资，吸收社会法人股和内部职工股等，形成多元投资主体，增加企业资本金；尤其对符合国家产业政策、产品有销路且市场潜力大、当期有效益，但负债率偏高的国有企业，应优先支持其股票上市，增加其资本金，逐步使企业增加积累，增强自我发展的能力。也可由作为国有资产所有者代表的国有资产经营机构(如国有资产经营公司、作为大型企业集团核心企业的国有独资公司等)作为中介机构分期分批发行国债，吸收社会公众为投资主体，这样既可摆脱政企不分，切断企业对政府的依赖关系，使国有资产经营机构行使股东权利，关心企业经营，参与发展决策，支持扭亏增盈，减少资产风险和负债风险，又能更加主动地推动国有企业建立现代企业制度。

减负增盈，从微观上看，其主体是国有企业。国有企业亏损，许多是管理不善造成的。因此，国有企业要降低债务，扭亏为盈，必须实行严格的科学管理，尤其是实行“全员、全过程、全方位”的科学管理。在全员管理中要不断完善民主管理和责任制，增强广大职工的主人翁责任感，积极主动地参与管理，并把管理目标和责任分解落实到企业全体员工，职工的利益与企业整体效益、安全等指标紧密挂钩，以调动起职工的生产积极性、主动性和创造性，这是企业活力的源泉；在全过程管理中，要以资本运营为轴心，切实搞好投入产出管理，从动态上不断实现资本的增殖；在全方位管理上，要充分发挥企业各部门的作用，加强和完善计划、资产、成本、利润、供产销、统计、审计等方方面面的管理。

（二）国有企业社会负担剥离的改组

国有企业的社会负担，主要包括富余职工下岗安置和企业办社会两种。实行国有企业冗员改组、减人增效、实行分流以及企业破产等，首先遇到的是职工安置问题。与完善劳动定员、劳动定额、岗位技能标准、岗位技能工资等基础性管理工作以及产业结构调整相联系来界定富余人员，我国国有企业有1000多万富余人员。现实地看，出路在于营建再就业工程，总体思路是：(1)开辟新的生产经营领域，如鼓励和帮助企业兴办第三产业进行分流，也包括发展社区服务、物业管理和家庭服务等；还要依靠政府政策倾斜培育新的经济增长点，如大力发展旅游业、鼓励企业改组形成规模经济优势等以吸纳下岗人员就业。(2)实行带资安置和购并安置。企业应创造必要条件，对分流出去的富余人员实行带资进行安置。对破产企业的职工，通过与购买破产企业资产的企业或法人协调，实施再就业以安置一部分。(3)作为政府，有必要从财政上划出一定数量的资金，设立帮困基金或困难企业启动资金，重点是发展职业培训，使职工更新知识，提高素质特别是职业技能，以提高择业能力，以及帮助那些处于资金困难、有发展前途的国有企业（包括重点企业和不允许倒闭的企业）渡过难关。(4)要引导下岗职工转变就业择业观念，增强自我解困意识，提高自谋职业的自信心和技能。(5)大力培育劳动力市场，推动再就业工程，逐步实现富余人员由过去企业安置为主转到劳动力市场配置为主。(6)逐步建立和完善社会保障体系，实现失业、待业职工的社会化管理。总的来看，推动再就业改组，关系到社会稳定和人民生活水平提高的大问题，因而要持积极稳妥的态度，不能从过去以牺牲效益换取就业和社会稳定的极端，走到以牺牲就业和社会稳定来换取所谓“效率、效益”的另一个极端；既要根据国家宏观的配套改革的进程，也要考虑到职工的心理承受能力，实现平稳过渡。

企业办社会是计划经济体制的产物，不适应社会主义市场经济发展的要求，因此必须尽快剥离国有企业的社会职能，清理和减轻国有企业所承担的养老、失业、医疗、住房、子女入托和入学等负担，促使这些单位逐步由福利型向经营型转变。

国有企业改组，关系到我国政治、经济和社会稳定的大局。对改组主体行为应通过政府调控来规范、引导，减少其盲目性，降低改组可能带来的负面效应，使改组沿着正确的方向有步骤、有秩序地进行，从整体上搞好国有企业，使国有企业不仅成为国民经济的骨干力量，而且还成为参与国际市场竞争的排头兵。

本文原载于《中共中央党校学报》1998 年第 2 期，2000 年 11 月获全国党校系统第三届优秀科研成果三等奖，2000 年获山东省精品工程奖。

“可持续发展”的着力点应放在对现实问题的研究解决上

张春光

“可持续发展”关系到当今人类的生存和发展，关系到经济的长期发展和社会的繁荣，这一战略一经提出立即引起了国际社会的重视与关注，已成为世界各国争相研究的热点。从我国的现实情况看，可持续发展研究尚处在起步阶段。一方面，很多人仅把其简单片面地理解为环境保护，较多的理论文章停留在这一层面上，而没有从更高更远的视角来认识环境、生态与发展的问题，忽视了社会经济、生态环境各要素之间的相互协调发展。可持续发展从本质上说是发展问题。环境保护与治理只有放在包括发展在内的更大范围才能最终得到真正解决。另一方面，真正实现可持续发展理论与实践的统一，将新的发展思想、价值观贯穿应用于经济发展的实践中去，实现经济社会的可持续发展应用性、可操性强的研究较少，是当前可持续发展研究的薄弱点。因而，当前可持续发展研究并不能满足现实的需要。

任何一个国家和地区要想取得可持续发展，仅仅提出可持续发展的概念，或者仅仅崇尚和倡导可持续发展是远远不够的。经济的可持续发展是实现包括社会、人口、资源、环境在内的全部可持续发展战略的基础和前提，这已成为制定我国国民经济和社会发展计划的指导思想。江泽民总书记说：“在现代化建设中，必须把实现可持续发展作为一个重大战略。要把控制人口、节约资源、保护环境放到重要位置，使人口增长与社会生产力的发展相适应，使经济建设与资源、环境相协调，实现良性循环。”①中央已经把可

① 中共中央文献研究室编：《十四大以来重要文献选编》中，人民出版社 1997 年版，第 1463～1464 页。

持续发展作为我国现代化建设的一项重大战略，因此，在我国可持续发展问题已不再限于一种概念、一种思想、一种理论，而是一种原则、一种发展战略，需要广泛地付诸实践。所以，我们不仅要研究发展理论，而且还要积极开展应用理论和应用研究，将新的发展思想、价值观贯穿应用于经济社会的发展中去，实现经济社会的可持续发展。

县域经济是我国国民经济的基础，在我国现代化建设进程中，县域经济的发展是促进国民经济发展和社会进步很重要的因素。特别是我国的农业集中在县域，以资源为背景、实现资源优化配置的可持续发展对县域经济社会发展尤其重要。然而，目前很多县受条件所限，行政指令性的工作方法占相当的比重，因而很难制定出科学的发展战略和规划，也很难把发展的长远目标立足于可持续发展上，表现在实际工作中就是决策失误屡见不鲜。

可持续发展的理论与实践包含着一系列新的发展思想、价值观和当代科学知识、技术成就的应用。以可持续发展为总体战略目标的现代化建设，要求在区域发展的指导思想、发展政策、战略部署、规划决策、技术选择等方面进行一系列调整和转变。今明两年地方“十五”规划的研究编制要全面展开，国家和地方政府急于把可持续发展战略体现到区域的发展战略、方针、产业、科技政策和发展任务上来。然而，一个区域是一个社会、经济、生态相互作用、相互依赖、相互制约而构成的紧密联系的复杂系统，区域可持续发展战略规划的制定和实施涉及诸多复杂因素，其决策更具战略性、根本性和风险性。因此，传统的决策方式很难有效地实现决策科学性，亟待研究解决理论指导实践的现实问题，以便为区域发展提供有力的决策支持，在可持续发展理论与实践之间架起一座桥梁，推进区域经济社会的可持续发展。

针对我国的特点，当前要着力研究解决可持续发展中极具实践意义的现实问题，研究解决发展中的“瓶颈”问题，为科学决策提供基础性支持。可持续发展问题已引起各级政府的重视，在区域发展战略、规划、政策制定中，大多已开始考虑可持续发展的目标，但现实中却遇到一系列的困难和问题。当前亟待研究解决可持续发展评价这一核心问题，以给发展决策提供支持。

建立科学的可持续发展指标体系，对发展进行评价，是政府实施调控并实现动态量化地反映其发展进程的基础工作。“可持续发展”不可能仅通过某个方面的努力来得以实现，必须是在自然—社会—经济这样一个复杂系统的整体基础上才能得以实现。区域可持续发展须在每一时间断面上做到经济、社会、资源和环境之间的协调发展。要真正实现这一点，就需要对每一时段的发展予以判断和测度，从而适时地对复合系统进行调控。目前，急需研究给出具体的可操作和可衡量的手段，需要依据可持续发展理论和指标理论研究设计出可持续发展指标或指标体系以及评价测算方法，用来科学地判断和测度可持续发展的水平、能力及动态趋势。这样，才能为可持续发展战略、规划、政策的制定和实施提供决策支持。

近年来，制定可持续发展指标体系工作虽然有了很大进展，但依然面临着重重困难。因为可持续发展指标体系是由多因素测度指标有机结合形成的综合体，并且测度的又是一个动态过程，所以要求这一体系在时间上应能反映发展速度和趋向，在空间上能反映其整体布局和结构，在数量上反映其规模和总量，在层次上反映其功能和效果，并应能兼有描述（现状）、评价、解释、预警和辅助决策等功能。现行的社会经济指标与指标体系的内容、范围、计算方法和具体数据，都由国民经济核算体系决定，但是以现行的国民经济核算体系中的总量指标之一——国民生产总值为主的衡量"发展"的指标体系正暴露出越来越多的缺陷，突出的问题是未计入经济活动带来的外部效应，如环境的损失或改善；只计入人造资产的折旧，未计入资源环境资产的损耗和价值减少，等等。因而，并不能满足构建科学的可持续发展指标体系的需要。长期以来，由于我们实行商品高价、原料低价、资源与环境无价的政策，国民经济核算体系中，资源与环境的核算十分薄弱。因此，要把研究资源与环境价值理论和评价方法作为研究解决的重点。在理论上综合多学科知识和评价技术方法，逐步发展定性和定量的多层次、多尺度整合的指标体系和评价方法，提高指标测度的精确性、等价性和整合性，在实践中先易后难，逐一确定评价指标，切实从应用性、可操作性出发，创立和完善适合我国国情的可持续发展评价指标体系。从可持续发展的人口、自然资源、科技、财政、金融、贸易和产业政策等方面，系统评价可持续发展的状况和动向，为科学的决策和调控提供系统全面的科学依据。这样，才能将可持续发展真正落到实处，使可持续发展战略贯穿于经济社会发展之中。

本文原载于《人民日报》研究室1999年第48期，2000年11月获全国党校系统第三届优秀科研成果三等奖。

邓小平社会主义改革价值论与中国的改革开放

刘秀芬

一

改革也是革命，改革是中国的第二次革命，是邓小平社会主义改革价值论的重要内涵。

首先，改革也是革命，其价值意义在于实现社会体制的根本变革。邓小平同志之所以高度评价改革在社会主义中的革命性质，来源于他对改革理论的升华和改革开放实践的创新。邓小平所倡导和领导的改革开放，是以马克思主义基本原理和当代中国实际、中国国情及时代特征相结合的当代马克思主义——邓小平理论为理论指导，改革的社会价值目标定位是实现社会体制的根本变革。

改革的伟大实践产生着伟大的理论，伟大的理论指导和推动着改革的深化。改革改什么，朝着什么目标改，不以人们主观的好恶而定，而是由中国实际、中国国情决定的。具体来讲，我们的改革是体制的改革，其目标模式是建立社会主义市场经济体制。在传统思维模式里，计划经济姓“社”，市场经济姓“资”，二者水火不容。邓小平以无产阶级政治家的胆识突破了市场经济与社会主义的对立，为我国的体制改革指明了方向。所以从完整意义上看，我国的体制改革主要不是消除旧体制的弊端去完善旧体制，以释放旧体制压抑的巨大能量，而主要是进行新旧体制的根本转换，用主要的力量创造新体制。邓小平同志认为，我国社会基本矛盾主要的、基本的表现是社会主义基本制度与僵化的社会体制之间的矛盾。社会主义基本制度不等于建设社会主义的具体做法，我国社会主义基本经济、政治制度是好的，关键是照搬苏联模式，体制僵滞，成为社会主义坚持和发展的主要障碍。因此，必须在坚持社会主义制度的前提下，对经济体制、政治体制等社会体制进行全面改革与创新，才能切实解决这一矛盾，推动社会主义的发展。20年来以市场经济体制为导向的改革开放实践证明，改革就社会主义基本制度而言，不是质变，但就体制而言，则是质变，是一场革命，是一场重大的、带有根本意义的革命性变革。20年来以市场经济体制为导向的改革开放实践证明，改革是解决我国社会基本矛盾的根本手段，是我国社会经济发展的直接动力。坚持改革开放，奠定良好的体制基础，将是我国持续、快速、健康发展的制度动力源泉和根本战略举措。

其次，改革也是革命，其价值意义在于通过社会体制的更新实现社会主义基本制度的创新。制度和体制是两个相互对应又相互联系的概念，犹如内容和形式的关系。一种制度可以采用各种不同的体制而不影响制度的本质，但一种制度采用了与之适应或不适应的体制，则能充分或不充分地体现制度的本质。历史告诉我们，同样是资本主义制度，采用某种体制会变得非常野蛮和贪婪，而实行另一种体制则可以比较文明和温和。同样是社会主义制度，采用某种体制会僵化停滞，而实行另一种体制则生机勃勃。我国体制改革的目标就是要完成旧体制向新体制的根本性转变，建立一种更为适合的新体制以取代旧体制，亦即建立更能适应和反映社会主义基本制度的新的实现形式。我们当下的体制改革必须从根本上彻底地、完全地改革旧体制，代之以与之根本不同的新体制，如此我们体制改革的社会价值目标才真正到位。毫无疑问，作为制度实现形式的社会体制的根本性变革或更新，并不会动摇作为其基本内容的根本制度。但是，我们为制度建立起更有利于它的新的实现形式，又无疑在一定程度上实现了社会基本制度的创新。邓小平同志曾说："社会主义是一个很好的名词，但是如果搞不好，不能正确理解，不能采取正确的政策，那就体现不出社会主义的本质。"[①]搞不好，当然包括体制僵化，它不仅体现不出社会主义的本质，而且还会使社会主义丧失生机和活力。体制适合，就能放射出制度的光芒。由体制（具体制度）的创新而使基本制度焕然一新，是邓小平的一个伟大发现，也是社会主义制度创新的一条有效途径。当代中国经济体制的改革目标是建立社会主义市场经

① 《邓小平文选》第2卷，人民出版社1994年版，第313页。

济体制，政治体制的改革目标是发展社会主义的民主政治，社会改革的总体目标是建设有中国特色的充满生机和活力的社会主义制度。从这个意义上说，如果我们真正像恩格斯所讲的那样，把社会主义制度看作“经常变化和改革的社会”，把社会主义的发展看作一个质变过程，那么我们今天对处在社会主义初级阶段的不成熟、不完善、更没定型的基本制度进行体制改革而实现制度更新，则是完成了这个质变过程的阶段性质变或局部性质变。而这也正是社会主义自我完善性质上的第二次革命，是在一定范围内发生的某种程度的革命性变革。

再次，改革也是革命，其价值意义在于从引起社会变革的深度和广度来说，它是一场新的革命。改革与革命，是历史唯物主义两个既对立又统一的重要范畴。二者的统一在于，革命和改革都是社会基本矛盾运动的客观要求，都是解决社会基本矛盾的基本手段和基本途径，其目的都是为了解放生产力，促进生产力的发展。二者的区别在于性质不同，引起社会变革的深刻程度和广泛程度不同，解放生产力的作用不同。

20年来我们所进行的改革不同于我国建国以来进行过的多次经济政策调整，更不同于通过细微末节的修补以完善僵化模式的传统改革，而是包括体制转换在内的全面系统的改革，是涉及多领域、多方面的全方位综合性改革，虽然不是以改变社会制度为目的，但是对社会经济、政治等体制的根本性变革，对经济、政治、科技、文化、教育等领域的全面改革，“是天翻地覆的事业”①，“是中国几千年来从未干过的事”②。它对社会生活和社会发展的影响非同凡响，不能不说是中国的第二次革命。

最后，从改革解放生产力、扫除发展生产力的障碍的作用和意义上说，我们20年来所进行的改革也是一场革命，是党领导的第二次革命。以毛泽东为代表的共产党人，领导中国人民推翻帝国主义、封建主义和官僚资本主义的反动统治，建立了中华人民共和国，确立了社会主义基本制度，这是中国有史以来最伟大的革命，为解放和发展生产力奠定了坚实的制度基础。以邓小平为代表的中央领导集体，领导中国人民进行以体制根本转换为改革社会价值目标的当代改革，其胜利推进将为解放和发展生产力奠定可靠的体制基础。这同第一次革命相比，只是没有使用暴力手段，目的和解放生

① 《邓小平文选》第3卷，人民出版社1993年版，第156页。

② 《邓小平文选》第3卷，人民出版社1993年版，第118页。

产力的作用是一样的。这正如邓小平同志所说，“改革的性质同过去的革命一样，也是为了扫除发展社会生产力的障碍，使中国摆脱贫穷落后的状态。从这个意义上说，改革也可以叫革命性的变革”[①]。所以，这是中国又一次伟大的革命。显然，没有第一次革命的胜利，第二次革命就无从谈起；但不进行第二次革命，第一次革命的伟大成果就难以巩固和发展。“革命是解放生产力，改革也是解放生产力”[②]，这正是我们把改革当作一种革命，当作是中国第二次革命的本真。

二

改革也是解放生产力，是邓小平对社会主义改革价值论的又一重要贡献。

首先，改革也是解放生产力，在马克思主义哲学史上第一次明确了改革的价值意义，是解决社会基本矛盾的基本形式和根本手段。“改革也是革命，也是解放生产力”的论断，揭示了改革与革命根本原因的一致性，即社会基本矛盾的现实状况。革命的根本原因是基本矛盾的尖锐化，如同革命爆发的原因，我国社会主义改革的深刻动因也植根于社会基本矛盾，其具体、现实、集中地表现为生产力的发展要求与僵化的计划经济体制的矛盾。过去，我们对待和解决基本矛盾存在一般化、简单化、片面化的倾向，没有揭示也没有触动矛盾产生的深层根源。邓小平的创新就在于把基本制度和具体体制区别开来，提出通过体制革命解决旧体制与社会主义基本制度的矛盾和背离倾向。在他看来，解决这一矛盾的基本形式和根本手段是体制改革，改革的实质和目的就是改变、消除旧体制，打破旧体制对生产力发展的严重障碍，培育和建构充满生机和活力的经济政治体制，从而解放和发展生产力。

社会主义的实践证明，社会主义制度确立之后，仍然存在着解放生产力的根本任务。应该承认，社会主义基本制度的建立为生产力的迅速发展开辟了道路，提供了可能。然而，可能变为现实还需要具有生机和活力的经济、政治诸体制作保障。长期以来，几乎所有的社会主义国家都实行高度集中的计划经济体制，也几乎所有的社会主义国家都经济发展缓慢乃至停滞、

① 《邓小平文选》第3卷，人民出版社1993年版，第135页。

② 《邓小平文选》第3卷，人民出版社1993年版，第370页。

下滑，这就使得通过改革解放生产力的任务尖锐地、急迫地摆在各国政党的面前。而社会主义基本矛盾运动的性质、特点和规律，决定了社会主义自身积聚着不断改革的内在动力，可以自我调节、自我完善，改革完全可以成为推动社会主义发展的经常形式和基本动力。

邓小平同志揭示了改革解放生产力的价值意义，从社会主义社会的发展看，是揭示了社会主义社会发展的直接动力。既找到了社会主义基本矛盾的焦点和症结所在，又付诸于体制改革的新事业，也就使社会主义基本矛盾的解决形式和解决手段具体化、实际化。从人类社会的发展看，改革也是解放生产力，揭示了社会发展的一条普遍规律。历史的发展是突进和渐进的统一，革命和改革是解决社会基本矛盾、解放生产力的两种基本形式和基本手段。在社会发展的长河中，革命、改革都不同程度地起到解放生产力的作用。解放生产力的任务，不仅是革命的过程，而且还伴随着发展。如果只注重革命解放生产力，而忽视发展时期生产力的解放，生产力的发展就会因受到外部条件、外部环境、实现形式的限制而影响自身速度。自觉的共产党人，既要做自觉的革命派，又要做能动的改革派。

其次，改革也是解放生产力，其价值意义在于揭示了社会主义生产力发展的规律。社会主义的根本任务无疑是解放和发展生产力，但是如何实现生产力持续、稳定、快速的发展，共产党人却经历了一个不懈探索的过程。当然，这种探索仍然是集中在对社会基本矛盾的认识和实践上。

在社会主义发展史上，斯大林最重视的是生产关系，特别是所有制，并把所有制关系作为生产关系的基础放在第一条。毛泽东同志最看重的也是生产关系和上层建筑。他说："我注意得较多的是制度方面的问题，生产关系方面的问题。"[①]在分析社会基本矛盾系统时，他更多地是着眼于生产关系和上层建筑的完善。在他看来，社会主义生产关系和生产力、上层建筑和经济基础相矛盾之处在于社会主义制度还没有完全建成，还不完全巩固，生产关系还很不完善，如分配关系上资本家还拿定息，所有制关系上公私合营企业还不是完全社会主义性质的，等等。与此相联系，毛泽东发展社会主义生产力的思路，就是通过所有制改造、割资本主义尾巴、批资产阶级法权，尽量使生产关系变革得"完美无缺"，从而使生产力在完善的生产关系的保护、激励下自然而然地快速发展。人民公社、大跃进甚至文化大革命都想抓革命，

① 《毛泽东著作选读》下册，人民出版社1986年版，第829页。

促生产。正如实践所证实的那样，这些理解和实践既不科学也不可靠。正如邓小平同志所言，毛泽东不是不想发展生产力，但方法不都是对头的。

毛泽东的不懈探索所带来的成功经验和失误教训都是我们深入探索的基础。邓小平提出改革解放生产力的生产力发展思路，正是基于对社会基本矛盾认识和实践的深化。他认为，指出社会主义存在基本矛盾并不就完全解决了问题，还需要对此作深入的具体研究。在他看来，社会基本矛盾系统中的相矛盾之处，在于我们照搬苏联的高度计划经济体制对于社会主义制度作用的有限性，随着社会主义生产力的发展，我们不仅没有放弃或改革这种体制，而是完善、加固了这种体制，就使其严重阻碍了社会生产力的发展。与此相联系，邓小平发展社会生产力的思路，就不是通过完善、调节旧的体制以发挥它保护和发展生产力的作用，而是通过体制革命，改变旧体制，建立新体制，解放和发展生产力。为此，他反复说明了这个道理。他反复说明，从根本上改革束缚生产力发展的政治经济体制，才能解放和发展生产力；他反复说明，解放生产力和发展生产力具有内在联系，二者密切相关，缺一不可，应该把两个讲全了；他反复说明，改革与生产力的发展具有互动关系，通过改革可以解放和发展生产力。这里，邓小平把改革作为解放和发展生产力的必然逻辑，并从生产力的发展与实现形式的统一中指明了当代中国发展生产力的必由之路，是对社会主义生产力发展规律的科学揭示，是对历史辩证法的发展。

三

改革是社会主义的根本出路，把改革与社会主义的本质、社会主义的坚持发展、社会主义的前途命运联系起来，是邓小平社会主义改革价值论的又一深刻内涵。

首先，改革是社会主义的根本出路，其价值意义在于强调，唯有改革是消除对马克思主义教条化的理解、纠正对社会主义发展道路的僵化和扭曲、坚持科学社会主义的根本保证。

中国的改革开放是立足于中国的具体历史条件，中国国情背景下的改革开放，只能是解放思想和解放体制的统一。探索怎么建设社会主义，同什么是社会主义，乃至什么是马克思主义、怎么对待马克思主义密切相关。要探索、开拓中国特色社会主义建设新道路，就是要消除传统社会主义的弊端，更新体制，也就是冲破苏联社会主义模式。然而，这又源于对马克思主义教条化的理解。所以解决中国社会主义的出路问题，就是解决马克思主义教条化和把苏联模式神圣化的问题，就是把解放思想与开辟新路实行有机结合，而这只有诉诸群众、诉诸实践、诉诸改革。历史的经验证明，照搬教条，离开现实和超越阶段，采取一些“左”的办法，是搞不好、搞不成社会主义的。[①] 在马克思主义教条化、公式化理解基础上照搬的苏联模式，束缚住了我们的手脚，使社会主义的优越性无可避免地受到压抑和窒息，丧失了社会主义应有的光彩和魅力，抑制了社会主义的生机。苏联东欧社会主义运动的衰败正说明苏联社会主义模式的衰败，西方资本主义和平演变的得逞根源于教条主义对社会主义的糟蹋。亿万群众创造性改革的实践证明，改革是纠正这种偏向、校正社会主义航道、消除僵化模式弊端的最好办法和唯一出路。改革以生动的事实解放了人们的思想，更新了人们的观念。改革实践的威力打破了限制社会主义优越性充分发挥的僵化模式，改革实践以其创造性品格，把马克思主义普遍原理与中国具体实际有机结合，创建了生机勃勃的有中国特色的社会主义发展模式，实现了社会主义的自我完善和发展。

其次，改革开放是社会主义的根本出路，其价值意义在于，它是强国之路、富国之策。

邓小平同志倡导改革开放，是对时代主题、世界格局和中国问题的客观分析的结果。在邓小平同志看来，“和平与发展两大问题，和平问题没有得到解决，发展问题更加严重”[②]。国际竞争主要表现为经济的竞争和综合国力的较量，发展不仅是第三世界国家的问题，而且还是发达国家的问题，更是中国面临的迫切问题。世界格局已由美苏争霸的两极格局向多极格局转化。在多极格局中，中国算一极，并且中国是一个大国，应该起更多的作用，但现在力量有限，还太穷，名不符实，同自己的地位不完全相称。“没有四个现代化，中国在世界上就没有应有的地位。”[③]经济文化比较落后的国家建设社会主义本来就是一个高难度的课题，东欧剧变和苏联解体的重大挫折、全球性科技革命、世界性的现代化进程以及资本主义等方面的严峻挑战，都更迫切要求中国共产党人回答和解决社会主义道路和命运问题，制定中国摆脱落后之路、快速发展

① 参见《邓小平文选》第 2 卷，人民出版社 1994 年版，第 312 页。

② 《邓小平文选》第 3 卷，人民出版社 1993 年版，第 353 页。

③ 《邓小平文选》第 3 卷，人民出版社 1993 年版，第 357 页。

之策。

邓小平倡导改革开放，是中国谋求快速发展的客观要求。以邓小平为代表的中国共产党人，以宽大的眼界和巨大的理论勇气观察、总结了各社会主义国家和发达国家建设成败的经验教训，准确判断了时代特征和总体国际局势，认真听取了人民的意见和群众的呼声，根据中国的特殊国情，开创了以改革开放为标志的社会主义建设新时期，使中国经济进入了高速发展的快车道。当社会主义运动在苏东受到挫败时，在中国却是以蓬勃之势发展，正是改革开放在逆境中挽救了中国社会主义。邓小平同志的思路是，贫穷不是社会主义，贫穷的社会主义是不够格的社会主义，社会主义如果老是穷，人民不满意，它就站不住。而坚持社会主义，首先要摆脱贫穷，谋求发展。“要摆脱贫穷，就要找出一条比较快的发展道路。”①“要发展生产力，就要实行改革和开放的政策。不改革不行，不开放不行。”②

中国改革开放20年的实践充分证明，改革开放是强国之路、富国之策。改革创建的新体制具有适应生产力动态的优势，具有吸收当代最新科技成就和管理经验、推动科技进步、扩大改革开放、创造新的生产力的更加强大的能力。改革形成了以公有制为主体，国有、集体、个体、私营经济和外资经济等多种经济成分并存，平等竞争、共同发展的格局，增强了经济发展的活力。改革解放了作为生产力主体的劳动者，极大地调动了劳动者的积极性、创造性；改革解放了作为生产力载体的企业，使之有了参与市场竞争、自我发展的生机和活力。对外开放的20年，是更多地利用外资、更快地引进先进技术、更好地学习国外的先进管理经验、更迅捷地获取世界经济信息的20年。20年的改革开放，推动中国经济进入快速发展阶段。1981～1996年，中国经济平均每年增长9%，是世界上经济增长速度较快的国家和地区之一。20年的改革开放，人民生活水平显著提高，综合国力上升到世界第十位，中国的面貌发生了翻天覆地的变化。

对于中国改革开放所取得的成就，《亚洲周刊》认为，“这是两个世纪以来中国第一次在正确的方向上稳步前进”③。意大利外长、经济学家安东尼奥·马蒂诺说，“中国经济的发展很可能是我们时代最激动人心的”，甚至

① 《邓小平文选》第3卷，人民出版社1993年版，第255页。

② 《邓小平文选》第3卷，人民出版社1993年版，第265页。

③ 宋士昌、于炳贵编：《时代创举：建设有中国特色社会主义对当代世界的影响和贡献》，济南出版社1997年版，第176页。

“很可能是人类历史上最大的成就”[①]。就连布热津斯基也承认中国取得的成就是极为令人钦佩的。[②] 反思中国的发展，邓小平把中国发展经验的重点归之为坚持改革开放，并提醒几位中央负责同志“特别要注意，根本的一条是改革开放不能丢，坚持改革开放才能抓住时机上台阶”[③]，强调要对全党和全国人民讲够这个道理。

最后，改革是社会主义的根本出路，其价值意义在于说明改革是建设有中国特色社会主义之本，是实现社会主义本质、社会主义最终价值目标的手段。

邓小平理论不是社会主义顺利发展时期的经验结晶，而是社会主义生死存亡关头的救世之作。邓小平力倡改革开放，着眼于改变社会主义世界的现状，目的在于巩固社会主义、发展社会主义，拯救社会主义的历史命运，实现社会主义、共产主义的价值目标。而社会主义、共产主义价值目标的实现是一个带着过去、经过现在、奔向未来的实践过程。空喊社会主义的巩固和坚持没有作用，空喊社会主义的本质和特征没有意义，缺乏适当实现手段、途径、方法的社会主义价值目标无法实现。建设有中国特色的社会主义，只能以实践为本，以发展为本。社会主义价值只能建立在高度发达的生产力基础之上，奠定在改革解放和发展生产力的现实基础之上。设定、追求社会主义、共产主义价值目标不能离开实现基础、实现手段、实现途径，否则社会主义真就只成了一个好名词。

正是从这样的认识出发，邓小平把什么是社会主义与如何建设社会主义作为同一个问题的两个方面，将社会主义本质观与社会主义发展观有机地统一起来。他指出：“社会主义的本质，是解放生产力，发展生产力，消灭剥削，消除两极分化，最终达到共同富裕。”[④]这一概括体现了邓小平同志从生产力与生产关系的统一、理想与现实的统一、目的和手段的统一中把握社会主义本质的思路。在这一思路中，把改革与社会主义的本质结合起来，既强调了通过改革解放和发展生产力对社会主义的意义，又强调了改革解放

---

① 宋士昌、于炳贵编：《时代创举：建设有中国特色社会主义对当代世界的影响和贡献》，济南出版社 1997 年版，第 176 页。

② 参见宋士昌、于炳贵编：《时代创举：建设有中国特色社会主义对当代世界的影响和贡献》，济南出版社 1997 年版，第 176 页。

③ 《邓小平文选》第 3 卷，人民出版社 1993 年版，第 368 页。

④ 《邓小平文选》第 3 卷，人民出版社 1993 年版，第 373 页。

和发展生产力的根本目的和社会性质。在这一思路中，把生产力与共同富裕统一起来，既强调了社会主义解放和发展生产力的原则和现实任务，矫正了以往建设社会主义的失误，又包含着扬弃和超越苏联模式，在建立中国社会主义模式的基础上实现社会主义价值目标的创意。就其实质和核心来说，是把改革开放作为建设有中国特色社会主义之基本，作为谋求中国发展乃至实现社会主义最终价值目标的手段。

着手于当前，着眼于未来，正是邓小平改革价值论的一个鲜明特色。我们面向中国未来。可以说，中国的当代改革是中国历史运行轨迹的转变，将影响中国未来一百年、几百年，甚至更长时间，成为中国历史发展中闪光的一章。我们面向世界未来。可以说，中国的当代改革"不仅影响中国，而且会影响世界"①。中国改革开放的成功，通过改革开放解放和发展生产力，实现社会主义制度的优越性，实现社会主义现代化，这不但给占世界人口3/4的第三世界走出一条道路，而且还向全人类表明，社会主义是必由之路，社会主义优于资本主义。这可以说是邓小平改革价值论的最重要的价值导向。

本文原载于《马克思主义研究》1999年第4期，2000年12月获山东省第十五次社会科学优秀成果三等奖。

① 《邓小平文选》第3卷，人民出版社1993年版，第118页。

世界社会主义运动发展趋势

薛新国

一

20 世纪就要过去，21 世纪即将来临，站在世纪的交汇点上，正确认识世界社会主义运动的目前形势，科学分析和把握世界社会主义运动发展变化的趋势和前景，具有重大的理论和现实意义。

20 世纪 80 年代末 90 年代初，苏东各国发生剧变，原来执政的共产党相继丧失政权，有的国家甚至解体。苏东剧变影响和改变了世界格局，强烈地冲击了其他社会主义国家和资本主义国家的共产党，使社会主义事业遭到挫折。

组织上的分化组合，理论上的反思创新，是苏东剧变以来世界社会主义运动的基本特征。而中国的社会主义正以其建设有中国特色社会主义的巨大成就，向世人证明着社会主义制度的伟大生命力，并且通过对自身实践的理论总结，丰富着世界社会主义运动的思想宝库。

建设有中国特色社会主义是在和平与发展成为时代主题的历史条件下，在世界社会主义运动处于低潮时期，产生于中国这样一个经济文化比较落后的东方大国的伟大理论和伟大实践。由时代背景、社会主义运动的发展状况和中国国情等因素所决定，建设有中国特色社会主义理论与实践，不仅对中国，而且对现实社会主义国家都产生着深刻的影响。正如邓小平指出的："现在我们干的是中国几千年来从未干过的事。这场改革不仅影响中国,而且会影响世界。”①

二

有中国特色社会主义的成功,具有广泛的国际意义。

(一)给执政的共产党提供了新形势下坚持社会主义的历史经验

1.搞社会主义,一定要把马克思主义与本国实际和时代特征结合起来

邓小平指出,在中国建设社会主义这样的事,马克思、列宁的本本上找不出来;每个国家的基础不同,历史不同,所处的环境不同,左邻右舍不同,还有其他许多不同,别人的经验可以参考,但是不能照搬;离开自己国家的实际谈马克思主义,没有意义。我们要坚持马克思主义,坚持走社会主义道路,但是,马克思主义必须是同中国实际相结合的马克思主义,社会主义必须是切合中国实际的有中国特色的社会主义。这就为其他国家的共产党破除长期以来存在的对待马克思主义的教条主义、绝对化倾向,以科学的态度对待马克思主义提供了可供借鉴的实践经验。中国在社会主义建设的实践中摆脱了长期以来拘泥于具体模式而忽视社会主义本质的错误倾向,在坚持社会主义本质的基础上从本国实际出发找到了适合自己国情的社会主义道路。这对世界社会主义各国的共产党在坚持社会主义基本制度的基础上创造性地探索适合自己实际情况的社会主义建设的模式、具体道路具有重大理论意义和实践意义。

2.社会主义必须建立在高度发达的生产力基础上,不断提高人民群众的物质文化生活水平

我国进入社会主义社会以后,党领导各族人民进行社会主义建设,取得了很大成绩。同时也经历了曲折,尤其在社会主义改造基本完成以后,还是“以阶级斗争为纲”,忽视发展生产力,“文化大革命”更是走到了极端。十一届三中全会以来,全党把工作重点转移到社会主义现代化建设上来,在坚持四项基本原则的基础上,集中力量发展社会生产力。确定以经济建设为中心,大力发展生产力,是在社会主义建设中对马克思主义生产力理论的具体运用。生产力是社会发展的最根本的决定性因素。社会主义革命是为了解放生产力,发展生产力。社会主义制度建立以后,为了巩固和发展社会主

① 《邓小平文选》第3卷,人民出版社1993年版,第118页。

义,为将来进入共产主义创造物质基础,也必须进一步解放生产力和发展生产力。确定以经济建设为中心,大力发展生产力,是以现阶段社会主要矛盾为根据的。邓小平在对我国社会主义建设的历史经验和基本国情进行科学分析之后,明确指出:“我们的生产力发展水平很低,远远还不能满足人民和国家的需要,这就是我们目前时期的主要矛盾,解决这个主要矛盾就是我们的中心任务。”①由于国内因素和国际影响,阶级斗争还将在一定范围内长期存在,在某种条件下还有可能被激化。但是,阶级斗争已经不是主要矛盾。从理论上和实践上正确地解决社会主义的根本任务是什么的重大问题,大大突破了传统上认为社会主义制度能够自动适应生产力的发展,社会主义的主要任务只是巩固政权和进行阶级斗争的“左”的观点,为其他社会主义国家特别是经济文化比较落后的社会主义国家共产党领导社会主义建设提供了成功的经验。

3.改革开放必须坚持社会主义方向

中国的改革不是要改变社会主义社会的根本制度,而是从根本上改变束缚生产力发展的经济政治体制,从而促进生产力的发展。所谓体制,就是具体制度。改革具体制度,正是为了巩固和完善根本制度。因此,社会主义改革是社会主义制度的自我完善和发展,目的是充分发挥人民群众的积极性和创造性,促进生产力的发展和社会的全面进步,绝不是借口改革,改掉社会主义。

社会主义国家在对外开放中必须正确认识和对待资本主义。首先,应当看到两种制度之间具有相互借鉴、交流与合作的一面。资本主义制度是人类社会发展的产物,它在历史上曾起过非常进步的作用。资本主义的发展历史及其在经济、政治和文化上的成就都是人类的共同财富,不能一概视为姓“资”,加以否定排斥,而应继承利用其积极有用的东西,为社会主义服务。其次,要认识到社会主义与资本主义是共处于世界的两种根本对立的社会制度。资本主义的本质是私有制与剥削,追求个人私利和超额利润,而消灭剥削,消除两极分化,最终达到共同富裕,则是社会主义的本质。两者具有不同质的规定性。中国共产党人对改革性质和资本主义的认识,为其他国家在社会主义建设中正确处理社会主义国家与资本主义国家的关系、大胆借鉴吸收人类社会包括资本主义社会创造出来的全部文明成果以赢得

---

① 《邓小平文选》第2卷,人民出版社1994年版,第182页。

同资本主义相比较的优势提供了宝贵的实践经验。

（二）使社会主义国家的人民看到了光明和希望，增强了信心

世界社会主义从产生起就是在曲折中前进的，100多年间经历了数次从高潮到低潮，又从低潮重新走向高潮的过程。第二次世界大战后，众多社会主义国家建立和发展，是20世纪社会主义运动发展的一个高峰期。从50年代中后期开始，由于种种复杂的原因，运动逐步出现了向低潮转变的趋向，尤其是80年代末90年代初，东欧社会主义国家相继发生剧变，使很多人丧失了对社会主义的信心。在世界社会主义运动处于低潮的情况下，占世界人口1/5的中国走什么道路，其作用和影响就更加突出，不仅关系中国自身的前途和命运，而且还关系世界社会主义的前途和命运。恰恰是在这个时候，中国共产党人没有为国际风云所左右，坚持冷静观察、稳住阵脚、沉着应付的方针，坚信只有建设有中国特色社会主义才能发展中国。于是，中国坚定不移地沿着建设有中国特色社会主义的道路前进，并且在改革开放和社会主义现代化建设中取得了举世瞩目的成就，从而巩固了社会主义在中国的阵地，经受住了苏东剧变的严重冲击。这就向全世界表明，社会主义不会因为在某些国家遭到挫折而失败，它仍然保持着旺盛的生命力和光辉的发展前景。这对于世界各国的共产党人和信仰社会主义的人们来说无疑是一个巨大的鼓舞，使社会主义国家的人民从社会主义事业在中国欣欣向荣的发展中看到了光明和希望，增强了社会主义必胜的信念。邓小平多次讲过，我们首先要把中国自己的事情办好，这本身就是对世界社会主义和人类进步事业的贡献。他在1989年9月明确指出："只要中国不垮，世界上就有五分之一的人口在坚持社会主义。我们对社会主义的前途充满信心。"①

（三）使社会主义国家坚定了走有本国特色社会主义道路的决心和信心

众所周知，马克思主义创始人在探讨社会主义的发展规律时，认为社会主义是资本主义经济高度发展的最终结果，他们把社会主义首先胜利的希望寄托于那些经济比较发达的资本主义国家，并且从这个角度预测了社会主义建设、巩固和发展的一系列问题。对于落后国家有可能超越资本主义发展阶段进入社会主义时期的问题，他们只是到了晚年才零星地涉及。从

① 《邓小平文选》第3卷，人民出版社1993年版，第321页。

俄国十月革命开始，社会主义几乎都是在经济文化比较落后的国家建立起来的。但是，在经济文化比较落后的国家如何建设有本国特色的社会主义的问题，在经历了70余年的时间，付出了昂贵的代价后，终于由中国共产党人找到了初步的答案。这就是建设有中国特色社会主义的理论和实践。从这个意义上讲，建设有中国特色社会主义道路的开辟，不仅使中国走上了彻底摆脱贫穷落后面貌、实现富民强国的康庄大道，而且还将为广大第三世界国家摆脱贫困与奴役、走向独立与富强提供一条可供借鉴的道路，尤其使社会主义国家坚定了走有本国特色社会主义道路的决心和信心。邓小平指出："我们的改革不仅在中国，而且在国际范围内也是一种试验，我们相信会成功。如果成功了，可以对世界上的社会主义事业和不发达国家的发展提供某些经验。"[①]建设有中国特色社会主义的国际意义正在越来越广泛的范围内和越来越深刻的程度上为世人所认识。

三

建设有中国特色社会主义的巨大成功，昭示着社会主义建设具体模式民族化和多样化的发展趋势。从理论上讲，建设有本国特色社会主义是马克思主义的内在要求。从实践上看，建设有本国特色社会主义是世界社会主义运动的客观规律，这已成为现实社会主义国家的共识，它们互相借鉴，共同探索，必将迎来世界社会主义运动更加光辉灿烂的明天。

（一）建设有本国特色社会主义是马克思主义的内在要求

马克思和恩格斯早在《共产党宣言》1872年德文版序言中就明确指出，科学社会主义基本原理的实际运用，"随时随地都要以当时的历史条件为转移"[②]。列宁强调，把马克思主义理论应用于不同的国家，必须具体分析不同国家的特点。他指出："对于俄国社会党人来说，尤其需要独立地探讨马克思的理论，因为它所提供的只是总的指导原理，而这些原理的应用具体地说，在英国不同于法国，在法国不同于德国，在德国又不同于俄国。"[③]在分析社会主义运动时，他又说："一切民族都将走向社会主义，这是不可避免的，

---

① 《邓小平文选》第3卷，人民出版社1993年版，第135页。

② 马克思、恩格斯：《共产党宣言》，人民出版社1997年版，第3页。

③ 《列宁选集》第1卷，人民出版社1995年版，第274～275页。

但是一切民族的走法却不会完全一样，在民主的这种或那种形式上，在无产阶级专政的这种或那种形态上，在社会生活各个方面的社会主义改造的速度上，每个民族都会有自己的特点。”[①]显然，在马克思、恩格斯和列宁看来，一切民族、一切国家都将走向社会主义，但是由于各民族、各国家的实际情况和历史条件的特殊性，必然会在遵循共同规律发展的过程中表现出各自不同的特点。

（二）建设有本国特色社会主义是世界社会主义运动的客观规律，也是社会主义各国的共识

世界社会主义运动是随着马克思主义的诞生而兴起的，没有马克思主义的指导，便没有近150年来世界社会主义运动波澜壮阔的发展。但是，如何对待马克思主义，从运动发端就一直作为关系运动兴衰成败的重大问题存在着。在这方面有两种不同的错误倾向：一是以历史条件改变为由，否定马克思主义的真理性和指导作用；二是把马克思主义教条化，用经典作家的本本规范现实，按图索骥。两种错误倾向屡屡发生，在很大程度上阻碍了世界社会主义运动的健康发展。这两种表现为相互对立的倾向，其错误实质是一样的，即否定了马克思主义普遍真理同各国具体实际相结合的原则。苏联解体、东欧剧变是多种因素共同作用的结果，但最根本的一条原因是没有遵循马克思主义与本国实际和时代特征相结合的原则去探索有本国特色社会主义的发展道路。

以邓小平为代表的中国共产党人吸取国内外社会主义兴衰成败的历史经验，既继承前人，又突破陈规，正确解决了如何对待马克思主义的问题。一方面，强调在建设社会主义的过程中必须以马克思主义为指导，坚持马克思主义的普遍真理，“老祖宗不能丢”；另一方面，绝不能要求马克思等人为后来社会发展的一切问题都提供现成答案。真正的马克思主义者必须根据现在的情况，认识、继承和发展马克思列宁主义。总之，用中国共产党人的话来说，就是要解放思想，实事求是。没有这条思想路线，没有对马克思主义的科学态度，就没有建设有中国特色社会主义的理论和实践。

（三）相互学习、借鉴，共同开创21世纪世界社会主义运动的光辉前景

社会主义运动是国际性的事业，各国共产党人都为这一事业的发展作出了贡献，提供了经验，彼此之间相互学习、相互借鉴是非常必要的，但也存

---

① 《列宁选集》第28卷，人民出版社1990年版，第163页。

在如何对待外国经验、外国模式的问题。综观世界社会主义运动的历史，最突出的教训恰恰不在于忽视其他国家的经验和模式，而在于长期存在着把某一国家的经验、模式神圣化的倾向。实践反复证明，照抄照搬别国经验、别国模式是不成功的，即使某一经验在别国可能是正确的，也不一定符合或完全符合其他国家的实际。20世纪80年代中后期以来，世界社会主义运动所遭受的重大挫折与盲目照搬苏联模式，包括建设的模式和改革的模式，有着直接的关系。中国共产党人从历史和现实的经验中认识到："各国必须根据自己的条件建设社会主义。固定的模式是没有的，也不可能有。"[①]不仅建设社会主义不能照搬别国的模式，搞改革也不能照搬别国的模式。每个国家都有自己不同于别国的历史、环境、经济文化条件等等，这是每个国家社会主义建设和改革必须考虑的客观因素。因此，必须从本国实际出发，借鉴别国经验，走自己的路，形成自己的特点和自己的发展模式。从这个意义上讲，建设有本国特色的社会主义，实质上就是要冲破旧的曾经被误认为是社会主义固定模式的束缚，建立一种深深扎根于本国土地的社会主义新模式。这是世界社会主义运动发展的客观要求和必然趋势。

本文原载于《发展论坛》1999年第3期，2000年12月获山东省第十五次社会科学优秀成果三等奖。

---

① 《邓小平文选》第3卷，人民出版社1993年版，第292页。

坚持“三个代表”与社会主义的前途命运

——学习江泽民考察广东时的重要讲话

薛新国　彭圣源

1848年2月，马克思和恩格斯合著的《共产党宣言》在伦敦公开发表，宣告了科学社会主义的诞生。在一个半世纪的历史进程中，社会主义在理论和实践两个方面都取得了历史性的伟大成就。然而，它的发展并不是一帆风顺的。特别是20世纪80年代末，以东欧剧变、苏联解体为标志，社会主义运动遭受暂时挫折。如何看待社会主义的前途命运，一时成为人们普遍关心的问题。最近，江泽民反复强调，我们党要始终代表中国先进生产力的发展要求、代表中国先进文化的前进方向、代表中国最广大人民群众的根本利益，这是保持党的先进性、保证党和国家事业永远兴旺发达的最重大的问题。这一精辟论述，不仅是我党长期领导社会主义革命和建设的丰富实践的科学总结，而且是国际社会主义运动的历史经验的高度概括，从历史唯物主义的高度精辟地概括了社会主义的本质要求，回答了在新的历史条件下如何实现党的建设新的伟大工程总目标的问题。认真学习这一讲话，对于进一步坚定社会主义信念、全面加强党的建设、把有中国特色社会主义的伟大事业从胜利不断推向新的胜利，具有十分重要的意义。

一

作为无产阶级解放运动的政治思潮，社会主义早在400多年前就已经出现。空想社会主义就是社会主义运动中出现的第一个思潮和流派，它的问世开辟了社会主义思想史的新时代。由于受当时历史条件的限制，它一开始就是一种道德义愤和主观幻想支配下的乌托邦。然而，要把社会主义转变为社会实践，就必须将其建立在现实的基础之上，以科学的理论作指导。《共产党宣言》以历史唯物主义为指导，奠定了科学社会主义一系列重要理论的基础，初步形成了科学社会主义的理论体系。

科学社会主义产生于19世纪40年代不是偶然的，而是当时西欧资本主义制度矛盾激化的产物。它不仅来源于三大空想家的空想社会主义，而且是德国古典哲学、英国古典政治经济学以及人类思想文化史上一切优秀遗产合乎规律的发展的结果，反映了广大无产阶级和其他劳动人民的根本利益。共产党人必须做科学社会主义的忠实实践者，否则就不是真正的共产党人，就会为历史所抛弃。马克思和恩格斯指出，无产阶级是资本主义的掘墓人和共产主义社会的建设者，共产党是无产阶级的阶级组织，是无产阶级利益的自觉代表者，它没有任何与整个阶级利益不同的特殊利益，在无产阶级与资产阶级的斗争所经历的各个发展阶段上，始终代表整个运动的利益。历史证明，能否代表先进生产力的发展要求、先进文化的前进方向和广大无产阶级的根本利益，关系社会主义运动的成败。巴黎公社失败后，科学社会主义运动进入低潮，资本主义则在第二次工业革命的推动下向垄断阶段过渡。这时，以列宁为代表的俄国共产党人代表生产力发展的要求和无产阶级的根本利益，抓住资本主义基本矛盾进一步激化的有利时机，结合新的历史条件捍卫和发展了科学社会主义理论，并在这一理论的指导下取得了十月革命的伟大胜利，建立了世界上第一个社会主义国家，第一次把社会主义由理论变为现实，开辟了人类历史的新纪元。科学社会主义运动在第二次世界大战中经受了严峻的考验和锻炼，在反法西斯战争取得巨大胜利的基础上，顺应生产力发展的要求，诞生了一大批社会主义国家，创造了落后国家向社会主义过渡的新形式和新经验。特别是中国共产党人的探索，具有十分典型的意义。社会主义运动在困难和曲折中蓬勃发展，是人类在20世纪取得的最伟大的成就。这一伟大成就反映了社会生产力发展的要求，代表了世界广大人民群众的根本利益。80年代末90年代初，东欧剧变，苏联解体。社会主义之所以遭受暂时挫折，原因是多方面的，其中重要的一条就是苏联社会主义模式的弊端阻碍了社会主义经济的发展，人民生活水平与西方发达国家相比，差距越来越大，而指导思想上的“左”倾教条主义又阻碍了社会主义的改革。

回顾国际共产主义运动的经验和教训，对于我们深刻理解江泽民关于“三个代表”的精辟论述的丰富内涵和重大指导意义，自觉地坚持“三个代表”是十分有益的。

二

代表先进生产力的发展要求、代表先进文化的前进方向、代表广大人民的根本利益，这三者是相互联系、辩证统一的，是社会主义的本质要求。其中，首要的是做先进生产力的代表。承认生产力决定生产关系，这是通过唯物主义理解社会发展的关键。只有大力发展生产力，社会主义才有可靠的物质基础，才能满足人们不断增长的物质文化生活需要。

由于资本主义工业发展的需要，马克思以前的古典经济学家就已经提出和研究生产力概念，但是他们不理解由生产力和生产关系统一构成的生产过程，不懂得物质生产在整个社会历史发展中的决定作用。是马克思在与生产力的水平相互联系中考察各种生产关系，从而揭示了生产力与生产关系的辩证关系。他指出：“各个人借以进行生产的社会关系，即社会生产关系，是随着物质生产资料、生产力的变化和发展而变化和改变的。”①马克思还指出，生产力是历史的出发点和基础。他把这一原理作为科学社会主义理论和实践的基本出发点，作为无产阶级政党制定战略和策略的依据。《共产党宣言》提出，无产阶级上升为统治阶级之后，应“尽可能快地增加生产力的总量”。列宁坚持和发展了这一指导思想，指出：“无产阶级取得国家政权以后，它的最主要最根本的利益就是增加产品数量，大大提高社会生产力。”②以毛泽东为核心的第一代中央领导集体，早在建国前夕就提出“从我们接管城市的第一步起，我们的眼睛就要向着这个城市的生产事业的恢复和发展。”建国后，党中央更是以极大的精力抓经济建设。“文化大革命”尚未结束，一贯注重经济建设的邓小平就开始思考如何坚持社会主义，摆脱贫困落后，大力发展生产的问题。粉碎“四人帮”后，他更是多次强调要大力发展生产力。邓小平指出：“社会主义阶段的最根本任务就是发展生产力，社会主义的优越性归根到底要体现在它的生产力比资本主义发展得更快一些、更高一些，并且在发展生产力的基础上不断改善人民的物质文化生活。”③江泽民关于“三个代表”的精辟论述，要求我们党通过发展生产力、发

---

① 《马克思恩格斯选集》第 1 卷，人民出版社 1995 年版，第 345 页。

② 《列宁选集》第 4 卷，人民出版社 1972 年版，第 586 页。

③ 《邓小平文选》第 3 卷，人民出版社 1993 年版，第 63 页。

展和繁荣有中国特色社会主义文化，不断提高人民群众的物质文化生活，全心全意更有成效地为人民服务，把社会主义的物质基础、意识形态和根本目的有机地统一起来，是对马克思主义经典作家的科学社会主义思想的继承、丰富和发展。

科学社会主义代表了先进生产力的发展要求，代表了先进文化的前进方向，代表了最广大人民群众的根本利益，这并不意味着它的发展就是一帆风顺的，恰恰相反，它也有低潮和挫折。列宁指出："设想世界历史会一帆风顺、按部就班地向前发展，不会有时出现大幅度的跃退，那是不辩证的，不科学的，在理论上是不正确的。"列宁还生动比喻说："历史活动并不是涅瓦大街上的人行道"。历史上一种剥削制度代替另一种剥削制度尚且都有反复和曲折，社会主义是消灭剥削制度的亘古未有的伟大事业，在其发展过程中出现困难、曲折和低潮是不足为奇的。不过，从社会主义发展的总的趋势看，低潮和挫折是暂时的，因为社会主义是资本主义生产力发展的必然结果。资产阶级在历史上曾经起过非常革命的作用，它推翻了封建制度，建立了统一的资产阶级民族国家，使生产力得到巨大的发展。但是资本主义社会有它不可克服的内在矛盾，即生产社会化与资本主义私人占有的矛盾，高度发达的物质文明与腐朽堕落的意识形态的矛盾，资产阶级与无产阶级根本利益的冲突等等。资本主义越发展，这些矛盾就越尖锐。因此，资本主义的灭亡和社会主义的胜利同样不可避免。这正是科学社会主义运动具有强大生命力的关键所在。应当看到，第三次科技革命在带动当代资本主义取得巨大发展的同时，也加剧了它的各种矛盾。特别是冷战结束后，长期被两极格局掩盖的政治矛盾、经济摩擦，以及民族、宗教、领土纠纷等种种矛盾重新呈现出来。这些新的矛盾交织激化，导致民族主义浪潮汹涌，局部战争频仍，世界很不安宁。只有比资本主义制度更先进的社会制度即社会主义制度才能解决上述诸多矛盾。这是世界社会主义运动必将复兴，社会主义制度必将重现辉煌的客观现实依据。任何悲观失望的观点都是缺乏根据的短见。

三

中国社会主义的前途命运关键在我们党，关键在我们党的素质。世纪之交，我们党面临的形势、任务正在发生深刻而复杂的变化。江泽民提出的

“三个代表”,是我们党在新的历史条件下带领全国人民把建设有中国特色社会主义的伟大事业不断从胜利推向更大胜利、最终实现共产主义社会制度的必然要求,为我们党在新的历史条件下实现建设新的伟大工程总目标指明了方向。

始终代表中国先进生产力的发展要求,就是要毫不动摇地坚持党在社会主义初级阶段的基本路线和基本纲领,坚定不移地以经济建设为中心,集中力量发展社会主义生产力,并按照中央的统一部署,大胆改革不适应生产力发展要求的经济体制和运行机制,为解放和发展生产力开辟道路。当前,经济全球化进程不断加快,知识经济迅速兴起,以知识创新、技术创新和高新技术产业为核心的综合国力竞争日益激烈。面对这一重大变化,我们要结合我国生产力的最新发展和经济体制深刻变革的实际,结合人民群众对物质文化生活提出的新的要求,深刻领会江泽民关于代表先进生产力发展要求的重要观点,解放思想,大胆实践,始终代表中国先进生产力的发展要求,排除一切干扰,变革不适应生产力发展要求的生产关系。要积极推进国家技术创新体制建设,大力培养科技人才,加快科技事业的发展,在社会主义条件下完成发达国家在资本主义条件下实现的工业化和经济的社会化、市场化、现代化的任务,集中精力加快生产力的发展,巩固和扩大社会主义的物质基础。

始终代表中国先进文化的前进方向,就是要切实坚持“两手抓、两手都要硬”的方针,以马克思主义为指导,努力继承和发展中华民族的一切优秀文化传统,努力学习和吸收一切外国的优秀文化成果,大力加强有中国特色的社会主义文化建设。当前,一方面,西方敌对势力加紧实施“西化”、“分化”我国的战略图谋,企图用他们那一套政治观点、意识形态和生活方式影响我们;另一方面,经济成分、利益主体、社会组织和生活方式日趋多样化,给人们的思想观念和人与人之间的关系带来许多变化,历史上产生并遗留下来的一些腐朽落后的东西还在影响着人们。在这样的国内外环境中,代表先进文化的前进方向,最根本的就是要在改革开放和社会主义现代化建设的伟大实践中,以马克思列宁主义、毛泽东思想和邓小平理论为指导,以培养四有公民为目标,发展面向现代化、面向世界、面向未来的,民族的科学的大众的有中国特色的社会主义文化,巩固社会主义思想文化阵地。

始终代表中国最广大人民的根本利益,就是要把党的群众路线贯彻到各项工作中去,一切依靠最广大人民群众,一切从最广大人民群众的根本利益出发，充分尊重群众意愿，保障群众的民主权利，关心群众疾苦，积极帮助群众解决生产生活中的实际困难和问题，使人民群众不断得到更多的利益，动员和组织群众为自己的根本利益进行有效的斗争。以工人阶级为代表的广大人民群众，是建设有中国特色社会主义的主力军。只要代表最广大人民的根本利益，我们就能团结带领人民群众克服一切困难，战胜一切险阻，把社会主义事业不断推向前进。

要更自觉地做到"三个代表"，就必须全面加强党的建设，特别要加强党风廉政建设。各国共产党建设的历史经验教训表明，共产党执政后必须从严治党，端正党风，防止腐败，始终保持共产党的先锋队性质。共产党取得执政地位以后，获得了更好地为人民服务的条件，也增加了脱离群众甚至腐败变质的危险。列宁指出，对于共产党来讲，最严重、最可怕的危险就是脱离群众。党风问题关系到党的生死存亡，关系社会主义的前途命运，不把党风搞好，就不能真正做到"三个代表"。我们一定要从苏联解体、东欧剧变的严酷现实中警醒，从严治党，建立健全一套拒腐防变的制度，加强党内监督和人民群众的监督，密切党群关系，坚决清除党内各种消极腐败现象，努力提高全党为人民服务的自觉性，抓紧推进党的思想、组织和作风建设。

做到"三个代表"，全面加强党的建设，团结带领全国人民把建设有中国特色社会主义伟大事业不断推向前进，具有特别重要而深远的世界意义。正如邓小平同志所指出的："只要中国不垮，世界上就有五分之一的人口在坚持社会主义。我们对社会主义的前途充满信心"；"到下个世纪五十年，如果我们基本上实现现代化，那就可以进一步断言社会主义的成功"；"中国稳住了，而且实现了发展目标，社会主义就显示出优越性"。在新的历史条件下，面对世界社会主义运动的低潮，我们一定要坚定信心，坚持江泽民提出的"三个代表"的要求，教育全党同志特别是各级干部，全面加强党的建设，大力推动生产力的发展，以马克思主义为指导建设有中国特色的社会主义文化，始终坚持全心全意为人民服务的宗旨，把有中国特色社会主义的伟大事业全面推向21世纪。只要我们党始终坚持"三个代表"，我们所从事的建设有中国特色社会主义的大业就一定会取得彻底胜利。

本文原载于《发展论坛》2000年第4期，2001年12月获山东省第十六次社会科学优秀成果三等奖。

世纪之交的社会心理学走向

邢占军

站在世纪的交汇点上，透过时空坐标系追踪着社会心理学这门古老而年轻学科的发展轨迹，感慨良多。这门曾被视为典范地实践了孔德传统并一度给予人们最有力生活指导的学科，是否已建构起属于自身的得以普遍认同的理论体系？自 70 年代末以来曾引起激烈争议的主要研究方法在将这门学科推向巅峰后，是否又要将它引向危机？对社会心理学在中国近 20 年的发展状况，又该作何评说？本文试循着与此相关的问题，对世纪之交的社会心理学走向做出自己的思考，并就教于社会心理学界的前辈与同仁。

一、世纪之交的社会心理学体系建构

美国著名的科学史家和科学哲学家科恩认为，范式是使一门学科成为科学的必要条件或成熟标志。具体而言，范式是科学家集团所共同接受的一组假说、理论、准则和方法的总和，这些又在心理上形成科学家的共同信念。任何一门学科只有具有共同的范式才可以称为科学，否则就不能称为科学或称前科学。按照科恩的标准来衡量当代社会科学诸门类，称得上科学（或称"常规科学"）的可谓凤毛鳞角，由此看来科恩标准难免有些苛刻。尽管如此，科恩的范式论却给了我们很大的启发，即当社会科学研究发展到一定水平时，逻辑地存在着一个自身理论构建问题。换句话讲，一门现代科学得以确立的基本前提是，拥有广为认同的属于该门学科领域的一些基本概念、基本原理和基本方法等。

发展了近一个世纪的社会心理学是否已经拥有了一系列广为认同的基

本概念、基本原理和基本方法了呢？稍有社会心理学常识的人似乎都可以为我们举出若干：社会化、自我意识、角色、印象、认知、动机、需要、攻击、逆反、偏见、态度、交往、从众、利他、冷漠、流行、暗示、摹仿等术语已近乎口头禅；动机理论、需要理论、认知理论、态度理论、精神分析理论、社会学习理论等也广为人知；实验、相关、调查、访问、现场等方法也得到较多运用，并成为构建社会心理学方法论的基础。但若要将社会心理学作为一门科学而举出其体系，这些为我们所熟悉的东西却仿佛又一下子离我们远去了。来自不同理论流派的概念或术语往往都隐含着特定的原理，并代表着研究者特定的方法偏好，但在将它们放到一起时，却又是那样地不兼容。以至于我们在社会心理学课堂上讲解某个具体问题时，有时不得不像开中药铺一样罗列出不同流派的散在观点。

有一种看法认为，造成社会心理学这种境况的原因在于，社会心理学从一开始就存在着不同的取向，而且在不同的取向上还形成了许多流派。的确，社会心理学自诞生之日起就存在着社会学和心理学两种取向，并且在发展的过程中又在不同的取向上进一步分化（或称“独立化”）出许多理论流派。在这些理论流派中对这门学科曾产生过较大影响且流传较广的有：行为主义流派、精神分析流派、符号互动学派、团体动力学派、认知主义学派等，以及这些流派的不同形式的变种。这些流派都曾一度或多或少地影响过社会心理学的发展方向，但是却始终没有哪一个流派在这一学科领域中居于主宰地位。因此，到目前为止我们还没有看到类似于物理学、数学等自然学科领域中所呈现出的科恩式“科学革命”趋势。与大多数自然科学中在某一阶段内某一学派的“一枝独秀”局面相异，社会心理学中的这种不同流派的“百花齐放”态势的确为其理论体系建构制造了一定的困难，但从根本上讲却不是主要原因。而且从某种意义上说，这一点有可能恰恰是这门学科理论体系建构的基础。

到今天为止，已经有越来越多的人将这种局面归因于西方主流社会心理学研究中忽视理论建构的实证主义倾向。其中一个较为突出的表现是，在西方的大部分社会心理学教科书中，其体系编排（在此仅借用“体系”这个术语来指代教材中的章节安排）主要是以社会心理学领域中所关注的主要问题来组织的，在不同的专题中往往陈述的重点是采用实证方法所得出的若干结论，至于逻辑上存在而没有得到证实的因素或环节则在很大程度上被忽略了。值得一提的是，我国在 80 年代初重建社会心理学这门学科时，一开始就力图能够对这门学科的理论体系从总体上加以把握，但由于重点仍在于引介西方社会心理学的研究成果，主要忙于消化吸收，因此体系建构方面的探索是很不够的。只是在80年代后期以来才出现了一些引人注目的观点。

一门学科理论体系建构的核心环节，是对这门学科研究对象的界定。尽管西方研究者对社会心理学研究对象的界定还是莫衷一是，但目前国内研究者的看法则是基本一致的。这种一致性不在于各家说法在字面表述上的不同(有的甚至差异较大)，而在于大家基本上都认同社会心理学应该研究个体和群体在特定背景下的心理与行为规律。毕竟我国社会心理学更多的是引进，在研究者身上尚不具备如西方研究者所存在的深刻的不同取向研究传统的印记。因此，在我们这里似乎不应该过多地对自家研究者做些社会学研究取向、心理学研究取向之类的区别。而社会心理学研究中的这种后起性又为我们更为客观地对这门学科加以体系化创造了条件。但事实上，我们没有能够在这方面取得多大进展。不难看出，上述对社会心理学研究对象的界定不过是一个折衷的观点。它一方面试图将行为主义的影响与正统的纯心理学传统揉合在一起，另一方面则力图将社会学传统中的群体取向与心理学传统中的个体取向加以调和。这种努力，如同西方研究者在对这门学科理论体系探索(假如有这种探索的话)中毫无建树一样，几乎不可能对这门学科的发展有任何实质性的推动作用。因此，到目前为止，研究者们为我们提供的体系建构图景仍不外乎个体社会心理与行为、互动中的社会心理与行为、群体社会心理与行为，有时还包括所谓的集群心理与行为。换言之，这种思路大多仍建立在对以往实证研究结果的简单归纳基础之上，而对体系的建构则似乎需要做出更多的理性思考。

在此，笔者不想也无力提出一个能够广为接受的社会心理学理论体系。但当世纪之交，这一关乎社会心理学在新世纪的立足根基和发展兴衰的问题日益突现之时，却不能不做出自己的思考。从辩证唯物主义的基本观点出发，社会心理学的研究对象应当是基于特定社会文化背景下的主体的反应规律和特征。所谓主体，是指能动的人。社会心理学所研究的人应当包括具体人(或称“个体人”)、社会人和文化人。由于这几个概念在现实运用中有各种各样的解释和含义，在此有必要对它们重新加以界定。这里所讲的具体人是指有着鲜明的生物学特征的一个个活生生的个人，他们是构成人类(或将其比作“大写的人”)的细胞，是社会得以存在的前提。他们所表现出来的不同的主体反应，成为被我们描述为人格或个性的东西。这里的社会人与一般意义上的理解相去更远，他不是指人性的社会方面，而是指对具体人的社会抽象。在社会的背景下，即便是个体人也表现出与具体人相异的特征，在一定的条件下，他可能是对具体人的否定。群体理论研究中的“去个性化”问题有助于我们理解社会人。假如说基础心理学研究重点在于揭示生理人的反应特征与规律，那么以往社会心理学的大部分工作都是围绕着社会人展开的。文化人的抽象程度更高，他几乎完全可以舍弃其现实的生理载体，而成为一个纯粹心理上的概念。他是特定社会和历史在价值观念和人格特质上的积淀，既是历史在现实中的反应，同时又将现实不断纳入历史。基于对社会心理学研究对象的上述理解，社会心理学的理论体系似应循着个体人格、社会心理和文化心态三个层面逐次展开。

个体人格层面的研究着眼于具体人，主要研究个体人格的形成与构成规律。在以往的研究中，基础心理学、人格心理学、社会心理学和心理治疗等学科都不同程度地有所涉及，其中心理治疗学对该层面有更深的探索。在 80 年代以前，西方社会心理学对该领域的研究主要是由精神分析和新精神分析学派进行的。80 年代中期以来，许多流派包括认知学派对该领域兴趣大增，奠定在实证研究基础上的自我理论甚至为社会心理学的研究进展带来了不小的动力。按照通常的理解，人格是表现在一个人身上比较稳定的心理特征和个性倾向性。它是理解人的社会行为的一个重要前提，然而在以往的社会心理学教科书中它却是可有可无的。

社会心理层面的研究着眼于社会人，研究社会人对社会生活诸领域的心理体验和心理反应。社会人既可以是人类个体，也可以是若干人类个体构成的不同水平人类群体。如前所述，一旦具体人置身于特定的社会背景去反应，那么他们的基本心理过程（如普通心理学中所研究的认识过程、情感过程和意志过程）也就不再从属于某个特定的个体，而成为交互作用的产物。有些教科书紧紧抓住这一点，将社会心理学的体系视为普通心理学体系在社会条件下的引申，这是有失偏颇的。其实，仅就社会心理学这一研究层面来讲，它还应当涵盖传统社会心理学中所研究的人际互动规律、团体动力规律、大众心理现象等等。我国社会心理学研究者自 80 年代中期以来尤为关注的社会心理承受力、社会心态等问题亦当属这一研究层面。

文化心态层面的研究着眼于文化人，即研究特定文化背景下主体的心态特征和规律。这一层面的研究可以追溯到现代科学心理学的创始人冯特对所谓“民族心”的研究。弗洛伊德的晚期著作更是试图对文化心态形成的心理机制进行精神分析的探讨。这一研究层面虽抽象度高，离现实的具体人最远，但却不乏有人对其作实证性的研究。我国研究者对中国人国民性的一些有影响的实证性研究就是较近的例证。本世纪二三十年代文化人类学家们的努力，不仅为社会心理学对这一层面的研究积累了大量的素材，而且还引入了一种非常重要的比较文化的研究方法。文化心态层面的研究对于理解当代世界日益频繁的文化交流以及由此而引起的文化融合和文化冲突具有重要的意义。

二、世纪之交的社会心理学方法创新

历经几千年的曲折发展，以实验方法为主的实证研究使得社会心理学不再仅仅依赖于狭隘的经验和抽象的思辨，它使科学社会心理学得以诞生，并在不到100年的时间里得到空前发展。然而自70年代末以来，以实验方法为主的社会心理学实证研究引起了研究者们的激烈争论，批评者们坚信正是实验将社会心理学引向了危机的边缘。而另一方面，实验方法在社会心理学中的主导地位却并未动摇，随着计算机技术的进步，反而有加强之势。与此同时，大规模社会调查这一实证方法在社会心理学研究中更是得到了空前的运用。

实验方法在社会心理学中所具有的这种生命力不是偶然的。实验科学的鼻祖培根就坚信，科学是实验的科学，因为科学在于用理性方法去整理感性材料，而实验则是理性方法的一种主要条件。实验是通过系统地控制和操作部分变量（自变量、控制变量）而观察其他变量（因变量）作出的反应，并通过数据处理揭示自变量与因变量之间的函数关系。而在实验法诞生之前所流行的思辨方法，则往往是一种在纯理性的超越了感性经验水平之上的概念运动，是一种从概念推导出现实的方法。与思辨方法相对立的经验方法，往往停留在经验和半经验的层次，虽也进行一定的观察、搜集和整理工作，但却是不精确的，也没有一套可靠的方法和有效的途径来加以验证。因此，关于实验方法对近现代科学发展的意义和作用无论怎样估计也不过分。

然而，在社会心理学领域，实验方法却受到了严格的审视。实验方法的批评者们对社会心理学实验的批判主要是从以下几个方面展开的。首先是实验的现实性问题，即在实验室这一高度控制的背景下所得的结论是否适用于复杂多变的现实社会。其次，如何处理社会心理学实验中的对象反应性问题，这一问题在自然科学实验中是不存在的或可以忽略的。第三，实验者的价值中立问题。由于社会科学研究更多地受到研究者价值取向的影响，有些人担心，社会心理学实验者在前提假定和结果解释等环节中会比自然科学家更多地受到个人价值取向的左右，难以保证实验结果的客观性。第四，社会心理学实验被试的资格问题。由于美国社会心理学的绝大部分结论都是在青年白人学生身上取得的，人们有理由怀疑这些结论是否普遍适用。第五，西方社会心理学对实验的过分迷恋以及由此而导致的实验主义倾向和以方法为中心，有将社会心理学研究引向工具主义的偏向。第六，社会心理学实验中的伦理学问题。这一问题事实上也是诸如新闻报道、影视制作等领域中所共同面临的问题，有时它已不限于伦理道德，而涉及人身合法权利问题。从以上这些指责中不难看出，那些对实验方法本身的批评是软弱无力的，其中绝大部分责任似乎不应由实验方法来负，而应当由实验者来负。实验方法在用于社会科学研究时，只是增加了实验设计的难度，而并不足以否认实验的基本逻辑。值得一提的是，在社会科学的实验研究中，必须要解决好实验与社会实践的关系问题。按照历史唯物主义的观点，实践是人类活动的基本方式。再精密的实验，如果不能得到人类实践的验证，都是没有价值的。而西方的一些实验研究，尤其是实验室实验，恰恰没有很好地注意这一点，因此我们不能不对他们所取得的实验结果持谨慎的态度。西方社会心理学研究中所存在的实验主义和工具主义倾向，则更是超越了实验方法本身。这种倾向固然与研究者的方法论取向有关，但另一方面也不能忽视这种选择的现实根源。在所研究的问题不便或不能得出科学的结论之前，对方法过分加以关注似乎无可厚非，但这却实在不是一种科学的研究态度。在我们的文化传统中，长期以来习惯于从总体上把握事物，长于抽象思辨，缺乏实证经验，这一特点在人文社会科学的研究中表现尤为突出。因此，在社会心理学研究中尤其要提倡实验法等实证研究方法，应当注意避免实验法在西方研究中出现的种种误区，使这一科学研究方法发扬光大。

事实上，在西方社会心理学研究中，实验室实验并非唯一的研究方法，现场实验、现场调查、问卷调查、心理测验、观察访谈、临床调查、田野考察等方式都得到了不同程度的运用。这些方法的共同之处在于，它们都是实证的研究方法。以临床调查法为例，以往我们很少涉及这种研究方法。提到弗洛伊德的理论时，我们往往将它视为一种思辨性的假说，而忽视了其理论来源。弗洛伊德所提出的假说本身，虽很难为常人所接受，但赖以支持其假说的材料却来自临床调查这一实证途径。因此，在西方，弗洛伊德的学说亦被视为实证的科学。在此还有必要指出的一点是，我们有时候在讨论西方社会心理学研究方法的功与过时，往往将实证研究与理论研究对立起来，认为只要强调实证研究，就必然忽视理论研究，这种观点是有失偏颇的。弗洛伊德和其他一些西方社会心理学研究者们的工作是对这种观点的最好反驳。其实，实证研究和理论研究都是现代科学的重要研究方法。它们在研究过程的不同阶段所起的作用是不同的，事实上二者可以互为补充。实证的研究方法主要用于搜集材料，而理论的研究方法则主要对所搜集的材料进行加工整理，并由此提出理论假说，构建理论体系。因此，我们不能因循西方社会心理学研究中的实证化倾向，忽视理论建构；但另一方面我们也绝不能走向反面，一味地强调理论方法的作用，否定实证方法。

要使社会心理学在新的世纪里有较大的发展，方法上的创新与突破是至关重要的。就社会心理学方法的创新而言，一方面应当重视理论研究，加快对社会心理学领域的理论综合与体系建构；另一方面，也是更为基本的，应加强对社会心理学的实证研究。当前西方社会心理学实证研究的最大推动力来自计算机技术的进展。计算机运行速度的加快，大大便利了研究者对统计数据的处理，并使得一些以往被视为不可行的方法在现实中逐步运用和推广开来。自 30 年代开始出现的因素分析方法，就是统计学与计算机技术联姻的产物。今天，它已经成为社会心理学研究者对复杂现象建立数学模型进行实证研究的有力工具。这种方法的出现不仅大大强化了实验法和问卷调查法等方法的功能，而且其自身也在整合与发展中不断接近于成为一门科学。计算机编程技术的进展更是与计算机运算速度一起，大大简化了以往繁杂的统计程式，将研究者从繁重的运算劳动中解放出来。西方研究者根据社会科学对统计技术的要求编制的 SPSS、SAS 等统计软件包，在社会心理学的实证研究中得以广泛应用。在这些统计软件的支持下，多水平和多因子的实验设计在社会心理学研究中发挥着越来越重要的作用。一些社会心理学研究者在掌握了计算机编程技术后，将这一技术直接运用于实验设计，开创了一种称之为电子计算机模拟实验的新的实验方法。这一方法在社会认知、社会态度、人际交往、群体动力等一些传统的社会心理学研究领域中得到了较为广泛的运用。当然，当我们越来越多地将电子计算机作为社会心理学研究工具的同时，也必须对此保持清醒的认识。一方面要不断提高专业素质，掌握好社会心理学领域内的一些基本规律，这是进行任何社会心理学实证研究的基本前提。另一方面要深入实践、深入人类社会实际。决不能单凭数据机械地去套用某些常模和标准，作出武断片面的解释，重蹈前述西方社会心理学研究中所出现的以方法为中心的覆辙。

三、世纪之交的中国社会心理学建设

中国社会心理学自 80 年代初重建，至今已走过了近 20 年的历程。在这段时期内，我们的研究有哪些进展呢？一个简单而有效的方法是考察这段时期内社会心理学的有关文献。鉴于《中国人民大学复印报刊资料》涵盖面较广，且在国内外具有一定的影响，笔者对该目录索引下（1979～1997）分类名为社会心理学的文献进行了统计分析，共得到 603 个记录，其中 8 个记录是有关会讯、会议纪要、学会信息的，其余 595 篇则为论文和研究报告。根据对这些论文和研究报告内容的进一步分析，其中 85.5%集中在以下 11 个方面（见表 1）。

——社会心理学基本理论研究。这方面的内容又可粗略地分为四个方面，研究者基本上采用理论研究的方法。第一个方面主要探讨社会心理学的研究对象、研究方法、现实意义以及社会心理学与其他学科的关系等。其中一个核心内容是中国社会心理学的建设，出现了社会心理学“中国化”和“本土化”两种提法，也有一些文章对西方社会心理学的发展历程进行了一定程度的反思。第二个方面的研究抽象程度较高，有些是站在哲学的高度上分析社会心理等现象，论述了社会心理的含义、结构、特征、作用、形成机制，以及社会心理与社会意识形态、社会稳定、社会规律、民族凝聚力等的相互关系。第三个方面主要是对社会心理学领域中一些带有总体性的问题的回顾、展望、综述和评价。第四个方面的几篇文章研究了我国古代思想家的一些社会心理学思想。

——变革中的社会心理研究。这类研究同我国改革进程紧密地联系在一起，主要是对改革过程中的社会心理问题所做的一些理论与实证研究，表明了我国社会心理学研究者对时代和社会的强烈关注。其中最为突出的是关于我国城市居民在不同阶段对不同方面改革的态度的研究。从文献上考察这类研究，最早出现在 80 年代中期。1985 年 2 月，中国经济体制改革研究所与北京大学社会学系等单位联合进行了“物价改革的社会心理反应”大规模抽样调查。此后，这类调查研究不断涌现。我国社会心理学研究者对改革中的一些重大举措，例如物价改革、住房改革、工资改革、社会保障制度改革、企业改制、体制转轨等都进行了一定的调查研究，力图把握城市居民对这些措施的心理反应，帮助决策层掌握"民意"的动向，从社会心理学角度为改革的顺利进行提出建议。与这些实证研究相呼应，也出现了不少对改革中的社会心态的深层次理论分析。这类研究涉及对社会心态的一般规定、本质、结构、功能等方面的理论思考。在关于改革的社会心理研究方面，还出现了一个比较热点的问题，即社会心理承受力问题。对该问题的理论和实证研究已初具规模，且方兴未艾，这一理论热点给整个社会心理学的研究也带来了一股活力。对改革中社会心态进行实证研究，大都以城市居民为研究对象，也出现了少量对农民心态的调查研究。

表1　中国人民大学报刊文献资料索引(1979～1997)社会心理学类文献内容分析

研究内容		篇数	累积篇数	百分比	累积百分比
社会心理学基本理论	对象、方法、学科构建	88	88	14.8	14.8
	社会心理诸问题理念思考	53	141	8.9	23.7
	回顾、展望、综述、评价	15	156	2.5	26.2
	中国古代社会心理学思想	3	159	0.5	26.7
变革中的社会心理研究	城市居民心态研究	46	205	7.7	34.4
	社会心理承受力研究	19	224	3.2	37.6
	社会心态理论思考	19	243	3.2	40.8
	农民心态研究	7	250	1.2	42.0
社会现象的社会心理学分析	特殊社会现象	70	320	11.8	53.8
	大众心理现象	5	325	0.8	54.6

续表

研究内容	篇数	累积篇数	百分比	累积百分比
国外社会心理学理论评介	54	379	9.1	63.7
人际关系、互动、社交心理研究	36	415	6.1	69.8
经营、消费、服务、广告等方面的社会心理研究	30	445	5.0	74.8
教育、宣传社会心理学研究	22	467	3.7	78.5
婚姻家庭心理学研究	16	483	2.7	81.2
群体心理学研究	12	495	2.0	83.2
国民性研究	9	504	1.5	84.7
管理、领导心理研究	5	509	0.8	85.5

——社会现象的社会心理学分析。这类研究主要包括运用社会心理学基本理论研究一些特殊社会现象。这些现象大多都存在于当代中国社会，像“追星热”、“崇红”现象、冷漠现象、外遇现象、农民“怕政策变”现象、评选国花现象、“浙江村”现象、“抢购风”、“毛泽东热”、“远来和尚好念经”、三峡移民、长江漂流等社会现象与社会事件。也有一些是对历史上存在过的特殊现象所做的社会心理学分析，例如关公崇拜、帝王心理、“文革”现象等等。值得一提的是，上述研究在近 20 年来的报刊文献中占有相当大的比重，仅次于有关社会心理学研究对象、方法和学科建构方面的研究。另外，在这一部分还包括少量对流行、时尚、流言等大众心理现象的研究。

——国外社会心理学理论评介。这类研究集中在 80 年代中期以前，以介绍美国和前苏联的社会心理学历史、现状、发展趋势为主。90 年代以来，一些评介性论文主要关注西方社会心理学研究中的若干热点领域，如偏见研究、挫折心理研究、“控制点”理论、自我研究等等。

——人际关系、互动、社交心理研究。这类研究多以青年人为研究对象，主要考察了影响人际交往的因素、人际互动的规律以及克服人际交往中的心理障碍、建立良好的人际关系的策略等问题。

——经营、消费、服务、广告等方面的社会心理研究。这类研究主要与人们的经济活动有关，但研究的领域较广，涉及商业、客运业、旅游业、银行业、广告业、演艺业以及信息服务业等。此类研究的研究对象既包括营销和服务人员，也包括广大消费者，另外还涉及经济活动客观环境方面的研究。

——教育、宣传社会心理学研究。在教育社会心理学的研究方面，有几篇论文是关于这门分支学科的意义及总体介绍的，有些研究则试图考察课堂中的交往和互动规律及其对学生学业成就的影响。这方面的一个研究热点是有关非智力因素（有时也称之为“非认知因素”）的研究，这类研究集中在80年代末以来，力图打破传统的智力观。对宣传和思想政治工作中的社会心理研究则集中于探讨宣传活动的社会心理功能、影响说服宣传的因素以及其他宣传心理学的基本规律。对宣传教育中的“逆反心理”研究是这类研究中的一个热点。

——婚姻家庭心理学研究。这部分研究大致可分为两类：一类是对恋爱、结婚、离婚中的一些心理障碍和心理因素的探讨，另一类则主要研究家庭生活中的心理学问题，如家庭中的人际关系、家庭结构意愿等等。

——群体心理学研究。这类研究涉及群体心理的规律、群体心理的变革以及对群体心理效应的调控等问题。

——国民性研究。这里的国民性研究是指对中华民族的文化人格和现实人格典型特质的研究，对这一问题的深层次理论研究为哲学、文学、社会学、历史学等学科的研究者所共同关注。社会心理学的研究则主要利用实证的方法对国民性及其形成因素加以探讨，有些研究还涉及国民性的变革。

——管理、领导心理研究。社会心理学理论在管理和领导活动中的运用是比较广泛的，有些报刊对这类文章也注意编发，但内容以介绍和应用为主，这也可能是该类文献索引收录较少的一个原因。收录的这几篇文章主要涉及管理和领导活动中的决策心理、用人心理以及领导者的影响力等等。

以上仅从《中国人民大学复印报刊资料》这一视角对近20年来我国社会心理学的发展状况加以梳理。事实上，这一时期的社会心理学研究要比上述概括广泛、复杂、深刻得多。不过，从大致的概括中我们还是可以看出一些问题，譬如“头重脚轻”和“头轻脚重”的问题。“头重脚轻”是指我们的研究从总体上看以理论探讨为主，实证分析所占的比重过低，这样我们进行理论思考的材料中很大一部分要依靠国外的实证研究结果，平添了许多中间环节，这是制约我国社会心理学理论突破的一大瓶颈。“头轻脚重”是指我们在对国外一些理论包括重要实验结论的引介中，生搬硬套多，普及运用多，而必要的思考和反省少，有时不太注意这些理论和结论的适用背景和条件，这种偏向对于社会心理学的应用研究以及应用社会心理学诸分支学科的发展都是极为不利的。再譬如，在实证研究中，相当一部分集中在研究改革中居民对具体措施的态度、对生活的满意感等方面。这类研究以大规模抽样调查为基础，以数理统计为技术手段，但其研究结果却具有动态性和实用性，在国外也一般由民意和新闻机构操作，主要为政策服务，这仅是社会心理学中有关社会态度等方面的基本理论在现实社会生活中的运用。因此，如何更好地运用这种研究方法加强社会心理学的基础研究，值得我们进一步思考。

在中国社会心理学建设中，本土化的观点是较有影响的。这一观点最早由港台社会心理学研究者提出，在大陆学者中也得到了较为广泛的认同。在前述文献索引中，有 12 篇论文是以此为标题的，可见其影响之大。本土化的基本含义是，用中国人自己的视点和方法，研究中国人自己的社会行为，得出中国人自己的理论和结论，构建属于中国人自己的社会心理学体系。然而，当我们试着从头开始来构建中国社会心理学时，一开始就遇到了不小的困难。首先，如果用我们中国人自己的方法和思维习惯来把握社会心理现象，我们很快就会发现这与当代社会心理学这门科学难以衔接，于是我们不能不继承西方的研究方法，并在批判与反省中使之创新与突破。其次，我们自己的理论与结论能否代表人类主体反应的一般规律？这如同西方研究者从西方人身上所得出的结论一样，是很有问题的。假如我们借口文化背景差异而否定人类社会性主体反应存在一般规律，那么我们就不需要“社会心理学”这门学科，代之以“美国人社会心理学”“中国人社会心理学”“欧洲人社会心理学”“××人社会心理学”等等即可。在社会心理学的中国建设中，我们不必自卑，但的确需要自我超越，唯有此才能跟得上当今科学社会心理学发展的步伐。在对待我们自己在中国人身上所得出的若干社会心理学研究结论时，我们不必过分地强调文化情结，因为这些材料不过是社会心理学体系中的一些佐证，而不是体系本身。唯有采取一种开放的心态和广阔的胸怀来进行社会心理学研究与交流，我们才有可能在新世纪的社会心理学发展中居于有力的位置。

本文原载于《社会科学战线》2000 年第 2 期，2001 年 12 月获山东省第十六次社会科学优秀成果三等奖。

当前再就业存在三大认识问题

张春光

当前就业政策的方向是，培育劳动力市场，建立健全与社会主义市场经济相适应的劳动制度，特别是建立市场竞争就业机制，以竞争促进劳动力资源的合理配置和经济效率的提高，促进经济发展。“再就业”是我国在特定历史条件下劳动就业的一个特殊方面，因此，提高对再就业一些问题的认识，对当前市场导向的就业机制的形成是非常重要的。

一、对再就业率的认识问题

几年来，实施再就业工程取得了显著成效。然而，面对劳动力总量供大于求的基本格局，纵然再就业工作力度再大，成效再显著，在市场经济条件下，在特定的生产力发展水平上，绝对充分的就业是不可能实现的。市场经济条件下，劳动力资源的供求平衡是相对的，不平衡是绝对的。正是这种供求关系的活动变化，引发了市场要素的变化，最终调节市场运行。下岗、失业给社会和个人带来的负面作用是不可忽视的，但不能简单地把下岗失业现象视为市场经济的缺陷。

长期以来，我们满足于所谓的社会主义能实现充分就业的理论，把充分就业建立在对社会主义制度的抽象认识上，认为充分就业就是社会主义制度的优越性。但事实证明，这种所谓的充分就业实际上隐藏着失业，它是以牺牲国有企业的经济效益为代价，使国家每年支付几百亿元的工资，增加了财政负担，是我国国情国力无法承受的。因此，完善和成熟的市场经济要求劳动的供给需求通过劳动力市场来实现，而且市场化劳动资源配置需要适量的劳动力做储备。失业人口的存在，一定程度上是劳动力市场得以形成的依托。市场经济贯彻竞争原则，人力资源的优化配置要通过竞争来实现，失业风险的存在，从积极的意义上看，有利于形成锐意进取、平等竞争的市场经济氛围，有利于促进劳动力有效、合理的配置和调动人们的积极性、创造性。

然而，下岗、失业毕竟意味着劳动力资源的浪费，甚至会引发社会不稳定。从社会运行平稳的要求出发，理性的选择是保持较低的失业率，尽可能地缩短每个下岗职工的待岗周期。而要做到这一点，就需要各级政府发展经济增加岗位。但岗位的增加不是无限制的，劳动要素的供求平衡不可能依据绝对供给量来平衡，根本问题是要着力建立市场化的竞争就业机制。

在经济发展过程中，要素优化重组和提高国民经济整体运行效益的目标，要求有限的就业岗位要不断向竞争力较强的群体倾斜，而弱化的个体将不断退出劳动力供给队伍，这是社会进步的一个合理的过程，而为落实再就业走低工资高就业的回头路是不可取的。

二、政府在再就业中的角色定位问题

大批职工下岗给社会增加了极大的压力。一些地方政府为了尽快解决下岗职工再就业问题，强行要求行业主管部门在本系统自行消化全部下岗职工，不准把下岗职工推向社会。迫于压力，行业主管部门只好向尚能维持正常运行的企业硬性摊派下岗职工。尽管这样大批下岗职工得到了安置，然而所带来的负面效应是显而易见的。

一是加重了接收企业的负担，使这些企业很难轻装上阵公平地进入市场，结果会导致其在市场竞争中丧失活力走入困境，以致出现职工重新下岗的现象。

二是不利于合理配置劳动力及形成新的就业机制，固化了职工在劳动就业方面对政府的依赖性，被动等待，依靠国家救济和安置。

三是不利于现代企业制度的建立，不利于政企分开。随着企业改革的逐步深化，政府在劳动就业中应由直接对企业实施微观管理，转为主要运用经济和法律手段对行业和企业的微观用工活动进行必要的间接调控的宏观管理。市场经济条件下，企业富余职工不可能完全由企业“消化”掉，企业不能安置的应转给社会，实行公开失业，以避免隐性失业的再度发生。这并非政府撒手不管，但政府的扶持不等于政府必须完全包办代替。

在实现计划经济向市场经济的体制转变中，我们必须改变长期以来在就业问题上统分统配的行政干预，让劳动者在优胜劣汰的市场竞争中合理分流，并不断提高自身素质，以适应市场经济发展的需要。

为使隐性失业显性化的过程平稳、顺利，政府需要做的不是行政直接干预，而是体制创新，使社会保障制度逐步完善，社会可以承受高一点的失业率。

必须认清的是，国企改革中的成员增效和下岗再就业，绝不应以国家为具有体制身份的劳动者提供新的劳动岗位为主要内容，绝不是“铁饭碗”的外在延续，而应通过各种改革，尝试彻底割断职工与“大锅饭”的体制联系，帮助职工提高就业竞争力，促进劳动力合理流动与要素优化重组，建立竞争择业机制、秩序和规则。在一定意义上说，具有体制身份的劳动者全部按照市场经济原则“再就业竞争”就是我国国企改革成功之时。

三、农民工的限制问题

以家庭承包责任制为核心的农村经济体制改革，使农村劳动力得到了流动的自由。随着粮油价格的松动，粮票和油票终于退出了历史舞台，流动的农村劳动力的吃饭问题随之得到解决。1986 年国务院出台了允许农民自理口粮进城务工经商政策，这意味着农民工的存在与发展已经得到了国家政策的肯定和支持。农村劳动力以其价廉、福利费用低下而突破就业壁垒，大量涌入城市，为城市和经济的发展作出了历史性贡献。可以说，农民工已成为城市和社会经济生活的重要组成部分。

然而，在城镇大量职工下岗的情况下，一些地方政府纷纷制定限制和强制性清退进城务工的农村劳动力政策，其根据在于，限制农民工进城可解决和缓解下岗职工再就业。的确，据国家统计局抽样调查，1996 年农民进城务工经商达 3591 万人，这个数字刚好相当于有关部门估计的“八五”和“九五”几年间的下岗职工人数。但其结果并不能如政策制定者所期望的那样。例如，山东某市一企业为安置下岗职工清退了所有农民工，然而招收的下岗职工在该企业工作不到两天全部不辞而别。表面看，一个农民工占去城市的一个岗位意味着城镇职工失去一个岗位，但实际上，农民工找到的岗位未必下岗职工都愿意去做。由于我国长期实行的就业管理制度没有利用市场配置的基础作用而存在着制度壁垒,城乡分割的户籍、福利制度把城乡差别制度化,扭曲了劳动力市场价格,在同等条件下使用农民工成本要低得多。而恰恰由于这一点,无论国企还是非国企都具有使用农民工的强劲动力。

农村劳动力逐步向非农产业转移,是世界上经济发达国家在发展过程中的共同规律。我们也不例外。这是我国工业化发展过程中劳动力要素重新配置的表现,符合经济发展的客观规律。随着城乡经济一体化和国内统一劳动力市场的逐步形成,城乡之间劳动力相互交流已成为必然趋势,这种趋势要求打破各种人为因素造成的劳动力流动障碍,形成城乡劳动力公平竞争就业的制度环境,实现统一、竞争、有序的目标。从某种程度上说,清退、限制农民工的政策是劳动就业体制改革进程的一种逆转,其社会后果是强化了在就业领域已经弱化了的城乡分割和制度性歧视,强化了不平等的身份等级制。

事实证明,限制农民工很难达到促进下岗职工再就业的目的,要积极引导下岗职工转变观念。一旦转变观念参与竞争,不用政府限制,竞争的天平会自然倾向下岗职工,因为农民工相对来说受自身素质及就业信息等因素的限制,在就业竞争中很难处于优势。农民工迁入城市的规模自然会由市场给予调控,而对大批农民工涌入城市,政府应做的是出台措施,引导农村剩余劳动力就近就业、合理有序流动。如积极发展乡镇企业,促进小城镇建设,把乡镇企业的发展与小城镇开发建设结合起来,引导其资产增量向城镇转移和集中,促使小城镇更快地发展起来,进而成为转移农村剩余劳动力的重要载体。

本文原载于《中国市场经济报》2000 年 3 月 23 日,2001 年 12 月获山东省第十六次社会科学优秀成果三等奖。

依法治国的关键：坚持与改善党的领导

李永清

党的十五大把依法治国确立为党领导人民治理国家的基本方略，提出了建设社会主义法治国家的目标。九届全国人大二次会议将这一内容写进了我国宪法，明确规定："中华人民共和国实行依法治国，建设社会主义法治国家。"这表明，依法治国、建设社会主义法治国家已成为全党和全国人民的最高意志，成为全党和全国人民奋斗与追求的目标。这一目标能否最终实现，取决于许多主客观因素，但最关键的在于坚持与改善党的领导。可以这样讲，在中国这样一个人口众多、经济文化相对落后、有着几千年人治传统的国度里，不坚持党的领导，要实现依法治国、建设社会主义法治国家是不可能的；同样，不改善党的领导，要实现依法治国、建设社会主义法治国家也是不可能的。

一、坚持党的领导，关乎方向，关乎稳定，是实现依法治国、建设社会主义法治国家的根本保证

"依法治国、建设社会主义法治国家"，其内涵既包括一般规定性，也包括特殊规定性。一般规定性，是指国家治理必须依法进行，要法治，不要人治。国家机器要依据阶级的意志来运转，而不是依据个人的意志来运转。特殊规定性，是指我们建设的是社会主义法治国家，而不是其他社会性质的法治国家。社会主义法治国家，要求法律的内容必须是无产阶级及广大人民意志的体现，法律的运行必须以保障无产阶级及广大人民的根本利益为出发点和落脚点。所以说，依法治国、建设社会主义法治国家，不仅规定了

国家治理的方式,而且还规定了国家建设的方向。从根本上来讲,只有共产党这一无产阶级的先锋队,才能代表先进生产力,代表先进文化,代表最广大人民的根本利益,才能领导人民将其意志上升为国家意志,并使这种意志成为国家各项工作运行的根本依据。

依法治国、建设社会主义法治国家,必须在一个相对稳定的社会环境中才能推进。邓小平同志指出:“像中国这样一个大国,如果没有中国共产党来领导,许多事情很难办,首先吃饭问题就解决不了。我们的改革不能离开社会主义道路,不能没有共产党的领导。”①“没有安定的政治环境,什么事情都干不成。”②前苏联东欧某些国家就是前车之鉴。

江泽民同志多次强调坚持党的领导对依法治国、建设社会主义法治国家的极端重要性。他指出,推进社会主义民主政治建设,建设社会主义法治国家,必须处理好党的领导、发扬民主、依法办事的关系。党的领导是关键,发扬民主是基础,依法办事是保证,绝不能把三者割裂开来、对立起来。政治体制改革,必须在党的领导下,有步骤、有秩序地进行。以为发扬民主、强调法制就不需要党的领导,这是错误的。同时,各级党委要学会在宪法和法律的范围内加强和改善党的领导。坚持党的领导,关乎方向,关乎稳定,是我国实现依法治国、建设社会主义法治国家的根本保证。

二、改善党的领导,是能否从根本上摒弃人治,走向法治,实施依法治国方略,建设社会主义法治国家的关键

实现依法治国,建设社会主义法治国家,从根本上来讲,就是要彻底清除我国几千年封建主义遗留下来的人治残余,逐步实现社会主义民主的制度化、法律化。在中国,共产党是执政党,要消除人治、迈向法治,首先要从加强党的建设、改善党的领导做起。邓小平同志早在1986年9月就指出:“进行政治体制改革的目的,总的来讲是要消除官僚主义,发展社会主义民主,调动人民和基层单位的积极性。要通过改革,处理好法治和人治的关

① 《邓小平文选》第3卷,人民出版社1993年版,第242页。

② 《邓小平文选》第3卷,人民出版社1993年版,第244页。

系，处理好党和政府的关系。党的领导是不能动摇的，但党要善于领导。”①

要通过改善党的领导，彻底克服依法治国的三大障碍。

（一）“以党治国”是依法治国最大的思想障碍

什么是依法治国？江泽民同志在党的十五大报告中指出：“依法治国，就是广大人民群众在党的领导下，依照宪法和法律规定，通过各种途径和形式管理国家事务，管理经济文化事业，管理社会事务，保证国家各项工作都依法进行，逐步实现社会主义民主的制度化、法律化，使这种制度和法律不因领导人的改变而改变，不因领导人看法和注意力的改变而改变。”②这实际上明确了五个基本问题。第一，依法治国必须在党的领导下进行。第二，依法治国的主体是广大人民群众。人民通过人民代表大会及其他途径与形式，依法行使人民当家作主的权利。第三，依法治国的客体是国家事务、经济文化事业和社会事务。凡是涉及这些事务的国家行政机关和司法机关的公职人员，不论职位高低、权责大小，都是人民的公仆，应该全心全意为人民服务，严格依法办事，正确行使权力，并且在行使权力的过程中受到法律制度的监督和制约。第四，依法治国的基本依据是宪法和其他法律。宪法是国家的根本大法，它反映的是广大人民的意志，具有最大的权威性和最高的法律效力。其他法律法规都不能同宪法和法律相抵触，更不能以政策抵抗法律。第五，依法治国的实质是全面推行“法治”，消除“人治”。从这五层意思可以看出，依法治国离不开党的领导，但依法治国的主体却是广大人民群众，人民群众是我国宪法规定的国家的主人。依法治国所依据的我国宪法和法律，是无产阶级和广大人民意志的体现。而共产党是无产阶级的先锋队，它没有任何不同于无产阶级和广大人民群众要求的特殊利益。所以说，党领导人民依法治国，不能简单地等同于以党治国。党的领导是政治领导，即政治原则、政治方向、重大决策的领导，它领导人民治理国家，但不能取代人民的权力机关及行政机关对国家的治理。党领导人民制定宪法和法律，但必须充分体现无产阶级及广大人民的意志，必须严格地在宪法和法律的范围内活动，不能有超越宪法和法律的权力。综观社会主义发展史上的种种人治现象，就是因为党内民主与社会主义法制遭到破坏、以党治国走向极

① 《邓小平文选》第3卷，人民出版社1993年版，第177页。

② 江泽民：《高举邓小平理论伟大旗帜，把建设有中国特色社会主义事业全面推向二十一世纪》，人民出版社1997年版，第34页。

端而造成的。

邓小平同志早在20世纪40年代初就明确提出要反对“以党治国”的观念。他认为，中国是一个半封建的缺乏民主的国家，反映到党内就是共产党员一般缺乏民主的习惯，缺乏民主政治斗争的常识与锻炼。某些同志的“以党治国”的观念，就是国民党恶劣传统反映到我们党内的具体表现。他指出“以党治国”的思想所造成的恶果主要为：第一，误解了党的优势，以为党员包办就是绝对优势，不了解真正的优势要表现在群众拥护上。把优势建筑在权力上是靠不住的。第二，误解了党的领导，把党的领导解释为“党权高于一切”，遇事干涉政府工作，随便改变政府法令，甚至把“党权高于一切”发展成为“党员高于一切”。结果群众认为政府是不中用的，政府一切法令都是共产党的法令，政府一切错误都是共产党的错误。政府没有威信，党也脱离了群众。第三，把非党干部、群众看成任人摆弄的傀儡，必然脱离群众，引起群众的反对。在分析了“以党治国”观念的这些危害后，邓小平同志深刻指出：“‘以党治国’的国民党遗毒，是麻痹党、腐化党、破坏党、使党脱离群众的最有效的办法。我们反对国民党以党治国的一党专政，我们尤要反对国民党的遗毒传播到我们党内来。”①邓小平同志对“以党治国”观念的批判与剖析，至今仍具有很强的学习价值。

以江泽民同志为核心的党的第三代中央领导集体，历来反对“以党治国”的影响及危害。早在1989年9月，江泽民同志就郑重指出：“我们绝不能以党代政，也绝不能以党代法。这也是新闻界讲的究竟是人治还是法治的问题，我想我们一定要遵循法治的方针。”②可见，“以党治国”的突出表现就是以党代政、以党代法，而以党代政、以党代法必然阻碍“依法治国”方略的落实。

（二）权力过分集中是依法治国最大的体制障碍

民主是法治的基础。社会主义法治的形成，需要充分的社会民主，更需要充分的党内民主。党的十一届三中全会以来，我国的社会民主和党内民主都有了相当程度的发展，党的民主集中制原则逐步得以贯彻。但应当承认，1980年邓小平同志在《党和国家领导制度的改革》一文中所剖析的党和国家组织制度和领导制度中的弊端并没有被彻底铲除，在一些地区和单位

① 《邓小平文选》第1卷，人民出版社1994年版，第12页。

② 《就我国内政外交问题江泽民等答中外记者问》，《人民日报》1989年9月27日。

甚至仍相当严重。在这些弊端中,对依法治国危害尤甚的是权力过分集中的现象。

邓小平同志指出,权力过分集中的现象,就是在加强党的一元化领导的口号下,不适当地、不加分析地把一切权力集中于党委,党委的权力又往往集中于几个书记,特别是集中于第一书记,什么事情都要第一书记挂帅、拍板。党的一元化领导,往往因此而变成了个人领导。他认为:“权力过分集中于个人或少数人手里,多数办事的人无权决定,少数有权的人负担过重,必然造成官僚主义,必然要犯各种错误,必然要损害各级党和政府的民主生活、集体领导、民主集中制、个人分工负责制等等。”[①]从某些地方的情况来看,权力过分集中不但助长了家长制作风的滋长,影响党内民主的建设,同时也是以权压法、以言代法,甚至利用手中权力徇私枉法的体制性根源,是人治得以形成并蔓延的温床。法律被束之高阁,甚至成为权力的婢女。

(三)“运动治国”“政策治国”是依法治国的方式障碍

长期以来,党领导革命和建设的基本方式是运动和政策。特别是以阶级斗争为纲的时期,运动成了完成某项中心工作的重要的甚至唯一的推动方式。运动的内容、时间、方式往往取决于领导人的看法和注意力。政策相对运动具有平缓的特点,但政策较之法律却具有易变的特点和较大的随意性。政策的变化也与领导人的改变、领导人看法和注意力的改变有密切关系。因此,靠运动和政策治理国家,有时有其效率高的优点,但也给人治留下了更多的活动空间。历史证明,国家要长治久安,国家的制度和大政方针不能因领导人的改变而改变、不能因领导人看法和注意力的改变而改变,因此必须靠法治。从一定意义上讲,人治与运动、易变的政策是联系在一起的。一个政党靠运动和政策实现其领导,既是人治的反映,也必定导致人治的后果。而法治是和法律联系在一起的,因为立法、执法、司法、法律监督等的主体归根结底都是广大人民群众,所有的法律活动要由专门的法律职能部门按照法定程序来完成。法律是无产阶级和广大人民的意志,法律运作又有程序保证,这就使得法律具有运动和政策不可比拟的人民性和稳定性。

在战争年代和社会主义革命时期,党的领导靠运动和政策有其历史的合理性,但进入社会主义建设时期,特别是党和国家的工作转向以经济建设为中心以后,党的领导必须完成由主要靠运动和政策领导到主要靠法律领

① 《邓小平文选》第2卷,人民出版社1994年版,第329页。

导的转变。对此，党和国家许多领导人都有明确认识。20 世纪 50 年代董必武就讲过："过去依靠群众运动把这些妨碍生产力发展的障碍扫除了。在当时历史条件下，我们为扫荡那些东西，就要用排山倒海的力量，一下子把它搞垮。它是一阵风，总是八级以上的风，大得很。要解放生产力没有群众运动是不行的，而法律就没有这样大的力量。搞群众运动是完全必要的。现在情况变了，国家的任务已经由解放生产力变为发展和保护生产力。我们要保护群众运动的果实，要保护和发展生产力，就必须进一步健全人民民主法制。"①1979 年 6 月，邓小平在五届全国人大二次会议党内负责人会议上明确指出："以后，党委领导的作用第一条就是应该保证法律生效、有效。没有立法以前，只能按政策办事；法立了以后，就要坚决按法律办事。"②1984 年 3 月，彭真同志也讲过："在战争时期，党也好，军队也好，群众也好，注意的是党的政策。"③"建国以后，我们有了全国性的政权，情况不同了，不讲法制怎么行？要从依靠政策办事，逐步过渡到不仅靠政策，还要建立、健全法制，依法办事。"④1987 年 10 月，党的十三大明确规定了党对国家事务实行政治领导的主要方式："使党的主张经过法定程序变成国家意志，通过党组织的活动和党员的模范作用带动广大人民群众，实现党的路线、方针、政策。"党的十五大最终确立了依法治国的方略，这实际是对"运动治国""政策治国"的扬弃。时至今日，以运动（活动）治国，以政策治国，仍然是不少党组织实施领导的主要方式。因此说，尽快完成从主要靠运动、靠政策实现党的领导到主要靠法律实现党的领导，是改善党的领导的又一艰巨任务。

三、在依法治国、建设社会主义法治国家过程中，坚持与改善党的领导重在落实

党的十一届三中全会以来，以邓小平同志为核心的党的第二代中央领导集体和以江泽民同志为核心的党的第三代中央领导集体在依法治国方面提出了一系列重要的理论观点，制定了诸多相关法律法规和方针政策。应

---

① 《董必武选集》，人民出版社 1985 年版，第 449 页。

② 中共中央文献研究室编：《邓小平思想年谱》（1975—1997），中央文献出版社 1998 年版，第 122 页。

③ 《彭真文选》，人民出版社 1991 年版，第 491 页。

④ 《彭真文选》，人民出版社 1991 年版，第 492 页。

该说，如何在依法治国、建设社会主义法治国家的进程中坚持与改善党的领导，指导思想是明确的，可以遵循的法律法规、方针政策也是基本具备的。目前，最重要的是将这些思想和有关法律法规、方针政策的内容落到实处，这是坚持与改善党的领导、实现依法治国的当务之急。

在立法方面，坚持与改善党的领导落到实处的关键是：社会主义国家的法必须是良法，良法的唯一标准体现为它必须是广大人民群众的意志而不能是某一党派或某一政府机关的意志。在这里，最重要的是要解决好两个问题：一是共产党的主张要始终和人民的意志相一致，共产党不能有自己的任何特殊利益；二是防止政府的某些机关借助立法强化部门利益。江泽民同志指出："坚持党的政治领导，一个基本的方面就是要坚持使党的主张经过法定程序变成国家意志，通过党组织的活动和党员的模范作用，带动人民群众实现党的路线、方针、政策。国家的宪法和法律是人民群众意志的体现，也是党的主张的体现。"[①]国家的宪法和法律既要体现人民群众的意志，也要体现党的主张。这就要求党的主张必须反映人民群众的意志，必须保持和人民群众意志的高度一致性。共产党不能有一丝一毫的特殊利益，共产党的领导干部在国家生活中也不应当享有任何特殊的权利。不然的话，将党的主张上升为法律，就有可能形成违背人民群众意愿的国家意志，特别是如果不注意防止部门利益法律化问题，法律法规就有可能成为个别部门或个别党员干部追逐私利的工具，就不能保证社会主义的法必定是良法。而避免这些问题，要靠党员干部的思想觉悟、法律意识与自我约束，也要靠制度，靠人民代表大会制度的不断完善和加强，靠各级人民代表代表性的强化、法律素质的提高和立法权能的落实。

在遵法方面，坚持与改善党的领导落到实处的关键是：真正树立宪法的最高权威，切实解决权大于法的问题。在一个现代法治国家中，最高权威只有一个，那就是宪法。我国宪法规定：中华人民共和国实行依法治国，建设社会主义法治国家。国家维护社会主义法制的统一和尊严。一切法律、行政法规和地方性法规都不得同宪法相抵触。一切国家机关和武装力量、各政党和各社会团体、各企业事业组织都必须遵守宪法和法律。一切违反宪法和法律的行为，必须予以追究。任何组织或者个人都不得有超越宪法和法律的特权。江泽民同志明确指出："维护宪法尊严，保证宪法实施，关键是

① 江泽民：《各级领导干部要努力学习法律知识》，《人民日报》1996年10月10日。

要加强和改善党对这项工作的领导。中国共产党领导人民制定和执行宪法，自身也在宪法的范围内活动。”“宪法具有最大的权威性和最高的法律效力。全国各族人民、一切国家机关和武装力量、各政党和社会团体、各企业事业组织，都必须以宪法为根本的活动准则，并且负有维护宪法尊严、保证宪法实施的职责。”他强调：“宪法是法律体系的核心和基础，是依法治国的根本依据。我们讲依法治国，建设社会主义法治国家，首先是依据宪法治理国家、建设国家。”可见，要实现依法治国，首先是依宪治国；要依宪治国，必须树立宪法的最高权威；要树立宪法的最高权威，取决于执政党——共产党的模范带头作用。正像江泽民同志指出的那样，在现实生活中，宪法的权威还没有得到完全的体现，宪法的实现还存在这样那样的问题。有的地方和部门有法不依、执法不严、违法不究的现象相当严重，极少数干部公然置宪法和法律于不顾，以言代法、以权压法、徇私枉法、执法犯法。对此，江泽民同志严肃地指出：“违宪是最严重的违法。一切违反宪法和法律的行为，都必须予以追究。”①可见，只有真正树立“宪法具有最大的权威”的思想，依法治国、建设社会主义法治国家的进程才能有实质性的突破。

在守法方面，坚持与改善党的领导落到实处的关键是：严格按照宪法、法律和党章的规定界定自己的位置，明确自己的职能，行使自己的权力，特别是处理与解决好党同国家机关和武装力量、同各民主党派和社会团体、同各企业事业组织的权力关系，保障公民权利。中国共产党的党章规定：党的领导主要是政治、思想和组织的领导。党加强和改善党的领导，必须保证国家的立法、司法、行政机关，经济、文化组织和人民团体积极主动地、独立负责地、协调一致地工作。党的十三大报告也早已指出：党和国家政权机关的性质不同，职能不同，组织形式和工作方式不同。应当改革党的领导制度，划清党组织和国家政权的职能，理顺党组织与人民代表大会、政府、司法机关、群众团体、企事业单位和其他各种社会组织之间的关系，做到各司其职，并且逐步走向制度化。在这些关系中，最重要的就是要按照宪法法律的有关规定，处理好党和人民代表大会的关系。在我国，人民代表大会制度是根本的政治制度，是人民群众当家作主的组织形式和实现方式。因此，落实宪法、法律规定的人民代表大会的职权，保证人民代表大会积极主动、独立负

---

① 刘振英、张宿堂、吴恒权：《征求对修改宪法部分内容的意见　中共中央召开党外人士座谈会》，《人民日报》1999年2月1日。

责地工作，就成为在守法方面坚持与改善党的领导真正落到实处的重中之重。

在执法方面，坚持与改善党的领导落到实处的关键是：保证各级执法部门严格依法办事。改革开放前期，在法制建设方面，我国着重解决的是无法可依的问题。随着我国立法步伐的不断迈进，现阶段依法治国需要解决的是一定程度上存在的有法不依、执法不严、违法不究的问题，这成为党加强改善其领导、推进社会主义法治国家建设的重要问题。怎样保证各级执法部门严格依法办事？除了加强法治意识、法律知识教育外，有两件事尤为重要：一是加强执法监督，实行执法责任制和评议考核制。一切政府机关都必须依法行政，发现问题绝不姑息迁就。二是党的组织不能代替行政部门履行执法职能。当前行政监督不力的一个重要原因，就在于行使行政执法权力时党政不分，一旦出现行政执法方面的问题，往往决策者不是法律被告和责任承担者，被告者不是最终的拍板决策者，行政监督和法律制裁难以切实奏效，影响了执法部门严格依法办事。

在司法方面，坚持与改善党的领导落到实处的关键是：从制度上保证司法机关依法独立公正地行使审判权和检察权。我们国家不搞西方的三权分立，司法工作应在党的领导之下。但这一领导，也是政治、思想、组织的领导。要保证司法机关在司法工作中贯彻党的大政方针，但不能干涉甚至替代司法机关行使审判权和检察权。司法机关在司法审判的过程中，唯一应该遵从的是法律和事实，而不是任何组织和领导人的意愿。司法部门能否依法独立公正地行使司法权，这是一个国家是人治国家还是法治国家的最明显的标志。一定意义上讲，将司法机关依法独立公正地行使审判权和检察权落到实处，是实现依法治国的核心内容。

本文原载于《当代世界与社会主义》2001 年第 1 期，2002 年 12 月获山东省第十七次社会科学优秀成果三等奖。

中国共产党与苏联共产党执政党建设比较研究论纲

刘靖北

苏联共产党[①]曾经是一个具有93年历史、一度拥有近2000万党员、执政长达74年的政党；中国共产党是一个具有80年历史、现拥有6400多万党员、已经执政52年并仍在执政的政党。从执政党建设的角度比较研究这两个共产主义执政大党，认真分析它们的兴衰成败，将会发现其中的内容异常丰富、意义十分重大、启迪格外深刻。在这里，笔者只能作提纲挈领式的论述，以期抛砖引玉。

一、意义

苏共的失败和中共的成功，是20世纪最后10年的重大历史事件。它吸引了世界上许许多多有识之士分别对两者进行大量研究，但却很少从执政党建设层面上对两者进行比较研究。在国外，西方国家的学者对苏共、中共的执政党建设研究得不多，对两者的比较研究就更少。在国内，人们十分重视我们党自身建设的研究，不怎么看重苏共执政党建设的研究，更谈不上对中苏两党的执政党建设有多少比较研究。这方面目前还鲜见有系统、有力度的研究成果。因此，关于中苏两党执政党建设的比较研究是一个亟待开拓的研究领域。

苏共垮台的根本原因出在苏共内部，这给我们党以很大警示。邓小平

---

① 苏联共产党先后使用过"俄国社会民主工党""俄国共产党(布)""全联盟共产党(布)""苏联共产党"等称谓。为了行文方便，本文统一使用"苏联共产党"或者简称"苏共"。

早就指出："说到底，关键是我们共产党内部要搞好，不出事。"[①]江泽民针对苏共等外国共产党的蜕变进一步指出："关键是在搞好现代化建设的同时，要全面加强和改进党的建设。"[②]我们党是以苏共为榜样建立起来的，苏共的执政模式在相当长时期内给我们党以很大影响，苏共出现的许多问题我们党也出现过，有些至今依然存在着。通过中国共产党与苏联共产党执政党建设的比较研究，可以使我们更好地吸取经验教训，扬长避短，防微杜渐，开创党建工作的新局面；可以使我们更好地结合党面临的新形势和新任务，坚持和发展马克思主义的政党学说。这是包括党的理论工作者在内的全党同志所肩负的历史责任，也是我们开展这方面比较研究的意义所在。

二、内容

笔者认为，中国共产党与苏联共产党执政党建设比较研究的主要内容有以下几个方面：

(一)关于党的领导地位问题

坚持党对苏维埃国家政权的领导，发挥党在工人阶级革命事业中的作用，是列宁的一贯立场。他指出："党是直接执政的无产阶级先锋队，是领导者。"[③]不仅如此，列宁还十分注意改善党的领导，晚年口授的系列文章对改革党的领导制度进行了可贵探索。从斯大林到契尔年科，苏共虽然坚持了党在国家的政治生活和社会生活中的领导地位，但党内高度集中的领导体制使党的领导的代表性和合法性受到损害。戈尔巴乔夫的改革不是积极地加强和改善党的领导，而是轻率地放弃共产党的执政地位，盲目推行"政治多元化"和多党制，使共产党完全丧失了对国家和社会的控制能力和领导能力，导致苏共的毁灭。中共也犯过错误。在"文化大革命"中，林彪、江青反革命集团提出"踢开党委闹革命"的口号，用中央文革小组取代中央政治局，用各级革命委员会取代各级党委，也使党的领导受到相当程度的损害。即便如此，中国共产党的领导地位在整体上没有动摇过。"文革"以后，我们党十分注意总结经验教训，及时提出"为了加强党的领导，必须改善党的领导"

① 《邓小平文选》第3卷，人民出版社1993年版，第381页。
② 江泽民：《关于改进党的作风》，《人民日报》2000年12月30日。
③ 《列宁全集》第40卷，人民出版社1986年版，第296页。

的科学命题，从思想上、组织上、作风上全面加强党的建设，不断提高党的领导水平和执政能力，以适应改革开放和社会主义现代化建设的实际需要。

（二）关于思想理论建设问题

坚持马克思主义，并在实践中创造性地发展马克思主义，是共产党思想理论建设的根本任务。列宁是从理论上和实践上创新马克思主义的典范，十月革命的胜利、新经济政策的实施就是最为典型的例子。列宁逝世后，苏共党内的教条主义倾向日趋严重。教条主义成为痼疾，长期伴随着苏共的决策者们。例如，从 1931 年斯大林要保留商品货币开始，在承认商品经济的历程中，大约每 10～20 年前进一小步，及至戈尔巴乔夫承认计划—市场经济，时间已经耗去近 60 年![1] 苏联僵化、封闭、保守的思想理论模式，使马克思主义遭到严重扭曲。戈尔巴乔夫上台后，提倡"思想多元化"，并最终放弃马列主义的指导地位，从而给苏共带来灾难性打击。中共在十一届三中全会之前，"左"倾思想在党内长期占据统治地位，教条主义盛行，形而上学猖獗，严重削弱党的创新能力。十一届三中全会重新确立"解放思想、实事求是"的思想路线，使党焕发出蓬勃生机。我们党反对僵化马克思主义的"左"的思潮，又防止否定马克思主义指导地位的右的思潮，高举马克思主义的理论旗帜，随着时代、实践和科学的发展创新马克思主义，促使当代中国的马克思主义——邓小平理论应运而生。

（三）关于政治路线问题

列宁逝世后，苏共在执政的大部分时间里对苏联所处社会发展阶段的认识及在此基础上制定的路线，都是脱离苏联实际的。无论是斯大林时期的"国家工业化""农业集体化""通过社会主义逐步过渡到共产主义"的路线，还是赫鲁晓夫、勃列日涅夫时期用 20 年时间基本"建成共产主义社会"及"发达社会主义"的总路线，都严重背离生产力发展的客观要求，结果欲速不达。戈尔巴乔夫上任后，在 1986 年使用了"发展中社会主义"的提法，而这一估计并没有成为苏共制定政治路线的依据。社会主义的优越性逐渐在人民心目中大打折扣，形成对苏共和苏联社会制度的信任危机。中共十分注意制定和实施各个时期的政治路线。在过渡时期的总路线指引下，党领导全国人民胜利完成了对农业、手工业和资本主义工商业的社会主义改造。建设社会主义的总路线，尽管有"左"的成分，但基本上是一条正确的路线，

① 参见江流、陈之骅主编：《苏联演变的历史思考》，中国社会科学出版社 1994 年版，第 279 页。

全面建设社会主义时期的成就也是显著的。“文化大革命”是在无产阶级专政下继续革命的理论和路线指导下发生的，给党、国家和人民带来深重灾难。党的十一届三中全会把党和国家的工作重点转移到经济建设上来，形成了建设有中国特色社会主义的基本路线和基本纲领。我国的综合国力不断增强，中国共产党得到广大人民群众的衷心拥护和坚决支持。

（四）关于组织制度问题

列宁第一次提出“民主集中制”的概念，并身体力行民主集中制原则。由于历史条件限制，民主集中制在列宁时期并没有制度化。此后，苏共也一直没有正确地实行民主集中制。集中机制越来越不受制约，民主机制几乎失去作用，结果在苏共党内形成了严重的个人专权和个人崇拜。戈尔巴乔夫上台后，苏共在“党内生活民主化”的口号下开始批判民主集中制。1991年7月，苏共中央全会通过的苏共纲领草案则完全放弃了民主集中制。这样，昔日有着严格纪律、团结统一的苏共一下子变成组织庞杂、党心涣散的政治组织，加速了苏共的瓦解。中共从成立之日起，就以民主集中制作为自己的组织原则。建国后，我们党在民主集中制问题上也犯过错误，如“文革”中既存在家长制、个人说了算等过度集中的问题，也存在不要集中领导、搞所谓“大民主”的问题。其中，主要的倾向是集中过度、民主不够。但是，中国共产党人并未因此而抛弃民主集中制的基本原则，相反，在坚持民主集中制基本原则的前提下，为发展和完善民主集中制的各项具体制度作出了不懈努力。

（五）关于干部制度问题

十月革命后，为了巩固苏维埃政权，苏共委派大批共产党员到苏俄各地各级岗位上任职和工作。这种做法在斯大林时期沿袭下来并予以制度化，选举制完全流于形式。干部自上而下层层任命，只对上负责而不对下负责，造成了任人唯亲等不良现象，培养了一批阿谀奉承、投机钻营之徒，严重损害了党的形象和党的领导的代表性。中共在这方面与苏共有相似性，但也有较大区别，如始终奉行任人唯贤的干部路线和德才兼备的用人标准，强调党管干部原则与群众公认原则相结合、选举制和任命制相结合，注意依法治吏，造就又红又专的干部队伍。

（六）关于党政关系问题

列宁提出了正确处理党与国家机关关系的基本原则，指出党的任务“是对所有国家机关的工作进行总的领导，不是象目前那样进行过分频繁的、不正常的、往往是琐碎的干预”[①]。斯大林在理论上也提到党政分工的原则,但在实践上又自相矛盾地提出:各个权力机关和群众组织作出的“任何一个重要决定都非有党的指示不可”[②]。结果形成了党政不分、党政一体化的局面,并一直没有多大改变。戈尔巴乔夫则走向另一个极端,以“明确划分党政机关职能”为名,把政权机关的全部职能和权力交还给苏维埃,取消了苏共在国家政治生活和社会生活中的领导核心地位。中共十一届三中全会以前,我国基本上照搬苏共的党政关系模式。1980年,邓小平提出改革党和国家的领导制度,我国党政关系的改革提上议事日程。党的十三大提出党政分开的设想,但在实践中贯彻得不顺利。党的十四大以来,我们党根据建立社会主义市场经济体制的要求,努力改进党的执政方式和领导方式,使党的执政水平和领导能力进一步提高。

(七)关于党的监督体制问题

列宁十分重视党的监督体制建设,提出了许多建设性意见,并在俄共党内设立了由党的代表大会选出、直接对党的代表大会负责、与中央委员会平行的监督机构——中央监察委员会。斯大林破坏了在列宁时期初步建立起来的党内监督制约机制,取消党的中央监察委员会原有的制约中央委员会和政治局的权力,把它变成中央委员会的下属机构,使领导人的权力失去有效的监督和制约,给苏联的党和国家带来严重后果。中共执政后设立的党内监督监察机构曾经起过积极作用,但在“文革”中完全取消了这些机构。党的十一届三中全会以后,我们党恢复建立党的纪律检查机构,对于防止和遏制权力的腐败起到至关重要的作用。由于我们党充分认识到了没有监督的权力必然走向腐败,所以正在继续建立更加有效的权力监督制约体制、机制和制度。

(八)关于党群关系问题

列宁从理论上对党和人民群众的关系作了正确而全面的论述,在实践中千方百计地建立和维护党与人民群众的密切关系。斯大林及其后来的苏共领导人虽然也正确地论述过党群关系,但实际上党越来越脱离群众。这不仅表现在苏共长期奉行脱离实际、忽视人民群众切身利益的方针政策,而且还表现在斯大林当政后、苏共党内逐渐形成了一个官僚特权阶层,严重损

---

① 《列宁全集》第43卷,人民出版社1987年版,第64页。

② 《斯大林全集》第8卷,人民出版社1954年版,第38页。

害了党与人民群众的关系。中共始终把全心全意为人民服务作为自己的根本宗旨,注意从人民群众的根本利益出发制定自己的政治路线,在实践中形成了群众路线的工作方法和密切联系群众的工作作风。它经常开展反对特权和反对腐败的斗争,自觉维护人民群众的根本利益,受到人民群众的拥护和爱戴。

(九)关于基层组织建设问题

苏共长期实行一长制,各级干部执掌本单位的全部权力。苏共党章只强调党的基层组织是党的基础,对其地位和作用缺乏明确具体的规定,致使基层组织没有相应的权力和地位,苏共党组织因而缺乏战斗力和凝聚力。中共基层组织的地位、作用有一个变化发展的过程,例如企业、事业单位的党组织由过去的领导核心转变为现在的政治核心。但无论怎样变化,我们党都十分重视基层组织的建设,都明确规定它们的地位和作用,使它们较好地发挥政治核心和战斗堡垒的作用。

(十)关于党内斗争问题

列宁规定了党内斗争的原则,指出“建立团结一致的党组织,采取坚定不移的革命马克思主义的方针,使党内斗争在适当的应有范围内进行,从而使这种斗争不致破坏组织,不致妨碍正常工作”①。斯大林当政以后,逐步抛弃了这一正确原则,采取所谓“连根拔起和粉碎”的方法,甚至动用专政机关和镇压手段来对付党内同志。20 世纪 30 年代,苏联国内的大清洗给千百万家庭造成了几代人都难以抹去的创伤。中共早在革命战争时期就形成了一整套正确进行党内斗争的方式方法,如“惩前毖后、治病救人”的方针、“团结—批评—团结”的公式等。建国以后,除了 1957～1976 年间没有处理好党内斗争外,其他时期都较好地解决了这个问题,维护了党的团结和统一。

三、认识

笔者认为,比较研究中共与苏共执政党建设,认真总结苏共失败的教训和中共成功的经验,能够得出执政共产党建设的规律性认识。

一是必须坚持党的无产阶级先锋队性质,同时用改革的精神全面加强党的建设。党的性质是指一个政党本身所具有的质的规定性。赫鲁晓夫提

① 《列宁全集》第 9 卷,人民出版社 1987 年版,第 2 页。

出"全民党"的理论,使苏共在党的性质问题上发生动摇;戈尔巴乔夫用"民主的、人道的社会主义"理论改造党,使党的性质发生根本蜕变并使苏共走向垮台。因此,坚持无产阶级先锋队性质,是执政的共产党建设中的根本问题。以改革的精神全面加强党的建设,是执政的共产党适应新形势,真正担当领导社会主义现代化建设重任的根本途径。党的建设必须摆脱高度集权的苏共党建模式。不改革,党的领导就不可能得到坚持和加强;不加强党的领导,改革就会变向走形。这两种倾向都会削弱乃至葬送执政的共产党。

二是必须高举马克思主义理论旗帜,并随着实践、时代和科学的进步创造性地发展马克思主义。否定马克思主义的基本原理,抛弃马克思主义的理论旗帜,会使党迷失方向,使党在精神上瓦解。戈尔巴乔夫对待马克思主义的态度就是如此。同样,借口坚持马克思主义实为僵化马克思主义,也会使马克思主义失去实践的指导作用,使党的创新能力衰竭而导致党自身败亡。苏共在这方面的教训尤为深刻。因此,马克思主义一定不能丢,丢了就丧失根本;同时一定要随着时代、实践和科学的发展而不断地创新马克思主义。只有这样,才能使马克思主义政党立于不败之地。

三是必须把马克思主义基本原理与本国具体实际紧密地结合起来,制定和实施正确的政治路线。正确的政治路线带来社会主义的优越性。长期以来,苏共没能制定和实施符合本国国情的正确的政治路线,最终导致苏联社会经济在结构、速度和效益方面都出现危机,社会主义的优越性受到严重损害。中共在十一届三中全会以后制定和实施了符合中国国情的、正确的基本路线,中国的面貌发生了翻天覆地的变化,社会主义优越性不断地显示出来。因此,合格的马克思主义执政党必定要把马克思主义同本国实际相结合,才能创造出正确的政治路线。

四是必须坚持民主集中制原则,切实加强党内民主,建立有效的党内权力监督制约体系。早在斯大林当政时期,苏共就过分强调集中而忽视民主,导致个人专权、家长制的行政命令体制。民主集中制的本质被歪曲,完善的民主机制没有建立起来,党内极度缺乏民主,以至于改革伊始,要求民主的呼声在苏共党内压倒一切,结果造成了党的组织和党的政治运行机制瘫痪。因此,坚持民主集中制原则,就必须自觉地完善民主集中的体制、机制和制度,确保民主集中制原则的有效运用,其中就包括实行各种有效的监督。

五是必须加强党的制度创新,从制度上保证党和人民群众的代表与被代表的关系。"历史和现实都表明,一个政权也好,一个政党也好,其前途与命运最终取决于人心向背，不能赢得最广大群众的支持，就必然垮台。”[①]与资产阶级执政党相比，共产党执政的最大优势就在于，党是人民利益的忠实代表，党和人民之间没有根本的利害冲突。但是，这个优势并非自然而然地形成和体现出来。如果没有一整套科学的机制、程序和表现方式，这个优势往往会停留在理论上，取而代之的是党群关系的疏远和紧张。我们从苏共那里看到的就是如此。苏共关于党是工人阶级先锋队、党代表人民利益的宣示是明确的。然而，几乎在党的工作的每个环节上，这一点又都是不明确的，或者正相反。因此，执政的共产党必须加强党的制度建设，从制度上保证党和人民群众的密切联系，不能仅仅停留在一般号召之下。

六是必须坚持党在国家政权体系中的领导核心地位，努力改善党的执政方式和领导方式，不断提高党的执政水平和领导能力。从斯大林到契尔年科，苏共坚持了党在国家的政治生活和社会生活中的领导核心地位，但他们都没有正确认识党和国家机关之间的关系，在实践中把党和国家混为一谈，形成了党政不分、党政一体化的局面。戈尔巴乔夫借口党政分开，实际上取消了党对国家的政治领导权，导致苏共垮台。

七是必须加强干部队伍建设和干部制度改革，努力培养和造就一支适应建设任务和改革需要、坚持党的理论和路线、全心全意为人民服务的干部队伍。政治路线确定之后，干部就是决定因素，这是工人阶级政党的一条实践规律。苏共在干部路线、干部制度、干部标准及干部的选拔培养等方面犯有的严重错误，成为苏共瓦解的重要原因。因此，执政的无产阶级政党必须努力建设一支高素质的干部队伍。

八是必须切实加强党的作风建设，坚持开展反腐败和反特权的斗争，提高全党的拒腐防变能力。苏共不大重视党的作风建设，致使党风方面存在许多问题。苏共党内的官僚特权阶层，严重损害了党群关系。苏共不善于进行自我批评，不能正确地对待历史，也就不能从中吸取经验教训。赫鲁晓夫全盘否定斯大林，戈尔巴乔夫全面否定苏共的历史和实践，这些实际上也就等于否定了党存在的合法性。中共是一个非常重视党的作风建设的马克思主义政党，不但有准确的理论表述，而且有成套的实践做法，并且把作风建设同反特权反腐败结合起来。例如，批评与自我批评的作风，使我们党能够正确地对待自己所犯的错误，正确地总结历史经验，从中吸取有益的教

① 江泽民：《关于改进党的作风》，《人民日报》2000年12月30日。

训。“文革”结束以后，中共对毛泽东的评价和《关于建国以来党的若干历史问题的决议》的产生，充分说明了这一点。良好的党风保证了党的路线、方针、政策的贯彻执行。

九是必须切实加强党的基层组织建设和党员教育管理，不断增强党的基层组织的战斗力，巩固党的执政基础。党的队伍是由党员组成的，党的基层组织则是党的基础。党的基层组织建设和党员的教育管理工作，在党的建设中占据十分重要的地位。苏共之所以垮台，原因之一就是没有把党的基层组织建设好、没有把党员队伍教育管理好。中共之所以在整体上具有强大的战斗力，与中共长期重视基层组织建设、基层组织具有较强的凝聚力密切相关。

十是必须正确认识和处理党内矛盾，十分谨慎地维护党的团结和统一。在现实生活中，党内矛盾时刻存在，党内斗争经常发生，问题是要采取正确的原则和恰当的方式加以解决。苏共的教训告诉我们，斯大林没有正确认识和恰当处理党内矛盾和党内斗争，犯了党内斗争扩大化的错误，危害了党的团结和削弱了党的战斗力，这样就为后来的敌对势力反党反社会主义提供了口实。

本文原载于《中共中央党校学报》2001 年第 3 期，2002 年 12 月获山东省第十七次社会科学优秀成果三等奖。

网络环境下的信息服务

李　敏

网络环境下信息用户对信息服务的期望值及质量要求等都比以往大大提高了。因此,网络环境下信息服务既体现在服务内容的深化上,又体现在服务方式的改变上。

一、增值信息服务

信息具有价值,这是公认的客观事实。按照信息经济学的观点,信息价值具有增值性。即当人们进行决策时,不可能孤立地只依据一条信息,而是将多种相关信息进行综合分析得到新的信息,新信息的价值往往远大于所依据信息的价值之和。从这个意义上讲,图书馆、情报所所从事的许多传统信息服务实际上也包含着对信息的增值处理,也是提供增值信息服务。而现在则是要求它们把这种“增值”应用于更广泛的信息环境——Internet。

目前对信息服务界专业人员来说,最重要的是要发展以“信息解决办案”来满足用户需求的能力。由于用户对获取信息内容日益重视,信息服务要从过去的主要提供信息线索、文献书目数据或信息参考数据,转变为侧重提供全文服务或针对查询问题的较全面的信息解答。显然,这样的信息服务在内容层次和服务程度上都大大地深化了,同时对信息服务人员的知识和素质要求也更高了:他们不仅要掌握有关的信息技术,更要研究用户的信息需求,学习应用信息解决实际问题的方法。因此,在合适的时机,以合适的价格,为用户找到合适的方案对信息服务工作者来说是当前面临的真正的挑战。

二、深化信息服务的内容和层次

网络化的信息环境使信息用户可直接上网，满足其基本的、简单的信息需求，从而使信息机构专业人员的中介地位有所削弱；但提交给信息专业机构和人员的检索任务与信息获取要求则在综合性、复杂性、有序性等方面有更高的标准。图书情报机构的信息服务要重视用户需求的提高，从根本上转变传统信息服务多面向信息线索、提供参考性服务的工作习惯，更多地面向具体内容和直接地获取信息。同时要发挥自己的资源优势，借助有关的网络技术和工具开发集信息组织、检索、提供于一体的功能强大的信息服务系统。

三、拓宽网络环境下的信息咨询服务

在未来的社会中，图书馆将汇集图书、音像、光盘、缩微品、数字化资料等各种信息资源。计算机网络的迅猛发展，使信息获取方式、获取数量及信息交流形式等均发生了根本性变化。信息咨询人员所掌握的从图书文献资料获取信息的传统方式虽不会完全被替代，但必须与新兴的先进信息存取技术相结合，尽快形成综合性信息获取方式，这种方式的前提是熟悉和掌握网络环境下获取信息的技巧。

必须掌握现代化技术：当前图书馆的信息咨询人员要想全面获取信息，必须掌握以下四类网络技术。

第一，馆内网络。这是各馆自建的数据库网络，它容纳了自建的各种数据库并可与馆外网络连接。作为信息资询人员首先掌握并熟悉使用这一网络，才能向广大读者提供信息。

第二，国内联机检索。中国教育与科研网目前已与 Internet 联结。如 1995 年郑州大学图书馆与北京文献服务中心进行联网就属于这一类，它可检索北京文献服务中心的 50 多个数据库，文献量达 1500 万篇。

第三，国际联机检索。国际联机检索通常有四种，即 DIALOG 系统、STN 系统、DATA-STAR 系统、OCLC 系统。目前此种检索在我国才刚刚启动。

第四，Internet。掌握因特网应是图书馆信息咨询人员目前的主攻方面。

为教学、科研提供全方位信息咨询服务：深入细致地研究、掌握读者信息需求特点，是做好信息服务工作的前提。图书馆信息咨询人员应根据读者需求信息的特点，有针对性地开展工作。由于教学、科研既要获得全局信息，又要获得局部信息，这就要求信息咨询人员必须以广泛和专指相结合，以综合服务与定题、定向服务相结合，才能实现其效应。

另外，教师既有教学任务，又承担着科研课题，为此他们需要对口的文献信息，并且要求专指度较高。科研工作离不开信息咨询人员提供相应的服务，信息咨询人员应在搜集信息和积累文献的基础上，对已有的文献信息进行加工，使之成为目录、索引、题录、提要、文摘、综述等规范化的信息产品；并应建立起与原生文献相配套的各类文献信息数据库，为教学、科研人员提供相关的文献信息咨询服务。

我国信息服务业作为信息产业的重要组成部分，是伴随着社会的进步和科学技术的发展而不断发展的。无论信息环境和信息服务手段、方式如何变化，信息服务机构都应该在加强和完善现代化技术的基础上，不断提高传统文献信息的质量，通过现代化技术拓展其服务功能，以独具特色的、资源化的信息产品在竞争日益激烈的信息服务业市场中赢得生存与发展的空间。

本文原载于《光明日报》2001年12月12日，2002年12月获山东省第十七次社会科学优秀成果三等奖。

全球化视野下的文化冲突与融合

张友谊

随着人类进入21世纪，世界范围内的全球化趋势愈来愈明显，由此而引发的一系列社会问题也开始引起人们的关注，特别是不同民族、不同国家、不同地域文化上的冲突与融合，已成为不可忽视的一个重要问题。近年来，国内外理论界、学术界就全球化视野下的文化冲突和融合问题开展了广泛的讨论，学者们提出了种种不同的观点和意见，对于深化该问题的研究起到了积极的推动作用。笔者认为，对于该问题的深入研究和讨论具有极为重要的意义。因为随着中国加入世界贸易组织步伐的加快，全球化的浪潮对我国的政治、经济和文化等必然会产生深刻的影响，文化的冲突与融合在所难免。如果不能充分认识和估计该问题的影响和作用，势必会在理论上陷入迷惘，在实践中处于被动地位。从西方学者近年来对全球化视野下的文化冲突和融合的重视程度出发，我们也可以从另外一个角度看到这个问题的重要性。因此，在前一阶段讨论的基础上深化该问题的研究和讨论，是十分必要的。

一

该问题研究的一个重要前提就是要弄清楚究竟什么是全球化。因为对全球化的不同理解可以引发不同的关于文化冲突和融合的观点。也就是说，全球化是该问题的立足点和出发点。因此，毫无疑问，对于该问题的讨论，首先应该对全球化问题作一全面的审视。

全球化(globalization)的实质是什么？在国内学术界的讨论中，其争论的焦点是：全球化究竟是超越社会制度差异的全世界的政治、经济、文化渐趋一致的现象，还是当代资本主义的发展的一种向外扩张的新趋向？由于对这个问题的不同理解，学术界出现了几种不同的观点。

第一种观点认为，全球化是全球联系得愈来愈紧密，各个国家、各个地区、各个民族之间相互联系、相互依存的程度越来越高。全球化实际上是人的社会化过程，随着这个过程的发展，逐渐会形成一种“全球文化”。尽管各个国家、各个地区、各个民族之间存在着种种不同的矛盾和冲突，但它们之间存在着越来越多的共同利益和一致性。

第二种观点认为，全球化有广义和狭义两层意义：广义的全球化是指全世界在政治、经济和文化交流日趋紧密的条件下，世界各个国家、各个地区和各个民族之间的相互影响、相互作用越来越加强，使得具有共性的文化样式在全世界得到普及。全球化表明了整个人类社会正在进入一个“地球村”的时代，整个人类社会呈现出共同发展、相互依存的局面。狭义的全球化是指一个地域、一个国家、一个民族与国际社会接轨的过程，在这个过程中它们走向世界，与世界融为一体。

第三种观点认为，全球化是当代世界的各种要素的互动、依存和构成超国家的全球体系的过程。世界经济一体化是全球化的根本基础，它既表现为各个地区或各个国家之间经济联系的加强，也表现为世界范围的经济活动规则和运行机制的趋同。

第四种观点认为，全球化从文化的视角看是人类社会的整体化、互联化和依存性。整体化就是指全世界作为同一个社会整体而存在；互联化是指世界上所有的国家、民族和地区在信息、交往、利益等方面的普遍相关性；依存性是指国际合作和协调已成为全世界任何国家和地区发展的基础和前提。但是，全球化并不意味着全世界的趋同，而是全世界在发展过程中的一种普遍相关性。

第五种观点认为，全球化是当代资本主义发展的一个新阶段，其实质就是资本的国际化。这个阶段的主要特征就是：跨国公司、跨国资本、跨国经济组织急剧增加，使世界经济的联系愈来愈紧密；出现了国际化的劳动分工，国际信贷经济得到较大的发展，资本调控进入跨国公司的结构，生产系统和劳动过程越来越灵活，非中心化经济逐渐形成，标准化的市场和消费模式的指数不断增长，综合保障的信贷制等日益扩展，新价值符号体系开始创立并实际运用；一切生产和再生产的条件都已经直接为资本所吸收，资本自身具有了社会性；跨国公司的职能已发生重大变化，它不再为一个国家服务，而是为全球资本主义服务。总之，全球化的主要内容就是经济全球化，其根本标志是资本的控制达到了国际化的程度。

笔者的观点比较接近于第四种观点，但与这种观点又不尽相同。即全球化既不是全世界的趋同或一体化，也不是单单指经济全球化或世界经济一体化，而是在新的科学技术革命的推动下，世界各个国家、各个地区、各个民族的政治、经济、文化的相互联系和相互作用日趋紧密，相互间的信息高度沟通，依存性和互动性加强。这种全球化的基础是世界经济发展的日趋一体化，但全球化不能仅仅归结为经济全球化，而是在此基础上的整个世界的政治、文化等方面的广泛联系和相互作用。

全球化不是整个世界的趋同或一体化。有的学者认为，随着全球在经济、文化方面交流的日益加强，世界在经济运行机制、经济活动规范、价值评价标准等方面越来越具有文化共性和一致性，由此就形成了一种“全球文化”，产生了“全球人”，最终将导致“大同世界”的建成。这种观点带有较大的片面性和空想色彩。因为在经济上形成共同的活动规范和统一的运行机制是可以行得通的，但在政治、文化、道德方面形成共同的标准和样式从目前来看则是不可能的。且不说资本主义和社会主义两大政治体系不可能在政治、文化和道德方面达成共同的标准和样式，即使在同一政治体系中不同国家、民族和地区在这些方面形成共同的标准和样式也是非常困难的。在现阶段，虽然整个世界的主题是和平与发展，但资本主义和社会主义两大政治体系中的政治、文化标准和价值判断还是有着明显差异的。这种差异在短时间内也是不可能消除的。社会主义社会的理想目标是要建成一个消灭剥削、消灭压迫的共产主义社会，而资本主义社会的目标是要通过资本的不断扩张，获取更多、更大的利润。两大体系在价值观念上的对立是十分明显的，也是不容否认的。从地域上来看，东西方文化的差异也不可避免地会引起价值观念上的冲突，即使在某些方面会产生某些融通，但这种冲突在相当长的一段时间里会对世界产生重要的影响和作用。此外，在伊斯兰教文化、基督教文化、佛教文化和中国传统文化之间，一定程度上也会不可避免地产生价值观念上的冲突，并且它们之间的碰撞和冲突还会存在相当长的时期。把世界的发展描绘为一个即将走向“大同社会”的景象，是不符合客观事实的。也需要指出，马克思曾经揭示了人类社会发展规律并描绘了共产主义社会的美好前景，这是在对人类社会进行科学分析之后作出的结论，符合人类社会发展的趋势。但是，人类要达到这一理想目标还需要许多代人的努力和奋斗。由此可见，“全球村”或“大同社会”的建立与共产主义的实现相去甚远，根本联系不到一起去。因为从时间上来看，共产主义的实现还需要相当长的一个过程，所谓的“全球村”或“大同社会”被认为是已经或即将实现。从两者的内容和本质上来看，它们是两种完全不同的关于社会的构想。只不过“全球村”或“大同社会”带有很大的空想色彩，缺乏科学的根据。换句话说，在社会发展的现阶段，“全球村”或“大同社会”是根本实现不了的，因为整个世界目前还缺乏实现大同的基础。因此，这种关于全球化的理解是有失偏颇的。全球化并不是世界趋同，而是世界各个国家、各个民族和各个地区的密切关联和高度制约。

还有的学者把全球化仅仅理解为世界经济一体化，这也是一种不正确的理解。因为全球经济的一体化只是全球化的基础，而不是它的全部。诚然，全球经济一体化在整个全球化的过程中起着举足轻重的影响和作用。没有全球经济一体化的推动和影响，就不可能有全球政治、文化和价值观念的高度相关。即使如此，也不能用经济全球化来代替整个世界政治、文化和价值观念的日益密切联系及作用。马克思、恩格斯在《共产党宣言》中曾经预见了经济全球化所引起的世界各个方面的相互关联和作用的大趋势：“资产阶级，由于开拓了世界市场，使一切国家的生产和消费都成为世界性的了……过去那种地方的和民族的自给自足和闭关自守状态，被各民族的各方面的互相往来和各方面的互相依赖所代替了。物质的生产是如此，精神的生产也是如此。各民族的精神产品成了公共的财产。民族的片面性和无限性日益成为不可能，于是由许多种民族的和地方的文学形成了一种世界的文学。”[①]马克思和恩格斯不仅科学地预见了资本主义的发展将会引起整个世界的经济一体化，而且还预见了由经济一体化所引起的整个世界精神方面的相互联系和相互作用。由此可见，世界经济一体化必然会引起世界其他方面的相互联系和相互作用。

此外，也不能把全球化理解为资本的国际化或资本主义的世界化。诚然，在全球化过程中，资本的国际化起着不可低估的作用。关于这一点，马克思和恩格斯早在 19 世纪中期就已经预见了。近年来资本主义跨国公司的发展，使得世界经济的联系日益紧密，推动了全球化的发展，这也是有目

① 《马克思恩格斯选集》第 1 卷，人民出版社 1995 年版，第 276 页。

共睹的。然而，资本的国际化只是全球化的重要推动力量，而不是它的实质内容。通过资本国际化强有力的推动，促进了整个世界在经济、政治、文化和价值观念方面的联系和作用，这才是全球化的中心内容。当然，资本主义在推行资本国际化的过程中，必然会谋求把自己的价值标准、文化样式、政治观念、经济运作模式等强加给世界各个国家，但由于世界各个国家、各个地区、各个民族所具有的条件和情况不同，并都具有自己特殊的价值标准、文化样式、政治观念和经济运作模式，因而必然会产生对资本主义国际化的排斥力。资本主义的初衷或许是以自己的价值标准、文化样式、政治观念、经济运作模式统一全世界，但结果却是全人类寻找到一些在政治、经济、文化和价值观念等方面能够共同接受的东西。资本主义国家的政治、经济、文化和价值观念会对世界其他国家产生重要的影响和作用，其他国家对资本主义国家在这些方面的影响和作用也不可低估。全球化在任何时候都是双向的互动过程，而不是单向地施加影响和作用的过程。如果把全球化仅仅看作资本主义国家在政治、经济、文化等方面向外扩张的单向化过程，实际上是忽视了世界其他国家在这些方面对资本主义国家的影响和作用。把全球化单纯理解为资本主义的国际化或资本的世界化的观点是片面的。

人类社会的全球化进程是人类社会发展的一个自然历史过程，它首先是市场经济发展的产物，市场经济在全世界的发展使得一切国家的生产和消费都成为世界性的。此外，科学技术的迅猛发展，以电子计算机为标志的信息革命的兴起，全球通信网络的逐渐形成，彻底改变了人类的联系方式，使得全世界各个国家、各个地区和各个民族的人民有着空前广泛的联系。从根本上讲，全球化源于社会物质生产活动的发展和科学技术的进步。

总之，人类社会已经进入到一个全球化的过程，每一个国家的政府和人民都必须正确地对待全球化的问题，积极地作出调整，自觉地适应这一过程。尤其要正确地认识和对待在全球化过程中文化的冲突和融合问题，争取在整个世界的全球化过程中处于主动地位。

二

随着世界全球化过程的向前推进，世界各个国家、各个民族和各个地区的文化冲突是不可避免的。当然，这种冲突不是绝对的势不两立，而是在融合中的冲突。国内外学者在讨论这个问题时从各自的立场和观点出发，或主张在全球化过程中文化的冲突是必然趋势,或主张文化的融合是主流,但大部分学者没有注意到把文化的冲突与融合结合起来,在谈文化的冲突时忽视了文化的融合,在讲文化的融合时忽视了文化的冲突。笔者认为,文化的冲突与融合是对立的统一,文化的冲突中蕴含着融合,文化的融合中也蕴涵着冲突,不能把两者割裂开来、孤立起来加以考察和认识。从这一基本观点出发,首先考察在全球化过程中文化的冲突问题。

"文化"是哲学、社会学、人类学、政治学等多门学科所研究的对象,对这个概念的定义也是五花八门。在国际上,法国、英国和美国的学者在指称"文化"时,一般用"civilization"来表示,德国的学者则用"culture"一词来表示。我们在翻译的时候,把前者译作"文明",把后者译作"文化"。这实际上体现了对文化的两种不同理解。法国、英国和美国的学者代表着西方文化研究中的实证主义传统,他们把文化理解为既定事实的各种形态的总和,即把文化理解为人类创造的物质成果和精神成果的总和;德国的学者则代表着西方文化研究中的思辨传统,他们把文化理解为一种人类生活的样式。这两种对文化的理解各有千秋,同时也各有偏颇。其实,文化应该是结果和样式的辩证统一,是人类创造出来的物质成果和精神成果的总和,同时也是人类在认识与改造自身、社会和自然的一种特殊的实践活动方式。在中国古代,"文化"一词有"文治与教化"的意思,它表示着人类从蒙昧状态向上不断提升的过程,在这样一个过程中,人不仅改造和创造着自然界,同时也创造和改造着自身。

文化是一个复杂的系统,它可以分为三个层次:最表层是文化的物化形态,它包括被人所改造或创造的实物,如汽车、楼房、公路和文艺作品等等;中间层是文化的制度形态,它是人们所创造的各种制度和体制;核心层是思想、意识、道德、观念、风俗等等。一般来说,最表层的变化最容易,中间层的变化相对来说较难,核心层的变化最难。从总体上看,文化所面临的问题主要有三个方面,即人与自然的关系、人与人的关系、人与人自身的关系。

"冲突"(conflict)的含义是矛盾着的两种事物相互对立、相互斗争的表面化。不同事物之间的相互对抗、碰撞等都属于这个范畴。

文化的冲突在人类的历史上并不罕见。不同国家、不同地区、不同民族之间文化上的碰撞古已有之。在西方,公元前 63 年,罗马帝国攻占了耶路撒冷,灭亡了巴勒斯坦的犹太国家,从那时起,罗马文化和犹太文化发生了长达几个世纪的冲突。在中国,从公元 1 世纪开始,佛教开始传入中国,佛教文化同中国的传统文化也发生了冲突，延续了很长时间。近代中国自鸦片战争以来，传统文化受到西方文化的强烈冲击，在中国近代史上产生了重要的影响。但随着全球化过程的加快，世界上文化的冲突程度和规模都将是前所未有的。

塞缪尔·亨廷顿在1993年《外交》杂志夏季号上发表了一篇长文，题为《文明的冲突》。他认为，世界已经进入到一个新的阶段，新世界冲突的根源不再侧重于意识形态或经济，而主要来自于不同族群的文化。全球政治的冲突将发生在不同文化的群体之间，主要是发生在"西方文化"和"非西方文化"（如儒家文化、伊斯兰文化等）之间。亨廷顿对文明的定义是：文明是一个文化实体，是人类最高的文化集团和最广泛的文化特征。一种文明可以包括若干个民族国家（如基督教文明、伊斯兰文明等），也可能只是某单一民族国家（如日本文明）。每一种文明都有自己的文化背景和文化特征。亨廷顿所讲的文明的冲突，归根结底是一种文化的冲突。按照亨廷顿文明冲突的观点，世界未来的格局将取决于世界八大文明的作用，即西方文明、儒家文明、日本文明、伊斯兰文明、印度文明、斯拉夫—东正教文明、拉美文明、非洲文明。他认为其中相邻的文明集团将不断发生暴力冲突，争夺对领土的控制权。在更高一层的宏观水平上，所有这些文明群体都竞相争夺对经济和国际组织的控制权，推广自己特有的政治和宗教价值观，扩大自己的文化影响。因此，文明的冲突是不可避免的。

亨廷顿意识到了随着世界格局的变化，不同文化、不同文明之间的冲突将会不可避免地发生，他从广义文化的角度分析了文明的冲突形成的原因，对于我们认识世界文化的互动确有一定的启示。但是，他的立论的根据是错误的。他仍然站在"西方中心论"的立场上，把文化分成"西方文化"和"非西方文化"，并把他所假想的"儒家与伊斯兰联盟"这种"非西方文化"作为以美国为首的"西方文化"的对立面。事实上，第二次世界大战后，随着世界格局的变化，"西方中心论"已经过时了，而在全球意识下的文化多元化发展的新局面已经产生。亨廷顿仍然用这种过时的观点分析世界上文化的互动现象，得出的结论显然是错误的。同时，他把文明的冲突或文化的冲突绝对化，完全撇开融合讲冲突，这就走到极端了。

亨廷顿关于文明的冲突的观点提出于1993年，那时，全球化的程度远不及现在这样高，全球化的步伐也没有今天这样快。当今世界的文化冲突，比人类历史上任何时候都更加广泛和尖锐。西方基督教文化与中国传统文化的碰撞达到空前的地步,伊斯兰教文化与基督教文化也在发生着激烈的冲突。目前文化冲突的加剧主要源于整个世界全球化进程的加快。其根本原因在于随着世界各个地区、各个民族、各个国家在政治、经济和文化上的接触增多和交流频繁,不同文化的差异和特征明显地凸显出来,不同文化的价值观发生着猛烈的撞击,由此而引起文化上的冲突。

世界全球化的发展,经济上呈一体化的趋向,在文化上则表现为多元化的局面。文化上之所以呈多元化局面,而不是像世界经济的发展那样趋于一元化,是因为各个国家、各个民族、各个地区都有着自己传统的价值观,它们在对待公民与国家的关系、个人与群体的关系、家庭与社会的关系、家庭内部成员之间的关系有着根深蒂固的观点和认识,由于它们的这些观点和认识存在着较大差异,在接触和交往中互相之间的冲突也就不可避免地会发生。此外,随着世界经济一体化进程的加快,西方发达国家试图把自己的价值观强加给其他国家,在这个过程中必然会受到其他国家价值观的抵触,由此也会引发文化上的碰撞。世界各国在经济上可以有共同的运行机制和活动规则,而在价值观上则很难达成统一的认识和标准,经济一体化的进程越快,各国在价值观上的差异也越明显,文化上的冲突就在所难免。所以,在全球化过程中,世界经济一体化与全球文化多元化是对立的统一,两者共处在全球化这一同一过程中,具有互相依存的一面。同时,两者又朝着不同的方向运动,经济上愈趋向于一体,文化上愈趋向于多元。

中国传统文化与西方文化的冲突从 19 世纪中叶就已经开始。1840 年鸦片战争以来,西方列强对中国进行侵略、瓜分,同时也引发了西方文化对中国传统文化的冲击。中国传统文化与西方文化冲突的根本原因就在于西方文化借助于西方列强对中国政治、军事和经济的侵略,试图强加给中国文化,而两种文化存在着较大的差异,有着各自不同的特征,且中国传统文化有着很强的生命力,它不会轻易地屈服于其他文化。中国传统文化在漫长的历史中绵延不断,生生不息,就充分证明了这一点。

中国传统文化与西方文化的差异主要表现在:第一,中国传统文化比较重视与自然和谐相处,中国古代学者提出了“天人协调说”和“天人合一说”,阐述了人与自然和谐相处的思想;西方文化强调的是征服自然和战胜自然,自古希腊以来的许多思想家都表达了这种思想。第二,中国传统文化有着很强的家庭本位趋向,它把家庭看得比个人更重要,如父慈子孝、夫唱妇随等等,对家庭中各个成员的责任和义务给予了明确的规定;西方文化则带有明显的个人本位倾向，它主要强调个人自由、个人权利、个人的独立性等。第三，中国传统文化重视经验总结，它所侧重的思维方式是一种经验型的思维方式；西方文化则重视强调理性分析，它侧重的是理论型的思维方式。中国传统文化重人伦、重感情，西方文化则重法制、重理智。当然，两种文化的差异还可以再概括出一些，国内外专门研究中西文化比较的学者在这方面已经作了大量的研究，这里只列出西方文化与中国传统文化差异的其中几个主要方面。

西方文化与中国传统文化各有其优点，也各有其缺陷，不存在孰优孰劣的问题；它们在冲突中也不存在谁吃掉谁、谁战胜谁的问题。如果抱着一种西方文化中心主义的观点，必然会认为西方文化优于中国传统文化，中西文化冲突的结果是西方文化战胜中国传统文化。如果国人持一种民族主义的观点，必然会认为西方文化一无是处，中国传统文化是最优秀的文化，中西文化冲突的结果是中国传统文化必然战胜西方文化。这两种观点都具有一定的片面性，其根本错误就在于把文化的冲突理解为绝对的对立，是毫无融通可能的势不两立，冲突的最终结果就是一方战胜、吃掉另一方。实际上，这两种观点都是对文化冲突的形而上学的理解。在中国传统文化与西方文化的冲突中，它们既有相互对立、相互斗争的一面，也有相互取长补短、相互融合贯通的一面。只有用辩证唯物主义的分析方法，才能够正确地认识中西文化的冲突。

在世界全球化不断发展的今天，中国文化与西方文化的冲突有了新的内容，其冲突的原因也与以往有所不同。随着科学技术的进步、信息革命的兴起、经济全球化步伐的加快，西方文化与中国文化产生的接触和交流也就越来越多，由于各自有着不同的特征，它们之间的差异也就逐渐暴露出来，从而引起了两者的冲突。当今的中国文化不能仅仅归结为中国的传统文化，特别是不能只归结为儒家文化。它在发展中综合了历史悠久的中国古代传统文化，也包括了 20 世纪以来发展起来的有中国特色的社会主义文化，构成了一个复杂的文化系统。当然，西方文化近几十年来也发生了较大的变化，它在基督教文化的基础上综合了近代以来发展起来的资本主义文化，逐渐成为在世界上具有重要影响的庞大的文化体系。在全球化不断发展的今天，中国文化与西方文化的相遇与冲突是难以避免的。因为当今的中西文化的差异是比较明显的。中国文化是以具有中国特色社会主义文化为主流、以中国传统文化为底蕴的文化体系，而西方文化则是以资本主义文化为主流、以基督教文化为基础的文化体系，两者蕴含着不同的内容，这些内容在某些方面有相互对立、相互斗争的一面。在中西文化频繁交流的今天，两种文化的相互对立、相互斗争有时会比较尖锐，由此便会引发冲突。当然对这种冲突的理解必须持辩证的观点，中西文化的对立是在统一中的对立，是相互融合中的冲突。只有从对立统一的角度看中西文化的碰撞和冲突，才能对此有正确的认识和理解。

三

在全球化进程中，各种不同文化之间既有冲突，又有融合。在不同文化的碰撞中，不同文化间的融合不仅是可能的，而且还有一定的必然性。不少学者在讨论中过分强调当前全球化进程中的文化冲突，对于文化的融合则有所忽视。笔者认为，只强调文化的融合忽视文化的冲突固然不对，但只强调文化的冲突忽视文化的融合同样也是错误的。在这个问题上只有坚持辩证统一观点，才能得出正确的结论。

"融合"(merge)的含义是两种或多种不同的事物统一于一体，整合、贯通、协调、交融、会通等都属于这个范畴。

在关于文化问题的讨论中，有一些学者是持文化融合论的观点。汤一介以中国文化对印度佛教文化的吸收为例，论证了不同文化之间是以融合为主导的。他指出："在人类以往的历史上并不缺乏由于文化(例如宗教)的原因引起国家与国家、民族与民族、地域与地域之间的冲突。但是，我们从历史发展的总体上看，在不同国家、民族和地域之间的文化发展则是以相互吸收与融合为主导。"[①]也有的学者指出，不能把融合等同于趋同，那种建立一种"普世文明"的想法实际上是不可能的。例如，张汝伦就认为，从人类文明史上看，基督教与犹太教、儒家与佛教，彼此之间都有吸收和融合，但并不是趋同，也不是融入。随着人们交流的日益频繁和传播手段的日益先进，不同文化的融合正以前所未有的规模在发展。[②]

实际上，同样是主张文化融合论的学者，他们对文化融合的理解也是不一样的。一种观点认为，文化的融合就是文化在发展中逐渐趋同，最后建立

---

① 方克立主编：《走向二十一世纪的中国文化》，山西教育出版社 1999 年版，第 542 页。

② 参见王缉思主编：《文明与国际政治——中国学者评亨廷顿的文明冲突论》，上海人民出版社 1995 年版，第 319 页。

起一种“普世文明”，即建立起一个全世界的人类都能接受的道德规范和价值观。另一种观点认为，文化融合就是一种文化融入到另外一种文化当中去，实际上是一种文化被另外一种文化吞并掉。还有一种观点是文化的融合是两种或多种文化的互相吸收，在经济一体化日益发展的今天，文化的发展不是呈现趋同的倾向，而是愈来愈趋于多元化。

笔者比较赞同后一种观点，但与此种观点又不完全相同。笔者认为，对文化融合的理解应持一种辩证统一的观点。既不能把文化的融合简单地理解为合成一体或同一化，也不能把它理解为一方吃掉、吞并另一方，而应该把它看作对立中的统一，是双方在相互对立、斗争、冲突中的相互协调、一致、吸收等。

基于这种理解，文化的融合是完全可能的。因为在当今全球化不断发展的世界上，各个国家、各个民族、各个地区的交流与合作越来越频繁，它们之间在文化方面的接触和交往也越来越多，通过文化间的比较，人们可以认识到各种文化之间的利弊得失，从而吸收其他文化中的优点，弥补自己文化中的缺陷，发展本民族的文化。

从人类文明史上看，各个国家、各个民族、各个地区的文化在形成和发展中彼此冲突、碰撞，同时也相互汲取、会通。现在的西方文化就是由多种文化交汇、融合的产物，它绝不是什么封闭的文化体系。作为西方文化核心内容的基督教，就是亚洲、非洲和欧洲三大洲几种文化的融通、交汇和整合的产物。作为东亚文化重要组成部分的儒家学说，在形成和发展中也综合、会通了儒、释、道百家文化的思想，成为一种丰富的文化体系。日本文化是比较成功地融合其他文化的一个范例。日本是一个文化认同感很强的民族，它十分注意发扬、保存自己的文化传统，同时也注重接受其他文化中的优点。它融合了儒家文化、佛教文化和西方文化的一些方面，尤其是日本明治维新以后所提倡的“文明开化”的风气，在学习、吸收西方先进文化过程中起了很重要的启蒙作用。所以，日本在吸收、融合其他文化的同时，保持和发扬了自己的传统文化。

文化间的融合有时会经历一个漫长的过程，需要几个世纪才能初见端倪。比如儒家文化与佛教文化的冲突与融合，便是经历了后汉、魏晋、隋唐，一直到北宋和南宋时期才基本完成，历时千年之久。然而，在全球化进程不断加快的今天，文化的融合所花费的时间会比历史上任何时期都短。因为现代科学技术为文化的融合提供了非常有利的条件，更重要的是人类的文明已经达到了一个更高的阶段，在对待文化的问题上也更加理智和聪慧。所以，文化的融合在当代有加速的趋向。

中国文化与西方文化的直接交流，虽然古已有之，但在近代呈加速之势。1840年鸦片战争以后，西方文化在中国的传播速度加快，中西文化的交流频繁，中国的一些有识之士开始认识到西方文化中有许多值得中国文化吸收、借鉴的东西，中国文化应当融会贯通西方文化的长处，同时也认识到中国文化有自己的缺陷，只有吸收西方文化中优秀的东西，才能克己之短。

近代中国学人在对待中西文化融合的问题上有几种不同的观点。

一种观点是"会通以求超胜"论。16世纪末17世纪初，西方天主教先后派了许多传教士来到中国，在传教的同时带来了西方文化。徐光启就明确地提出了"会通以求超胜"的主张，即中国要想超过西方，必须走中西会通的道路。

另一种观点是"中学为体，西学为用"的观点。这种观点的渊源最早可以追溯到魏源，他在《海国图志》一书中提出"师夷之长技以制夷"的主张。早期的洋务派主张向西方学习"船坚炮利"，以求"自强"，同时也有洋务派代表人物认为，为了使中国转危为安、转弱为强，首先还必须在文物制度上下功夫。于是有了以中国固有的文物制度及其意识形态为本，以西方的船坚炮利为末的思想。早期的改良派也是"中体西用"论者，郑观应就明确提出："中学其本也，西学其末也，主以中学，辅以西学。"[①]按照他们的观点，资本主义的经济制度和君主立宪的政治制度是"富强之本"，而舍弃这些专讲船坚炮利，就是"遗其体而求其用"，但本中之本是"孔孟之常经"。1890年，中国在甲午战争中失败后，洋务运动以失败而告终，改良派则脱颖而出。他们把改革封建专制制度和制定资本主义法律作为变法的核心与关键，同时高度评价了自由、民权、平等的资产阶级观念，并把这些观念作为变法的理论基础。他们虽然也借用"中体西用"论来说明他们的主张，但关于什么是"体"、什么是"用"的理解已经不同于洋务派的理解了。

还有一种观点是"西学中源"论。最早的代表可以追溯到清初的黄宗羲。他们认为，西方的科学技术固然先进，但它们是从中国传过去的。因此，向西方学习，并不是什么"用夷变夏"，而是"以中国本有之学还之于中

① 郑观应:《盛世危言·西学》，中州古籍出版社1998年版，第76页。

国”。“西学中源”说归根结底属于一种华夏文化中心主义。

到了20世纪，关于中西文化关系的争论又出现了一些新的观点。如“东方文化”论，夸大西方文化的危机，企图以东方文化去救世；“全盘西化”论，提出西方文化是最先进的文化，应当全盘予以接受；“中国本位文化”论，针对“全盘西化”论的观点，与“中体西用”的观点十分接近。到了20世纪后半叶，还出现了“儒学复兴”论、“西体中用”论的观点。“儒学复兴”论认为，儒家精神与现代化并不是互相排斥的，东亚地区的经济腾飞，证明了“儒家资本主义”是行得通的。“西体中用”论的代表人物是李泽厚，他提出要以包括马克思主义在内的西方思想学说作为主体，以“中学”来作为实现“主体”的方式，用“西学”来改造“中学”。

以上关于中西文化关系的观点和学说都各有长处，也各有一定的局限性。这里应该特别提出，20世纪30年代由张岱年先生提出的“综合创新说”对于我们辩证地理解文化的冲突与融合有着很大启发。他大力倡导创建一种综合中西文化之长的中国新文化，这种新文化不是东拼西凑起来的，而是批判地吸收，创造性地发展。在世界全球化日趋发展的今天，“综合创新说”对于正确理解和处理中国文化与世界文化的关系有着十分重要的意义。

笔者认为，中西文化的融合是两者对立中的统一，是相互斗争、冲突中的互相交融、吸收、会通，不能预先设定谁是体谁是用，以一个固定的模式来对待两者的关系。因此，“中学为体，西学为用”和“西体中用”的观点都是有一定偏颇的。西方文化中心主义、“中国本位文化”论、“全盘西化”论和“儒学复兴”论也都是各执一端，站在自己的立场阐述自己的观点。当然，不可否认这些观点中有不少有价值的思想，可供我们在研究中借鉴。尤其是张岱年先生所提出的“综合创新说”对于我们认识这个问题具有重大的指导意义。中西文化的融合是一种具有丰富内涵的多元整合，是高层次的融会贯通，任何对这种融合的简单化理解都会在这个问题上犯形而上学的错误。

中国从20世纪80年代以来实行对外开放政策，对文化采取了一种积极地吸收和借鉴的态度，深刻反思了那种闭关自守的做法，对于迎接中国加入世界贸易组织，主动顺应全球化的潮流，正确认识文化的冲突，促进中外文化的会通、交融，有着很大的推动作用。通过对近代以来特别是“文化大革命”中教训的反思，中国人愈来愈认识到在全球化浪潮迎面而来的今天，中国文化必须面向世界，走与世界文化融会贯通的道路，把民族化同世界化统一起来,促进中国文化的现代转型,使中国文化为全人类的文化作出卓越的贡献。

本文原载于《西南师范大学学报》2001 年第 1 期,2002 年 12 月获山东省第十七次社会科学优秀成果三等奖,2003 年 4 月获全国党校系统第四届优秀科研成果三等奖。

论当代西方哲学范式

朱兰芝

任何理论都有一个支点，这个支点不仅是一个理论体系赖以确立的基础，而且还是理论体系的核心内容。理论体系就是以这个支点为基础，以这个支点为核心展开的。当代美国著名科学哲学家库恩提出了"范式"概念，系统地阐述了关于这个理论支点的见解，概括了科学发展的历史交替过程。而当代西方哲学作为继近代西方哲学兴起的新的理论体系，必然有与古代西方哲学及近代西方哲学全然不同的理论支点，亦即有不同于它们的"范式"。但是，当代西方哲学派别林立，学说繁多，概念体系与理论表述有时大相径庭，它们是否有着一个共同的范式？如果有的话，我们应怎样认识和评价这个范式？本文拟对这一问题作些尝试性的回答。

一、从西方哲学发展史看当代西方哲学范式的提出

不同的哲学家在构筑自己的理论体系的时候，会提出不同的范式，而作为一个共同的哲学发展阶段上的理论，必然有着共同的范式。例如，在所谓"二元对立"的哲学发展阶段上，唯物论哲学与唯心论哲学分别以存在决定思维和思维决定存在为范式，但这两者也有着共同的范式，即以思维与存在的二元对立观为范式。我们透过培根与贝克莱那大相径庭的理论，总会发现他们的理论范式的这一共同性。

思维与存在的关系问题是哲学的基本问题。从这个哲学基本问题上说，哲学范式的不同归根结底是由对思维与存在的关系的回答不同决定的。由于人类对思维与存在的关系的回答是历史的、发展着的，因而在这个哲学

基本问题上的哲学范式也是历史的、发展着的。

通常，哲学界把古希腊哲学看作思维与存在浑然为一不可分离的哲学。且不说在古希腊神话时代，人和宇宙万物浑然为一，从而思维与存在浑然为一，即使在稍后的自然哲学家那里，也还深蕴着这种思维与存在浑然为一的观念。

古希腊神话时代是一个不知思维与存在相区分、相对立的前哲学时代。埃琉西斯宗教中人与自然合一的诸神、奥菲斯宗教中那个孕育天地万物之卵，都是这样一种人与自然、思维与存在浑然为一观的表达，这种表达使它连一句明确地标帜自己关于思维与存在浑然为一的箴言都没有。稍后，随着人类社会实践的发展，哲学家们才从哲学上指出了思维与存在的同一性。巴门尼德是较早自觉意识到这一点的哲学家。他提出的思维与存在同一的思想就成为标帜这一哲学的较早的箴言——可以说，是巴门尼德开启了西方哲学史上思维与存在的关系的古老命题。自巴门尼德之后，古代希腊哲学家开始了对思维与存在浑然为一的思想的觉醒和对思维与存在的关系的回答并因而出现了不同的哲学派别与学说。

但是，辩证法的奥秘在这里也显现出来：当哲学家们在提出思维与存在的同一性的时候，这个思想本身就昭示了哲学家对思维与存在的区分的思考。在明确地以思维与存在的区分为前提讨论哲学问题的哲学家中，柏拉图算是佼佼者。他的理念论把理念看成是世界万物的本源，纷繁多样的物质世界只不过是理念的“影子”，而人的思维则是对理念世界的回忆，知识就是这种回忆的产物，因而人能够思维那种客观（理念）的本质；伊壁鸠鲁则认为原子构成宇宙万物，而人的心灵和感官的认识活动得到的影像“都是具体对象的形式和性质”①，因而人的思维能够认识客观对象（物质）的本质。柏拉图、伊壁鸠鲁等哲学家以思维与存在的区分为前提所讨论的这些哲学问题、所提出的这些哲学观点，以至中世纪的宗教哲学也还是在试图探求思维与存在的统一性。显然，这还不是思维与存在二元对立的学说。

真正把思维与存在作为一个二元对立的难题提出来的，应当是 17 世纪法国唯理论哲学家笛卡尔。笛卡尔提出了思维与存在、精神世界与物质世界各具独立本性的问题，从而使哲学史上关于世界本原的二元对立哲学的

① 北京大学哲学系、外国哲学史教研室编译：《古希腊罗马哲学》，商务印书馆 1961 年版，第 353 页。

理论进一步明确化。这在很大程度上启迪了其后英国与大陆哲学家们对世界本原的认识论探讨。于是,英国经验论和大陆理性论成为二元对立哲学的典型形态。经验论者重视和强调感觉经验的认识论意义,认为在感觉经验的基础上才能认识事物的本质和规律;唯理论者则重视和强调理性与逻辑的认识论意义,认为可以超越人的感觉经验而直接通过理性与逻辑的思考认识事物的本质和规律。经验论者与唯理论者的理论主张虽然不同,但在思维与存在二元对立这一基本问题上,他们的立场是一致的。

直到18世纪下半叶,德国哲学家康德才对思维与存在的二元对立思想从哲学上给以自觉的批判。康德哲学的核心部分是三大"批判"。通过三大"批判",他论证了人类知性思维认识现象界何以可能,对"物自体"的形而上学的追求何以不可能,从而提出了人的先验的认识能力只能认识现象界的哲学观点。这就使得康德哲学成为当代西方哲学的先声。康德哲学关于客观的、自然的存在物即物自体是不可认识的,人所能认识的只能是现象界,而对现象界的认识又离不开人的先验的知识形式的思想,为他之后的许多哲学家所吸收、发展,并进而提出了一种全新的哲学范式——当代西方哲学范式。我们可以说,康德关于人类只能认识现象界即人的感觉经验世界,而不能认识超经验的客观自然界即"物自体"本身的思想,是孕育当代西方哲学的种子。

19世纪上半叶,随着资本主义因素的增长、资本主义生产关系的确立,无产阶级与资产阶级的矛盾开始上升为社会的主要矛盾;同时,资本主义社会的弊端也开始逐渐显露出来。早期资产阶级人文主义者对自由、平等、博爱的向往,启蒙时代思想家们对理性的信念,在资本主义制度造成的弊端面前显得苍白无力。这种新的社会现实引起了哲学家们的深沉思考,尤其在德国,一方面有资产阶级古典哲学的集大成者康德、黑格尔和费尔巴哈的思想影响,另一方面有对封建主不满并进行着试探性抗争的软弱的资产阶级的浓厚的鄙俗气。这样的现实,一方面使那些站在时代前头的英勇斗士从德国古典哲学大师那里吸取了辩证法,冷静而深刻地分析了德国严酷的政治斗争和纷乱的社会现实,以革命的批判精神对待德国与世界的事变;另一方面也使那些目光短浅、情感脆软的资产阶级知识分子无奈地摒弃了古典哲学大师的理性信念,以随波逐流的态度看待强权与强力的为所欲为。

于是,经过康德之后一个阶段的酝酿,到19世纪中叶,思维与存在二元对立的哲学范式逐渐被代之以二元统一的哲学范式,德国古典哲学衰微,当代西方哲学兴起。

二、当代西方哲学范式的基本内涵

德国古典哲学衰微之初的当代西方哲学还以某种改头换面的形式保存了康德哲学、黑格尔哲学的某些内容，不久就以对它们彻底否定的理论体系和概念表达取而代之。

当代西方哲学作为一种新的哲学同近代西方哲学的区别是多方面的——有研究内容侧重点的区别，有哲学研究方法论的区别，有处世态度与情调的区别，如此等等。但是作为一种独特的哲学理论形态，其范式的区别是根本的区别。

同近代西方哲学之思维与存在二元对立的范式不同，当代西方哲学范式是思维与存在二元统一观。这种统一观不同于古代那种纯朴的思维与存在浑然为一的同一观。在古代那种思维与存在浑然为一的同一观中，主体与客体都是有精神的、如同生命一样的存在物，都能相互沟通、交流、感应。这种统一观也不同于近代西方哲学那种要么统一于客观、要么统一于主观的二元对立观。在近代那种思维与存在的二元对立观中，主体与客体各有其独立的本质，思维可以思维脱离主体而独立存在的客体的本质。这种统一观是经过对从古代的纯朴的天人合一的同一观，到近代的自觉的天人相分的二元对立观的辩证否定过程而形成的新的统一观，是现实的、具体的统一观。

这种统一观在不同的哲学派别、不同的概念体系和不同的理论表达中有不尽相同的内容，但是透过这些不尽相同的内容可以看出，它们在核心的理论问题即哲学范式的基本内涵上还是一致的。例如，在新康德主义哲学中，朗格就非常重视人的器官与理智的组织对经验的决定作用；马堡学派则把哲学看作科学认识的逻辑和方法而否定思维与存在何者为第一性的哲学研究；弗莱堡学派的文德尔班关于事实世界和价值世界的两重世界理论也否定纯然客观与纯然主观的观念。在新黑格尔主义哲学中，布拉德雷的"绝对经验"也建立于主体与客体、思维与存在相统一、相融合的观念上。此外，科学主义哲学中的"实证""原则同格""感觉的复合"等概念，人本主义哲学中的"现象""存在"等概念，都是这样一种主观与客观、思维与存在相统一的统一观。

如果我们把西方当代哲学诸派别和理论体系各自的理论范式作一个概

括，就会发现，它们的理论支点都是思维与存在、主观与客观相统一的人的感觉经验世界。在这些哲学派别和理论体系那里，离开人的感觉经验的所谓世界的本质、本原、本体，无论是追溯到客观自在的物质还是主观能动的精神，都是荒谬的，只有感觉经验世界才是现实的、真实的存在。经验主义哲学家马赫的所谓“感觉的复合”，否定了物质世界和精神世界的二元对立，以物理的、生理的、心理的要素的结合解释“一元论”的感觉经验世界，并把它作为物理学和哲学研究的基础；萨特的存在主义哲学否定康德关于“物自体”和现象界的划分，用现象的一元论取代主客体分离的二元论，通过反思前的我思把主体与客体联系起来，从而使现象界具有了一元论的性质——他那句“存在先于本质”的哲学名言的根据也就在这里。其他如语言分析哲学、哲学解释学等等重视语言和语言分析，其根据在于语言是联系主体与客体、思维与存在的感觉经验世界的方式，即现实的世界的存在方式。

就像任何具有划时代意义的哲学都有科学的巨大进步作为前导一样，当代西方哲学作为一种全新的哲学也有相应的科学的巨大进步为其前导。在当代西方哲学萌芽之初，有以感觉经验为核心的心理学研究，这种研究导引了哲学家对追求世界本体、事物本质的怀疑。而在当代西方哲学发展到19世纪末至20世纪初时，量子力学和相对论的出现则为这一全新的哲学奠定了科学基础。量子力学中的“测不准原理”与相对论中时间与空间随参照系变化而有所不同的理论，启发了当代西方哲学家对感觉经验世界作为哲学研究核心的信念。此后，大多数当代西方哲学家注意以量子力学和相对论原理阐发自己的哲学思想。例如存在主义哲学家雅斯贝尔斯，逻辑经验主义哲学家石里克、卡尔纳普，操作主义的创立者布里奇曼，否证论者波普尔，历史主义者库恩等等一大批哲学家都是以量子力学和相对论为理论依据来研究人的感觉经验世界的。因此，如果我们从哲学本体论的角度看待西方哲学的历史形态，那么我们可以把当代西方哲学称作感觉经验世界本体论哲学。

三、当代西方哲学本体论再批判

我国哲学界对当代西方哲学作过许多批判，这些批判主要是围绕它的哲学范式即感觉经验世界本体论展开的，指斥其主要错误是唯心主义。但是，如果我们能够冷静下来检点一下我们以往对当代西方哲学感觉经验本体论所作的批判，并且同样冷静地思考当代西方哲学在西方社会所发生的影响，我们所得到的结论也许不完全是那个样子。

我国哲学界既往对当代西方哲学的感觉经验世界本体论所作的某些批判的理论出发点是把感觉经验看作一种主观的精神心理活动，其内容是客观对象的那些本质、属性、规律等等，并进而把感觉经验的对象世界当成了客观自在的世界本身。这种批判十分武断地把当代西方哲学感觉经验世界本体论的范畴，如现象、存在等等，说成是以主观感觉经验决定客观存在，而不顾及感觉经验作为一种生理心理功能同客观的物质世界构成的感觉经验世界也是一种真实的、现实的世界。比如说，某些当代西方哲学家借以立论的洛克的“第二性的质”所构成的世界，就是一种不能脱离人的主观感觉经验的世界。人所生活于其中的色彩缤纷、音调高低的世界，是那自在之物与人的感觉经验交互作用的结果。没有人的感受色彩的眼睛和分辨音调的耳朵，就没有这样一种属人的视听世界。某些动物能够看见红外线、听到超声波，因而它们的视听世界并不同于人的视听世界。当代西方哲学所关注、研究的就是这样一种与感觉经验相联系的世界。

但是，人们常常把这种批判的理论出发点冠以“马克思主义”的哲学头衔，其实它并非马克思主义哲学。马克思主义哲学作为具有划时代意义的科学世界观，当然不同于一般意义上的当代西方哲学，但从西方哲学发展史的绝对分期上说，马克思主义哲学无疑属于当代西方哲学范畴。马克思主义哲学是在同当代西方哲学一样的社会历史背景下产生的，因而马克思主义哲学的范式必然也具有思维与存在二元统一的性质。马克思在《关于费尔巴哈的提纲》中所说的“从前的一切唯物主义（包括费尔巴哈的唯物主义）的主要缺点是：对对象、现实、感性，只是从客体的或者直观的形式去理解，而不是把它们当作感性的人的活动，当作实践去理解，不是从主体方面去理解”[①]，无疑包含了这样的范式。而他在《资本论》中所说的“一物在视神经中留下的光的印象，不是表现为视神经本身的主观兴奋，而是表现为眼睛外面的物的客观形式。但是在视觉活动中，光确实从一物射到另一物，即从外界对象射入眼睛。这是物理的物之间的物理关系”[②]，则以实例说明他对这样的范式的见解。但是，一方面由于“当代西方哲学”已作为指称当代西方资

① 《马克思恩格斯选集》第1卷，人民出版社1995年版，第54页。

② 《马克思恩格斯全集》第23卷，人民出版社1972年版，第89页。

产阶级哲学的专门术语，另一方面，马克思主义哲学已在影响范围上远远超越了西方世界并且在诸如中国等一些东方国家取得了统治地位，所以我们一般不把它划归为当代西方哲学的范畴。

显然，人们习惯于坚持的、被冠以"马克思主义"的哲学并没有达到一个半世纪以前马克思的高度，而仍然停留在马克思所批评的直观的唯物主义的水平上。实际上，正是由于这种直观的唯物主义的影响，才导致我们在当代西方哲学与科学面前束手无策，甚至做出了许多荒唐可笑的事情。

当代西方哲学摆脱了精神与物质、思维与存在的二元对立的直观的唯物主义的形而上学，指导当代西方科学在一个新开拓的领域中有所发现、有所发明、有所建树。毋庸讳言，早期实证主义思潮的一些哲学家、科学家，诸如孔德、穆勒、斯宾塞、马赫等，曾经以其实证主义、经验主义的思想为指导而有所发现、有所发明、有所建树，例如马赫对牛顿时空观的挑战功不可灭；即使到后来，以经验主义的哲学方法论为指导原则、以感觉经验世界为研究领域的成果也令人瞩目，例如爱因斯坦的成就在一定程度上就是如此——爱因斯坦曾经满怀热情地谈及马赫的经验主义哲学对他的影响："马赫曾经以其历史的、批判的著作，对我们这一代自然科学家起过巨大的影响，在这些著作中，他以深切的感情注意各门科学的成长，追踪这些领域中起开创作用的研究工作者，一直到他们的内心深处。我甚至相信，那些自命为马赫的反对派的人，可以说几乎不知道他们曾经如同吸他们的母亲的奶那样吮吸了多少马赫的思考方式。"①"从我自己来说，我至少知道：我曾直接地或间接地特别从休谟和马赫那里受到很大的启发。"②直到 1972 年，一般系统论的创立者贝塔兰菲还在《一般系统论》修订版序言中说："感觉不是'实际事物'（不管从形而上学的角度看如何）的反映，知识也不是'真理'或'真实'的近似。它是知觉者和已知事物之间的一种相互作用，是决定于生物、心理、文化、语言等的性质的要素的复合体。"③贝塔兰菲在这本书中征引和介绍了大量的关于感觉经验世界的研究成果，而这些征引和介绍显然不是着眼于它们作为一般的科学研究成果，而是着眼于它们具有的哲学方法论、科学方法论意义。

于是，我们必须面对的一个现实是，被批判为"唯心主义"的当代西方哲

① ［美］爱因斯坦：《爱因斯坦文集》第 1 卷，商务印书馆 1976 年版，第 84 页。

② ［美］爱因斯坦：《爱因斯坦文集》第 1 卷，商务印书馆 1976 年版，第 86 页。

③ ［奥］路德维希·冯·贝塔兰菲：《一般系统论》，社会科学文献出版社 1987 年版，第 11 页。

学范式——感觉经验世界本体论确实导引了当代西方科学技术发展，而我们多少年来宣传的科学世界观真谛，实则是被误解的“马克思主义”哲学观点并没有导引出与当代西方科学技术相抗衡的成果。这不能不迫使我们思考一个问题：如果这种“唯心主义”真的是那样荒谬绝伦，那么它怎么会有如此的积极作用？诚然，“歪打正着”的事是有的，但这样的哲学影响了整整一个时代。我们总不能说在这整整一个时代中它总是能够“歪打正着”，而我们自己所坚守的这一种哲学却总是“正打不着”。因此，我们还是应当回过头来，审视我们通常宣传的那种科学世界观真谛，并承认它实实在在地误解了马克思的所谓马克思主义哲学所存在的问题——它在很大程度上囿于马克思所批评的直观的唯物主义的樊篱，而没有在坚持物质本体论的同时注意对人的主体方面的研究，没有注意思维与存在二元统一的感觉经验世界也是一种现实的客观的存在，所以它就造成了这样的结果：在批判直观的唯物主义时仍然直观地看待人的感性经验的世界，并像它所批判的直观的唯物主义那样坐视唯心主义“片面地”发展了许多科学研究，甚至在面对这许多新的科学研究成果的时候，还看不出它是一种新的科学研究成果，更看不出它们预示了一种新的、科学的世界观，而以遥遥落伍了的眼光望着它，然后又是一阵阵激动的批判的言辞。现在我们回过头来看看当年对爱因斯坦及其相对论的批判，该感到多么可悲和滑稽！也许，在我们指出这一点时，当年俏皮的批判家还会说一句“如果爱因斯坦的世界观是先进的，他会作出更大的贡献”这样轻巧的话为自己解嘲，但是我们要问的是，你的那种先进的世界观为什么不能导引出一位超过爱因斯坦的科学家？

诚然，我们这样评价当代西方哲学导引了西方的科学技术进步的时候，并不是说它和它造成的成就不可批判。完全不是这样！它们同样要在自身的历史发展中为更新的哲学范式所代替、所否定，而且爱因斯坦的哲学观点和他的伟大发现已经预示了这样一种代替、否定，自 20 世纪六七十年代之后当代西方哲学的研究甚至已经自觉意识到这种代替、否定的新趋向。但是，这不能成为站在远远落后于它的哲学立场上对它进行全盘否定的理由。这就像美国人丢开电冰箱里的冻肉到野外寻找新鲜美味，并不能为原始的狩猎民族提供多少否定美国当代文明进步的论据一样。

现在，随着我国对外改革开放的推进，国外的先进科学技术已堂而皇之地被引进国内，但如果我们对与它并行且对它起导引作用的哲学讳莫如深，这就是只求其然而不求其所以然了。如果我们不满足于一般地学习、掌握、运用国外的先进科学技术，那么就应当了解既酝酿于其中又导引它发展的当代西方哲学，从当代西方哲学中汲取些营养，特别是从它的哲学范式中汲取些营养，用它来丰富我们，提高我们，然后再超越它。我想，这对我们加快我国的社会发展与进步将是有所裨益的。

本文原载于《齐鲁学刊》2000 年第 5 期，2003 年 4 月获全国党校系统第四届优秀科研成果三等奖。

以"三个代表"重要思想为指导，开拓创新，推进我国数字图书馆事业发展

李　敏

当前，全国人民正在认真学习江泽民总书记"三个代表"的重要思想。对于我们文化事业来说，贯彻"三个代表"重要思想，就是要牢牢把握中国先进文化的发展趋势和要求，坚持以马克思列宁主义、毛泽东思想、邓小平理论为指导，立足于建设有中国特色社会主义的实践，着眼于世界科学文化发展的前沿，不断发展健康向上、丰富多彩的有中国特色的社会主义文化。我们要密切联系图书馆工作实际，贯彻落实江泽民总书记"三个代表"重要思想，加快我国图书馆现代化建设进程。

一、以"三个代表"重要思想为指导，加快数字图书馆现代化建设

（一）更新观念、不断创新，为图书馆事业发展提供不竭动力

江泽民总书记指出，创新是一个民族进步的灵魂，是一个国家兴旺发达的不竭动力。中国图书馆事业作为先进文化的一个重要组成部分，必然凝聚着时代的文化精华。发展图书馆事业必须要创新。我们要不断地更新观念，强化服务意识，树立"服务第一"的理念；强化团队合作意识，优势互补，协调发展；强化公关意识，为自身生存和发展营造良好的环境。图书馆事业的创新要把握好以下几个方面：一是要更新观念，这是根本；二是要引进科学管理制度与方法，为创新提供管理基础；三是要通过知识、技术和工作来实现创新，为创新提供物质基础；四是要培养和造就一批适应未来发展的新型专门人才，为创新奠定人才基础，保持发展后劲。

（二）科学技术是实现图书馆事业跨越式发展的前提

科学技术是推动社会进步的巨大力量。数字图书馆是未来图书馆的发展方向，是用现代高新技术所支持的创新工程，它采用人工智能、海量存取、多媒体制作与传输、自动标引和电子商务等各种技术，为读者提供方便、高效的服务。“十五”期间，我们要在加快信息网络建设的基础上，尽快开展中国数字图书馆工程建设，推动我国图书馆事业的现代化。数字图书馆工程要按照边建设、边服务的方针，积极开展社会服务工作，只有让广大读者和用户方便地使用起来，才能发挥其社会作用，提高资源共享水平，尽快体现应用价值与社会效益，为中国数字图书馆工程奠定基础。

（三）图书馆是国家创新体系的重要组成部分，直接参与科学研究创新工程

国家创新体系主要包括知识创新系统、技术创新系统、知识传播系统和知识应用系统。图书馆与该体系紧密相关，其业务工作直接为实现其基本功能服务。图书馆工作不仅指一般意义上的知识信息收集、加工、存储和应用，而且还为科学研究提供全过程的信息保障和知识服务。科学情报分析研究工作要根据特定的需要，在广泛收集科技信息和资料的基础上，进行知识信息的整合、集成等深层次加工，从而获得用户解决所面临问题的最佳方案。这种情报分析研究工作既贯穿于科学研究的各个环节和全过程，又是一种独立的科学劳动。它是科学技术深入发展的产物，伴随着科学研究的进步而形成的科学劳动，而科学研究又是知识创新的核心，因此图书馆工作在知识创新系统中有着不可替代的作用。

二、努力拓展服务职能，为社会发展提供信息保障

（一）数字图书馆的集成信息服务

传统图书馆向数字图书馆转变的一个明显特征就是，工作重心从收藏向获取转移，从文献描述向文献传递转移，从提供文献线索和原文向提供分析加工后的增值信息产品转移。网络环境下，随着人们对信息的及时性和可接受性要求的提高，用户不再满足于检索出来的文献线索和一大堆原始文献，而是希望提供经过分析加工后的综合性的、甚至包含知识内容的增值信息产品。这种服务超出了传统图书馆的馆藏条件和技术能力，要求在检索文献线索、获取原始文献后进行深度分析、综合加工，这便是集成信息服

务的目的所在。

数字图书馆的集成信息服务有 3 个层次的含义:一是信息资源的集成。数字图书馆的馆藏既包括本地馆藏,又包括虚拟馆藏,应把两者紧密地结合成一个有机的整体;二是信息内容的集成。数字图书馆在检索文献数据库获得原始文献的基础上对信息内容进行加工、综合,为读者提供增值信息产品;三是信息技术的集成。数字图书馆应提供一整套工具,实现检索、采集、分析、加工和提供的无缝连接,实现各种服务方式之间的有机结合。

(二)加强图书馆队伍建设,适应现代化图书馆转型

实现图书馆现代化,人才培养、队伍建设是关键。要培养、造就一支高素质的图书馆专业人员队伍,必须从两方面着手:一方面要采取积极有效的措施,如岗位培训、继续教育等方式,逐步提高图书馆专业人员的素质。同时还可以采取派出学习、进修、做访问学者、交换馆员等多种途径,提高专业人员水平,为培养骨干、尖子人才创造条件。另一方面要采取扎实有力的措施吸纳、引进人才,构建合理的人才结构,以适应图书馆现代化建设和管理的需要。为了培养人才、留住人才、用好人才,必须树立现代人才观念,建立科学的人力资源管理机制。在这方面,我们还要进一步探索,总结经验,不断完善,要为图书馆专业人员创造良好的工作环境,改善他们的物质生活条件,使他们能够充分施展才能,拥有广阔的发展空间。

(三)应用现代技术,更新服务手段

近年来,计算机、通信、光声记录、多媒体等信息技术高度发展,为我们提供了良好的技术条件,我们应将其广泛地应用于信息的生产、加工、储存、检索、传输和利用的各个环节,使信息服务进入一个全新的阶段。应该有计划地分批组织全体馆员学习有关信息的加工、处理、传输、联网等计算机知识,要在全体馆员中"扫机盲"。联合国教科文组织重新对文盲作出了定义,认为现代文盲是不能识别现代信息符号、图表的人,不能应用计算机进行信息交流与管理的人。我们图书馆员不能是,也不应是新时代的文盲,因此,要在全体馆员中普及计算机知识和操作使用,计算机操作水平要与技术职称评定挂钩,作为晋升技术职称的必备条件。

(四)建立迅速、高效的文献传递系统

文献资源共享最终依赖于迅速高效的文献传递系统。在网络技术高度发达的今天,文献传递服务仍然有十分重要的作用。可以说,没有迅速、高效的文献传递系统,就没有真正意义的馆际互借和网上借书。

建立统一的馆际互借系统，在联合目录的基础上开发馆际互借的相互联络、借助这个系统，可以非常便捷地处理馆际互借的相互联络、借出馆的文献在库情况、下一个的自动联络、费用结算等一系列信息，缩短馆际互借时间，提高效率。

三、大力开展继续教育和科普工作，提高图书馆员的业务素质

（一）广泛开展学术交流，营造活跃的学术氛围

首先，应逐步扩展国际间学术交流，通过互派访问学者、科研合作、互开讲座等多种形式，加强国际间的交流与合作，使整合后的专业在开放的环境中吸取新知识、新能量；其次，加强校际之间的学术交流，通过举办专题学术讲座、学术研讨会等形式，使教师之间相互学习，共同提高；第三，增进跨学科的交流，改善教师的知识结构，促进跨学科人才的培养；第四，发挥专业协会、学会的作用，增加教师与教师之间、教师与广大实际工作者之间的交流机会，促进理论与实践的结合。

（二）做好科普工作，提高公众的图书馆意识

为了推动“科教兴国”战略的实施和全民读书运动的开展，配合第二次全国科普工作会议的召开，文化部社会文化图书馆司和中国图书馆学会联合举办“2000 年全国新世纪图书馆科普教育”系列活动。其间，学会组织具有专业特色的图书馆率先开展了“中国图书馆学会科普宣传日”活动，内容丰富、形式多样。历史的发展已进入信息时代，这是一个瞬息万变的时代，是一个未来主导的时代：如果我们仅仅满足于现状的研究，我们将永远只能跟在历史的车轮之后随跑，终有一日我们会被甩在历史的沉淀物——古董堆中；我们别无选择，我们只能根据可预测的未来确定我们的行动方向和战略；我们将不断地把未来现实化、把现实未来化（虚拟现实），我们将在未来与现实的交互中把图书馆推向理想的境界。

本文原载于《光明日报》2002 年 9 月 13 日，2004 年 4 月获山东省第十八次社会科学优秀成果三等奖。

论进一步转变政府行政方式

高学栋　郭桂永　杜江先

政府行政方式，就是政府进行管理的方式，系指一定的行政组织即政府作为行政管理的主体，为了履行行政职能、达到一定的行政目的和开展行政工作，而在基本管理思想的指导下，对管理客体——社会活动的各个领域施加定向影响的条理化、系统化、程式化的手段、措施、方法等的总称。其分类繁杂，但概括说来最基本的行政方式有行政指令手段、法律手段、经济手段、说服教育手段等。

行政方式的地位作用十分重要，因为它是行政职能的载体和表现形式，是政府履行职能的手段及其程序过程，是联系行政管理法律关系主客体的纽带，又是实现行政目标的基本途径，因而研究政府行政方式很有必要。尤其是在目前，我国社会主义市场经济体制已具雏形，并已加入世界贸易组织（WTO），我国的政府机构改革正在稳步推进，政府行政职能正在从根本上转变。在此新形势下，行政方式如何伴随政府职能的转变而完善，如何适应市场经济和加入 WTO 的要求进行转变，是摆在我们面前迫切而重大的课题。

一、我国原有政府行政方式存在的不足或弊端迫切需要进行改革

在我国，农业文明长期占统治地位，封闭自守、唯我独尊的文化观念深入人心。作为这种文化观念的积淀，中国传统社会的经验管理模式和经验的行政价值观念就此形成。因此，我国原有的政府行政方式基本上是与比

较落后的产品经济社会相适应的，主要依靠行政手段管理社会事务，如“经验管理”“人情管理”“家长制管理”等，许多本来应该运用法律手段，或者通过社会中介组织来解决的问题，也是通过设立政府机构用行政命令来管理。这种传统的行政方式已经越来越不适应时代发展的需要。

自1978年12月改革开放尤其是党的十四大以来，随着我国社会主义市场经济新体制的建立和不断完善，随着政府机构改革的不断深入和政府职能的转变，我国的行政管理方式已有了很大转变，表现在：法律手段在行政管理中的地位日益突出，传统行政手段愈益科学化，经济手段被广泛采用，说服教育手段在改革开放和市场经济的新条件下焕发出了新的生机，行政程序正朝着简化、科学化的轨道迈进，各种管理方式方法的综合运用显示出无限魅力等。但是，由于传统行政方式在人们的观念和行为中早已根深蒂固，由于科学管理在我国的推广和普及只是近十几年的事情，加之政府机构改革和行政改革尚未深入彻底等，导致我国的政府行政方式从总体上来说，仍存在着某些不适应形势和时代发展需要的问题，主要体现在下述方面。

第一，主要用行政手段管理经济的方式已不适应市场经济发展的要求。目前，我国已经建立了社会主义市场经济的基本框架，产品经济体制已经让位于市场经济。在这种大的经济环境下，政府管理经济、发展经济的方式必须适应这种变化，按照市场经济的客观规律去管理经济。但从具体实践看，目前不少地方政府仍用“催收催种”、行政命令、大轰大嗡等工作方式管理市场经济；政府有时仍以行政方式决定企业重大的生产经营决策、投资决策及人、财、物等资源的配置，如企业间进行联合、改组、兼并时，因行政命令的干预而经常出现“拉郎配”现象；在投资领域，仍存在着政府以直接干预微观投融资活动的方式达到宏观调控目标的倾向；社会中介组织有不少应该建立的尚未建立，已经建立的存在较浓的“官办”色彩，运行机制不健全，难以发挥沟通、协调、监督等作用，政府还有许多本应移交给社会中介组织的直接管理、微观管理职能而没有交给社会中介组织去承担。因此，与市场经济对政府的要求相比，我们的行政方式方法还比较落后和陈旧。

第二，行政审批许可仍是主要的行政方式。所谓行政审批，是指政府事先规定某一事项获得批准的条件，再根据某些情况，如需要量、供应量、配额、指标等，对报批事项进行审核批准，从而实现对经济社会进行管理的一种行政方式方法。我国现行的审批制度是计划经济的产物，随着社会主义市场经济体制的建立和发展，其弊端突出显现出来：审批事项庞大，还有大量的核准事项（有些核准实际上也是审批）以及某些综合性审批事项派生出的若干审批小项。这些审批、核准事项涉及政府绝大多数部门和几乎所有行业；审批环节多，时间长；审批依据不明确，有的部门对法律法规明文禁止审批的项目，又自行设定了审批，有的文件规定对某一事项不审批，而有的又规定审批，出现分歧，也有的重复审批、交叉审批等影响了办事效率；审批条件模糊，如“必须有一定的规模”“视对生产安全、环保有无重大影响而定”“根据实际情况”等，审批裁决伸缩性大，致使以权谋私、权钱交易现象时有发生，审批过程成了“暗箱”操作；审批部门重审批、轻监管，往往只注重审批权力的运用，而忽视审批责任的承担和审批义务的履行，对审批之后执行情况缺乏必要的后续监督。同时，对违法、违纪审批缺乏约束、处罚机制。现行审批制度的弊端使得政企分开、政事分开难以到位，部门职能交叉问题难以解决，政府部门依法行政的水平难以实现质的飞跃，也很难转变机关工作作风，提高公共服务质量，杜绝腐败行为发生。

第三，“人治”现象仍比较严重。我国是一个富有“人治”传统的国家，今天，行政管理的“人治”现象虽已成为历史，但其残余仍存在于我国政府管理活动中，根植于人们尤其是许多公职人员的观念和思想深处。尽管人们在理性思维和理性行为中深知“人治”的弊害，积极支持和推进依法治理国家、依法行政和法制化管理，但在非理性意识和行为中又大都自觉不自觉地接受和容忍人治措施和人治行为，设法挣脱法治系统的束缚，甚至动辄把法律、法规扔在一边，从而使人治大于法治的现象在许多地方时有发生。这种人治方式存有明显的弊端，如行政过程是不透明的，行政事务、社会事务的处理常因缺乏明确的程序而可快可慢，其效率主要取决于领导人的关注程度、个人的自律、人际关系以及是否处于“风头”上，这严重损害着司法独立和司法公正。

第四，依法行政还有相当差距。朱镕基总理在政府工作报告中一再强调，要依法行政，从严治政，建设廉洁、勤政、务实、高效的人民政府。但从客观实际来看，目前我国许多地方政府的行政执法却不够规范，主要表现是：执法队伍过于分散，执法主体资格模糊；执法行为趋利性强，政出多门、“法”出多门，对同一市场主体的同一类行为，多头执法，重复执法，从而使依法行政演变为“依法打架”。这已严重不适应社会主义市场经济的发展，甚至影响社会稳定的保持，其明显表现就是行政诉讼案件逐年增多并且政府败诉的多。据统计，1999 年某省行政诉讼案件多达 7000 余件，政府的败诉率达 40%，甚至在有些地市政府败诉率高达 80%。具体分析而言，绝大多数政府败诉的行政诉讼案件是因为行政方式方法和程序问题而败诉的。可见，行政方式的陈旧落后及其生硬问题已经并且正在侵害公民的正当利益。引起官司是小事，更重要的是会导致背离政府全心全意为人民服务的宗旨，损害党和政府同人民群众的关系，影响社会的稳定。

第五，对社会公共事务的行政管理方式落后。各级政府对社会公共事务的管理方式总体上还带有浓厚的计划经济特征，管理方式落后，主要依靠行政手段管理社会公共事务，即以计划安排、具体审批和行政发文为主，从上到下一管到底；管理权力过分集中，忽视依靠社会力量办事情的能力；政事不分，各级部门用很大精力处理所属事业单位的具体事务，垄断经营，运行机制落后，服务质量差，公众不满意，社会效益不好；并且，对社会公共事务管理的机关膨胀，财政补贴增多，政府负担沉重。

二、进一步转变行政方式是应对“入世”挑战、适应世界各国行政方式改革潮流的需要

我国已于 2001 年 11 月加入了世界贸易组织（WTO）。加入 WTO 对政府原有传统的行政方式提出了挑战，特别是在经济全球一体化及体制转轨背景下，以 GATT1994 为核心的一整套经济贸易规则将对包括中国在内的发展中国家政府行政方式提出新的要求，如法律化、制度化的要求，透明化、公开化的要求，程序化、规范化的要求，民主化、科学化的要求，逐渐淡化行政手段、强化市场机制的要求等。经验证明，行政管理方式在不同的历史阶段有不同的表现形式及不同的特点，主要的基本方式将随着经济社会环境及其政府管理思想和体制的变化而变化，否则就会不适应、不适合，就会影响甚至妨害行政效率。这就意味着，在“入世”的挑战面前，传统的随意的和不太透明的政府行政方式将逐步并且必须让位于现代的政府行政方式。

另外，在世界经济全球化的推动下，世界各国政府自 20 世纪 80 年代尤其是 90 年代以来，都在努力推动包括行政方式方法改革在内的行政改革。尽管有些国家早已经是成熟的市场经济国家，但仍然推行政府职能定位的市场化，以收缩政府的社会经济职能；仍然大规模地推行公共服务的市场化，以期利用社会的力量来帮助政府完成公共服务的供给职能。概括起来，

世界各国政府的行政方式改革主要有以下内容和特色。

第一,企业管理经验被广泛引入政府部门的管理和行政方式。美国学者戴维·盖布勒提出了“用企业精神改革政府行为”的口号。企业精神的内涵是追求机遇,风险意识,效率第一。这实际上是要求用管理中的经营理念来改造传统的行政理念,也就是要求政府官员实现从“官僚理念”向“经营理念”“责任理念”的转变,即改变原来那种只强调政府的执行而忽视大量资源投入后所产生的实际结果的状况,而在这一改革趋势之下政府的行政理念已经开始出现一系列的变化:一是行政中带有更多的管理色彩;二是“投入产出”观念受到更大重视;三是行政官员开始实现某种程序的“角色变位”,由原来的“官僚”向“经营人员”的角色转变,而与此相对应的是各级官员责权真正到位的过程。

第二,市场规则被引入行政管理方式。美国“重塑政府运动”提倡的“企业化政府”,欧盟许多国家公共管理改革提倡的“公私合作”“合同管理”,澳大利亚、新西兰政府各部门广泛采取与社会法人团体机构承包合同方式,把政府部门事务交给社会法人团体管理等等,均是这方面的典型。其共同特点是:政府直接管的少,而间接管得多;政府只负责宏观调控,而不进行微观决策;政府职能的运用和体现,要么是合理引导,要么是“政府偏向”,而极少进行行政命令和行政强迫。

第三,运用市场机制的方式来进行政府管理,服务第一。许多国家如英国都实行社会服务承诺制,中央政府各部门明确制定出 40 多个全国性的社会服务承诺标准,地方政府和服务单位以这些为基本标准,制订有自己具体的服务标准。为了搞好服务,许多国家从三个方面来努力改善行政方式:一是更多地运用市场规律从事行政管理,如减少环境污染的最有效办法是对污染排放者收取排污费,而不是强制性地要求停产;鼓励种树的办法是对种树者免征税收,而不单单是精神鼓励;二是在公营部门和私营部门之间牵线搭桥,鼓励私营企业投资公共事业;三是信息服务,定期向社会发布信息。及时搜集分析国内外的各种市场信息,然后通报商界,使信息得到正确的理解和运用。

第四,“全球市场化”的过程要求政府实行内部和外部两个方面的“授权”,以使政府从内部增强活力,从外部得到监督。就官僚政府体制内部的“授权”而言,它可以通过不同层级之间权力关系的调整使各层级形成各自的“责任理念”,“使各层级的官僚获得一种使命感,甚至所有者的主人感”,

从而改变先前那种管埋性决定至少要得到中央层一个部门或几个部门的认可的状况。这种内部权力关系的调整是使政府对社会的动态需要作出快速、灵活反应的一个十分重要的步骤，它有利于大量减少政府内部的推诿行为，无论是在提高政府部门效率方面，还是在改善政府形象方面都具有十分积极的作用。就官僚政府体制外部的"公民授权"而言，主要涉及两层意义：其一是缩小官僚政府对公共服务提供的范围，将部分公共服务的所有权和管理权从官僚体制的权力范围内分化出来，转交给由公民组成的社区；其二是使官僚政府体制的动作以及其所提供的服务接受公众的广泛监督。

第五，实行行政民主化。西方国家在行政方式改革中重视体现民主原则。一方面在机关内部行政管理过程中提倡民主参与管理，同时又通过多渠道吸收社会团体基本单位、各阶层居民参与行政管理。如许多国家实行"民意测验"；行政情报公开，凡政府正式发布的文件，任何公民都可供查阅。某项政策实施前，广泛倾听居民意见，组织居民举行座谈会，实行所谓"居民择优定案"；建立居民顾问团体，等等。当然，资本主义国家采取这些民主管理措施是为了更有利于维护资本主义制度。

第六，分散管理职能，缩小政府行政范围。由于政府的行政事务愈加庞杂，各国政府改革可看出两个平行趋势：一是最高行政领导集中综合协调决策权，加强计划和财政控制综合协调的功能；一是部门专业管理职能分散转移，由国家各部门分散下放到地方政府、非部属组织、派出机构等。如日本改革政府管辖的各类社会、经济事务及其管理方式，适当扩大地方管理权限，实行地方行政合理化，把许多管理事务委托给社会团体，实行"民营化"；法国改革中央政府对地方政府的监督方式，监督范围明显缩小，监督方式由过去的适当性监督转为合法性监督，事前行政审批转为事后的司法监督，等等。

第七，采用新的管理方法和办公手段。近几十年来，西方国家政府把积极引进现代科学方法，作为行政改革的一项重要内容。另外，发达国家都在实行"办公自动化"。办公室大量使用电子计算机、无线电传真设备、自动显示设备、电传打字机、电视电话以及光导纤维、通信技术等现代化手段，加速了信息传递速度，大大提高了办公效率。

三、进一步转变政府行政方式的对策措施

在当代各国政府行政日趋国际化的形势下，我国加入了 WTO，这给我国的行政方式既提供了机遇，也提出了挑战。从机遇方面讲，当代各国都在发展市场经济，其长期实行市场经济行之有效的行政方式，如财税、工商、海关、外贸、金融等先进的行政管理方式方法，可以为我们所借鉴和吸收，以大大改善我国的行政方式。从挑战方面看，我国传统的适合计划经济模式的许多行政方法，已严重不适应时代发展的需要。在加入 WTO 后，我国国内市场将成为世界市场的重要组成部分，将有大量的外商来华投资和进行经济合作，这就使我们面临着与国际“接轨”，按国际经济管理惯例办事，在对外贸易和经济合作中遵循国际公认的国际公法、法律、条例、规章和约定等方面的挑战。在挑战与机遇并存的条件下，我国行政管理方式必须加大改革力度，努力实现行政方式的科学化、经济化、法治化、服务化等。具体说来，应注意以下几点。

第一，积极引进、借鉴和消化吸收国外先进的行政管理方式方法。当今世界各国政府在科学的行政管理上有许多共同的东西可以互相借鉴，我们必须解放思想，大胆、积极地吸收和借鉴当今世界各国行政管理方面反映现代化要求和规律的先进、有益的管理方法和技术。比如，政企分开制度、政府服务承诺制度、社会对行政监督制度、政府服务公开制度、公众参与行政管理制度、政府管理并服务市场经济制度以及把市场经营的方式方法运用于行政活动的某些做法，都有可资借鉴的合理成分。我们应有的放矢地加以吸收，并结合中国国情加以研究，有选择地在实践中试用，在试用中加以改造，为发展社会主义的市场经济和民主政治服务。

第二，解放思想，更新观念，转变职能，为进一步转变政府行政方式奠定基础。能不能打破长期计划经济条件下形成的思维定势和思想观念，对实现政府行政方式的转变至关重要。要以“三个有利于”为标准，破除旧观念，树立新观念，例如，要破除宁当“鸡头”、不当“凤尾”的小生产观念，摒弃本位主义和地方保护主义，树立分工协作的现代社会化大生产观念；要转变“人治”观念，树立讲法制、重信用的观念。在注重观念更新的同时，要充分认识转变政府职能是转变行政方式的关键，必须按照建立社会主义市场经济体制的要求，适应加入 WTO 的新形势，大胆探索、确定各级政府在市场经济

运行中的地位和作用,调整好政府与市场、政府与企业、政府与社会的关系,进一步转变政府职能,以便为政府行政方式的进一步转变创造条件、奠定基础。

第三,要积极推进行政方式方法的科学化。行政管理方法科学化,就是指在行政管理中采用符合客观事物的发展规律从而取得高效率高质量的方法,是及时、有效、高质量地实现行政管理目标的手段。考察行政管理方法的科学化应该是方法本身及执行方法结果两个方面。行政管理方法本身是科学的,应该表现为具有系统完整的规范程序,手续简单明了,有科学知识根据,也有科技新成果。行政方法具体运用的结果上的科学化,则应表现为以最好的质量、最低的消耗、最快的速度,实现国家行政目标,争取得到广大群众的拥护。为了实现行政管理方法的科学化,首先,必须以科学的理论知识为基础;其次,必须吸取现代科学技术尤其是信息网络技术的新成果,以完善行政管理科学化、现代化的手段;再次,必须继承和发挥传统的行政管理方式方法的合理成分,把传统的行政方式方法与现代化的行政方式方法有机地结合起来;最后,必须从行政对象的实际出发,采用符合各类行政管理对象的特点和特殊规律的行政方式尤其是技术方法。在这方面,许多地方政府已进行了大胆探索,积累了成功的经验。例如,山东省注重把现代信息技术融入行政指令手段,全省政府系统计算机互联网络已全面开通,并逐步建立健全了信息工作网络,推行政务公开,注重信息反馈,紧扣中心抓重点信息,贴近群众抓热点信息,围绕职能抓特色信息,正视矛盾抓负面信息,不仅增强了行政工作的透明度,而且还为行政决策和行政指令指导提供了根据,大大提高了行政手段的效率和质量。

第四,要努力实现行政管理的法制化,依法行政。民主的、科学的、高效的行政管理程序方法和技术只有依赖于制度化、规范化、法律化的法律规范才能巩固下来,才能有效地、持久地、普遍地发挥作用。因此,行政管理必须借助完备的行政法律规范维持和巩固各项制度、管理权威和管理效能。行政管理法制化是达到行政管理现代化的必由之路,它既是实现行政管理现代化的重要手段,又是实现行政管理现代化的重要标志。把行政管理工作纳入法制轨道,在我国当前发展中显得尤为迫切。我国长期受封建专制主义形成的"人治"以及建国后"左"的法律虚无主义思潮的干扰,导致行政管理还存在长官意志,凭感情和经验进行行政决策,从事行政活动,行政关系中夹杂着宗法伦理关系、等级关系,存在着强迫命令、瞎指挥、官僚主义等现象。要改变这种状况，只有健全行政法律规范，依法行政，变“人治”为法治才能得以实现。因此，江泽民总书记在党的十五大报告中指出，要“进一步扩大社会主义民主，健全社会主义法制，依法治国，建设社会主义法治国家”，并强调：“依法治国，就是广大人民群众在党的领导下，依照宪法和法律规定，通过各种途径和形式管理国家事务，管理经济文化事业，管理社会事务，保证国家各项工作都依法进行，逐步实现社会主义民主的制度化、法律化，使这种制度和法律不因领导人的改变而改变，不因领导人看法和注意力的改变而改变。”所以，我们必须结合我国的实际和时代发展的新形势，加强对行政法规的建设、研究和实践，使依法行政成为最重要的行政方式方法。在目前，尤其要抓住如下三个重点：首先，要建立一套完备的法律法规体系，实现行政管理法制化。要加强和改善经济领域的司法、行政执法和执法监督，切实解决目前司法审判和执行中存在的一些地方和部门保护主义和司法腐败现象，更好地维护企业的合法权益和市场经济秩序。其次，对现有法律、法规、政策中与 WTO 不一致的内容进行清理，要统筹考虑法律规范的立、改、废，对那些不符合经济体制和政府机构改革精神的法律规范及时依照法律权限和程序进行清理，该废止的废止，该修改的修改。要清除与 WTO 有关规则不相符的“土政策”“土办法”，建立一个高效、便捷、规范、透明的与国际惯例接轨的法制化投资环境。最后，要强化依法行政观念和纪律意识，规范政府工作人员的行政行为，提高依法行政水平。

第五，要改变政府管理经济、管理企业的方式方法。政府对经济、企业的管理方式应由传统的命令方式转向以法律手段、经济手段等间接调控方式为主导，辅以必要的行政手段方式。为此，要大力减少压缩专业性主管部门，精简综合部门，加强监督部门。该由市场处理的交给市场处理，能由社会中介机构代替的，由社会中介机构办理。对保留的行政职能应该强化，但要改变行为方式，增加透明度，特别是保留下来的少数审批权限要降低到最低限度，做到依法、公正、公平、公开。要通过机构改革，使政府综合经济部门减少具体审批事务，转向制定本地区国民经济和社会发展战略和中长期发展规划，搞好总量平衡和结构调整，监测和协调国民经济日常运行，推进国有企业改革，做好综合协调工作；专业部门要根据国家有关行业发展的方针、政策和法规条例，制定行业规划和行业政策，实施行业管理，引导本行业产品结构调整和维护行业平等竞争秩序，减少对国有企业的资金、项目和物资的审批，减少对一般企业产品的质量认证和发证，取消对一般产品市场准入的审批权，对企业的管理要从行政审批、行政管理为主转向依法管理和经济手段管理为主，以政策法规引导企业，提供服务；流通部门要加强市场体系的建设与完善，发展统一开放的市场，应以法律的形式界定和规范政府与企业的权利义务关系，明确政府不得超越法律范围非法干预企业正常的生产经营活动，企业也不得违法经营。要加强和改善对国有企业的监管方式，采取派出产权代表参加监事会或派出稽查特派员的方式对企业进行监管。要配合正在进行的地方机构改革，大力发展、规范、引导充当政府与企业桥梁的社会中介组织，为政府宏观调控奠定良好的微观基础。

第六，要转变对社会事务的管理方式，致力于提高公共服务的效率和质量。社会公共事务管理首先应该定位于宏观管理上，政府要逐步从微观事务中解脱出来。社会公共事务具体而庞杂，政府如果管得过多、过于具体，势必忽视对政策措施的研究，也影响地方和人民群众参与社会事务的积极性。其次，要适当划分各级政府在社会公共事务管理中的职责权限。要按照社会事业的不同类型，建立与社会主义市场经济体制相适应的运行机制，明确各级政府的职责，实行社会事务以地方政府为主的管理体制。中央政府主要负责制定政策，用政策调整、引导、规范社会事务的管理，同时协调、指导地方政府的社会事务管理工作。地方政府是社会公共事务的主要承担者，要明确划分各级地方政府的职责，切实按照国家法律、法规以及方针政策，处理本辖区的各类社会事务。最后，要重视发挥社会中介组织和群众团体在处理社会公共事务中的自我管理、自我服务的功能，推行公共服务的“官民合作”。通过政府与社会之间的合作，充分利用竞争机制、价格机制、供求机制与约束机制，调动社会资源参与政府公共服务的供给过程，从而实现政府以较少的资源与较低的成本为纳税人提供数量更多与质量更高的公共服务。

本文原载于《东岳论丛》2002 年第 3 期，2004 年 12 月获全国行政学院第一届优秀科研成果三等奖。

对建立和完善党政领导干部考核评价指标体系的若干思考

韩　强

政治路线确定之后，干部就是决定的因素。按照革命化、年轻化、知识化、专业化方针，建设一支适应社会主义现代化建设需要的高素质干部队伍，是我们的事业不断取得成功的关键。要建立这样一支高素质的干部队伍，必须及时把群众公认的坚决执行党的路线、实绩突出、清正廉洁的干部选拔到领导岗位上来。目前，在干部选拔任用实践中，我们已经初步形成了一套干部考核评价办法，并已收到了一定成效。但总的来看，这些做法还缺乏统一性，还未形成干部考核评价的完备制度，从而制约了干部选拔任用工作的进一步制度化、规范化、程序化。因此，在总结现有干部考核评价具体做法的成功经验的基础上，立足于我国党政领导干部的实际，建立一套统一、权威的党政领导干部考核评价指标体系，并使其逐步完善，已经成为全面提高干部素质、增强党的执政能力的一项重大任务。

一、建立和完善党政领导干部考核评价指标体系的必要性和迫切性

(一)不断提高干部素质和领导能力是党的事业的关键环节

党的干部是党的事业的骨干，是完成党的政治任务的重要保证，干部的作用主要取决于干部的素质。按照革命化、年轻化、知识化、专业化方针，建设一支能够担当重任、经得起风浪考验的高素质的领导干部队伍，特别是培养选拔大批善于治党、治国、治军的优秀领导人才，是党和国家长治久安的根本大计，是建设有中国特色社会主义的根本要求。

我们党历来十分重视干部队伍建设，在不同的历史时期培养和造就了一批又一批、一代又一代适应革命、建设和改革开放事业需要的领导骨干及宏大的干部队伍。正是因为有了这样一支坚决执行党的路线、方针和政策，与人民群众保持密切联系的干部队伍，我们党才战胜了各种艰难险阻，始终保持着强大的凝聚力和战斗力，不断从胜利走向胜利。当今世界，以经济和科技实力为基础的综合国力的竞争日趋激烈，各个国家在这种竞争中的成功与否，很大程度上取决于其人才的数量和质量，尤其取决于其人才的素质和能力。中国的社会主义能不能巩固和发展下去，中国能不能在现在和未来激烈的国际竞争中始终强盛不衰，关键在于我们党能不能培养造就出一大批高素质的领导人才，这是关系我们党、国家和民族的前途命运的重大战略问题。从现在起到本世纪中叶，是我们国家发展和民族振兴的一个关键时期。我们党将在复杂多变的国际形势下领导十几亿人民，全面建设小康社会，坚持不懈地推进有中国特色的社会主义事业，实现中华民族的伟大复兴。要实现这个历史任务，没有一大批德才兼备、朝气蓬勃、奋发有为的领导干部，是根本不可能的。

（二）提高干部素质，考察是基础

要确保并不断提高干部素质，必须首先把干部考察工作做好。因为只有考察准确，识别才能正确，任用才能得当；考察失真，识别就会失实，任用必然失误；任用失误，把关不严，则会贻害无穷。要解决好这个问题，当务之急是要不断改进考察方法，防止考察失真、失实。为此，《党政领导干部选拔任用工作条例》（以下简称《干部任用条例》）吸收了改革开放以来特别是近年来干部人事工作的新经验、新成果，在干部选拔任用的基本原则、基本程序、基本方法和扩大民主、强化监督等方面作出了更加科学、规范和严密的规定。为保证干部选拔任用工作的制度化、规范化，中共中央于近期又通过实施了《党政领导干部选拔任用工作监督检查办法（试行）》。可以说，只有依据《干部任用条例》和《党政领导干部选拔任用工作监督检查办法（试行）》规定的条件和程序，严格考察、准确识别、加强监督，才能真正用好的制度选人，选作风好的人，才能最大限度地减少考察和识别干部中的不确定因素和人为因素的影响，从源头上防止和克服在用人方面的不正之风，为建设一支高素质的干部队伍把好关、定好向。

(三)建立和完善党政领导干部考核评价指标体系是干部工作面临的迫切任务

鉴于考察在干部工作中的基础性地位,实现干部考察工作的科学化已成为一项迫切任务。这不仅直接关系到选准人、用好人,防止和克服用人上的不正之风,而且还关系到用人标准和用人导向,更关系到干部队伍“四化”方针和德才兼备原则能否得到贯彻。如果我们的各级组织部门经考察而任命的干部总是与广大群众对领导干部的评价和选择不一致,那么势必影响干部的公信度和号召力,挫伤群众的积极性,党的执政基础就会受到削弱,党的执政能力也就难以提高。虽然从本质上讲考核评价体系既不可能避免干部的腐败变质问题,也不可能完全避免一些不称职干部的被提拔重用,但是它的建立和实施却可以有效减少这种情况的发生。当然,前提是这一体系本身的科学性和在干部考核中的普遍遵循。因此,当前全党必须把建立和完善党政领导干部考核评价指标体系的问题提上议事日程。

二、党政领导干部考核评价标准的演变

我们党始终把“德才兼备”作为选拔干部的基本标准,这一标准随着革命形势发展和党的中心任务的变化也在不断增加新的内容。

(一)“德才兼备”是毛泽东干部考核标准思想的核心内容

毛泽东作为第一代中央领导集体的核心,在长期的革命斗争实践中,他深知干部选拔工作的重要性,并亲自引导制定了干部选拔标准,这一标准的核心就是“德才兼备”。

“德才兼备”标准是毛泽东在民主革命时期不断总结干部队伍建设经验基础上提出来的。在革命年代,中国共产党要完成武装斗争、夺取政权的任务,就必须培养一大批“懂得马克思列宁主义,有政治远见,有工作能力,富于牺牲精神,能独立解决问题,在困难中不动摇,忠心耿耿地为民族、为阶级、为党而工作”[①]的干部和领袖。他们“是胸怀坦白的,忠诚的,积极的与正直的;他们是不谋私利的,唯一地为着民族与社会的解放;他们不怕困难,在困难面前总是坚定的,勇往直前;他们不是狂妄分子,不是风头主义者,而是

---

① 《毛泽东选集》第1卷,人民出版社1991年版,第277页。

脚踏实地富于实际精神的人们"[①]。这无疑表露出了"德才兼备"的思想本质。1938 年 10 月，毛泽东在党的六届六中全会上阐述党的干部政策时，第一次明确提出了"德才兼备"的干部选任标准。

新中国成立后，面对党的主要任务向社会主义现代化建设的转变，毛泽东对干部"德""才"的认识也有了新变化。他一方面号召党的干部要用极大努力学会管理城市和建设城市，学会世界上新的工业技术、农业技术，另一方面还提出，要有计划地培养"很多科学家和很多工程师"，"中央委员会应该有许多工程师，许多科学家"。1958 年 1 月，毛泽东把"德才兼备"标准形象化为"又红又专"，提出政治与业务要做到辩证统一，"一方面要反对空头政治家，另一方面要反对迷失方向的实际家"[②]。要求"政治家要懂些业务。懂得太多有困难，懂得太少也不行，一定要懂得一些"[③]。这些论述表明了建设时期对干部"才"的要求的重视，为"德才兼备"标准增添了新内涵。

但从 20 世纪 50 年代后期开始，由于党的政治路线发生了偏差，强调阶级斗争，干部选任标准受此影响，偏重于"德"，有时甚至忽视"才"的要求。到"文革"时期，更是只讲"德"而不谈"才"，"德"的标准也被扭曲，"德才兼备"标准受到破坏，干部队伍建设走了一段弯路。

（二）邓小平提出的"四化"标准是"德才兼备"标准的进一步创新和深化

邓小平作为第一代中央领导集体的重要成员、第二代中央领导集体的核心，十分重视干部队伍建设。新中国成立后至党的十一届三中全会前，邓小平就对干部"四化"有所提及。如 1954 年 7 月，邓小平在一次讲话中说："现在我们是搞建设，干部已成为决定性的因素……办好学校，培养干部，才是最基本的建设。"[④]他还在中共八大上指出，建设党必须特别注意培养精通生产技术和其他各种业务的干部。改革开放和社会主义现代化建设过程中，邓小平以很大精力关注干部工作，在一系列论述中形成了选拔干部的"四化"标准。到 1980 年 8 月，邓小平正式提出了干部"四化"标准："干部队伍要年轻化、知识化、专业化，并且要把对于这种干部的提拔使用制度化。"[⑤]

---

① 《毛泽东文集》第 2 卷，人民出版社 1993 年版，第 42 页。
② 《毛泽东文集》第 7 卷，人民出版社 1999 年版，第 351 页。
③ 《毛泽东文集》第 7 卷，人民出版社 1999 年版，第 352 页。
④ 《邓小平文选》第 1 卷，人民出版社 1994 年版，第 209 页。
⑤ 《邓小平文选》第 2 卷，人民出版社 1994 年版，第 326 页。

同年12月,邓小平在中央工作会议上,首次使用简练规范的语言,把党在社会主义现代化建设时期的干部队伍建设方针,完整准确地概括为“四化”,并强调:“提出年轻化、知识化、专业化这三个条件,当然首先是要革命化。”[①]在邓小平看来,“革命化”是对干部思想、政治、品德和作风提出的总要求,体现了干部“德”的方面,是政治标准。“年轻化”是由社会主义现代化建设任务的长期性和艰巨性决定的,它是对干部的年龄结构和身体素质的要求,是对历来党所坚持的“德才兼备”标准的补充,是干部德才赖以存在的物质基础。“知识化”是对干部的知识水平和文化水平的要求,也是干部发挥聪明才智的基础条件。无疑,这种认识和概括体现了在新的历史条件下对毛泽东“德才兼备”思想的创造性发展。

(三)江泽民在新的历史条件下提出了干部考核评价的“高素质”标准

20世纪90年代以来,江泽民同志结合新的实践,在坚持“德才兼备”和“四化”方针的基础上,为干部选任标准增添了许多新思想,最突出的贡献就是提出了建设高素质干部队伍的新概念。

江泽民同志一方面始终如一地坚持了党在历史上形成的干部选任政策。他多次指出,要结合新的历史条件,全面正确地贯彻干部队伍“四化”方针和德才兼备原则,并要求各级党委要正确执行干部队伍“四化”方针和德才兼备原则,正确执行党的干部政策,坚持任人唯贤,反对任人唯亲,坚持公道正派和实事求是地对待干部。要把那些群众公认是执行党的路线并有政绩的人及时选拔到各级领导岗位上来。另一方面,江泽民同志结合新的实践大胆进行理论创新,提出了选拔高素质干部的新概念。早在1990年6月召开的全国党校校长座谈会上,江泽民同志就指出:“大力提高广大干部的素质,已经成为一个非常重要、非常突出的战略任务,摆到了全党面前。”[②]继而在纪念建党75周年座谈会上,江泽民同志发表了《努力建设高素质的干部队伍》的重要讲话,对建设高素质干部队伍作出了全面系统的阐述。在党的十五大报告中,江泽民同志又强调:“按照革命化、年轻化、知识化、专业化方针,建设一支适应社会主义现代化建设需要的高素质干部队伍,是我们的事业不断取得成功的关键……要把群众公认是坚决执行党的路线、实绩突

① 《邓小平文选》第2卷,人民出版社1994年版,第361页。

② 中共中央文献研究室编:《江泽民论有中国特色社会主义(专题摘编)》,中央文献出版社2002年版,第656页。

出、清正廉洁的干部及时选拔到领导岗位上来。”①在党的十六大报告中，江泽民同志又进一步明确提出了党政领导干部应具备的五种能力，即科学判断形势的能力、驾驭市场经济的能力、应对复杂局面的能力、依法执政的能力和总揽全局的能力，并强调面对执政条件和社会环境的深刻变化，各级党委和领导干部要不辱使命，不负重托，就要适应新形势、新任务的要求，在实践中掌握新知识，积累新经验，增长新本领。这一系列论述，为我党选拔任用干部的标准又增添了新的“高素质”的内涵。

虽然上述三个标准表述不一，所处的时代不同，在实践中所要解决的主要问题也不一致，但总的来说，三个标准的基本思想一致的，都要求干部队伍要全面发展，起到模范带头作用，以更好地推进革命、建设和改革开放事业。从本质上讲，德才兼备是对干部的基本要求，也是干部考核评价的基础，干部“四化”标准、群众公认和实绩标准都是这一原则的深化。因此，我们在确立干部考核评价指标体系时，应牢牢把握德才兼备这一基本原则，使其得到充分体现。

三、现有党政干部考核评价方式的基本视角与存在问题

在长期的干部工作中，我党已形成了一系列行之有效的干部考核评价的成熟做法，这些做法中考核的重点基本集中在以下几个方面：

一是对廉洁从政的考核。廉洁从政，不谋私利，全心全意为人民服务是对党政领导干部的基本要求，是党政领导干部最基本的素质。一个干部如果不能廉洁从政，就丧失了人民公仆基本的道德准则，必将为党和人民所唾弃。虽然腐败现象是历史的产物，与剥削制度、剥削阶级有直接的联系，而且在党政干部中腐败分子毕竟只是极少数，党政干部的主流是好的，但是，我们在现阶段还难以完全消除腐败现象，这就要求每个党政干部都应保持清醒的头脑，保持廉洁从政的工作作风和生活作风。改革开放以来，我们党一直坚持把反腐倡廉作为一项重要工作来抓，坚持一手抓改革开放、一手抓反腐倡廉。各地在干部选拔任用工作中也高度重视廉洁因素在干部考核中的重要地位，做到了不廉洁的干部不提拔，并对胡建学、胡长清、成克杰等一

① 江泽民：《高举邓小平理论伟大旗帜，把建设有中国特色社会主义事业全面推向二十一世纪》，人民出版社 1997 年版，第 52～53 页。

大批腐败官员绳之于法，对促进干部廉洁从政起到了重要保障作用。

二是对遵守党纪的考核。党员领导干部讲纪律，核心是讲政治纪律。“讲政治纪律，首要的一条，就是要坚持党的基本理论和基本路线不动摇，在政治上同党中央保持一致，保证中央的政令畅通。”①此外，遵守党纪还包括严格遵守党的组织纪律，坚持民主集中制；严格遵守经济工作纪律，按照有关规章办事；严格遵守党的群众工作纪律，努力加强党与人民群众的血肉联系等等。在具体做法上，各地组织部门在干部考察中，对违反党的政治纪律，搞“上有政策、下有对策”者，对违反党的组织纪律，搞独断专行、拉帮结派者，对违反党的群众工作纪律，搞越权违规，以权谋私者，对违反党的群众工作纪律，搞形式主义、官僚主义者都坚持不予提拔任用并给予了相应的惩处。

三是对班子团结的考核。“党的团结是党的生命。”②中央屡次强调党的干部要“讲团结，讲统一，讲顾全大局”③，并把它作为对各级领导干部的基本要求，强调“每个真正的共产党人，都必须具备这样的政治品格和遵守这样的政治纪律”④。实践证明，班子团结得好，就生气勃勃，能够集中力量搞好工作。搞“团团”“摊摊”，离心离德，陷于内耗，工作一定搞不好。各地各级组织部门在干部选拔与调配工作实践中均高度重视团结问题，尤其是在干部大规模换届中，凡是被认定为不团结的班子，其主要成员往往平调者多，提拔者少，这种做法得到了群众的广泛赞同。

四是对干部政绩的考核。政绩是干部评价的核心。只有符合干部“四化”方针和德才兼备原则，在实际工作中做出了实绩的人，才能被提拔重用。由于政绩本身存在的复杂性，给认识和评价政绩带来了一定困难，并不同程度地导致了许多干部过于追求政绩的现象。对此，我们应该像江泽民同志指出的那样，“要坚持辩证法，用联系的、发展的、全面的眼光评价干部。既要看干部在任内做出的成绩，又要看前任留下的基础和起点；既要看干部取

① 中共中央文献研究室编：《江泽民论有中国特色社会主义（专题摘编）》，中央文献出版社2002年版，第615页。

② 中共中央文献研究室编：《江泽民论有中国特色社会主义（专题摘编）》，中央文献出版社2002年版，第592页。

③ 中共中央文献研究室编：《江泽民论有中国特色社会主义（专题摘编）》，中央文献出版社2002年版，第593页。

④ 中共中央文献研究室编：《江泽民论有中国特色社会主义（专题摘编）》，中央文献出版社2002年版，第593页。

得的眼前看得见的工作实绩,又要看干部抓基础性长期性工作的力度;既要看干部工作环境和条件的优劣给工作带来的影响,又要看干部在现有基础上的作为;既要看干部平时的工作能力,又要看干部在重要时期、重要工作、重大事件中的决断魄力和应对能力;既要看干部抓物质文明建设的实绩,又要看干部抓精神文明建设的成效。要注意发现那些埋头苦干、任劳任怨、政绩突出而不事张扬的人,善于识别那些投机取巧、沽名钓誉、弄虚作假的人,切不可被表面现象所迷惑。特别是对那些善于乔装打扮的人,一定要提高警惕,善于识别"[①]。

五是对群众公认的考核。党的十五大报告提出"要把群众公认是坚决执行党的路线、实绩突出、清正廉洁的干部及时选拔到领导岗位上来"。把群众公认作为干部选拔的一个标准,是新形势下干部考核评价的重大创新。对于群众公认这个因素,各地组织部门在干部考察中基本都能坚持做到待提拔干部的民主推荐和民主测评票必须过半数以上,否则不予考虑,这体现了组织部门对群众公认原则的良好把握。

六是对有无一票否决情况的考核。一票否决是对干部领导活动中因成绩不理想或出现重大失职失误而不予提拔重用的一种制度规定。目前,一票否决的领域有逐步扩大的趋势,现存的领导干部一票否决已扩展到廉政、社会治安、重大责任事故、计划生育等方面,凡是在相关领域自身出现问题或负有直接领导责任的党政干部在提拔中都会受到影响,重者则应引咎辞职或被责令辞职。目前,因个人或工作问题被一票否决的干部越来越多,尤其在今年防治 SARS 过程中一些干部因措施不力而遭处理,体现了一票否决制度在干部考核评价中正在得到日益广泛的应用。

此外,在现有的干部考核评价工作中,也有一些部门进行了创造性的工作,把更多的内容纳入到了干部考核评价的视野,体现出干部考核评价的范围从八小时以内到八小时以外、从个人到家庭、从职务性领导工作到非职务性领导工作、从在职到去职后一定时间逐步扩大的趋势,这些做法和考核评价的视角构成了目前干部考核评价的基本框架。从实践看,这样的干部考核评价视角在选准人、用好人方面起到了积极的作用,由此保证了党政干部队伍的整体质量。当然,这样一套指标也存在一些不足之处,集中表现在以

① 中共中央文献研究室编:《江泽民论有中国特色社会主义(专题摘编)》,中央文献出版社 2002 年版,第 680 页。

下方面：一是缺乏系统性。总的来看，这些指标没有构成一个有机体系，对于哪些指标为主，哪些为辅，各占什么比例等等都缺乏制度性规定和一惯性做法，导致系统性不强，受人为因素影响较大；二是缺乏制度性。至今我们没能形成干部考核评价的完整的制度性规定，《干部任用条例》的有关规定还只是粗线条的，可操作性不强；三是缺乏程序性。在干部考核评价标准的先后次序、干部考核评价活动的程序、干部考核评价结果的形成与公开、干部对考核评价结果的反馈及争议处理等方面均缺乏程序性规定，使干部选拔任用难以规范化进行；四是缺乏强度。如何使干部考核评价结果成为决定干部晋升的“硬杠杠”，避免人为因素的影响，这目前还是干部选拔任用工作中的一个难题，这个问题不解决，少数人评价干部、少数人选干部的局面就不会有根本改观。

四、建立和完善党政领导干部考核评价指标体系应确立的基本原则

第一，要以“三个代表”重要思想为指导。以“三个代表”重要思想为指导确立和完善党政领导干部考核评价指标体系，要求我们必须把干部考核的着眼点放在代表好、维护好和实现好广大人民群众的根本利益上。在干部评价与选拔任用方面，就是要在干部“四化”方针和德才兼备原则下，对于实绩突出、能够使广大群众切实得到利益、得到多数群众公认的干部要大胆提拔，并委以重任，为他们更好地发挥作用提供更大的舞台。相反，对于那些不关心群众切实利益、贪大喜功、好搞形式主义、不为群众拥护的人，即使他们把表面政绩搞得轰轰烈烈，这样的干部也不能提拔。只有这样，才能说我们在党政领导干部的考核评价与选拔任用中，较好地贯彻了“三个代表”重要思想，较好地体现了人民利益的根本性和至高无上地位。

第二，要科学化。所谓科学化，就是要全面真实地反映党政领导干部的素质与工作、生活实际，力争使指标全面、客观、公正、合理。在干部工作实践中，对特定干部的评价往往褒贬不一、众说纷纭，其关键就在于评价者往往从不同的角度去看待干部，而且很多时候还带有个人好恶，这样不利于对干部作出一个客观公正的评价，也不利于干部的健康成长，因而在设计干部考核评价指标体系时，必须把科学性放在首位。既要看干部已具备的素质高低，也要看干部今后的发展潜力；既要看干部已取得的成绩，又要看该干

部取得成绩的基础和付出的努力，争取把各种因素综合起来，分清主次，确定比例，既要看过去，又要看现在，更要看未来，争取给每一位领导干部及其特定时期的工作以客观、公正的评价。

第三，要制度化。干部评价指标体系的设定要充分考虑上级领导、干部本身和群众等各方面的要求，并在制定后不断予以修正、完善。但是，这一体系一经制定，应赋予其制度性的效力，使之成为干部选拔任用的一个基本标准或必要程序，做到考核达不到一定分数不予考虑，同等情况下考核优胜者优先提拔。只有极少数在某一方面特别突出者，可以经党的全委会讨论并进行投票表决加以提拔，否则一般不能破例。只有这样，才能促使干部以指标体系所确定的原则和“硬杠杠”来约束自己，促使自己不断提高水平、改进工作。

第四，要程序化。程序化是党对干部选拔任用工作的一个新要求。程序化就是按照党对干部选拔任用工作规定的步骤，正确评价和任用干部，决不能违背干部选拔任用的程序。相应地，干部评价指标体系也应规定相关的程序性内容，其中包括评价主体的选定、干部考核的范围、评价指标的先后顺序、评价活动的程序等等。只有严格按程序进行，干部考核所得出的结论才是科学的、可靠的，才能为干部所接受。在《干部任用条例》作出了一些程序性规定的基础上，中共中央于 2003 年 7 月 13 日又发布了《党政领导干部选拔任用工作监督检查办法（试行）》这一程序性规定，充分体现了我党对干部选拔任用工作程序化的高度重视。

第五，要动态化、即时化。就目前而言，在干部选拔任用中，我们往往只是在干部的选拔任用环节进行较规范的干部考评，而对干部在任职期间的职务活动和非职务活动则往往缺乏监督和评价，致使干部考评难以收到应有成效，这已成为现有干部评价方式的最大缺陷。因此，干部考核评价应作为干部监督的一个基本举措实现动态化、即时化，使干部从任职伊始即处于不断的评价监督之下。当然，这并不是说对每个领导干部都要有专人负责，进行即时性监督，而是指首先确定一个开放式的监督制度体系，使人人都可以进行监督；此后不仅注重从领导干部决策等领导行为入手，同时应注重对其个人财产、个人重大事项、家庭成员婚、丧、嫁、娶等进行监督，发现问题及时予以查实。

五、建立和完善党政领导干部考核评价指标体系的若干设想

目前在干部考核评价方面最具指导性的制度规定就是《干部任用条例》。这一条例对干部选拔任用的推荐提名、考核考察、酝酿讨论、任免、监督等各个环节均作出了规范的程序性规定，形成了干部选拔任用工作的完整要求和完整机制。这一条例指出："考察党政领导职务拟任人选，必须依据干部选拔任用条件和不同领导职务的职责要求，全面考察其德、能、勤、绩、廉，注重考察工作实绩。"无疑，以"五察"为基础，同时注重干部的群众公认程度是我们建立和完善党政领导干部考核评价指标体系的基本着眼点。

一是察"德"。"德"，即干部的品行。考察干部的德，主要看干部的政治、思想、作风、纪律和道德品质等方面的素质，尤其要注重通过对干部的思想作风、学风、工作作风、领导作风和生活作风的考察，了解和把握干部的思想政治素质。应该说，干部的政治素质是干部考核评价的核心，一个干部只有首先做到思想政治素质过硬，才能真正为人民服务。江泽民同志曾在《努力建设高素质的干部队伍》的重要讲话中提出党政干部应具备的五条政治标准，它们构成了干部思想政治素质的基本内涵。由于德的问题是一个思想政治问题，衡量的可操作性不强，如何在考核指标体系中使其尽量具体化，最关键的一点就是把它和干部的工作实绩结合起来，这也是合乎逻辑的。如果一个干部实绩突出，那么其思想政治素质才可能比较高，反之，如果干部没有实绩，群众不拥护，其德的标准必然不合格。

二是察"能"。"能"，即干部的组织领导能力，包括理论政策水平、综合决策能力、组织协调能力、文化专业水平等。考察干部的组织领导能力，就是要考察干部的业务、文化、技术、管理水平，考察其是否具备胜任现职的能力。相对而言，能力素质是具体的、可见的，也易于量化。对于静态的能力素质，可以通过量化文化水平、政策水平等加以衡量；对于动态能力素质，主要是领导决策能力、协调能力等应与干部的政绩、与上级领导、群众的评价结合起来加以考虑。

三是察"勤"。"勤"，即干部的工作态度、工作作风和责任心。考察干部的勤，就是要看干部是否具有强烈的革命事业心和工作责任感，是否勤勤恳

恳、任劳任怨，是否具有坚强的毅力、积极进取，是否善于解放思想、实事求是，是否讲真话、办实事、求实效。对领导干部"勤"的考察和"德"有相通之处，在干部考核评价指标体系构建中要真正把握它、衡量它，也应本着具体化和量化的原则，注重与实绩的结合，通过干部的实绩来判断干部的工作态度是否认真、工作作风是否扎实，力戒华而不实、好大喜功的工作态度和工作作风。

四是察"绩"。"绩"，即干部的工作实绩，是指干部在完成任期目标和履行岗位职责过程中，通过所提出的工作思路、采取的措施、发挥的具体作用而取得的绩效。考察干部的工作实绩，主要看其完成工作的数量、质量、效率及其经济价值和社会价值，对经济和社会所产生的直接或间接影响。考察干部的政绩，最基本的原则是要辩证地看，对比地看，切忌把政绩绝对化和无限夸大，特别"要注意发现那些埋头苦干、任劳任怨、政绩突出而不事张扬的人，善于识别那些投机取巧、沽名钓誉、弄虚作假的人"。政绩考核是干部考核的关键，在干部考核评价指标体系中应慎重对待，力争使其全面、科学、公正、合理。

五是察"廉"。"廉"，即干部的廉洁自律情况。考察干部的廉，要严格按照中央关于党员领导干部廉洁从政的有关规定来把握。把干部的廉洁自律情况作为干部考察的一项重要内容，是我们党对干部选拔任用工作中的经验和教训进行科学总结而提出来的，具有很强的针对性，也是对干部考察工作提出的新的更高的要求。

六是要注重看干部的群众公认程度。干部生活在群众当中，他们的素质高不高，能力强不强，作风好不好，政绩突出不突出，群众最清楚，也最有发言权。选拔任用干部，必须充分发扬民主，走群众路线。在正常情况下，多数群众不拥护的干部，不能提拔。要把那些德才兼备、实绩突出和群众公认的人及时选拔到领导岗位上来，形成正确的用人导向。对群众公认程度的考核，一是要形成必要的制度和程序，如民主推荐、民主测评等等；二是要把群众公认和对干部德、能、勤、绩、廉的考察结合起来，使干部的某一方面形象和在干部群众中的总体形象结合起来，这样形成的干部公认度才是客观的、公正的。

总结上述干部考察的思路，最根本的一条就是要在改革和建设的实践中考察和识别干部，而不是静态地、呆板地对干部素质进行书斋式的评价，从而最大限度地客观公正地考察和识别干部的德、能、勤、绩、廉情况，最大限度地减少考察中不确定性因素和人为因素的影响。

六、建立和完善党政领导干部考核评价指标体系应注意的几个问题

建立和完善党政领导干部考核评价指标体系，毕竟需要考虑到对每一个党政领导干部的普遍适用性问题，因而需要尽可能考虑到一些实际因素，使一些次要的影响降到最低，增强指标的普遍性和可操作性。在上述分析研究的基础上，建立和完善这一体系的同时对下列因素还应给予充分考虑，并在指标体系中予以整合和体现。

第一，关于评价主体问题。党政干部考核评价应由谁来评价，主体必须明确。过去是由上级领导和组织部门进行考核评价，这种评价主体单一所导致的干部眼睛向上、只对上负责不对下负责的弊病已为人们公认。因此，必须改变这一评价主体单一的模式，而代之以评价主体多元化、社会化的发展模式。具体地说，就是应在上级领导干部、组织部门、下属群众的评价之间寻找一个平衡点，使其能够综合各家观点，形成更具代表性的看法。这个工作应该由谁做、怎么做，值得进一步研究。

第二，关于分类评价问题。我国党政干部基本分为党委和政府两大系统，并划分为多个层次，分别担负不同的领导职责。无疑，领导工作性质、层次的不同使干部考核评价标准必然存在较大的差异。比如，对于党的高级干部，要求他们“不仅要努力成为有知识、懂业务、胜任本职工作的内行，而且首先要努力成为忠诚于马克思主义、坚持走有中国特色社会主义道路、会治党治国的政治家。”[①]而对于党政一般干部，符合“四化”方针和德才兼备原则就是一个普遍而基本的要求。同样，党委系统的干部和政府部门的干部，负主要领导责任的干部和负次要领导责任的干部，领导干部和一般干部，其工作性质不同，考核评价的内容、标准也应有所不同，在考核中如何区别对待是评价体系科学化所必须解决的问题。

第三，关于干部评价与班子评价相结合的问题。应该看到，领导干部都属于某一特定领导集体，与领导集体具有不可分割的联系。一方面，其个人

① 中共中央文献研究室编：《江泽民论有中国特色社会主义（专题摘编）》，中央文献出版社 2002 年版，第 659 页。

负责的领导工作的好坏影响到班子整体工作；另一方面，班子整体工作的好坏又决定和制约着班子每一位领导干部的工作，影响对个人的评价。一般而言，在两者一致、个人和班子工作成绩都很突出的情况下易于形成对干部的正确评价，但是当面对大量的领导干部个人分管工作和班子整体工作取得成绩不一致时，就容易出现干部评价的分歧。此时，对干部的考察就要注意分清个人和班子工作的区别和联系，把对干部的评价和对班子的评价结合起来，在注重对班子正确评价的基础上形成对领导干部个人的评价。这对于恰当地使用干部是极其重要的。

第四，关于对西方人才评价体系的借鉴问题。西方国家在实践中已形成了方式多样的人才评价体系，针对公务员素质的评价体系也极其丰富。其共同的特点是分类较细，指标全部量化，较注重静态素质和人工模拟环境下分析问题、解决问题能力的评判。虽然从实践看，基于西方政治、经济、文化背景的人才测评指标体系并不完全适应我国党政干部的实际，但对我们建立自己的考核评价体系仍然具有的一定借鉴意义。

第五，关于干部评价指标体系的创新问题。我们要建立的是具有我国特色的党政干部评价指标体系，其最大特色就在于对我国党政干部的评价是一个涵盖德、能、勤、绩、廉等各个方面的综合体系，尤其是对德、勤的重视和考察更是我国对党政干部考核的一大特色。对此，应如何在评价体系中加以体现并使其具体化、合理化，这些都没有现成的经验可以借鉴，需要我们不断以创新的精神加以探索，找到适合我国干部特点的考核评价方法。在这个问题上，我们既不能取消干部之间德、勤的差别，又不能对一些过于细小的事情纠住不放，对有些干部一棍子打死；既应把德、勤素质作为干部考核评价的首要指标，也不能搞无限夸大，使一部分能力超强、政绩突出的干部失去更好地为党和人民事业建功立业的机会。

综上所述，在“三个代表”重要思想指导下，立足我国党政干部选拔任用工作的实际，以制度化、规范化、程序化为方向，以德、能、勤、绩、廉和群众公认为基本内涵，逐步建立和完善党政领导干部考核评价指标体系，已经成为全党面临的一项紧迫而又艰巨的任务。这项工作搞好了，可以促进大量优秀干部的脱颖而出，优胜劣汰，使党的干部队伍永葆生机活力；如果搞不好，则可能会使拉关系、走后门、跑官要官、买官要官之风愈演愈烈，泯灭党的干部队伍的活力，直至葬送党的伟大事业。因此，我们一定要从战略高度认识干部考核评价指标体系的重要性，尽快建立一套科学、合理、规范的党政领导干部考核评价指标体系，并在实践中不断予以充实、完善，使其在建设高素质的干部队伍进程中发挥更大的作用。

本文原载于《政治学研究》2003年第4期，2005年4月获山东省第十九次社会科学优秀成果三等奖。

城市居民婚姻状况与主观幸福感关系的初步研究

邢占军　金　瑜

一、引言

婚姻生活往往被人们视为幸福人生的一个重要组成部分，这一点已为西方许多研究者的研究所反复证实①②③。20世纪70年代Campbell等人甚至将婚姻和家庭视为预测美国人总体幸福感的15个因素中最主要的两个因素。Brown等人的研究也表明，由于配偶所提供的社会支持，婚姻因素会有助于提高主观幸福感水平。Stock等人报告婚姻状况与主观幸福感之间的平均相关为0.14。④ William等人的研究则表明婚姻状况与主观幸福感之间存在正相关，但比预想的要微弱得多。⑤ 我国台湾地区研究者陆洛采用自编的幸福感量表和生活满意感量表对当地居民进行的研究表明，仅仅在家庭和工作满意感方面，有婚姻生活者得分明显高于无婚姻生活者，在幸福感

---

① Glenn N. D., "The Contribution of Marriage to the Psychological Well-being of Males and Females", *Journal of Marriage and Family Relations*, Vol.37, 1975, pp.594-600.

② White J. M., "Martial Status and Well-being in Canada", *Journal of Family Issues*, Vol.13, 1992, pp.390-409.

③ Mastekaasa A., "Age Variations in the Suicide Rates and Self-reported Subjective Well-being of Married and Never Married Persons", *Journal of Community and Applied Social Psychology*, Vol.5, 1995, pp.21-39.

④ Stock W. A., Okun M. A. & Haring M. J., "Age and Subjective Well-being: A Meta-analysis", *Evaluation Studies: Review Annual*, Vol.8, 1983, pp.279-302.

⑤ Marilyn H. et al., "Marital Status and Subjective Well-being: A Research Synthesis", *Journal of Marriage and the Family*, Vol.11, 1985, pp.947-953.

上两组得分差异不显著。[①] 那么,我国居民婚姻状况与主观幸福感之间究竟存在何种关系?二者之间的关系是否与人们所处的文化背景有关?两性是婚姻的前提,性别因素在二者的关系中又会起到何种作用?本研究以我国城市居民作为被试,对婚姻状况与主观幸福感之间的关系进行初步研究,并尝试对上述问题做出回答。

二、方法

(一)被试

本研究在山东省全省范围内随机选取1552名被试作为样本。样本构成情况如下:性别(男,52.4%;女,47.6%);年龄(18～24岁18.7%;25～34岁36.6%;35～44岁23.5%;45～54岁10.9%;55岁以上10.1%);受教育程度(大专以上33.8%;高中38.9%;初中及以下27.3%);婚姻状况(未婚25.3%;已婚74.7%);职业状况(有职业66.8%;无职业及非规范就业33.2%)。

(二)研究工具

(1)中国城市居民主观幸福感量表。该量表包含54个项目,采用六级记分的方法,从知足充裕体验、心理健康体验、社会信心体验、成长进步体验、目标价值体验、自我接受体验、身体健康体验、心态平衡体验、人际适应体验、家庭氛围体验10个维度对城市居民主观幸福感进行测量,被初步证实具有较好的测量特性。[②] (2)总体生活满意感量表。该量表是美国研究者Diener等人于20世纪80年代编订的多项目(multi-item)总体满意感量表,由5个项目组成,每个项目采用七级记分法。分值愈高,总体满意感愈强。该量表在运用于我国城市居民时已被证实具有良好的内在一致性信度和结构效度。[③] (3)生活领域满意感量表。该量表是在陆洛等人研究的基础上编制的,由8个项目组成,分别测量人们在家庭生活、职业、健康、家庭经济、居家环境、社交等方面的满意感。分值愈高,生活领域满意感愈强。(4)单项目(single-item)自陈主观幸福感量表。该量表由一个项目组成,即"我是一个幸福的人",要求被试根据自己同意与否的程度作出判断。量表按六级记

---

① Luo L., "The Meaning, Measure, and Correlates of Happiness among Chinese People", *Proceeding of the National Science Council Part C: Humanities and Social Sciences*, Vol.8, 1998, pp.115-137.

② 参见邢占军:《中国城市居民主观幸福感量表的编制》,《香港社会科学学报》2002年第23期。

③ 参见邢占军等:《几种常用自陈主观幸福感量表在我国城市居民中的试用报告》,《健康心理学杂志》2002年第5期。

分，分值愈高，幸福感愈强。

（三）施测

采用团体与个别相结合的测试方式，由研究者本人或经过专门培训的测评人员进行团体施测。因文化程度、年龄等因素不便于团体测试的被试，则由主试提问，被试口头回答。采用统一的指导语。

（四）数据分析

本研究数据采用 SPSSWIN11.0 软件包处理。

三、结果分析

（一）我国城市居民主观幸福感在婚姻状况上的分布情况及组群差异

将所有被试依据婚姻状况分为两组，其中有婚姻生活者为 1160 人，无婚姻生活者为 392 人。表 1 是不同婚姻状况组主观幸福感得分的分布情况。t 检验表明，无婚姻组在社会信心体验分量表、成长进步体验分量表和心态平衡体验分量表上得分明显高于有婚姻组（t 检验结果分别为 $t=6.541$，$p=0.000$；$t=3.000$，$p=0.003$；$t=4.064$，$p=0.000$），在主观幸福感总量表上的得分差异也接近显著水平（$t=1.754$，$p=0.080$）。在知足充裕体验分量表上，有婚姻组得分高于无婚姻组并接近显著水平（$t=1.924$，$p=0.055$）。

表 1　不同婚姻状况城市居民主观幸福感总量表及各分量表的得分分布情况

婚姻状况		总量表	知足充裕	心理健康	社会信心	成长进步	目标价值	自我接受	身体健康	心态平衡	人际适应	家庭氛围
有婚姻组	*M*	160.1351	16.1339	16.0654	15.6570	15.8289	16.0962	15.8931	16.1684	15.7369	16.4738	16.0815
	SD	19.01641	3.07264	2.92161	3.03515	3.06637	2.92565	3.05155	2.82460	2.97859	2.25947	2.84205
无婚姻组	*M*	162.0493	15.8006	16.0402	16.7388	16.3186	16.0533	16.0285	15.9029	16.4588	16.5368	16.1707
	SD	18.56001	2.616969	3.02320	2.75879	2.69657	2.89311	3.16936	3.41369	3.06195	2.15924	3.13868

(二)其他工具所反映的我国城市居民主观幸福感在婚姻状况上的分布情况及组群差异

由于西方研究者经常将主观幸福感理解为人们依据自己标准对自身生活的评价,因而总体生活满意感和生活领域满意感常常被作为反映居民幸福感状况的指标①,为此我们进一步考察了不同婚姻状况的我国城市居民在这两项指标上的得分分布情况及组群差异。同时,我们也考察了以单项目自陈主观幸福感量表为工具所反映的我国城市居民幸福感在婚姻状况上的得分分布情况及组群差异。表2是不同婚姻状况组主观幸福感得分的分布情况。t 检验表明,在生活总体满意感量表上,有婚姻组得分明显高于无婚姻组($t=7.488, p=0.000$)。在生活领域满意感总量表及主要生活领域满意感方面,有婚姻组与无婚姻组差异均不明显。在健康方面,无婚姻组得分明显高于有婚姻组($t=3.348, p=0.001$);在单项目自陈主观幸福感上无婚姻组得分也高于有婚姻组并接近显著水平($t=1.912, p=0.056$)。

表2 其他工具所反映的我国城市居民主观幸福感不同婚姻状况上分布情况

婚姻状况		单项目幸福感	总体满意感	领域满意感	职业	休闲	居家环境	收入	健康	家庭生活	经济状况	社会交往
有婚姻组	M	4.3043	17.3905	29.6741	3.6654	3.4949	3.4696	3.0794	4.2943	4.4466	3.1598	3.8597
	SD	1.05728	6.13172	6.88190	1.34422	1.33466	1.45652	1.40368	1.27354	1.27103	1.37570	1.10972
无婚姻组	M	4.4235	15.0115	29.8878	3.6080	3.5631	3.3294	3.1449	4.5210	4.4567	3.2103	3.7582
	SD	1.09370	5.18339	6.35945	1.37330	1.36474	1.40470	1.36279	1.19210	1.38566	1.36798	1.15208

(三)我国城市居民主观幸福感与婚姻状况关系的性别差异

为考察性别因素对我国城市居民主观幸福感与婚姻状况关系的影响,

① Diener E., Suh E., Lucas R. et al., "Subjective Well-being: Three Decades of Progress", *Psychological Bulletin*, Vol.125, No.2, 1999, pp.276-302.

我们采用了2×2析因设计方差分析，表3是得到的方差分析表。F检验显示，婚姻因素和性别因素对主观幸福感的主效应均不显著，在主观幸福感总量表上得分的差异是由二者交互作用产生的。这意味着有必要就性别对我国城市居民主观幸福感与婚姻状况关系的影响进行更为深入的考察。

表3 婚姻状况与性别对主观幸福感影响的2×2方差分析表

因变量：主观幸福感总量表得分

来源	平方和	自由度	均方差	F	p.
校正模型	5951.355	3	1983.785	5.589	.001
截距	30050132.864	1	1454658.074	84663.346	.000
婚姻	909.635	1	909.635	2.563	.110
性别	866.594	1	866.594	2.442	.118
婚姻×性别	4854.373	1	4854.373	13.677	.000
误差	548732.215	1546			
总体	40535718.879	1550			
校正总体	554683.570	1549			

将包含1552名被试的样本以性别为依据分为两部分，分别考察男女被试主观幸福感得分在婚姻状况上的分布情况及组群差异，得到女性被试738人（其中有婚姻生活526人，无婚姻生活212人），男性被试812人（其中有婚姻生活633人，无婚姻生活179人），其中2人性别未填。表4和表5分别给出了女性和男性被试不同婚姻状况组主观幸福感得分的分布情况。女性被试在婚姻状况上的组群差异与总体样本的结果大致相符，而且从某种意义上讲加剧了这种负向差异。t检验表明，除身体健康体验外，在主观幸福感总量表和其他9个分量表上，有婚姻组得分均低于无婚姻组，而且在心理健康体验、社会信心体验、成长进步体验、心态平衡体验4个分量表以及主观幸福感总量表上得分差异均达到显著性水平（t检验结果分别为$t=-2.517$，$p=0.012$；$t=-6.016$，$p=0.000$；$t=-3.257$，$p=0.001$；$t=-5.569$，$p=0.000$；$t=-3.828$，$p=0.000$），在自我接受分量表和家庭氛围分量表上的得分差异也接近显著水平（$t=-1.938$，$p=0.053$；$t=-1.732$，$p=0.084$）。对男性被试的分析则得出了基本相反的结果。t验验表明，除社会信心分量表

和成长进步体验分量表外，在其他分量表上有婚姻组得分均高于无婚姻组，而且在知足充裕体验、心理健康体验和身体健康体验3个分量表得分差异均达到显著性水平（t 检验结果分别为 $t=3.152, p=0.002; t=2.643, p=0.008; t=2.361, p=0.018$），在目标价值分量表上的得分差异也接近显著水平（$t=1.958, p=0.051$）。在社会信心体验分量表上，有婚姻生活男性被试明显低于无婚姻生活男性被试（$t=-2.862, p=0.004$）。

表4　不同婚姻状况女性城市居民主观幸福感总量表及各分量表的得分分布情况

婚姻状况		总量表	知足充裕	心理健康	社会信心	成长进步	目标价值	自我接受	身体健康	心态平衡	人际适应	家庭氛围
有婚姻组	M	158.8347	16.0866	15.6961	15.4144	15.6066	15.9783	15.7170	16.2291	15.5137	16.4869	16.1061
	SD	18.93965	3.05737	2.93905	3.06046	3.12100	2.95255	3.04599	2.89569	3.12664	2.20267	3.00891
无婚姻组	M	164.6953	16.1748	16.3083	16.8755	16.4088	16.3430	16.2028	16.2003	16.9053	16.7449	16.5315
	SD	18.52399	2.64709	3.11117	2.79000	2.78261	2.74031	3.16939	3.23713	2.93025	2.14035	3.04535

表5　不同婚姻状况男性城市居民主观幸福感总量表及各分量表的得分分布情况

婚姻状况		总量表	知足充裕	心理健康	社会信心	成长进步	目标价值	自我接受	身体健康	心态平衡	人际适应	家庭氛围
有婚姻组	M	161.1967	16.1664	16.3708	15.8521	16.0104	16.1892	16.0392	16.1226	15.9238	16.4627	16.0595
	SD	19.0375	3.0848	2.8757	2.9999	3.0118	2.9017	3.0532	2.7655	2.8410	2.3090	2.6999

续表

婚姻状况		总量表	知足充裕	心理健康	社会信心	成长进步	目标价值	自我接受	身体健康	心态平衡	人际适应	家庭氛围
无婚姻组	*M*	158.8771	15.3736	15.7262	16.5647	16.2298	15.7031	15.8028	15.5298	15.9085	16.2947	15.7438
	SD	18.1991	2.5242	2.9010	2.7225	2.5919	3.0418	3.1630	3.5850	3.1290	2.1673	3.2106

四、讨论

(1)婚姻家庭生活是人类最基本的社会生活形式,美好和谐的婚姻生活是事业成功的基石和人生幸福的源泉。我们的研究结果显示,从总体上看我国城市居民中无婚姻生活者比有婚姻生活者具有较高的主观幸福水平,这似乎隐含着婚姻生活是不幸的开始的悖论,正如钱钟书所讲的"围城"。其实不然。我们认为得出这一结论不是偶然的,这与当前我国社会的婚姻质量状况有关。在访谈中我们发现,许多已婚人士对自身婚姻质量评价不高,由此可能对他们的主观幸福感体验产生消极的影响。值得一提的是,国内社会学研究者徐安琪等人所做的一项颇有影响的研究表明,目前只有3%的中国夫妇的夫妻关系可以称得上是高质量和完美型的。[①] 婚姻质量方面的问题,既与社会转型期的骚动而引起的婚姻价值观失衡有关,也与传统文化背景下形成的对婚姻的不合理期待有关。因而,塑造健康向上的婚恋观,倡导和谐成熟的婚姻生活,不断提高婚姻质量,已经成为提升全社会生活质量一个不容忽略的环节。

(2)我们的研究得出了与西方研究者恰好相反的研究结论,可以从两个方面来分析。其一,我们所采用的工具与西方研究者不同,因而不具可比性。如前所述,西方研究者一般将主观幸福感理解为人们依据自己标准对自身生活的评价,满意感被作为反映居民幸福感状况的指标。我们认为,主观幸福感是人们所体验到的一种理想的(或非常满意的)存在状态。"主观

① 参见徐安淇、叶文振:《中国婚姻质量研究》,中国社会科学出版社1999年版。

幸福感研究的着眼点不在于主观幸福感的形式，而在于这种形式所反映的内容。主观幸福感的内容，也就是能够引起主观幸福感体验的经验对象。”[①] 构成主观幸福感体验的经验对象，必然受到特定的文化背景（特别是在不同文化背景下形成的幸福观）和所处社会发展程度以及体验主体个性差异等因素的影响，因而必然存在文化差异，这种差异必然表现在研究工具方面、乃至研究理路方面。西方研究者所编制的测量工具可能适合对西方被试的研究，但不一定适合于我们的研究。在主观幸福感研究中盲目照搬西方研究者的测量工具是不明智的，也不是一种科学的态度。评价一个工具的好坏以及是否适用的标准，主要是看该工具在本土被试中所取得的测量特性。其二，如果各自采用的工具在本土被试的测试中均获得了较好的测量特性，那么所得到的结论就具有可比性。在这种情况下，主观幸福感在婚姻状况上存在的组群差异就可以从婚姻质量方面来考虑，而婚姻质量方面的差异又与由文化因素所导致的婚姻观密切相关。因此，在婚姻状况与主观幸福感关系方面所存在的差异，可能恰恰反映的是某种文化上的差异。

(3)尽管西方研究者从很早就注意到性别可能是影响婚姻状况与主观幸福感关系的重要因素[②]，但他们所做的大量研究表明，性别差异并不会影响到婚姻状况和主观幸福感之间的关系，从总体上看无论男性还是女性，有婚姻生活者的幸福感要高于无婚姻生活者。[③] 我们的研究结果则表明，在性别因素对婚姻状况与主观幸福感关系的影响方面，男性与女性是不同的婚姻状况对男性群体主观幸福感的影响基本上是正向的，而婚姻状况对女性群体主观幸福感的影响从总体上看却是负向的。不同性别对我国城市居民婚姻状况与主观幸福感关系的影响的逆向走势，从某种意义上反映出在当前我国社会的婚姻关系调整中，女性仍处于较为被动的地位。

(4)本研究只是对婚姻状况与主观幸福感关系的初步探索，而且取样仅限于山东省范围，因而所得出的结论还有待于在更广泛范围内取样加以验证。另外，“性”方面的体验是主观幸福感体验中不可或缺的重要方面，但考

① 邢占军：《主观幸福感研究：对幸福的实证探索》，《理论学刊》2002年第5期。

② Wilson W. R., “Correlates of Avowed Happiness”, *Psychological Bulletin*, Vol.67, 1967, pp.294-306.

③ Mroczek, D. K. Kolarz & M. Christian, “The Effect of Age on Positive and Negative Affect: A Developmental Perspective on Happiness”, *Journal of Personality and Social Psychology*, Vol.75, 1998, pp.1333-1349.

虑到我国被试对讨论“性”问题接受程度不同，而且本研究对部分被试采用了当面提问的测试方式，因此我们所采用的中国城市居民主观幸福感量表没有直接将“性”体验作为主观幸福感的一个维度，而是将这方面的问题在相关维度中比较委婉地呈现。这种处理方式有可能不能准确地反映出被试的“性”生活质量，并对本研究结论产生一定的影响。因而，如何更好地考察这一重要维度，尚有待于今后研究的进一步探索与完善。

五、小结

（1）本研究得出了与西方研究者不同的结论。从总体上看，城市居民中无婚姻生活群体主观幸福感高于有婚姻生活群体，这与我国城市居民当前婚姻质量有关。

（2）本研究认为，在婚姻状况与主观幸福感关系方面所表现出来的中西差异，与转型社会的婚姻价值观失衡有关，也反映了某种文化上的差异。

（3）本研究表明，性别是影响我国城市居民婚姻状况与主观幸福感关系的重要因素。婚姻状况对男性群体主观幸福感的影响基本上是正向的，而婚姻状况对女性群体主观幸福感的影响从总体上看则是负向的。

本文原载于《心理科学》2003 年第 6 期，2005 年 4 月获山东省第十九次社会科学优秀成果三等奖。

重新解读胡适及“问题与主义”之争

张传鹤

1919年7月，胡适在《每周评论》上发表了《多研究些问题，少谈些“主义”》一文，引起了“问题与主义”之争。这场争论长期被史学界定性为胡适向马克思主义发动的“猖狂进攻”，其实质是以李大钊为代表的马克思主义和以胡适为代表的资产阶级改良主义两大敌对思想体系的尖锐斗争，是“五四”时期马克思主义和反马克思主义的三大论战之一。近些年来，学术界开始重新认识“问题与主义”之争，以更加理性的态度看待胡适在这场论战中提出的一些有价值的思想以及他的不足。[①] 但其中也不乏过于偏颇的观点，有的全盘肯定胡适在论战中提出的观点，有的则提出“‘问题’与‘主义’之争的案翻不得”[②]。鉴于“问题与主义”之争在中国现代思想史上的重要地位，及如何正确处理问题与主义的关系对当代中国社会发展的重要性，笔者拟就“问题与主义”之争谈几点自己的看法，不当之处，敬请学界同仁指正。

一、关于评价胡适及“问题与主义”之争的态度与方法

由于胡适的政治立场是反共的，其言论又常常具有偏激性和非严密性的特点，这就给我们客观、全面地认识和评价胡适在“问题与主义”之争中提出的观点造成了不少困难。

首先，在感情上，我们很难接受胡适这样一个曾极力污蔑、攻击过共产

① 参见李安增、刘煜：《问题与主义之争的再评价》，《晋阳学刊》1997年第3期。

② 艾辛：《“问题”与“主义”之争的案翻不得》，《求是内部文稿》1993年第22期。

党及其领导的革命运动,又曾卖力地吹捧过蒋介石和汪精卫并直接效力南京国民政府的人。

其次,胡适本人某些言论的偏激性和非严密性也给我们认识他的思想言论增加了难度。例如,胡适在1929年至1935年之间由他挑起的关于中国文化未来的发展究竟应该坚持中国本位还是全盘西化的争论中,曾使用过"全盘西化"这样一个偏激性的字眼来表明他的文化主张,并因此成为许多论敌攻击的靶子。最后胡适不得不亲自出面纠正自己不当的用词,用"充分世界化"来代替"全盘西化",承认"'全盘西化'一个口号所以受了不少的批评,引起了不少的辩论,恐怕还是因为这个名词的确不免有一点语病。这点语病是因为严格说来,'全盘'含有百分之一百的意义,而百分之九十九还算不得'全盘'。其实陈序经先生的原意并不是这样,至少我可以说我自己的原意并不是这样"[①]。"我们不能不承认,数量上的严格'全盘西化'是不容易成立的。"[②]在上述争论中,如果不是这场争论的始作俑者胡适亲自出面表明"原意"和承认自己的语病,谁会想到胡适"全盘西化"口号中的"全盘"实际上并非"全盘"的意思!

但胡适某些言论的偏激性和非严密性的特点不应该成为我们认识其思想的障碍,在认识胡适思想的过程中,既要尽量避免掉入政治感情的"陷阱",又要充分把握胡适的思想言论多有偏激性和非严密性这一特点。

当然,对胡适思想言论的认识和评价目前也有一些有利的条件。

首先,从政治气氛上说,我们早已告别"无限上纲"的年代,实事求是地评价历史人物及其思想已成为学术界的共识。

其次,经过新中国50多年的建设实践,我们对国家建设中所遇到的"问题"和我们所信仰的"主义"及其他的"主义"有了新的更加成熟的思考,对"根本解决""革命""改良"之类的重大政治问题也有了更加辩证的认识。这就为我们重新解读胡适在"问题与主义"之争中提出的思想观点提供了良好的条件。

总之,评价任何人、任何党派的观点都须遵循客观公正的原则。具体到评价胡适在"问题与主义"之争中所持的种种观点,我们不能因为他在政治上是反共的就一味地否定其全部主张,否则,我们从"问题与主义"之争中就

---

① 罗荣渠主编:《从"西化"到现代化》,北京大学出版社1990年版,第544页。

② 罗荣渠主编:《从"西化"到现代化》,北京大学出版社1990年版,第545页。

难以得到本可以得到的有益启示。

二、胡适在“问题与主义”之争中提出的主要思想观点

要正确分析胡适在“问题与主义”之争中提出的思想观点，就要把胡适在这场争论中提出的主要观点全面地联系起来加以分析，而不能断章取义。总括起来，胡适在论战中主要提出了如下 14 个方面的论点：

(1)多研究些问题，少谈些“主义”。

(2)空谈好听的“主义”，是极容易的事。

(3)空谈外来进口的“主义”，是没有用处的。

(4)偏向纸上的“主义”，是很危险的。这种口头禅很容易被无耻政客用来做种种害人的事。

(5)“主义”初起时，大都是一种救时的具体主张。后来这种主张传播出去，传播的人要图简便，便用一两个字来代表这种具体的主张，叫“某某主义”。主张成了“主义”，便由具体的计划变成一个抽象名词。“主义”的弱点和危险就在这里，这为某些人用一些抽象的“主义”骗人提供了机会。

(6)中国当时谈“主义”的人太多，研究问题的人太少，高谈“主义”，不研究问题的人，只是畏难求易，奉劝新舆论界的同志多提出和研究一些问题，少谈一些纸上的“主义”。

(7)种种学说和“主义”我们都应该研究，以用作研究问题的工具和参考资料，但不要用作挂在嘴上的招牌，或认为有了新奇奥妙的“主义”就可以心满意足，自以为寻着了包医百病的“根本解决”办法，从此用不着费心力去研究这个那个具体问题的解决办法了。

(8)有价值的思想的提出需要三个步骤；首先研究问题方面的种种事实，看究竟病在何处。然后，根据一生的经验学问，提出种种解决的方法。最后，用一生的经验学问，加上想象的能力，推想每一种假定的解决法，该有什么效果，推想这种效果是否真能解决眼前这个困难。

(9)反复说明自己所攻击的“主义”是“抽象名词”的“主义”，是那些空空荡荡、没有具体内容的全称名词，是那些抄袭现成的口头禅的“主义”，是不根据事实的、不从研究问题下手的抄袭成文的“主义”。

(10)“主义”的原起，虽是个体的，“主义”的应用，有时带着几分普遍性。

(11)应该把“主义”和实行的方法合为一件事，决不可分为两件不相关

的事，反对只管提出“涵盖力大”的“主义”的“目的热”和不管实行的方法如何的“方法盲”。

（12）一切“主义”，一切学理，都应该研究，但是只可认作一些假设的见解，不可认作天经地义的信条；只可认作参考印证的材料，不可奉为金科玉律的宗教；只可用作启发心思的工具，切不可用作蒙蔽聪明、停止思想的绝对真理。如此方才可以渐渐养成人类的创造的思想力，方才可以渐渐使人类有解决具体问题的能力，方才可以渐渐解放人类对于抽象名词的迷信。

（13）虽不赞成空谈抽象的“主义”，但对输入学说和思潮的事业是极赞成的。主张输入学理应讲方法：首先，输入学说时应该注意发生这种学说的时势情形。其次，输入学说时应该注意“论主”的生平事实和他所受的学术影响。最后，输入学说时应该注意每种学说已经发生的效果。“以上所说的三种方法，总括起来，可以叫作‘历史的态度’。凡对于每一种事物制度，总想寻出他的前因与后果，不把他当作一种来无踪去无影的孤立东西，这种态度就是历史的态度。”①

（14）肯定马克思主义唯物史观的积极意义，但对“根本解决”的政治方案和马克思主义的“阶级竞争”（阶级斗争——笔者注）学说表示怀疑和反对。

三、对胡适在“问题与主义”之争中提出的观点的全面评价

在确立了评价胡适思想观点的正确态度和明确了胡适在论战中提出的主要思想观点的基础上，笔者对胡适在“问题与主义”之争中所提出的观点有如下几点认识：

首先，撇开胡适在论战中提出的具体观点主张不谈，从总的层面来说，胡适在当时实际上提出了一个对我国社会发展具有长远意义的问题，即如何正确认识和处理“问题与主义”的关系。在这一点上，胡适的历史作用是不能抹杀的。

众所周知，鸦片战争以后，在西方列强的步步进逼之下，中国一代代开明进步分子开始积极探索救亡图存之路。在这一过程中，中国人逐步加深了对中国自身和西方的认识，向西方的学习也是逐步深入的。在向西方学

① 欧阳哲生编：《胡适文集》(2)，北京大学出版社1998年版，第277页。

习方面，从认识到学习西方技术以发展我国近代军事和实业的重要性，到认识到学习西方政治制度和思想文化的重要性。其中，《马关条约》《辛丑条约》的签订是中国向西方学习的一个重要转折点。从那时起，中国的先进分子开始把学习西方先进的政治制度和先进的社会政治思想作为自强救国的根本出路。中国大量宣传介绍西方近现代政治制度和社会政治思想就是从这个时候开始的。1900 年前后，中国的报刊开始出现“主义”这一舶来词。如，梁启超在其 1901 年 10 月作的《国家思想变迁异同论》一文中多次使用“主义”一词①，在 1902 年 5 月的《论自由》一文中，梁启超又多次使用“主义”这个词。② 而在此之前，梁启超在行文中是鲜用或根本不用“某某主义”这个词的。毫无疑问，西方各种近现代“主义”的输入对于促进中国社会的深刻变化是功不可没的。

但在充分肯定输入外来“主义”的意义的同时也应该看到，大量形形色色的外来“主义”确实产生了一些非常值得注意的“问题”。由于在西方近现代文明面前中国的思想界还处于比较幼稚的时期，大多数人国情意识比较淡薄，因此在宣传介绍、选择运用各种“主义”时出现了一些不成熟、不健康的现象。有把“主义”当口头禅当招牌、空谈“主义”不求甚解的现象，有迷信抽象的“主义”的“主义决定论”和“主义崇拜”现象，有简单化教条化地对待“主义”的现象，有热衷于空谈抽象的“主义”而懒于深入研究中国具体现实问题的现象。这些对待“主义”不成熟、不健康的现象甚至在整个 20 世纪的大部分时间里都一定程度地存在着，并产生过极为消极的影响。胡适作为新文化运动的主将之一，以其敏锐的洞察力发现并提出应该注意这些不健康的现象，其积极意义是应当给予充分肯定的。

其次，从具体层面来说，胡适在“问题与主义”之争中提出“问题”时所使用的言辞以及文中的某些观点确实存在一些不足和漏洞，但在论战中，胡适也提出了不少直到今天也还有生命力的正确观点。

就胡适在“问题与主义”之争中所主张的观点的不足来说，我们可以在其行文中找到不少例子。如，胡适挑起论战的第一篇文章的题目——《多研究些问题，少谈些“主义”》就很值得推敲，它确实容易引起人们的误解。如果把胡适在其三篇重要的论战文章中所提的观点作为一个整体来看，他并

① 参见陈书良编：《梁启超文集》，北京燕山出版社 1997 年版，第 146 页。

② 参见陈书良编：《梁启超文集》，北京燕山出版社 1997 年版，第 170 页。

不是一概反对谈“主义”,而只是反对空谈抽象的“主义”和拿着“主义”当招牌干害人的勾当,但就胡适用以表达他本意的“多研究些问题,少谈些‘主义’”的措辞来说,很容易让人觉得胡适轻视和一概反对输入学理和“主义”,而只看重研究具体问题。正是胡适自己这一欠周密的言辞,最终引出了蓝公武和李大钊等人对胡适所谓把“研究问题”和“谈主义”对立起来的批评。蓝公武在论战中指出,“况且他的议论里头,太注重了实际的问题,把主义学理那一面的效果抹杀了一大半,也有些因噎废食的毛病”①。李大钊在论战中则指出,“我觉得‘问题’与‘主义’有不能十分分离的关系”②。蓝、李二人所发表的上述评论,实际上就是对胡适所发出错误信号的直接回应。针对蓝、李二人的议论,胡适在他《三论问题与主义》一文的开头,首先对他们二人表示感激,感激的原因是,他们两个“把我的一点意思,发挥得更透彻明了,还有许多匡正的地方”③。接着,胡适在文中重点论述了“问题”的特性、“主义”的特性和人们对待“主义”应有的正确态度以及问题与主义的关系等。在《四论问题与主义》一文中,胡适在文章开头就首先自我表白:“我虽不赞成现在的人空谈抽象的主义,但是我对输入学说和思潮的事业,是极赞成的。”④所有这些都表明,胡适后来意识到了其“多研究些问题,少谈些‘主义’”的措辞所发出的错误信号,并一再努力纠正。

又如,胡适对“主义”的定义及其特性分析也不是完全确切的。他认为:“凡是一种主义的起初,都是一些具体的主张”,“主义本来都是具体问题的具体解决法”。⑤ 胡适这一论断的漏洞正如萧功秦先生曾指出的,它显然是相当片面的。胡适的经验论思维定势,使他把所有的“主义”都无条件地认定为有其经验上的来源。这样,他就没有认识到“主义”至少存在两种不同的类型,即经验主义类型和唯理主义类型。经验主义类型的“主义”基本可归结为针对“某种具体问题”而产生的“具体的主张”。唯理主义的“主义”则源于人的理性对抽象的“第一原理”的构想,它在政治上倾向于根据人们所构想的“终极目标”“至善至美”原则,在摧毁现实社会与传统的基础上重建一种被认为合乎“自然公理”的新秩序。正是这种类型的“主义”所提供的抽

① 欧阳哲生编:《胡适文集》(2),北京大学出版社1998年版,第253页。
② 欧阳哲生编:《胡适文集》(2),北京大学出版社1998年版,第261页。
③ 欧阳哲生编:《胡适文集》(2),北京大学出版社1998年版,第266页。
④ 欧阳哲生编:《胡适文集》(2),北京大学出版社1998年版,第274页。
⑤ 欧阳哲生编:《胡适文集》(2),北京大学出版社1998年版,第270页。

象理念，对于20世纪初以来的中国知识分子具有极大的亲和力和吸引力。当胡适把西方的所有“主义”都笼统地称之为起源于“具体主张”时，他就无法解释为什么只有法国大革命式的唯理主义才能在中国20世纪大为风行，而英美式的经验主义的自由主义却无法在中国寻找到生根的沃土。[①]

再如，由于胡适是一位经验主义的信徒，因此他对社会政治问题的“根本解决”方案是持深深的怀疑和否定态度的，他所推崇的社会政治解决方案是一个一个具体问题的“一点一滴的改良”。根据唯物辩证法主次矛盾辩证关系原理和历史唯物主义关于生产力与生产关系、经济基础与上层建筑的辩证关系原理，社会政治问题的“根本解决”方案在一定历史条件下是可取的和必要的。胡适在论战中不顾历史条件一概怀疑“根本解决”方案的科学性是不正确的。李大钊在《再论问题与主义》中，正是依据马克思主义的辩证唯物主义和历史唯物主义的观点，对胡适反对“根本解决”的做法提出了反驳意见。

但在看到胡适在“问题与主义”论战中的不足的同时，也应看到他在论战中提出了一系列非常有价值的思想。如，胡适在他的第一篇论战文章——《多研究些问题，少谈些“主义”》中，反对“空谈”好听的“主义”，反对“空谈”进口的“主义”，反对“偏向纸上”的“主义”；在他的第二篇论战文章——《三论问题与主义》中，反对“抽象名词”的“主义”，反对空空荡荡和没有具体内容的“主义”，反对抄袭现成的抽象的口头禅的“主义”，反对不从研究问题下手的抄袭成文的“主义”等等；也就是笔者在上面第二个大问题中所列举的第(2)(3)(4)(5)(9)条所概括的胡适的几个观点。胡适在他的第一和第二篇论战文章中所提出的上述具体观点，无疑是非常正确的。论战之后，中国思想界和政治生活中所发生的许多不正常的对待“主义”的现象，更是从实践上证明了胡适所提出的上述观点的价值和生命力。在中国现代史上，许多政客就曾拿着孙中山先生的“三民主义”作招牌，干了许多误国害民的政治勾当。在新民主主义革命时期，有的人不注意研究中国国情，把马列主义、共产国际的指示和俄国十月革命的经验教条化，结果使中国的革命事业遭受了巨大挫折。在“文革”时期，有的人尽管对马克思主义、社会主义一知半解，却空喊口号，甚至喊出一些荒唐的口号，如“宁要贫穷的社会主义，不要富裕的资本主义”“宁要社会主义的草，不要资本主义的苗”“宁要社

① 参见沈寂主编:《胡适研究》第1辑，东方出版社1996年版，第28页。

会主义的低速度，不要资本主义的高速度”等等。更有林彪、“四人帮”这样的野心家、阴谋家打着“马克思主义”和“社会主义”的招牌，打击迫害了一批坚持从中国实际出发解决中国现实问题的优秀干部。历史一再证明，当年胡适对空谈“主义”现象的种种忧虑，并非无的放矢。

如果我们再深入思考就可以发现，胡适在“问题与主义”之争中所发表的三篇文章，从根本上说是他的经验主义的别样表达。在这三篇文章中，胡适把他所深深信奉的实验主义精神融会于他对问题、主义以及问题与主义关系的观点中。在三篇文章中，胡适主要关注的就是怎样用实验主义的精神解决中国的具体问题，怎样用实验主义的精神对待主义，怎样用实验主义的精神处理问题与主义之间的关系。胡适在三篇文章中较少以直接方式提出具体的政治观点，如果说胡适在文中有时也偶尔涉及政治观点，一般也不是以直接方式提出的，而是在论证对待“问题”和“主义”的方法态度时作为例证附带提出来的。如他在第一、第二篇文章中各有一处以怀疑、否定的语气提到“根本解决”一词，在第三篇文章中举例说明时涉及马克思主义、马克思以及他对马克思主义唯物历史观和“阶级竞争”学说的看法。所以，胡适在三篇论战文章中所提出的观点主要是方法论方面的。无论是胡适在论战中提出形成有价值思想的三个步骤，还是他谈主义的普遍适用性；无论是他对“目的热”“方法盲”的批评，还是他反对把主义、学理作为天经地义的信条、金科玉律的宗教，提倡把主义、学理认作一些假设的见解，参考印证的材料、启发心思的工具，主张输入学说时应该注意发生这种学说时的情形、论主的生平事实和他所受的学术影响以及每种学说已经发生的效果，实际上都体现了一种经验主义的方法论。因此可以说，胡适的三篇论战文章及其观点的方法论意义远远大于它们的具体政治观点的意义。

四、关于长期以来我们对“问题与主义”论战的定性是否准确的问题

近年来，随着一些学者对“问题与主义”之争研究的不断深入，“问题与主义”之争的原有定性是否准确的问题也被提了出来。有的学者倾向于把这场争论看成是新文化运动统一战线内部的思想分歧，也是一场学术上的平等争论。有的学者则对否定这场论战是“政治论战”的观点提出了怀疑。那么，究竟应该怎样看待这场争论呢？

首先，胡适批评的对象并不像有的学者过去所说，“尽管胡适采用了隐晦曲折的手法，表面上只是笼统地反对‘外来的主义’，但他的整个言论的锋芒都是指向马克思列宁主义的”[①]，而是包括所有他认为是在“空谈”抽象的外来“主义”的人和所有主张“根本解决”的“主义”。因此，主张“根本解决”的马克思主义和“空谈”这个“主义”的人只是他的批评对象的一个重要部分。其实，胡适在中国出现马列主义之前就已经有反对不用心研究中国的现实问题而热衷于“空谈”外来“主义”的言论了。1918 年 3 月，即李大钊发表《庶民的胜利》之前，胡适写了《旅京杂记》一文。他在文中批评说：“现今的人，往往拿西洋的学说来做自己议论的护身符。”“不去研究中国今日的现状应该用什么救济的方法，而去引那些西洋学者的陈言来辩护自己的偏见。”[②]这充分表明，胡适反对“空谈”外来主义的立场，反对“根本解决”的立场是一贯的，无论谁“空谈”抽象的外来“主义”，无论什么“主义”主张“根本解决”，他都一概反对。因此，胡适在“问题与主义”之争中的矛头所指，与其说是主要指向马列主义，不如说是主要指向中国知识分子当时存在的不够科学的思想方法。

其次，原始的论战文字材料表明胡适当时的论战态度并不怎么“猖狂”和“恶毒”。在论战中，胡适除了用“阿猫”“阿狗”“鹦鹉”“留声机”几个不雅的词比喻、贬低“空谈”好听的“主义”的人外，其他的言辞一般都是比较理性、客观的。他在《三论问题与主义》一文中，首先感谢蓝知非和李守常两位先生对他的观点的进一步发挥和匡正，接着冷静详细地说明他们之间在哪些问题上观点是一致的，在哪些问题上存在误解，在哪些问题上存在根本分歧。当时亲身处于论战中的人，如李大钊、蓝知非等，也并没有把胡适看成发起“猖狂进攻”的敌人，而是认为他们和胡适之间尽管存在意见分歧，但仍能相互切磋启发。胡适在论战中对马克思主义的基本原理也不是一概否定，如他在《四论问题与主义》中就曾充分肯定马克思主义的唯物史观，写道：“唯物的历史观，指出物质文明与经济组织在人类进化社会史上的重要，在史学上开一个新纪元，替社会学开无数门径，替政治学说开许多生路：这都是这种学说所涵意义的表现，不单是这学说本身在社会主义运动史上的

① 丁守和、殷叙彝：《从五四启蒙运动到马克思主义的传播》，生活·读书·新知三联书店 1979 年版，第 283 页。

② 参见沈寂主编：《胡适研究》第 1 辑，东方出版社 1996 年版，第 279 页。

关系了。”“但是这种历史观的附带影响——真意义——是不可埋没的。”①基于此，笔者认为，所谓胡适在论战中“恶毒攻击马克思主义”的说法是不妥当的。

根据对胡适批评对象和论战态度的分析，笔者认为似乎可以这样给这场论战定性：“问题与主义”之争是“五四”时期新文化运动阵营内部发生的一场以方法论争论为核心的、政治色彩很浓但却充满自由平等气氛的健康学术争论。通过这场争论，以李大钊为代表的年轻的马克思主义者通过论战的形式从正面宣传了马克思主义基本原理，扩大了马克思主义的影响；同时，从胡适那里也得到一些有益的启示。直到今天，我们仍然应该把这场论战视作一场马克思主义在中国传播过程中马克思主义者参加的重要论战，只不过以往思想界对这场论战的核心把握得不够准确，对这场论战的意义把握得不够全面，对胡适的评价也不够全面、客观。

本文原载于《文史哲》2003年第6期，2005年4月获山东省第十九次社会科学优秀成果三等奖。

① 欧阳哲生编：《胡适文集》(2)，北京大学出版社1998年版，第277页。

中国民营经济发展空间探析

迟树功

民营企业对市场具有与生俱来的适应性，与国有企业相比，它对市场的关切度和依赖性更强，与市场的结合更紧密，对市场机制的调节更具敏感性。因此，民营企业的进入范围、扩张规模、经营理念和经营行为等更直接影响着市场的广度、深度和规范程度。

一、民营经济发展空间的界定

民营经济是“国营经济”或“官营经济”的对应概念，它是一种非国有国营的经济形式和经营方式。它比非公有制经济的内涵宽泛，更多地强调了经营特征，亦即由“民”作为经营主体，突出以民为本的含义。现阶段它包含三种形式，即民有民营、国有民营、混合所有民营。从其种属概念之间的包容关系看，它主要包括个体经济、私营经济、股份制经济（不包括国有控股的股份制企业）、合作制经济、集体所有制经济（包含股份合作制经济）、国有民营经济、外商投资经济、港澳台侨胞投资经济等，并形成了利益主体分明、产权明晰、财产硬约束、经营灵活、自筹资金、自主经营、自负盈亏、自我积累、自求平衡、自我发展的特点。中国要发展市场经济及全面实现小康社会，没有民营经济的发展是不可能的。随着我国经济体制的转换，民营经济已成为我国创造竞争氛围、增强市场活力、拉动经济增长的基本力量。自 1980 年以来，非国有部门产值以平均每年递增 30％左右的速度增长，而国有部门平均递增 5％～10％，可以说 20 多年来民营经济为拉动中国经济增长作出了巨大贡献。民营经济的不断发展与壮大，也是我国市场化程度不断提高的显著标志。

民营经济发展空间的界定，涉及民营经济的行业准入范围及在行业中的发展规模和所处地位的确定问题，这个问题在理论和实践上并未完全解决。从理论上看，应以提高资源配置效率和效益（经济效益和社会效益），促进我国社会生产力的快速发展为根本要求，来界定民营企业的行业准入范围。而提高资源配置效率和效益，就必须充分发挥市场机制的调节作用，只要竞争机制发挥作用的地方，就应允许民营经济进入并得到充分发展。无论是从理论上还是从实践上看，都应放宽对民营企业进入的产业限制，原则上对外开放的产业对国内民营企业也应开放；对国有企业开放的，对民营企业一般也应开放，尤其要推动其由竞争性行业向传统的垄断行业拓展，允许民间资本进入法律法规未禁止的基础设施、公用事业及其他行业和领域。因为以往有些产业虽具有自然垄断属性，但随着市场经济的发展和科技不断进步，却需要引入竞争机制。如具有自然垄断属性的某些基础设施领域应放宽政府管制和市场准入限制；对众多分散的高新技术应用开发领域应允许民营经济进入并得到充分的发展，甚至对某些高科技的基础研究也应向民营经济开放；还应鼓励民营经济在更广泛的领域参与服务业的发展，与此相适应，要放宽外贸、金融、保险、医疗、教育、文化、体育、中介服务、社区服务、旅游服务等行业的市场准入，使民营经济能得到充分的发展，甚至在其中的某些行业发挥主体作用。同时，要允许民营经济以合作、合资、控股、参股、独资、托管经营、特许经营等方式进入。统计显示，现在仍有近 30 个产业领域禁止或限制民营企业进入，甚至在有些已经进入的产业也得不到充分的发展，这表明民营经济扩大发展空间的阻力还相当大。

促进民营经济发展空间的扩大，实现其在所进入行业的规模扩张，目前还必须从理论上解决竞争性领域经济主体地位的确定问题。国有经济在某些领域应发挥主导作用，如在造币业实行国有国营，某些重要的军工行业、某些自然垄断行业、某些尖端高科技行业以及某些提供公共产品和服务的行业要发挥国有经济的主导作用。这样可以保证国防安全和经济安全，有利于促进社会稳定发展和经济协调增长，也符合社会生产力发展的要求。但如果范围过大，各行各业都形成国有经济占主导地位，不仅容易导致政企不分，而且效率和效益往往也不高，必然阻碍社会生产力的发展，因而就难乎为继，甚至还会影响社会稳定。这已为国内外几十年的实践所证明。当然，国家对今后仍不允许民营经济进入的行业或领域也应有明确的名录。

而对竞争性领域尤其是一般竞争性领域，现阶段就不宜简单地强调以某种所有制经济成分占主体，而应遵循市场竞争规律，实行优胜劣汰，也就是说哪种所有制经济占主体要由市场竞争规律来决定。在竞争中哪种经济成分运作富有效率和效益，更能适应市场经济发展的要求，哪种经济成分就发展快些、多些，所占比重就大些。关键要看是否有利于社会生产力的发展，是否有利于人民生活水平的提高，是否有利于综合国力的提高。对非公共性及一般竞争性行业应允许民营经济进入并发挥主体作用。在多种所有制经济并存的行业和领域，公有制经济和非公有制经济不是对立的关系，而应是优势互补、共同发展的关系，尤其要通过更多地发展混合所有制经济来推动公有制经济和非公有制经济的共同发展，这也是扩大民营经济发展空间的重要实现形式和有效途径。

在竞争性领域尤其是一般竞争性领域不强调某种所有制经济为主体，而是为各类市场竞争主体创造平等的竞争环境和条件，这具有重要的理论意义和实践意义。在竞争性领域不再人为地确定哪种所有制占主体，而是将所有的经济成分看作平等的市场竞争主体，这样民营企业可以获得充分的发展空间，会得到前所未有的发展。有如下几个原因：首先，在竞争性领域主要是一般竞争性领域不再确定某种所有制经济占主体，而在竞争中由优胜劣汰的法则来确定，这在客观上有利于推动人们思想的进一步解放，转变对民营经济歧视的思想观念，进一步改进和优化民营经济发展的社会人文环境，也会更进一步巩固个体私营经济作为社会主义市场经济重要组成部分的地位。其次，在竞争性领域确定民营经济的平等竞争地位，会促进民营经济发展同国有经济的战略性调整同步进行。国有经济进行战略性调整，如有进有退，会使一些竞争性市场形成一定的“真空带”，从而为民营经济的发展提供更多机遇和拓展空间。同时，会实现民营经济和国有经济的资产重组，实现互相参股或控股，以及国有民营、民营企业兼并国有企业等，也就有利于民营经济的发展。再次，在竞争性领域确定民营经济的平等竞争地位，有利于彻底取消对民营经济的所有制歧视。凡是对外开放的领域对民营企业也应开放，因而在对外经济关系方面，民营经济进出口权相应会扩大，民营企业对外经营权的限额审批制会逐步被规定条件的资格审议登记制取代。最后，在竞争性领域确定民营经济的平等竞争地位，会使一些领域的经济结构发生一些变化。据 1999 年统计，在一般制造业增加值中，国有经济占 31%，民营经济已占到 69%（其中外资占 24%）。目前，非国有部门对中国国内生产总值的贡献率已达60%。可以说，我国传统制造业的国际竞争力将在一定程度上取决于民营企业的竞争力。同时会使地区所有制结构发生一些变化，会使大多数县域经济以民营经济占较大比重，甚至占主体地位，也会使许多地市经济甚至省（市、区）经济进一步发展为以民营经济为主体的经济结构。现实地看，县域的生产力整体水平和生产社会化程度还不是很高，且呈现出多层次结构和区域发展不平衡的状况。民营经济以其灵活的机制更能适应县域生产力和生产社会化发展的要求，能充分显示出强烈的竞争意识和生产社会化发展的要求，也就能充分显示出强大的生命力。今后发展县域经济，光靠政府投资是不现实的。在短缺经济条件下创立的国有企业，随着经济转向买方市场经济，许多已失去了竞争力，设备老化，产品不能更新换代，需实行规模化生产的又难以达到，尤其在县域许多已退出市场。只有启动民间投资，依靠民间力量，调动民间投资的积极性，使巨大的民间资本成为投资主体，才能更好地发展县域经济。县域经济的快速发展，直接受益者是基层民众，这样就能真正做到藏富于民，全面推进社会进步。

二、民营经济扩大发展空间的环境创建

目前民营经济发展的宏观环境在不断改善，某些长期困扰民营经济发展的难点问题也开始逐步得到解决，但谋求民营经济发展空间的扩大和实现其持续快速发展，仍有一些障碍需要清除。

（一）舆论环境重建的深层次问题

要为民营经济的发展创造良好的舆论环境，首要的是通过认知到认同，实现思想观念的根本性转变。从现实情况看，目前影响中国民营经济发展的最突出问题仍然是思想认识问题，社会歧视还普遍存在。可见，舆论环境重建尚须解决深层次问题。从理论上必须解决这样三大问题：一是认为私营经济存在着剥削，会造成两极分化，因而就放不开手脚，不敢加大扶持力度；二是认为民营经济发展了会影响党的执政地位，因而形成了对国有企业重视而对民营经济轻视或歧视的态度；三是认为民营经济是靠弄虚作假、制假售假、偷税漏税甚至走私贩私发展起来的，因而就认为民营经济是违法乱纪、扰乱社会经济秩序的祸根。这些认识误区在不同程度上困扰着民营经济的发展，极容易使民营企业遭受种种不平等的待遇和歧视。

首先，对民营经济中私营企业存在的剥削问题不能回避，但需从理论上加以分析，对这种剥削要有一个新的科学认识。我们知道，剥削是指凭借生产资料的私人占有而无偿占有别人的劳动或产品。在我国现阶段，允许私营经济存在，就不可避免地存在着剥削现象。如外国资本家来中国大陆投资设厂，这无疑存在着剥削，但同时他们也带来了我国十分稀缺的技术、先进的管理经验和设备、资金及国际市场信息等，并且使国家得到税收，工人得到就业机会和收入，还带动了关联企业和行业的发展，甚至有利于尽快缩小我国同发达国家的差距，从总体上看利大于弊。关于国内私营企业中存在的剥削现象，之所以允许它存在，这与私营经济的存在与发展所产生的积极作用是分不开的。例如它解决了大量就业，提供了服务，增加了有效供给，上缴了税收，有利于社会的稳定，推动了社会生产力的发展，提高了我们的综合国力。可以说，在我国社会主义初级阶段还离不开民营经济的充分发展。

这里还要指出，我们不能对私营企业剥削本身的认识过于简单化，不能简单地把一切价值都归结于普通劳动者的创造，以及把劳动者简单地等同于直接操作者，或者等同于体力劳动者，从而把私营企业主的全部收入、经理阶层的收入、一切投资的回报都看成剥削。应该看到，现实中的私营企业主一般也是劳动者，也参加企业的经营管理，有的参与一定的技术工作，这也属于创造价值的劳动的一部分，而且这种劳动是复杂劳动，是创造更多价值的劳动。私营企业主的劳动时间也往往超过一般社会成员。他们的收入主要是劳动收入，其资金财富的增长主要是靠管理劳动所创造的，所以私营企业资本的来源主要是劳动来源，当然也有一部分剥削性的收入。马克思主义认为，剥削是一种经济现象，随着社会生产力的发展而出现，又会随着生产力的更大发展而最终消亡。在我国社会主义较长的时期内，在公有制经济不可能解决所有社会成员就业特别是失业中的大多数缺乏独立劳动致富的能力和条件的情况下，一部分社会成员在与私营企业这种生产方式相适应的分配方式下吃点“亏”是不可逾越的，是能为人们所接受的。而且私营企业主占有的那部分剥削收入大多不是用于奢侈生活，而是用于扩大再生产（据《2000年中国第四次私营企业抽样调查数据及分析》显示，私营企业在纯利润的使用中，79.6％投入扩大再生产），因而人们称之为“私有公用”。这种收益权的私人性通过再投资的转换，实际上具有了社会性，而且多数私营企业主希望企业越办越大，回报社会，为国争光，这是一种社会责任感的体现。

私营经济是社会主义市场经济的重要组成部分，私营企业主大都出身劳动人民，所从事的经营管理及技术工作等复杂劳动是创造价值的劳动，他们是建设有中国特色社会主义的建设者，其劳动应该得到社会的承认与尊重。近几年来开始大量出现在私营企业基础上发展起来的股份制和混合所有制经济，甚至有些私营企业主让出一些股份给管理骨干和技术骨干，并让职工也持股，这不仅使企业在成分上，而且在性质上逐渐发生变化，已初步形成了多元投资主体和资产社会化趋势，更加显示出社会主义特征。对过高的民营企业主的收入可以通过征收个人所得税、财产税、遗产税、利息税、赠与税等进行合理调节，从而使社会收入分配的差距不致过大。

还应看到，社会主义的根本目的在于解放和发展生产力。只有生产力发展，才能不断提高人民的物质文化生活水平，才能受到广大人民群众的拥护，党的执政地位才能真正巩固。

（二）政策环境的破与立

扩大民营经济的发展空间，尤其使其在竞争性领域得到充分发展，还须进一步创造政策环境，形成政治平等、服务一视同仁、机会均等的平等性和公正性政策。

1.调整信贷政策，发挥信贷杠杆的推动作用

在信贷政策上取消所有制歧视，给予民营企业与国有企业同等待遇。据有关问卷调查显示，目前国家和地区对不同性质的企业在经济、金融政策上有差别待遇的占了近50%。民营企业大多为中小型企业，由于其资产规模、产业特点、组织程度、成长性及担保条件等原因，在争取贷款上尚处于不利的地位。据世界银行调查，中国中小企业对GDP的贡献率为50%，而信贷总量却只有2%～3%，67%的中小企业融资困难。在全国金融机构各项贷款中，1994～1995年个体私营经济贷款所占比重为0.4%，1996～1998年为0.5%，而且金融机构对民营经济的贷款基本限于流动资金贷款，民营企业对技术改造资金的需要更难以得到满足。这种以所有制歧视为代表的信贷政策的非公平性，不仅限制着民营经济的发展，而且给金融运行带来双重负面影响，既表现为信贷资金投向结构不合理，过度向国有企业倾斜，导致金融机构不良贷款增加，降低了信贷资产质量，又表现为民营企业通过正规渠道借贷无望，就不得不向合作基金会、信托投资公司高息借款，或是利用民间高利息贷款取得资金（有50%以上的民营企业的流动资金来源于民间

借贷），造成了融资秩序的混乱，实际上增加了金融风险。此外，还存在民营企业上市难的问题。因此，应当抓紧对我国的融资体制进行改革，改革应以平等对待不同所有制经济为旨归。

2.理顺政府管理关系，提高政府的服务水平，改善服务环境

应当建立民营经济管理机构，理顺政府管理关系，规范政府管理行为。尽管目前各地设有中小企业办公室、税务局、工商局、私营企业协会、个体劳动者协会、工商联合会等机构，分别对民营企业活动的某些环节进行管理，但这种现状已不适应现实发展的需要，同时机构重叠、职能重复、政出多门也不利于民营经济的发展。因此，可考虑改组现有的企业管理机构，建立民营经济管理机构（如民营经济管理局），专司民营经济事务。

政府应当为民营经济发展创造宽松的环境，把减少对民营企业的行业进入限制同鼓励其进入结合起来。一方面，要做好相关的配套工作，并做到有步骤、分门类减少限制，进一步扩大市场范围，以及增强市场准入的透明度。同时要加快审批制度改革，凡是非政府投资项目，且与政府无直接责任关系的投资项目，要实行民营项目登记备案制；要降低准入门槛，在这方面应吸收国外先进经验，降低注册资本金额，不但允许其进入，而且要进得去，从而降低民营企业的创业成本。另一方面，应鼓励素质好的民营企业参与国有企业改革，特别是支持实力强、产品市场前景较好、管理先进的民营企业选择灵活有效的形式兼并、收购、控股、参股、租赁、托管国有企业，这将有利于促进国有企业深化改革，实际上有利于搞活国有企业，从而使国有企业和民营企业在竞争性领域都增强活力，进而大大降低我国总体改革的社会成本。

3.杜绝“三乱现象”，使民营企业轻装上阵，提高竞争力

我国各地还不同程度地存在着“三乱”现象，有近50%的民营企业认为收费太多，近40%的民营企业认为集资、摊派太多，加重了它们的负担，影响企业的竞争力，又容易滋长腐败现象。为此，应当进一步认真做好清理工作，坚决取消不合理、不合法的收费项目，对各项涉企收费项目进行全面清理，该取消的取消，该降低的降低。此外，要进一步规范收费行为，对确需继续收缴的项目实行《收费许可证》制度，并完善系统性措施。

总之，应当本着公开、公正、公平的原则，调整政策取向，特别是在确定某些公共产品的提供确需由国有企业垄断外，应将所有竞争性产业及相应的经济资源、经济信息、经营行为等向所有经济成分开放，彻底消除所有制歧视。

（三）法律环境的完善

依法保护民营企业的正当权益，为民营企业提供完善的法律服务和法律保障，对扩大民营经济的发展空间具有特别重要的意义，是依法治国的重要内容。目前，对民营经济发展来说，仍然缺乏完善的法制环境保护。一方面，法律的适用范围与已成为社会主义市场经济重要组成部分的民营经济的地位之间还存在较大差距，现有法律对民营经济的有效覆盖还相当不足，法律对不同经济成分的保护和制约还不够均衡与对称；另一方面，民营企业管理者法律知识的缺乏与法律意识的淡薄以及法律人才的严重不足，导致了经营活动经常面临较多风险，侵犯与被侵犯的事件时有发生，影响其发展。

因此，为民营企业的发展提供法律支持是非常迫切的。必须尽快完善经济立法、司法和执法，特别是健全保障和规范市场正常运行的法律、法规体系。例如，要逐步完善有关民营企业的法律法规，使其在经营范围、劳动用工、税费缴纳、债权债务、资产保护、利益分配、环境保护、经济纠纷等各个方面和各个环节都有章可循，有法可依，尤其是能为民营企业的兼并、收购、托管、重组、整合等提供制度性特别是法律方面的保护，避免因非市场因素而导致民营企业在重组、整合时运作成本过高甚至夭折。同时要加强对民营企业家的培育，提高其法律意识，引导他们诚实劳动，守法经营，从而达到提高民营企业家队伍素质的目的。

参考文献：

[1]王元京.促进非公有制经济发展的有效途径[N].光明日报，2004-01-20.

[2]罗丽英，李国英.发展民营经济必须对内开放[J].财经理论与实践，2003，(3).

[3]茅于轼，张玉仁.中国民营经济的发展与前景[J].国家行政学院学报，2001，(6).

[4]课题组.2000年中国第四次私营企业抽样调查数据及分析[A].中国私营经济年鉴(2000年版)[Z].北京：华文出版社，2000.

本文原载于《中共中央党校学报》2004年第2期，2006年3月获山东省第二十次社会科学优秀成果三等奖。

论新时期党的意识的创新

宋协娜

一、党的意识是执政党带有根本性的问题

（一）党的意识的内涵

在哲学意义上，意识是人类特有的现象，是思维领域的活动，它反映的是主体与周围事物的关系，对主体的行为具有重要指导作用，并通过主体的行动表现出来。人生活在社会中，意识也必须采取社会形式。社会中一定的人群结成一定的社会共同体，从而产生共同的群体意识。在社会分裂为对立的阶级以后，阶级意识居于群体意识的本质方面，而统治阶级的意识则是社会中占统治地位的意识。阶级意识的组织形式是政党。政党因政治斗争而产生，为政治斗争而发展，它是本阶级开展政治斗争的工具。政党的实质是政权，只有以政权为目标的群体意识才是真正意义上的党的意识。因此，党的意识不是帮派意识，也不是小团体（团伙）意识，它是政党围绕政权表现出来的、带有时代和民族以及社会整体特性的意识系统。任何政党都有党的意识，不管是共产党还是非共产党，不管是执政还是非执政，都有党的意识，否则就不成其为政党。但不同性质的政党就有不同性质的党的意识，同一性质的政党在不同的时期也可以有不同的党的意识，而且党的意识的水平也是有差别的。

马克思主义是无产阶级的阶级意识，是社会主义国家占统治地位的指导思想，是共产党党的意识的成熟形态。无产阶级的政党被赋予的崇高作用就是作为无产阶级的阶级意识及其历史使命的承担者。因此，共产党作

为无产阶级的政党，党的意识就不是“纯粹”的理论，也不是行动的简单的标准、简单的绝对命令或规范，而是使马克思主义的真理深入到自发的群众运动中，并使它为群众所掌握而变成改造世界的物质力量，即实现理论和实践的有机统一。只有这样，共产党才能在革命和建设中使自身从一个提出要求的政党转变为有现实力的政党，成为一个掌握政权、有能力建设社会主义的政党。因此，这里所谓的党的意识，不是泛指任何政党的意识，而是特指共产党尤其是中国共产党的党的意识。

什么是党的意识？党的意识就是党对自身性状、责任、任务、使命以及人民期望的体认和领悟，也是党对与党的性质、地位相一致的一整套权利、义务的规范与行为模式的自觉，这是党对整个社会的一种抱负和对自己角色的认知，也就是确认自己是个什么样的党，应当成为一个什么样的党。从内容看，党的意识包括党的自我意识和他我意识，但从实质看，党的意识是党的自我意识和他我意识的有机统一和升华，是一种总体意识。

自我意识就是意识到自己，自觉地把主体自身的存在与对象的客观存在区分开来，并且认识主体与对象的关系。共产党的自我意识，就是共产党认识到自身与其他政党和民众的区别与联系，对共产党自身有一个准确的定位和把握，认识和把握党性、党情，科学地总结党的历史、判断党的现状、把握党的未来，掌握立于不败之地的主动权；科学地阐明党的发展规律，为认识和处理党建问题提供科学的价值判断标准，具体表现为对自身使命和责任的确认。

党的他我意识是指党对世情、国情、社情、民情等客观情况的正确领悟和把握。党在领导革命和执政过程中，世情、国情、社情、民情、党情等客观情况的存在及其属性和规律，不同程度地反映在党的认知中，逐步形成党关于世情、国情、社情、民情、党情等客观情况的意识。同时，党在同外部对象发生实际相互作用过程中，总是按照自己现实的需要、本性、本质和通过自己的现实活动来对待外部对象。这是党把自己也当作对象并和外部对象加以区别的表现，而这样的区别正表明党具有自我意识。党充分具有了这种意识，就能够深刻体会国内大变革对党的建设产生的重大而深刻的影响，把党的建设放在世界范围、全党、全国工作的大局中来思考，放在我国社会生产力与生产关系、经济基础与上层建筑矛盾运动的历史进程中来分析，紧密结合人民群众对物质文化生活提出的新要求和党员干部队伍发生的重大变化来进行。党会认识到，党的建设不仅要从党的思想、组织和作风建设方面进行，而且还要放在党所领导的建设中国特色社会主义的经济、政治、文化相统一的伟大实践中去思考；不仅要对我们党自身建设的经验进行总结，而且还要对外国执政党建设的经验教训进行总结。党更会认识到，党的建设要紧密联系世情、国情、党情的新变化来进行，关键在于正确认识每一历史阶段的世情、国情、党情有什么新变化，如何分析这些新变化，从而正确判断出国际形势的基本走向，判断出当前社会的主要矛盾、性质和所处的历史阶段。

由此看来，党的意识作为一种总体意识，是对自我意识和他我意识的超越。具体来说，党的意识体现在党的整体层面时，反映的是党与国家政权和人民群众关系的总体意识，如阶级意识、执政意识、忧患意识、宗旨意识等。这些总体意识对党的事业兴衰起着根本的作用。党的意识体现在党的个体层面时，反映的是党的各级组织和每个共产党员对党的性质、地位和作用的认知、觉悟以及践行。作为党员，首先要有权利意识、义务意识、纪律意识、先锋模范意识；作为领导干部，又要有公仆意识、领导意识、干群关系意识等。这些基本上属于党员或领导干部的个体意识，反映的是党员个人与组织、同志和群众的关系。党员意识是党整体利益与意志在个体（党员）的集中体现，是我们党员对自己政党纲领与任务的认同，是对自己在这一组织中所应承担的责任与义务的认同，是自觉按照党纪国法自律的认同。党员意识的核心是对党的信仰及对党的事业的责任感，是党员在自己一生中对理想信仰坚定不移地追求和与此同行的责任感、使命感，但是它又具有动态性，即随着党在不同历史时期的任务不同，它有着不同的历史特点和要求。领导干部所应具备的党的意识，是指能够正确反映他们自身作为执政的中国共产党的党员，尤其是作为党的事业骨干和人民公仆同党的事业和人民群众的关系。领导干部增强党的意识，无论对于推动党领导的各项事业的健康发展，还是加强党的自身建设，都具有十分重要的意义。

（二）党的意识的表现形式

党的意识必须采取一定的形式表现出来。反映意识的形式主要是语言文字和具体行为，而共产党的意识表现形式抽象说是理论与实践，通俗说是“说的”和“做的”两方面，具体表现为党是如何制定和贯彻理论、路线、方针、政策的。

1.党的正确的理论、路线、方针、政策

从人民群众的角度看，党的意识必须在现实中体现出来，才能有所作为并给民众和社会提供考察、评价、反馈的条件，党自身也才能从中汲取丰富的营养和生命活力，从而使党的意识不断超越自我，不断升华，不断上升到更高层次，这就要求党的意识通过某种形式反映出来。从经验水平的提高到理论水平的提高，从生动的直观达到对事物本质的反映，是理论的具体。没有理论的具体，党的意识就不能在理论、路线、方针、政策中体现出来。

由于意识的本质是主体对客体的观念把握，而这种需要把握的东西尽在信息之中，所以党的意识的内容并没有超出世情、国情、社情、民情、党情等客观情况的信息范围，意识的成果只在于在人脑中对信息加以重组。因此，理论、路线、方针、政策有个正确与错误的问题。如果主体缺乏主动把握的意识，所获得的关于客体的信息不够多，客体的诸多属性、存在状况、有序性以及它的内在尺度就难以通过重组呈现在主体面前。缺乏党的意识，党的理论、路线、方针、政策在如何体现最广大人民群众的根本利益，符合人民群众的要求方面就会遇到困难和障碍，党的理论、路线、方针、政策就可能出现失误。

2.党正确实践、贯彻落实自己的理论、路线、方针、政策的实际行动

党的意识在现实中的体现不仅只是以语言为工具、以抽象思维为特点，而且它作为社会反映形式的主要特点是其实践性。列宁说过："人的意识不仅反映客观世界，并且创造客观世界。"[①]人们凭借反映，在意识中形成新思想、新观念，然后再通过实践把"观念的存在"变成现实的存在。也就是说，党的意识既包括怎么想的，也包括怎么做的，是言与行的有机统一。政党的真正力量来自群众的信任。党只有为了这种信任而战斗，并且赢得了这种信任，群众才会继续走向党，党才能成为领导者。群众的信任如何而来？那就是全心全意为人民群众谋利益，千方百计通过有效的途径、机制、组织行为去实践、贯彻落实自己的理论、路线、方针、政策。只有人民群众的信任才能哺育党，而且群众也为这样的感觉所滋润。缺乏党的意识，党不能正确实践、贯彻落实自己的理论、路线、方针、政策，理论与实践相分离，言行不一，党就会失去信任，走向自己的反面自取灭亡。

① 《列宁全集》第38卷，人民出版社1959年版，第228页。

二、"三个代表"重要思想在更新党的意识方面的贡献

（一）"三个代表"重要思想更新了共产党意识

由"三个代表"体现出共产党意识，就是强调共产党要意识到自身的优势和特殊性。"共产党表明自身在两个方面优于其他每一政党组织：首先，在历史上第一次在阶级意识的积极实践方面直接影响着每一个人的具体行动；其次，同时它有意识地去左右历史进程。"[①]邓小平明确指出："同资产阶级的政党相反，工人阶级的政党不是把人民群众当作自己的工具，而是自觉地认定自己是人民群众在特定的历史时期为完成特定的历史任务的一种工具。共产党……之所以能够领导人民群众，正因为，而且仅仅因为，它是人民群众的全心全意的服务者，它反映人民群众的利益和意志，并且努力帮助人民群众组织起来，为自己的利益和意志而斗争。确认这个关于党的观念，就是确认党没有超乎人民群众之上的权力，就是确认党没有向人民群众实行恩赐、包办、强迫命令的权力，就是确认党没有在人民群众头上称王称霸的权力。"[②]共产党的性质和使命决定了它必定要有不同于资产阶级政党的意识。

共产党意识的特殊性，不但表现为一定阶级的，而且表现为社会其他劳动群众的，即表现为代表社会"总体的"利益的。虽然所有政党不但有阶级性，也有社会"总体性"，且阶级性往往是内含于社会"总体性"之中，但只有共产党才是真正的"总体性政党"[③]。"三个代表"就是从总体上对党的意识的提炼和升华。"三个代表"重要思想为中国共产党确立了一条与人类文明接轨之路，说明我们党已经意识到，共产党尤其是中国共产党在人类历史发展过程中的崇高使命。

从总体看，"三个代表"重要思想使共产党意识成为人类社会文明宝库当中最先进的意识类型，并将在人类文明的发展中不断丰富自己，这就把自己的发展纳入人类文明发展大趋势中去。历史唯物主义认为，人类社会发展历史，就是生产力不断发展、先进生产力不断取代落后生产力的历史，就是不断走向文明进步、先进文化不断取代落后文化、推进人的自由而全面发

---

① ［匈］卢卡奇：《历史和阶级意识》，王伟光、张峰译，华夏出版社 1989 年版，第 321、314、319 页。

② 《邓小平文选》第 1 卷，人民出版社 1994 年版，第 217～218 页。

③ Antonio Gramsci, *Selections from the Prison Notebooks*, London: Lawrence and Wishart, 1973, p.148.

展的历史，就是人民群众自己创造物质财富和精神财富、推动社会革命（或变革）的历史。生产力、先进文化、人民利益是历史发展规律中带根本性的因素。党的先进性最根本的在于与先进生产力的发展要求、与先进文化的前进方向、与最广大人民群众的根本利益的本质联系上。

历史已经并将继续证明，一个政党如果不善于从历史中汲取营养，借鉴治国安邦的丰富经验，就不可能成为尊重历史发展规律、顺应历史发展潮流的英明的政党，就会丧失先进性，就会有丧失执政地位的危险。我们只有结合历史，特别是中共党史、中华人民共和国史、苏联史和国际共产主义运动史，才能真正理解“三个代表”重要思想的历史地位、科学体系和精神实质，增强实践“三个代表”重要思想的自觉性和坚定性。

从任务看，“三个代表”重要思想使共产党不仅要立足现在，为提高社会的经济、政治、文化能力而努力，而且还要放眼未来，为代表先进生产力的发展要求、先进文化的前进方向、大多数群众的根本利益而努力。党的意识必须兼顾经济、政治、文化各领域，兼顾先进生产力的发展要求、先进文化的前进方向、大多数群众的根本利益各方面。因而，共产党领导的社会是“全面”发展的社会。“三个代表”重要思想从历史唯物主义高度对党的先进性作了具有长远指导性的科学规范。面对新形势，党的建设更应该从社会发展的基本矛盾和规律的层面去认识，才能有更全面、更深刻的把握。“三个代表”重要思想第一次把解放和发展生产力、先进文化建设和最广大人民的根本利益从党领导的一个方面的工作，上升到党的性质、宗旨的层次，把解放和发展生产力、先进文化建设和最广大人民的根本利益作为党的先进性的重要内容，作为党的理论建设、政治建设、组织建设和作风建设的内在要求，反映了我党对当代社会发展趋势和特征的深刻把握。“三个代表”把发展先进生产力作为执政党的根本任务，把物质文明和精神文明共同发展与社会全面进步作为执政党的根本目标，把为人民谋利益、实现共同富裕作为执政党的宗旨和根本目的，这与中国特色的社会主义事业在根本任务、根本目标和根本目的上是完全一致的。它的功能从党建领域延伸到治国领域，体现了立党和执政兴国的统一、党的奋斗目标和国家发展任务的统一。“三个代表”既为加强党的建设指明了方向，而且也为建设中国特色社会主义事业指明了方向，它不仅是党的建设的伟大纲领，而且还是社会主义现代化建设的纲领。

从方式看，“三个代表”要求共产党代表的是“发展要求”“前进方向”和“根本利益”，是“总的”领导，是政治思想的领导，是领导、帮助人民当家作主，不是包办代替，更不是直接操作和管理社会事务。

从判断标准看，“三个代表”为中国共产党提供了判断党建成效的新标准，不能做到“三个代表”，忽视其中任何一方面，共产党都不能成其为真正的“总体性政党”。按“三个代表”的要求去执政，当然也要用实践“三个代表”的结果来检验执政，因此，必须与时俱进，不断改革党的领导方式和执政方式。

从性质看，过去多从党的指导思想、阶级成分、组织原则、党的作风去认识党的性质，当然，这些理论对今后党的建设依然具有重要的指导意义。“三个代表”把生产力标准、文化标准和人民利益标准直接引入对党的性质的理解和表述中，在马克思主义发展史上是第一次。“三个代表”重要思想从历史唯物主义高度揭示了党的先进性的基础、灵魂和本质，把人们对党的性质的认识引入了新的境界。“三个代表”重要思想也第一次把解放和发展生产力、先进文化建设和最广大人民的根本利益统一起来，并用于指导党的建设，揭示了党的先进性的基础、灵魂和本质。特别是把生产力标准放在首位，把党的先进性与党的执政使命联系起来，揭示了党的先进性的时代内涵。党的根本性质必须建立在先进生产力的发展要求基础上，因为生产力是推动人类历史进步的最终决定性力量，能否促进生产力的发展是判断一个政党是否先进的最高标准。在当代，党只有更加敏锐地把握先进社会生产力的发展要求、特点和趋势，制定适合生产力发展要求的路线、方针、政策，在完成历史使命的过程中把自己建设成为始终保持先进性的马克思主义政党，这样才能真正跟上时代的步伐而始终代表先进生产力，从而保持党的先进性，保持党的蓬勃生机和旺盛活力。共产党要认识到自身是一个在思想意识层次上“高出”最广大普通群众的政治组织，这就要求我们千方百计地保持党的队伍的纯洁性，而不是把所有要求成为党的成员的人都吸收到党的队伍中来。

（二）“三个代表”重要思想更新了执政党意识

共产党执政，首先需要回答怎样“执政为民”的问题，明确执政的内容和任务。解决好为什么人的问题，这是党的意识必须明确的根本问题。执政党意识要求党必须把提高执政本领和领导水平作为最重要的任务。执政党意识也要求党必须总揽全局，协调各方，最大限度地代表中国最广大人民的根本利益，这是执政党立于不败之地的关键。“三个代表”重要思想总结我们党执政50多年的历史经验，把共产党执政的内容和任务归结为三个根本的方面，从根本上阐明了我们党执政的内容、执政的任务和执政的要求，集中概括了我们党建党治国的战略思路和战略方向，反映了时代发展过程中充实和增强党的意识的客观趋势。

执政党意识要求党把社会主义建设作为根本任务。共产党执政的中心任务是利用制度和政权的双重优势创造一切有利条件，大力促进社会生产力的发展，推进社会主义民主政治建设，不断满足人民群众日益增长的物质文化需求。

执政党意识要求党在完成执政任务的过程中，除了必须发挥广大党员的模范作用和党组织的领导作用外，还要按照自身的性质、组织原则和先进生产力、先进文化发展的要求，健全党内政治生活民主化制度，为两个文明建设创造政治体制和运行机制方面的条件。当前加强党的建设的根本的制度化途径就在于发展党内民主，按照民主集中制的原则把党内民主具体化、制度化、规范化，为政治参与提供制度化的途径，以党内民主促进社会民主进程。

执政党意识要求党有责任把社会上不同的阶级、阶层、集团和群体团结并凝聚在一起，共同建设社会主义。共产党必须保持工人阶级先锋队的性质，但这并不等于说共产党只能在工人阶级队伍里发展自己的力量，更不等于说只要党的主要成分是工人就可以确保党的工人阶级先锋队性质。判断一个党的性质，主要看它的纲领是不是反映工人阶级和广大劳动人民的根本利益，它的党员和干部是不是全心全意地为实现工人阶级和广大劳动人民的根本利益服务，以及这个党是不是用这样的要求来教育党员、约束党员的行动。这就要求执政党有社会整合的功能，体现在组织上，就是能够把社会上各不同部分的优秀分子都集聚到党内来。只有这样，这个党才能代表最广大人民的根本利益。在建设社会主义民主政治的过程中，越来越扩大的政治参与是大势所趋，我们党必须为这种参与提供足够的渠道和途径。在这样的大前提下，一个公民只要愿意接受党纲和党的纪律的约束，愿意履行党员的义务，那么，不管他是工人、农民、军人、知识分子或其他革命分子，都有资格申请加入中国共产党。

执政党意识要求党把自身是否具有先进性和先进程度之大小的问题，以及自身能够巩固执政地位和立于不败之地的问题，放到当代中国先进生产力和先进文化的发展当中考察，放到同广大人民的联系当中去考察，认为党的先进性首先体现在党的工人阶级先锋队性质上，更应体现在它的行动上。一个党是否具有先进性，归根结底，不是看这个党自我认定的性质，而要看它在推动历史前进中的实际作为。强调党的先进性体现在整个党的活动过程中，就是要按照“三个代表”这样要求的先进性来全面加强和改进党的建设，这就抓住了问题的根本。

（三）“三个代表”重要思想更新了在中国执政的共产党意识

由“三个代表”体现出“在中国执政的共产党意识”，就是强调共产党是在“中国”这个特殊的国度里执政的，没有现成的模式可以模仿和照搬。在中国执政，不把握中国国情，不突出中国特色，就当不好执政党，也当不好共产党。“三个代表”中所作的“中国”的特殊限定，充分表明我们党的意识的清醒和准确，要求在中国执政的共产党必须解放思想、实事求是、与时俱进，对中国特色社会主义进行创造性构建。卢卡奇曾经说过，“在那些起着决定方向作用的因素中，无产阶级对自身历史地位的正确理解，是最为重要的”。恩格斯把人类在进行革命之后所完成的转变称为“从必然王国进入自由王国的飞跃”。他认为这种飞跃在本质上代表一个过程，朝向这个方向的那些变化是在“日益增长的速度上”发生的，惟一的问题是确定这个过程的出发点。确定这个过程的出发点，就是要求中国共产党明确自己既是共产党，也是执政党，而且是在中国执政的共产党这样一种“三位一体”的历史地位，要强化“三位一体”的意识。确定这个出发点，定位准确，才能有效发挥作用。

在中国执政的共产党必须意识到中国共产党的时代方位和历史机遇。敏锐准确地洞察时代发展的基本趋向，把握时代变化的客观进程，这关乎无产阶级政党对自己所处历史宏观方位的判定，关乎党的战略策略和发展走向的选择。在新的世纪，我们党要使自己的理论、纲领、路线随着历史条件的变化不断进行正确的调整，不断推动党的事业的发展，就须臾不能离开对时代坐标的科学把握。从世界情况看，发达资本主义国家正在率先进入知识经济时代，社会主义在经历过严重挫折后正在艰难前行。同样处在人类文明阶段转换的历史关口的作为执政党的中国共产党，抓住了这个历史性机遇，就能赢得21世纪中华民族新的辉煌。“三个代表”重要思想的提出，就把“代表先进生产力的发展要求”“代表先进文化的前进方向”最为突出、最为鲜明地提到全党面前，并把能否做到这两点作为我们是否能忠实代表人民根本利益的基础和前提。

在中国执政的共产党还必须意识到在社会主义初级阶段我们所拥有的先进的、主导性的成分。社会主义初级阶段是我们面对的最大的、最基本的国情，并且是在一个相当长的历史时期不能逾越、不能回避的国情。这就要求我们真正弄懂这个根本实际，牢牢把握初级阶段社会主义具有的先进的、主导性的成分，从而明确在整个社会主义初级阶段中历史赋予我们党的责任。这些先进的、主导性的成分是“三个代表”所体现的三个重要方面，即保证社会主义方向的共产党领导、社会主义的经济政治制度和马克思主义意识形态。这是中国走向社会主义的根据，是决定社会主义初级阶段的“质”的东西。如同邓小平所指出：“无论过去、现在和将来，这都是我们的真正优势。”[①]在中国执政的共产党，必须意识到这个十分重要的基本经验和基本事实。现在，我们面临在社会主义初级阶段实现工业化和经济的社会化、市场化、现代化的任务和难题，我们需要更加强调“在中国执政的共产党意识”，真正落实“三个代表”。

在中国执政的共产党还必须意识到，党的目前状况、党在新世纪肩负的历史使命对全党同志提出了严格要求。如果不强化党的意识，提高党的队伍整体素质和执政能力，党就不能胜任在中国执政的重任。因此，始终保持与时俱进的精神状态，以改革的精神推进党的建设，立党为公，执政为民，保持党的先进性，必须要求共产党员特别是党的领导干部要有党的意识，并且要用是否有清醒的党的意识来严肃党的纪律，严格党员标准，控制党员数量，纯洁党的队伍。是否有党的意识落实到行动上，重要的是坚持三条：一是始终坚定共产主义理想信念。二是发展经济，致富群众，围绕党的中心任务，带领群众走共同富裕之路。三是市场经济条件下正确的人生价值取向。全心全意为人民服务，乐于奉献，不图索取，这正是共产党员的可贵品质和价值追求。党的利益、国家利益、民族利益、群众利益高于一切，这是共产党员任何时候都必须遵循、不能动摇的原则。

本文原载于《中共中央党校学报》2004年第1期，2006年3月获山东省第二十次社会科学优秀成果三等奖。

① 《邓小平文选》第3卷，人民出版社1993年版，第144页。

民主社会主义主要观点的再探讨[①]

张传鹤

19世纪后半期，发达资本主义国家在经济政治领域发生了一系列重要的新变化，主要由于有关这些新变化对社会主义实现道路潜在影响的解读不同，世界社会主义运动最终发生严重分裂，产生了以伯恩施坦为鼻祖的民主社会主义派别（即伯恩施坦主义）和以列宁为旗手的科学社会主义派别（即列宁主义）。共产党执政国家所搞的社会主义被统称为科学社会主义派别或共产主义派别。分裂发生以后，两派社会主义力量曾经在一系列内政外交问题上严重对立。百年回眸，社会主义运动潮起潮落，两派社会主义力量都有过实际的执政经验，获得了实践和检验自己主张的机会。在我们自身对社会主义的认识发生了深刻变化的今天，应该对民主社会主义的主要观点作新的解读。重新解读民主社会主义，既是坚定中国特色社会主义信念的需要，也是学习借鉴民主社会主义经验教训的需要，是马克思主义理论研究与建设工程的有机组成部分。

一、重新评析民主社会主义观点的意义

（一）坚定科学社会主义与中国特色社会主义信念的需要

实行民主社会主义是苏东剧变的推动者们梦寐以求的政治理想。但苏东剧变并没有给苏东各国带来发展的奇迹，反而产生了一系列的消极后果。

---

① 国家社科基金项目《民主社会主义及其对我国主流意识形态挑战研究》阶段性成果（批准号05CKS006）。

目前，通过各种媒体透露的信息来看，我们国内也有些人对民主社会主义存在一些模糊认识。有的学者提出："从谱系上讲，马、恩的嫡传是德国社会民主党及社会民主主义传统，其在俄国的代表则是普列汉诺夫与孟什维克。而列宁主义实际上是社会民主主义在斯托雷平时代发生了'超民粹主义化'的一支异端。"[①]有的人在网上提出："民主社会主义与列宁主义一样是马克思主义之父的双胞之子。"[②]在对民主社会主义的评价方面，有的人过高地估计了欧洲民主社会主义的实践成就，并把民主社会主义的理论和实践看成是普世的。在一系列模糊认识的基础上，有人在网上公开宣称，"民主社会主义——我的政治信仰"[③]。苏东剧变的反面教训表明，必须未雨绸缪，进一步以多维视角深化对民主社会主义的研究，正本清源，否则必将搞乱人们的思想，进而出现难以预料的严重后果。

（二）借鉴民主社会主义经验教训的需要

自世界社会主义运动在 20 世纪初发生分裂以后，长期以来，我们对民主社会主义基本上采取全盘否定的态度，把民主社会主义看成是工人贵族和资产阶级在工人运动中代理人的思想体系，把民主社会主义派别看成是"帝国主义的走狗""资本主义和平演变的帮凶"。改革开放 20 多年来，由于我们逐步克服了"左"的思想束缚，对社会主义的看法、认识发生了深刻变化，因而对民主社会主义的理论与实践的认识必然发生一些合理的变化。

众所周知，科学社会主义的创始人马克思、恩格斯是在批判地吸收德国古典哲学、英国古典政治经济学、法国空想社会主义的合理因素的基础上创立马克思主义的，他们对其他学说的开放态度是所有马克思主义者都应该学习的。对于民主社会主义这一源自发达国家的左翼思想和运动，我们一方面应看到它的局限性，另一方面，应看到它提出的个别有价值的主张，并加以吸收借鉴。只有对其他学说开放的马克思主义，才是有生命力、有前途的马克思主义。以这样的马克思主义为指导，中国特色社会主义才能多有建树，少走弯路。

---

① 秦晖：《问题与主义：秦晖文选》，长春出版社 1999 年版，第 466～467 页。

② 李槟：《对民主社会主义的理解》，2004 年 12 月 13 日，http://column.bokee.com/58819.html。

③ 蔡陆军：《民主社会主义——我的政治信仰》，2006 年 7 月，12http://blog.sina.com.cn/u/49382cf60100049c。

二、评析民主社会主义观点的态度和方法

要做到科学地评析民主社会主义的主要观点，并非易事。这既有意识形态上的原因，也有思想方法上的原因。要科学地评析民主社会主义的主要观点，笔者认为必须坚持以下五方面的态度和方法：

(1)客观公正的批判分析态度。对民主社会主义的研究一定要采取既不一概照抄照搬，也不一概否定的客观态度，一定要科学地分析民主社会主义的理论缺陷和合理因素。只有这样，才是理论上成熟的表现。

(2)宽视角。所谓的宽视角，就是把对民主社会主义的研究放到国际政治的大背景下，研究导致这一思潮产生、发展、变化的复杂因素。民主社会主义是一种复杂的国际性现象，必须从国际的视野去研究它，才能真正认识它。

(3)大跨度。所谓大跨度，主要指时间跨度。世界社会主义运动从20世纪初发生分裂以来，已经经历了近一个世纪。在漫长的历史中，民主社会主义理论是随着实践的发展而发展的，要全面认识民主社会主义，就要通过动态与静态、历史与现实相结合的方法，了解民主社会主义产生、发展、变化的过程，分析民主社会主义每一次大的理论转变的客观背景和依据。

(4)坚持理论与实践相统一的判断标准。在评析民主社会主义的主要观点时，不仅要看民主社会主义政党及其代表人物说了什么，而且还要看他们做了什么，不只是看理论和纲领，还要看它们的实践结果。

(5)突出对民主社会主义重要文献研读的意义。在对民主社会主义主要观点的研究中，一定要突出对其“文本”的研究，应抛弃过去那种离开“文本”言之无据的大批判作风，做到言之有据。

三、重新解读民主社会主义“十观”

(一)民主社会主义的哲学观

在对民主社会主义的研究中，我国大多数学者主张民主社会主义的哲学基础是唯心主义的。笔者认为，对这个问题应该具体分析，因为民主社会主义并不是在所有的问题上，都采取唯心主义的态度。所以，笔者觉得，似乎说民主社会主义具有较强的主观唯心主义“色彩”更合适。“色彩”的提法不那么绝对，也比较符合实际。

毫无疑问，大多数民主社会主义者都具有较强的唯心主义色彩，尤其是他们对马克思主义的历史唯物主义原理抱有不同程度的怀疑态度。如英国首相布莱尔曾经说："无论如何隐约难辨，马克思主义在本质上是宿命论。它企图使不科学的政治科学化。政治涉及人，当然人民受周围环境的影响。但人性复杂。有自由意志和个人责任问题。我们可以选择并作出决定。""马克思主义贬低了个人责任的重要性，只注意对个人行为起作用的社会决定因素。"[①]而他的精神导师安东尼·吉登斯提出："社会主义，特别是马克思式的社会主义求助于深深植根于欧洲文化的天命论。""今天，我们必须与天命论决裂，不论它采用的是什么方式。我们不接受资本主义孕育着社会主义的观点，也不接受有可以拯救我们的历史能动者的观点，不论它是无产阶级的还是其他阶级的，更不接受'历史'有任何必然方向的观点。"[②]可以说，大多数的民主社会主义者一般较少提"客观历史规律"，因而在对社会主义的理解上，往往认为社会主义只是人们对自由、公正、相助等价值观的追求，而这些基本价值观存在于人的天性当中。

但是，说民主社会主义具有唯心主义"色彩"，并不排除它们在某些具体问题的分析上采用唯物主义的方法。例如，伯恩施坦承认，人的意志对历史发展的作用是有限的，认为思想或原理要接受事实的检验。其他民主社会主义者在分析具体的社会问题、提出具体的社会政策时，也都非常注意从客观的社会现实出发。因此，不能武断地、笼统地说民主社会主义的哲学观就是唯心主义的，它们主要在对历史发展趋势的认识上存在唯心主义的"色彩"和倾向。这种历史唯心主义的倾向是他们"体制内"的保守的"合法"社会主义的哲学基础。

（二）民主社会主义的国家观

民主社会主义者认为，国家是一种支配民族经济生活的独立调节力量，当代资本主义国家由于实行政治民主而具有超阶级性的特点，不再只为公民中的一部分人和特定集团服务，而是为全体公民服务。各种政治力量都是塑造国家的一极，因而现代国家已不再是阶级国家。

伯恩施坦曾主张，"国家是一种共同生活的形式，是一种管理机关，它的

① [英]托尼·布莱尔：《新英国——我对一个年轻国家的展望》，曹振寰等译，世界知识出版社1998年版，第72页。

② [英]安东尼·吉登斯：《超越左与右——激进政治的未来》，李惠斌、杨雪冬译，社会科学文献出版社2000年版，第262页。

社会政治性质随着它的社会内容的改变而改变"[①]。针对普选权在西方国家的实现，他还指出："在工人运动斗争的影响下，社会民主党内出现了另一种对国家的评价。那里实际上流行着人民国家的思想，人民国家不是上层阶级和上层阶层的工具，而是由于人民大多数有了平等的普选权而获得自己的性质。就这一点来说，拉萨尔在历史(就我们所能观察到的)面前证明是正确的。"[②]1986 年 8 月，德国社会民主党通过的依尔塞草案指出："国家并不是必然要成为经济上占统治地位的阶级或者有势力的利益集团的工具。国家也能够成为按照更加民主的方向变革社会的那种势力的重要工具。"[③]

应当承认，西方国家的民主制度确实总体上越来越进步。但正如列宁所说的："我们要抛弃一切关于国家就是普遍平等的陈腐偏见，那是骗人的，因为只要剥削存在，就不会有平等。地主不可能同工人平等，挨饿者也不可能同饱食者平等。"[④]按照列宁所揭示的这一朴素的真理，至少在目前阶段，西方发达国家并不是真正的"人民国家"。但在工人阶级的长期斗争下，西方国家确实发生了一定的进化，这些国家今后变化的方向、方式和速度取决于国际国内阶级力量的对比。由于西方国家的社会历史条件与其他发展中国家的社会历史条件相比差异很大，所以，不能把西方国家历史演进的方式简单地类推到其他发展中国家。即使西方资产阶级国家有可能和平发展为工人国家，也并不意味着其他发展中国家也有条件走这条道路。

同时，我们还需要根据实践的需要，进一步发展马克思主义的国家本质理论。以往马克思主义派别过于强调国家的阶级性，而忽视国家其他方面的属性。民主社会主义则试图把国家说成是超阶级的，或至少把实行西方民主制的国家说成是超阶级的。两者的国家本质论都有一定的片面性。我们如果以传统的带有片面性的国家本质理论来批评民主社会主义同样片面的观点，就很难具有强大的说服力。综观国家的历史、现实与未来，似乎应该这样来定义国家的本质和属性：国家本质上是一种社会政治共同体，但同时具有阶级性、社会性、民族性、易被操纵性等属性。本质相对固定，但属性变化多端。越是低级社会形态的国家，其阶级性和易被操纵性越强、越明显，而社会性越弱；越是高级社会形态的国家，其阶级性越弱、越隐蔽，而社

① 《伯恩施坦言论》，生活·读书·新知三联书店 1966 年版，第 442 页。

② 《伯恩施坦言论》，生活·读书·新知三联书店 1966 年版，第 442 页。

③ 转引自李兴耕编：《当代西欧社会党的理论与实践》，黑龙江人民出版社 1989 年版，第 37 页。

④ 《列宁选集》第 4 卷，人民出版社 1995 年版，第 39～40 页。

会性越强。但只要国家还有存在的必要性,就不可避免地具有阶级性,而不是像民主社会主义所说的,西方实行民主制的国家已变成超阶级的国家了。它们的国家观既反映了现代西方国家进化的部分现实,也是为自己体制内的合法的民主社会主义辩护。

(三)民主社会主义的福利观

19 世纪及其以前的西方资本主义基本上是一种自由放任的野蛮资本主义,国家在社会的经济生活中扮演着消极的“守夜人”角色。其结果是有产者对无产者实行野蛮的剥削,并由此导致无产阶级和资产阶级之间的尖锐矛盾和剧烈的社会动荡。西方资本主义在第一、第二次世界大战后甚至面临“改变颜色”的问题。在此背景下,民主社会主义政党陆续上台执政并推行了广泛的社会福利政策。民主社会主义政党福利政策的实行,对于缓和西方国家的阶级矛盾、促进国家的经济文化发展起到了一定的积极作用。但民主社会主义福利政策的实行也产生了一定的消极现象,如使国家的财政负担加重,使一些人产生了对国家的依赖心理,使国家出现了所谓“财政”和“道德”的双重赤字。因此 20 世纪 90 年代以来,一些西方国家的民主社会主义政党在新的“第三条道路”理论中提出,要变“消极福利”为“积极福利”,减少直接的钱物补贴,增加对公民的教育投资和帮助他们获得就业机会,以减轻国家的财政负担,并增强个人的责任心。例如,吉登斯把积极福利的思想归结为“变匮乏为自主,变疾病为积极的健康,变无知为一生中不断持续的教育,变悲惨为幸福,变懒惰为创造”①。民主社会主义这一政策转型,一方面是为了纠正前一阶段在福利政策方面的偏差,另一方面也与经济全球化迅猛发展和国际共产主义运动处于低潮有关。这说明走“合法的”体制内道路的民主社会主义的福利政策是不稳定的,受国内外经济政治形势变化的影响很大。

(四)民主社会主义的民主观

民主社会主义把民主看作民主社会主义的核心价值,认为民主主要包括政治民主、经济民主、社会民主和国际民主“四大民主”。认同西方现行的政治安排,如多党制、三权分立等,否认共产党执政国家存在民主,认为共产党执政国家都是一党专政和极权统治。对此,一方面我们应该看到,民主社

---

① [英]安东尼·吉登斯:《第三条道路:社会民主主义的复兴》,郑戈译,北京大学出版社 2000 年版,第132 页。

会主义是西方国家推动“四大民主”的进步力量；另一方面，我们也应看到，他们在民主方面实际上垄断了对民主的话语权，搞强加于人。其实，民主除了应该具有必要的形式外，更重要的是它的内容和价值的实现程度。民主的形式可以是灵活多样的，但它的内容和价值应该是相对统一的。所谓民主，最根本的就是对事情有利害关系的人，具有知情权、参与权、决策权和监督权，而经济地位平等是实现真实的民主的最根本的保证。在社会主义初级阶段，共产党执政国家的民主固然还不够成熟，但共产党执政的国家深知民主对于社会主义的重要意义，因而不但不惧怕民主、扼杀民主，反而决心在已取得的若干民主成果的基础上，进一步积极推进党内民主和国家民主。西方国家的民主社会主义政党陶醉于“合法性”，并以垄断民主的专利自居，显然是武断的。

（五）民主社会主义的革命与改良观

民主社会主义的革命与改良观与它的国家观密切相关。民主社会主义认为，在实行多党制和普选制的现代西方国家，国家已经变成超阶级的正义力量，因而不必予以摧毁。它提出，暴力革命将给社会带来巨大损失和创伤，应该受到谴责；不应对野蛮暴力的创造力估计过高。通过改良实现社会主义，符合西欧的历史传统和对现实的认识。它还认为，民主的改良道路虽然缓慢而且有时显得软弱，但比起暴力革命更能取得扎扎实实的进步。

在伯恩施坦主义和列宁主义经历了改良与革命的长期对立之后，现在再回顾一下马克思主义创始人马克思和恩格斯的有关思想，我们就会发现，实际上伯恩施坦主义和列宁主义都片面地理解了马克思和恩格斯的有关思想。

固然，马克思曾经指出：“只有在没有阶级和阶级对抗的情况下，社会进化将不再是政治革命。而在这以前，在每一次社会全盘改造的前夜，社会科学的结论总是：‘不是战斗，就是死亡；不是血战，就是毁灭。问题的提法必然如此。’（乔治·桑）”①这显然是马克思在青年时期提出的一种非常激进、绝对化的观点。在《共产党宣言》中，马克思和恩格斯再一次指出：“共产党人不屑于隐瞒自己的观点和意图。他们公开宣布：他们的目的只有用暴力推翻全部现存的社会制度才能达到。”②

① 《马克思恩格斯选集》第1卷，人民出版社1995年版，第195页。

② 《马克思恩格斯选集》第1卷，人民出版社1995年版，第307页。

但19世纪70年代以后，马克思和恩格斯开始认为，在民主发育程度比较高的国家里，无产阶级可能和平改造资产阶级政权。马克思于1872年9月8日在阿姆斯特丹所作的演说中指出："工人总有一天必须夺取政权，以便建立一个新的劳动组织……但是，我们从来没有断言，为了达到这一目的，到处都应该采取同样的手段。我们知道，必须考虑到各国的制度、风俗和传统；我们也不否认，有些国家，像美国、英国，——如果我对你们的制度有更好的了解，也许还可以加上荷兰，——工人可能用和平手段达到自己的目的。但是，即使如此，我们也必须承认，在大陆上的大多数国家中，暴力应当是我们革命的杠杆。"①恩格斯在《1891年社会民主党纲领草案批判》中指出："可以设想，在人民代议机关把一切权力集中在自己手里、只要取得大多数人民的支持就能够按照宪法随意办事的国家里，旧社会有可能和平长入新社会，比如在法国和美国那样的民主共和国，在英国那样的君主国。"②因此，实际上马克思主义创始人是以科学的辩证的态度来对待革命斗争的策略的。在他们看来，采取什么样的斗争形式和手段，应根据当时当地的具体条件来决定。不顾时间、地点、条件地崇尚暴力是错误的，但是放弃暴力革命的权利，不讲条件地鼓吹"和平长入社会主义"则是作茧自缚。在通过革命道路还是改良道路来实现社会主义的问题上，列宁的观点比马克思和恩格斯的观点明显要"左"一些。与列宁相反，伯恩施坦对马克思和恩格斯的观点作了右的解释。这是造成科学社会主义和民主社会主义长期对抗的重要原因之一。今天，应该肯定地说，唯一能经得起历史考验的还是马克思主义创始人的观点。伯恩施坦主义的改良道路在西方国家实行普选权的情况下，具有历史的合理性，但不能把改良的道路绝对化，强加于人。20世纪80年代以后，社会党国际为了扩大其在拉美等发展中国家的影响，开始承认一些不具备基本民主条件的国家发动人民起义的合理性，这显然是对过去那种片面强调改良道路观点的纠正，值得肯定。

（六）民主社会主义的时代观

民主社会主义认为，当今时代是人类面临生存危险的时代，存在着核战争、环境破坏、军备竞赛、南北贫富悬殊加剧、人口激增、恐怖活动等。当今时代也是充满发展希望的时代，因为经济全球化以及广泛的信息和新技术

① 《马克思恩格斯全集》第18卷，人民出版社1964年版，第179页。

② 《马克思恩格斯选集》第4卷，人民出版社1995年版，第411页。

渠道,如果置于民主的控制之下,将为更适宜于合作的世界社会提供基础。世界大家庭显然已不再是乌托邦的幻想,而日益成为现实的需要。技术革命能够并且应该用于保护环境、创造新的事业以及提供把人们从单调的劳动中解放出来的手段。在恰当的和人道的民主架构基础上,自由、平等、安全和繁荣能够在民主的社会框架内得到实现。当今时代又是全人类应该共同努力,谋求生存与发展的时代。当今时代,在核战争危险和人类生存环境遭受日益严重的破坏面前,人类不同集团之间已经没有胜利者与失败者之分,也没有得利者与受害者之分。人类呼唤出的自然力给人类带来的威胁已超出了人类不同利益集团之间的威胁。在这种严重的威胁面前,只有相互理解,通力合作,才能避免同归于尽的后果。

民主社会主义对时代的这些看法,显然有一定的道理,但当今时代不但存在超越阶级、民族、国家的人类的共同威胁和共同利益,而且还存在不同阶级、民族、国家的具体利益和矛盾;只讲超越阶级、民族、国家的人类的共同威胁和共同利益,不讲他们不同的利益和矛盾是不全面的。片面地坚持和宣传这种观点,不是因为无知,就是别有用心。

(七)民主社会主义的政党观

在党的指导思想上,民主社会主义主张意识形态多元化,用多元化的思想指导党,包括法国大革命的传统、康德哲学、基督教教义、伯恩施坦思想、马克思主义的分析方法等都可作为民主社会主义的思想来源。从积极的意义上讲,民主社会主义的意识形态多元化主张作为开放的理论取向有利于兼收并蓄。而开放的马克思主义也不否认吸收其他学说合理因素的意义。从消极的意义上说,民主社会主义的意识形态多元化主张,把各种学说放在同等重要的位置上,实质上是为了抵制马克思主义的影响,特别是抵制马克思主义中的历史唯物主义关于社会主义历史必然性的结论及其阶级斗争、暴力革命学说。这也正是我们反对无产阶级政党搞意识形态多元化的根本原因。

在党的性质上,民主社会主义逐步实现了由“阶级党”到“超阶级党”即“全民党”的转变。对此,首先我们应该看到,民主社会主义在党的性质上的这种转变和重新定位,主要是为了适应“选举政治”的需要,因为党的身份的跨阶级的模糊性有利于民主社会主义政党争取各阶层的选票。其次,民主社会主义政党放弃“阶级党”的定位,转而以“全民党”自居,如果是希望实现跨阶级的全民的某些共同利益,是无可厚非的。但如果完全放弃自己的“阶级身份”,就必然使自己失去工人阶级政党的性质,意味着其在国内外复杂政治因素的作用下向右“漂移”。

在党的政治地位上,民主社会主义政党不谋求法定领导权和执政地位,接受多党制和议会民主政治,如果在选举中未能取得执政地位,就甘愿成为建设性的反对党。这是走和平渐进的改良道路必须付出的政治代价,因为既然选择走体制内的道路,就必须接受体制内的游戏规则,否则只能“出局”。

(八)民主社会主义的所有制观

在关于公有制对于实现社会主义的必要性上,民主社会主义经历了一个由肯定到基本否定的过程。例如,德国社会民主党自1919年到20世纪40年代,还是基本肯定生产资料公有制对于实现社会主义价值目标的意义的。但这时他们已经开始认为,社会主义的中心问题已不再是所有制变革,而是“限制经济权力”的问题。他们认为,生产资料私人占有制不但不是被剥削阶级贫困和受奴役的根源,反而应该受到保护和促进,只有在其他手段达不到建立一种健全的经济权力关系时,公有制才是必要的。20世纪60年代至今,德国社会民主党进一步主张实行以生产资料私人占有为主体的混合经济,批评那种认为把企业转为公有制就可以为整个社会利益服务的观点是“自我迷惑”。到80年代中期以后,德国社会民主党已不再把所有制作为一个问题提出来了。英国工党等其他民主社会主义政党在所有制问题上亦有着和德国社会民主党相似的转变过程。

民主社会主义所有制思想的转变,显然是受民主社会主义政党和共产党执政国家所有制改造实践的影响。不可否认的是,两派社会主义都曾积极推进过公有化计划,但都遭受过挫折。所以民主社会主义转而认为,公有制对实现社会主义的目标是无关紧要的,并把主要精力放在限制私有制企业的权力上,在税收、福利等方面做文章。应该说,当前民主社会主义在所有制问题上的具体做法在实践上是务实的、有成效的,保持了经济的活力,为在经济发展的基础上提高普通民众的生活水平奠定了物质基础,对我国制定相关的经济政策有一定的借鉴意义。

但从理论上来说,尽管两派社会主义在以往的所有制改造实践中都遭受过挫折,但这并不意味着公有制对社会主义就成为无关紧要的问题了,相反,它仍然是实现社会主义价值的根本保证。不过,按照马克思主义创始人的观点,所有制的改造要与生产力发展水平相适应。恩格斯曾指出:“正像不能一下子就把现有的生产力扩大到为实现财产公有所必要的程度一样。

因此，很可能就要来临的无产阶级革命，只能逐步改造现社会，只有创造了所必需的大量生产资料之后，才能废除私有制。”[①]而且，所有制的改造还要与民主的发展水平相适应、与人们的觉悟水平相适应，否则，公有制只能是形式上的，不会达到最大限度地增进公共福利的目的。也就是说，公有制必须有高度的生产力水平、民主水平和道德水平做支撑，才能产生良好的效果。在条件尚不具备的情况下，可行的做法是，允许各种所有制经济并存，加强对私有经济的管理，通过建立健全的税收制度、劳动保护制度、福利制度等，最大限度地促进私有经济服务于公共目的。等将来实行广泛的高水平的公有制的条件具备时，再把提高公有经济的比重提上日程。

应该说，在具体的做法上，民主社会主义现行的所有制政策具有一定的现实合理性，但在理论上，它们并没有说清楚所有制与社会主义的复杂关联，它们否定公有制对实现社会主义的根本意义显然是错误的。对实现社会主义的价值目标来说，显然税收、分配、劳动保护、公共开支和福利问题都是第二层次的“外围”问题，所有制才是第一层次的最根本、最核心的问题。在直取坚硬的“核心”遭遇障碍时，转而采取“迂回”的办法在外围寻求突破是理性现实的选择，但这并不意味着从此永远放弃攻克“核心”的行动。

（九）民主社会主义的经济运行机制观

民主社会主义认为，取消市场的调节作用对现代经济来说是不可能的，应充分肯定市场对经济的调节作用。在充分肯定市场作用的同时，民主社会主义对“计划”采取十分保守谨慎的态度。他们认为，只有当经济和社会发展对计划提出需要时，才应当考虑并实行相应的计划，决不要仅仅根据某一原则和动机去制定计划，超过实际需要的计划是产生官僚主义、专制和低效的原因。民主社会主义关于经济运行机制的观点既源于自由主义经济思想，也来自于对社会主义实践经验的反思。

20 世纪 90 年代初，我国对计划、市场与社会主义关系的看法业已发生根本性变化，把建立社会主义市场经济体制确立为我国经济体制改革的目标。应该承认，由于这一转变，我们与民主社会主义对现代经济运行机制的看法差距缩小了。以我们今天的经验来看，民主社会主义关于经济运行机制的观点具有一定的历史合理性。

① 《马克思恩格斯选集》第 1 卷，人民出版社 1995 年版，第 239 页。

（十）民主社会主义的社会主义观

民主社会主义从其一贯的改良主义立场出发，确立了包含如下观点的社会主义观：

（1）社会主义是不以消灭现存社会制度为目的的反抗资本主义固有弊病和争取人类解放的运动，它也是一个以民主化为手段、不断改革现存社会的渐进过程和持久任务。这个运动、过程和持久任务只有路标和具体目标，没有最终目标。无论社会主义的形式如何，在这个社会中，全体公民都能自由地参与政治、经济和社会决策，社会主义只能通过民主、普选、改良主义的道路来实现。民主社会主义的这一观点，显示了其作为体制内的合法的社会主义所必然具有的"温和"特征，否则它就无法在发达国家立足。既然它在体制内与现行制度实现了共存共生，就必然要接受西方国家的现行制度安排，并放弃推翻现存制度的目标。这种符合西方国家历史条件的社会主义，对于促进西方国家野蛮资本主义的文明化，起到了一定的积极作用。他们关于社会主义是一项持久任务的观点，对于克服社会主义运动中急躁冒进的思想，也具有积极的启发意义。他们关于社会主义只有路标和具体目标，没有最终目标的观点，和我们过去共产主义远大理想讲得多、具体工作做得不够好的状况正好相反，然而两者都是偏颇的。唯一正确的是把社会主义的具体目标和最终目的结合起来，既不忘记远大理想，又要做好眼前的工作；既要反对无目的论，也要反对"目的热"与"方法官"。

（2）社会主义就是民主、自由、公正、相助等价值观念的实现，而不是一种经济制度的固定蓝图。这一观点充分体现了民主社会主义重视价值观的传统。重视社会主义的价值目标，应该说没有错，而且对于我们克服过去在社会主义实践中形式主义地讲"制度"，忽视制度与价值相统一的做法，具有一定的启发意义。但民主社会主义重价值、轻制度，尤其是否定公有制对实现社会主义的意义，显然有使"价值观念"成为空中楼阁之虞。社会主义应该是"价值"导向与"制度"保障的高度统一。价值观的实现应该通过设计可行的"制度"来推进，"制度设计"应以价值观为灵魂，否则就会出现"制度"或"价值观"两张皮的结果。

本文原载于《社会科学》2006 年第 10 期，2008 年 7 月获山东省第二十二次社会科学优秀成果三等奖。

加强农村社会管理的重大意义及对策

郭振宗

党的十六大以来，中央先后提出了全面建设小康社会、树立和落实科学发展观、统筹城乡发展及建设社会主义新农村、构建社会主义和谐社会等重大战略目标，这是中央在新的历史时期所作出的一系列战略决策，反映了我国建设富强民主文明和谐社会主义现代化国家的内在要求，体现了全党全国各族人民的共同愿望，具有深远意义。我国农村人口占总人口的近70%，加强农村社会管理，维护农村社会稳定，以促进农村经济社会全面发展，是实现这些战略目标的内在要求和有效途径。

一、加强农村社会管理的重大意义

（一）我国经济社会发展处在关键时期的必然要求

在经济社会发展过程中，人均GDP1000～3000美元的时期，往往是经济结构快速转型、体制和制度变迁向纵深发展、社会利益格局剧烈变化、居民尤其是城乡居民收入差距拉大的时期，因而这个时期是经济社会发展的关键时期。处在这个时期的国家或地区往往可能会朝着两个方向发展：一是如果能够有效地解决或缓解这个时期所出现的一系列经济、社会问题尤其是城乡经济、社会差距拉大的问题，经济、社会将会保持持续快速发展的势头；二是如果不能有效地解决或缓解这个时期所出现的一系列经济、社会问题尤其是城乡经济、社会差距拉大的问题，往往会出现经济增长停滞、社会问题严重甚至出现社会动荡。例如，拉美国家从20世纪50年代中期开始发展工业化，60年代开始经济起飞，六七十年代拉美国家工业年均增长

8%以上，GDP年均增长6.5%，60年代末大多数拉美国家人均GDP突破了1000美元。但是，拉美国家经济发展尤其工业化发展是以牺牲“三农”利益为代价的，造成城乡差距不断扩大，社会分配不公，出现严重的两极分化。1970年前后，拉美10个主要国家的基尼系数除阿根廷为0.44外，其余9个国家都在0.48～0.66之间，处于贫困线以下的家庭比例超过了40%，处于绝对贫困线以下的家庭比例高达20%。但是，拉美国家却没有重视这些问题，更没有采取有效措施解决这些问题，导致了80年代的经济衰退。80年代拉美国家GDP年均只增长了1.2%，由于经济增长赶不上人口增长的速度，所以人均GDP年均下降了0.9%，而且社会问题恶化。90年代拉美国家经济增长虽略高于80年代，但仍远低于六七十年代的水平①，出现了所谓的“拉美陷阱”现象。

改革开放以来，我国经济社会发展取得了显著成效，到2006年，人均GDP达到2042美元，已经处于经济社会发展的关键时期，但存在的经济、社会问题也比较突出，尤其是城乡经济、社会发展差距较大。以我国城乡居民收入差距为例，1978年城乡居民收入之比为2.36∶1，1985年缩小为1.72∶1，从1985年农民第一次出现“卖粮难”开始城乡居民收入差距持续扩大。到2006年，城镇居民人均可支配收入为11759元，农民人均纯收入为3578元，二者之比扩大为3.28∶1，如果再考虑到城镇居民的制度性收入、农民收入高估等隐性因素，实际收入比至少达到5—6∶1。② 因此，我国必须正视当前存在的经济、社会问题和其严重性以及解决的紧迫性，切实加强农村社会管理，有效维护农村和谐稳定，促进农村经济社会协调发展，以确保国民经济和社会持续、快速、稳定发展，成功度过关键时期。

（二）全面建设小康社会的必然要求

“建设小康社会”最早是1979年邓小平提出来的。1982年党的十二大把建设小康社会列入经济建设目标，从1987年开始把实现小康作为实现第二步战略目标的最终体现，党的十六大又提出到2020年全面建成小康社会。基本实现小康的指标体系包括收入分配、物质生活、精神生活、人口素质、生活环境、保障安全等六大方面，全面实现小康的指标体系包括经济发展、社会发展、人口素质、生活质量、民主法制、资源环境等六大方面。显然，

① 参见崔如波：《警惕“拉美陷阱”》，《企业文明》2005年第1期。

② 根据历年中国统计年鉴有关资料整理计算。

无论是基本实现小康社会还是全面建设小康社会，都是一个经济社会全面发展的概念，并内含了城乡经济社会的统筹协调发展。众所周知，全面建设小康社会的重点、难点在农村。2000年，全国16个总体性指标中没有实现的三个都在农村，按照农村小康指标体系的标准也有四个指标没有实现。[①]因此，只有真正重视农村，加强农村社会管理，大力发展农村社会事业，全面建设小康社会的目标才能真正实现。

（三）落实科学发展观的必然要求

党的十六届三中全会提出要树立和落实科学发展观。科学发展观要求必须实现经济和社会的全面、协调发展。作为科学发展观的具体体现和要求，农村经济和社会也要全面发展。从农村总体现状来看，经济、社会发展都比较落后，尤其教育、医疗卫生、社会保障、基础设施建设、社会治安、社会文明等社会发展更加落后。只有加强农村社会管理，大力发展农村社会事业，才能促进农村经济与社会的全面协调发展，把科学发展观真正落到实处。

（四）统筹城乡发展、建设社会主义新农村的必然要求

党的十六大和十六届三中全会明确提出要实行城乡统筹发展，党的十六届五中全会提出了建设社会主义新农村的战略目标，这都是从根本上解决“三农”问题的战略举措。统筹城乡发展就是要实现城乡经济与社会的协调发展，建设社会主义新农村就是要实现农村经济与社会的全面现代化。从农村现状来看，农村经济、社会发展都比较落后，而社会事业发展更加落后，主要表现在以下几个方面：一是医疗卫生落后。目前近70％的农村人口只拥有20％的卫生资源。据调查，全国有46％的农民应看病而未看病，有30％的农民应住院而未住院，而贫困山区有72％的农民应该看病而没有看病，有89％的农民应该住院而没有住院；[②]二是教育落后。目前我国农民平均受教育年限只有7.7年，小学以下文化程度的比例占到40％左右，接受过各种培训的农村劳动力比例仅为5％左右；[③]三是社会保障落后。尽管近些年来，各级政府非常重视农村社会保障体系的建设，尤其是最低生活保障制度、养老保险制度、新型农村合作医疗制度等正在逐步建立和完善，但总体

① 参见中国社会科学院农村发展研究所、国家统计局农村社会经济调查总队：《2002—2003年：中国农村经济形势分析与预测》，社会科学文献出版社2003年版，第223页。

② 参见李小云等主编：《2005年：中国农村情况报告》，社会科学文献出版社2006年版，第18页。

③ 参见蔡立安、柳夏：《新农村建设中人力资源有效供给研究》，《农业经济问题》2006年第6期。

来看，农村社会保障仍然比较落后，尤其是城乡之间的差距较大。目前城乡社会保障率之比高达22∶1，人均社会保障费用之比高达24∶1；[①]四是基础设施薄弱。目前全国农村人均固定资产只有城市的1/7，全国还有50%左右的行政村没有通自来水，6%的行政村没有通公路，2%的行政村没有通电，6%的行政村没有通电话。只有加强农村社会管理，加大对农村社会事业发展的投入，才能使统筹城乡发展和建设社会主义新农村的战略目标顺利实现。

（五）农村社会转型的客观要求

目前我国农村社会结构正在发生巨大变化，正处于社会结构转型期。从体制上看，正由计划经济体制向市场经济体制转变；从社会结构上看，社会主体正趋于多元化，社会组织正在进行重组，农民分化趋势明显。在以上方面中，农民职业、收入、社会地位的分化最为突出，对农村社会影响也最为显著。农民正在由原来差别不大的农村干部、一般农民两个主要阶层分化为农业劳动者、农民工、农村管理者、个体户和私营企业主、农村知识分子等多个阶层。各个阶层在收入、社会地位等方面的差距越来越大，使农村社会结构日益复杂，尤其是收入的分化，在农村"不患寡而患不均"的平均主义思想还比较严重的情况下，容易导致社会矛盾加剧。同时，在农村社会转型以及市场经济条件下，农民价值观念趋于多元化，体现了社会多元化发展的必然趋势和结果，但是也出现了价值观扭曲、道德滑坡等现象。一些农民尤其是一些青年农民理想信念淡薄，缺乏世界观、人生观和价值观的改造，缺少是非善恶和荣辱标准，甚至在农村一些地区各种黄、赌、毒、封建迷信、小偷小摸甚至明抢明夺等现象开始泛滥。只有加强农村社会管理，有效缓解和解决农村社会转型过程中出现的各种问题，才能保证农村社会转型的顺利完成和经济社会的稳定发展。

二、加强农村社会管理的对策

（一）充分发挥各级政府的农村社会管理职能

政府的职能之一就是缓和社会冲突与矛盾，把社会冲突和矛盾保持在

① 参见林义主编：《农村社会保障的国际比较及启示研究》，中国劳动社会保障出版社2006年版，第88页。

“有秩序”的范围内。党的十六届三中全会明确提出我国政府有四项基本职能，即经济调节、市场监管、社会管理、公共服务，近几年尤为强调其中的社会管理和公共服务职能。所以政府的一个重要职能就是有效进行社会管理。社会管理和社会发展具有一定的区别，但二者又是密切交织在一起的，尤其对政府而言，既在管理中发展社会事业，又通过发展社会事业实现社会管理。从当前的迫切需要来看，政府在农村社会管理中应充分发挥以下作用。

1.大力发展农村教育

一是大力发展农村义务教育。发展农村义务教育，关键是加大资金投入。据测算，如果农村义务教育要达到城市的现代化水平，全国需要增加投入 7000 亿元，即使达到城市现代化水平的 60%，也需要增加投入 4200 亿元。从 2007 年开始，全部免除农村义务教育学杂费，为此每个县每年需增加义务教育投入 4300 万元，全国共需增加投入 800 亿～900 亿元。中央决定 2007 年对农村义务教育的总投入为 2300 多亿元，和原来相比大大增加，但和农村义务教育发展以及现代化水平提高的需要相比，还有一定差距，所以还必须继续加大投入。二是大力发展农村职业教育。应大力发展函授、自学考试等学历教育，大力进行农业实用技术培训、失地农民和劳动力转移技能培训等。据估计，“十一五”期间，我国有 5000 万农民需要引导性培训，3000 万农民需要技能培训，总共需要投入 230 亿元，年均需投入 46 亿元。[①]而 2004～2006 年，中央投入的农村劳动力培训资金只有 12.5 亿元，年均为 4.2 亿元，再加上全国省级财政每年投入的 5 亿元，平均每年投入只有 9.2 亿元，和实际需求相比还有很大差距。因此，今后还要加大培训规模，增加资金投入。

2.加快建立农村社会保障体系

首先，要尽快出台农村社会保障法律、法规。应加快制定和出台《农村社会保障法》等一般性法律、法规和《农村养老保障法》《农村最低生活保障法》《农村医疗保障法》等专门性法律、法规，同时出台相关实施细则。各级地方政府也要结合本地实际，出台地方性法规和实施细则以及操作规程，使农村社会保障制度的建立和运行有法可依、有章可循。

① 参见傅光明：《政府为农村义务教育买单需要多少钱》，贺雪峰主编：《三农中国》，湖北人民出版社 2004 年版，第 120 页。

其次，要建立或明确农村社会保障管理机构。管理机构的建立要坚持统分结合的原则，既要建立统一的管理机构，进行统一管理，又要实行决策、执行、监督等机构分设。从目前来看，建立完全统一的管理机构还不现实，可以把农村社会养老管理机构设在劳动和社会保障部，最低生活保障管理机构设在民政部，医疗保障管理机构设在卫生部，但应确定一个主要牵头部门，待条件成熟时，可以组建统一的管理机构。

最后，要加快建立和完善各项社会保障制度。一是建立和完善农村养老保险制度。建立农村养老保险制度要坚持家庭养老保险、储蓄养老保险、商业养老保险等多种形式并举，在坚持家庭养老这种主要形式的同时，应强化储蓄养老保险、商业养老保险等形式，为以后实行城乡统筹一体的养老保险制度奠定基础。资金筹措应坚持自我保障为主、互助保障为辅的原则，设立农民个人账户，多交多领，少交少领。各级政府要加大对农村养老保险的投入，中央财政要区别不同地区分别给予补助，各级地方财政以及农村集体也要根据实际需要及经济实力确定具体的补助标准。二是建立和完善农村医疗保障制度。目前新型农村合作医疗制度作为农村医疗保障制度的主要形式正处于试点阶段，到2006年6月，全国共有1399个县参加了试点，占全国县域总数的48.88%。但是，新型农村合作医疗制度还有待于进一步完善，尤其是要尽快明确统筹对象，进一步提高筹资水平和补偿水平，合理确定各级财政筹资比例，合理确定统筹内容和科学的报销方式，逐步引入市场化运作，进一步完善监管机制等，尽快建立起农村合作医疗的长效机制。三是建立和完善农村最低生活保障制度。农村最低生活保障制度是以政府为主体为农民设定的最后一道生活安全保障线，是政府公共财政必须覆盖的领域。因此，各地要根据经济社会发展水平、财政能力、收入和消费水平等合理确定最低生活保障线，并把低于最低生活保障线收入的人口都纳入到最低生活保障体系中来。要积极探索农村最低生活保障资金筹集及发放机制，应以财政筹集为主，可以在省、市、县三级财政中合理划分出资比例，有条件的农村集体经济组织也可以筹集一部分资金，还可以鼓励和引导社会组织和个人捐款筹集一部分资金。最低生活保障资金可以实行县级政府统一管理，设立专项账户，划拨到乡镇进行发放和管理；也可以借鉴城市最低生活保障资金管理和发放的做法，逐步实行社会化管理和发放机制，但必须加强对资金运行的监督管理，确保资金安全。

3.大力进行农村基础设施建设

要制定农村基础设施建设规划，根据农村需要和农民意愿确定建设标准和轻重缓急顺序。属于农民家庭建设的，由农民来搞，政府应给予一定补助；属于公共建设的，由政府承担主要投资责任，有条件的农村集体也可以承担一部分投资，农民以出工为主；属于准公共基础设施建设的，可以发挥市场机制的作用，鼓励社会资本投资，但政府必须出台减免税、贴息、补助等优惠政策。同时，要尽快立法，把农村公共产品尽快纳入公共财政的范畴。

4.调控收入分配差距

除了尽快建立健全农村最低生活保障制度并把低于最低生活保障线的人口都纳入到最低生活保障体系中来以外，还应加强对农村经济发展和市场秩序的监督管理，对欺行霸市、坑蒙拐骗、非法经营等行为要加大打击力度，控制和杜绝非法收入。另外，也应进一步完善个人所得税税制及征收办法，加大对个体户、私营企业主等高收入者个人所得税的征收力度。

5.加大社会治安工作力度

要尽快建立和完善县、乡、村三级合理分工、密切协作、反应敏捷、行动迅速的社会治安联合防范和治理体系及有效机制。从内容上看，一是要建立对农民进行宣传教育的长效机制，加强对农民的法制、精神文明等教育，在农村建立起积极向上的文明风气；二是要加大对偷盗、抢劫、打架斗殴、赌博以及各种封建迷信活动等的打击力度。

（二）充分发挥农村党支部、村委会的农村社会管理职能

农村党支部和村委会上衔政府、下联农民，具有进行农村社会管理的独特优势。要充分发挥农村党支部和村委会的农村社会管理职能，必须强化以下两个方面。

一是加强党支部和村委会建设。一些地方的党支部、村委会组织不健全，班子涣散，没有办公地点，没有工作内容，造成农村基础设施没人建，学校没人修，打架斗殴、小偷小摸、赌博、封建迷信活动盛行。所以，必须加强党支部、村委会的建设，要让那些政治素质高、有能力、勇于创新、农民信得过、能为农民谋利益的人进入党支部和村委会。同时，要建立健全各种规章制度，规划和充实工作内容，使党支部、村委会真正成为农村社会管理的骨干力量。

二是明确党支部、村委会的农村社会管理职能，积极发挥作用。一是要在各级党委、政府指导下，做好农村党建、基础设施建设、倡导乡风文明、村

庄环境治理、加强社会治安等工作；二是要结合《公民道德建设实施纲要》和社会主义荣辱观的要求，制定《乡规民约》和《文明准则》。同时，通过开展“十星级文明户”“和谐家庭”“好党员”“好村民”“好媳妇”“好婆婆”等评选活动，促进乡风文明；三是要组织农民开展积极健康的业余文化活动。要建立各种文化活动设施和场所，成立各种文化组织，组织各类文化活动。

（三）大力发展农村社会组织，加强农民自我管理

农村是一个“熟人”社会，群众性社会组织对农民有很大的影响力和号召力。所以，农村社会管理除了发挥党支部、村委会的作用外，还应大力发展各种群众组织。一是大力发展农民合作经济组织。目前我国已经建立了一大批农民合作经济组织，但比较分散，没有形成统一的组织体系，应在此基础上成立类似日本农协的组织体系，全国成立联合总会，各省成立联合会，县、乡、村成立分会。政府部门也要赋予它应有的待遇，比如给予一定的财政补贴、建立同政府沟通的渠道以及获取参与政府决策的机会等。可以选择有条件的地区进行试点，在试点基础上进行推广。除了发挥农民合作经济组织的经济功能外，还要充分发挥其社会组织与管理等社会功能。二是大力发展各种社会性群众组织。要积极发展像红白事理事会、群众治安委员会、民事调解委员会等群众组织，充分发挥其在农村社会管理中的作用。农村社会组织的发展，除了发挥政府的鼓励、引导和扶持作用外，还要充分调动农民自我组织、自我建设、自我管理的积极性和创造性。

本文原载于《理论学刊》2007年第10期，2008年11月获全国党校系统第七届优秀科成果三等奖。